敦博本與宗寶本
《六祖壇經》比對暨研究

（全彩版）

果濱 編撰

附：再論慧能的二個開悟偈頌與

　　《壇經》引用大乘經典的研究

自序

本書題名為：**敦博本與宗寶本《六祖壇經》比對暨研究(全彩版)**，後面還附上末學新再寫的一篇論文，名為：**再論《六祖壇經》引用大乘經典的研究**(計 3 萬多字)，整本書計有 *36 萬 6 千字*；是末學研究及教學《六祖壇經》多年之作。

近日發行由「廣東省佛教協會」主編《六祖慧能文庫》第 4 至 19 冊論文集，就收錄了 1103 篇與「敦博、宗寶」《壇經》相關的論文件數，研究數量之龐大，足見《六祖壇經》影響佛教學者之深，而且相關研究論文與專書仍不斷的在增加中。本書以近代學者黃連忠所校訂的「敦博本」與「敦煌本」對校經文為主(相關研究發行的專書名為《敦博本六祖壇經校釋》。萬卷樓圖書股份有限公司。2006 年出版。筆者在此感謝黃教授提供全文的電子檔)，筆者再另與「宗寶本」的《壇經》互相「比對」，可是這兩種版本的《壇經》內容「順序」並不一致，而且相差很大。筆者以原始的「敦博本」《壇經》為主要的順序，然後再將「宗寶本」《壇經》的順序全部「還原」。在「還原」的過程中其實非常辛苦，因為「宗寶本」可謂是一個「大鍋菜」，已把最原始「敦博本」內容完全「打散」掉，這要靠不斷的修訂、搬移經文才能完成這項大工程，筆者至少搬動了二十多遍才完成這個比對的工作。為了可以看到「宗寶本」的「原始」順序，也特地做了一個「目錄頁碼」可供檢索，從『一』照順序編到第『九十三』數字可供檢索，從這個「目錄頁碼」中可以發現「宗寶本」的經文「順序」與「敦博本」差異有多大，您也可以照數字由小到大而檢視出「宗寶本」《壇經》在編輯整理時，到底「搬動」了多少的經文內容？或者增添、減少了多少內容？

本書後面再收錄筆者兩篇有關《壇經》的論文。一是：**再論慧能的二個偈頌--以「敦博本」與「宗寶本」壇經為研究題材**(已被收錄在「廣東省佛教協會」主編《六祖慧能文庫》第 4 冊的第七篇論文)。另一是：**再論《六祖壇經》引用大乘經典的研究**。兩篇論文都用**「再論」**二個字，原因是相關本題目的論文，前人都已寫過。筆者所撰寫的內容是屬於「新發現」與「新研究」的成果。

本書採用左右兩邊的詳細「比對」方式，已將「宗寶本」的《六祖壇經》原始經文的「順序」全部打散；而另與「敦博本」《壇經》的順序相合，並採用黃連忠《敦博本六祖壇經校釋》分成「五十七折」的方式；另成為「五十七節」的內容呈現。除了保留

原有的「品名」外，另自行給每一節再細分出「小標題」，所有「難字」的「注音」及「解釋」都盡量補充進去了，您只要看到「小標題」就可知道經文的「大綱」內容。在每一小節的後面還附上可「參考」用的「其他經典」當作輔證註解，至於引用的經文並沒有再加上「詳細」的頁碼出處，這是因為現在 CBETA 電子版已非常普級，所以本書已不再補上頁碼出處，可自行檢索 CBETA 電子版即知。為了符合現代人閱讀的方便，已在每個人名、地名、法號、字號下皆劃上「底線」。

　　最後祈望所有研究「敦博、宗寶」本《六祖壇經》的佛教四眾弟子、教授學者們，能從這本書中獲得更方便及快速的「理解」，能因本書的問世與貢獻，帶給更多後人來研究本經、講解本經。末學在教學繁忙之餘，匆匆撰寫，錯誤之處，在所難免，猶望諸位大德教授，不吝指正，爰聊綴數語，以為之序。

公元 2018 年 1 月 14　果濱序於土城楞嚴齋

目錄與頁碼

宗寶本《六祖壇經》「原始經文」順序的目錄

一、《壇經》諸多版本的介紹

　　《六祖壇經》是惠能說法和生平事跡的集錄，最初是由其弟子法海集錄的，但在流傳的過程中《壇經》曾多次被修改補充，故形成各種不同的版本。《壇經》內容主要包括三部分：

（一）惠能自傳。(古「惠」字在某些字詞中的使用是通「慧」字。「敦博、敦煌」皆作「惠能」，「宗寶本」則作「慧能」)

（二）說「般若、禪法」和授「無相戒」。

（三）弟子機緣及師徒關係語錄。

其中以此「第三項」的變動是最大的。

　　據學術界的各種資料的研究，有以下列諸種《壇經》的版本問世。

1 壇經祖本

　　《壇經》祖本，也可稱為法海原本，是由惠能的弟子法海所集記而成的；成書時間當在唐‧先天二年(西元 713 年)。最大的篇幅是記述惠能在大梵寺授「無相戒」和說「摩訶般若波蜜法」的內容。

　　《壇經》的「祖本」緣起，也可稱為法海的「原本」，始於六祖惠能大師應邀至廣東的大梵寺授「無相戒」和開示「摩訶般若波蜜法」的內容。記錄者法海因此將大梵寺的傳法記錄題為：《摩訶般若波羅蜜經六祖惠能大師於韶 州大梵寺施法一卷》。成書時間當在唐‧先天二年(西元 713 年)。

　　接下來六祖惠能大師回漕溪山(《敦博、敦煌》皆作「漕溪」，《宗寶本》則作「曹溪」)的南華寺後，接著又傳授「定慧為本、一行三昧、無相為體、無念為宗、無住為本、四弘願、無相懺、無相三歸戒」等法。由於「無相戒」等是在曹溪山傳授的，所以法海便將漕溪山南華寺的開示內容就置於大梵寺的開示之後，並將書名補上「兼授無相戒」成為：《摩訶般若波羅蜜經六祖惠能大師於韶 州大梵寺施法一卷兼授無相戒》(敦煌本中，「授」字俗寫作「受」)。

　　另一方面，由於現今所發現「敦博本、敦煌本」內容已包含大梵寺和漕溪山南華寺的開示，法海的同門師兄在往外「抄寫」傳出時，就將書名稱之為《六祖法寶記一卷》。這一個記錄本可以視作《六祖壇經》「最原始的祖本」，外傳時的書名就名為《六祖法寶記》。

因為在北宋・歐陽修所撰的《新唐書・藝文志・卷五十九》的書名中,已錄有僧法海的**《六祖法寶記一卷》**。另外宋朝的「吏部侍郎」郎簡亦撰有**《六祖法寶記敘》**一文,他說:「(弘)**忍傳慧能,而復出神秀。能於達摩在中國為六世,故天下謂之六祖。《法寶記》蓋六祖之所說其法也**」。

從《新唐書》郎簡的序文中足以看出《六祖壇經》「最原始的祖本」,外傳時的書名應該就名為**《六祖法寶記》**。

《六祖法寶記》這一「最原始的祖本」在惠能於大梵寺和漕溪山傳法後不久,就開始傳抄了,其特點是將漕溪山的開示置於大梵寺的開示之後,文句較為古樸、簡要。沒有那麼多有關六祖與**「弟子的問答」**（弟子機緣）及**「臨終的付囑」**等內容。

2 敦博本

據研究《敦博本六祖壇經校釋》黃連忠教授說:敦煌名士任子宜在 1935 年 4 月 8 日得之於千佛山的「敦博本」《壇經》重現天下以來,一開始並未受到太大的重視,只有流轉於大陸內地敦煌縣博物館,以及周紹良、向達、呂澂與鄧文寬等諸先生之過目。

在此之間,日本學者柳田聖山曾經系統地介紹了六十年來國際佛學界對敦煌禪籍研究的發展情況與成果,其中以**「敦煌本《六祖壇經》的諸問題」**為主題,以「敦煌本」為中心,介紹了《壇經》研究的情況,但是並未提到「敦博本」的《壇經》。

直到 1978 年 10 月在北京召開的「**中日第二次佛教學術會議**」上,《壇經》版本仍然是一個熱門的話題。敦煌縣博物館收藏的一個敦煌寫本《壇經》的新抄本,引起了與會者的極大興趣。

直到 1986 年周紹良先生的再度發現,然後列入「**敦煌縣博物館藏敦煌遺書目錄**」中（《敦煌吐魯番文獻研究論集》(三),北京大學出版社）,正式向國際公布。

接著,在 1987 年的日本《中外日報》23706 號,由楊曾文教授、麥谷邦夫譯之〈**敦博本《壇經》的學術價值**〉一文,則開始受到日本學者進一步的重視。

　　之後在佛光山舉辦的 1989 年「國際禪學會議」中，主題為「六祖壇經之宗教與文化探討」，楊曾文教授則正式提出〈敦博本《壇經》及其學術價值〉一文，引起了國內外學者的高度關注與後續討論。(以上資料引用黃連忠教授《敦博本六祖壇經校釋》之「自序」文)

　　《敦博本、敦煌本》的「弟子機緣」原始謹編有志誠、法達、智常、神會等四人的請示。另外《惠昕本》全書則分為「上、下兩卷」十一門，同樣也只編有志誠等四人的請示，但後來的《宗寶本》則已增入「傳五分法身香」及「慧能得法回來避難」等內容。

　　在六祖惠能大師入滅圓寂以後，門人 (應該不限法海一人) 又將六祖與「個別弟子的問答」(弟子機緣) 及「臨終的付囑」等增編於「最原始的祖本」之後，並修改或潤飾「祖本」，並特別強調《壇經》的傳法地位 (此部份請參閱〈惠能大師說『法』只以『心』傳『心』，卻又以《壇經》為稟承所依約之『法』一文〉)

　　從《敦博本》及《敦煌本》的《壇經》內容來看，除了「增加」與「個別弟子的問答」(弟子機緣) 及「臨終的付囑」等。全文已變成：

「第一節」到「第三十七節」為惠能大師於廣東的大梵寺講堂說法，佔全經文約 63%。

「第三十八節」到「第五十節」為惠能大師回廣東 漕溪山 南華寺說法，佔全經文約 27%。

「第五十一節」到「第五十七節」惠能大師至新州 國恩寺說法告別，佔全經文約 10%。

　　《敦博本》及《敦煌本》並沒有《宗寶本》裡面多出來「參拜六祖」語錄的人物，這些多出來的人物共達十二位，如：

(1)無盡藏比丘尼
(2)法海法師
(3)智通法師
(4)志道法師
(5)行思禪師
(6)懷讓禪師
(7)永嘉 玄覺禪師
(8)智隍法師

(9)某僧問<u>惠能</u>大師
(10)<u>方辯</u>法師
(11)<u>臥輪</u>禪師
(12)<u>志徹</u>法師。
《宗寶本》還有多出「宣詔品第九」的內容。

3 敦煌本

「敦煌本」成書時間當在唐・<u>開元</u>二十年(西元 732 年)至<u>貞元</u>十七年(西元 801 年)。日本學者<u>矢吹慶輝</u>(西元 1879～1939)在 **1923** 年從倫敦「大英博物館」收藏的「敦煌文書」中發現《六祖壇經》。

<u>矢吹慶輝</u>於 1928 年校刊後收入《大正藏》，其影印本收入《鳴沙餘韻》之中。此後鈴木大拙(西元 1870～1966)於 1934 年借助於《惠昕本》的《壇經》而比對作了校勘，成為「通行」的版本。

學術界稱此《壇經》本為《敦煌本》，題作**《南宗頓教最上大乘摩訶般若波羅蜜經六祖惠能大師於韶 州大梵寺施法壇經》**一卷，兼受「無相戒」。弘法弟子<u>法海</u>集記，內容並未分卷。

《敦煌本》與《敦博本》是最接近《壇經》祖本的。此種《壇經》主體部分基本上沒變，只是在「**個別弟子的問答**」(弟子機緣) 及「**臨終的付囑**」等有所增加。

4 惠昕本

「惠昕 本」，題作**《韶 州曹溪山六祖師壇經》**，即宋太祖・<u>乾德五年</u>(西元 967 年)為惠所法師所改編，<u>惠昕</u>的生平不詳，但「惠昕本」也特別強調《壇經》的地位。

依宋・<u>邕 州 羅秀 惠進</u>禪院沙門<u>惠昕</u>所作「六祖壇經序」言說：**我六祖大師，廣為學徒直說見性法門，總令自悟成佛，目日《壇經》，流傳後學。古本文繁，披覽之徒，初忻後厭。余以太歲丁卯，月在蕤 賓，二十三日辛亥，於思迎塔院，分為兩卷凡十一門**」。

「惠昕本」有個明顯的改變就是，名稱都只用《壇經》而不用「法寶」二字。如宋

代道原禪師於景德元年(西元 1004 年)上呈的《傳燈錄》卷五說：

> 韶州剌史韋據，請於大梵寺轉妙法輪，並受無相心地戒。門人紀錄，目為《壇經》，盛行於世。（T51，p235c）

甚至與「惠昕本」相關的「壇經版本」都不用「法寶」二字。例如：

①日本興聖寺本作《六祖壇經》。
②大乘寺本作《韶州曹溪山六祖大師壇經》。
③「智證大師請來目錄」中作《曹溪能大師檀(亦有人寫作此「檀」字)經一卷》(T55，p1106a)。
④「福州溫州臺州求得經律論疏記外書等目錄」中作《曹溪山第六祖能大師壇經一卷》（T55，p1095a）。

據胡適「壇經考之二」得知：惠昕本即是日本京都堀川 興聖寺藏本，題作《六祖壇經》。全書分二卷，上卷六門，下卷五門，共十一門。其中言及「**古本文繁，披覽之徒，初忻後厭**」，可知在當時有一「**古本**」(這個「古本」是那一本，目前沒有答案)，後為惠昕改編。惠昕記改定此書的年月在「**太歲丁卯，月在蕤賓，二十三日辛亥**」。即是宋太祖乾德五年，故此本應距《敦煌本》的《壇經》不遠。

5 契嵩本

契嵩本，題作**《六祖大師法寶壇經曹溪原本》**，經北宋僧人契嵩整理修訂，成書於宋・至和三年(西元 1056 年)。宋代「工部侍郎」郎簡在《六祖法寶記敘》說：

> 「六祖之說，余素敬之，患(缺失)其為俗所增損，而文字鄙俚繁雜，殆不可考。會沙門契嵩作《壇經贊》，因謂嵩師曰：若能正之，吾為出財，模印以廣其傳。更二載，嵩果得曹溪『**古本**』校之，勒(編纂)成三卷，粲然(明白清楚)皆六祖之言，不復謬妄。乃命工鏤板(雕板印刷)以集其勝事(殊勝之事)。至和三年三月十九日序」(詳於《鐔津文集》卷 11，《大正藏》卷 52，頁 703 下)。

契嵩「勒成三卷」的《壇經》版本現已不存，其中所指「**曹溪古本**」可能為後人所謂「**曹溪原本**」。對比惠昕本與契嵩本的品目，契嵩本中有關「**參請機緣品**」的內容，惠昕本則完全沒有。

6 德異本

德異本題作《六祖大師法寶壇經》，不分卷，而開十門。刊印於元・至元二十七年(西元 1290 年)。明藏的《壇經》前大多印有德異法師的序文：

「居士由是祝髮(削髮爲僧)登壇，應跋陀羅懸記(《六祖大師法寶壇經》云：宋朝求那跋陀羅 Guṇabhadra 三藏創建，立碑曰：「後當有肉身菩薩於此授戒。」又梁・天監元年，智藥三藏自西竺國航海而來，將彼土菩提樹一株植此壇畔，亦預誌曰：「後一百七十年，有肉身菩薩，於此樹下開演上乘度無量眾，眞傳佛心印之法主也」)，開東山法門。韋使君(韋據。漢時稱「刺史」爲「使君」)命海禪者錄其語，目之曰《法寶壇經》。……原其五家綱要盡出《壇經》。夫《壇經》者，言簡義豐，理明事備，具足諸佛無量法門。……惜乎《壇經》為後人節略太多，不見六祖大全之旨。德異幼年嘗見『古本』，自後遍求『三十餘載』，近得通上人，尋到全文，遂刊于吳中 休休禪庵，與諸勝士同一受用。……至元二十七年庚寅歲中春日敘」(詳《大正藏》48 冊，頁 345 下～346 上)。

德異法師覺得當時的《壇經》被後人節略太多，不能呈現六祖的全旨；又說曾經看過「古本」，而此古本是指何本？實難知之(詳參見印順《中國禪宗史》，臺北：正聞出版社，民國 72 年 10 月 3 版，頁 257。印順認爲可能是指惠昕本)。

德異本與後來的宗寶本在「正文」方面沒有太大差別，但章節標題和排列次序則有不同，前面所載法海的「六祖大師法寶壇經略序」被宗寶本《壇經》改為「六祖大師緣起外紀」，附在書後，二者所附文字也有所不同。

德異本在編排上比惠昕本有很大的變動，「內容」也增加很多。其章節目次為：
〈悟法傳衣〉第一。
〈釋功德淨土〉第二。
〈定慧一體〉第三。
〈教授坐禪〉第四。
〈傳香懺悔〉第五。
〈參請機緣〉第六。
〈南頓北漸〉第七。
〈唐朝徵詔〉第八。
〈法門對示〉第九。
〈咐囑流通〉第十。

7 宗寶本

宗寶本，成書於元‧<u>至元</u>二十八年(西元 1291 年)，這是明代以後最流行的本子，又稱為「流布本」。明朝的永樂《南藏》、《嘉興藏》、《房山石經》(萬曆 48 年刻石)等都收這個版本，單刻本也多屬這個版。

此本題為「風旛報恩光孝禪寺住持嗣祖比丘<u>宗寶</u>編」，題作《六祖大師法寶壇經》。分為十品。《明藏》本的編排次序是：

①<u>德異</u>撰〈六祖大師法寶壇經序〉(《南藏》無)。
②<u>契嵩</u>撰〈六祖大師法寶壇經贊〉。
③正文「**行由第一**」至「**付囑第十**」(《南藏》無品目，而且只有主體部分，無「機緣」等四品)。
④附錄：「**六祖大師緣起外紀**」為門人<u>法海</u>等集，附「**師墜腰石**」等記事、「**歷朝崇奉事跡**」、<u>柳宗元</u>撰「**賜諡大鑒禪師碑**」、<u>劉禹錫</u>撰「**大鑒禪師碑**」、「**佛衣銘并序**」附「**師入塔後**」記事，及<u>宗寶</u>所撰的跋文。

<u>宗寶</u>法師在跋文中說：「**明教嵩公**(契嵩法師)**常讚云：天機利者得其深，天機鈍者得其淺，誠哉言也。余初入道，有感於斯。續見三本不同，互有得失，其板亦已漫**(增加)**、滅**(減少)**。因取其本校讎，訛者正之，略者詳之，復增入『弟子請益機緣』，庶幾學者得盡曹溪之旨……至元辛卯夏，南海釋宗寶跋」**。

由<u>宗寶</u>法師的跋文，可知當時至少已有三種不同版本的《壇經》在流行。

底下再以簡單的列表來比較諸本的差別：

版本	《壇經》祖本	《壇經》敦煌原本 敦博原本	《壇經》惠昕原本	《壇經》惠昕本	《壇經》契嵩本	《壇經》西夏本	《壇經》德異本	《壇經》宗寶本	《壇經》敦煌本	《壇經》敦博本
時間	713~731年	733~801年	文牒古本於九世紀前至中期	宋乾德五年 967年	宋至和三年 1056年	1071年	元至元二七年 1290年	元至元二八年 1291年	1923年	1935年
存留	不存	不存	不存	問世	問世	問世	問世	問世	問世	問世
集錄、校勘、改編者	法海集記	不詳	不詳	小州山禪院沙門惠昕改編。依真師邕羅秀進編。	沙門契嵩集。《契嵩本壇經》在明憲宗成化七年（1471年）重刻，書名稱為《六祖大師法寶壇經曹溪原本》，此即「曹溪本」，改為一卷十門，使段落分明。此書今收錄於明《嘉興大藏經》中。	殘片五頁，現存於北京圖書館。1938年日本川上天山發表「關於西夏語譯六祖壇經」。1993年史金波發表「西夏文六祖壇經譯釋」。六祖的偈頌為「佛性常清淨」，並非他本的「本來無一物」句。	元代古筠比丘德異集。僧人德異將《契嵩本》重刊而成《德異本》。另也有依德異本重刊的《高麗本》(1558年)，都將「契嵩本」改為一卷十門，原內容並無改動。	風旛報恩光孝禪寺住持嗣祖比丘宗寶編	矢吹慶輝校訂的敦煌本《壇經》，今收入《大正藏》內。1934年鈴木大拙依矢吹慶輝校訂的敦煌本《壇經》，而藉《惠昕本》校勘出《敦煌出土六祖壇經》。1970年印順的《精校燉煌本壇經》出版。	1935年任子宜發現《敦博本壇經》。1950年向達專文介紹《敦博本》。1986年周紹良將之列入「敦煌縣博物館藏敦煌遺書目錄」中。正式向國際宣布這本《壇經》的內容。
題名				《六祖壇經》		《西夏文六祖壇經》	《六祖大師法寶壇經》	《六祖大師法寶壇經》	《南宗頓教最上大乘摩訶般若波羅蜜經六祖惠能大師於韶州大梵寺施法壇經》	《南宗頓教最上大乘摩訶般若波羅蜜經六祖惠能大師於韶州大梵寺施法壇經》
底本	祖本	不詳	不詳	依古本改編	得曹溪古本校之	與敦煌本接近	屬契嵩本系統	屬契嵩本系統	源敦博本藉惠昕本	與敦煌本幾乎相同，但內容更完整
卷品	不詳	不詳	不詳	內分二卷十一門	分成三卷	未分卷	不分卷。開為十門	「行由」以下分十品	未分卷	未分卷
字數	不詳	不詳	不詳	約1萬4千字	約2萬1千字	不詳	超過2萬字	20024字	11566字	11811字（楊曾文校版）

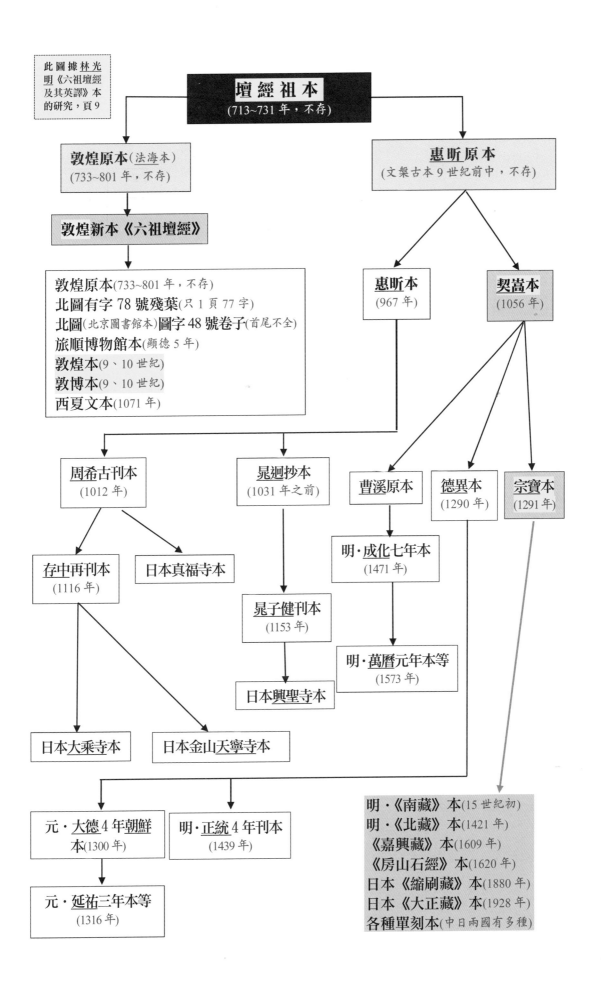

　　由上可知，《壇經》在流傳的過程中，從字數可看出，時間越往後，字數就越多，由於時空的複雜性，各種版本之形成，情況也是相當「複雜」的(詳洪修平《中國禪學思想史》，頁 168、170)。

　　我們在研究惠能時，為了能更全面完整的掌握惠能的思想，應以較早的「敦博本」與「敦煌本」《壇經》為主要根據，而再輔以其他「宗寶本壇經」內容，及參考有關的「碑銘」資料，才能一窺惠能思想的「完整全貌」。

二、《敦博本壇經》的研究價值

　　由於任子宜本的《壇經》與以前日本學者所發現的「敦煌本」《壇經》是不同的兩個寫本，為了方便區別，學界已界定任子宜本為**《敦煌新本六祖壇經》、《敦煌新書六祖壇經》**或**「敦博本」《壇經》**，本文為了統一說法，以下一律稱為「**敦博本**」《壇經》。

　　再者，「敦博本」與「敦煌本」《壇經》兩者之間，可謂大同而小異，不僅在題目、編排的形式，以至於內容部分幾乎是完全一樣的，甚至於在某些明顯錯誤的字句也是一樣，此點可以說明兩者是抄自同一原本的《壇經》(「敦博本」與「敦煌本」《壇經》兩者之間詳細的比較，詳見楊曾文教授校寫《新版・敦煌新本六祖壇經》，頁 223 至 227)。

　　至於「敦博本」的學術價值，楊曾文教授曾在發表專文中說明了三點，以為「敦博本」優於「敦煌本」《壇經》的價值：

既然二本如此相同，那麼「敦博本」《壇經》還具有什麼特殊的價值呢？

一、「敦博本」抄漏字句較少……

二、「敦博本」抄寫工整字體清晰秀麗，而「敦煌本」抄寫雜亂，錯訛字句很多。如果以「敦博本」為底本，校之以「敦煌本」和「惠昕本」，便可校勘出現存最古本《六祖壇經》的善本……

三、「敦博本」的發現，使人重新考慮同種《壇經》流傳範圍和流行時間。

除了以上三點之外，<u>黃連忠</u>教授以為敦博本《壇經》尚有兩點學術價值：

第一：「敦博本」的發現，打破了「敦煌本」《壇經》是天下唯一孤本的局面，為《壇經》與惠能思想的研究，注入新的素材及後續研究的推動力。

第二：「敦博本」的抄寫「書手」頗有文人字的手跡，此點對於敦煌「變文」寫本書手的考述與唐代寫經生；及其書法藝術的相關問題，具有啟發後續研究的意義。

第三：<u>潘重規</u>教授在校寫「敦博本」《壇經》時，也提出了幾項獨特的見解，其中包括了敦煌文字「俗寫」約定而俗成的意義，並且重新肯定《龍龕手鑑》的學術價值等，也是十分值得重視與參考。

在<u>楊曾文</u>教授校寫的《新版・敦煌新本六祖壇經》與<u>鄧文寬</u>、<u>榮新江</u>的《敦博本禪籍錄校》兩本大作中，已經將「敦博本」《壇經》的發現與版本介紹有十分清楚的說明，讀者可自行參考該書。

最後<u>黃連忠</u>教授比對「敦煌本」與「敦博本」《壇經》兩者的差異性中，發現「敦煌本」比「敦博本」還漏抄了五段，共98字：

第六節 (少 19 字)	「敦煌本」漏抄 ➜見和尚，即云是<u>秀</u>作，五祖見偈言不堪，自是我迷。
第十二節 (少 18 字)	「敦煌本」漏抄 ➜愚人智人，佛性本亦無差別，只緣迷悟，迷即為。
第四十節 (少 12 字)	「敦煌本」漏抄 ➜不是，六祖曰：何以不是？<u>志誠</u>曰。
第四十二節 (少 29 字)	「敦煌本」漏抄 ➜來至<u>漕溪山</u>禮拜，問大師言：弟子常誦《妙法華經》七年，心迷不知正法之處」。
第四十二節 (少 20 字)	「敦煌本」漏抄 ➜依一佛乘，大師言：<u>法達</u>！心行轉法華，不行法華轉心」

（以上資料全轉引自<u>黃連忠</u>教授《敦博本六祖壇經校釋》之「自序」文）

三、《壇經》的核心見解介紹

(1)自性心地，以智惠觀照，內外明徹，識自本心。

　　若識本心，即是解脫；既得解脫，即是般若三昧。悟般若三昧，即是無念。

(2)何名無念？無念法者，見一切法，不著一切法，遍一切處，不著一切處。

　　常淨自性，使六識從六門走出，於六塵中不離不染，來去自由，即是般若三昧，自在解脫，名無念行。

(3)莫百物不思，當令念絕，即是法縛，即名邊見。

(4)善知識！我此法門，從上已來，頓漸皆立：①無念為宗，②無相為體，③無住為本。

(5)何名無相？無相者，於相而離相。

　　無念者，於念而不念。

　　無住者，為人本性，念念不住，前念、今念、後念，念念相續，無有斷絕。若一念斷絕，法身即是離色身。念念時中，於一切法上無住。一念若住，念念即住，名繫縛。於一切法上念念不住，即無縛也，此是以無住為本。

　　善知識！外離一切相，是無相。但能離相，性體清淨，此是以無相為體。

(6)於一切境上不染，名為無念，於自念上離境，不於法上念生。莫百物不思，念盡除卻，一念斷即死，別處受生，學道者用心！莫不識法意，自錯尚可，更勸他人迷，不自見迷，又謗經法。是以立無念為宗。

(7)可以得知禪宗最根本的見地是：

　　無念➜般若三昧➜一行三昧➜於一切時中，「見」一切法，「不著」一切法➜於一切時中，行、住、坐、臥常行「直心」是➜於一切法上「無有執著」➜於一切境上「不染」。

　　六祖提出「反求諸己、回歸心性」的修行觀點，其實這也是合乎《阿含經》的精神。只有「反回」自己的心性，讓自己的內心達到「覺醒、清淨」、沒有「雜染」，這樣的「心」才是自己真正的歸依處所。這種「反求諸己、回歸心性」修行的精神，貫穿了整部的《壇經》，例如：

(1)心中眾生，各於自身自性自度。何名自性自度？自色身中，邪見煩惱，愚癡迷妄，自有本覺性，將正見度。既悟正見，般若之智，除卻愚癡迷妄眾生，各各自度。邪來正度，迷來悟度。愚來智度，惡來善度。煩惱來菩提度。如是度者，是名真度。

(2)聞其頓教，不假外修，但於自心，令自本性常起正見，煩惱塵勞眾生當時盡悟，猶如大海納於眾流，小水大水合為一體，即是見性。

(3)佛是自性作，莫向身外求。

(4)汝向自身見，莫著外法相。

(5)我心自有佛，自佛是真佛。自若無佛心，向何處求佛？

(6)若能心中自見真，有真即是成佛因。自不求真外覓佛，去覓總是大癡人。

(7)一切萬法，盡在自身中，何不從於自心，頓現真如本性？《菩薩戒經》云：我本元自性清淨，識心見性，自成佛道。《維摩經》云：即時豁然(開豁了然)，還得(回還復得)本心(本來真心)。

　　世尊於入滅之際，曾囑咐諸弟子，其後唯以「法」為歸依的對像，也要以「自己」為歸依的對像，此即指：

自洲(以自己來作為自我的一種燈焰；洲島依附；庇ㄓ護所。此洲字有時亦譯為「自洲、自熾燃、自熾然、自燈」)。

自依(以自己為自我歸依的對像)。

法洲(以法來作為自我的一種燈焰；洲島依附；庇護所)。

法依(以法為自我歸依的對像)。

　　以「法」為自我修行的一種歸依對像，使自己的「心性」向上提升，進而成為「自性佛道誓願成」的方式，所謂「自性佛道誓願成、自性菩提誓願成」就是「自

洲、自燈、自熾燃」的意思。

《雜阿含經・卷第二十四》

(1)當作「自洲」(atta 自我。dīpa 燈焰;洲島依附;庇之 護所;熾燃)而「自依」(atta 自我。saraṇa 歸依)。

(2)當作「法洲」(以法來作爲燈焰;洲島;庇護所)而「法依」(以法爲歸依)。

　　當作「不異洲」(不以其它爲燈焰、爲依附的洲島、爲庇護所)、「不異依」(不以其它爲歸依)。

(3)阿難白佛:世尊!云何「自洲」以「自依」?

(4)云何「法洲」以「法依」?云何「不異洲」、「不異依」?

(5)佛告阿難:若比丘身身觀「念處」,精勤方便,「正智、正念」,調伏世間貪憂。如是外身、內外身。受、心、法法觀念處,亦如是說。阿難!是名「自洲」以「自依」。

(6)「法洲」以「法依」,「不異洲」、不異「洲、依」……是故汝等當知,「自洲」以「自依」,「法洲」以「法依」,「不異洲」、「不異依」。

(7)謂內身身觀念住,精勤方便,正智正念,調伏世間貪憂。如是外身、內外身。受、心、法法觀念住。

(8)精勤方便,正智正念,調伏世間「貪憂」,是名「自洲」以「自依」、「法洲」以「法依」、「不異洲」、「不異依」。

《佛所行讚離車辭別品・第二十四》

善住於「自洲」(atta 自我。dīpa 燈焰;洲島依附;庇之 護所;熾燃),當知「自洲」者,專精勤方便,獨靜脩閑居。不從於他信,當知「法洲」(以法來作爲燈焰;洲島;庇護所)者,決定明慧燈,能滅除癡闇。

四、惠能大師說什麼人才可傳授《壇經》之「頓教大法」?

＊請參考下面經文:

第九節	「衣」,將為信稟,代代相傳。 「法」,以「心」傳「心」,當令「自悟」。
第十二節	教是先聖所傳,不是惠能自知。願聞先聖教者,各須「淨心」,聞了願自(發願自我)除「迷」,如「先代」(諸佛菩薩及歷代祖師)悟。
第二十八節	此是「最上乘法」,為「大智上根人」說。小根之人若聞法,心不生信。
第三十二節	善知識!將此「頓教法門」,「同見(共同見地)同行」(同修此行),發願受持如是佛教,終身受持而不退者。 欲入聖位,然須「傳授」,從上以來,默然而付「衣、法」,發大

	誓願，不退菩提，即須「分付」。 若不同「見解」，無有「志願」，在在處處，勿妄宣傳。損彼前人，究竟無益。
第三十八節	未得「稟承」（稟受領承）者，雖說「頓教」法，未知根本，終不免「諍」。 但得法者，只勸「修行」。
第五十六節	如付此法，須得「上根智」，深信佛法，立於大悲。
第五十七節	唯教「大智人」，「無住」是旨依。 凡「發誓修行」，修行遭難（遭遇災難）不退。 遇苦能忍，福德深厚，方授此法。 如「根性」不堪，裁量（裁度衡量）不得。雖求此法，建立不得者，不得妄付《壇經》。

五、惠能大師說「法」只以「心」傳「心」，卻又以《壇經》為稟承所依約之「法」

＊請參考下面經文：

第一節	刺史遂令門人僧法海集記，流行後代，與學道者承此宗旨，「遞相傳授」，有所「依約」（依據信約），以為稟承（稟受領承），說此《壇經》。
第三十八節	若論門人，僧之與俗，約有三、五千人，說不可盡。 若論宗旨，傳授《壇經》，以此為約。 若不得《壇經》，即無稟受（稟承領受）。 須知「法處（受法之處）、年、月、日、姓名」，遞相付囑。 無《壇經》稟承（稟受領承），非「南宗」弟子也。 未得「稟承」者，雖說「頓教」法，未知根本，終不免「諍」。 但得法者，只勸「修行」。
第四十七節	大師言：十弟子！ 以後「傳法」，遞相教授一卷《壇經》，不失本宗。 不稟受（稟承領受）《壇經》，非我宗旨。 如今得了，遞代流行。 得遇《壇經》者，如見吾親授。 十僧得教授已，寫為《壇經》，遞代流行，得者必當「見性」。
第四十九節 《宗寶本》	師曰：吾於大梵寺說法以至於今，「抄錄流行」，目曰《法寶壇經》。 汝等守護，遞相傳授，度諸群生。但依此說，是名「正法」。 今為汝等說法，不付其「衣」。
第五十五節	此《壇經》，法海上座集。 上座無常（圓寂），付同學道際。

	道際無常(圓寂)，付門人<u>悟真</u>。 <u>悟真在嶺南 漕溪山法興寺</u>，現今傳授此法。
第五十六節	如付此法，須得「上根智」，深信佛法，立於大悲，<u>持此經</u>，<u>以為稟承</u>(稟受領承)，<u>於今不絕</u>。
第五十七節	唯教「大智人」，「無住」是旨依。凡發誓修行，修行遭難(遭遇災難)不退。遇苦能忍，福德深厚，方授此法。 如根性不堪……不得妄付《壇經》。告諸同道者，令知「密意」。

六、《壇經》大約涉及「八宗」理論的簡介

1 《壇經》正屬「禪宗」：《壇經》通攝三藏十二部經已如上說。若論十宗，正屬禪宗。

2 與「律宗」理論相通：亦攝「律宗」者，心地無非「自性戒」。固稱「性」所修之「戒」，正通於「律宗」。

＊請參考下面經文：

第二十節 《宗寶本》	「自歸依」者： 除卻自性中「不善心、嫉妒心、諂曲心、吾我心、誑妄心、輕人心、慢他心、邪見心、貢高心」，及一切時中「不善之行」。 常自見「己過」，不說他人「好ㄏㄠˇ 惡ㄨˋ」，是「自歸依」。 常須「下心」(謙下虛心)，普行恭敬，即是「見性通達」，更無滯礙，是「自歸依」。
第二十二節	從前惡行一時除，「自性若除」即是懺。 前念後念及今念，念念不被「愚癡」染， 除卻從前「矯誑心」，永斷名為「自性懺」。 前念、後念及今念，念念不被「疸ㄉㄢ 疾」(皮膚腫脹堅硬的毒瘡)染。 除卻從前「嫉妒心」，自性若除即是「懺」…… 「懺」者，終身不作。「悔」者，知於「前非」。 惡業恆不離心，諸佛前口說無益。 我此法門中，「永斷、不作」，名為「懺悔」。
第三十五節	「邪心」即是「海水」。 「煩惱」即是「波浪」。 「毒心」即是「惡龍」。 「塵勞」即是「魚鱉」。 「虛妄」即是「鬼神」。 「三毒」即是「地獄」。 「愚癡」即是「畜生」。 「十善」即是「天堂」。 無「人、我」，「須彌」自倒。除「邪心」，「海水」竭。

	「煩惱」無，「波浪」滅。「毒害」除，「魚龍」絕…… 照耀「六門」清淨，照破「六欲諸天」。 下照「三毒」若除，地獄一時消滅。
第三十六節 《宗寶本》	「心平」何勞持戒，「行直」何用修禪？ 「恩」則「親養父母」，「義」則「上下相憐」。 「讓」則「尊卑和睦」，「忍」則「眾惡無喧」。 若能鑽木出火，淤泥定生紅蓮。 苦口的是良藥，逆耳必是忠言。 「改過」必生智慧，「護短」心內非賢。
第三十六節	世間若修道，一切(得失榮辱)盡不妨。 常見在「己過」，與道即相當…… 若真修道人，不見世間過。 若見世間「非」，自「非」(自己的是非判斷)卻是左(偏頗)。

3 與「三論宗」理論相通：「三論宗」皆崇「般若」。此經雖別詮「定」學，非「般若」不為功，破邪顯正，明最上乘法，故通於「三論宗」。

*請參考下面經文：

第十七節	何名「無相」？ 「無相」者，於「相」而「離相」。「無念」者，於「念」而「不念」…… 念念時中，於一切法上無住。一念若住，念念即住，名「繫縛」。 於一切法上，「念念不住」，即「無縛」也。是以「無住」為本。
第二十一節 《宗寶本》	離「迷」離「覺」，常生「般若」。 除「真」除「妄」，即見「佛性」，即言下佛道成。 「常念修行」是「願力法」。 般若「無形相」，「智慧性」(智慧的本性)即是。
第二十六節	善知識！「摩訶般若波羅蜜」，最尊、最上、第一，「無住、無去、無來」。三世諸佛從中(指「般若法」)出，將「大智慧」到彼岸，打破「五陰」(五蘊)煩惱塵勞。 「最尊、最上、第一」，讚「最上乘法」，修行定成佛。 「無去、無住」，無「來、往」，是「定、慧」等(禪定與智慧平等互證之理)，不染一切法。 三世諸佛從中(指「般若法」)變(轉變)「三毒」(貪瞋癡)為「戒定慧」。

第三十六節	「邪」來因煩惱，「正」來煩惱除。 「邪、正」悉不用(超越)，清淨至無餘…… 法原在「世間」，於「世」出(出離)「世間」， 勿離「世間」上，外求「出世間」。 「邪見」在「世間」，「正見」出(出離)「世間」。 「邪、正」悉打卻(放下)，「菩提性」宛然。
第四十二節	「內、外」不迷，即離「兩邊」。外迷著「相」，內迷著「空」(頑空)， 於「相」離「相」，於「空」離「空」，即是不迷。 若悟此法，一念「心開」，出現於世。
第四十六節	出「外」，於「相」離「相」。入「內」，於「空」離「空」。 著「空」，則惟長「無明」。著「相」，則惟長「邪見」。
第五十三節	婬性(喻煩惱)本是淨性(喻佛性菩提)因， 除婬(若斷除婬性煩惱)即「無」淨性身(則亦無清淨佛性之菩提可得。惠能大師提倡「轉煩惱為菩提」，若能善觀「煩惱」當下即為「空性」，當下即為「菩提」。故不需「斷」，「轉」即可。煩惱與清淨佛性皆「無自性」，二者亦不即不離)。 性(在煩惱婬性中)中但自「離五欲」(指「轉五欲」)， 「見性」剎那(剎那即為見性)即是真。

4 亦攝於「天台宗」理論相通：「圓教、頓教」所攝。六祖初聞客讀《金剛經》，心即開悟。後見五祖，頓傳心印，「圓悟」自心清淨，圓該一切，故屬「圓頓」。六祖於此經中節節開示，皆直指「見性明心」，不假餘方便，「頓悟、頓證」，即此一行，圓該一切行，故屬「圓頓教」所攝。

＊請參考下面經文：

第二十六節	善知識！凡夫即佛，煩惱即菩提。 前念「迷」即凡夫，後念「悟」即佛。 前念「著境」即煩惱，後念「離境」即菩提。
第三十五節	若悟「無生頓法」，見西方只在「剎那」。 不悟「頓教大乘」，念佛往生路遠，如何得達？
第三十六節	此但是「頓教」，亦名為「大乘」。 「迷」來經「累劫」，「悟」即「剎那」間。
第四十一節	自性「頓修」，無有「漸次」，所以「不立」。
第五十三節	性中邪見三毒生，即是魔王來住「舍」。 正見忽除三毒心，魔變成佛真無假。

	化身報身及法身，三身原本是一身。 若向性中覓自見，即是成佛菩提因…… 今生若悟「頓教門」，悟即眼前見世尊(親見佛法性)。 若欲修行求覓佛，不知何處欲覓真？…… 「頓教法」者是西流(往西流去)，救度世人須自修。

5 亦與「賢首宗」理論相通：

《壇經》亦攝於「賢首宗」之「頓教、圓教」。

＊請參考下面經文：

第二十四節	「虛空」能含日月星辰大地山河，一切草木，惡人、善人，惡法、善法，天堂、地獄，盡在「空」(虛空)中。
第二十五節 《宗寶本》	善知識！心量廣大，遍周法界。 用即「了了分明」，應用「便知一切」。 一切即一，一即一切……一真一切真。
第四十二節	「心開」何物？開佛「知見」。「佛」猶如「覺」也，分為四門： 「開」覺知見。 「示」覺知見。 「悟」覺知見。 「入」覺知見。

6 與「唯識宗」理論相通：

＊請參考下面經文：

第三十一節	常淨自性，使「六賊」(六塵)從「六門」(六根)走出，於「六塵」中不離(「不離」)不染(喻「不即」)。
第三十五節	大師曰：大眾！大眾！作意聽！世人「自色身」是「城」。「眼、耳、鼻、舌、身」即是「城門」。 外有「五門」(眼耳鼻舌身)，內有「意門」(第六意識)。 心即是「地」，性即是「王」。 性在「王」在，性去「王」無。
第四十五節	「自性」含萬法，名為「含藏識」(第八阿賴耶識)。 「思量」(此指第七意識永恒審查的一種思慮量度多)即「轉識」(第七末那識)，生「六識」(前六識，含第六識)，出「六門(六根)、六塵」。

《宗寶本》	師曰：既會「三身」(法身、報身、化身)，便明「四智」(大圓鏡智、平等性智、妙觀察智、成所作智)，何更問耶？ 若離「三身」，別談「四智」，此名「有智無身」。 即此「有智」，還成「無智」。復說偈曰： 「大圓鏡智」(第八意識)性清淨，「平等性智」(第七意識)心無病。 「妙觀察智」(第六意識)見非功，「成所作智」(前五意識)同圓鏡。 五八(果上轉。成佛後才能轉第八識，最後才轉前五識)、六七(因上轉。成佛前先轉第六意識，再轉第七意識)果因轉，但用名言「無實性」。 若於「轉處」不留情，繁興永處「那伽」定(稱「那伽定常定」或「那伽大定」，為佛之禪定)。

7 談「淨土往生西方」的理論：此經雖談「禪」旨，亦明淨土宗義。

＊請參考下面經文：

第三十五節	迷人念佛生彼，悟者「自淨其心」。 所以佛言：隨其「心淨」，則「佛土淨」…… 迷人願生東方、西方。悟者「所在處」並皆一種。 心地但「無不淨」，西方去此不遠。 心起「不淨」之心，念佛往生難到。 除「十惡」即行「十萬」。無「八邪」(八邪法，八正道之對稱)即過「八千」。 但行「直心」，到如彈指。 使君(韋璩)！但行「十善」，何須更願往生？不斷「十惡」之心，何佛即來「迎請」(既有「迎請」，則當然有往生到真實西方淨土的意思在內)？…… 「慈悲」即是「觀音」。「喜捨」名為「勢至」。 「能淨」是「釋迦」。「平直」即是「彌勒」。…… 照耀「六門」清淨，照破「六欲諸天」。 下照「三毒」若除，地獄一時消滅，內外明澈，不異「西方」。 <u>不作此修，如何到彼？</u>(既有「到彼」，則當然有往生到彼岸的真實西方淨土)

8 與「密宗」的「密意付囑」相似：

《壇經》雖無「明確」的密咒「真言」，然而祖祖相傳皆是「密默傳心」，接引後學。故宋‧明教大師於《六祖大師法寶壇經贊》中云：(詳《六祖大師法寶壇經贊》)

顯説之有論有義，密説之無首無尾。天機利者得其深，天機鈍者得其淺。又上上機者，一悟即入大圓覺海，鈍者亦得其深處。可擬乎！可識乎！不得已況之，則「圓頓教」也，「最上乘」也，如來之「清淨禪」也，「菩薩藏」之正宗也。

＊請參考下面經文：

第二節	能大師言：善知識！淨心念「摩訶般若波羅蜜」法(mahā 大-prajñā 般若-pāramitā 波羅蜜)。
	➔其實「摩訶般若波羅蜜」這句就是「密咒、密法」了。所以若以密宗、密咒的立場，勤誦此句，也是一句「密咒」，亦能開大智慧的。
第十一節《宗寶本》	惠明言下「大悟」以後。復問云：上來「密語密意」外，還更有「密意」否？
	慧能云：與汝説者，即非密也。汝若返照(回光返照)，密在「汝邊」。

以上，此《壇經》於佛門「十宗」已攝「八宗」。義足矣！

七、唐・釋法海撰《壇經》舊序

　　大師名惠能，父盧氏諱行瑫，母李氏，誕師於唐貞觀十二年戊戌歲(西元638年)二月八日子時。時，毫光騰空，異香滿室。黎明，有二異僧造謁，謂師之父曰：『夜來生兒，專為安名，可上惠下能也！』父曰：「何名惠能？」僧曰：「惠者，以法惠施眾生；能者，能作佛事。」言畢而出，不知所之。師不飲乳，夜遇神人灌以甘露。

　　既長，年二十有四，聞經悟道，往黃梅求印可。五祖器之，付衣法，令嗣祖位；時龍朔元年辛酉歲(西元661年)也。南歸隱遯　一十六年。(有作隱遯五年者，誤。有作十五年者，以實足算，十六年乃以干支算)至儀鳳元年丙子(西元676年)正月八日，會印宗法師，詰論玄奧，印宗悟契師旨。是月十五日，普會四眾，為師薙髮；二月八日，集諸名德授「具足戒」，西京智光律師為授戒師，蘇州慧靜律師為羯磨，荊州通應律師為教授，中天耆多羅律師為說戒，西國蜜多三藏為證戒。其戒壇乃宋朝求那跋陀羅三藏創建，立碑曰：「後當有肉身菩薩於此受戒。」

　　又梁・天監元年(壬午西元502年)，智藥三藏自西竺國航海而來，將彼土菩提樹一株，植此壇畔，亦預誌曰：「後一百七十年，有肉身菩薩於此樹下開演上乘，度無量眾，真傳佛心印之法主也。」師至是祝髮受戒，及與四眾開示單傳之法旨，一如昔讖。

　　次年春，師辭眾歸寶林，印宗與緇白送者千餘人，直至曹溪。時，荊州通應律師與學者數百人，依師而住。師至曹溪寶林，觀堂宇湫隘，不足容眾，欲廣之；遂謁里人陳亞仙曰：「老僧欲就檀越求坐具地，得不？」仙曰：「和尚坐具幾許濶？」祖出坐具示之，亞仙唯然。祖以坐具一展，盡罩曹溪四境；四天王現身，坐鎮四方；今寺境有天王嶺，因茲而名。仙曰：「知和尚法力廣大，但吾高祖墳墓並坐此地，他日造塔，幸望存留；餘願盡捨，永為寶坊。然此地乃生龍白象來脈，只可平天，不可平地。」寺後營建，一依其言。

　　師遊境內，山水勝處，輒憩止，遂成蘭若一十三所。今曰「花果院」，隸籍寺門。其寶林道場，亦先是西國智藥三藏，自南海經曹溪口，掬水而飲，香美，異之；謂其徒曰：「此水與西天之水無別，溪源上必有勝地堪為蘭若。」隨流至源上，四顧山水回環，峯巒奇秀，歎曰：「宛如西天寶林山也。」乃謂曹侯村居民曰：「可於此山建一梵剎，一百七十年後當有無上法寶於此演化，得道者如林，宜號『寶林』。」時，韶

卲州牧侯敬中以其言具表聞奏，上可其請，賜額為「寶林」，遂成梵宮。蓋始於梁・天監三年(甲申西元 504 年)也。

寺殿前有潭一所，龍常出沒其間，觸撓林木。一日，現形甚巨，波浪洶湧，雲霧陰翳，徒眾皆懼。師叱之曰：「**你只能現大身，不能現小身。若為神龍，當能變化，以小現大，以大現小也。**」其龍忽沒，俄頃復現小身，躍出潭面，師展鉢試之曰：「**你且不敢入老僧鉢盂裏！**」龍乃游揚至前，師以鉢舀之，龍不能動。師持鉢歸堂上，與龍說法，龍遂蛻骨而去。其骨長可七寸，首尾角足皆具，留傳寺門。師後以土石堙其潭，今殿前左側，有鐵塔處是也。

八、元・古筠比丘德異撰《壇經》舊序

妙道虛玄，不可思議！忘言得旨，端可悟明。故世尊分座於多子塔前，拈華於靈山會上，似火與火，以心印心。西傳四七，至菩提達摩，東來此土，直指人心，見性成佛。有可大師者，首於言下悟入，末上三拜得髓，受衣紹祖，開闡正宗。三傳而至黃梅，會中高僧七百，惟負舂居士一偈傳衣為六代祖。南遯十餘年，一旦以非風旛動之機，觸開印宗正眼。居士由是祝髮登壇，應跋陀羅懸記，開東山法門。韋使君(韋據)命海禪者錄其語，目之曰《法寶壇經》。

大師始於五羊，終至曹溪，說法三十七年。霑甘露味，入聖超凡者，莫記其數。悟佛心宗，行解相應為大知識者，名載傳鐙。惟南嶽、青原，執侍最久，盡得無巴鼻故，出馬祖、石頭，機智圓明，玄風大震。乃有臨濟、溈仰、曹洞、雲門、法眼諸公，巍然而出，道德超羣，門庭險峻；啟迪英靈衲子，奮志衝關。一門深入，五派同源，歷徧鑪錘，規模廣大。原其五家綱要，盡出《壇經》。

夫《壇經》者，言簡義豐，理明事備，具足諸佛無量法門。一一法門，具足無量妙義；一一妙義，發揮諸佛無量妙理，即彌勒樓閣中，即普賢毛孔中，善入者即同善財，於一念間圓滿功德，與普賢等，與諸佛等。惜乎！《壇經》為後人節略太多，不見六祖大全之旨。德異幼年嘗見古本，自後徧求三十餘載，近得通上人尋到全文，遂刊於吳中休休禪庵，與諸勝士同一受用。惟願開卷舉目，直入大圓覺海，續佛祖慧命無窮，斯余志願滿矣。

至元二十七年庚寅歲(西元 1290 年)，中春日

九、令韜法師錄

　　師入塔後，至開元十年壬戌（西元 722 年）八月三日夜半，忽聞塔中如拽鐵索聲，眾僧驚起，見一孝子從塔中走出。尋見師頸有傷，具以賊事聞於州縣。縣令楊侃，刺史柳無忝，得牒，切加擒捉。五日，於石角村捕得賊人，送韶州鞫問。云：「**姓張，名淨滿，汝州梁縣人。於洪州開元寺，受新羅僧金大悲錢二十千，令取六祖大師首，歸海東供養。**」柳守聞狀，未即加刑。乃躬至曹溪，問師上足令韜曰：「**如何處斷？**」韜曰：「**若以國法論，理須誅夷；但以佛教慈悲，冤親平等，況彼求欲供養，罪可恕矣。**」柳守加歎曰：「始知佛門廣大。」遂赦之。上元元年(庚子西元 760 年)，肅宗遣使就請師衣鉢歸內供養。至永泰元年(乙巳西元 765 年)5 月 5 日，代宗夢六祖大師請衣鉢；七日，敕刺史楊緘云：「**朕夢感『能禪師請傳衣袈裟却歸曹溪』，今遣鎮國大將軍劉崇景頂戴而送。朕謂之國寶，卿可於本寺如法安置。專令僧眾親承宗旨者，嚴加守護，勿令遺墜！**」後或為人偷竊，皆不遠而獲，如是者數四。

　　憲宗謚「大鑒禪師」，塔曰「元和靈照」。其餘事蹟，係載唐尚書王維碑。

守塔沙門令韜錄。

十、唐・王維撰「六祖能禪師碑銘」

　　無有可捨，是達有源；無空可住，是知空本。離寂非動，乘化用常。在百法而無得，周萬物而不殆。鼓枻海師不知菩提之行，散花天女能變聲聞之身；則知法本不生，因心起「見」；「見」無可取，法則常如。世之至人有證于此，得無漏不盡漏，度有為非無為者，其惟我曹溪禪師乎？

　　禪師俗姓盧氏，某郡某縣人也。名是虛假，不生族姓之家；法無中邊，不居華夏之地。善習表于兒戲，利根發于童心。不私其身，臭味于畊桑之侶；苟適其道，羶行于蠻貃之鄉。年若干，事黃梅忍大師。願竭其力，即安于井臼，素刉其心，獲悟于稊稗。

　　每大師登座，學眾盈庭；中有三乘之根，共聽一音之法。禪師默然受教，曾不

起予；退省其私，迥超無我。其有猶懷渴鹿之想，尚求飛鳥之跡；香飯未消，弊衣仍覆。皆曰「**升堂入室**」，測海窺天；謂得黃帝之珠，堪受法王之印。大師心知獨得，謙而不鳴。天何言哉？聖與仁豈敢！子曰「**賜也**」，吾與汝弗如！臨終，遂密授以祖師袈裟，而謂之曰：「**物忌獨賢，人惡出己，吾且死矣！汝其行乎？**」

禪師遂懷寶迷邦，銷聲異域。眾生為淨土，雜居止于編人；世事是度門，混農商于勞侶；如此積十六載。南海有印宗法師，講涅槃經；禪師聽于座下，因問大義，質以真乘；既不能酬，翻從請益。乃歎曰：「**化身菩薩在此，色身肉眼凡夫願開慧眼！**」遂領徒屬，盡詣禪居；奉為挂衣，親自削髮。于是大興法雨，普灑客塵，乃教人以忍。曰：

「**忍者無生，方得無我。始成于初發心，以為教首；至於定無所入，慧無所依。大身過于十方，本覺超于三世。根塵不滅，非色滅空；行願無成，即凡成聖。舉足下足，長在道場；是心是情，同歸性海。商人告倦，自息化城；窮子無疑，直開寶藏。其有不植德本，難入頓門；妄繫空花之狂，曾非慧日之咎。**」

常歎曰：「**七寶布施，等恆河沙；億劫修行，盡大地墨；不如無為之運，無礙之慈，弘濟四生，大庇三有。**」既而道德遍覆，名聲普聞。泉館卉服之人，去聖歷劫；塗身穿耳之國，航海窮年；皆願拭目于龍象之姿，忘身于鯨鯢之口，駢立于戶外，跌坐于床前。林是栴檀，更無雜樹；花惟薝蔔，不嗅餘香；皆以實歸，多離妄執。九重延想，萬里馳誠；思布髮以奉迎，願叉手而作禮。則天太后，孝和皇帝，並敕書勸諭，徵赴京城。禪師，子牟之心，敢忘鳳關？遠公之足，不過虎溪！固以此辭，竟不奉詔。遂送百衲袈裟及錢帛等供養。天王厚禮，獻玉衣于幻人；女后宿因，施金錢于化佛。尚德貴物，異代同符。

至某載月日中，忽謂門人曰：「**吾將行矣！**」俄而異香滿室，白虹屬地。飯食訖而敷坐，沐浴畢而更衣。彈指不留，水流燈焰。金身永謝，薪盡火滅；山崩川竭，鳥哭猿啼。諸人唱言：「**人無眼目！**」列郡慟哭：「**世且空虛！**」某月日，遷神于曹溪，安座于某所。擇吉祥之地，不待青烏；變功德之林，皆成白鶴。嗚呼！

大師至性淳一，天姿貞素；百福成相，眾妙會心。經行宴息，皆在正受；談笑語言，曾無戲論。故能五天重跡，百越稽首。修蛇雄虺，毒螫之氣銷；跳殳

彎弓，猜悍之風變。畋漁悉罷，蠱酖知非。多絕羶腥，效桑門之食；悉棄罟網，襲稻田之衣。永惟浮圖之法，實助皇王之化。

弟子曰神會：「遇師于晚景，聞道于中年。廣量出于凡心，利智踰于宿學。雖未後供，樂最上乘。先師所明，有類獻珠之願；世人未識，猶多抱玉之悲。」（中年，讀為冲年。六祖入滅時，神會二十六歲應生於垂拱四年戊子即西元688年）謂余知道，以頌見託。

偈曰：

五蘊本空，六塵非有；眾生倒計，不知正受。蓮花承足，楊枝生肘；苟離身心，孰為休咎？至人達觀，與物齊功；無心捨有，何處依空？不著三界，徒勞八風；以茲利智，遂與宗通。愍彼偏方，不聞正法；俯同惡類，將興善業。教忘斷嗔，修慈捨獵。世界一華，祖宗六葉。大開寶藏，明示衣珠；本源常在，妄轍遂殊。過「動不動」，離「俱不俱」，吾道如是，道豈在吾？道遍四生，常依六趣。有漏聖智，無義章句。六十二種，一百八喻，悉無所得，應如是住！

十一、唐・柳宗元撰「曹溪第六祖賜諡大鑒禪師碑」

扶風公（馬總）廉問嶺南三年，以佛氏第六祖未有稱號，疏聞于上。詔諡大鑒禪師，塔曰靈照之塔。元和十年（乙未西元815年）十月十三日，下尚書祠部；符到都府，公命部吏泊州司功掾告于其祠。幢蓋鐘鼓，增山盈谷，萬人來會，若聞鬼神。其時，學者千有餘人，莫不欣踴奮厲。如師復生，則又感悼涕慕，如師始亡。因言曰：自有生物，則好鬥奪，相賊殺，喪其本實；諅乖淫流，莫克返于初。孔子無大位，沒，以餘言持世；更楊墨黃老益雜，其術分裂。而吾浮圖說後出，推離還源，合所謂生而靜者。

梁氏好作有為，師達摩譏之，空術益顯，六傳至大鑒。大鑒始以能勞苦服役，一聽其言，言希以究；師（五祖）用感動，遂受信具。遁隱南海上，人無聞知。又十六年，度其可行，乃居曹溪；為人師，會學去來嘗數千人。其道，以無為為有，以空洞為實，以廣大不蕩為歸。其教人，始以性善，終以性善；不假耘鋤，本其靜矣。中宗聞名，使幸臣再徵，不能致。取其言以為心術，其說具在。今布天下，凡言禪，皆本曹溪。大鑒去世百有六年（先天二年癸丑至元和十三年戊戌西元713～818年），凡治廣部而以名聞者以十數，莫能揭其號；乃今始告天子，得大諡，豐佐吾道。其可無辭！

　　公始立朝，以儒重；刺虔州，都護安南。由海中大蠻夷，連身毒之西，浮舶聽命，咸被公德。受斿ˊ 纛ˋ 節□，來蒞南海，不殺不怒，人畏無噩，允克光於有仁。昭列**大鑒**，莫如公宜。

其徒之老，乃易石于宇下，使來謁辭。其辭曰：

達摩乾乾，傳佛語心；六承其授，**大鑒**是臨。勞勤專默，終挹于深；抱其信器，行海之陰。其道爰施，在溪之曹；厖ˊ 合猥ˊ 附，不夷其高。傳告咸陳，惟道之褎。生而性善，在物而具；荒流奔軼ㄧ ，乃萬其趣。匪思愈亂，匪覺滋誤；由師內鑒，咸獲于素。不植乎根，不耘乎苗；中一外融，有粹孔昭。在帝中宗，聘言于朝；陰翊王度，俾人逍遙。越百有六祀，號諡不紀；由扶風公，告今天子。尚書既復，大行乃謎。光于南土，其法再起；厥徒萬億，同悼齊喜。惟師教所被，泊扶風公所履，咸戴天子。天子休命，嘉公德美，溢于海夷，浮圖是視。

師以仁傳，公以仁理，謁辭圖堅，永胤ˊ 不已。

十二、唐·**劉禹錫**撰「曹溪第六祖**大鑒**禪師第二碑」

　　元和十一年(丙申西元816年)某月日，詔書追褒**曹溪**第六祖**能**公，諡曰**大鑒**；實廣州牧馬總以疏聞，繇是可其奏。尚道以尊名，同歸善善，不隔異教。一字之褒，華夷孔懷，得其所故也。馬公敬其事，且謹始以垂後，遂咨於文雄今**柳州**刺史河東柳君(宗元)為前碑。

　　後三年，有僧道琳率其徒由**曹溪**來，且曰：「願立第二碑！學者志也。」

　　唯如來滅後中五百歲，而**摩騰**、**竺法蘭**以經來，華人始聞其言，猶夫重昏之見旮爽；後五百歲，而**達摩**以法來，華人始傳其心，猶夫昧旦之覩白日。自**達摩**六傳至**大鑒**，如貫意珠，有先後而無同異，世之言真宗者所謂頓門。

　　初，**達摩**與佛衣俱來，得道傳付以為真印。至大鑒，置而不傳。豈以是為筌蹄耶？芻狗耶？將人人之莫已若而不若置之耶？吾不得而知也。

　　按**大鑒**，生**新州**，三十出家，四十七年而沒，既歿百有六年而諡。始自蘄之東山從第五師，得授記以歸。中宗使中貴人再徵，不奉詔，第以言為貢，上

敬行之。

銘曰：

至人之生，無有種類；同人者形，出人者智。蠢蠢南裔，降生傑異；父乾母坤，獨肖
元氣。一言頓悟，不踐初地；五師相承，授以寶器。宴坐曹溪，世號南宗；學徒爰
來，如水之東；飲以妙藥，瘳其痼聾。詔不能致，許為法雄。去佛日遠，羣言積億，
著空執有，各走其域；我立真筌，揭起南國。無修而修，無得而得；能使學者，還其
天識；如黑而迷，仰見斗極。得之自然，竟不可傳；口傳手付，則礙於有，留衣空
堂，得者天授。

十三、北宋・明教契嵩撰「六祖壇經贊」

　　贊者，告也；發經而溥告也。壇經者，至人之所以宣其心也。何心邪？佛所傳
之妙心也。大哉心乎！資始變化，而清淨常若；凡然聖然，幽然顯然，無所處而不
自得之。聖言乎明，凡言乎昧；昧也者變也，明也者復也，變復雖殊而妙心一也。

　　始釋迦文佛，以是而傳之大龜氏，大龜氏相傳之三十三世者傳諸大鑒，大鑒傳
之而益傳也。說之者抑亦多端，固有名同而實異者也，固有義多而心一者也。曰「血
肉心」者、曰「緣慮心」者、曰「集起心」者、曰「堅實心」者，若心所之心益多也，是
所謂名同而實異者也。曰「真如心」者、曰「生滅心」者、曰「煩惱心」者、曰「菩提心」
者，諸修多羅其類此者殆不可勝數，是所謂義多而心一者也。義有覺義有不覺義，
心有真心有妄心，皆所以別其正心也。方壇經之所謂心者，亦義之覺義，心之實心
也。昔者聖人之將隱也，乃命乎龜氏教外以傳法之要意，其人滯迹而忘返，固欲後
世者提本而正末也。故涅槃曰：「我有無上正法，悉已付囑摩訶迦葉矣。」

　　天之道存乎易，地之道存乎簡，聖人之道存乎要。要也者，至妙之謂也。聖人
之道以要，則為法界門之樞機，為無量義之所會，為大乘之椎輪。法華豈不曰「當知
是妙法諸佛之祕要」！華嚴豈不曰「以少方便疾成菩提」！要乎其於聖人之道，利而
大矣哉！是故壇經之宗，尊其心要也。心乎若明若冥若空若靈若寂若惺，有物乎？
無物乎？謂之一物，固彌於萬物，謂之萬物，固統於一物；一物猶萬物也，萬物猶
一物也，此謂可思議也。及其不可思也不可議也，天下謂之玄解、謂之神會、謂之
絕待、謂之默體、謂之冥通。一皆離之遣之，遣之又遣，亦烏能至之微？其果然獨

得與夫至人之相似者，孰能諒乎？

　　推而廣之，則無往不可也；探而裁之，則無所不當也。施於證性，則所見至親；施於修心，則所詣至正；施於崇德辨惑，則真妄易顯；施於出世，則佛道速成；施於救世，則塵勞易歇。此壇經之宗，所以旁行天下而不厭。彼謂即心即佛，淺者何其不知量也？以折錐探地而淺地，以屋漏窺天而小天，豈天地之然邪？然百家者，雖苟勝之，弗如也。而至人通而貫之，合乎羣經斷可見矣；至人變而通之，非預名字不可測也。故其顯說之，有倫有義；密說之，無首無尾。天機利者得其深，天機鈍者得其淺。可擬乎？可議乎？不得已況之，則圓頓教也，最上乘也，如來之清淨禪也，菩薩藏之正宗也。論者謂之「玄學」，不亦詳乎？天下謂之「宗門」，不亦宜乎？

　　壇經曰「**定慧為本**」者，趣道之始也。定也者，靜也；慧也者，明也。明以觀之，靜以安之；安其心可以體心也，觀其道可以語道也。「**一行三昧**」者，法界一相之謂也；謂萬善雖殊，皆正於一行者也。「**無相為體**」者，尊大戒也；「**無念為宗**」者，尊大定也；「**無住為本**」者，尊大慧。夫戒定慧者，三乘之達道也；夫妙心者，戒定慧之大資也；以一妙心而統乎三法，故曰「大」也。「**無相戒**」者，戒其必正覺也。

　　「**四弘願**」者，願度，度苦也；願斷，斷集也；願學，學道也；願成，成寂滅也。滅無所滅，故無所不斷也；道無所道，故無所不度也。「**無相懺**」者，懺非所懺也。

　　「**三歸戒**」者，歸其一也；一也者，三寶之所以出也。說摩訶般若者，謂其心之至中也。般若也者，聖人之方便也，聖人之大智也。固能寂之明之權之實之，天下以其寂，可以泯眾惡也；天下以其明，可以集眾善也；天下以其權，可以大有為也；天下以其實，可以大無為也。至矣哉般若也！聖人之道，非夫般若不明也不成也；天下之務，非夫般若不宜也不常也。至人之為以般若振，不亦遠乎！

　　「**我法為上上根人說**」者，宜之也。輕物重用則不勝，大方小授則過也。「**從來默傳分付**」者，密說之謂也；密也者，非不言而闇證也，真而密之也。不解此法而輒謗毀，謂百劫千生斷佛種性者，防天下亡其心也。偉乎壇經之作也！其本正，其迹效；其因真，其果不謬。前聖也，後聖也，如此起之，如此示之，如此復之，浩然沛乎！若大川之注也，若虛空之通也，若日月之明也，若形影之無礙也，若

鴻漸之有序也。妙而得之之謂本，推而用之之謂迹；以其非始者始之之謂因，以其非成者成之之謂果。果不異乎因，謂之正果也；因不異乎果，謂之正因也。迹必顧乎本，謂之大用也；本必顧乎迹，謂之大乘也。

乘也者，聖人之喻道也；用也者，聖人之起教也。夫聖人之道莫至乎心，聖人之教莫至乎修，調神入道莫至乎一相；止觀軌善成德莫至乎一行三昧。資一切戒莫至乎無相，正一切定莫至乎無念，通一切智莫至乎無住。生善滅惡莫至乎無相戒，篤道推德莫至乎四弘願，善觀過莫至乎無相懺，正所趣莫至乎三歸戒。正大體裁大用莫至乎大般若，發大信務大道莫至乎大志。天下之窮理盡性莫至乎默傳，欲心無過莫善乎不謗。定慧，為始道之基也；一行三昧，德之端也。無念之宗，解脫之謂也；無住之本，般若之謂也；無相之體，法身之謂也。無相戒，戒之最也；四弘願，願之極也；無相懺，懺之至也；三歸戒，真所歸也。摩訶智慧，聖凡之大範也。為上上根人說，真說也；默傳，傳之至也；戒謗，戒之當也。

夫妙心者，非修所成也，非證所明也，本成也本明也。以迷明者復明，所以證也；以背成者復成，所以修也。以非修而修之，故曰「正修」也；以非明而明之，故曰「正證」也。至人暗然不見其威儀，而成德為行藹如也；至人頹然若無所持，而道顯於天下也；蓋以正修而修之也，以正證而證之也。於此乃曰「罔修罔證，罔因罔果」，穿鑿叢脞，競為其說，繆乎至人之意焉。噫！放戒定慧而必趨乎混茫之空，則吾末如之何也！

甚乎含識溺心而浮識，識與業相乘，循諸響，而未始息也！象之形之，人與物偕生，紛然乎天地之間，可勝數邪？得其形於人者，固萬萬之一耳。人而能覺，幾其鮮矣！聖人懷此，雖以多義發之，而天下猶有所不明者也；聖人救此，雖以多方治之，而天下猶有所不醒者也。賢者以智亂，不肖者以愚壅，平平之人以無記惛。及其感物而發，喜之怒之哀之樂之，益蔽者萬端，曖然若夜行而不知所至。其承於聖人之言，則計之博之，若蒙霧而望遠：謂有也謂無也，謂非有也謂非無也，謂亦有也謂亦無也，以不見而卻蔽固，終身而不得其審焉。海所以在，水也；魚龍死生在海，而不見乎水。道所以在，心也；其人終日說道，而不見乎心。悲夫！心固微妙幽遠，難明難湊，其如此也矣。

聖人既隱，天下百世雖以書傳，而莫得其明驗；故壇經之宗舉，乃直示其心，而天下方知即正乎性命也，若排雲霧而頓見太清，若登泰山而所視廓如也。王氏以方乎世書曰「齊一變至於魯，魯一變至於道」，斯言近之矣。涅槃曰**始從鹿野苑，終**

至跋提河，中間五十年，未曾說一字」者，示法非文字也，防以文字而求其所謂也。曰「**依法不依人**」者，以法真而人假也。曰「**依義不依語**」者，以義實而語假也。曰「**依智而不依識**」者，以智至而識妄也，曰「**依了義經不依不了義經**」者，以了義經盡理也。

而菩薩所謂「**即是宣說大涅槃**」者，謂自說與經同也。聖人所謂「**四人出世護持正法，應當證知**」者，應當證知故，至人推本以正其末也。自說與經同故，至人說經如經也。依義依了義經故，至人顯說而合義也，合經也。依法依智故，至人密說變之通之而不苟滯也。示法非文字故，至人之宗尚乎默傳也。聖人如春，陶陶而發之也；至人如秋，濯濯而成之也。聖人命之而至人效之也，至人固聖人之門之奇德殊勳者也。

夫至人者，始起於微，自謂不識世俗文字。及其成至也，方一席之說而顯道救世，與乎大聖人之云為者若合符契也。固其玄德上智，生而知之，將自表其法而示其不識乎？殁殆四百年，法流四海而不息；帝王者聖賢者，更三十世求其道而益敬。非至乎大聖人之所至，天且厭之久矣！烏能若此也？予固豈盡其道！幸蚊虻飲海，亦預其味，敢稽首布之，以遺後學者也。

十四、元・南海釋宗寶撰「六祖壇經跋」

六祖大師平昔所說之法，皆大乘圓頓之言，故目之曰「經」。其言近指遠，詞坦義明，誦者各有所獲。明教嵩公常讚云：「**天機利者得其深，天機鈍者得其淺。**」誠哉言也！余初入道，有感於斯。續見三本不同，互有得失，其板亦已漫滅，因取其本校讎，訛者正之，略者詳之，復增入弟子請益機緣。庶幾學者得盡曹溪之旨。

按察使雲公從龍，深造此道，一日過山房，睹余所編，謂得《壇經》之大全，慨然命工鋟梓，顯為流通，使曹溪一派不至斷絕。或曰：「**達摩『不立文字，直指人心，見性成佛』，盧祖『六葉正傳』，又安用是文字哉？**」余曰：「**此經非文字也，達摩單傳直指之指也。南嶽青原諸大老，嘗因是指以明其心，復以之明馬祖石頭諸子之心。今之禪宗，流布天下，皆本是指。而今而後，豈無因是指而明心見性者耶？**」問者唯唯，再拜謝曰：「**予不敏，請併書於經末，以詔來者！**」

至元辛卯(元世祖二十八年西元 1291 年)夏，南海釋宗寶跋。

第一節　惠能於廣東 大梵寺說法緣起

（第一節到第三十七節為惠能大師於廣東的大梵寺講堂說法，佔全經文約 63%）

《敦博本》與《敦煌本》對校版原文 成立於唐玄宗(大約公元 733～801 年) 黃連忠博士精校 (果濱分段編排暨補充)	《宗寶本》原文 元世祖 至元二十八年(公元 1291 年) 宗寶法師改編 (果濱分段編排暨校對)
	➜『一』到『九十三』的標記方式為《宗寶本》原經文的次序，如此可更精準的比對《敦博本》經文內容。
敦煌市博物館〇七七號禪籍之四 南宗頓教最上大乘摩訶般若波羅蜜經六祖惠能大師於韶ᵇ 州 大梵寺施法壇經一卷 兼授無相戒　　　弘法弟子法海集記	『一』 【行由品第一】
1 惠能大師於大梵寺講堂中(大梵寺位於廣東 韶州府 韶關市興隆街上，南華寺則離韶關市區約有 22 公里。大梵寺乃唐開元二年僧宗錫所建，初名開元寺，後更名為大梵寺。韶州刺史韋據，請六祖至大梵寺講堂說法。北宋崇寧三年，又稱為崇寧寺。北宋政和中又改稱天寧寺，至南宋紹興三年，又敕名為報恩光孝寺，最後名為大鑒禪寺)，昇高座，說「摩訶般若波羅蜜」法，授「無相戒」。	時，(惠能)大師至寶林(謂當時六祖大師自廣州 法性寺(即光孝寺)出家後，回至曹溪的寶林寺，即今日的南華寺。南華寺距離韶關市區約 22 公里，故離大梵寺很近。寶林寺位於廣東省 韶州府 曲江縣南方六十里之南華山中，唐朝中宗神龍元年十二月十九日，敕改寺名為中興寺，後又改名為法泉寺。北宋太平興國三年，敕改名為南華寺，後又改名為華果寺)，韶ᵇ 州 韋刺史(韋據)與官僚入山(指南華山中的南華寺)，請(惠能)師出，(然後至)於城中大梵寺講堂，為眾開緣說法。
2 其時座下僧、尼、道、俗，「一萬餘」人，韶ᵇ 州刺史韋據及諸官僚三十餘	(惠能)師升座次，刺史官僚三十餘人，儒宗(儒者之宗師)學士三十餘人，僧、

人，儒士三十餘人，同請(惠能)大師說「摩訶般若波羅蜜」法。	尼、道、俗，「一千餘」人，同時作禮，願聞法要。
	大師告眾曰：善知識！ 菩提自性，本來清淨。 但用「此心」，直了成佛(當下即可直接了悟、頓悟自性即是佛)。
3 刺史遂令門人僧法海集記，流行後代，與學道者承此宗旨，遞相傳授，有所依約(依據信約)，以為稟承(稟受領承)，說此《壇經》。	

宗寶本《壇經》第一節開頭便說：「大師告眾曰：善知識！菩提自性，本來清淨。但用此心，直了成佛。」

菩提的「自性」為何本來就是「清淨」的？請從佛典來解釋此段的義理

《大方廣佛華嚴經·卷第三十六》
菩薩摩訶薩，亦復如是，大菩提心，本性清淨。

《外道問聖大乘法無我義經》
「菩提」心相，自性清淨。無物無喻，不可觀視，是最上句。

《金剛頂一切如來真實攝大乘現證大教王經·卷上》
諸佛皆告言：汝心本如是，為客塵所翳，菩提心為淨。

《大毘盧遮那成佛神變加持經·卷第一》
如是祕密主！「心、虛空界、菩提」三種無二，此等「悲」為根本……菩提心「清淨」，知識(如此知、如此識)其心。

《守護國界主陀羅尼經·卷第四》

復次善男子！菩提本性，清淨光明。何以故？心之實性「本清淨」故。

《金剛場陀羅尼經》

文殊師利！「無煩惱」者；是名「菩提」，本性清淨，無有「著處」，無有「生處」。

《佛說一切如來金剛三業最上祕密大教王經‧卷第一》

又復世尊不空成就金剛如來……作如是言：菩提心者，是即「自性淨光明」法。

《大方等大集經‧卷第二》

(1)一切眾生不知菩提「清淨寂靜」，如來於此而起大悲，演說正法，為令知故。

(2)善男子！一切眾生「心性本淨」。「性本淨」者，煩惱諸結，不能染著，猶若「虛空」不可沾污。

(3)「心性、空性」等無有二，眾生不知「心性淨」故，為「欲煩惱」之所繫縛。如來於此而起大悲，演說正法，欲令知故。

《大乘瑜伽金剛性海曼殊室利千臂千鉢大教王經‧卷第四》

(1)「心性淨者」則是「如來菩提性」也。「菩提之性」，體無「染污」，亦無「色象」。「菩提之性」與「空」俱等，「菩提之性」同於「法界」。

(2)「法界性」者，等同「平等」。「平等性」者，則同「究竟」。

(3)「心性寂靜」同為一體，是故「菩提、聖性」無一無二，亦無別異。如此證者，真同法性「無入無出」。

(4)言「法性」者，不執於「入」，不執於「出」，法性「無相」。

(5)如來「聖性」無「出、入」處，法智聖慧明達無障。

《大寶積經‧卷第三十九》

(1)舍利子！我證菩提「自性清淨」，云何名為「自性清淨」？

(2)舍利子！「菩提之性」體「無染污」。「菩提之性」與「虛空」等。「菩提之性」是「虛空性」。「菩提之性」同於「虛空」。「菩提、虛空」平等，平等究竟；性淨。愚癡凡夫不覺如是「自性清淨」，而為「客塵煩惱」之所染污……

(3)舍利子！我證菩提「無入、無出」……

(4)復次舍利子！我證菩提「無相、無境」…：

(5)復次舍利子！言「菩提」者，非「去、來、今」。三世平等，三相輪斷……

(6)我證菩提「無為、無性」……

(7)我證菩提「無差別迹」……

(8)舍利子！一切眾生不能覺悟「無差別迹」。如來於彼，發起「大悲」。我今定當開示，
　　令其覺悟，如是「無差別迹」故。

《大寶積經卷第六十・文殊師利授記會第十五之三》

(1)時師子勇猛白文殊師利言：仁者！久如當得菩提。

(2)文殊師利言：善男子！
　　若「虛空界」為「色身」時，我乃當得無上菩提。
　　若「幻人」得「菩提」，我乃當得。
　　若「漏盡阿羅漢」即是「菩提」，我乃當得。
　　若「夢響、光影」及以「化人」得「菩提」時，我乃當得。
　　若「月照」為晝，「日照」為夜，我乃當得「阿耨多羅三藐三菩提」。

(3)善男子！汝之所問，應當問彼「求菩提者」。

(4)師子勇猛言：仁者！豈不求「菩提」耶？

(5)答言：不也！何以故？「文殊師利」即是「菩提」，「菩提」即是「文殊師利」，所以者
　　何？

(6)「文殊師利」但有「名」，「菩提」亦但有「名」，此「名」亦離「無作」；故「空」，而彼「空
　　性」即是「菩提」。

《大般涅槃經》卷16〈梵行品 8〉

(阿闍世)大王！眾生「狂惑」，凡有四種。

一者、「貪狂」(貪名貪利之狂、貪財貪色之狂)。

二者、「藥狂」(吃藥後所生的副作用之狂、或吃錯藥所感招的狂)。

三者、「呪狂」(因持邪咒而導致瘋狂、或被下邪咒、或被下詛咒，或因持佛咒但貪「境界」而引發之狂)。

四者、「本業緣狂」(天生下來即狂，例如先天即有智障者，當然就會造一點惡業，這是他先天帶來的)。

(阿闍世)大王！我弟子中，有是「四狂」，雖多作惡，我終不記是人「犯戒」。是人所作，
(皆)不至「三惡」，若還「得心」(獲得原本的「清淨真心」)，亦不言「犯」(戒)。

(阿闍世)王本「貪國」(指貪圖「王位名利」之狂)，(故)「逆害」父王，(此乃阿闍世你自己的)「貪狂心」作
(發作；作怪)，云何「得罪」(如何能說百分之百一定會獲得重罪呢)？

(阿闍世)大王！如人「酒醉」，(竟然)逆害其母，既「醒寤」已，心生「悔恨」，當知是(殺)「業」，
亦不得報(並非是百分之百一定會得受業報)！(阿闍世)王今「貪醉」(指貪圖「王位名利」之醉狂)，非「本心」
作，若非「本心」(此並非是你原本的「清淨真心」所會作出來的事)，云何得罪？

(阿闍世)**大王！譬如「幻師」，四衢道頭，「幻作」種種，男女、象馬、瓔珞、衣服。「愚癡」之人，謂為「真實」，「有智」之人，知「非真有」。「殺」亦如是，凡夫謂「實」，諸佛世尊知其「非真」。**(如《永嘉證道歌》云：「夢裏明明有六趣，覺後空空無大千」)

《楞嚴經・卷四》

「狂性」自歇，歇即「菩提」。「勝淨明心」本周(周遍)**法界，不從人得，何藉**(假藉)**「劬**ㄑㄩˊ**勞」**(勞苦)**肯綮**ㄑㄧㄥˋ　(筋骨結合處)**修證。**(「狂性」若歇止，則自心「當下即是」圓滿的「菩提妙明真心」。眾生所具「勝妙極淨湛明」之真心，本來即可周遍十方法界，當下即可現前獲證，不從他人而得，如此何需再假藉「辛勞精勤」(勞苦筋骨)的去苦苦修證它呢？)

第二節　惠能敘己身世·前往湖北省 黃梅縣 東山寺之五祖弘忍大師求法

《敦博本》與《敦煌本》對校版原文	《宗寶本》原文
	『二十三』
	【般若品第二】
	次日，韋使君(韋據。漢時稱「刺史」爲「使君」)請益。師陞座，告大眾曰：總淨心念「摩訶般若波羅蜜多」(mahā 大-prajñā 般若-pāramitā 波羅蜜)。
1 能大師言：善知識！淨心念「摩訶般若波羅蜜」法(mahā 大-prajñā 般若-pāramitā 波羅蜜)。	
	『二』
2 大師「不語」，自淨「心神」，良久乃言：善知識靜聽：	善知識！且聽慧能行由(修行來由、前因後果等諸因緣)「得法」事意(事情的意義)。
3 惠能慈父(盧行瑫)，本官范陽(今河北省)，左降(左遷降職)遷流嶺南(流放於五嶺之南，即今廣東省)，(後)作新州(新州即今之廣東省新興縣，在肇慶府南一百三十里處，此是惠能的故鄉所在地)百姓(惠能生於638年)。	慧能嚴父(盧行瑫)，本(籍)貫范陽，左降(左遷降職)流于嶺南，(後)作新州百姓。
惠能幼小，父亦早亡，老母孤遺(本喻無父母之子女，此喻亡父之子)，移來南海。艱辛貧乏，於市「賣柴」。	此身不幸，父又早亡，老母孤遺(本喻無父母之子女，此喻亡父之子)，移來南海。艱辛貧乏，於市「賣柴」。
忽有一客(欲)買柴，遂(帶)領惠能至於「官店」(供作生意使用的官營店房)，客(人)將柴(帶)去。惠能得錢(後)，卻(走)向門前，忽見一客讀《金剛經》。惠能一聞，心明便悟。	時有一客買柴，使令(我)送至「客店」(供作生意使用的官營店房)。客收(柴)去，慧能得錢，卻出門外，見一客誦經。慧能一聞經語，心即開悟。 遂問：客誦何經？

	客曰：《金剛經》。
4乃問客曰：從何處來，持此經典？	復問：從何所來，持此經典？
5客答曰：我於蘄ㄐ州 黃梅縣東馮茂山，禮拜五祖弘忍和尚，現今在彼，門人有千餘眾。	客云：我從蘄ㄐ州 黃梅縣東禪寺來。其寺是五祖忍大師在彼主化（主持度化眾生），門人一千有餘。
我於彼聽見（弘忍）大師勸「道、俗」，但持《金剛經》一卷，即得見性，直了成佛。	我到彼（東禪寺）中禮拜（弘忍大師），聽受此經。（弘忍）大師常勸「僧、俗」，但持《金剛經》，即自見性，直了成佛。
6惠能聞說（後），（自覺）宿業有緣，便即辭親，往黃梅 馮茂山禮拜五祖弘忍和尚。（弘忍大師住於五祖寺，五祖寺今位於湖北省 黃梅縣，一名東山寺）	慧能聞說（後），（自覺）宿昔有緣，乃（承）蒙一客（人），取銀十兩（給）與慧能，令充（實）老母衣糧，教便往黃梅參禮五祖。
	慧能安置母畢，即便辭違（辭別違離）。
	不經三十餘日，便至黃梅，禮拜五祖。

六祖《註金剛經解義》序

(1)經是聖人之語，教人聞之，超凡悟聖，永息迷心。

(2)此一卷經，眾生性中本有，不自見者，但讀誦「文字」。

(3)若悟本心，始知此經，不在「文字」。

(4)若能明了「自性」，方信一切諸佛，從此經出。

《勝天王般若波羅蜜經·卷四》

(1)舍利弗！菩薩摩訶薩以「般若」波羅蜜方便力故，無諸怖畏。何以故？

(2)「執金剛神」常守護故，若行、若立、若坐、若臥，恆不遠之。

(3)舍利弗！菩薩摩訶薩聞說深「般若」波羅蜜，心不驚、不怖、不疑、不悔，當知是人已得「授記」。何以故？

(4)信受般若波羅蜜，「近佛境界」故。以此一心，則能通達一切佛法，(通)達佛法故，(更能去)利益眾生，(因為已達)不見「眾生」與「佛法」異(的最高境界)。何以故？理無二故。

第三節　惠能禮五祖，不求餘物，唯求「作佛」。人有南北，「佛性」無南北

《敦博本》與《敦煌本》對校版原文	《宗寶本》原文
	『三』
1 弘忍和尚問惠能曰：汝何方人？來此山禮拜吾，汝今向吾邊，復求何物？	祖（弘忍大師）問曰：汝何方人。欲求何物？
2 惠能答曰：弟子是嶺南人，新州百姓，今故遠來禮拜和尚，不求餘物，唯求「作佛」。	慧能對曰：弟子是嶺南 新州百姓，遠來禮師，惟求「作佛」，不求餘物。
3 大師遂責惠能曰：汝是嶺南人，又是獦獠（原指獵頭的獠人），若為堪作佛？	祖（弘忍大師）言：汝是嶺南人，又是獦（獵的異體字）獠（古同「僚」➔今分布在廣東、廣西、湖南、四川、雲南、貴州等區的仡佬族），若為堪作佛？
4 惠能答曰：人即有南北，「佛性」即無南北。獦獠（原指獵頭的獠人）身與和尚不同，「佛性」有何差別？	慧能曰：人雖有南北，「佛性」本無南北。獦 獠 身與和尚不同，「佛性」有何差利？
5 大師欲更共語（議），見左右（徒眾）在旁邊，大師便不言，遂發遣惠能，令隨眾作務。	五祖更欲與語（議），且見徒眾總在左右，乃令隨眾作務。
	慧能曰：慧能啟和尚，弟子自心常生智慧。不離「自性」，即是福田。未審和尚教作何務？
	祖云：這獦 獠 根性大利。汝更勿言，著（安置）槽（米槽）廠去。
時有一行者，遂差（遣）惠能於碓	慧能退至後院，有一行者，差（遣）

坊_ㄈ (舂米作坊)踏碓(踩踏杵杆而令杵頭起落去舂米),八個餘月。	慧能破柴踏碓_ㄆ (踩踏杵杆而令杵頭起落去舂米)。經八月餘。
	祖(弘忍大師)一日忽見慧能,曰:吾「思」汝之「見」(智慧見解)可用,恐有惡人害汝(因疾妒而陷害),遂不與汝言。汝知之否?
	慧能曰:弟子亦知師意。不敢行至堂前(此指老和尚上堂的法堂說),(可以)令人不覺(察)。

《楞嚴經·卷九》

佛告阿難及諸大眾:汝等當知有漏世界(之)十二類生,「本覺」(本性清淨之覺)妙明(勝妙明淨),覺圓(本覺圓滿)心體(心性之體),與十方佛無二無別。

《楞嚴經·卷一》

(1)汝等當知:一切眾生,從無始來,生死相續,皆由不知「常住真心」性淨明體(本性清淨之妙明體性),用諸「妄想」,此「想」(妄想)不真(不是真實),故有輪轉(輪迴流轉)。

(2)汝今欲研(研求)無上菩提,真發明性(真實發露顯明你的心性),應當「直心」詶(古同「酬」→酬答)我所問。十方如來同一道故,出離生死,皆以「直心」,心言「直」(心直則言直)故。

(3)如是乃至「終、始」地位,中間永無諸「委曲」(委紆邪曲)相。(如《楞嚴經·卷六》云:因地不真,果招迂曲)

明·曾鳳儀《楞伽阿跋多羅寶經宗通·卷六》

(1)此「靈覺性」,無始以來,與「虛空」同壽。

(2)未曾「生」未曾「滅」。未曾「有」未曾「無」。未曾「穢」未曾「淨」。未曾「喧」未曾「寂」。未曾「少」未曾「老」。無方所無內外。無數量無形相。無色象無音聲。

(3)不可覓不可求。不可以「智慧」識。不可以「語言」取。不可以「境物」會。不可以「功用」到。

(4)諸佛菩薩與一切蠢動含靈,同此「大涅槃性」。

(5)「性」即是「心」。「心」即是佛,「佛」即是「法」。一念「離真」,皆為妄想。

(6)不可以「心」更求於「心」。不可以「佛」更求於「佛」。不可以「法」更求於「法」。

(7)故學道人，直下「無心」，默契而已。能透<u>黃檗</u>語，即知「涅槃」真相所在。

第四節　五祖集門人索偈，預付「衣、法」為第六代祖

《敦博本》與《敦煌本》對校版原文	《宗寶本》原文
	『四』
1五祖忽於一日喚門人盡來，門人集訖(完畢)。	祖(弘忍大師)一日喚諸門人總來。
2五祖曰：吾向汝說，世人生死事大。汝等門人，終日供養(接受十方供養，或指供養三寶)，只求(修習)「福田」，不求出離生死苦海。	吾向汝說：世人生死事大。汝等終日只求(修習)「福田」，不求出離生死苦海。
汝等「自性」迷(失)，「福門」何可救汝？	「自性」若迷(失)，「福」何可救？
3汝等且歸房自看，有智慧者，自取「本性般若之智」，各作「一偈」呈吾。	汝等各去，自看智慧，取自「本心般若之性」，各作「一偈」，來呈吾看。
吾看汝偈，若悟「大意」(指最高般若空性)者，付汝「衣、法」，稟(賦予；領受)為六代。火急(火速緊急)作！	若悟「大意」(指最高般若空性)，付汝「衣、法」，為第六代祖。火急(火速緊急)速去，不得遲滯(遲緩滯礙、滯疑)。
	「思量」(此指第六意識妄想之思慮量度等)即不「中用」(有用)，見性之人，言下須見(指當下即「見性」)，若如此者，輪刀上陣，亦得見之(就算處在舞刀入陣，緊急作戰時，同樣能夠聞言立刻見性，不須任何擬議與思量)。

「自性若迷，福何可救」。請從佛典來解釋「福德」與「功德」的異同

福德
1 梵語 punya，譯作「福德」，有時也會譯成「功德」二字，「福德」是指能夠獲得「世間、

出世間」幸福之行為。《阿含經》將善行分為「出世間無漏梵行」_(清淨行)與「世間有漏」福德二種。「福德」即指布施等行為，係成為「生天之因」的在家修行。

2 《觀無量壽經》將生於淨土之因的修行分為「定善」_(使心集中一事而不散亂時所修之善)與「散善」_(以日常心所修之善)。

「散善」又分「三福」為：

　　(一)**世福**：世間之道德。

　　(二)**戒福**：佛所制定之戒律。

　　(三)**行福**：大乘自行化他之善根。

3 修「福業」而得幸福，稱為「福因福果」。又由於布施予僧伽，即可得福果，故作為布施對象之僧伽，有生福德之意，遂稱「僧伽」為「福田」。

4 供「旅人」及「貧窮者」所使用之宿舍，稱為「福舍」(puṇya-śālā)。

5 據《增一阿含經・卷十二・三寶品》載，世尊以「布施、持戒_(平等)、修定_(思惟，屬有漏定)」等為「福業」，即「六度中」之「前五度」亦稱為「福德」，又稱「三福」，或「三福業事」。

6 能招感「人、天福利果報」之「有漏善業」，又稱為「福業」(puṇya-karma)。據《百論疏・卷上之上》所說，「福」乃富饒之義，修行善業能招感人、天之樂果，故稱「福業」。

功德

1 梵語 guṇa。音譯作「懼曩、麌曩、求那」，意指「功能福德」，亦謂行善所獲之「果報」。《往生論註・卷上》詳論「虛偽、真實」之二種功德。

2 《大乘義章・卷九》云：**言功德，功謂「功能」，善有「資潤福利」之功，故名為「功」；此功是其「善行家德」，名為「功德」。**

3 《勝鬘寶窟・卷上》本云：「惡盡」曰功，「善滿」稱德。又德者，「得」也；修「功」所得，故名「功德」也。

4 功德之深廣喻為「海」，所以稱為**「功德海」**(guṇa-sāgara)，其貴重如寶就謂**「功德寶」**(guṇa-ratna)，其他尚有「功德藏、功德聚、功德莊嚴、功德林」等多種名稱。

「生死苦海」為何與「只求福田」有關？請從佛典來解釋此段的義理

六祖《金剛經口訣》

(1)凡夫之人，生緣念有，識在業變，習氣薰染，因生愈甚，故既生之後，心著諸妄。

(2)妄認「四大」以為我身，妄認「六親」_(有版作六根)以為我有，妄認「聲色」以為快樂，妄認塵勞以為富貴，心目知見，無所不妄。

(3)諸妄既起，煩惱萬差，妄念奪真，「真性」遂隱，人我為主，真識為客。三業前引，百業後隨，流浪生死，無有涯際，生盡則滅，滅盡復生，生滅相尋，至墮諸趣，輾轉不知。

(3)愈恣無明，造諸業罟，遂至塵沙劫盡，不復人身。

明・宗鏡禪師述，覺連重集《銷釋金剛科儀會要註解・卷第一》

(1)百年光景，全在剎那。四大幻身，豈能長久。每日塵勞汨 汨(沉沒淪落、動蕩不安)，終朝業識茫茫，不知一性之「圓明」，徒逞六根之貪欲，功名蓋世，無非大夢一場。

(2)富貴驚人，難免「無常」二字，爭「人」爭「我」，到底成空。誇會誇能，必竟非實。風火散時無老少，溪山磨盡幾英雄。

(3)緣鬢未幾，而白髮早侵；賀者纔臨，而弔者隨至。一包膿血，長年苦戀恩情；七尺髑髏，恣意濫貪財寶。出息難期入息，今朝不保來朝，愛河出沒幾時休，火宅憂煎何日了。

(4)不願出離業網，只言未有功夫，「閻羅王」忽地來追，「崔相公」豈容展限。

(5)回首家親都不見，到頭業報自家當，鬼王獄卒，一任欺凌，劍樹刀山，更無推抵，或攝沃焦石下，或在鐵圍山間，受鑊湯則萬死千生，邁刼 磕 則一刀兩段。

(6)飢吞熱鐵，渴飲鎔銅，十二時甘受苦辛，五百劫不見頭影，受足罪業，復入輪迴。頓失舊時人身，換卻這迴皮袋，披毛戴角，啣 鐵負鞍，以肉供人，用命還債。

(7)生被刀砧 之苦，活遭湯火之災，互積冤愆，遞相食噉，那時追悔，學道無因，何如直下承當，莫待今生蹉 過。

《宗鏡錄・卷第九十》

(1)又若得「般若」，則一切處「無著」，不為「境縛」，即是「解脫」。

(2)若顯「法身」得解脫，功全由「般若」。

《大智度論・釋初品中毘梨耶波羅蜜義第二十七》(卷第十六)

(1)「無色界天」，樂「定心」著，不覺命盡，(將來可能會)墮在「欲界」，受禽獸形。

(2)「色界」諸天，亦復如是，(將來可能會)從「清淨處」墮，還受婬欲，在不淨中。

(3)「欲界」六天，樂著「五欲」，(將來可能會)還墮地獄，受諸苦痛。

(4)見「人道」中，以十善福，貿(轉換)得人身。人身多苦少樂，壽盡多墮惡趣中。

《大乘本生心地觀經・卷第五》

(1)三界之頂「非非想天」，八萬劫盡，(將來可能會)還生下地。

(2)轉輪聖王，千子圍遶，七寶眷屬，四洲咸伏，壽命報盡，須臾不停。

(3)我今亦爾,假使壽年滿一百歲,七寶具足,受諸快樂,琰ˇ 魔使至,不免(遭受)無常。

➔ 註:據此則知雖享受「非非想天」、轉輪聖王之福報,及人間福壽康寧,亦終不免再入生死大海之苦耳!是故「自性若迷」,雖「修福」亦何可救哉?

《天台四教儀》

從「地獄」至「非非想天」,雖然苦樂不同,未免生而復死,死已還生,故名生死。

「本性般若之智」乃遠離「思量分別」。請從佛典來解釋此段的義理

《宗鏡錄·卷第九十》

(1)法一切萬行,皆由「般若」成立。故五度如盲,「般若」如導。
(2)若布施無般若,唯得一世榮,後受餘殃債。
(3)若持戒無般若,暫生上欲界,還墮泥犁中。
(4)若忍辱無般若,報得端正形,不證寂滅忍。
(5)若精進無般若,徒興生滅功,不趣真常海。
(6)若禪定無般若,但行色界禪,不入金剛定。
(7)若萬善無般若,空成「有漏因」,不契「無為果」。
(8)故知「般若」是險惡徑中之導師,迷闇室中之明炬。生死海中之智楫ˇ,煩惱病中之良醫。
(9)碎邪山之大風,破魔軍之猛將,照幽途之赫日,警昏識之迅雷。
(10)抉愚盲之金錍ˇ,沃渴愛之甘露,截癡網之慧刃給貧,濟乏之寶珠。

《法華經·卷一》

舍利弗!諸佛隨宜說法,意趣「難解」。所以者何?我以無數方便,種種因緣、譬喻言辭,演說諸法。是法非「思量分別」之所能解,唯有諸佛乃能知之。

第五節　諸門人皆息心不作，欲候神秀作偈得法

《敦博本》與《敦煌本》對校版原文	《宗寶本》原文
	『五』
1 門人得(到五祖的)**處分**(處理吩咐)，(於是)卻來各至自房，遞相謂言：我等不須**澄心**(澄靜心神)**用意**(用心意志)作偈，將呈和尚。	眾得(到五祖的)**處分**(處理吩咐)，(於是)**退而**遞相謂曰：我等眾人，不須澄心(澄靜心神)**用意**(用心意志)作偈，將呈和尚，有何所益？
神秀「上座」，是教授師，秀上座得法後，自可依止，偈不用作！	神秀「上座」，現為教授師，必是他得。我輩謾（古通「慢」→傲慢）作偈頌，枉(費)用心力。
2 諸人「息心」(止息作偈之心)，盡不敢呈偈。	諸人聞語，總皆「息心」(止息作偈之心)，咸言：我等已後，依止秀師，何(麻)煩作偈？
	『七』
3 時大師(弘忍大師)堂前有三間房廊，於此廊下(欲)**供養**(經變圖等畫冊)，欲畫《楞伽》變(指《楞伽經》中的變相圖)，並畫五祖大師傳授「衣、法」(袈裟衣與禪宗心法)，(作為)**流行後代為記**。(作)**畫人盧珍看壁**(步廊上的牆壁)**了，明日下手**(動手處理)。	五祖堂前，有步廊三間，擬請供奉**盧珍**畫《楞伽經》變相，及「五祖血脈圖」(初祖達摩傳至五祖弘忍的嫡傳世系譜繪成圖像)，(作為)**流傳供養**。

神秀大師的記載介紹

《高僧傳・卷八》

(1)釋神秀，俗姓李氏，今東京 尉氏人也。少覽經史，博綜多聞。既而奮志出塵(出家)，

剃染(剃髮)受法。

(2)後遇<u>蘄</u>ˋ<u>州</u>，<u>雙峰</u> <u>東山寺</u>，五祖(弘)<u>忍</u>師，以「坐禪」為務。乃歎伏(讚歎拜服)曰：此真吾師也。

(3)決心苦節(苦行志節)，以「樵ˊ 汲ㄐㄧ」(打柴汲水)自役(自我役使)，而求其道。

(4)(弘)<u>忍</u>於上元中卒(圓寂)，(神)<u>秀</u>乃往<u>江陽</u> <u>當陵山</u>居焉。(有)<u>四海</u>緇ㄗ 徒(僧侶)，嚮風(歸依；仰慕)而靡ㄇㄧˇ (披靡拜倒)，道譽(道行高深的聲譽)馨香(芳馨香馥)，普蒙(普皆蒙受)熏灼(亦作「燻灼」喻聲威氣勢逼人)。

(5)(武)<u>則天太后</u>聞之，召赴(京)<u>都</u>，肩輿(亦作「肩輦」，抬乘轎子)上殿，(皇帝)親加跪禮，於內(內宮)道場，豐(富)其供施(供養及厚施)。時時聞(聽神秀大師講)道，(並)敕於昔(之所)住山，置<u>度門寺</u>，以旌ㄐㄧㄥ (表彰)其德(道德)。

(6)時(自)<u>王公</u>以下，(所有)<u>京邑</u>(京城都邑)<u>士庶</u>(士民百姓)，競至禮謁ㄧㄝˋ (神秀大師)，望塵拜伏(喻望塵而拜)，日有萬計(參訪諸客人達萬人)。

(7)洎ㄐㄧˋ (自從)<u>中宗</u> <u>孝和帝</u>即位，尤加寵重(神秀大師)。中書命<u>張說</u>嘗問法(佛法大義)，(且)執弟子禮。退謂人曰：禪師「身長八尺」(換算後約為240.8公分，此喻非常高大之意)，龍眉秀目，威德巍巍，王霸之器也。

何謂「上座」？

僧尼稱呼「上座」者，有三義：
一、「生年」上座：出家受正式的「具足戒」後，十年內稱為「下座」，十年至二十年內稱為「中座」，三十年以上則稱為「上座」。
二、「福德」上座：不論出家的戒臘，只論其「道德」，若其「道理」為眾所推尊，亦名「福德上座」。
三、「法性」上座：不論出家的戒臘，唯論「見性」與否，是否已「明宗證果」。

稱「教授」者，是為「五種阿闍梨」中的第三種。
「教授」弟子「威儀作法」等，宣傳「聖言」，皆名之為「教」。
「訓誨」弟子種種的「法義」，名之為「授」。

弘忍大師的徒眾為何不作偈語，他們心裡在想些什麼？

《楞嚴經・卷一》

(1)<u>阿難</u>聞已，重復悲淚(阿難第二次悲泣。共六次)！五體(一頭二手雙腳)投地，長跪合掌而白

佛言：自我從佛發心出家，恃佛威神，常自思惟：

(2)無勞(不必勞煩)我修，將謂如來惠(恩惠)我「三昧」。不知身心本不相代，失我「本心」(本元眞心)。雖身出家，心不入道，譬如窮子，捨父逃逝。

惠能與《楞伽經》的關係

　　六祖惠能是否也繼承了達摩的「楞伽禪」？這是個有趣的問題。我們先引惠能的開悟偈頌：「菩提本無樹，明鏡亦非臺。佛性常清淨，何處有塵埃」(現在流通版作：本來無一物，何處惹塵埃。此乃晚唐・惠昕所改的)，這與《楞伽經》「自性清淨，客塵所覆故，猶見不淨」的經文是不謀而合的。當代佛學大師印順亦認為惠能的法門實際上仍是《楞伽》的「如來禪」，印順法師引惠能的再傳弟子馬祖 道一的話來證明，如《佛祖歷代通載・卷十四》馬祖 道一禪師說：「達摩……傳上乘一心之法……引《楞伽經》文，以印眾生心地，恐汝顛倒，不自信此心之法各各有之」。引文中的「此心」，指的就是《楞伽經》所說的「真實心」，可見惠能及其門下所傳仍然是達摩的「楞伽禪」。

　　一、就整體而言，《六祖壇經》到處說「即心即佛」、「見性成佛」，即可說明惠能是主張「唯心論」或「如來藏」學說的。如《壇經》云：「吾今教汝……見自心佛性，汝等自心是佛，更莫狐疑」。此一「佛性」就是眾生的「自性、本性」或「本心」，它相當於《楞伽經》所說的「如來藏」或「真實心」。

　　二、《壇經》說：「我本元自性清淨」、「世人性本清淨」。此一「本淨的自性」又是「常住不動」的，如云：「真性常自在……於第一義而不動。」雖這個「常住不變」的自性是本淨的，可是如同《楞伽經》所說一樣，也被「客塵」所覆，如《壇經》云：「人性本淨，由妄念故，蓋覆真如。世人性本清淨……被妄念浮雲蓋覆自性，不得明朗」。引文中雖以「浮雲」代替《楞伽經》的「客塵」名詞，從文中可知「浮雲」指的就是「妄念」，此「妄念」和《楞伽經》所說的「阿賴耶識與七識俱」觀點相同。

　　三、從《壇經》另一段話可以看得更清楚，如云：「自性能含萬法，名『含藏識』。若起『思量』，即是『轉識』，生『六識』、出六門(六根)、見六塵。如是一十八界，皆從自性起用」。引文中說到「自性能含萬法」，名「含藏識」，這其實就是《楞伽經》所說一切法唯心所現的「藏識」思想。《大乘入楞伽經・卷第一》中說：「見海波浪，觀其眾會『藏識』(阿賴耶識)大海境界風動，『轉識(前七識)』浪起。」這是說性淨的「藏識」(第八識)，如果生起「思量」分別(第七識)，即隨「前六識」共俱。「六根身」乃妄執「六外境」，因而有「根、境、識」和合所生起的一切法，其實這都是從「自性起妄念分別」

所產生的作用。《壇經》的「藏識」思想，與《楞伽經》思想是一致的。

　　四、《壇經》另外還提到如同《楞伽經》所說的「宗通」與「說通」的思想。如《楞伽阿跋多羅寶經・卷第三》云：**爾時大慧菩薩復白佛言：世尊！唯願為我及諸菩薩說「宗通相」。若善分別「宗通相」者，我及諸菩薩通達是相。通達是相已，速成「阿耨多羅三藐三菩提」，不隨「覺想」及「眾魔外道」……佛告大慧：一切「聲聞、緣覺、菩薩」有二種「通相」；謂「宗通」及「說通」。《壇經》則云：「說通」及「心通」，如日處虛空。惟傳「見性法」，出世破「邪宗」。**

　　從上所述可知，惠能所弘傳的仍然是不離達摩「楞伽禪」的「藏識」思想。

「曹溪禪」中含有《楞伽》祖統的實質之事實

　　「曹溪禪」中含有《楞伽》祖統的實質之事實，學術界亦中多有此主張。如楊惠南《壇經中之自性的意含》、《禪史與禪思》頁 209。郭朋《隋唐佛教》頁 526，皆主張這樣的觀點。

　　唐・馬祖 道一所傳的禪法，特別重視《楞伽經》。在《祖堂集》中，他說「**每謂眾曰：汝今各信自心是佛，此心即是佛心，是故達摩大師自南天竺國來，傳上乘一心之法，令汝開悟，又數引《楞伽經》文，以印眾生心地，恐汝顛倒，不自信此一心之法，各各有之。故《楞伽經》云：『佛語心為宗，無門為法門』。**」（詳《祖堂集・卷十四》，《高麗藏》第 45 冊頁 274 中）

　　引文中可見《楞伽經》在馬祖時代非常地受到重視，這樣的思潮，對他所開啟的「洪州宗」，也有著一定的影響。如《祖堂集》中載有仰山弟子道存的提問：「**馬大師語本及諸方老宿數引《楞伽經》，復有何意**（詳《祖堂集・卷十八》）？從這資料看來，馬祖的影響力確實存在；另外「**諸方老宿**」引用《楞伽經》的情況，在當時禪門中是非常普遍的，尤其是初唐禪宗派之一「**保唐宗**」的無住和尚（714～774），他對《楞伽經》的重視，較馬祖可謂有過之而無不及，《歷代法寶記》記錄無住和尚引用《楞伽經》的次數就有十一次之多！

　　禪宗五門「神會、臨濟、溈仰、雲門、法眼」的思想中，也都可見禪師們引用《楞伽》或經文中「唯識學」的理念。例如：

神會說：「**夫求解脫者，離身意識，五法、三自性、八識、二無我……**」這些觀念，完全是引自《楞伽》經文。（參《南陽和上頓教解脫禪門直了性壇語》，詳楊曾文編《神會和尚禪話錄》頁8）。

「臨濟」初參大愚，是「**於大愚前，説《瑜伽論》，談唯識**」。可知「臨濟」亦重視唯識。(詳《祖堂集‧卷十九》頁353)。

「臨濟」說：「**莫隨境緣分別，所以心生種種法生，心滅種種法滅**」。（詳《天聖廣燈錄》，卷十一）。

「溈山」說：「**三界二十五有，內外諸法，盡知不實，從心變起，悉是假名**」。（參《禪門諸祖偈頌‧卷二》）

「溈仰」師弟談保任功夫，論及「**浮漚識**」、「**想生、相生、流注生**」，這都是明顯的唯識觀念的運用。(詳《祖堂集‧卷十八》頁348中～下)。

「雲門」說：「**教云：心生種種法生，心滅種種法滅。**」(詳《古尊宿語錄‧卷十六》)。

「法眼」說：「**三界唯心，萬法唯識。**」（詳《景德傳燈錄‧卷二十九》）

這都是明確運用了「唯識學」的觀念。

「曹溪禪」確實採用《楞伽經》結合「唯識」理論而成為「如來禪」的修法，它將《楞伽經》中那套極繁瑣的「唯識觀念」體系簡化了，將它濃縮成最精簡而完整的綱要，借此與「如來藏」學方便互相搭配運用以廣度眾生。

第六節　　神秀果然作「心偈」呈驗

《敦博本》與《敦煌本》對校版原文	《宗寶本》原文
	『六』
1上座<u>神秀</u>思維，諸人不呈「心偈」，緣我為教授師，我若不呈「心偈」_(心中體悟禪法而藉文字抒發詩偈)，五祖如何得見我心中見解深淺？	<u>神秀</u>思惟：諸人不呈「偈」者，_(因)為我與他為教授師。我須作「偈」，將呈和尚，若不呈「偈」，和尚如何知我心中見解深淺？
2我將心偈上五祖呈意，求「法」即善，覓「祖」_(祖師大位)不善，卻同凡心，奪其聖位。 若不呈「心偈」，終不得法_(殊勝禪法)。 良久思維，甚難！甚難！	我呈偈意，求法即善，覓「祖」即惡，卻同「凡心」，奪其聖位奚別？ 若不呈「偈」，終不得法。 大難！大難！
	『八』
3夜至三更，不令人見，遂向南廊下，中間壁上題作呈心偈，欲求「衣、法」_(袈裟衣與禪宗心法)。	<u>神秀</u>作偈成已，數度欲呈。行至堂前，心中恍惚，遍身汗流，擬呈不得。前後經四日，一十三度呈偈不得。_(以上內容極可能是後人「戲劇話」增添之語句)
若五祖見偈，言此偈語，若_(五祖來)訪覓我，我見和尚，即云是<u>秀</u>作。	<u>秀</u>乃思惟，不如向廊下書著，_(若)從「他和尚」看見。忽若道好，即出禮拜，云是<u>秀</u>作。
	若道「不堪」，枉向山中數年，受人禮拜，更修何道！
	『十一』
	<u>秀</u>復思惟，五祖明日見偈歡喜，即我與法有緣。

4五祖見偈言「不堪」，自是我迷，宿業障重，不合得法。「聖意」難測，我心自息。	若言「不堪」，自是我迷，宿業障重，不合得法。聖意難測，房中思想，坐臥不安，直至五更。 祖已知<u>神秀</u>入門未得，不見自性。 『九』
5<u>秀</u>上座三更於南廊下，中間壁上，秉燭題作偈，人盡不知。偈曰(此偈名為「無相偈」)：	是夜三更，不使人知，自執燈，書偈於南廊壁間，呈「心」(此處總算出現與《敦博本》出現多次的「心偈」二字)所見。偈曰(此偈名為「無相偈」)：
6身是菩提樹，心如明鏡臺。 　時時勤拂拭，「莫使有」塵埃。	身是菩提樹，心如明鏡臺。 　時時勤拂拭，「勿使惹」塵埃。

「般若無上大法」非以「心、意、識」求得，思惟與分別，皆不可得也。請從佛典來解釋此段的義理

《楞嚴經・卷七》

(1)妄性「無體」(沒有真實存在或獨存的自體性)，非「有所依」(妄心本無處所，真心不落思惟)。將欲「復真」(回復真如自性)，欲「真」已非真(真正的)「真如」性(前文言「言妄顯諸真，妄真同二妄」)。

(2)「非真」(生滅妄心)求復(回復真如自性)，宛(宛轉)成「非相」。(狂心若歇，歇即菩提。真如自性乃「非真、非妄」)

《宗鏡錄・卷第四十六》

不用求「真」，唯須息「見」。

《新華嚴經論・卷第一》

不如一念，緣起「無生」，超彼「三乘」權學等見。

《中論・觀法品第十八》

諸法實相者，「心行」（虛妄心識所行之諸境）言語斷。

《中論‧觀如來品第二十二》
如是性空中，「思惟」亦不可。

《中論‧觀涅槃品第二十五》
諸法不可得，滅一切「戲論」，無人亦無處，佛亦無所說。

第七節　五祖焚香勸誦<u>神秀</u>偈，得見性，不墮落，但與無上菩提無緣

《敦博本》與《敦煌本》對校版原文	《宗寶本》原文
	『十』
1<u>神秀</u>上座題此偈(指「無相偈」)畢，卻歸房臥，並無人見。	<u>秀</u>書偈(指「無相偈」)了，便卻歸房，人總不知。
	『十二』
2五祖平旦(天剛亮時)，遂喚<u>盧</u>(盧珍畫師)「供奉」(具特殊才藝者之尊稱)來南廊下，畫《楞伽》變。	天明，(五)祖喚<u>盧</u>「供奉」(具特殊才藝者之尊稱)來，向南廊壁間繪畫圖相。
3五祖忽見此偈(指「無相偈」)，讀訖，乃謂「供奉」(盧珍畫師)曰：<u>弘忍</u>與「供奉」錢三十千，深勞遠來(深深勞煩您遠道而來)，不畫變相也。	(五祖)忽見其偈(指「無相偈」)。報言：「供奉」卻不用畫，勞爾遠來(深深勞煩您遠道而來)！
4《金剛經》云：「凡所有相，皆是虛妄」。不如留此偈(指「無相偈」)，令迷人誦。 依此(指「無相偈」)修行，不墮「三惡」。依法修行，有大利益。	經云：「凡所有相，皆是虛妄」。但留此偈(指「無相偈」)，與人誦持。 依此偈(指「無相偈」)修，免墮「惡道」。依此偈修，有大利益。
5大師遂喚門人盡來，「焚香」偈前，眾人見已，皆生敬心。	令門人「炷香」(焚香)禮敬。
6<u>弘忍</u>曰：汝等盡「誦」此偈(指「無相偈」)者，方得「見性」，依此修行，即「不墮落」。	盡「誦」此偈(指「無相偈」)，即得「見性」。
7門人盡誦，皆生敬心，喚言善哉！	門人誦偈，皆歎善哉！

8五祖遂喚<u>秀</u>上座於堂內，問：是汝作偈否？若是汝作，應得我法。	祖三更喚<u>秀</u>入堂，問曰：偈是汝作否？
9<u>秀</u>上座言：罪過^(自謙詞)！實是<u>神秀</u>作。 不敢求祖，願和尚慈悲，看弟子有小智慧，識大意^(指最高般若空性)否？	<u>秀</u>言：實是<u>秀</u>作。 不敢妄求祖位，望和尚慈悲，看弟子有少智慧否？
10五祖曰：汝作此偈，見解只到「門前」，尚未得入。 凡夫依此偈修行，即「不墮落」。 作此見解，若覓「無上菩提」，即不可得。 要入得門，見自「本性」。	祖曰：汝作此偈，未見「本性」。 只到「門外」，未入「門內」。 如此見解，覓「無上菩提」，了不可得。 無上菩提，須得言下「識自本心」，見自「本性」不生不滅，於一切時中念念自見^(本性)。 萬法無滯^(礙)，一真一切真，萬境自如如。如如之心，即是真實。 若^(能)如是見，即是^(見)「無上菩提」之自性也。
11汝^(神秀)且去，^(給你)一兩日思維，^(再)更作一偈來呈吾。 若入得門，見自本性，當付汝「衣、法」。	汝^(神秀)且去，^(給你)一兩日思惟，^(再)更作一偈，將來^(帶來)吾看。 汝偈若入得門，付汝「衣、法」。
12<u>秀</u>上座去數日，作偈不得。	<u>神秀</u>作禮而出。又經數日，作偈不成。心中恍惚，神思不安，猶如夢中，行坐不樂^(行住坐臥皆不樂，因心中有愁思。此極可能是後人「戲劇話」增添之語句)。

弘忍大師在前文中對神秀大師說「若是汝作，應得我法」，為何此處卻說「見解只到門前，尚未得入」？弘忍大師為何判定神秀大師的偈語是「見解只到門前」？

《楞嚴經・卷七》

(1)佛言：阿難當知，妙性(妙明眞性)「圓明」(圓滿光明)，離諸名相，本來無有世界、眾生。

(2)因「妄」(妄想)有「生」(妄生)，因「生」有「滅」，「生、滅」名「妄」。滅「妄」名「真」(若能轉物，則同如來)

《楞嚴經・卷四》

阿難！若於「因地」以「生滅心」(意識的生滅妄心)為本修因，而求佛乘「不生不滅」，無有是處。

《楞嚴經・卷六》

(1)「因地」不真(據《宋版磧砂藏》作「眞」字)，果招紆ㄩ 曲(紆迴曲折)。求佛菩提，如「噬ㄕˊ 臍ㄑㄧˊ 人」(以嘴咬臍，終不能及)，欲誰成就？

(2)若諸比丘，「心」如「直弦」，一切真實，入三摩地，永無魔事。我印是人，成就菩薩「無上知覺」。

　　據神秀大師所呈偈意，仍屬「有功用道」上的事，尚見「有身」之可修，有「心垢」之可拭，「身、心」仍未忘，仍有所修、有所證。「身是菩提樹」，則仍有「身」可修，可喻為「身見」未忘。

　　「心如明鏡臺」，則仍有「心如明鏡臺」的一個「心」，表示「我相」還在；只要「有我相」，相對的「人相、眾生相」就在。**時時勤拂拭**，表示仍有修道的「時間長短」相，此即「壽者相」。

　　「勿使惹塵埃」，既然怕被「外相」上的塵埃給「惹」上，則表示此人的「眾生相」仍在。既然「四相」都還在，當然就無法到達「最高第一義諦」的「離相」境界。

　　故五祖大師便說：「**汝作此偈，未見本性，只到門外，未入門內**」也。但此偈頌對

然「初機」或「漸學、漸修」者，當然是有利的。

故五祖又云：「**依此偈修，有大利益。**」若從「初機、漸修、漸進」的立場來看，是有「大利益」的。只是這仍然是屬於「有為的一種功用」，未能徹見「本心真性」。如果真的能「明心見性」的話，則「幻化空身」即是「法身」，又何必去執著「身」與「心」呢？亦無「鏡臺」上的「淨」與「不淨」問題。禪宗三祖僧璨大師的「信心銘」說：「**勿惡六塵，六塵不惡，還同正覺**」。外相上的「六塵」境界本來就是「非惡」的，當然亦是「非善」的，吾人只要一念自性覺悟，當下即是「正覺」。「六塵」當下即是「菩提」，何須再「**時時勤拂拭，勿使惹塵埃**」呢？

五祖引用《金剛經》云「**凡所有相，皆是虛妄**」。若「著相」而修，「著相」而行，採取「三輪體不空」的修行方式，雖然亦名為「精進」用功，只能徒獲「世間有漏福德」，難以超脫「生死輪迴」，便何況去證入「不生不滅」的「諸法實相」呢？

五祖雖然已知神秀「**入門未得，不見自性**」及「**汝作此偈，未見本性。**」卻又願意勸大眾「**盡誦此偈，即得見性**」。

其實五祖說神秀的「未見性」是「實說」，至於「勸誦偈語即得見性」則是另一種「權說」。五祖如果直斥神秀的偈頌完全「一無可取」，則「中、下機」的人便無從修學。因為「上根器」者少，能達「三輪體空、無修無證者」更少，眾生根器不一，所以不可能「人人皆適用」的。故五祖先讚揚神秀的偈頌，使「初機學者」有個「門路」可修，也可以讓神秀的門人不會立刻退道心，也可保護惠能六祖在「安全」之下得受「心法之印」，故弘忍大師有此讚揚的舉動是可理解的。

另外五祖說「**盡誦此偈，即得見性**」者，「盡誦」二個字應該要理解為「究竟明了」。所謂「盡誦」就是要能悟徹「**身、心、樹、臺**」這四個相皆是「假名有」，無一法可得，既是「離一切相」，也是「即一切法」，能達「離即不二」，就可以進入「不生不滅」的諸法「實相」。能到達這樣的境界者，當然也可以「見性」的。

> **「菩提」乃不從「身」得，亦不從「心」得。「身、心」倆俱非方是菩提真義。請從佛典來解釋此段的義理**

《金剛經》

(1)世尊！不可以身相得見如來。何以故？如來所說身相，即非身相。

(2)佛告須菩提：凡所有相，皆是虛妄。若見諸相非相，則見如來。

《佛說莊嚴菩提心經》

(1)「菩提心」者，非「有」(真實存有)、非「造」(人為創造)，離於「文字」。

(2)「菩提」即是「心」，「心」即是「眾生」，若能如是解，是名「菩薩修菩提心」。

《外道問聖大乘法無我義經》

(1)智者於一切時……恒觀「菩提之心」，靈明廓澈，「無自性」，無罣礙，亦「無所住」，一切皆空，亦復遠離一切「戲論」。

(2)外道！「菩提心相」，不硬不軟，不熱不冷，無觸無執。

(3)又「菩提心相」，非長非短，不圓不方，不肥不瘦。

(4)又「菩提心相」，不白不黑，不赤不黃，非色非相。

(5)彼「菩提心」，不作相，非顯耀，無性，無纏縛，由如虛空而無色故。「菩提心相」而「離觀察」。

(6)外道！而汝不知「菩提心相」與「般若」波羅蜜多而相應故。

(7)又「菩提心相」，自性清淨，無物無(比)喻，不可(去)觀視，是最上句。

(8)又「菩提心相」，非(屬於)諸物像，無(有)相似者。如水成漚ㄡ，雖覩(但並)非有(真實存有)，如幻化，如陽焰。喻如泥團，作諸坯ㄆ 器。眾名雖具(看似具有眾多的名稱、稱呼)，咸成戲論。

(9)貪瞋癡等，亦幻化有，「一味空」故，如電之住，剎那不見。

(10)觀彼「般若」波羅蜜多及作「諸善」，亦復如是。

(11)至於談笑嬉戲，歌舞歡樂，飲食愛欲，一切如夢。有情諸行，畢竟體空，心喻虛空……行「般若」行，恒若此觀，了一切性，自然解脫，得最上句。

(12)諸佛所說「無上菩提」由斯生出，當作是觀。

(13)作此觀者得「最上涅槃」，乃至往昔造作諸過，咸悉「除滅」，生無量「德」。而於此生「不染諸過」，專精觀行，決定成就。

《如來莊嚴智慧光明入一切佛境界經・卷下》

(1)文殊師利！菩提「無身、無為」，何者是「無身」？何者是「無為」？

(2)文殊師利！「無身」者，所謂「非眼識」知，非「耳鼻舌身意識」知。

(3)文殊師利！若非「心、意、意識」知。彼「無為」，言「無為」者，「不生、不住、不滅」，是故言三世「清淨無為」。……

(4)文殊師利！「菩提」者不可以「身」得，不可以「心」得。何以故？

(5)<u>文殊師利</u>！身者：頑癡，「無覺無心」，譬如草木、牆壁、土塊、影像。

(6) 　　　　　心者：如幻，「空無所有」，不實不作。

(7)<u>文殊師利</u>！「身、心」如實，覺名為「菩提」。依世間名字「非第一義」。何以故？

(8)<u>文殊師利</u>！菩提「非身、非心、非法、非實、非不實、非諦、非不諦」。不可如是
　　　　　説。

(9)<u>文殊師利</u>！不可以一切法説「菩提」。何以故？

(10)<u>文殊師利</u>！菩提「無住處」可説。

(11)<u>文殊師利</u>！譬如虛空，無住處可説，「無為、無生、無滅」。菩提亦如是，「無住、
　　　　　無為、無生、無滅」可説。

(12)<u>文殊師利</u>！譬如一切世間之法，若求其「實」，不可得説。

(13)<u>文殊師利</u>！菩提亦如是，以一切法説「菩提實」，亦不可得。何以故？

(14)<u>文殊師利</u>！「實法」中無名字章句可得。何以故？不生不滅故。

(15)<u>文殊師利</u>！言「菩提」者，名「不可取、不可依」。

(16)<u>文殊師利</u>！何者「不可取」？何者「不可依」？

(17)<u>文殊師利</u>！如實知「眼」不可取。不見「色」，名為「不可依」。

　　　　　如實知「耳」不可取。不聞「聲」，名為「不可依」。

　　　　　如實知「鼻」不可取。不聞「香」，名為「不可依」。

　　　　　如實知「舌」不可取。不知「味」，名為「不可依」。

　　　　　如實知「身」不可取。不覺「觸」，名為「不可依」。

　　　　　如實知「意」不可取。不見諸「法」，名為「不可依」。

(18)<u>文殊師利</u>！如是如來。

　　　　　「不取、不依」名證菩提。如是證菩提。

　　　　　不取「眼」，不見「色」，是故不住「眼識」。

　　　　　不取「耳」，不聞「聲」，是故不住「耳識」。

　　　　　不取「鼻」，不聞「香」，是故不住「鼻識」。

　　　　　不取「舌」，不知「味」，是故不住「舌識」。

　　　　　不取「身」，不覺「觸」，是故不住「身識」。

　　　　　不取「意」，不知「法」，是故不住「意識」。

(19)<u>文殊師利</u>！如來不住「心、意、意識」，是故得名如來應正遍知。

《大方等大集經·卷第二》

(1)善男子！夫「菩提」者，不可以「身」得，不可以「心」得。何以故？「身、心」如「幻」
　　故。

(2)若能了知身心「真實」（眞實的面目是如「幻」），是名「菩提」。為「流布」（法義的流通布施）故，

(假)名為「菩提」，而(菩提)其「性相」實不可說。

(3)善男子！夫「菩提」者，不可說「身」，不可說「心」。

(4)不可說「法」，不可說「非法」。

(5)不可說「有」，不可說「無」。

(6)不可說「實」，不可說「空」。何以故？性「不可說」故。

(7)「菩提」者，無有住處。不可宣說，猶如「虛空」。為真實知一切諸法，不可宣說。

(8)「字」中無「法」，「法」中無「字」，為流布故，故可宣說。

(9)一切凡夫不知「真實」，是故如來於此眾生而起「大悲」，演說「正法」為令知故。

(10)善男子！夫「菩提」者，「無取、無緣」。云何「無取」？云何「無緣」？

(11)知眼「真實」，名為「無取」。知眼「無境」，名為「無緣」，乃至了知「意」之真實，名為「無取」。知意「無境」名為「無緣」。

(12)如來世尊以如是義，知於菩提「無取著」，故名為「無取」。無「屋宅」，故名為「無緣」。「眼識」不住於彼「色」中，名「無屋宅」，乃至「意識」亦復如是。

《維摩詰所說經》

(1)菩提者，不可以「身」得，不可以「心」得。

(2)「寂滅」是菩提「滅諸相」故。

(3)「不觀」是菩提「離諸緣」故。

(4)「不行」是菩提「無憶念」故。

(5)「斷」是菩提「捨諸見」故。

(6)「離」是菩提「離諸妄想」故。

(7)「障」是菩提「障諸願」故。

(8)「不入」是菩提「無貪著」故。

(9)「順」是菩提「順於如」故。

(10)「住」是菩提「住法性」故。

(11)「至」是菩提「至實際」故。

(12)「不二」是菩提「離意法」故。

(13)「等」是菩提「等虛空」故。

(14)「無為」是菩提「無生住滅」故。

(15)「知」是菩提了眾生「心行」故。

(16)「不會」是菩提「諸入不會」故。

(17)「不合」是菩提「離煩惱習」故。

(18)「無處」是菩提「無形色」故。

(19)「假名」是菩提「名字空」故。

(20)「如化」是菩提「無取捨」故。

(21)「無亂」是菩提「常自靜」故。

(22)「善寂」是菩提「性清淨」故。

(23)「無取」是菩提「離攀緣」故。

(24)「無異」是菩提「諸法」等故。

(25)「無比」是菩提「無可喻」故。

(26)「微妙」是菩提「諸法難知」故。

世尊！維摩詰說是法時，二百天子得「無生法忍」。

《集諸法寶最上義論・卷上》

(1)如妙吉祥菩薩言：菩提者，不可以「身」得，不可以「心」得。

(2)若「無心」即「無身」，「身心離」故「無為、無作、如幻、如化」，若如是說為菩提者。

(3)諸佛說此是為「菩提」，能入諸佛「平等」境界，是故乃可名「智莊嚴」，而不莊嚴彼「一切智」。「一切智性」不可得故。

(4)菩提「無生」亦復「無滅」，不一、不異。非此、非彼。諸佛如來咸作是說。

第八節　惠能作二偈。本來無一物，佛性常清淨，心身兩俱非。見性非在「偈」

《敦博本》與《敦煌本》對校版原文	《宗寶本》原文
	『十三』
1 有一童子(原指未受「具足戒」的青年小師父，後來亦作為「在家青年菩薩」的通稱)，**於碓 坊 邊過，唱誦此偈。惠能一聞**(神秀的「無相偈」)，**知**(此偈)「**未見性**」，**即識**「**大意**」(此偈之大意)。	復兩日，有一童子(原指未受「具足戒」的青年小師父，後來亦作為「在家青年菩薩」的通稱)**於碓 坊 過，唱誦其偈。慧能一聞**(神秀的「無相偈」)，**便知此偈**「**未見本性**」。(慧能)**雖未蒙**(任何人的)**教授，早識**「**大意**」(此偈之大意)。
2 能問童子：適(剛才)**來誦者，是何言偈？**	(慧能)**遂問童子曰：誦者何偈？**
3 童子答能曰：你不知大師言：生死事大，欲傳「衣、法」，令門人等各作一偈來呈吾看，悟「大意」(指最高般若空性)，即付「衣、法」，稟為六代祖。	童子曰：爾這獦 獠 不知，大師言：世人生死事大，欲得傳付「衣、法」。令門人作偈來看，若悟「大意」(指最高般若空性)，即付「衣、法」，為第六祖。
4 有一上座名**神秀**，忽於南廊下書「無相偈」一首，五祖令諸門人盡誦，悟此偈者，即「見自性」，依此修行，即得「出離」。	**神秀**上座，於南廊壁上書「無相偈」。大師令人皆誦，依此偈修，免墮「惡道」，依此偈修，有「大利益」。
5 **惠能答曰：我此踏碓 八個餘月，未至堂前，望「上人」**(對童子的尊稱)**引惠能至南廊下，見此偈「禮拜」，亦願誦取**(讀誦與記取)，**結來生緣**(指來生成佛之緣)，**願生佛地**(既願生有佛之地，則指清淨佛國，故亦屬淨土，並非在三界內輪迴)。	**慧能曰：我亦要誦此，結來生緣**(指來生成佛之緣)。「**上人**」(對童子的尊稱)**！我此踏碓 八個餘月，未曾行到堂前，望「上人」引至偈前「禮拜」。**
6 童子引**能**至南廊下，**能**即「禮拜」此偈。	童子引(慧能)**至偈前「禮拜」。**

為不識字，請一人讀。<u>惠能</u>聞已，即識「大意」（此偈之大意）。	<u>慧能</u>曰：慧能不識字，請「上人」為讀。
7<u>惠能</u>亦作一偈，又請得一「解書人」，於西間壁上題著，呈（呈顯）自「本心」（本元真心佛性）。	時有<u>江州</u>「別駕」（州刺史的佐官），姓<u>張</u>名<u>日用</u>，便高聲讀。<u>慧能</u>聞已，遂言：亦有一偈，望「別駕」為書。
	『十六』
不識本心，學法無益，識心（真心）見性（本性），即悟「大意」（指最高般若空性）。	祖（弘忍大師）知悟「本性」，謂<u>慧能</u>曰：不識「本心」，學法無益。若識「自本心」，見「自本性」，即名「丈夫、天人師、佛」。
	『十四』
	「別駕」（張日用）言：汝亦作偈，其事稀有。
	<u>慧能</u>向「別駕」（張日用）言：欲學「無上菩提」，不得輕於「初學」。下下人有「上上智」，上上人有「沒意智」（沒有心智思量的一種愚鈍）。若輕（賤）人，即有無量無邊罪。
	「別駕」（張日用）言：汝但誦偈，吾為汝書。汝若得法，先須度吾，勿忘此言。
惠能偈曰： **8**菩提本無樹，明鏡亦無臺。 　<u>佛性常清淨</u>，何處「有」塵埃？ **9**又偈曰：	慧能偈曰： 菩提本無樹，明鏡亦非臺。 <u>本來無一物</u>，何處「惹」塵埃！ （「本來無一物」五個字，乃晚唐・<u>惠昕</u>所改。967 年）

心①是菩提樹，身②為明鏡臺。 明鏡本清淨，何處「染」塵埃？ **10** 院內徒眾，見能作此偈，盡怪，惠能卻入碓坊。 **11** 五祖忽來廊下，見惠能偈，即知識「大意」(此偈之大意)。恐眾人知，五祖乃謂眾人曰：此亦「未得」了。 註①②：黃本原文校作「身是菩提樹，心為明鏡臺」，據《敦煌本》及《敦博本》皆作「心是菩提樹，身為明鏡臺」。且第三十六節有云：「菩提」本清淨，起「心」即是妄。	書此偈已，徒眾總驚，無不嗟訝(嗟嘆驚訝)。各相謂言：奇哉！不得以貌取人，何得多時，使他肉身菩薩？(如何沒得多時，竟讓慧能他成就了肉身的菩薩啊) (五)祖見眾人驚怪，恐人損害(惠能)，遂將鞋擦了偈，曰：亦「未見性」。眾以為然(眾人也是這樣認為的)。

何謂「上人」？

惠能稱童子為「上人」者，乃惠能大師自謙而「敬人」之語。此與惠能自呼為「獦獠」，或者別人稱他為「獦獠」，剛好相反。聖人與凡夫之別，由此可見矣。

《增壹阿含經・卷第三十九》
夫人處世，「有過」能「自改」者，斯名「上人」。

《摩訶般若波羅蜜經・卷第十七》
(1)復次，須菩提！阿惟越致(avinivartanīya 阿鞞跋致、不退轉)菩薩摩訶薩為「上人」，不為「下人」。
(2)須菩提白佛言：世尊！云何為「上人」？
(3)佛告須菩提：若菩薩摩訶薩一心行「阿耨多羅三藐三菩提」，「心不散亂」是名「上人」。以是行、類、相貌，當知是名「阿惟越致」(avinivartanīya 阿鞞跋致、不退轉)相。

《十住毗婆沙論・卷第一》

世間有四種人。一者「自利」。二者「利他」。三者「共利」（同時做到「自利又利他」）。四者「不共利」。

是中「共利」（同時做到「自利又利他」）者，能行慈悲，饒益於他，名為「上人」。

➜ 今惠能自稱為「獦獠」，卻尊稱別的法師為「上人」。如經云：我此踏碓八個餘月，未至堂前，望「上人」引惠能至南廊下，見此偈「禮拜」，亦願誦取，結來生緣，願生佛地。

《傳法正宗記‧卷第六》

(1)初大鑑（惠能大師）示為「負薪」之役，混一凡輩，自謂「不識文字」。及其以道稍顯，雖三藏教文，俗間書傳，引於言論，一一若素練習，發演聖道，解釋「經義」，其「無礙大辯」，灝 若「江海」，人不能得其「涯」涘。

(2)昔唐相始興公，張九齡方為童，其家人攜拜大鑑（惠能大師）。大鑑撫其頂曰：此奇童也，必為國器（國家大器之材）。其先知遠見，皆若此類。孰謂其（惠能大師）不識「世俗文字」乎。

(3)當其時，有江州「別駕」官（州刺史的佐官），姓張名日用，聞師請讀，即便高聲讀誦，以應所請。

一、《敦博本》「佛性常清淨」與《宗寶本》「本來無一物」的研究

1、經不誤人，法本無疑。一切皆「自心自誤」是也

＊請參考下面經文：

《敦博本》	《敦博本》	《宗寶本》	《宗寶本》
	（下面原是「敦博本」惠能的偈誦） **菩提本無樹，明鏡亦無臺。** **佛性常清淨，何處有「塵埃」？** **又偈曰：** （下面原是「敦博本」惠能的偈誦） **心是菩提樹，身為明鏡臺。** **明鏡本清淨，何處染「塵埃」？**		（下面原是「宗寶本」惠能的偈誦） **菩提本無樹，明鏡亦非臺。** **本來無一物，何處「惹」塵埃！** （本來無一物五字乃晚唐‧惠昕所改） （下面原是「宗寶本」神秀的偈誦） **身是菩提樹，心如明鏡臺。** **時時勤拂拭，「莫使有」塵埃。**
第四十二節	經上無疑，汝心「自邪」，而求「正法」，吾心「正定」	第四十二節	經本無疑，汝心自疑……吾亦勸一切人，於自「心」

	即是持經…… 大師言：法達！吾常願一切世人，「心地」常自「開佛知見」，莫開「眾生知見」。 →經不誤人，法本無疑。 　一切皆「自心自誤」是。		中，常開「佛之知見」……若能「正心」，常生智慧，觀照「自心」，止惡行善，是自開「佛之知見」。 →經不誤人，法本無疑。 　一切皆「自心自誤」是。
		第一節	大師告眾曰：善知識！菩提自性，本來清淨。但用「此心」，直了成佛。 →此與《敦博本》的「佛性常清淨」同義。
		第七節	無上菩提，須得言下「識自本心」，見自「本性」不生不滅……「如如」之心，即是真實。 若如是見，即是「無上菩提」之「自性」也。 →此與《敦博本》的「佛性常清淨」同義，本心或佛性皆「不生不滅」。
		第九節	慧能言下大悟，一切萬法，不離「自性」。遂啟祖（弘忍大師）言： 何期（豈料：想不到）自性「本自清淨」。 何期自性「本不生滅」。 何期自性「本自具足」。 何期自性「本無動搖」。 何期自性「能生萬法」。 →此與《敦博本》的「佛性常清淨」同義，本心或佛性皆「不生不滅」。
第三十六節	「菩提」本清淨，起「心」	第三十六節	但心清淨，即是「自性西

	即是妄。「淨性」於「妄」中，但正除「三障」。		方」……菩提只向「心」覓，何勞向「外」求玄？……「菩提」本自性，起「心」即是妄。 「淨心」在「妄」中，但正無「三障」。
	→「菩提」本清淨。 此與「佛性常清淨」同義。		→「菩提」本清淨，只在「自心」中。 此與《敦博本》「佛性常清淨」同義。
		第五十節	汝等慎勿觀「靜」，及「空」其「心」。此心「本淨」，無可「取、捨」。 →不著「淨」，亦不執「斷滅空」。 此句與「佛性常清淨」同義。

2、法本以「心」傳「心」，非在「偈」上用功夫是也

《敦博本》	《敦博本》	《宗寶本》	《宗寶本》
第九節	「衣」，將為信稟，代代相傳。 「法」，以「心」傳「心」，當令「自悟」。 →法本以「心」傳「心」。 非在「偈」上用功夫是也。	第九節	「法」，則以「心」傳「心」，皆令「自悟」自解。自古佛佛惟傳「本體」，師師密付「本心」。 「衣」為爭端，止汝勿傳。 →法本以「心」傳「心」。 非在「偈」上用功夫是也。
第三十二節	欲(願)入(證入)「聖位」，然須「傳授」，從上以來(從過去到現在)，默然(以心印心默默傳授)而付「衣、法」。發「大誓願」，不退「菩提」，即須「分付」(分別傳授付託)。 →法本以「心」傳「心」。 非在「偈」上用功夫是也。	第三十二節	定(決定要)入(證入)「聖位」，然須「傳授」，從上以來(從過去到現在)「默傳」(以心印心默默傳授)分付(分別付託)，不得匿其「正法」。 →法本以「心」傳「心」。 非在「偈」上用功夫是也。
第五十七節	如來入涅槃，法教流東	宣詔品第九	南方有能禪師，「密授」忍

	土。共傳「無住心」，即我心「無住」。此真菩薩説，真實示行喻（眞實開示修行的譬喻之法）。唯教「大智人」，「無住」是旨依（宗旨之依）。 →「無住心」即是法。 　非在「偈」上用功夫是也。		大師「衣、法」，傳「佛心印」，可請彼問。 →法本以「心」傳「心」及「密授」。 　非在「偈」上用功夫是也。
第二節	忽見一客讀《金剛經》。惠能一聞，「心」明便悟。 →「悟」乃在「心」上。 　非在「偈」上用功夫是也。	第二節	慧能一聞經語，「心」即開悟。 →「悟」乃在「心」上。 　非在「偈」上用功夫是也。
第十六節	識自「本心」，是見「本性」，「悟」即原無差別，「不悟」即長劫輪迴。 →「悟」乃在「心」上， 　非在「偈」上用功夫是也。	第十六節	自識「本心」，自見「本性」，既無差別。所以立「頓、漸」之「假名」。 →「悟」乃在「心」上， 　非在「偈」上用功夫是也。甚至立「頓、漸」亦是假名。
第三十節	故知一切萬法，盡在「自身心中」。何不從於「自心」，「頓見」真如本性。 →「悟」乃在「心」上。 　非在「偈」上用功夫是也。	第三十節	故知萬法盡在「自心」。何不從「心中」，「頓見」真如本性？ →「悟」乃在「心」上。 　非在「偈」上用功夫是也。
第三十五節	性在「身心存」，性去「身心壞」。佛是「自性作」，莫向「身外求」。 →「悟」乃在「心」上。 　非在「偈」上用功夫是也。	第三十五節	性在「身心存」，性去「身心壞」。佛向「性中作」，莫向「身外求」。 →「悟」乃在「心」上。 　非在「偈」上用功夫是也。
第五十二節	我「心」自有佛，「自佛」（自我心中之佛）是「真佛」。自若無「佛心」（心中無佛之慈悲智慧），向何處求「佛」？ →「自心」即佛。「佛與心」不	第五十二節	我「心」自有佛，「自佛」是「真佛」。自若無「佛心」，何處求「真佛」？汝等「自心是佛」，更莫狐疑。外無一物而能建立，皆是「本心」生「萬種法」。 →「自心」即佛。「佛與心」不二。

			萬法皆「自心」所生。
	二。		

3、「染、淨」俱非，「內、外」不著、無住。
佛性常清淨，所謂的「清淨」只是一句「假名有」，因為佛性的真義是「非淨、非染」

《敦博本》	《敦博本》	《宗寶本》	《宗寶本》
第十八節	「淨」無形相，卻立「淨相」，言是(此)功夫(修行功夫)。作此見(見解)者，障自本性，卻被「淨」縛……「看心、看淨」，卻是障道因緣。 →「淨」本無形相，「染」亦無形相。故不著「淨」，不著「染」。 「淨染」皆俱非，方是真般若。	第十八節	「淨」無形相，卻立「淨相」，言是工夫。作此見者，障自本性，卻被「淨」縛……若「著心、著淨」，即障道也。 →「淨」本無形相，「染」亦無形相。故不著「淨」，不著「染」。 「淨染」皆俱非，方是真般若。
第二十九節	內、外「不住」，來去自由。能除「執心」，通達無礙。「心」修此行，即與《般若波羅蜜經》本無差別。 →「內、外」皆能達「不住、無著、無執」之理，方是真般若。	第二十九節	內、外「不住」，去來自由。能除「執心」，通達無礙。能修此行，與《般若經》本無差別。 →「內、外」皆能達「不住、無著、無執」之理，方是真般若。
		法海法師篇	師曰：前念「不生」即心，後念「不滅」即佛。成一切相」即心，「離一切相」即佛。 →「不生」是心。「不滅」是佛。 「離一切相」是佛。 「成一切相」是心。

4、本無一法可得，亦「不立法不立偈」，但亦「可立法可立偈」。
不即不離，不取不捨。去來自由，無滯無礙。
不必特別強調「本來無一物」五字，因為整部《壇經》到處都

有「相同」的道理

《敦博本》	《敦博本》	《宗寶本》	《宗寶本》
第十七節	善知識！我此法門，從上以來，「頓、漸」皆立「無念」為宗。「無相」為體。「無住」為本……「無相」者，於「相」而「離相」……「無念」者，於「念」而「不念」……然此教門立「無念」為宗，世人離「境」，不起於「念」，若「無有念」，「無念」亦不立。 ➜「無念、無相、無住」是惠能所提「真修行法」。甚至「無念」亦不立。故同《宗寶本》「本來無一物」之義。	第十七節	善知識！我此法門，從上以來，先立「無念」為宗。「無相」為體。「無住」為本。「無相」者，於「相」而「離相」。「無念」者，於「念」而「無念」……自性本無「一法」可得，若有所得，妄說禍福，即是塵勞邪見。故此法門立「無念」為宗。 ➜「無念、無相、無住」是惠能所提「真修行法」。甚至「無念」亦不立，本無「一法」可得。
第二十四節	若「空心」(如頑空般的斷絕一切心念)坐禪，即落「無記空」(斷滅見的一種頑空)。 ➜《宗寶本》的「本來無一物」並非「斷滅無記頑空」的修法。菩提佛性」並非「斷滅空」。	第二十四節	世人妙性「本空」，無有一法可得。自性「真空」，亦復如是。善知識！莫聞吾說「空」，便即「著空」。第一「莫著空」。若「空心」靜坐，即著「無記空」。 ➜雖然「無有一法」可得，自性亦是「真空」。但「菩提佛性」並非「斷滅空」。
第二十七節	悟此法者，即是「無念、無憶、無著」。莫起誑妄，即自是「真如性」。用「智慧」觀照，於一切法「不取(喻「不即」)、不捨(喻「不離」)」，	第二十七節	悟此法者，即是「無念、無憶、無著」。不起「誑妄」，用自「真如性」。以「智慧」觀照，於一切法「不取(喻「不即」)、不捨(喻「不離」)」，即

	即「見性」成佛道。		是「見性」成佛道。
	➜「無念、無憶、無著」是真修法行。若能「不取、不捨」即見性成佛。		➜「無念、無憶、無著」是真修法行。若能「不取、不捨」即見性成佛。
第三十一節	若識「本心」，即是「解脫」……即是「般若三昧」……即是「無念」……「無念」法者，見一切法(喻「不離」)，「不著」(喻「不即」)一切法。遍一切處(喻「不離」)，「不著」(喻「不即」)一切處。	第三十一節	若識「本心」，即本「解脫」……即是「般若三昧」……即是「無念」。何名「無念」？若見一切法(喻「不離」)，心「不染著」(喻「不即」)，是為「無念」。用即遍一切處(喻「不離」)，亦「不著」(喻「不即」)一切處。
	➜識「本心」即是「解脫」，即是「無念」，即是「般若三昧」。若能「不即、不離」即是「無念」。		➜識「本心」即是「解脫」，即是「無念」，即是「般若三昧」。若能「不即、不離」即是「無念」。
第四十一節	得「悟自性」，亦「不立」戒定慧……自性「無非、無亂、無癡」。念念「般若觀照」。常離「法相」，有何可「立」？	第四十一節	若「悟自性」，亦不立「菩提涅槃」，亦不立「解脫知見」。無「一法」可得，才能建立萬法。若解此意，亦名「佛身」，亦名「菩提涅槃」，亦名「解脫知見」。見性之人，「立」亦得，「不立」亦得。去來自由，無滯無礙，應用隨作，應語隨答，普見化身。
	➜若悟自性者，亦「不立」戒定慧。自性是「無非、無亂、無癡」，是「離一切相」的，有何「可立」？更不立明心見性之「偈」。以上此說與《宗寶本》「本來無一物」義同。		➜若悟自性者，亦「不立」菩提涅槃、解脫知見。自性是「離一切相，無一法可得」的，有何「可立」？但「明心見性」者亦可「立法立偈」，亦可「不立法不立偈」。

5、從整部《壇經》來討論惠能大師對「佛性」的認知

《敦博本》的「佛性」出處只有五節。《宗寶本》有十節出處。所以《宗寶本》將《敦博本》的「佛性常清淨」五字進行修改，但其實出現「佛性」字眼最多的竟然還是《宗寶本》內容。

＊請參考下面經文：

第三節《敦博本》《宗寶本》	惠能答曰：人即有南北，**佛性**即無南北；獦獠身與和尚不同，佛性有何差別？
第八節《敦博本》	菩提本無樹，明鏡亦無臺， **佛性**常清淨，何處有塵埃？
第十二節《宗寶本》	明「**佛性**」是佛法不二之法。 **佛性**非常非無常，是故不斷，名為不二。
第十三節《敦博本》《宗寶本》	**佛性**本亦無差別，只緣迷悟，迷即為愚，悟即成智。
第二十一節《宗寶本》	除真除妄，即見「**佛性**」，即言下佛道成。「常念修行」是願力法。
第三十四節《敦博本》	「平直」(平等直心)是**佛性**。
第三十七節《敦博本》	眾人且散，惠能歸漕溪山，眾生若有大疑，來彼山間，為汝破疑，同見(悟見)「**佛性**」。
第四十四節《宗寶本》	神會出曰：是諸佛之本源，神會之**佛性**。
第四十四節《宗寶本》	向汝道「無名無字」，汝便喚作「本源**佛性**」。
《宗寶本》多出來的內容(方辯法師)	師(惠能大師)笑曰：汝只解「塑性」，不解**佛性**。
《宗寶本》多出來的內容方辯法師志徹法師(張行昌)	師曰：無常者，即「**佛性**」也。有常者，即一切「善惡諸法分別心」。
第四十九節《宗寶本》	汝等「**佛性**」，譬諸「種子」，遇茲霑洽，悉皆發生。承吾旨者，決獲「菩提」，依吾行者，定證「妙果」。
第五十二節《宗寶本》	若識「眾生」，即是「**佛性**」。 若不識「眾生」，萬劫覓佛難逢。 吾今教汝識自心眾生，見「自心**佛性**」。

欲求見佛，但「識眾生」。（《宗寶本》）

6、有二種法，難可了知。
「性清淨心」，難可了知。
彼心為「煩惱」染，亦難了知。

為何是「本來無一物」，為何又是「何處惹塵埃」？

《大寶積經·卷第一百一十九》

(1)世尊！此聖諦者，甚深微妙難見難了。不可分別，非「思量」境。一切世間所不能信。唯有「如來」應正等覺之所能知。何以故？此說甚深「如來之藏」。

(2)「如來藏」者，是「佛境界」，非諸聲聞獨覺所行。於「如來藏」說「聖諦義」。

(3)此「如來藏」甚深微妙，所說「聖諦」亦復深妙，難見難了，不可分別。非「思量」境，一切世間所不能信。唯有「如來」應正等覺之所能知。

(4)若於「無量煩惱」所纏（之）「如來之藏」；不疑惑者。於「出一切煩惱」之藏（之）「如來法身」；亦無疑惑。

(5)世尊！若有於此「如來之藏」及「佛法身」，不可思議佛祕密境。心得「究竟」，於彼所說「二聖諦義」，能信、能了，能生「勝解」。

(6)何等名為「二聖諦義」？所謂「有作」及以「無作」……

(7)世尊！如來成就過於恒沙具解脫智不思議法，說名「法身」。

(8)世尊！如是「法身」不離「煩惱」，名「如來藏」。

(9)世尊！「如來藏」者，即是如來「空性之智」。

(10)「如來藏」者，一切「聲聞、獨覺」所未曾見，亦未曾得，唯佛「了知」及能「作證」。

(11)世尊！此「如來藏」"空性之智"復有二種。何等為二？

(12)謂「空如來藏」，所謂"離"於「不解脫智」一切煩惱。

(13)世尊！「不空」如來藏，具過恒沙佛「解脫智」不思議法。

(14)世尊！此「二空」智，諸大聲聞，由「信」能入。

(15)世尊！如是一切聲聞、獨覺「空性之智」，於「四倒境」攀緣而轉，是故一切「聲聞、獨覺」所「未曾見」亦「未曾證」……

《勝鬘師子吼一乘大方便方廣經》

(1)「聖諦」者說「甚深」義，微細難知，非「思量」境界，是「智者」所知。一切「世間」所不能「信」！何以故？此說甚深「如來之藏」。

(2)「如來藏」者是「如來」境界，非一切「聲聞、緣覺」所知。

(3)「如來藏」處，說「聖諦義」。「如來藏」處甚深故，說「聖諦」亦甚深，微細難知，非「思量」境界，是「智者」所知。一切世間所不能「信」。

(4)若於「無量煩惱藏」所纏(之)「如來藏」；不疑惑者，於「出無量煩惱藏」(之)法身；亦無疑惑。……

(5)世尊！如是如來「法身」不離「煩惱藏」；名「如來藏」。

(6)世尊！「如來藏智」是「如來空智」。

(7)世尊！「如來藏」者，一切「阿羅漢、辟支佛、大力菩薩」，本所「不見」，本所「不得」。

(8)世尊！有二種「如來藏空智」。

(9)世尊！「空如來藏」，若離、若脫、若異「一切煩惱藏」。

(10)世尊！「不空如來藏」，過於恒沙「不離、不脫、不異」不思議佛法。

(11)世尊！此「二空智」，諸大聲聞，能信如來。

(12)一切「阿羅漢、辟支佛」，「空智」於「四不顛倒」境界轉。是故一切「阿羅漢、辟支佛」，本所「不見」，本所「不得」……

《大寶積經·卷第一百一十九》

(1)爾時勝鬘夫人復白佛言……

(2)世尊！生死者依「如來藏」。以「如來藏」故，說「前際」不可了知。

(3)世尊！有「如來藏」故，得「有生死」，是名善說。

(4)世尊！生死者，諸「受根」"滅"無間相續(以上是指「死」的定義)。未「受根」"起"(以上是指「生」的定義)；名為「生死」。

(5)世尊！「生死」二法是「如來藏」，於「世俗法」名為「生死」。

(6)世尊！死者諸「受根」"滅"。生者諸「受根」"起"。「如來藏」者，則「不生不死、不昇不墜」，離「有為相」。

(7)世尊！「如來藏」者「常恒不壞」。

(8)是故世尊！「如來藏」者與"不離"「解脫智藏」，是「依」、是「持」、是為「建立」。亦與"外離"「不解脫智諸有為法」，依持建立。

(9)世尊！若無「如來藏」者，應無厭「苦樂」，求「涅槃」。何以故？

(10)於此「六識」及以「所知」如是七法(指前七識)。剎那不住，不受眾苦。不堪厭離，願求涅槃。

(11)「如來藏」者，無有「前際」，無生、無滅。法受諸苦，彼為「厭苦」，願求「涅槃」。世尊！「如來藏」者，非有「我、人、眾生、壽者」。

(12)「如來藏」者，「身見」有情(具有「身見」的有情眾生)、「顛倒」有情(具有「顛倒」的有情眾生)、「空見」有情(具有「空見」的有情眾生)，非所行境(「如來藏」並非這三類眾生所能行所能證的境界)。

(13)世尊!「如來藏」者是「法界藏」,是「法身藏、出世間藏、性清淨藏」,此本「性淨」。「如來藏」者,如我所解,縱為「客塵煩惱」所染,猶是不可思議「如來境界」。何以故?

(14)世尊!剎那、剎那「善、不善心」,「客塵煩惱」所不能染。何以故?

(15)「煩惱」不觸「心」,「心」不觸「煩惱」。云何不觸「法」,而能得「染心」?

(16)世尊!由有「煩惱」,有「隨染心」。「隨煩惱」染,難解!難了!

(17)唯佛世尊為「眼」、為「智」、為「法根本」、為「尊」、為「導」、為「正法」依。「如實知見」。

(18)爾時世尊歎勝鬘夫人言:善哉!善哉!如汝所說:「性清淨心」;隨煩惱染。難可了知!

(19)復次勝鬘!有二種法,難可了知。何等為二?

(20)謂:「性清淨心」,難可了知。
　　彼心為「煩惱」染,亦難了知。

(21)如此二法,汝及成就大法菩薩乃能聽受,諸餘聲聞由「信」能解。

《勝鬘師子吼一乘大方便方廣經》

(1)勝鬘白佛:善哉世尊!唯然受教……

(2)世尊!「生死」者依「如來藏」。以「如來藏」故,說「本際」不可知。

(3)世尊!有「如來藏」,故說「生死」,是名善說。

(4)世尊!生死,「生死」者,諸「受根」“沒”(以上是指「死」的定義)。次第不「受根」“起”(以上是指「生」的定義),是名「生死」。

(5)世尊!「死生」者,此二法是「如來藏」,「世間」言說故,有「死」有「生」。
　　死者「諸根」“壞”。生者新「諸根」“起”,非「如來藏」有生有死。

(6)「如來藏」者,離「有為相」。「如來藏」常住不變。

(7)是故「如來藏」,是「依」、是「持」、是「建立」。

(8)世尊!「不離、不斷、不脫、不異」不思議佛法。

(9)世尊!「斷、脫、異」外「有為法」依持建立者;是「如來藏」。

(10)世尊!若無「如來藏」者,不得厭「苦樂」,求「涅槃」。何以故?

(11)於此「六識」及「心法智」,此「七法」(指前七識)剎那不住。不種眾苦,不得厭「苦樂」,求「涅槃」。

(12)世尊!「如來藏」者,無「前際」,不起、不滅法。種諸苦得「厭苦」,樂求「涅槃」。

(13)世尊!「如來藏」者,非「我」、非「眾生」、非「命」、非「人」。

(14)「如來藏」者,墮「身見、眾生、顛倒」眾生,「空亂意」眾生,非其境界(「如來藏」並非這三類眾生所能行所能證的境界)。

(15)**世尊**！「如來藏」者是「法界藏、法身藏、出世間上上藏、自性清淨藏」，此「自性清淨」。「如來藏」；而「客塵煩惱」上，煩惱所染。(其「如來藏」的本體仍是)「不思議如來境界」。何以故？

(16)剎那「善心」，非「煩惱」所染。剎那「不善心」，亦非「煩惱」所染。

(17)「煩惱」不觸「心」，「心」不觸「煩惱」。云何不觸「法」，而能得「染心」？

(18)世尊！然「有煩惱」，有「煩惱染心」。「自性清淨心」而有染者，難可了知！

(19)唯佛世尊「實眼、實智」，為法根本，為通達法，為正法依，「如實知見」。

(20)**勝鬘**夫人說是難解之法；問於佛時，佛即隨喜：如是！如是！「自性清淨心」而有「染污」。難可了知！

(21)(世尊說)有二法，難可了知。謂「自性清淨心」，難可了知。
彼心為「煩惱所染」，亦難可了知。

(22)如此二法，汝及成就大法菩薩摩訶薩乃能聽受，諸餘聲聞唯「信」佛語。

《入楞伽經‧卷第八》

復次**大慧**！依「如來藏」故有「世間、涅槃、苦樂之因」，而諸凡夫「不覺不知」。而墮於空「虛妄顛倒」。

二、關於惠能大師的第二個偈頌「心是菩提樹，身為明鏡臺。明鏡本清淨，何處染塵埃」的研究

很多學者研究「**心**」與「**身**」的位置應該要「更換」。也就是應改為「**身是菩提樹，心是明鏡臺**」。

筆者認為：「**心**」為「**菩提**」，「**身**」作「**明鏡**」的可能性比較大，故不宜妄動也。理由如下舉證。

《敦博本》	《敦博本》	《宗寶本》	《宗寶本》
		第一節	菩提自性，本來清淨。但用「**此心**」，直了成佛。
第七節	若覓「無上**菩提**」，即不可得。要入得門，見自「**本性**」。	第七節	無上**菩提**，須得言下「識自本心」，見自「**本性**」不生不滅，於一切時中念念自見。
第十三節	惠能大師喚言：善知識！	第十三節	復云：善知識！

	「菩提般若」之智，世人「本自有之」。 即緣心迷，不能「自悟」，須求「大善知識」示道見性。		「菩提般若」之智，世人「本自有之」。 只緣「心迷」，不能「自悟」，須假「大善知識」示導見性。
第三十一節	是故以「頓悟」教法流行後代，令學道者「頓悟」菩提，各自「觀心」，令自本性「頓悟」。	第三十一節	是以將此(頓悟)教法流行，令學道者「頓悟」菩提，各自「觀心」，自見本性。
第三十六節	「菩提」本清淨，起「心」即是妄。	第三十六節	菩提只向「心」覓，何勞向「外」求玄？聽說依此修行，西方只在目前。……「菩提」本自性，起「心」即是妄。
		臥輪禪師篇	師(惠能大師)聞之曰：此偈未明心地……因示一偈曰：慧能沒伎倆，不斷「百思想」。對境「心數起」，「菩提」作麼長？
		志徹法師篇	師曰：汝知否？佛性若「常」，更說什麼「善惡諸法」，乃至窮劫，無有一人發「菩提心」者？故吾說「無常」，正是佛說「真常之道」也。

三、惠能大師亦認為「身」與「心」皆能淨亦能染。故應「身心倆俱非」，始為最上之般若

舉例如下：

《敦博本》	《敦博本》	《宗寶本》	《宗寶本》
第二十節	一時，逐(跟隨)惠能口道，令善知識見自「三身	第二十節	吾與說一體「三身」自性佛，令汝等見「三身」，了

	佛」：於自「色身」，歸依「清淨法身佛」。		然自悟自性。總隨我道：於自色身，歸依「清淨法身佛」。
第二十節	善知識！聽與善知識說，令善知識於「自色身」見「自法性」有「三身佛」。此「三身佛」從「自性」上生。	第二十節	汝等聽說，令汝等於「自身」中見「自性」有「三身佛」。此「三身佛」，從「自性」生，不從外得。
第三十三節	若欲當來覓「法身」，「三毒」惡緣「心裏」洗。	第三十三節	若欲當來覓「法身」，離諸法相「心中」洗。
第三十四節	「自修身」即功。「自修心」即德。功德「自心」作。	第三十四節	「自修性」是功，「自修身」是德。善知識！功德須「自性內」見，不是「布施供養」之所求也。
第三十五節	性在「身心存」，性去「身心壞」。佛是「自性作」，莫向「身外求」。	第三十五節	性在「身心存」，性去「身心壞」。佛向「性中作」，莫向「身外求」。
第四十三節	惠能大師曰：汝「自身心見」，莫著「外法相」。原無「四乘」法，人「心量」四等，法有「四乘」。	第四十三節	師曰：汝觀自「本心」，莫著「外法相」。法無「四乘」，「人心」自有等差。
第五十三節	本從「化身」生「淨性」（清淨佛性），淨性常在「化身」中。性（清淨佛性）使「化身」行正道，當來圓滿真（真實）無窮。	第五十三節	本從「化身」生「淨性」，「淨性」常在化身中。性使化身行正道，當來圓滿真無窮。

四、煩惱即菩提，兩者無二。世間即菩提，兩者無別

＊請參考下面經文：

第二十六節	善知識！即煩惱是菩提(迷於煩惱者爲凡夫、從煩惱中悟者爲菩提、爲佛。故煩惱與菩提無二)。前念「迷」即凡，後念「悟」即佛。

第三十六節	法原在「世間」，於「世」出（出離）「世間」。勿離「世間」上，外求「出世間」。 「邪見」在「世間」，「正見」出（出離）「世間」。 「邪、正」悉打卻（放下），「菩提性」宛然。
第三十六節 《宗寶本》	佛法在「世間」，不離「世間」覺。離「世」覓「菩提」，恰如求兔角。 「正見」名「出世」，「邪見」名「世間」。「邪、正」盡打卻，「菩提性」宛然。
第四十節	六祖言：煩惱即是菩提，亦復如是！
《宗寶本・宣詔品第九》	師曰：「煩惱即是菩提」，無二無別……「明」與「無明」，凡夫見「二」，智者了達，其性「無二」。「無二」之性，即是「實性」。 「實性」者……「不斷不常、不來不去」，不在「中間」及其「內外」，不生不滅，性相「如如」。常住不遷，名之曰「道」。
第五十三節	婬性（喻煩惱）本是淨性（喻佛性菩提）因，除婬（若斷除婬性煩惱）即「無」淨性身（則亦無清淨佛性之菩提可得。惠能大師提倡「轉煩惱爲菩提」，若能善觀「煩惱」當下即「空性」，當下即爲「菩提」。故不需「斷」，「轉」即可。煩惱與清淨佛性皆「無自性」，二者亦不即不離）。性（在煩惱婬性中）中但自「離五欲」（指「轉五欲」），「見性」刹那（刹那即爲見性）即是真。

第九節　五祖夜受<u>惠能</u>為六祖，傳頓教法。衣為信稟，法只能以心傳心

《敦博本》與《敦煌本》對校版原文	《宗寶本》原文
	『十五』
	次日，(五)祖潛(隱蔽眾人，暗中進入)至碓坊，見<u>能</u>腰石(腰上綁石頭)舂米。
	語曰：求道之人，為法忘軀。當如是乎？
	乃問曰：米熟也未？(喻開悟見性沒)
	<u>慧能</u>曰：米熟久矣，猶欠篩在(喻待印證)。
	(五)祖以杖擊碓三下而去。
1五祖夜至三更，喚<u>惠能</u>堂內，說《金剛經》。<u>惠能</u>一聞，言下便悟。	<u>慧能</u>即會(五)祖意，三鼓(三更)入室。祖以「袈裟」遮圍，不令人見，為說《金剛經》。至「應無所住而生其心」，<u>慧能</u>言下大悟，一切萬法，不離「自性」。
	(惠能)遂啟祖(弘忍大師)言：
	何期(豈料；想不到)自性「本自清淨」。 何期自性「本不生滅」。 何期自性「本自具足」。 何期自性「本無動搖」。 何期自性「能生萬法」。

	『十七』
其夜受法，人盡不知，便傳「頓教法」及「衣」（宗寶本《壇經》云24歲得法，但據楊惠南《惠能》研究則云：25歲得法。又據楊曾文《敦煌新本六祖壇經》則又云：33歲得法），	「三更」受法，人盡不知，便傳「頓教」及「衣、鉢」（此時惠能仍為居士身，五祖傳出家人用的「鉢」與「衣」可能是一種「象徵」？或者五祖已預知惠能將於39歲出家？但惠能有長達15年都是當「開悟祖師」級的一位「在家白衣」）。
以為六代祖。	云：汝為第六代祖，善自護念，廣度有情，流布將來，無令斷絕。
	『十九』
「衣」，將為信稟，代代相傳。	祖（弘忍大師）復曰：昔達摩大師初來此土，人未之信，故傳此「衣」，以為信體，代代相承。
「法」，以「心」傳「心」，當令「自悟」。	「法」，則以「心」傳「心」，皆令「自悟」自解。
	自古佛佛惟傳「本體」，師師密付「本心」。「衣」為爭端，止汝勿傳。
2五祖言：惠能！自古傳法，氣如懸絲！	若傳此「衣」，命如懸絲（僅靠一根絲懸掛吊著，喻極危殆）。
若住此間，有人害汝，汝即須速去。	汝須速去，恐人害汝。

《宗寶本壇經》云弘忍大師以「袈裟遮圍，不令人見」，為說《金剛經》。有何深意嗎？

按六祖「墜腰石」，鐫 於「龍朔元年 盧居士誌」八字。此石今尚存黃梅 東禪寺處。乃問曰：「米熟也未」者，表面似問其工作，米已舂 好否！實是「機鋒語」，意

謂囑汝修「無住行」，「任運」現前否？「理解」圓成也未？

　　惠能曰：**「米熟久矣，猶欠篩在」**者，表面亦似答工作將完，米既久熟，**「篩　之」**便可。密意即答曰：理解雖圓，非行莫證，**「無住行」**雖修，猶未到家。意求導師引進。便於「三鼓」時分，入於五祖「室」中。此表從「戒定慧」三無漏學，遊於妙菩提路，至如來家，正表入**「如來室」**。

《妙法蓮華經・卷第四》

「如來室」者，一切眾生中「大慈悲心」是。

➜ **「祖以袈裟遮圍」** ➜ 五祖復以「袈裟」遮圍，以防窺視。此表披「如來衣」。

《妙法蓮華經・卷第四》

「如來衣」者，「柔和忍辱心」是。

➜ **「不令人見」**者 ➜ 出以「袈裟遮圍」之意，此表坐「法空」座。

《宗寶本壇經》云惠能大師聽聞「應無所住而生其心」而言下大悟。請從佛典來解釋此段的義理

《摩訶般若波羅蜜經・卷第二十六》

(1)佛告<u>須菩提</u>：若菩薩摩訶薩「如實」見諸法，見已，得「無所有法」。

(2)得「無所有法」已，見一切「法空」，四聖諦「所攝」、四聖諦「所不攝法」皆「空」。

(3)若如是觀，是時便入「菩薩位」中……但順阿耨多羅三藐三菩提心，觀諸法「如實相」。

鳩摩羅什譯《諸法無行經・卷上》

(1)佛告<u>文殊師利</u>！若行者信一切法「畢竟不生」，從本已來，常自爾故，是名「信根」。

(2)於一切法中「心無所住」，遠近相離故，是名「精進根」。

鳩摩羅什譯《摩訶般若波羅蜜經・卷一》

(1)爾時<u>舍利弗</u>作是念：菩薩當云何住？

(2)<u>須菩提</u>知舍利弗心所念，語<u>舍利弗</u>：於意云何？如來為住何處？

(3)<u>舍利弗</u>言：如來「無所住」，「無住心」名為如來。如來不住「有為性」，亦不住「無為性」。

(4)<u>舍利弗</u>！菩薩摩訶薩亦「應如是住」，如「如來」住，於一切法非「住」、非「不住」。

《大般若波羅蜜多經・卷五百六十九》

(1)修佛隨念；「通達法界平等之心」。

(2)修法隨念；「無所住心」。

(3)修僧隨念；「本心清淨」，教化有情，不起分別。

《大方廣佛華嚴經・卷二十一》

(1)我發起於一切處「無所住著心」(按：這句話與《金剛經》的「應無所住，而生其心」意思完全一樣)。

(2)我發起普現一切眾生前皆能「救護心」。

(3)我發起見一切佛海無有「厭足心」。

(4)我發起求一切菩薩「清淨願力心」。

所住。(應無所住於「色、聲、香、味、觸、法」)

非所住。(應無非所住於「色、聲、香、味、觸、法」)

《文殊師利所説摩訶般若波羅蜜經・卷上》

(1)世尊！修「般若」波羅蜜時，不見法是「應住」、是「不應住」；亦不見境界可「取、捨」相。何以故？

(2)如諸如來；不見一切法「境界相」故，乃至不見「諸佛境界」，況「取」聲聞、緣覺、凡夫境界？

(3)不取「思議相」，亦不取「不思議相」。

(4)不見諸法「有若干相」，「自證空法」不可思議。

(5)如是菩薩摩訶薩，皆已供養無量百千萬億諸佛種諸善根，乃能於是甚深「般若波羅蜜」不驚、不怖。

(6)復次，修「般若」波羅蜜時，不見「縛」，不見「解」，而於凡夫乃至三乘不見「差別相」，是修「般若」波羅蜜。

《文殊師利所説摩訶般若波羅蜜經・卷下》

(1)<u>文殊師利</u>言：若我住「般若」波羅蜜中，能作是説，即是「有想」，便住「我想」。

(2)若住「有想、我想」中者，般若波羅蜜便「有處所」。

(3)般若波羅蜜若住於「無」，亦是「我想」，亦名「處所」。

(4)離此二處，「住無所住」，如「諸佛」住，安處「寂滅」非思議境界。

(5)如是不思議，名「般若」波羅蜜「住處」。

《大般若波羅蜜多經・卷三十六》

(1)世尊！是「菩薩摩訶薩名」及「般若波羅蜜多名」，皆「無所住」，亦非「不住」。
　何以故？

(2)是二名義，既「無所有」故，是二名皆「無所住」，亦非「不住」。

(3)世尊……是「色」等名，皆「無所住」，亦非「不住」……

(4)是「眼處」等名，皆「無所住」，亦非「不住」……

(5)是「色處」等名，皆「無所住」，亦非「不住」。

《佛說佛母出生三法藏般若波羅蜜多經・卷二》

(1)如來應供正等正覺「無法可住」，何以故？彼「無住心」名為「如來」。

(2)不住「有為界」，不住「無為界」，不住「彼中」故。

(3)須菩提告言：如是！如是！舍利子！諸菩薩摩訶薩應當如彼如來應供正等正覺；
　「所住而住」。

(4)如是「住者」，非「有所住」，非「無所住」。

(5)非為「決定」，非「不決定」。

(6)菩薩摩訶薩如是學者，而善安住「無住」相應。

《大般若波羅蜜多經・卷五十五》

(1)復次善現！汝問如是大乘「為何所住」者？

(2)善現！如是大乘「都無所住」。所以者何？

(3)以一切法「皆無所住」……如「真如性」，非「住」，非「不住」。

(4)大乘亦爾，非「住」，非「不住」。

《大般若波羅蜜多經・卷八十一》

如是善現！如來之心，於一切法「都無所住」，亦非「不住」。

《大般若波羅蜜多經・卷五百三十九》

(1)諸如來心「都無所住」，所以者何？「心無所住」故，名「如來」應正等覺。

(2)謂不住「有為界」，亦不住「無為界」。

(3)亦非“不住”「有為界、無為界」……諸如來應正等覺，於一切法「心無所住」，亦非「不住」。

《佛説大乘菩薩藏正法經・卷三十二》

菩薩摩訶薩㈨「自心」無所住著，及彼「他心」，亦「無所住」。

《佛説大乘入諸佛境界智光明莊嚴經・卷三》云：

(1)妙吉祥！若一切法「無所得」，即一切「法平等」。

(2)若「法平等」，即「法常住」。

(3)若「常住」，即「無動轉」。

(4)若「無動轉」，即「無依」。

(5)若一切法「無所依止」，即「心無所住」。

(6)「心無住」故，即「無生」而生。

《宗寶本壇經》云惠能大師「言下大悟，一切萬法，不離自性」。請從佛典來解釋此段的義理

《楞嚴經・卷一》

如來常説：諸法所生，唯「心」所現；一切因果，世界微塵，因「心」成體。

《楞嚴經・卷三》

一切世間諸所有物，皆即「菩提、妙明(勝妙明淨)、元心(本元所具真心)」。「心精」(純精真心)遍圓，含裹十方。

《大方廣佛華嚴經・卷第四十一》

不離於「心」，所見清淨。

《楞嚴經・卷三》

如「湛」(湛然澄寂)巨海，流一浮漚ㄡ，起滅無從。了然(了悟皎然)自知，獲本妙心(妙明真心)，常住不滅(不生不滅)。

《楞嚴經・卷三》

隨眾生心，應所知量(應他所知道所思量的業感方式而起隨緣之用)。循(隨)業(各人因果業感)發現。

《楞嚴經・卷四》

我(佛自稱)以妙明(勝妙明淨)不滅不生，合「如來藏」，而「如來藏」，唯(勝)妙(本)覺(湛)明，圓照(圓滿遍照)法界。

是故於「中」(一真法界中；如來藏性中)，

一為無量，無量為一(一多無礙➡理事無礙)。

小中現大，大中現小(大小互融無礙➡事事無礙)。

「不動」道場，遍十方界。(➡理事無礙)

身含十方「無盡虛空」。(➡理事無礙)

於「一毛端」現「寶王剎」(佛寶法王之剎土；佛土；佛世界)。(➡小中現大)

坐「微塵」裏，轉「大法輪」。(➡小中現大)

《宗鏡錄・卷第二十七》

所謂「法」者，即「眾生心」者。出(超越、不著、不取)其法體，謂「如來藏心」。

《楞嚴經・卷二》

「生滅去來」，本「如來藏」。常住「妙明」(勝妙明淨)，不動周圓，妙真如性。

(如來藏性真心能隨眾緣而現一切相，故「去、來、迷、悟、生、死」皆是「如來藏性真心」的作用)

「性真常」(如來藏性之常住真心)中，求於「去、來、迷、悟、生、死」，了無所得。

(如來藏性真心➡離一切相，故無去、無來、無迷、無悟、無生、無死)

《註心賦・卷第一》

(1)妄念本寂，塵境本空，空寂之心，靈知不昧。即此空寂之知，是前達摩所傳清淨心也。

(2)任迷任悟，心本自知，不藉緣生，不因境起。迷時煩惱，知非煩惱。悟時神變，知非神變。

(3)然由迷此知，即起我相。若了此知，剎那成佛。

《註心賦・卷第一》

不離於「心」無處所，是知「心」生一切法，如地出水，如谷孕風，如石生雲，如木出火。是知離「心」無法，離「法」無心。

《宗寶本壇經》說弘忍大師選在「三更受法」單獨為惠能大師說法並傳授

六祖的「祖位」及象徵的「袈裟」，有何深意？

「三更受法」➡正是「中夜」，以表從「中道」妙觀，得契「中道」妙理，深達「實相」，如人飲水，冷暖自知。故云：「人盡不知」。既蒙指示「頓教」法門，而得徹法底源。

「法，以心傳心，當令自悟」。請從佛典來解釋此段的義理

《楞嚴經・卷四》

(1)譬如有人於自衣中繫「如意珠」，不自覺知，窮露(窮身暴露，無所棲藏者)他方，乞食馳走，雖實貧窮，「珠」不曾失。

(2)忽有智者指示其「珠」，所願從心，致大饒富。方悟「神珠」非從外得。

第十節　惠能三更得法便南行辭去，五祖親送至九江驛，囑三年後再弘法

《敦博本》與《敦煌本》對校版原文	《宗寶本》原文
	『二十』
	慧能啟曰：向甚處去？
	祖（弘忍大師）云：逢懷則止，遇會則藏。（懷集，縣名。懷集在明清兩朝皆屬廣西 梧州府，在賀縣東南，位本省極東。逢懷則止，是說→到懷集的地方就可停止下來。會即四會，縣名。四會在明清兩朝皆屬廣東 肇慶府。遇會則藏，是說→到四會的地方就可隱居下來。這兩句的意思是說「你的度化眾生的範圍宜在嶺南兩廣」）。
*1*能得「衣、法」，「三更」發去。	慧能三更領得「衣、鉢」，云：能本是南中人（南方人），素（向來）不知此山路，如何出得江口？
	五祖言：汝不須憂，吾自送汝。
五祖自送能至九江驛（江西省 湖口縣西緊靠長江南岸邊的潯陽驛站），登時便別。	（五）祖送直至九江驛（江西省 湖口縣西緊靠長江南岸邊的潯陽驛站）。祖令上船，五祖把艣㲉（古同「櫓」）自搖。
	慧能言：請和尚坐，弟子合（應該）搖艣㲉。
	祖（弘忍大師）云：合（應該）是吾渡汝。
	慧能云：迷時（則由）師度，悟了「自度」（只要已明心見性後就是自己在度自己）。「度」名雖一，用處不同。慧能生在邊方，語

	音不正，蒙師傳法，今(我)已得悟，只合(應該)「自性自度」。
2五祖處分(吩咐交代)：汝去，努力將法向「南」，「三年」勿弘此法，「難」(劫難：災難)去在後弘化。	(五)祖云：如是！如是！以後佛法，由汝大行(將由你的傳播而大興而行)。汝今去「三年」，吾方逝世(弘忍大師於674圓寂，時惠能37歲)。汝今好去，努力向「南」。不宜「速說」(很短的時間內就開講佛法)，佛法難起(因為「頓教的心性法門」是很難大興大起的，因為適合此根機者極少)。
善誘迷人，若(如果有人)得「心開」(真心開悟)，(則)與吾(所)悟無別(無有差異)。	
3(惠能)辭違(辭別告退)已了，便發向「南」。	慧能辭違(五)祖已，發足「南行」。

「六祖慧能」生平簡介(卡通動畫版).mp4

《宗寶本壇經》惠能大師云「迷時師度，悟了自度，蒙師傳法，今已得度，只合自性自度」。請從佛典來解釋此段的義理

《楞嚴經・卷一》

(1)阿難(佛陀的堂弟)聞已，重復悲淚(阿難第二次悲泣。共六次)！五體(一頭二手雙腳)投地，長跪合掌而白佛言：自我從佛發心出家，恃佛(為阿難的堂哥)威神，常自思惟：

(2)無勞(不必勞煩)我修，將謂如來惠(恩惠)我「三昧」。不知身心本不相代，失我「本心」(本元真心)。雖身出家，心不入道，譬如窮子，捨父逃逝。

唐・慧海撰《頓悟入道要門論・卷上》

(1)眾生自度，佛不能度。若佛能度眾生時，過去諸佛如微塵數，一切眾生總應度盡。何故我等至今流浪生死，不得成佛？

(2)當知眾生「自度」，佛不能度。努力！努力！「自修」莫倚他「佛力」。經云：夫求法者，不著「佛」求。

《佛説菩薩行方便境界神通變化經・卷下》

(1)大德<u>舍利弗</u>！菩薩一切所有言説皆出於「法」，然不「執著」，亦不生「想」。何以故？「離法想」故。

(2)<u>舍利弗</u>言：汝今<u>薩遮</u>，不求「聽法」？（不去親）詣「如來」耶？

(3)<u>薩遮</u>答言：大德<u>舍利弗</u>！我非「求法」，非「不求法」；詣如來耶？何以故？

(4)大德<u>舍利弗</u>！夫求法者，名「不求」於一切諸法。

(5)大德<u>舍利弗</u>！夫求法者，不著「佛」求、不著「法」求、不著「僧」求。

(6)不知「苦」求，非斷「集」求，非修「道」求，非證「滅」求。

(7)非過「欲界」，非過「色界、無色界」求。

(8)非「生死」求，非「涅槃」求。

(9)大德<u>舍利弗</u>！汝當知，我都「不求」於一切法故，詣如來所。

(10)<u>舍利弗</u>言：以何因緣故作如是説？

(11)<u>薩遮</u>答言：大德<u>舍利弗</u>！一切諸法「無因緣」故，我如是説。

(12)又法界性，無有「因緣」，非「無因緣」，俱不可得故。

(13)<u>舍利弗</u>言：汝今流轉於諸道耶？

(14)<u>薩遮</u>答言：大德<u>舍利弗</u>！若有「道者」，我則流轉。若有「生者」，我則有生。若有「去者」，我則有死。

(15)大德<u>舍利弗</u>！一切諸法「無去、無生死」……大德<u>舍利弗</u>！是名略説「義」及「分別」。

(16)爾時世尊讚<u>薩遮尼乾子</u>，善哉！善哉！善男子如汝所説。説此法時三千天子，得「無生法忍」。

《勝思惟梵天所問經・卷第一》

(1)<u>網明</u>菩薩言：梵天！如來可不為「度生死」故「説法」耶？

(2)梵天言：佛所示法有「度生死」耶？

(3)答言：無也！如來不令眾生「離於世間」，亦不令眾生「得於涅槃」。

(4)梵天言：善男子！以是因緣，當知如來不令眾生出於「生死」，入於「涅槃」。但為化度「妄想」分別「生死、涅槃」二相者耳。

(5)此中實無「出於生死」至「涅槃」者。何以故？諸法平等，實無有人「往來生死」，亦無有人「入於涅槃」，無染、無淨故。

(6)爾時世尊讚<u>勝思惟</u>大梵天言：善哉！善哉！梵天！善哉！梵天！若有欲説「諸法正性」，應當如汝之所説也。

(7)説是法時，二千比丘不受「諸法漏盡」心得解脱。

(8)如來復告大梵天言：梵天！我不得「生死」，不得「涅槃」。何以故？

(9)如來雖說「生死」，實無有人「往來生死」。

雖說「涅槃」，實無有人「得涅槃」者。

(10)若有得入「如此法門」，當知是人「非生死相、非涅槃相」。

《佛說維摩詰經・卷上》

唯舍利弗！求法者。不著「佛」求、不著「法」求、不著「眾」求。

《摩訶止觀・卷第九》

《淨度經》(即《淨度三昧經》)云：「眾生自度」耳，佛於其無益(佛於度化眾生之事乃是「無所助益」，一切皆是「自性自度」)。

※據日人大內文雄、齊藤隆信及姚長壽〈《淨度三昧經》與人天教〉(中華佛學學報第 12 期。民國 88 年，臺北：中華佛學研究所。頁 79-95)都指出《淨度三昧經》是混入中國的傳統思想和習俗，確認是一部中國撰述的疑經。

《淨度三昧經》卷 3

人為自度，佛不度人。

《淨度三昧經》卷 3

佛實不度人，人自度耳。

《佛說佛母出生三法藏般若波羅蜜多經》卷 12

眾生「自性」解脫，彼「眾生性」即「解脫性」。是故如來因「般若」波羅蜜多故，能知無量無數眾生如是「解脫」心。

《佛說海意菩薩所問淨印法門經》卷 9

佛言……以「我自性」，即是「菩提場自性」，而「菩提自性」即「一切眾生自性」，彼「一切眾生自性」即「一切法自性」。

《大般涅槃經》卷 35〈迦葉菩薩品 12〉

若言「眾生」中，(另外)別有「佛性」者，是義不然。何以故？「眾生」即「佛性」，「佛性」即「眾生」。

《增壹阿含經・卷第三十九》

是故比丘！當專其心，無放逸行，亦求方便，成賢聖「八品」之道(八正道)。依賢聖道已，便能「自度」生死之海……度生死之難，由聖「八品」道(八正道)。

弘忍大師希望惠能大師向「南方」弘法，卻又要求他「三年勿弘此法」，或勸惠能大師「不宜速說」，原因為何？請從佛典來解釋此段的義理

《妙法蓮華經・卷第三》

爾時世尊欲重宣此義，而說偈言：……隨眾生欲，種種說法。

如來尊重，智慧深遠，久默斯要，不務速說。有智(者)若(聽)聞，則能信解。無智(者若聽聞則生)疑、悔，則為永失(善根)。

《大薩遮尼乾子所說經・卷第一》

(1)爾時世尊重宣此義而說偈言……眾生「無明」覆，唯有信「小心」(小乘之心)。聞此「大乘法」，「不信」故不說。

(2)若於無量世，過去諸佛所，修行諸善行，善根具成熟。

(3)如是諸眾生，常被如來加，聞說生歡喜，乃能諦信受……

(4)眾生心「狹劣」，不堪受「大法」。聞「退」生「不信」(就算聽聞大法後還會「退道心」與「不信大法」)，起於「誹謗心」。

(5)長夜墮惡道，永不聞佛法，為彼起「悲心」(為了不讓眾生起疑、謗，不讓眾生造惡業的，所以不講大法，就是一種慈悲心)，故我不「速說」。

《宗鏡錄・卷第一》

(1)謂諸宗始祖，即是釋迦。「經」是佛語，「禪」是佛意。諸佛心口，必不相違。諸祖相承根本是佛親付……達摩大師從南天竺國來，唯傳大乘「一心」之法，以《楞伽經》印眾生心，恐不信此「一心」之法。

(2)《楞伽經》云：「佛語心」為宗，「無門」為法門。何故「佛語心」為宗？「佛語心」者，即心即佛。今「語」即是「心」語，故云：「佛語心」為宗。

(3)「無門」為法門者，達本「性空」，更無一法，性自是門，性無有相，亦無有門。故云：「無門」為法門，亦名「空門」。

➜ 此乃「教外別傳」之「頓教大法」，非「時」不說，非「器」不傳，故鄭重與之。

第十一節　惠順向惠能求「法」不取衣。傳法於惠順，更囑向北化度眾生

《敦博本》與《敦煌本》對校版原文	《宗寶本》原文
	『二十一』
1(六祖於)**兩月中間**，(方)**至大庾嶺**。	(六祖於)**兩月中間**，(方)**至大庾嶺**。 (五)**祖歸，數日不上堂**。 **眾疑，詣問曰：和尚少病少惱否？** (五祖)**曰：病即無，「衣、法」已南矣**。 **問：誰人傳授？** (五祖)**曰：能**(雙關語)**者得之，眾乃知焉**。
不知向後(以後)**，有數百人來，欲擬捉惠能，奪「衣、法」，來至半路，盡總卻迴**(回轉退歸)**。**	**逐後數百人來，欲奪「衣、鉢」。**
唯有一僧，(俗)**姓陳名惠順**(即道明禪師)**，先是「三品將軍」，性行**(本性與行為)**粗惡，直至**(大庾)**嶺上，來趁把著**(唐俗語→一把捉到)**，惠能即還「法衣」**(給陳惠順)**，**(陳惠順)**又不肯取**。	**一僧，俗姓陳名惠明**(即道明禪師)**，先是「四品將軍」，性行**(本性與行為)**麁**龙 **慅**龙**，極意參尋。為眾人先，趁**(追逐)**及慧能。慧能擲**龙 **下「衣、鉢」於石上，云：**
	此衣(只是)**表信，可力爭**(暴力爭奪)**耶？**
	能隱草莽中。惠明至，提掇龙 (提拉採掇)**不動，乃喚云：**
2惠順曰：我故遠來求「法」，不要其「衣」。	**行者！行者！我為「法」來，不為「衣」來。**
	慧能遂出，坐盤石上。
	惠明作禮云：望行者為我說法。

3能於嶺上，便「傳法」惠順。	慧能云：汝既為「法」而來，可屏息諸緣，勿生一念（妄想），吾為汝說。
	明良久，慧能曰：不思「善」，不思「惡」，正與麼時（正在這麼樣的時候），那箇是明上座本來面目？
惠順得聞，言下「心開」，能使惠順即卻向「北」化人（回頭朝北方去弘揚禪宗心法渡化眾生）。	惠明言下「大悟」。 復問云：上來「密語密意」外，還更有「密意」否？
	慧能云：與汝說者，即非密也。汝若返照（回光返照），密在「汝邊」。
	明曰：惠明雖在黃梅，實未省自己（本來）面目。今蒙指示，如人飲水，冷暖自知。今行者（惠能），即惠明師也。
	慧能曰：汝若如是，吾與汝同師黃梅（指五祖），善自護持。
	明又問：惠明今後向甚處去？
	慧能曰：（惠明你）逢袁則止，遇蒙則居。（袁即江西袁州府。逢袁則止，是說➔到袁州的地方就可停止下來。蒙即袁州蒙山。遇蒙則居，是說➔到蒙山的地方就可安住下來。這兩句的意思是說「你的度化眾生範圍宜在江西省內」）。
	明禮辭。
	（惠明）回至（大庾）嶺下，謂趁（追逐）眾曰：向陟屺（剛剛爬上）崔嵬（崔巍嵬岌崎嶇之

	山)，竟無蹤跡，當別道(別的道路)尋之。趁(追逐)眾咸(皆)以為然(以為是這樣子的)。 惠明後改(法名為)道明，避師(惠能)上字(上面的「惠」字)。

介紹陳惠順的故事

《景德傳燈錄・卷第四》

(1)袁州 蒙山 道明禪師(本為惠明，或慧明，為避其恩師惠能，故改為道明法師)者鄱(ㄆㄛ)陽人。陳・宣帝之裔孫(遠代子孫)也。國亡(國家滅亡後)落(淪落)於民間，以其王孫甞受(官)署，因有「將軍」之號。

(2)(惠明法師)少於永昌寺出家，慕道頗切，往依五祖法會，極意研尋(參研探尋法義)。

(3)初無解悟，及聞五祖密付衣法與盧行者，即率同意(相同理念者)數十人，躡(ㄋㄧㄝ)迹追逐至大庾嶺。

(4)師(惠明法師)最先見，餘輩未及，盧行者見師(惠明法師)奔至，即擲「衣鉢」於盤石曰：此「衣」表信，可力爭耶，任君將去。

(5)師(惠明法師)遂舉之，如山不動，(惠明法師)躊(ㄔㄡ)躇(ㄔㄨ)(猶豫；須臾；瞬間)悚(ㄙㄨㄥ)慄(ㄌㄧ)(恐懼戰慄)乃曰：我來求「法」，非為「衣」也，願行者，開示於我。

(6)(六)祖曰：不思善！不思惡！正恁(ㄋㄣ)麼(這樣；如此)時，阿那(指示代詞。即指「那、那個」)箇是明上坐本來面目？

(7)師(惠明法師)當下大悟，遍體汗流，泣禮數拜。

(8)(惠明法師)問曰：上來密語、密意外，還更別有「意旨」否？

(9)(六)祖曰：我今與汝說者，即非密也。汝若返照自己面目，密却在汝邊。

(10)師(惠明法師)曰：某甲雖在黃梅(指五祖大師)隨眾，實未省自己面目。今蒙指授「入處」。如人飲水，冷暖自知。今行者即是某甲師也。

(11)(六)祖曰：汝若如是，則是吾與汝同師黃梅(指五祖大師)善自護持。

(12)師(惠明法師)又問：某甲向後，宜往何所。

(13)(六)祖曰：逢袁可止，遇蒙即居。

(14)師(惠明法師)禮謝，遽迴至嶺下，謂眾人曰：向陟(ㄓ)(剛剛爬上)崔嵬(ㄨㄟ)(崔巍嵬岌崎嶇之山)遠望，杳(ㄧㄠ)無蹤迹，當別道尋之，皆以為然。

(15)師(惠明法師)既迴，遂獨往廬山 布水臺。經三載，後始往袁州 蒙山，大唱玄化。

(16)(惠明法師)初名慧明，以避師上字，故名道明，弟子等盡遣過嶺南，參禮六祖。

慧能大師說：不思「善」，不思「惡」，正與麼時，那箇是明上座本來面目？惠明法師言下「大悟」。請問惠明法師「悟」到了什麼？

「不思善，不思惡」者，以「善」對立於「惡」，「惡」與「善」是互違的，有「敵對分別」的「心識」作用，具有「染、淨、取、捨」的「虛妄攀緣心」而已，這並非是清淨之「本源心地」。

若能達「不思善、不思惡」之時，則可遠離「分別」、杜絕「思量妄心」。正所謂「一念不生全體現。」此即本來面目也。

惠能敕惠順需「回光返照」的去參悟「正與麼時，那個是明上座本來面目？」此正教導他要遠離「心、意、識」的一種禪觀，讓「心」不住於「善」，亦不住於「惡」，亦非住於「非善非惡的無記性」。於一切法皆「不住」，至**離一切相，即一切法**，亦與《金剛經》**應無所住而生其心**之義相同，最終連「住」與「不住」皆無得無證，如此便能自得「心開」而大悟「般若空性」的最高義理。

《摩訶般若波羅蜜經·卷第二十三》

(1)**須菩提**！云何菩薩摩訶薩應修念法？

(2)**須菩提**！菩薩摩訶薩行般若波羅蜜時，不念「善法」、不念「不善法」。不念「記法」、不念「無記法」。不念「世間法」、不念「出世間法」。不念「淨法」、不念「不淨法」。不念「聖法」、不念「凡夫法」。不念「有漏法」、不念「無漏法」。不念「欲界繫法、色界繫法、無色界繫法」。不念「有為法、無為法」。何以故？

(3)是諸法「自性無」(自性皆無，即「無自性」之義)。若法「自性無」，是為「非法」(並非有真實存在的法可證可得)。「無所念」是為「念法」，(於)「念法」中學「無所有性」故，乃至當得「一切種智」。

(4)是菩薩得阿耨多羅三藐三菩提時，得諸法「無所有性」。是「無所有性」中，非「有相」、非「無相」。

(5)如是，**須菩提**！菩薩摩訶薩應修(如是的)念法，於(如)是法中，乃至「無少許念」，何況「念法」？

《佛說阿闍世王經·卷下》

(1)<u>阿惟越致</u>(avinivartanīya 阿鞞跋致、不退轉)輪者，無所悕望，於一切其心「無有異」。所以者何？

(2)不念「善、惡」，以(平)等心學法，見諸佛剎亦復等視(平等而視)，不著其「好、醜」。以諸佛(平)等「無有異」。

《維摩詰所說經・卷中》

<u>弗沙菩薩</u>曰：「善、不善」為二。若不起「善、不善」，入「無相際」而通達者，是為入「不二」法門。

惠能大師「傳法」給惠明法師，究竟傳了什麼「法」？《宗寶本壇經》的惠明法師說「如人飲水，冷暖自知」。請從佛典來解釋此段的義理

《黃檗山斷際禪師傳心法要》

(1)問：六祖不會經書，何得傳衣為祖？<u>秀</u>上座是五百人首座，為教授師，講得三十二本經論。云何不傳衣？

(2)師云：為他「有心」，是「有為法」，所修所證將為是也。所以五祖付六祖，六祖當時秖是「默契」，得「密授如來」甚深意，所以付法與他。

(3)汝不見道：

法本法「無法」(一切宇宙萬法皆無「真實可得」，亦無「一法可名」，亦無「一法可立」，法本「無法」，故屬「性空」。但亦可暫假名為「法」)，

「無法」法亦「法」(雖「無一法可立」，但「法」又會因「眾因緣」而生起作用，故雖具「性空」的「無法」之「法」；並非是一種「斷滅」，它仍會隨著「眾緣生法」而起各種「作用」。所以說「無法」之法，亦是一種「暫時緣起」和「假名有」之法，並非「斷滅」)，

今付「無法」時(如今在方便教導眾生的法義上，仍需付與具有「名相」的「無法」性空之假名)，

「法法」何曾法(其實不論「有為法、無為法」或者「性空法、緣起法」皆隨眾生因緣而「方便施設」。實際上「空亦復空」、「空亦不可得」，故「法法」何曾是真實的「法」呢？)」？

若會此意，方名「出家兒」，方好修行……

(4)豈不見阿難問迦葉云：世尊傳「金襴」(金色袈裟)外，別傳何法？

(5)<u>迦葉</u>召<u>阿難</u>：阿難應諾。

(6)<u>迦葉</u>云：倒却門前剎竿著，此便是祖師之標榜也。

(7)甚生，<u>阿難</u>三十年為侍者，秖為多聞、智慧。被佛訶云：汝千日學慧，不如一日學道。若不學道，滴水難消。

《最勝問菩薩十住除垢斷結經・卷第一》(一名《十千日光三昧定》)

是法「無法」(諸法皆是「無性」之法)，「無」(無性之法)亦無(也完全沒有)「無」(「無性之法」這一個「名相」存在)。強為生「名字」為法性。曉了「法性」無「來、往」緣。

《大聖文殊師利菩薩佛剎功德莊嚴經・卷中》

善男子！所有佛法，此法「無法」。何以故？其處「不可得」故。

《佛説大迦葉問大寶積正法經・卷第二》

(1)復次迦葉！應當正觀「影像中法」。彼法「非空」，亦非「不空」。

(2)如是空法無「法相」，非「無法相」。

(3)「法相」即「空相」，「空相」即「無相」，「無相」即「無願」……法「無自性」。「無性」即「空」。如是正觀此説「影像中法」。

《大方等大集經・卷第十二》

真實了知一切義，是故名「佛真實覺」……真實無有「色相貌」，為眾故示「種種色」。知法「無法」無上尊，為眾生故而演説。

《善思童子經・卷上》

(1)爾時善思離車童子即還，以偈答於長老富婁那彌多羅尼子……諸法「無生」故，當生此是何？

(2)諸法既「無生」，何者名「真體」？此我説本性，一切諸法「無」。

(3)「法」及「法本性」，二俱不可得。二既不可得，此法諸佛説，是名最上輪。

《入楞伽經・卷第九》

依「世諦」有法，「第一義」悉「無」……一切法「無法」，我説於「假名」。

《黃檗斷際禪師宛陵錄》

問：聖人「無心」即是佛。凡夫「無心」，莫沈「空寂」否？

師云：法無「凡、聖」，亦無「沈、寂」。

法本「不有」，莫作「無」見。

法本「不無」，莫作「有」見。

「有」之與「無」盡是「情見」，猶如幻翳。所以云：「見聞」如「幻翳」，「知覺」乃「眾生」。祖師門中只論息「機」忘「見」。所以「忘(見)、(息)機」；則佛道隆。「分別」則「魔軍」熾。

第十二節　教為「先聖」所傳，非自得之。須「淨心、發願除妄」方得聖教

《敦博本》與《敦煌本》對校版原文	《宗寶本》原文
	『二十二』 慧能後至曹溪，又被「惡人」尋逐，乃於四會(廣東 肇慶府 四會縣)，避難獵人隊中，凡經一十五載。 (慧能)時與獵人隨宜說法。獵人常令守網(狩獵網補)，(慧能)每見生命，盡放之。 每至飯時，以菜寄煮肉鍋。或問，(慧能)則對曰：但喫肉邊菜。 (慧能)一日思惟，時當弘法，不可終遯(終身隱遯)。 (慧能)遂出，至廣州 法性寺(即光孝寺)。值印宗法師講《涅槃經》。 時有風吹旛動，一僧曰「風」動，一僧曰「旛」動，議論不已。 慧能進曰：不是「風」動，不是「旛」動，仁者「心」動。一眾駭然。 印宗延至「上席」(座位中的第一位)，徵詰奧義，見慧能言簡理當，不由文字。 宗云：行者(一)定非常人，久聞黃梅「衣、法」南來，莫是行者否？

	慧能曰：不敢！
	宗於是作禮，(慧能)告請傳來「衣、鉢」，(並)出示大眾。
	宗復問曰：黃梅(五祖)付囑，如何指授(指示傳授)？
	慧能曰：指授(指示傳授)即無，惟論見性，不論禪定、解脫。
	宗曰：何不論禪定？解脫？
	能曰：為是二法(因爲修禪定所得的解脫，若含有「能求的禪定」與「所求的解脫」二法，已非眞正佛法，佛法乃無彼此對待分別之「不二之法」)，不是佛法。佛法是不二之法。
	宗又問：如何是佛法不二之法？
	慧能曰：(印宗)法師講《涅槃經》，(應該能)明「佛性」(即)是佛法不二之法。
	如高貴德王菩薩(全名爲：光明遍照高貴德王菩薩)白佛言：犯四重禁，作「五逆罪」及「一闡提」等，當斷善根佛性否？
	佛言：善根有二，一者常，二者無常。佛性非常非無當，是故不斷，名為不二。
	一者善，二者不善。佛性非善、非不善，是名不二。

「(五)蘊」之與「(十八)界」，凡夫見二，智者了達，其性無二。<u>無二之性，即是佛性</u>。

<u>印宗</u>聞說，歡喜合掌，言：某甲(印宗法師之自稱)講經猶如瓦礫，仁者(慧能)論義猶如「真金」。

於是為<u>慧能</u>薙^{去聲}髮，願事為師(剃度恩師反以惠能為師？)。

<u>慧能</u>遂於菩提樹下，開<u>東山</u>法門(「開東山法門」者，按《宋高僧傳・卷八》：「昔魏末有天竺法門<u>達磨</u>者，得禪宗妙法，自<u>釋迦</u>佛相傳，授以衣鉢為記。隱於<u>嵩山 少林寺</u>，尋卒。以法付<u>慧可</u>，<u>可</u>付<u>僧璨</u>，<u>璨</u>付<u>道信</u>，<u>信</u>付<u>弘忍</u>，<u>弘忍</u>與<u>道信</u>俱住<u>東山</u>。」故謂其法為<u>東山</u>法門)。

<u>慧能</u>於<u>東山</u>得法，辛苦受盡，命似懸絲(六祖回溯於五祖大師的<u>東山寺</u>得法，執役勞形，為人輕慢，傳受衣鉢，子夜出奔，違難韜光，含辛茹苦，受盡艱困，履險蹈厄，性命幾毀，故曰：「辛苦受盡，命似懸絲。」特言此者，非以邀功彰勞，惟誨後昆(後嗣子孫)，使知得法不易，應如祖師之輕身重道，為法忘軀，方獲傳燈，法化不絕，莫再因循懈怠，徒入寶山空手回，庶不辜佛恩祖德，並不負己靈可也。有如俗世誠子，當知祖宗創業不易，應承先啟後，莫個不知稼穡艱難，耗費家業，貽羞宗祖，自誤前程可也)。

<u>惠能</u>來於此地，與諸「官僚、道、俗」，亦有累劫之因。

今日得與(韋)使君，「官僚、僧尼、道、俗」同此一會，莫非累劫之緣，亦是過去生中供養諸佛，同種善根，方始

	得聞如上「頓教」，得法之因。
教是「先聖」所傳，不是惠能自知（自我開創所認知來的）。 （如果有）願聞「先聖」教者，各須「淨心」。 聞了（聽聞明了）願自（我發願而）除迷， 如先代（諸佛菩薩及歷代祖師）悟。 （下是法）	教是「先聖」所傳，不是慧能自智（自我開創所認知來的）。 （如果有）願聞「先聖」教者，各令「淨心」。 聞了（聽聞明了）各（自我發願而）自「除疑」， 如先代（諸佛菩薩及歷代祖師）聖人無別。 一眾聞法，歡喜作禮而退。

「闡提」者，是否具有「佛性」？「佛性」為何是「非常非無常、非善非不善」？請從佛典來解釋此段的義理

「闡提」有二種：一、為「斷絕一切善根」之「極罪重、極大惡人」，永不成佛者。

二、為濟度一切眾生之特殊「大悲菩薩」，亦發願「不願成佛」，亦名為「一闡提」。

《大般涅槃經・卷第二十二》

(1)光明遍照高貴德王菩薩摩訶薩白佛言：世尊！若犯重禁、謗方等經、作五逆罪、一闡提等，（若仍）有「佛性」者，是等云何復墮地獄？

(2)世尊！若使是等「有佛性」者，云何復言（彼等）無「常、樂、我、淨」？

(3)世尊！若「斷善根」名「一闡提」者，斷「善根」時，所有「佛性」，云何不斷？

(4)佛性若「斷」，云何復言（仍有）「常、樂、我、淨」？

(5)如其（佛性）「不斷」，何故（取）名為「一闡提」耶？

《大般涅槃經・卷第二十六》

(1)善男子！如汝所言：若「一闡提」有「佛性」者，云何不遮（阻；蓋；掩）「地獄之罪」？

(2)善男子！「一闡提」中「無有佛性」。

(3)善男子！譬如有王，聞箜篌音，其聲清妙，心即耽著，喜樂愛念，情無捨離。即告大臣：如是妙音從何處出？

(4)大臣答言：如是妙音從「箜篌」出。

(5)王復語言：持是聲來！爾時大臣即持「箜篌」置於王前，而作是言：大王！當知此即是聲。

(6)王語「箜篌」出聲！出聲！而是「箜篌」，聲亦不出。

(7)爾時大王即斷其「絃」，聲亦不出。取其「皮、木」，悉皆析裂，推求其聲，了不能得。

(8)爾時大王即瞋大臣，云何乃作如是妄語？

(9)大臣白王：夫取聲者，法不如是。應以「眾緣」，善巧方便，聲乃出耳。

(10)眾生「佛性」亦復如是「無有住處」，以「善方便」，故得可見。以「可見」，故得「阿耨多羅三藐三菩提」。

(11)「一闡提」輩不見「佛性」(如果「一闡提」者，是完全沒有「佛性」的話)，云何能遮(阻;蓋;掩)三惡道罪？

(12)善男子！若「一闡提」信有「佛性」(如果「一闡提」者，是真實擁有「佛性」的話)，當知是人不至「三惡」，是亦不名「一闡提」也。

《大般涅槃經・卷第三十五》

(1)善男子！我為眾生得開解故，說言佛性「非內、非外」。何以故？

(2)凡夫眾生，或言佛性「住五陰中」如「器中有果」。或言「離陰」而有，猶如「虛空」。

(3)是故如來說於「中道」，眾生佛性「非內六入、非外六入」……如來宣說佛性即是「中道」，「非內、非外」，故名「中道」……

(4)善男子！眾生佛性「非有、非無」……眾生佛性亦復如是。

(5)若言「眾生」中「別有」佛性者。是義不然！何以故？眾生即佛性，佛性即眾生。

《大般涅槃經・卷第三十六》

(1)善男子！若有人言：一切眾生「定有」佛性(決定真實的擁有「佛性」)，(定有)常樂我淨，不作不生。煩惱因緣，故不可見。當知是人謗佛法僧。(既然眾生決定真實的擁有「佛性」，則達「常樂我淨」及「不作、不生」的境界，且煩惱等無量因緣，亦皆「不可見、不可得」。如此的言論，則為謗佛法僧三寶)，

(2)若有說言一切眾生「都無」佛性(完全沒有「佛性」)，猶如「兔角」從方便生。本「無」今「有」，已「有」還「無」。當知是人謗佛法僧。

(3)若有說言眾生佛性，非「有」(並非真實存有)；如「虛空」，非「無」(並非虛無斷滅)；如「兔角」。何以故？虛空「常」故，兔角「無」故。

(4)是故得言「亦有亦無」，「有」故破「兔角」，「無」故破「虛空」，如是說者「不謗三寶」。

《大般涅槃經》卷7〈如來性品 4〉

一切眾生雖有「佛性」，要因「持戒」，然後乃見，因「見佛性」，得成「阿耨多羅三藐三菩提」。

《維摩詰所說經・卷中》

弗沙菩薩曰：「善、不善」為二，若不起「善、不善」，入「無相際」而通達者。是為入不二法門。

→足見佛性本無「善」與「不善」，是名為「不二」。

《宗寶本壇經》云：「無二之性，即是佛性」。請從佛典來解釋此段的義理

《維摩詰所說經・卷中》

(1)喜見菩薩曰：色，「色、空」為二，「色」即是「空」，非色滅空(並非是「色」滅了才有「性空」；也並非是滅了色，才會有「性空」)，色性自空(「色性」的當下離不了「性空」之理)。

(2)如是「受想行識」，「識、空」為二，「識」即是「空」，非識滅空，(並非是「識」滅了才有「性空」；也並非是滅了識，才會有「性空」)，識性自空(「識性」的當下離不了「性空」之理)

(3)於其中而通達者，是為入「不二」法門。

《大般涅槃經・卷第八》

(1)凡夫之人聞已分別生二法想，「明」與「無明」。智者了達其性「無二」。「無二之性」即是「實性」……

(2)若言「十善十惡」可作、不可作。善道、惡道、白法、黑法。凡夫謂「二」，智者了達其性「無二」。「無二之性」即是「實性」……

(3)若言一切行「無常」者，「如來祕藏」亦是「無常」。凡夫謂「二」，智者了達其性「無二」。「無二之性」即是「實性」。

(4)若言一切法「無我」，「如來祕藏」亦「無有我」。凡夫謂「二」，智者了達其性「無二」。「無二之性」即是「實性」。

(5)「我」與「無我」，性無有二，「如來祕藏」其義如是，不可稱計無量無邊諸佛所讚。我今於是一切功德成就經中皆悉說已。

《楞嚴經・卷二》

(1)阿難！汝猶未明一切「浮塵」諸幻化相，當處出生(無所從來)，隨處滅盡(無所從去)，「幻妄」稱(名稱)相(假相)，其「性」真；為「妙覺明體」。

(2)如是乃至「五陰」、「六入」，從「十二處」至「十八界」。「因緣」和合，虛妄有「生」；「因緣」別離，虛妄名「滅」。

教是先聖所傳，不是惠能自知。請說明「先悟」與「後修」有何不同

《宗鏡錄・卷第十五》

(1)我修行與汝別。汝「先修」而「後悟」，我「先悟」而「後修」。

(2)是以若「先修」而「後悟」，斯則「有功之功」，功歸「生滅」。

(3)若「先悟」而「後修」，此乃「無功之功」，功不虛棄。

願聞先聖教者，各須「淨心」。請從佛典來解釋此段的義理

《大乘本生心地觀經・卷第二》

若有善男子善女人，聞是妙法，一經於耳，須臾之頃，攝念「觀心」，熏成無上「大菩提種」。不久當坐「菩提樹王」金剛寶座，得成阿耨多羅三藐三菩提。

《楞嚴經・卷二》

佛告阿難：汝等尚以「緣心」聽法，此法亦「緣」，非得「法性」。

如人以手指月示人，彼人因指，當應「看月」。

第十三節　即慧之時，定在慧。即定之時，慧在定。定與慧體一無二別

《敦博本》與《敦煌本》對校版原文	《宗寶本》原文
	『二十四』
1 惠能大師喚言：善知識！「菩提般若」之智，世人「本自有之」。即緣「心迷」，不能「自悟」，須求「大善知識」示道見性。	復云：善知識！「菩提般若」之智，世人「本自有之」。只緣「心迷」，不能「自悟」，須假「大善知識」示導見性。
2 善知識！愚人、智人，「佛性」本亦無差別，只緣迷悟，迷即為愚，悟即成智。	當知愚人、智人，「佛性」本無差別。只緣迷悟不同，所以有愚有智。
	『三十九』
	【定慧品第四】
3 善知識！我此法門，以「定(禪定)、慧(般若慧)」為本。第一勿迷，言「慧、定」別(分別)。(其實)「定、慧」體一，不二。	師示眾云：善知識！我此法門，以「定(禪定)、慧(般若慧)」為本。大眾勿迷，言「定、慧」別(分別)。(其實)「定、慧」一體，不是二。
即定是慧體(本體)。即慧是定用(妙用)。	定是慧體(禪定是智慧的本體)。慧是定用(智慧是禪定的妙用)。
即慧之時(在智慧顯現妙用之時)，定在慧(禪定就在智慧中，智慧不離禪定)。即定之時(在深入禪定寂靜之時)，慧在定(智慧就在禪定中，禪定不離智慧)。	即慧之時(在智慧顯現妙用之時)，定在慧(禪定就在智慧中，智慧不離禪定)。即定之時(在深入禪定寂靜之時)，慧在定(智慧就在禪定中，禪定不離智慧)。
4 善知識！此義即是「定、慧」等(平等修學互證。據《摩訶般若波羅蜜經》之說，需證「第	若識此義，即是「定、慧」等學(平等修學互證。據《摩訶般若波羅蜜經》之說，需證「第七

七地菩薩」以上者，始能完全達至「定慧均等互證」之境）。	地菩薩」以上者，始能完全達至「定慧均等互證」之境）。
學道之人作意，莫言：（一定是）**先定發慧**，（或一定是）**先慧發定**，（或說）「**定、慧**」**各別**。	諸學道人，莫言：（一定是）**先定發慧**，（或一定是）**先慧發定**，（或說定與慧是）**各別**。
（若）**作此見**（指「定慧各別」之見）**者**，（則）**法**（即成爲）**有二相**。	（若）**作此見**（指「定慧各別」之見）**者**，（則）**法**（即成爲）**有二相**。
（就像一個人）**口**（雖）**說善**，（而）**心不善**，（這種「口善心不善」的比喻就像是）「**慧、定**」**不等**（的道理一樣）。	（就像一個人）**口**（雖）**說善語**，（而）**心中不善**，（這種「口善心不善」的比喻就像是）**空有**「**定、慧**」，（造成）「**定、慧**」**不等**。
（必須）「**心、口**」**俱善**，**內**（與）**外**（皆相同）**一種**，（以這種「口善心善」的修行方式，才能讓）「**定、慧**」**即**「**等**」（相等互證）。	**若**「**心、口**」**俱善**，**內**（與）**外**（皆相同）**一如**，（以這種「口善心善」的修行方式，才能讓）「**定、慧**」**即**「**等**」（相等互證）。
5自悟修行，不在「**口諍**」。 若「**諍**」先後，即是迷人。 不斷「**勝**（贏）、**負**（敗）」，卻生「**法、我**」，不離「**四相**」（我、人、眾生、壽者）。	自悟修行，不在於「**諍**」。 若「**諍**」先後，即同迷人。 不斷「**勝**（贏）、**負**（敗）」，卻增「**我、法**」，不離「**四相**」（我、人、眾生、壽者）。

惠能大師說「菩提般若之智，世人本自有之……不能自悟，須求大善知識示道見性」。請從佛典來解釋此段的義理

唐·清涼國師澄觀撰，圭峰沙門宗密注《答順宗心要法門》

「般若」非「心外」新生（非從心外新生而有），「智性」乃本來具足（故般若乃非從「心外」新生而有）。

《大般涅槃經》卷8〈如來性品 12〉

(1)善男子！一切眾生亦復如是，不能親近「善知識」故，雖有「佛性」，皆不能見，而為「貪、婬、瞋恚、愚癡」之所覆蔽，故墮「地獄、畜生、餓鬼、阿修羅、旃陀羅、

刹利、婆羅門、毘舍、首陀」，生如是等種種家中……

(2)如彼「力士」，「寶珠」在體(如寶珠般的佛性就在你的身體內)，(你竟然)謂呼「失去」。眾生亦爾，不知親近「善知識」故，不識「如來」微密「寶藏」，(不知)修學「無我」……

(3)不知親近「善知識」故，修學「無我」，亦復不知「無我之處」。尚自不知「無我真性」，況復能知「有我真性」？

《大方廣佛華嚴經・卷第三十三》

(1)善男子！我復略說。一切菩薩行、一切菩薩波羅蜜、一切菩薩所住地、一切菩薩安忍(安心忍辱)門、一切菩薩三昧門、一切菩薩神通智、一切菩薩總持門、一切菩薩迴向智、一切菩薩四無量、一切菩薩廣大願、一切菩薩普遍成就。

(2)一切佛法，如是皆由「善知識」力，而得圓滿。以「善知識」而為根本，從「善知識」來。依「善知識」生、依「善知識」長、依「善知識」住。「善知識」為因緣，「善知識」能發起。

《大莊嚴論經・卷第十二》

(1)佛說「善知識」者，梵行全體，此言實爾。誰有得解脫；不依「善知識」？唯有「癡者」不依「善友」，云何而能得於解脫？

(2)尊者迦旃延拔濟婆羅那巴樹提，瞋恚之毒藥消滅無遺餘。是故有智者應近「善知識」。

《楞嚴經・卷四》

(1)譬如有人於自衣中繫「如意珠」(喻佛性、如來藏)，不自覺知，窮露他方，乞食馳走，雖實貧窮，「珠」(喻佛性、如來藏)不曾失。

(2)忽有「智者」(善知識)指示其「珠」(喻佛性、如來藏)，所願從心，致大饒富。方悟「神珠」(喻佛性、如來藏)非從「外得」。

「佛性本無差別，只緣迷悟」。請從佛典來解釋此段的義理

《大般涅槃經》卷 32〈師子吼菩薩品 11〉

一切眾生同有「佛性」，皆同「一乘」、同一「解脫」、一因、一果、同一甘露，一切(眾生皆)當(能)得「常樂我淨」。

《大法鼓經》卷 2

一切眾生悉有「佛性」，無量相好，莊嚴照明，以彼性故，一切眾生(皆能)得「般涅槃」。

《佛說大般泥洹經》卷6〈問菩薩品 17〉

<u>迦葉</u>菩薩白佛言：如世尊說：一切眾生，皆有「佛性」，而「無差別」。

《大方等如來藏經》卷1

是故如來普為說法，言：善男子！莫自「輕鄙」(輕賤鄙陋)，汝等「自身」皆有「佛性」，若勤精進，滅眾過惡，則受「菩薩」及「世尊」號，化導濟度，無量眾生……(眾生)身懷「如來藏」(喻佛性)，而不「自覺知」。

《楞嚴經・卷一》

由諸眾生遺此「本明」(本具之妙明真心，喻佛性、如來藏)，雖終日「行」(終日皆以此第八識而產生六根的作用)而不「自覺」，枉入(冤枉趣入)諸趣(六道輪迴)。

惠能大師說「定與慧，兩者無二無別」，請從佛典來解釋「定」與「慧」的關係及其道理

《大般涅槃經・卷第三十》

(1)善男子！十住菩薩(除此外，還有初地、二地、三地菩薩，皆屬)「智慧力」多，「三昧力」少，是故不得明見(不能完全的明見)「佛性」。(缺少禪定的智慧，如此的智慧亦可名之為「邪見、狂慧」)

(2)聲聞、緣覺，「三昧力」多，「智慧力」少，以是因緣不見(不能完全的明見)「佛性」。(缺少智慧的禪定，如此的禪定亦可名之為「邪定、癡定」)

(3)諸佛世尊，「定慧」等(均等互證)故，(故可完全的)明見「佛性」，了了無礙，如觀掌中「菴摩勒果」(般的這麼清楚與簡易)。

《摩訶般若波羅蜜經》卷6〈發趣品 20〉

復次，<u>須菩提</u>！菩薩摩訶薩住「七地」中，應遠離「二十法」所不應著。何等二十？

一者、不著我。

二者、不著眾生。

三者、不著壽命。

四者、不著「眾數」，乃至「知者、見者」。

五者、不著「斷見」。

六者、不著「常見」。

七者、不應作「相」。

八者、不應作「因見」。

九者、不著「名色」。

十者、不著「五陰」。

十一者、不著「十八界」。

十二者、不著「十二入」。

十三者、不著「三界」。

十四者、不作「著」處(不作有任何執著之處的心)。

十五者、不作「所期處」(不應作「有所祈願」之處的心)。

十六者、不作「依處」(不應作有任何「依止執著」之處的心)。

十七者、不著依(執著依止)佛見。

十八者、不著依(執著依止)法見。

十九者、不著依(執著依止)僧見。

二十者、不著依(執著依止)戒見。

是二十法所不應著。

(七地菩薩)復有「二十法」應具足滿。何等二十？

一者、具足空。

二者、無相證。

三者、知無作。

四者、三分清淨。

五者、一切眾生中慈悲智具足。

六者、不念一切眾生。

七者、一切法等觀，是中亦不著。

八者、知諸法實相，是事亦不念。

九者、無生法忍。

十者、無生智。

十一者、説諸法一相。

十二者、破分別相。

十三者、轉憶想。

十四者、轉見。

十五者、轉煩惱。

十六者、「等定慧」(定慧相等)地。(可見「定慧相等」是「七地菩薩」修行所得的境界)

十七者、(慧地)調意。

十八者、心寂滅。

十九者、無閡(無阻礙；無障礙)智。

二十者、不染愛。

<u>須菩提</u>！是名菩薩摩訶薩住「七地」中，應具足「二十法」。

《大智度論》卷50〈發趣品 20〉

(1)「等定慧」地者，菩薩於「初、三地」(指初地、二地、三地菩薩)，(多少皆有)「慧多定少」(的狀況)，未能(完全的)「攝心」故。(缺少禪定的智慧，如此的智慧亦可名之為「邪見、狂慧」)

(2)「後三地」(指四地、五地、六地菩薩)，(多少皆有)「定多慧少」(的狀況)，以是故，不得入(七、八、九、十地之)菩薩位。(缺少智慧的禪定，如此的禪定亦可名之為「邪定、癡定」)

(3)今(若修持至)「眾生空、法空」，(達到)「定慧」(相)「等」故，(則)能安隱行「菩薩道」(此指七地菩薩)；從「阿鞞跋致」(此指八地菩薩)地，漸漸得(如來之)「一切種智」慧地(最高般若智慧之地)。

唐・慧海撰《頓悟入道要門論・卷上》

(1)「定」多「慧」少，不離「無明」(缺少智慧的禪定，如此的禪定亦可名之為「邪定、癡定」)。

(2)「定」少「慧」多，增長「邪見」(缺少禪定的智慧，如此的智慧亦可名之為「邪見、狂慧」)。

(3)「定、慧」等(均等互證，此喻七地菩薩以上)故，即名「解脫」。

《增壹阿含經・卷第四十五》

(1)<u>舍利弗</u>(大聲聞之四果羅漢)即入「金剛三昧」，是時有二鬼。一名<u>伽羅</u>，二名<u>優婆伽羅</u>……是時二鬼，從彼虛空而過，遙見<u>舍利弗</u>結跏趺坐，繫念在前，意寂然定。<u>伽羅</u>鬼謂彼(優波伽羅)鬼言：我今堪任以「拳」打此沙門頭。

(2)<u>優波伽羅</u>鬼語第二鬼(伽羅鬼)曰：汝勿興此意打沙門頭。所以然者？此沙門極有「神德」(四果大羅漢)，有「大威力」。此尊名<u>舍利弗</u>，世尊弟子中「聰明高才」，無復是過。「智慧」弟子中最為第一……

(3)時彼「惡鬼」(伽羅鬼)即以手打<u>舍利弗</u>頭。是時天地大動，四面有暴風疾雨，尋時來至，地即分為二分。此惡鬼(伽羅鬼)即以「全身墮」(阿鼻)地獄中。

(4)爾時尊者<u>舍利弗</u>即從「三昧」起，整衣服，下耆闍崛山，往詣竹園至世尊所……

(5)佛告<u>舍利弗</u>曰：汝今身體無有疾病乎？

(6)<u>舍利弗</u>言：體素無患(憂苦傷患)，唯苦「頭痛」。

(7)世尊告曰：<u>伽羅</u>鬼以手打汝頭。若當彼鬼(伽羅鬼)以手打「須彌山」者，即時「須彌山」便為二分。所以然者？彼鬼(伽羅鬼)有「大力」故。今此鬼(伽羅鬼)受其罪報故，全身入「阿鼻地獄」中。

(8)爾時世尊告諸比丘：甚奇！甚特！(四果大羅漢的)「金剛三昧力」乃至於斯，由此「三昧力」故無所傷害(只遭一點頭痛而已)。正使(若將)「須彌山」(來)打其(舍利弗的)頭者，終不能動其(四果羅漢之)毫毛。

<u>南岳大師</u>撰《隨自意三昧行威儀品・第一》

(1)復如<u>舍利弗</u>(於)山中禪定。值「毗舍闍鬼」將　領「諸鬼」(於)山中遊行，時<u>舍利弗</u>斷其路坐(於其道路上「打坐」而阻斷諸鬼的路線)，礙不得過。「毗舍闍鬼」(即伽羅鬼)即大瞋恚，以「金剛杵」盡力極打<u>舍利弗</u>頭，(造成)振動三千大千世界。

(2)時<u>舍利弗</u>(雖於禪定中，但仍)不覺不知，(待)從(禪)定出時，(忽)覺頭皮多少(有)異常(的狀態)。(舍利弗便)起來問佛：世尊！我今頭皮多少「異常」(指頭痛)。

(3)佛言：「毗舍闍鬼」(即伽羅鬼)以「金剛杵」極力打汝頭，(造成)振動三千大千國土，(時)值汝入「定」(中)。若(汝當時)不入「定」，(則將)碎如「微塵」。

(4)問曰：是<u>舍利弗</u>入何「禪定力」能如此？

(5)答曰：一切「禪定力」皆能(有)如此(之力)，若(有能)入「金剛壁定三昧」(者)，(則)天魔外道、「毗舍闍鬼」所不能近。若欲近時，天魔外道(諸)鬼神(等)，即自(我)「碎滅」，況復能打？

(6)問曰：一切「禪定」(皆已)無「受念心」，云何<u>舍利弗</u>(既)入「大禪定」；「毗舍闍」(仍能)打(舍利弗的)頭皮少異(造成舍利弗的頭皮發生「一點點的差異變化性」，頭痛？)。

(7)答曰：令後人知(菩薩與聲聞羅漢的)「禪定力」(仍有差別的)，故作此問，留名後世引導眾生，是名菩薩「自在禪定」。

(8)菩薩復有「自在禪定」，若「入」禪定、若「出」禪定，(於任何的)行住坐臥(當中)，(都能保持)身心無定無亂(無邪定、無亂意)，(菩薩的自在禪定亦)常能「示現一切佛事」。(此名為)「上人」(喻菩薩)能「覺」，「下人」(喻聲聞羅漢)不如(不能如上人之所覺)，是名菩薩「自在禪定」。

→此中正明「聲聞羅漢」的「禪定」，無有菩薩的「妙慧」觀察，故舍利弗於「禪定」中猶「不覺」伽羅鬼要來打他的頭皮，此即「聲聞羅漢」是有「定」而仍缺「妙慧」的程度。有「定」而無「慧」，如此的禪定即屬於「枯禪、癡定、邪定」的一種境界。若只有「慧」而無「定」，如此的智慧則又成為「狂慧、邪見」的一種境界。

《大乘無生方便門》

(1)二乘人，有「定」無「慧」，(如此的禪定即)名「邪」(邪定、癡定)。

(2)菩薩，有「定」有「慧」，名「正」(正定正慧)。

《大智度論・釋初品中三三昧義・第三十二》(卷第二十)

(1)「智慧」若不住「定」中(此正指有「慧」而無「定」的情形)，則是「狂慧」，多墮邪疑，無所能作。

(2)若(智慧能)住(於)「定」中(此指有「慧」有「定」)，則能破諸煩惱，得「諸法實相」。

《大集大虛空藏菩薩所問經・卷第五》

「一心禪定」得解脫，「定」與「慧」俱心不惑。能修「智業」常不動，是故速得證菩提。

《守護國界主陀羅尼經》卷 5〈入如來不思議甚深事業品 5〉

(1)謂或復有行「慧多定少」（缺少禪定的智慧，如此的智慧亦可名之為「邪見、狂慧」）。

(2)或復有行「定多慧少」（缺少智慧的禪定，如此的禪定亦可名之為「邪定、癡定」）。

(3)或有「定慧」俱「不具足」。

(4)或有「定慧」二俱「圓滿」。

如來悉知。

《大智度論》卷 26〈序品 1〉

(1)復次，有眾生「定少慧多」者，（佛則以）身示「行禪」以教化之……

(2)復次，佛為後世作法，故（身示）「坐禪」。又佛「自轉法輪」已，以事付弟子故，（而身）入「禪定」……如是等種種因緣，故（佛現身）入「禪定」。

《大智度論》卷 26〈序品 1〉

(1)（佛）現二種道，（為）攝眾生故：一者、禪定，二者、智慧。

(2)佛在大眾說法，（時時）為（眾生）現「智慧」；（為讓眾生入）靜處攝心，（佛時時）為現「禪定」……如是等種種因緣，故（佛現身）入禪定。

《景德傳燈錄・卷第二十八》

(1)師（神會禪師）於《大藏經》內有六處有疑，問於六祖……

　　第五問：先「定」後「慧」，先「慧」後「定」。定慧「後、初」（誰後？誰初？），何生為正？

(2)答曰：

　　常生「清淨心」，（則於）「定」中而有「慧」。

　　於境上「無心」（沒有任何的執著心），（則於）「慧」中而有「定」。

　　「定、慧」等（均等互證）無先（無先無後），（則能定慧）雙修（而）自心正。

若能「心口俱善，內外一種」，即可達「定慧等持不二」之境。請從佛典來解釋此段的義理

《大智度論》卷 26〈序品 1〉：

復次，佛說法已，常教諸比丘當「坐禪」，無令「後悔」。口之所說，身亦自行，故（佛現

(身)入「禪定」……如是等種種因緣，故(佛現身)入「禪定」。

《佛說須摩提菩薩經》

佛語須摩提：菩薩復有四事法，其所語言，聞者信從，踴躍受行。何等為四？

一者、口之所說，心亦無異(此喻「口說」與「心行」兩者皆無異、無別)。

二者、於善知識(處)，常有「至誠」(恭敬之心)。

三者、(若)聞人說法，不言(其)是非(與毀謗)。

四者、若見他人(有能力)，(則)請令說經，(但)不求其「短」(缺失)。

是為四法。

菩薩用是四事故，其所語言，聞者信從踴躍受行。

《守護國界主陀羅尼經》卷5〈入如來不思議甚深事業品 5〉

或復有行，「心力」具足，「身力」不具。

或復有行，「身力」具足，「心力」不具。

或復有行，二俱不具。

或復有行，二俱具足。如來一一皆如實知。

或復有行，令「身」業淨、「口、意」不淨。

或復有行，令「口、意」淨，「身」業不淨。

或令「三業」，俱得清淨。

或令「三業」，俱不清淨。

如是諸行，或是(成爲)三界生死之因，或(成爲)解脫(生死之)因。

不斷「勝、負」，卻生「法、我」，不離「四相」。請從佛典來解釋此段的義理

《別譯雜阿含經‧卷第四》

(1)爾時世尊，聞斯事已，即說偈言：

(2)勝(贏)則(易招他人)多怨(仇)、嫉(妒)，負(敗)則(煩)惱(而)不眠，若無「勝、負」者，(始獲)「寂滅」安睡眠。

《撰集百緣經‧卷第一》

(1)爾時佛讚波斯匿王：善哉！善哉！……而說偈言：

(2)負(敗)則生「憂懼」(憂愁恐懼)，勝(贏)則懷「欣慶」(欣喜歡慶)……若能息「勝、負」，最妙第一樂。

《大莊嚴論經・卷第九》

(1)爾時世尊無上大悲，以相輪手制諸比丘，即說偈言：

(2)比丘莫「鬥諍」，「鬥諍」多破敗。競「勝、負」不息，次續「諍」不絕。為世所譏呵，
增長「不饒益」。

《雜寶藏經・卷第二》

得勝(贏)增長怨(仇)，負(敗)則益「憂苦」。不諍「勝、負」者，其樂最第一。

《出曜經・卷第二十七》

勝(贏)則(易招)怨滅(怨仇來毀滅你)，負(敗)則自鄙(自生微鄙)。息(息掉勝負心)則快樂，無「勝、負」
心。

《大方等大集經・菩薩念佛三昧分卷第九》

(1)如是比丘觀法界時，不見一法「增」，不見一法「減」，彼既觀法無「增減」已。當彼
如是見一切法「無有去來」。

(2)彼當如是見一切法「無得無喪」。

(3)彼當如是見一切法「無有生滅」。

(4)彼當如是見一切法「無有差別」。

(5)彼當如是見一切法「無有異」。

(6)彼當如是見一切法「因緣生」。

(7)彼當如是見一切法猶如「夢想」。

(8)彼當如是見一切法猶如「陽焰」。

(9)彼當如是見一切法猶如「鏡像」。

(10)彼當如是見一切法猶如「形影」。

(11)彼當如是見一切法猶如「聲響」。

(12)彼當如是見一切法猶如「幻化」。

(13)彼當如是見一切法無有「勝負」。

(14)彼當如是見一切法本無「優劣」。

(15)彼當如是見一切法不可「成就」。

(16)彼當如是見一切法本來「不生」。

(17)彼當如是見一切法無有「生處」。

(18)彼當如是觀一切法皆悉「平等」。

(19)不空見！彼既能作如是觀已，亦即能作如是修行，不久便能得是「三昧」。

《佛說法集經‧卷第一》

(1)善男子！何者是慢？起「高下心」，名之為「慢」。

(2)彼「下」於我，我「高」於彼。如是高下「勝、負」等心，是名為「慢」。

第十四節　行住坐臥行「直心」，無有執著，心不住法，即是「一行三昧」

《敦博本》與《敦煌本》對校版原文	《宗寶本》原文
	『四十一』
1「一行三昧」者，於一切時中，「行、住、坐、臥」，常行「直心」是。	師示眾云：善知識！「一行三昧」者，於一切處，「行、住、坐、臥」，常行一「直心」是也。
2《淨名經》(維摩詰經)云：「直心」是道場，「直心」是淨土。	《淨名經》(維摩詰經)云：「直心」是道場，「直心」是淨土。
3莫心行諂曲，口說法直。口說「一行三昧」，不行「直心」，非佛弟子。	莫心行諂曲，口但說直，口說「一行三昧」，不行「直心」。
4但行「直心」，於一切法上，無有「執著」，名「一行三昧」。	但行「直心」，於一切法勿有「執著」。
5迷人著法相，執「一行三昧」，直言：「坐不動」，除妄「不起心」，即是「一行三昧」。	迷人著法相，執「一行三昧」，直言：「常坐不動」，妄「不起心」，即是「一行三昧」。
6若如是(將「枯坐不動」與「斷絕心念」當作「一行三昧」解)，此法同「無情」(喻石頭)，卻是障道因緣。 道須通流(通行流動)，何以卻滯屮(礙)？ 心「不住法」，道即「通流」(通行流動)，「住」即被縛。	作此解者(將「枯坐不動」與「斷絕心念」當作「一行三昧」解)，即同「無情」(喻石頭)，卻是障道因緣。 善知識！道須通流(通行流動)，何以卻滯屮(礙)？ 心「不住法」，道即「通流」(通行流動)。心若「住法」，名為「自縛」(自我繫縛)。
7若「坐不動」是(對的話)，<u>維摩詰</u>不合(不應該)呵告 <u>舍利弗</u>「宴坐」(於)林中。	若言「常坐不動」是(對的話)，只如<u>舍利弗</u>「宴坐」(於)林中，卻被<u>維摩詰</u>訶告。

8善知識！又見有人教人「坐」(禪坐)：	善知識！又有人教「坐」(禪坐)：
①看心(刻意的看弖 守關注起心動念)。	①看心(刻意的看弖 守關注起心動念)。
②看淨(刻意的看弖 守關注清淨之境)。	②觀靜(「淨」古通「靜」)。
③不動不起(指百物不思的枯木死灰、斷絕一切心念、有定而無慧、只修止而不修觀)。	③不動不起(指百物不思的枯木死灰、斷絕一切心念、有定而無慧、只修止而不修觀)。
從此(以此方式)置(建立)功(修行之功)。	從此(以此方式)置(建立)功(修行之功)。
9迷人「不悟」，便執成顛。	迷人「不會」，便執成顛。
即有數百般如此教道者，故知大錯。	如此者眾，如是相教，故知大錯。

註：「置」作「設立、設置、建立」解。如：

【置立】➜設立。明·張居正《陳六事疏》：「該部『置立』號簿，發記註銷」。

【置言】➜立言。南朝梁·沈約《齊故安陸昭王碑文》：「立行可模，『置言』成範」。

【置法】➜立法、執法。《禮記·表記》：「君子議道自己，而『置法』以民」。

「一行三昧」與惠能大師的禪法之間有何關係？如何在日常生活中實踐「一行三昧」？請從佛典來解釋此段的義理

《放光般若經·卷第四》

復有「一行三昧」，住是三昧者，不見諸法有「二」。

《文殊師利所說摩訶般若波羅蜜經·卷下》

(1)文殊師利白佛言：世尊！當云何行能速得阿耨多羅三藐三菩提？

(2)佛言：文殊師利！如般若波羅蜜所說行，能速得阿耨多羅三藐三菩提。

(3)復有「一行三昧」，若善男子、善女人，修是三昧者，亦速得阿耨多羅三藐三菩提。

(4)文殊師利言：世尊！云何名「一行三昧」？

(5)佛言：法界一相，繫緣法界，是名「一行三昧」。

(6)若善男子、善女人，欲入「一行三昧」，當先聞「般若波羅蜜」，如說修學，然後能入「一行三昧」。如法界緣，不退不壞，不思議，無礙無相。

(7)善男子、善女人，欲入「一行三昧」，應處「空閑」，捨諸「亂意」，不取「相貌」，繫心「一佛」，專稱名字。隨佛方所，端身正向，能於「一佛」念念相續，即是念中，能見「過去、未來、現在」諸佛。何以故？

(8)念「一佛」功德無量無邊，亦與「無量諸佛」功德無二，不思議佛法等無分別，皆乘

一「如」，成最正覺，悉具無量功德、無量辯才……

(9)若得「一行三昧」，諸經法門，一一分別，皆悉了知，決定無礙。晝夜常說，智慧辯才，終不斷絕。若比阿難多聞辯才，百千等分不及其一……

(10)常勤精進而不懈怠，如是次第漸漸修學，則能得入「一行三昧」，不可思議功德作證，除謗「正法」不信，「惡業重罪」障者，所不能入……

(11)若得「一行三昧」，悉能具足一切功德，無有缺少，亦復如是。照明佛法，如日輪光……

(12)文殊師利！若菩薩摩訶薩得是「一行三昧」，皆悉滿足助道之法，速得阿耨多羅三藐三菩提。

《大寶積經・卷第一百一十六》

(1)復有「一行三昧」，若善男子善女人，修是三昧者，亦速得阿耨多羅三藐三菩提。

(2)文殊師利言：世尊！云何名「一行三昧」。

(3)佛言：法界一相，繫緣法界，是名「一行三昧」。

(4)若善男子善女人，欲入「一行三昧」，當先聞「般若波羅蜜」如說修學，然後能入「一行三昧」。如法界緣，不退不壞，不思議，無礙無相。

(5)善男子善女人！欲入「一行三昧」，應處「空閑」，捨諸「亂意」，不取「相貌」，繫心「一佛」，專稱名字，隨佛方所端身正向。能於「一佛」念念相續，即是念中能見「過去、未來、現在」諸佛。何以故？

(6)念「一佛」功德無量無邊，亦與「無量諸佛」功德無二，不思議佛法等無分別。皆乘一「如」，成最正覺，悉具無量功德無量辯才……

(7)若得「一行三昧」，諸經法門一一分別，皆悉了知，決定無礙。晝夜常說，智慧辯才，終不斷絕……

(8)文殊師利！若菩薩摩訶薩，得是「一行三昧」，皆悉滿足助道之法，速得阿耨多羅三藐三菩提。

唐・宗密述《禪源諸詮集都序・卷上之一》(亦名《禪那理行諸詮集》)

(1)禪則有淺有深，階級殊等。謂帶「異計」，「欣」上「厭」下而修者，是「外道禪」。

(2)正信因果，亦以「欣(欣樂)、厭(厭離)」而修者，是「凡夫禪」。

(3)悟「我空偏真」(喻但見空，未見不空)之理而修者，是「小乘禪」。

(4)悟「我法二空」所顯真理而修者，是「大乘禪」。

(5)若頓悟「自心本來清淨」，元無煩惱，無漏智性，本自具足。此心即佛，畢竟無異，依此而修者，是「最上乘禪」，亦名「如來清淨禪」，亦名「一行三昧」，亦名「真如三昧」。

(6)此是「一切三昧」根本，若能念念修習，自然漸得「百千三昧」。

(7)達摩門下，展轉相傳者，是此禪(指「如來清淨禪」，即「一行三昧」)也。達摩未到，古來諸家所解，皆是前「四禪八定」，諸高僧修之皆得功用。

(8)南岳天台，令依「三諦」之理修「三止三觀」。教義雖最圓妙，然其趣入門戶次第，亦只是前之諸禪行相。

(9)唯達摩所傳者，頓同「佛體」，迴異諸門，故宗習者，難得其旨，得即成聖，疾證菩提。失即成邪，速入塗炭。

《維摩詰所說經》記載維摩詰曾訶斥舍利弗的「宴坐」修行法。那真正的「宴坐」道理及功德又如何

《維摩詰所說經》(一名《不可思議解脫・上卷》)

(1)佛知其意，即告舍利弗：汝行詣維摩詰問疾。

(2)舍利弗白佛言：世尊！我不堪任詣彼問疾。所以者何？

(3)憶念我昔，曾於林中「宴坐」(pratisaṃlayana 又作「燕坐」，即「安禪、坐禪」之異名)樹下，時維摩詰來謂我言：唯，舍利弗！不必是「坐」，為「宴坐」也。

❶夫「宴坐」者，不於三界現「身口意」，是為「宴坐」。

（「菩薩」了知三界虛妄，但是「心」作，故不於「三界」地中而現「身、意」。「如來」則可遊於三界，隨諸眾生而隨時皆可現「身、意」。菩薩能安「心」於「真境」，「識」不外馳，故連「心」亦可「不現」。「法身」大士，可超於「三界」，故可「身、心」俱隱，此爲「禪定」之極境。「聲聞」人之「身」，雖亦能入「滅盡定」，能令「心」隱，但其「身」猶「現」。大乘菩薩「法身」之「宴坐」，乃「身、意」俱滅，不復現「身、意」於「三界」。身、意，具「性空」，方是「真坐禪」)

❷不起「滅定」(不起於「滅盡定」即指不離「滅盡定」，不必出離於「滅盡定」，因大乘菩薩常在「定」中。又如《佛說寶雨經・卷第二》云：諸菩薩遠離「能緣想受心」故，名住「滅定」，雖入彼定，終不樂著。出彼定已，與慈心俱，捨怨憎心，遠損害想，廣大無量，平等無二，極善修習，於一方面意解遍滿，入定而住，諸餘三方、四維、上下周遍世間)而現諸「威儀」，是為「宴坐」。

❸不捨「道法」而現「凡夫事」，是為「宴坐」。

❹心不住「內」，亦不在「外」，是為「宴坐」。

❺於「諸見」不動，而修行「三十七品」，是為「宴坐」。

❻不斷「煩惱」而入「涅槃」，是為「宴坐」。

(4)若能如是坐者，佛所印可。

(5)時我(舍利弗我)，世尊！聞說是語(我舍利弗聞維摩詰之法語)已，默然而止，不能加報！故我不任詣彼問疾。

《月燈三昧經·卷第六》

童子！菩薩摩訶薩住於「宴坐」有十種利益。何等為十？

一者：其心「不濁」。

二者：住「不放逸」。

三者：諸佛「愛念」。

四者：信「正覺」行。

五者：於「佛智」不疑。

六者：知「恩」。

七者：不謗「正法」。

八者：善能「防禁」。

九者：到「調伏地」。

十者：證「四無礙」(據《俱舍論·卷二十七》載「法、義、詞、辯」等四個「無礙解」)。

童子！是為菩薩摩訶薩住於「宴坐」十種利益。

《大乘寶雲經·卷第五》

善男子！菩薩摩訶薩具足「十法」唯「一坐」食。何等為十？

(1)所謂坐於「菩提道場」，一切魔兵為作恐怖而坐不動。

(2)於「出世座」而坐不動。

(3)於「出世慧」而坐不動。

(4)於「出世智」而坐不動。

(5)於「空三昧」而坐不動。

(6)覺了「諸法」而坐不動。

(7)於「八正道」而坐不動。

(8)於「真實際」而坐不動。

(9)於「如如」中而坐不動。

(10)於「一切智」而坐不動。

所言「一坐」，唯是「法座」，是故名為「一坐」食也。

善男子！如是菩薩見是十法唯「一坐」食。

《大乘寶雲經·卷第五》

善男子！菩薩摩訶薩具足十法「宴坐」不臥，何等為十？

(1)所謂不為苦身故，而坐不眠。

(2)不為惱心故，不為眠。

(3)所牽故，不萎身坐。

(4)菩薩摩訶薩凡「坐」不眠。

(5)但為滿足菩提諸行。

(6)為「一心」故。

(7)為向「正道」故。

(8)為「坐道場」故。

(9)為「利眾生」故。

(10)為滅一切「煩惱」故，坐而不臥。

善男子！如是菩薩具是十法常坐不臥。

第十五節　「燈之定」與「慧之光」，體一無二別

《敦博本》與《敦煌本》對校版原文	《宗寶本》原文
	『四十』
善知識！「定、慧」猶如何等(相等互證)？	善知識！「定、慧」猶如何等(相等互證)？
如燈、光。	猶如燈、光。
有燈(喻「定」)即有光(喻「慧」)，無燈即無光。	有燈(譬如電)即光(喻如 3C 產品)，無燈即暗。
燈(喻「定」)是光(喻「慧」)之體(本體)。 光(喻「慧」)是燈(喻「定」)之用(妙用)。	燈(譬如電)是光(喻如 3C 產品)之體(本體)。 光(喻如 3C 產品)是燈(譬如電)之用(妙用)。
名(定與慧之名)即有二。 體(本體)無兩般。	名(定與慧之名)雖有二。 體(本體)本同一。
此「定、慧」法，亦復如是。	此「定、慧」法，亦復如是。

《高麗國普照禪師修心訣》

(1)「定」是「(本)體」。

　「慧」是「(妙)用」也。

(2)即「體」之「用」，故「慧」不離「定」。

　即「用」之「體」，故「定」不離「慧」。

(3)「定」則「慧」(在深入禪定寂靜之時，智慧就在禪定中，禪定不離智慧)，故「寂」而常「知(智慧)」。

　「慧」則「定」(在智慧顯現妙用之時，禪定就在智慧中，智慧不離禪定)，故「知(智慧)」而常「寂」。

隋・**智者**大師說，**灌頂**記《觀音玄義・卷上》

(1)若「定」而無「慧」者(有「定」而無「慧」)，此「定」名「癡定」(缺少智慧的禪定，如此的禪定亦可名之為「邪定、癡定」)。譬如盲兒騎瞎馬，必「墮坑落塹」而無疑也。

(2)若「慧」而無「定」者(有「慧」而無「定」)，此慧名「狂慧」(缺少禪定的智慧，如此的智慧亦可名之為「邪

見、狂慧」)。譬如(於)**風中然燈**,(則此燈會被風給)**搖颺**ㄜ(搖曳飄颺),(只要燈被)**搖颺**ㄜ(那此燈就)**照物**(照耀萬物)**不了**。

(3)**故知**(一定要)「**福、慧**」**相資**,(此禪定、智慧)**二輪平等,堪能運載也**。

《大智度論·釋初品中禪波羅蜜第二十八》(卷第十七)

(1)**從**「**實智慧**」(而)**生**「**實智慧**」,(此「實智慧」乃)**從**「**一心禪定**」(而)**生**。

(2)**譬如然燈**(此燈是喻如「智慧」),**燈雖能照**(耀),(但此燈若處)**在**「**大風**」**中**,(則)**不能為用**(發揮其功用),**若**(將此燈)**置之**「**密室**」(此密室是喻如「禪定」),**其**(作)**用乃**(能)**全**(備),(所以如果是)「**散心**」**中**(的)「**智慧**」**亦如是**(此指雖有「慧」,但無「定」,所以是為「散心」中的「智慧」而已。缺少禪定的智慧,如此的智慧亦可名之為「邪見、狂慧」)。

(3)**若無**「**禪定**」(之)**靜室,雖有**「**智慧**」,**其**(作)**用不**(能)**全**(備)。(若能)**得**(真實之)**禪定**(可見禪定是「本體」),**則**(就有真)(的)**實智慧**(而)**生**(可見智慧是「妙用」)。

(4)**以是故,菩薩雖**(然還)**離眾生,遠**(處)**在**「**靜處**」(修行),(而)**求得**「**禪定**」。(所以菩薩能)**以**「**禪定**」**清淨**(之力),**故**(其)「**智慧**」**亦淨**。**譬如**「**油炷**」(若)**淨故,其**(照耀之光)**明亦淨**。

(5)**以是故,欲得**「**淨智慧**」**者**,(應兼)**行此**「**禪定**」。

第十六節　法無頓漸，人有利鈍。迷人漸修，悟人頓修。頓漸亦假名

《敦博本》與《敦煌本》對校版原文	《宗寶本》原文
	『四十二』
善知識！ 法無頓漸。 人有利鈍。 迷即「漸勸」，悟人(易領悟者)「頓修」。 識自「本心」，是見「本性」。 「悟」即原無差別，「不悟」即長劫輪迴。	師示眾云：善知識！ 本來正教，無有頓漸。 人性自有利鈍。 迷人「漸修」，悟人(易領悟者)「頓契」。 自識「本心」，自見「本性」， 既無差別。 所以立「頓、漸」之「假名」。

惠能大師說「法無頓漸，人有利鈍」，請從佛典來解釋此段的義理

《佛說長阿含經‧卷第一》
(1)世尊三聞「梵王」慇懃勸請，即以「佛眼」觀視世界。
(2)眾生「垢」有「厚、薄」，根有「利、鈍」，教有「難、易」。
(3)易受教(容易受教的人)者，畏「後世罪」(後世來生的罪業因果報應)，(利根者)能滅惡法，出生善道。

《出曜經‧卷第二十四》
(1)聖人在中，一一分別。
(2)或有意「開悟」者，或有意「不開悟」者，或有「開悟、不開悟」(半開悟半不開悟)者。
(3)眾生受性，悟有「遲、疾」。
(4)是以聖人訓之以道，「懃」加俯行，晝夜匪懈(不要懈怠)。

《思益梵天所問經‧卷第三》
(1)若知一切眾生諸根「利、鈍」，而教誨之，名為「說法」。
(2)常入於「定心」不散亂，名「聖默然」……

(3)不能了知一切眾生諸根「利、鈍」，亦復不能常在於「定」……

(4)諸佛善能分別一切眾生諸根「利、鈍」，亦常在「定」。

《大智度論‧釋習相應品第三之餘》(卷三十六)

(1)復次，是「般若」波羅蜜相，甚深難解難知。

(2)佛知眾生心，根有「利、鈍」。「鈍根」者「少智」；為其「重說」(重複宣說)。

(3)若「利根」者，「一說、二說」便悟，不須種種「重說」。

(4)譬如駛馬，下「一鞭」便走。駑馬「多鞭」乃去。

(5)如是等種種因緣故，經中「重說」(重複宣說)無咎(沒有過失)。

《大智度論‧釋六喻品第七十七》(卷八十八)

(1)「度眾生」方便者，所謂二力：「業力、定力」。

(2)求其業因緣生處，人以「業因緣」故「受身」，縛著世間。(若以)「禪定因緣」故得解脫。

(3)行者必應求「苦」從何而生？由何而滅，是故用二力(指「業力」與「定力」)。

(4)業力有二分：一者「淨業」，能斷惡業。二者「垢業」。

(5)「淨業」名「禪定、解脫、諸三昧」。「不淨業」者，能於三界中「受身」。

(6)人有二種，「鈍根」為「受身」(在三界中受生死輪迴之身)；故「作業」。

　　　　　　「利根」為「滅身」(滅掉受生死輪迴之身)；故「作業」。

(7)問曰：若爾者，何以不皆令作「淨業」？

(8)答曰：以眾生根有「利、鈍」故。

(9)問曰：眾生何因緣故有「利、鈍」？

(10)答曰：以有種種「欲力」(嗜好欲望之業力)故。

(11)「惡欲」眾生常入「惡」；故「鈍」。

(12)「欲」名「嗜好」，「嗜好」罪事，生惡業；故「鈍」。

(13)「善欲」者，樂「道」修「助道法」；故「利」。

(14)問曰：眾生何以不「皆作善欲」？

(15)答曰：是故佛說世間種種「性惡、性善」性。

　「惡性」者「惡欲」，「惡欲」；故「根鈍」。

　如火(本來就是屬於)「熱性」，水(本來就是屬於)「濕性」。不應責其所以(不應責備它為何一定是熱性，或者一定是濕性啊)。

《大乘本生心地觀經‧卷第一》

(1)披「精進」甲，報「智慧」劍，破「魔軍眾」而擊「法鼓」……悟「三世法」。

(2)善知眾生諸根「利、鈍」，「應病與藥」，無復疑惑……此諸菩薩不久當得「阿耨多羅

三藐三菩提」。

《大智度論・釋歎信行品第四十五之餘》(卷六十七)
修行亦如是，隨人根「利、鈍」，得有「遲、疾」，此中佛更説因緣。

《妙法聖念處經・卷第一》
(1)佛告比丘，應當愛樂一切有情……為説法要。
(2)隨彼「利、鈍、聰明、愚昧」。導以「勝、劣」，^(告)誡之「正説」^(正法之説)。

《思益梵天所問經・卷第四》
(1)迦葉！又如大海有三種寶。一者「少價」。二者「有價」。三者「無價」。
(2)此諸菩薩所「可説法」，亦復如是。
(3)隨諸眾生根之「利、鈍」，令得解脱。
(4)有以「小乘」而得解脱，有以「中乘」而得解脱，有以「大乘」而得解脱。

《大般若波羅蜜多經・卷第五百七十一》
天王當知！若菩薩摩訶薩行深「般若」波羅蜜多。得「妙智門」則能悟入，一切有情諸根「利、鈍」。得「妙慧門」則能分別「諸法句義」。

《妙法蓮華經・卷第一》
雖示種種道，其實為「佛乘」。知眾生諸行……及諸根「利、鈍」，以種種「因緣、譬喻」亦「言辭」，隨應方便説。

《妙法蓮華經・卷第三》
如來于時，觀是眾生諸根「利、鈍、精進、懈怠」，隨其所堪^(堪受)，而為説法，種種無量，皆令歡喜，快得善利。

《妙法蓮華經・卷第五》
我以佛眼，觀其「信」等諸根「利、鈍」，隨所應度，處處自説……又以種種方便説微妙法，能令眾生發歡喜心。

《大般涅槃經・卷第三十三》
世尊！如來具足是「知根力」，是故能知一切眾生「上、中、下」根^(及種種)「利、鈍」差別。知現在世眾生「諸根」^(根器)，亦知未來眾生「諸根」。

《大方等大集經・卷第三》

(1)如來善知一切眾生諸根「利、鈍」，云何而知？知「上、中、下」，知增知減。

(2)亦知「貪欲」有「一億種」。

「瞋恚、愚癡」各「一億種」。

(3)知「貪欲重」，知「貪欲輕」。知「瞋恚重」，知「瞋恚輕」。知「愚癡重」，知「愚癡輕」。

《大方等大集經・卷第二十二》

(1)<u>憍陳如</u>！如來了知一切眾生諸根「利、鈍」，亦知一切眾生「心性」諸「煩惱性」。

(2)是故如來「隨應眾生」而為說法，隨諸「煩惱」，宣說「對治」。

《大方廣十輪經・卷第七》

(1)爾時世尊欲重宣此義，而說偈言：「智者」修法施，演說於「三乘」。

(2)「不堪法器」者，（就不要為這些人說「甚深大法」）終不令謗法……隨諸根「利、鈍」，「漸教」令「昇進」。

《佛說妙吉祥菩薩所問大乘法螺經》

(1)如來身中具「攝一切諸相」，隨諸眾生「根、欲性」等「利、鈍」不同，所現色身各各有異。

(2)令諸眾生，各得親近。樂聞妙法，皆得度脫。乃至「行住」之時，常得「見佛」。

《守護國界主陀羅尼經・卷第五》

爾時世尊欲重宣此義而說偈言……

樂行「速疾」由根「利」，（或）「鈍根」劣弱（者），佛皆知。

有行「遲鈍」（而）漸澄清，復有「遲鈍」（而）頓清淨。

惠能大師是否創造出「頓悟」或「頓教」的觀念？又說「迷人漸勸，悟人頓修」。請從佛典來解釋此段的義理

《楞嚴經・卷十》

(1)此五陰元（根元），<u>重疊</u>（一重疊一重的次第）生起。生（生命投胎）因「識」（識陰阿賴耶）有，滅（滅妄歸真）從「色」（色陰）除。

(2)理（以理來推究五陰）則「頓悟」（若能頓悟五陰皆五妄想成），乘悟（乘此一悟）併銷（五陰一併同時而銷，當體即

空）。事(就事相而論)非「頓除」，因「次第」盡(逐漸滅盡)。

《佛説巨力長者所問大乘經・卷上》

(1)如來應正等覺出現世間，隨眾生性説「三乘法」，方便開示種種譬喻。稱彼根宜，信解曉悟，令各「漸證」清淨涅槃……

(2)如是三乘「權、實、頓、漸」，各隨眾生根器大小，愛樂修學。遠離生死，解脱安樂。

《大方廣圓覺修多羅了義經》

(1)善男子！一切眾生皆證「圓覺」，逢「善知識」，依彼所作，因地法行。爾時修習便有「頓、漸」。

(2)若遇「如來無上菩提正修行路」，根無「大、小」，皆成佛果。

(3)若諸眾生雖求「善友」，(若)遇邪見者，未得正悟，是則名為「外道種性」。(此乃)邪師過謬，非眾生(之)咎。

《大方廣圓覺修多羅了義經》

(1)善男子！是經百千萬億恆河沙諸佛所説，三世如來之所守護……

(2)是經名「大方廣圓覺陀羅尼」……亦名「如來藏自性差別」，汝當奉持。善男子！是經唯顯「如來境界」，唯「佛如來」能盡宣説。

(3)若諸菩薩及末世眾生依此修行，「漸次增進」至於「佛地」。

(4)善男子！是經名為「頓教」大乘，「頓機」眾生從此開悟，亦攝「漸修」一切群品。

《大寶積經・卷第二十八》

(1)善男子！如來善巧知「眾生心」故，受彼請，為度彼故。

(2)善男子！菩薩摩訶薩善巧成就如是「甚深祕密法教」示現之事。若如是知，名為「善解如來密教」。

(3)爾時世尊……言：善知「漸」法門及以「頓」所説。內心善巧知，諸菩薩示現，善巧知「祕密」。遠離諸疑惑，善知諸佛説所有「祕密教」。

《大乘本生心地觀經・卷第八》

(1)是薄伽梵告諸佛母「無垢大聖」文殊師利菩薩摩訶薩言：

(2)大善！此法名為「十方如來最勝祕密心地法門」。

此法名為「一切凡夫入如來地"頓悟"法門」。

此法名為「一切菩薩趣大菩提真實正路」。

此法名為「三世諸佛自受法樂微妙寶宮」。

《大乘理趣六波羅蜜多經・卷第一》

若彼有情不能受持「契經」，調伏對法「般若」，或復有情造諸惡業「四重、八重、五無間罪、謗方等經、一闡提」等種種重罪，使得銷滅，速疾解脫，「頓悟」涅槃，而為彼說諸「陀羅尼藏」。

《大乘瑜伽金剛性海曼殊室利千臂千鉢大教王經・卷第四》

(1)益意菩薩復對世尊慇懃重啟：諸佛賢聖……復願加被於我……八聖道力加被於我。云何為八？

(2)一者：復願悉見諸佛如來出興，教導有情諸大菩薩一切眾生，同我願故……七者：亦見自身「頓悟」諸法，住「如來地」。八者……

《大乘密嚴經・卷上》

(1)「阿賴耶識」在於世間，亦復如是。無始習氣猶如「瀑流」，為境界風之所飄動，起諸「識浪」，恆無斷絕。

(2)仁主！是八種心（眼、耳、鼻……共八個心識），雖無如是若干體異，而「隨緣」漸起。或一時生，心生之時取諸境界，亦有如是「漸、頓」差別。

(3)若於屋宅及諸星宿ㄒ，軍眾山林，枝葉花果，如是等處。多是「一時」或「次第取」……或有「一時頓取之」者。

《諸佛境界攝真實經・卷下》

(1)善男子！若有眾生遇此「祕法」，住於空間，如說修行，「現身」證得「極歡喜地」，何況世間福德果報？

(2)若有菩薩不修是法；證佛果者，必無是處。是法名為「＂頓證＂菩提真實正路」。

《金剛頂經瑜伽修習毘盧遮那三摩地法》

歸命毘盧遮那佛，身口意業遍虛空。演說如來三密門，金剛一乘甚深教。
我依「瑜伽」最勝法，開示如實修行處。為令眾生顯真實，「頓證」無上正等覺。

《金剛頂經一字頂輪王瑜伽一切時處念誦成佛儀軌》一卷

斷彼罪障，妄執諸結使。為演不共法，賜髻珠七寶。令「頓證」菩提，是故當歸依。

《聖賀野紇哩縛大威怒王立成大神驗供養念誦儀軌法品・上卷》

(1)由誦此「真言」及「結印」作意，不久當得「金剛薩埵」身口意金剛。

(2)能説「密教」教令輪，以作盡無餘，有情上中下悉地，速疾「頓證」悉地。

《佛説大乘十法經》

爾時世尊欲重宣此義，而説偈言：所説「漸義教」，及以「頓説」者。大智諸菩薩，祕密故「正解」。

《底哩三昧耶不動尊聖者念誦祕密法・卷上》

(1)如來具一切智，於諸法中而得「自在」。以眾生「劣慧」；未堪「頓説」如來「自證不思議力用」，故作此畫色等方便。令諸眾生隨所作者，能滿所求而得利益。

(2)所以然者？以諸眾生未解「諸法空相」，是故於「無相」中而作「有相方便」説之。

《大法炬陀羅尼經・卷第六》

(1)如是「毘舍佉」，彼説法師教徒眾時，亦應如是，宜察眾生「上、中、下」根，「漸次」教授，不可一時「頓説」深法。何以故？

(2)若不知「根」(根器)，妄説法者。令他失利，增長顛倒，是故應當先為説彼「六波羅蜜」，「次第」修已，然後為説「空解脱門」。

《大方廣十輪經・卷第八》

(1)若有己利，迴施他人。見堪任「器」(根器)者，而為説法。「漸教」聲聞、辟支佛乘，見「辟支佛人」，教令「漸修」摩訶衍乘(大乘法)。

(2)亦不為聲聞人；「根」(根器)不熟者，而為説「樂生死法」。

《佛説華手經・卷第九》

(1)爾時世尊，欲明此義，而説偈言……
菩薩亦如是，始種菩提心。「漸修」菩薩道，諮問多聞者……如是大智人，發此「無上心」。世世不退轉，乃至成菩提。

(2)是故汝等今當「漸修」此法，時至當「作佛」，隨時轉法輪。

《大乘瑜伽金剛性海曼殊室利千臂千鉢大教王經・卷第五》

(1)於後末世，若有菩薩及四部眾等諸善男子善女人，能除去「我相、人相、眾生相、壽者相」。於世能忍，忠孝下心，則得遇此「瑜伽金剛祕密三摩地法」教。

(2)如此人者則能棄捨「身命」為求「菩提」。是人先世罪業當為消滅，「漸漸修學」當得成佛。

《文殊師利寶藏陀羅尼經》(亦名《文殊師利菩薩八字三昧法》)

(1)善男子！汝之神力，魔官外道，幻惑之人，無能與汝雜者。

(2)假汝威力，令法久住。盲聾凡眾，聞法見道，令「漸修學」至「三乘路」。

第十七節　頓漸皆立「無念為宗、無相為體、無住為本」。亦不立「無念」法

《敦博本》與《敦煌本》對校版原文	《宗寶本》原文
	『四十三』
1 善知識！我此法門，從上以來(從過去上代祖師以來)，「頓、漸」皆立：	善知識！我此法門，從上以來(從過去上代祖師以來)，先立：
❶「無念」為宗。	❶「無念」為宗。
❷「無相」為體。	❷「無相」為體。
❸「無住」為本。	❸「無住」為本。
2 何名「無相」？「無相」者，於(諸)相(中)而「離相」。	「無相」者，於(諸)相(中)而「離相」。
3「無念」者，於(諸)念(中)而「不念」(不染執任何的心念)。	「無念」者，於(諸)念(中)而「無念」(不染執任何的心念)。
4 無住」者，為人(之)本性(真如本來心性)。	「無住」者，(乃)人之本性(真如本來心性)。(若)於世間善惡、好醜，乃至「冤□」之與「親」，(種種)言語觸刺(觸犯諷刺)、欺爭(欺詐紛爭)之時，並將(之視)為「空」(虛空幻相)，(且)不思(任何的)「酬害」(酬違報復等種種的傷害)。
(應於)念念不住(無有所住；不執著)，(若被)前念、今念、後念，(種種)念念相續，無有斷絕。(如此則會造成「煩惱繫縛」)	(應於)念念之中，不思前境(眼前六塵之境)。若(被)前念、今念、後念，(種種)念念相續不斷，
若(能於)一念(便)斷絕(前今後三念)，(則可頓獲)法身即(遠)離色身(的繫縛)。	
(應於)念念時中，於一切法上(達到)無住。一念若住，念念即住，(此)名「繫	(此)名為「繫縛」。

縛」。	
於一切法上，「念念不住」，即「無縛」也。(此即)是以「無住」為本。	(若能)於諸法上，(達到)「念念不住」，即「無縛」也。此(即)是以「無住」為本。
5善知識！外離一切「相」，是(名爲)「無相」。 但能離「相」，(則獲)性體「清淨」。 (此即)是以「無相」為體。	善知識！外離一切「相」，(即)名為「無相」。 能離於「相」，則法體(獲)「清淨」。 此是以「無相」為體。
6(若能)於一切(六塵)境上不染，(此即)名為「無念」。 (能)於自念(自性心念)上「離境」，不於法上生念(生出妄想、執著之心)。	善知識！(若能)於諸境(諸六塵境)上「心不染」，(此即名)曰「無念」。 (能)於自念(自性心念)上，常「離諸境」，不於境上生心(生出妄想、執著之心)。
莫「百物不思」(請參閱第三十一、四十六節－8、四十八節－10)，(進而將)「念」盡除卻(爲止)，(以爲將此)一念「斷」即「無」(虛無斷滅)，(則將遭至)別處受生(轉受投生，如轉至色界、無色界。如《大智度論》云：「無動行者：色、無色界繫業」。如《正法念處經》云：「彼不動行，是色界因」)。	若只(修)「百物不思」(請參閱第三十一、四十六節－8、四十八節－10)，(修到將)「念」盡除卻(爲止)，(以爲將此)一念「絕」即「死」，(則將遭至)別處受生(轉生投生)。(所以「百物不思」的修行方式)是為大錯。
學道者(須)用心，莫不識「法意」(正法意旨)。自錯(自己修錯)尚可，更勸他人(跟著)迷。不見自迷(自己迷誤)，又謗經法。	學道者(須)思之，若不識「法意」(正法意旨)。自錯(自己修錯)猶可，更(貽)誤他人。自迷(自己迷誤)不見，又謗佛經。
是以立「無念」(沒有任何執著的心念)為宗。	所以立「無念」(沒有任何執著的心念)為宗。
	善知識！云何立「無念」為宗？ 只緣(就是因爲有些人只在)口(上)說「見性」，迷人於境上「有念」(有染執的念)，念上便起「邪見」，一切「塵勞妄想」，從此而生。
7即緣(就是因爲)迷人於境上「有念」(有染執的念)，念上便起「邪見」，一切「塵勞妄念」從此而生。	

	自性本無「一法」可得，若有所得，妄說禍福，即是「塵勞邪見」。
8然此教門立「無念」為宗。 世人離「境」，不起於「念」，若「無有念」，(甚至連)「無念」(這二個字)亦不立。	故此法門立「無念」為宗。
	善知識！
「無」者，「無」何事？ 「念」者，「念」何物？	「無」者，「無」何事？ 「念」者，「念」何物？
9「無」者，離「二相」(二元能所對立諸相)諸「塵勞」。	「無」者，無「二相」(二元能所對立諸相)，無諸「塵勞」之心。
10「念」者，(讓)念(心念契合)「真如本性」。	「念」者，(讓)念(心念契合)「真如本性」。
11「真如」是(心)念之「體」(心念之本體)， 「(心)念」是「真如」之「用」(妙用)。	「真如」即是(心)念之「體」(心念之本體)， 「(心)念」即是「真如」之「用」(妙用)。
	「真如自性」起念(真如自性能生起心念種種妙用)，(此並)非「眼、耳、鼻、舌」能念。 「真如」有性(真如自性有能生妙用之性)，所以起念(真如自性能生起心念種種妙用)。
	「真如」若無(真如自性如果不能生起心念種種妙用)，(則)「眼、耳、色、聲」當時即壞(毀壞而失去功能)。
自性起念(真如自性能生起心念種種妙用)，(六根)雖即「見聞覺知」(的妙用)，(但真如自性是)「不染」萬境，而常「自在」。	善知識！「真如自性」起念(真如自性能生起心念種種妙用)，六根雖有「見聞覺知」(的妙用)，(但真如自性是)「不染」萬境，(故)而「真性」常自在。
12《維摩經》云：「外能善分別諸法相，內於第一義而不動」。	故(維摩詰)經云：「能善分別諸法相，於第一義而不動」。

惠能大師說：我此法門以「無住」為本。請從佛典來解釋此段的義理

三國吳・支謙譯《維摩詰經・卷下》

(1)(文殊菩薩)又問：「身」孰為本？

(2)(維摩詰)曰：「欲貪」為本。

(3)(文殊菩薩)又問：「欲貪」孰為本。

(4)(維摩詰)曰：「不誠之雜」(不眞誠的染雜)為本。

(5)(文殊菩薩)又問：「不誠之雜」(不眞誠的染雜)孰為本。

(6)(維摩詰)曰：「不住」為本。(意指「不眞誠的染雜」是以「無所依住」爲其根本，何故？「不眞誠的染雜」乃不

在內、不在外、不在中間，無有一「眞實的住處」，故佛經常云「不眞誠的染雜」乃無所從來，亦無所去，亦無所依住)

(7)(維摩詰)：如是仁者(文殊菩薩)！「不住」之本，無所為本(既然是「無住」，就沒有一個眞實可得的「根

本處」)。從「不住本」，立一切法。(諸法皆沒有眞實的「根本」，亦無有眞實的「依住處」，諸

法皆非內、非外、非中間，故一切法皆「性空」。龍樹《中論》云：「以有空義故，一切法得成」。即同此義)。

姚秦・鳩摩羅什譯《維摩詰所說經・卷中》

(1)(文殊菩薩)又問：「身」孰為本？

(2)(維摩詰)答曰：「欲貪」為本。

(3)(文殊菩薩)又問：「欲貪」孰為本？

(4)(維摩詰)答曰：「虛妄分別」為本。

(5)(文殊菩薩)又問：「虛妄分別」孰為本？

(6)(維摩詰)答曰：「顚倒想」為本。

(7)(文殊菩薩)又問：「顚倒想」孰為本？

(8)(維摩詰)答曰：「無住」為本。(意指「顚倒分別妄想」是以「無所依住」爲其根本，何故？「顚倒分別妄想」乃

不在內、不在外、不在中間，無有一「眞實的住處」，故佛經常云「顚倒分別妄想」乃無所從來，亦無

所去，亦無所依住)

(9)(文殊菩薩)又問：「無住」孰為本？(既云「無所依住」，那「無所依住」又應以何爲本呢？)

(10)(維摩詰)答曰：「無住」則「無本」(既然是「無住」，就沒有一個眞實可得的「根本處」)。

文殊師利！從「無住本」，立一切法。(諸法皆沒有眞實的「根本」，亦無有眞實的

「依住處」，諸法皆非內、非外、非中間，故一切法皆「性空」。龍樹《中論》云：「以有空義故，

一切法得成」。即同此義)。

唐・玄奘譯《說無垢稱經・卷第四》

(1)(文殊菩薩)又問：「身」孰為本？

(2)(維摩詰)曰：「欲貪」為本。

(3)(文殊菩薩)又問：「欲貪」孰為本？

(4)(維摩詰)曰：「虛妄分別」為本。

(5)(文殊菩薩)又問：「虛妄分別」孰為本。

(6)(維摩詰)曰：「倒想」為本。

(7)(文殊菩薩)又問：「倒想」孰為本。

(8)(維摩詰)曰：「無住」為本。(意指「顛倒分別妄想」是以「無所依住」為其根本，何故？「顛倒分別妄想」乃不在內、不在外、不在中間，無有一「真實的住處」，故佛經常云「顛倒分別妄想」乃無所從來，亦無所去，亦無所依住)

(9)**妙吉祥**(文殊菩薩)言：如是「無住」孰為其本？(既云「無所依住」，那「無所依住」又應以何為本呢？)

(10)**無垢稱**(維摩詰)言：斯問非理(你種問法，非善問，也非善理)。所以者何？夫「無住」者，即「無其本」(沒有真實可得的「根本處」)，亦「無所住」(也沒有真實的「所住處」)。由「無其本、無所住」故，即能建立一切諸法(諸法皆沒有真實的「根本」，亦無有真實的「依住處」，諸法皆非內、非外、非中間，故一切法皆「性空」。龍樹《中論》云：「以有空義故，一切法得成」。即同此義)。

惠能大師說：我此法門以「無念」為宗、「無相」為體、「無念」亦不立。請從佛典來解釋此段的義理

《持心梵天所問經・卷第四》

(1)(持心梵天)又問：所言「淨修梵行」為何謂乎？

(2)(現不退轉天子)答曰：淨修梵行，不住「二道」，此之謂也。

(3)(持心梵天)又問：「不住二道」為何所立？

(4)(現不退轉天子)答曰：「不住二道」則為「建立一切法」言。所以者何？「無所立」者，則為賢聖之所「遵修」而得超度。

(5)(持心梵天)又問：「遵修」何等為「道行」耶？

(6)(現不退轉天子)答曰：有「遵修行」者，「不墮」於行，亦「不離」行。亦復「無有行於法」者，亦復「無有離於法」者，是則名曰「遵修道行」，精順如應。

(7)(持心梵天)又問：以何等「行」而為「道行」？

(8)(現不退轉天子)答曰：無見、無聞、無念、無知。無教、無得，亦「無造證」。於一切法而「無所行」，是則名曰「遵修道行」。

(9)(持心梵天)又問：何謂菩薩「堅彊精進」？

(10)(現不退轉天子)答曰：假使菩薩而「不見法行有一事」，亦復「不見有若干行」，是謂菩薩「堅彊精進」，被「戒德鎧」，設於法界而「無所壞」。已「無所壞」則「無所近」。亦「不離法」，亦「無所違」。不見「塵勞」，亦無「結恨」，是為「菩薩第一之行」，為「精進」也。「不舉」(不昇舉;不舉取)、不下(不下沉;不下放)於一切法，奉修「精進」。
　假使梵天無「身因緣」、無「口因緣」、無「心因緣」，是為「第一精進之行」。

(11)於是世尊讚現不退轉天子曰：善哉！善哉！如汝所云。復告持心如是梵天，如今天子(指現不退轉天子)之所說者，是為第一精進之行。其無「身行」、亦無「口行」、亦無「心行」。

《摩訶般若波羅蜜經・卷第十七》

(1)須菩提！於汝意云何，若菩薩摩訶薩如是行，是「何處行」？

(2)須菩提言：世尊！若菩薩摩訶薩作如是行，為「無處」所行。何以故？

(3)若菩薩摩訶薩行般若波羅蜜，住諸法「如」中，無如是「念」，「無念處」亦「無念」者。

(4)佛告須菩提：若菩薩摩訶薩如是行，為「何處行」？

(5)須菩提言：世尊！菩薩摩訶薩如是行，為「第一義」中行，「二行」不可得故。

(6)須菩提！於汝意云何？若菩薩「第一義、無念」中行，為「行相」(行用與相狀)不？

(7)不也！世尊！

(8)於汝意云何？是菩薩摩訶薩「壞相」不？

(9)不也！世尊！

(10)佛告須菩提：云何名「壞相」？

(11)須菩提言：世尊！是菩薩摩訶薩行般若波羅蜜，不作是念：「我當壞諸法相。」世尊！菩薩摩訶薩行般若波羅蜜，未具足「佛十力、四無所畏、四無礙智、大慈大悲、十八不共法」，不得阿耨多羅三藐三菩提。

(12)世尊！菩薩摩訶薩以「方便力」故，於諸法亦「不取相」，亦「不壞相」。何以故？世尊！是菩薩摩訶薩知一切諸法「自相空」故。

(13)菩薩摩訶薩住是「自相空」中，為眾生故，入「三三昧」(空三昧、無相三昧、無願三昧)，用是「三三昧」成就眾生。

《放光般若經・卷第十三》

(1)須菩提言：世尊！如是「行」者，為行深般若波羅蜜。

(2)須菩提言：作如是「行」，為行「何法」？世尊！

(3)佛言：作是行者，為「無所行」。何以故？行般若波羅蜜者「無若干行」。

(4)世尊！夫「如」者，亦「無若干」，亦「無作若干行」。

(5)佛告須菩提：菩薩行般若波羅蜜，為「行」何等？

(6)對曰：為行「畢竟無有二處」。

(7)佛言：行畢竟者，為有「若干行」？為「有相行」耶？

(8)無有！世尊！

(9)佛言：「無相」為「有相」念耶？

(10)無有！世尊！

(11)佛言：云何「有相念」？

(12)須菩提言：世尊！菩薩行般若波羅蜜，亦不作是念「有相、無相」。

(13)菩薩行般若波羅蜜，不具「佛十種力」及「十八法」，不成阿耨多羅三耶三菩。

(14)菩薩漚惒拘舍羅於諸法「無所念」，亦不「不念」。何以故？

(15)菩薩知一切「諸法相皆空」故。住「空法」，為眾生故，行「三三昧」(空三昧、無相三昧、無願三昧)，持是「三昧」教化眾生。

(16)世尊！菩薩摩訶薩何等「三三昧」？

(17)佛言：住是三昧者，與「空、無相、無願」相應。一切眾生皆「著於空」，著於「相、願」。

(18)菩薩摩訶薩「安處眾生」，以「空、無相、無願」之法行般若波羅蜜。菩薩以是三事教化眾生。

《大智度論・釋燈喻品第五十七之餘》(卷七十五)

(1)佛語須菩提：若不「壞相」？云何行「無相」行？

(2)須菩提言：世尊！菩薩不作是念：我當「破相」故行「般若」。

(3)是菩薩未具足「佛十力」等諸佛法，以「方便」力故，不作「有相」，不作「無相」。何以故？

(4)若「取相」，是「相」皆「虛誑妄語」，有諸過失。

(5)若「破相」，則墮「斷滅」中，亦多過失。

(6)是故不取「有相」，不取「無相」。

(7)「取相」即是「有法」，「不取相」即是「無法」。

(8)方便力故，離是「有、無」二邊，行於「中道」，此中佛「自說因緣」。

(9)所謂知一切法「自性空」故，不著「有、無」。

(10)「自相空」，破一切「法相」，亦「自破其相」。

(11)菩薩住是「自相空」中，起「三三昧」利益眾生。

《放光般若經・卷第十七》

須菩提！般若波羅蜜者非「菩薩」之念，菩薩以「無念」是為「般若」波羅蜜相。

佛言：於諸法「無所念」，是為「般若」波羅蜜相。

「無者，離二相諸塵勞」。請從佛典來解釋此段的義理

《大乘本生心地觀經》卷 8〈觀心品 10〉
永離二相，不著二邊，如是悟者名見真諦，悟真諦者名為賢聖。

《大般若波羅蜜多經(第 201 卷-第 400 卷)》卷 384〈諸法平等品 69〉
菩薩摩訶薩行深般若波羅蜜多時，方便善巧教諸有情「遠離二相」，復教安住「無相界」
中，雖教安住「無相界」中，而不令其墮「二邊執」，謂此是「相」、此是「無相」。

「於第一義而不動」。請從佛典來解釋此段的義理

《維摩詰所説經》(一名《不可思議解脫‧上卷》)
於是長者子寶積即於佛前，以偈頌曰：……法王(指佛陀)法力超群生，常以「法、財」
施一切。能善分別諸法相，於「第一義」而不動。已於諸法得自在，是故稽首此法王
(指佛陀)。説法「不有」亦「不無」，以因緣故諸法生。無我、無造、無作者(我、能造之我、
能作之我，皆無實，亦無虛，不可得)，善惡之業亦不亡(業力乃無實，亦無虛，不可得)。

《仁王護國般若波羅蜜多經‧卷上》
時波斯匿王即於佛前以偈讚曰……不動菩薩二禪王，得「變易身」常自在。
能於百萬微塵剎，隨其形類化眾生，悉知三世無量劫，於「第一義」而不動。

覺吉祥智菩薩造《集大乘相論‧卷下》
(1)所言「無相」者，即彼「真如」，説名「無相」。
(2)而「真如」者，但以「名字」假分別故，於「名字」中，性不可得……於第一義「自性
　　無動」。

第十八節　坐禪乃「不著心、不著淨、不著妄」。「妄、淨」倆俱非也

《敦博本》與《敦煌本》對校版原文	《宗寶本》原文
	『四十四』
	【坐禪品第五】
1 善知識！此法門中，坐禪原：	師示眾云：此門坐禪，原：
①「不著心」(不刻意去執著「任何心念」)。	①「不著心」。
②亦「不著淨」(不刻意去執著「清淨之相」)。	②亦「不著淨」。
③亦不言「不動(行)」(指百物不思的枯木死灰、斷絕一切心念、有定而無慧、只修止而不修觀)。	③亦不是「不動(行)」(指百物不思的枯木死灰、斷絕一切心念、有定而無慧、只修止而不修觀)。
2 若言「看心」(刻意去看守 關注起心動念)。	若言「著心」(刻意去執著自己的「起心動念」)。
→心原是妄(三心皆了不可得；念念皆生滅)，妄如幻故，無所「看」也。	→心原是妄(三心皆了不可得；念念皆生滅)，知心如幻，故無所「著」也。
3 若言「看淨」(刻意去看守 關注清淨之境)。	若言「著淨」(刻意去執著「清淨之相」)。
→人性「本淨」，為妄念故，蓋覆「真如」。	→人性「本淨」，由妄念故，蓋覆「真如」。
(若能)離「妄念」，本性(原是)「淨」，不見(不必去關注照見)「自性本淨」。	但無妄想，(本)性自清淨。
(只要)起心「看淨」，卻生「淨」妄(生出「執著清淨」的一種妄心)。	(只要)起心「著淨」，卻生「淨」妄(生出「執著清淨」的一種妄心)。
「妄」無處所(妄心皆無處所，不在內外中間)，故知「看」(看心與看淨)者，(只要一生起)「看」卻是「妄」也。	「妄」無處所(妄心皆無處所，不在內外中間)，(只要一生起)「著者」是妄。
4 「淨」(本)無形相，卻(刻意)立「淨相」，(並)言(此便)是(修行的)功夫。	「淨」(本)無形相，卻(刻意)立「淨相」，(並)言(此)是(修行的)工夫。
作此見(見解)者，(即)障(礙)自(己)本性，卻被「淨」縛。	作此見(見解)者，(即)障(礙)自(己)本性，卻被「淨」縛。

5若(眞)修「不動(心)」者，(則)不見一切人「過患」，(此)即是「自性不動」(的功夫)。	善知識！若(眞)修「不動(心)」者，但見一切人時，不見人之「是非、善惡、過患」，(此)即是「自性不動」(的功夫)。
6迷人(常自說已達)「自身不動」(之境)，(但一)開口即(開始談論)說人「是非」，(此即是)與道違背。	善知識！迷人(常自說已達)「身雖不動」(之境)，(但一)開口便(開始談論)說他人「是非、長短、好ㄏㄠ 惡ㄨ」，(此即是)與道違背。
7看心(刻意去看弖 守關注起心動念)、看淨(刻意去看弖 守關注清淨之境)，(反)卻是(一種)障道(的)因緣。	若「著心(刻意去執著自己的「起心動念」)、著淨(刻意去執著「清淨之相」)」，即障道也。

惠能大師為何反對「著心(刻意去看弖 守關注本心；執著自己的起心動念)、著淨(刻意去看弖 守關注清淨之境；執著一個清淨之相)」的修行方式？請從佛典來解釋此段的義理

《如來莊嚴智慧光明入一切佛境界經・卷下》

(1)文殊師利！言修行「正念」者。

(2)「不取、不捨」即名「正念」。

　「不觀、不異」名為「行」。

　「不著、不縛、不脫」名為「行」。

　「不去、不來」名為「行」。

(3)文殊師利！「正念」行者，彼處「無行、無利、無果、無證」。何以故？

(4)文殊師利！「心自性清淨」故，彼心「客塵煩惱」染，而「自性清淨心」不染。而彼「自性清淨心」，即體「無染、不染者」。

《大方廣圓覺修多羅了義經》

(1)當知菩薩，不與法「縛」，不求法「脫」。不厭「生死」，不愛「涅槃」。

(2)不敬(不起敬愛之染)「持戒」，不憎(不起憎恨之染)「毀禁」。

　不重(不起愛重之染)「久習」，不輕(不起輕賤之染)「初學」。

　何以故？一切「覺」故。

(3)譬如眼光，曉了前境，其光「圓滿」，得無「憎、愛」。何以故？

光體「無二」，無「憎、愛」故。

《大方廣佛華嚴經‧卷第四十一》

佛子！若菩薩摩訶薩成就此了知一切世界佛莊嚴大三昧善巧方便門。

(1)是「無師」者，不由「他教」，自入一切佛法故。

(2)是「丈夫」者，能「開悟一切眾生」故。

(3)是「清淨」者，知「心性本淨」故。

(4)是「第一」者，能度脫一切「世間」故。

(5)是「安慰」者，能開曉一切「眾生」故。

(6)是「安住」者，未住佛種性者，令得住故。

(7)是「真實知」者，入一切「智門」故。

(8)是「無異想」者，所言「無二」故。

(9)是「住法藏」者，誓願了知「一切佛法」故。

(10)是「能雨法雨」者，隨眾生心樂，悉令充足故。

《大方等大集經‧卷第八》

(1)諸法「無常」，名之為「忍」。

(2)「勤修」是智，名為「精進」。

(3)內外清淨，名為「三昧」。

(4)觀真實故，名為「智慧」。

(5)知諸眾生「心性本淨」，是名為「慈」。

(6)觀於一切等如「虛空」，是名為「悲」。

(7)斷一切「喜」，名為「喜心」。

(8)遠一切「行」，名為「捨心」。

(9)一切諸法「未來世淨」，過去種種「現在無我」。

(10)善男子！若能真實觀察了知如是等法，是名為穿「菩提心寶」。

(11)菩薩觀察如是法已，次第得「一切法自在陀羅尼」。

惠能大師說：「若修不動者，不見一切人過患，即是自性不動」。請從佛典來解釋此段的義理

《佛說須摩提菩薩經》

佛語須摩提：菩薩復有四事法，其所語言，聞者信從，踊躍受行。何等為四？

一者、口之所説，心亦無異(此喻「口説」與「心行」兩者皆無異、無別)。

二者、於善知識(處)，常有「至誠」(恭敬之心)。

三者、(若)聞人説法，不言(其)是非(與毀謗)。

四者、若見他人(有能力)，(則)請令説經，(但)不求其「短」(缺失)。

是為四法。

菩薩用是四事故，其所語言，聞者信從踊躍受行。

《大般若波羅蜜多經・卷第五百二十七》

(1)佛告善現：……是菩薩摩訶薩於「自性」中而能「不動」。

(2)具壽善現復白佛言：是菩薩摩訶薩於何「自性」而能「不動」？

(3)佛告善現：是菩薩摩訶薩能於「無性」；「自性不動」。

(4)具壽善現復白佛言：是菩薩摩訶薩於何「無性」；「自性不動」？

(5)佛告善現：是菩薩摩訶薩能於色蘊乃至識蘊「自性不動」。

(6)能於「眼處」乃至「意處」；「自性不動」。

(7)能於「色處」乃至「法處」；「自性不動」。

(8)能於「眼界」乃至「意界」；「自性不動」。

(9)能於「色界」乃至「法界」；「自性不動」。

(10)能於「眼識界」乃至「意識界」；「自性不動」。

(11)能於「眼觸」乃至「意觸」；「自性不動」。

(12)能於「眼觸」為緣所生諸受，乃至「意觸」為緣所生諸受；「自性不動」。

(13)能於「地界」乃至「識界」；「自性不動」。

(14)能於「因緣」乃至「增上緣」；「自性不動」。

(15)能於「無明」乃至「老死」；「自性不動」。

(16)能於「布施」乃至「般若波羅蜜」；「自性不動」。

(17)能於「內空」乃至「無性自性空」；「自性不動」。

(18)能於「真如」乃至「不思議界」；「自性不動」。

(19)能於「苦、集、滅、道」聖諦；「自性不動」。

(20)能於「四念住」乃至「八聖道支」；「自性不動」。

(21)能於「四靜慮、四無量、四無色定」；「自性不動」。

(22)能於「空、無相、無願」解脫門；「自性不動」。

(23)能於「八解脫」乃至「十遍處」；「自性不動」。

(24)能於「淨觀地」乃至「如來地」；「自性不動」。

(25)能於「極喜地」乃至「法雲地」；「自性不動」。

(26)能於一切「陀羅尼門、三摩地門」；「自性不動」。

(27)能於「五眼、六神通」；「自性不動」。

(28)能於如來「十力」乃至「十八佛不共法」；「自性不動」。

(29)能於「大慈、大悲、大喜、大捨」；「自性不動」。

(30)能於「三十二大士相、八十隨好」；「自性不動」。

(31)能於「無忘失法、恒住捨性」；「自性不動」。

(32)能於「一切智、道相智、一切相智」；「自性不動」。

(33)能於「預流果」乃至「獨覺、菩提」；「自性不動」。

(34)能於一切菩薩摩訶薩行；「自性不動」。

(35)能於諸佛無上正等「菩提」；「自性不動」。

(36)能於「一切智智」；「自性不動」。

(37)能於「有為界、無為界」：「自性不動」。

(38)所以者何？如是「諸法自性」即是「無性」，諸菩薩摩訶薩於此「無性」；「自性不動」。

第十九節　念不著境曰「坐」，自性不亂曰「禪」。外離相曰「禪」，內不亂曰「定」

《敦博本》與《敦煌本》對校版原文	《宗寶本》原文
	『四十五』
1 今既如是，此法門中，何名「坐禪」？	師示眾云：善知識！何名「坐禪」？
此法門中，一切「無礙」，外於一切境界上，「念」不起(心念不生起染執)為「坐」。	此法門中，無障無礙，外於一切「善、惡」境界，「心念」不起(心念不生起染執)，名為「坐」。
(悟)見「本性不亂」為「禪」。	內(悟)見「自性不動」，名為「禪」。
2 何名為「禪定」？ 外「離相」曰「禪」。 內「不亂」(不動搖散亂)曰「定」。	善知識！何名「禪定」？ 外「離相」為「禪」。 內「不亂」(不動搖散亂)為「定」。
	外若「著相」，內心即亂。
3 外若「離相」(即是禪)，內性「不亂」(即是定)。	外若「離相」(即是禪)，心即不亂(即是定)。
「本性自淨」曰「定」，只緣境觸(只是因為與外在的境界相接觸)，觸即亂(與外境接觸易散亂吾人本心)。 (若能)離相(而心)「不亂」即「定」。	「本性自淨」(即是)自定(自性之定)，(若)只為見境(生)「思境」即「亂」(散亂吾人本心)。
	若見諸境(而能)「心不亂」者，是「真定」也。
	善知識！
4 外「離相」即「禪」， 內(心)「不亂」即「定」。 外禪(離相)、內定(心不亂)，故名「禪定」。	外「離相」即「禪」， 內(心)「不亂」即「定」。 外禪(離相)、內定(心不亂)，是為「禪定」。
5《維摩經》云：「即時豁然(開豁了然)，	

還得(回還復得)本心(本來真心)。」	
6《梵網菩薩戒經》云：(一切眾生)本源(本來的真心源頭即是)「自性清淨」。	《菩薩戒經》云：「我(一切眾生)本性原自清淨」。
7善知識！(悟)見「自性自淨」，「自修、自作」自性(之)「法身」，自行(自己修行)佛行(佛陀之行門)，自作「自成佛道」。	善知識！於念念中，自見「本性清淨」，「自修、自行、自成」佛道。

外「離相」曰「禪」，內「不亂」曰「定」。請從佛典來解釋「禪定」的義理

《雜阿含經・卷第二十九》

時尊者劂賓那(Kappina)……於樹下「坐禪」，去佛不遠，正身「不動」，「身心」正直，勝妙「思惟」。

《信力入印法門經・卷第二》

「禪定」者，所謂「不住一切念」故。

《大寶積經・卷第五十九》

舍利弗！菩薩樂住「寂靜」，入「禪定者」，獲十種功德利益。何等為十？
一者：得「念」。
二者：得「慧」。
三者：修行。
四者：迅「辯」。
五者：得「陀羅尼」。
六者：善知「法生」。
七者：善知「法滅」。
八者：「戒」聚無犯。
九者：諸天「供養」。
十者：不貪「他好」。是名為十。

《大寶積經・卷第一百一十一》

修行「禪定者」，遠離諸戲論。到諸「禪彼岸」，而「不隨」禪生。「大慧」無等倫，永離

諸「邊見」。

《大集大虛空藏菩薩所問經·卷第二》
(1)善男子！云何菩薩修行「禪定」波羅蜜多，猶若「虛空」。
(2)若菩薩成就「四法」，修行「禪定」波羅蜜多猶若「虛空」。云何為四？所謂：
　　①「安心」於內，（於）「內心」無所見。
　　②「制心」於外，（於）「外心」無所得。
　　③由「自心平等」，故知一切有情「心亦平等」。
　　④彼心及平等思惟，證知皆如「幻化」。
(3)是為菩薩成就「四法」，修行「禪定」波羅蜜多，猶若「虛空」。

《大集大虛空藏菩薩所問經·卷第二》
(1)善男子！菩薩以「專注心」禪定清淨。云何專注？
(2)於法名字「不除、不加」。「無變異、無差別」。「無損、無益」。「無取、無捨」。「無暗、無明」。「無分別、非不分別」。「無想、無作意」。「無一、無二」，亦無「無一二」。「無動、無思」，無戲論。「無積聚」，亦無「無積聚」。不思惟「一切相」，「心無所住」名為「專注」。

《無所有菩薩經·卷第二》
世尊解釋……而説偈言：我得寂靜智，無復有所著……不取亦不捨，汝今應當知……彼心「不散亂」（此即《壇經》說的「定」），捨一切「諸相」（此即《壇經》說的「禪」），故名「禪定者」。

《大樹緊那羅王所問經·卷第三》
云何修「禪定」？心無有「馳散」，無有「馳想念」，「慧」無有「諂偽」。以方便行禪，彼心無馳散。

《十住斷結經·卷第十》
云何「禪定」，意不戲損？
答曰：心「定」；永寂（此即《壇經》說的「定」），不受外塵（此即《壇經》說的「禪」）。

《佛説大乘菩薩藏正法經·卷第三十三》
(1)舍利子！云何「禪定」？
(2)謂諸菩薩於彼「禪定」，無所「耽著」，能於如來三摩地而得「圓滿」。
(3)又復不樂「禪悅之味」，諸菩薩雖復於「身適悅」，而「無取著」……

(4)復次舍利子！「禪定」波羅蜜多以何為先？

(5)所謂：「決定心」為先。「一境心」為先。「不散亂心」為先。「安住心」為先。「奢摩他心」為先。「三摩地心」為先……「善法」為先。「降伏煩惱怨賊」為先。圓滿「三摩地」蘊為先。「菩薩三摩地」為先。「佛三摩地」為先。

(6)舍利子！如是「寂靜」之法，是名菩薩摩訶薩所行之行於「禪定」波羅蜜多為先。

《優婆塞戒經・卷第七》

(1)世尊！菩薩摩訶薩修「禪」波羅蜜。云何「禪定」？

(2)善男子！「禪定」即(是)「戒」。(能)「慈悲喜捨」，遠離「諸結」，修集「善法」，是名「禪定」。

(3)善男子！若離「禪定」，尚不能得一切「世事」，況「出世事」？是故應當至心修集。

(4)菩薩欲得「禪」波羅蜜，先當親近「真善知識」，修集「三昧方便」之道。所謂「戒」，「戒」(能)攝諸根，「戒」(能)斷於(種種)邪命。如法而住，隨順師教。

《大智度論・釋初品中禪波羅蜜第二十八》(卷第十七)

(1)「禪定」名「攝諸亂心」，「亂心」輕飄，甚於鴻毛。馳散不停，駛過疾風。不可制止，劇於獼猴。暫現轉滅，甚於掣電。

(2)「心相」如是，不可禁止。若欲制之，非「禪」不「定」。如偈說：

「禪」為「守智藏」，(為)「功德」之福田。

「禪」為「清淨水」，能洗諸「欲塵」。

「禪」為「金剛鎧」，能遮(斷)「煩惱箭」。

雖未得「無餘」(指「無餘涅槃」)，涅槃分已得。

其實「執著禪定」亦是一種障道因緣。請從佛典來解釋此段的義理

《大方廣佛華嚴經・卷第五十六》

菩薩摩訶薩不自為故求「薩婆若」(sarvajña 一切智)，不貪「生死、五欲快樂」，不隨心想、諸見顛倒、結使纏縛、貪愛邪見，不著眾生種種「樂想」，不著「禪味」，不為結礙流轉生死。

《大寶積經・卷第六十三》

於「禪」不著而寂滅，知著「禪樂」亦是過(過失)。

《佛說如來不思議祕密大乘經・卷第十八》

(1)復能善為一切眾生「隨宜施設」。

(2)雖觀身心「離著」，而以「妙智」說法無厭。

(3)雖離「憒鬧」而從「禪定」所生，不著「禪味」。

(4)雖復覺了「甚深之法」，而以「妙智」隨諸眾生，種種行轉，善說法要。

(5)雖知「無生」，以「智」善思，普攝三有。

(6)雖以智觀「諸法皆空」，而「善護」所得之「果」。

《佛說海意菩薩所問淨印法門經・卷第十一》

(1)復次海意！有三種法「增長大乘」。何等為三？

(2)一者：發菩提心，增修善根。

　　二者：為善知識之所攝受，不生疲懈。

　　三者：建立大悲，而無退轉……

(3)復有三法。

　　一者：從「禪定」生。

　　二者：不著「禪定」。

　　三者：「迴向菩提」。

《佛說海意菩薩所問淨印法門經・卷第十五》

(1)大王！有四種法。若諸菩薩能具足者，趣向「最勝道」而不生「我相」。何等為四？

　　一者：不著「禪味」，而心業調暢。

　　二者：不著「己樂」，施於他樂。

　　三者：成「大慈行」，安住大悲。

　　四者：得廣大「信解」，能起「最上最勝樂欲」。

(2)如是四法，菩薩若具足者，即得趣向「最勝道」而不生「我相」。

《佛說除蓋障菩薩所問經・卷第四》

復次善男子，菩薩若修十種法者，即得「禪定」具足。何等為十？

一者：廣集「福德」。

二者：多生「厭患」。

三者：發起「精進」。

四者：具於「多聞」。

五者：無「顛倒教授」，勤行修習。

六者：隨「正法」行。

七者：根性「明利」。

八者：具「純善心」。

九者：善了「止觀」。

十者：不著「禪相」。

《十住斷結經・卷第五》

復有五法，菩薩當念思惟。云何為五？

❶發弘誓心，終不中悔。

❷言從語用，言不妄發。

❸依禪「不著」禪。

❹念持不著。

❺「遊處」亦「不樂」，是謂五法。

「即時豁然，還得本心」。請從佛典來解釋此段的義理

《維摩詰所說經》（一名《不可思議解脫・上卷》）

時維摩詰即入三昧，令此比丘自識宿命，曾於五百佛所植眾德本，迴向阿耨多羅三藐三菩提，即時豁然（開豁了然），還得（回還復得）本心（本來真心）。於是諸比丘稽首禮維摩詰足。

《治禪病祕要法・卷上》

佛說此語時。五百釋子比丘，隨順佛語，一一行之，心即清涼。觀色受想行識，無常、苦、空、無我，不貪世間，達解「空法」，豁然（開豁了然）還得（回還復得）本心（本來真心）。

《大般涅槃經・卷第二十四》

(1)爾時世尊讚言：善哉！善哉！善男子！世有二人，甚為希有，如優曇花。

(2)一者：不行惡法。二者：有罪能悔。如是之人甚為希有……

(3)如憍尸迦，狂心錯亂，因見我故，還得（回還復得）本心（本來真心）。

(4)如瘦瞿曇彌，屠家之子，常作惡業，以見我故，即便捨離。

「本源自性清淨」及「自性自淨，自成佛道」。請從佛典來解釋此段的義理

《梵網經盧舍那佛說菩薩心地戒品・第十卷下》

(1)我本盧舍那佛心地中初發心中，常所誦一戒光明，「金剛寶戒」是一切佛本源。一

切菩薩本源，「佛性種子」。

(2)一切眾生皆有「佛性」，一切意識、色心，是情、是心，皆入「佛性戒」中……如是十波羅提木叉，出於世界。

(3)是「法戒」，是三世一切眾生頂戴受持。吾今當為此大眾重說「十無盡藏戒品」，是一切眾生「戒」；「本源自性清淨」。

《央掘魔羅經‧卷第四》

(1)「如來藏」者極為難得，世間無有如是難得……比丘「自性淨」，心心習惡知識過，「五垢」為首，眾多煩惱前後圍繞……

(2)欲淨除「五垢」本，及諸煩惱者，當勤方便「自性清淨心力」……當勤方便，修習自度。以是義故，說彼心「無量」，客塵煩惱，應當疾疾拔其根本……

(3)謂「如來藏」義，若「自性清淨意」。是「如來藏」勝一切法，一切法是「如來藏」……

(4)若自淨，信有「如來藏」。然後若說、若作，得成佛時，若說、若作，度一切世間，如人見影，見「如來藏」，亦復如是。

《大般若波羅蜜多經‧卷第三百四十一》

(1)佛告善現！如是！如是！如汝所說，諸法本來「自性清淨」，是菩薩摩訶薩於一切法「本性淨」中，精勤修學甚深「般若」波羅蜜多，如實通達，無沒無滯。遠離一切煩惱染著故，說菩薩復得清淨。

(2)復次善現！雖一切法「本性清淨」，而諸異生(眾生)，不知、見、覺。是菩薩摩訶薩為欲令彼「知、見、覺」故。

《佛說佛母出生三法藏般若波羅蜜多經‧卷第八》

(1)須菩提白佛言：世尊！諸「法性」甚深。
　佛言：離種種性。

(2)須菩提言：「般若波羅蜜多性」甚深。
　佛言：般若波羅蜜多「自性清淨」，離種種性。

(3)須菩提言：般若波羅蜜多「離性」，我今敬禮。
　佛言：一切法「離性」。

(4)須菩提！由一切法「離性」故，即般若波羅蜜多「離性」。
　何以故？如來、應供、正等正覺；「如實」證得一切法「無性」。

《勝天王般若波羅蜜經‧卷第一》

(1)「般若」波羅蜜亦復如是，諸佛境界甚深難入。

(2)又如坑坎之處，水悉平等；「般若」波羅蜜亦復如是，一切聲聞、辟支佛及諸凡夫，皆悉平等。

(3)又如水能洗地，悉得清淨；菩薩摩訶薩通達「般若」波羅蜜，離諸「煩惱」，即得清淨。何以故？自性清淨，離諸惑故……

(4)諸佛菩薩咸皆供養「般若」波羅蜜。又如小火，能燒三千大千世界。般若波羅蜜亦復如是，若聞一句，則能焚燒「無量煩惱」。

《勝天王般若波羅蜜經・卷第三》

(1)大王！諸佛如來悉知眾生「自性清淨」，「客塵煩惱」之所覆蔽，不入「自性」。

(2)是故菩薩摩訶薩行般若波羅蜜，應作是念：我當勇猛勤修精進，為諸眾生說是甚深「般若」波羅蜜，除其煩惱。

(3)一切眾生皆有「性淨」，是故於彼，勿生下劣，應當尊重。彼即我師，如法恭敬。

(4)菩薩摩訶薩作如是心，即生「般若闍那」(prajñā 般若之梵音)大悲。

(5)大王！菩薩摩訶薩如是行般若波羅蜜，能入「阿鞞跋致地」。

《大般若波羅蜜多經・卷第五百六十九》

(1)天王當知，諸菩薩摩訶薩行深「般若」波羅蜜多，如是觀法，不見「能觀」，不見「所觀」，即時能得「遊戲自在」。何以故？

(2)「自心清淨」能見一切有情淨故。

(3)天王當知，譬如「虛空」遍滿一切，是諸菩薩行深「般若」波羅蜜多心；亦如是。

《大般若波羅蜜多經・卷第三十六》

(1)復次舍利子！諸菩薩摩訶薩修行般若波羅蜜多時，應如是學。

(2)「菩提心」應「知」；不應「著」。
　　「菩提心」名應「知」；不應「著」。

(3)「無等等心」應「知」；不應「著」。
　　「無等等心」名應「知」；不應「著」。

(4)「廣大心」應「知」；不應「著」。
　　「廣大心」名應「知」；不應「著」。何以故？

(5)「是心非心」，「本性淨」故。

(6)時舍利子問善現言：是「心」云何「本性清淨」？

(7)善現答言：是心本性非「貪相應」、非「不相應」。非「瞋相應」、非「不相應」。非「癡相應」、非「不相應」……

(8)舍利子！是心如是「本性清淨」。

(9)<u>舍利子</u>言：是心為「有心」？「非心性」不？……

(10)<u>善現</u>答言：「非心性」中。「有性、無性」既不可得。如何可問是「心」為「有心」？
「非心性」不？

(11)<u>舍利子</u>言：何等名為「心非心性」？

(12)<u>善現</u>答言：於一切法「無變異、無分別」，是名「心非心性」。

《大般若波羅蜜多經‧卷第四百八》

(1)<u>舍利子</u>！是心非心，「本性淨」故。

(2)時<u>舍利子</u>問<u>善現</u>言：云何是心「本性清淨」？

(3)<u>善現</u>對曰：是「心本性」，非「貪相應」、非「不相應」。非「瞋相應」、非「不相應」。
非「癡相應」、非「不相應」……

(4)<u>舍利子</u>！諸菩薩摩訶薩知「心」，如是「本性清淨」。

《大方廣佛華嚴經‧卷第三十六》

(1)菩薩摩訶薩，亦復如是，大菩提心「本性清淨」。

(2)一切眾生，無智翳眼，以「不信」故，謂為「不淨」。

(3)<u>善男子</u>！譬如有藥，為咒所持。若有眾生見聞同住，一切諸病皆得銷滅。
菩薩摩訶薩「菩提心藥」，亦復如是。

《大方廣佛華嚴經‧卷第六十五》

(1)<u>善財</u>白言：聖者！此般若波羅蜜普莊嚴門境界云何？

(2)<u>童女</u>答言：善男子！我入此「般若」波羅蜜普莊嚴門，隨順趣向，思惟觀察，憶持
分別。時得「普門」陀羅尼，百萬阿僧祇「陀羅尼門」皆悉現前。

(3)所謂：「佛剎」陀羅尼門、「佛陀」羅尼門、「法陀」羅尼門、……「智慧清淨」陀羅尼
門、「菩提無量」陀羅尼門、「自心清淨」陀羅尼門。

《大寶積經‧卷第九十九》

(1)<u>迦葉</u>言女(無畏女)：若法永「無」，云何而起「無明」及「愛」及「我、我相」？所有眾生
「不可見」故。

(2)女(無畏女)言<u>大迦葉</u>：如是一切諸法永「無」，彼云何「見」？

(3)<u>大迦葉</u>言：若一切佛法畢「竟是無」，云何「可見」？

(4)女(無畏女)言<u>大迦葉</u>：見諸佛法「增長」義不？

(5)<u>大迦葉</u>言：我尚不知諸凡夫法，何況佛法？

(6)<u>無畏女</u>言：……<u>大迦葉</u>！諸法永「無」，不可「示現」。

是故<u>大迦葉</u>！一切法皆「無」。若法本「無」，云何可見彼「清淨法界」？

<u>大迦葉</u>！若欲見「淨如來」，彼善男子善女人應「淨自心」。

(7)時<u>大迦葉</u>語<u>無畏</u>(無畏女)言：云何「善淨自心」？

(8)女(無畏女)言：<u>大迦葉</u>！如自身「真如」，及一切法「真如」。

若信彼者，不作不失。如是見「自心清淨」故。

(9)<u>迦葉</u>問言：「自心」以何為體？

(10)女(無畏女)言：「空」為體。若證彼「空」，信自身故，即信「真如空」。以一切法性「寂靜」故。

《如來莊嚴智慧光明入一切佛境界經・卷下》

(1)<u>文殊師利</u>！心「自性清淨」故，彼心「客塵煩惱染」。

(2)而「自性清淨心」不染，而彼「自性清淨心」；即體「無染、不染者」……

(3)若「本淨」者，即是「不生」。若「不生」者，彼即「不染」。若「不染」者……若「不生」者是「菩提」。「菩提」者名為「平等」。「平等」者名為「真如」。「真如」者名為「不異」。「不異」者名為「如實」……

(4)<u>文殊師利</u>！「真如」者，彼處非「有為」、非「無為」，無「二法」。

(5)若非「有為」、非「無為」、無「二法」者；是「真如」。

《大方等大集經・卷第四十七》

此心「自性清淨相」，觀是了知「菩提道」。若已境界得「自在」，則能悲愍一切眾。

《佛說不增不減經》

(1)<u>舍利弗</u>！當知「如來藏」本際相應體，及「清淨法」者。

(2)此法如實不虛妄，不離、不脫。智慧清淨，「真如法界」不思議法。無始本際來，有此「清淨相應」法體。

(3)<u>舍利弗</u>！我依此「清淨真如法界」，為眾生故說為不可思議法「自性清淨心」……

(4)<u>舍利弗</u>！我依此「煩惱所纏」；不相應不思議法界，為眾生故說為「客塵煩惱所染」，「自性清淨心」不可思議法。

《楞伽阿跋多羅寶經・卷第二》

爾時<u>大慧</u>菩薩摩訶薩白佛言：世尊！世尊修多羅說如來藏「自性清淨」，轉三十二相，入於一切眾生身中，如大價寶，垢衣所纏。

《占察善惡業報經・卷下》(出《六根聚經》中)

(1)<u>地藏菩薩摩訶薩</u>言：……所言「一實境界」者，謂眾生「心體」。

(2)從本以來，不生不滅，自性清淨，無障無礙，猶如虛空。離分別故，平等普遍，無所不至，圓滿十方，究竟一相，無二無別，不變不異，無增無減。

(3)以一切眾生心，一切聲聞、辟支佛心，一切菩薩心，一切諸佛心，皆同「不生不滅」，無染、寂靜，「真如」相故。

《外道問聖大乘法無我義經》

(1)外道！而汝不知「菩提心相」與「般若」波羅蜜多而相應故。

(2)又「菩提心相」，「自性清淨」。無物無喻，不可觀視，是最上句。

(3)又「菩提心相」，非諸物像，無相似者。如水成漚，雖覩非有，如幻化如陽焰。喻如「泥團」作諸坏器。眾名雖具，咸成戲論。

(4)貪瞋癡等，亦「幻化有」，一味「空」故。

(5)如「電(雷電)之住」，剎那不見。觀彼「般若」波羅蜜多，及作諸善，亦復如是。

《佛說祕密相經‧卷上》

(1)爾時世尊<u>大毘盧遮那</u>如來……諸佛無邊功德，入「阿」字等諸妙相時，如水精月淨光明相。

(2)入已，復從「自性清淨」明亮智心，出生變化作用事業。即誦「大明」微妙章句，發菩提心。

《禪法要解‧卷下》

(1)時在大眾說法，先知其「心」。知是眾生以何「深心」行何法？何因緣？有何相喜何事？知「自心清淨」故，知眾生「心」亦可「清淨」。

(2)如「淨鏡中」，隨所有色，若長若短，方、圓、麁、細等，如本相現，不增不減。

(3)所以者何？「鏡清淨」故，「鏡」雖不分別；而顯其「相」。

(4)行者亦如是，「自心清淨」故。諸法「無一定相」，「常清淨」故。

《大莊嚴法門經‧卷下》(亦名《文殊師利神通力經亦名勝金色光明德女經》)

(1)復次<u>長者子</u>！菩薩不應覺於餘事，但覺「自心」。何以故？

(2)覺「自心」者，即覺一切「眾生心」故。

(3)若「自心清淨」，即是一切眾生「心清淨」故。

　　如「自心體性」即是一切「眾生心體性」。

　　如「自心離垢」即是一切「眾生心離垢」。

如「自心離貪」即是一切「眾生心離貪」。

如「自心離瞋」即是一切「眾生心離瞋」。

如「自心離癡」即是一切「眾生心離癡」……

(4)若彼眾生覺「客塵煩惱」，「客塵煩惱」亦不能染。

(5)佛説此法已，長者子得「順法忍」。

《大方等大集經・卷第十一》

(1)善男子！譬如微妙「淨琉璃寶」，雖復在「泥」，經歷百年，其「性常淨」，出已如「本」。

(2)菩薩摩訶薩亦復如是，了知心相「本性清淨」，「客塵煩惱」之所障污。

(3)而「客煩惱」實不能污「清淨之心」，猶「珠」在「泥」，不為泥污。

(4)菩薩摩訶薩作如是念：若我心性「煩惱污」者，我當云何能「化眾生」？

(5)是故菩薩常樂修集「福德莊嚴」，樂在諸有，供養三寶。樂為眾生「趨走供使」，於「生貪處」；不起「貪心」。護持正法，樂行惠施，具足淨戒。

《方等大集經・卷第十三》

(1)善男子！「一切眾生」及「一眾生」無二無別。何以故？性「無我」故。

(2)言「一眾生、一切諸法」無二無別。

若言「一法、一切法界」無二無別。

「一佛世尊、一切法界」無二無別……

(3)一切聖人遠離「煩惱」，一切凡夫無二無別；「本性清淨」。

(4)「一眾生心、一切眾生心」無二無別；「本性清淨」。

(5)「一界、一切界」。「一入、一切入」。「一眾生行、一切眾生行」無二無別。

《寶女所問經・卷第三》

如來「一心」普知「一切眾生心念」……心猶若幻，本性清淨，一切諸「心」，自然如「空」。

《大方廣圓覺修多羅了義經》

(1)淨諸業障菩薩……而白佛言……世尊！若此覺心「本性清淨」，因何染污？使諸眾生「迷悶不入」？

(2)唯願如來廣為我等「開悟法性」，令此大眾及末世眾生；作將來眼。

《父子合集經・卷第七》

(1)由彼分別「執著心」，故於「空義」不能了……

(2)譬如遠矚於「陽焰」，渴者趣之而求「水」。皆從「妄想分別」生，當知「水體」不可得。

(3)「陽焰」之處本無「水」，「自性淨」中本「無染」……

(4)彼等若聞諸法「空」，則生「斷滅」怖畏想。

(5)若人毀謗於「空法」，皆由執著「我、人相」。

(6)猶如繫縛於「虛空」，增長「愚癡」墮惡趣。

《佛說海意菩薩所問淨印法門經・卷第七》

(1)爾時世尊重說頌曰：難得最上「佛菩提」，深妙「無垢」，無所有。

(2)若人於此欲「圓成」，是中勿當生「疑惑」……「心自性淨」而明亮，前際後際亦復然……

(3)是中無「作」、無「受者」，諸法自在「無主宰」。

(4)無「我、人」故說「無我」，如「空」如「夢」；「無自性」。

《楞伽阿跋多羅寶經・卷第四》

<u>大慧</u>！此「如來藏、識藏_(阿賴耶識)」，一切聲聞緣覺「心想」所見，雖「自性清淨」，「客塵所覆」故，猶見「不淨」。非諸如來_(諸佛如來皆能現證、現見「如來藏」及「識藏」皆本性清淨，並非如「聲聞緣覺外道」等不能現證如來藏、識藏，且常為客塵所染而為「不淨」)。

《大乘入楞伽經・卷第五》

<u>大慧</u>！此「如來藏、藏識_(阿賴耶識)」本性清淨，客塵所染而為「不淨」。一切「二乘」及「諸外道」，憶度起見，不能現證。

<u>聖勇</u>菩薩等造《菩薩本生鬘論・卷第四》

(1)<u>阿難</u>！一切如來在昔因地，知眾生界「自性清淨」，為彼「客塵煩惱」所覆。然彼畢竟「染污不及」。

(2)是故如來出興於世，為諸眾生說微妙法，除諸垢濁，令得解脫。

《大方廣圓覺修多羅了義經》

(1)善男子！若諸菩薩悟淨圓覺。以「淨覺心」，取「靜」為行。由澄諸「念」，覺識「煩動」，「靜慧」發生，身心客塵，從此永滅。便能內發「寂靜輕安」……

(2)善男子！若諸菩薩悟淨圓覺。以「淨覺心」，「知覺心性」及與「根塵」皆因「幻化」，即起「諸幻」……

(3)善男子！若諸菩薩悟淨圓覺。以「淨覺心」，不取「幻化」及諸「靜相」。了知身心，皆為罣礙……

(4)「煩惱、涅槃」不相留礙，便能內發「寂滅輕安」，妙覺隨順「寂滅境界」，自他身心，

所不能及。「眾生、壽命」皆為浮想，此方便者名為「禪那」。

《大方等大集經・卷第十一》

(1)世尊！一切諸法「無作、無變、無覺、無觀」。「無覺觀者」名為「心性」。

(2)若見眾生「心性本淨」名「如法住」。

(3)不可思惟菩薩言：世尊！知諸眾生一切心性；不作「心想」(意即若能知眾生「心性本淨」，亦不作「心性本淨」想)，名「不可思惟」而「思惟」也。

(4)若能於是「不思惟」中而「思惟」者，名「如法住」。

《大方等大集經・卷第十三》

(1)一切眾生心本性，「清淨無穢」如「虛空」。

(2)凡夫不知「心性空」，說「客煩惱」之所染。

(3)若諸煩惱能污心，終不可淨，如垢穢。

(4)諸「客煩惱」障覆故，說言凡夫「心不淨」。

(5)如其「心性本淨」者，一切眾生應解脫。

(6)以「客煩惱」障覆故，是故不得於解脫。

《大乘密嚴經・卷上》

(1)仁主！「心性本淨」不可思議，是諸如來「微妙之藏」如「金」在「礦」……

(2)仁主！「阿賴耶識」雖與「能熏」(此指「前七識」是能熏習「阿賴耶識」的)及「諸心法」(此指五十一心法等)，乃至一切「染、淨」種子，而同止住，性恆「明潔」。

(3)「如來種性」，應知亦然……體常「清淨」。如「海」常住，「波潮」轉移，「阿賴耶識」亦復如是。

《金剛仙論・卷第五》

彼無量諸佛皆說，我因此「佛性」平等「自性清淨」之理；證於佛果，故云「清淨」也。

《金剛頂一切如來真實攝大乘現證大教王經・卷上》

(1)我已見「自心清淨」如「滿月」，離諸煩惱垢「能執、所執」等。

(2)諸佛皆告言：「汝心本如是，為客塵所翳，「菩提心為淨」。汝觀「淨月輪」，得證「菩提心」。

《念誦結護法普通諸部》

(1)此真實法門，是一切眾生「自性清淨心」；名為「大圓鏡智」。

(2)上從諸佛，下至眾生，悉皆「同等」，無增減。但為「無明妄想」所覆，令其法體不得顯現……眾生「自性清淨心」無生滅故。

(3)此是(指上至諸佛，下至眾生，「自性清淨心」悉皆同等，無增無減的道理)諸佛菩薩「內證」，非「二乘聲聞外道」所知境界。

《無畏三藏禪要》

(1)所言「三摩地」者，更無別法。直是一切眾生「自性清淨心」，名為「大圓鏡智」。

(2)上至諸佛，下至蠢動，悉皆同等(指上至諸佛，下至眾生，「自性清淨心」悉皆同等，無增無減的道理)，無有增減。但為「無明妄想」客塵所覆。是故流轉生死，不得作佛。

《大乘瑜伽金剛性海曼殊室利千臂千鉢大教王經•卷第五》

(1)則得「慧性明徹」，自在用故……一者：「心真如」，二者：心有根本「自性清淨」……為自性本來「寂靜」，無障無礙。

(2)則「真如無為」遍一切處，與根本「自性清淨性」同「空」故，是以性等「真如」根本清淨，自性同體，聖性「空」故。無縛無解，畢竟清淨，性體寂靜故。

《大毘盧遮那成佛神變加持經•卷第一》

(1)佛言祕密主：自心尋求「菩提」及「一切智」。何以故「本性清淨」故？

(2)心「不在內、不在外」及「兩中間」，心不可得。

(3)祕密主！如來應正等覺。非青、非黃。非赤、非白。非紅、非紫、非水精色。非長、非短。非圓、非方。非明、非暗。非男、非女。非不男女。

(4)祕密主！「心」；非「欲界」同性。非「色界」同性。非「無色界」同性。非「天龍、夜叉……

(5)祕密主！「心」；不住「眼界」，不住「耳鼻舌身意界」……所以者何？性同「虛空」；即同於「心」。「性」同於「心」；即同「菩提」。

(6)如是祕密主！「心、虛空界、菩提」三種無二，此等「悲」為根本……菩提心「清淨」，知識(如此知、如此識)其心。

《金剛頂瑜伽中略出念誦經•卷第二》

(1)又若「水精、石雲母」等，本性「明徹」，隨其色影，而為變現。

(2)是心亦爾，本性清淨。但由「妄業」，耽著世間技藝、工巧，隨彼轉變。一切「妄想」之所飾。

《守護國界主陀羅尼經•卷第四》

(1)復次善男子！菩提「本性清淨光明」。何以故？心之實性「本清淨」故。

(2)云何清淨？性無「合」(不與雜染相和合，離一切相)故，猶如「虛空」，性「清淨」故。

(3)亦如虛空「無有相」故，亦如虛空「性平等」故。是故「菩提」；名為「最極清淨光明」。

(4)此「淨光明」，「童蒙凡夫」不能覺知，「客塵煩惱」之所覆故。

(5)欲令眾生如實覺悟，是故如來於諸眾生「大悲」隨轉。

《佛說最上根本大樂金剛不空三昧大教王經·卷第五》

當想此「心明」，即「自性清淨」。所有金剛手，至於觀自在，觀想此「心明」，「清淨」如寶山。

《大威德陀羅尼經·卷第七》

(1)言「本性清淨心」，若有「本性」；即是「涅槃」。

(2)何因緣故言有「本性」？「無作者」故言「本性」，是為沙門釋子所「印」。若得是「印」，當盡「生死流轉」。

《金剛場陀羅尼經》

<u>文殊師利</u>！「無煩惱」者；是名「菩提」，本性清淨，無有「著處」，無有「生處」。

《佛說一切如來金剛三業最上祕密大教王經·卷第一》

(1)又復世尊<u>不空成就金剛如來</u>……作如是言：菩提心者，是即「自性淨光明」法。

(2)非彼菩提「有相」可得，亦非「現前三昧」可證。如是了者，乃名「堅固住菩提心」。

《大乘瑜伽金剛性海曼殊室利千臂千鉢大教王經·卷第四》

是故菩薩當發「大悲」，適然「清淨」，住「佛三昧」，得此「三昧」，了見身心根本「自性淨如瑠璃」，瑩徹無障，名「入淨土」。

《大乘瑜伽金剛性海曼殊室利千臂千鉢大教王經·卷第一》

根本聖體有五。

一者：本源「自性清淨聖智」金剛「聖性」為體。

二者：無動「大圓性鏡」金剛「菩提」為體。

三者：「平等性」金剛「法界」為體。

四者：如性「觀察理趣」金剛「聖力智用」為體。

五者：成就「菩提聖性」金剛「慧劍」為體。

《大乘瑜伽金剛性海曼殊室利千臂千鉢大教王經・卷第一》

菩薩若修證，得如來「三無性」（「相、生、勝義」等三種無性）。聖性觀者，則是除去十種「纏縛」，適然解脫。則速達「本源自性清淨」菩提涅槃故。

《大乘瑜伽金剛性海曼殊室利千臂千鉢大教王經・卷第七》

(1)爾時毘盧遮那佛言……一切菩薩摩訶薩修入「成佛」從幾劫來，我與一切有情眾生開「心地法門」，入「金剛慧智」菩提道……

(2)一切眾生心地「自性聖智」，速達「本源自性清淨」法身智身，金剛菩提「如來佛地」，得成「阿耨多羅三藐三菩提」已。

第二十節　自性中具「三身佛」。若能自悟、自修「自性功德」，乃真歸依

《敦博本》與《敦煌本》對校版原文	《宗寶本》原文
	『四十九』
1 善知識！總須自體(自己體驗)與受(受持)「無相戒」。	善知識！既歸依「自三寶」竟，各各志心。
2 一時，逐(跟隨)惠能口道，令善知識見自(性中之)「三身佛」：	吾與説一體「三身」(之)自性佛，令汝等見「三身」，了然自悟自性。總隨我道：
於自色身，歸依(自性)「清淨法身佛」。 於自色身，歸依(自性)「千百億化身佛」。 於自色身，歸依(自性)「當身圓滿報身佛」。 (以上三唱)	於自色身，歸依(自性)「清淨法身佛」。 於自色身，歸依(自性)「圓滿報身佛」。 於自色身，歸依(自性)「千百億化身佛」。
3 色身(只)是舍宅(房舍屋宅)，(故)不可言「歸」(不可以把物質的色身當作是歸依的對象)。	善知識！色身(只)是舍宅(房舍屋宅)，(故)不可言「歸」(不可以把物質的色身當作是歸依的對象)。
向者「三身佛」(即)在「自法性」，世人盡有。 (只因)為迷(而)不見，(故)外覓「三身如來」，(卻)不見「自色身」(之心性)中「三身佛」。	向者「三身佛」，(即)在「自性」中，世人總有。 (只因)為自心迷，(故)不見內性，(向)外覓「三身如來」，(卻)不見「自身」(之心性)中有「三身佛」。
4 善知識！(應專心)聽與善知識(之所)説，令(諸位)善知識(能)於「自色身」見「自法性」有「三身佛」。 此「三身佛」(乃)從「自性」上生。	汝等聽説，令汝等於「自身」中見「自性」有「三身佛」。 此「三身佛」，從「自性」生，不從外得。
5 何名(歸依自性之)「清淨法身佛」？善知	何名(歸依自性之)「清淨法身佛」？

識！世人「性本自淨」，萬法（皆）在「自性」（中）。

思量一切惡事，即行於惡行。
思量一切善事，便修於善行。

知如是一切法盡在「自性」，自性常「清淨」，（即如同）日月常明。
只為雲覆蓋，（造成烏雲之）上明，（烏雲之）下暗，（故）不能了見日月星辰。
忽遇「慧風」（智慧之風）吹散，捲盡雲霧，萬象森羅，一時皆現。
世人（皆）「性淨」，猶如清天（清朗之天空）。

6「慧」如「日」，「智」如「月」，「智慧」常明。

（若）於外「著境」，（則被）妄念浮雲（所）蓋覆，「自性」（便）不能明（朗）故。

（若能得）遇「善知識」，（獲）開「真正法」，（能）吹（盡）卻（除）迷妄，（令）內外（內心與外相）明澈（通明清澈），（則）於自性中（之）「萬法」皆（能顯）現。
（獲）一切法在「自性」，（此）名為（歸依自性之）「清淨法身」（佛）。

「自歸依」（自身歸順依止於自心的清淨法身佛）者，（即是）除（卻）「不善心」與「不善行」，是名「歸依」（自性之清淨法身佛）。

世人「性本清淨」，萬法（皆）從「自性」（而）生。

思量一切惡事，即生惡行。
思量一切善事，即生善行。

如是諸法在「自性」中，如天常清，日月常明。
（只）為浮雲（所）蓋覆，（造成烏雲之）上明，（烏雲之）下暗。
忽遇「風」（智慧之風）吹雲散，上下俱明，萬象皆現。
世人性常「浮游」（虛浮游動），如彼天雲。

善知識！
「智」如「日」，「慧」如「月」，「智慧」常明。

（若）於外「著境」，（則）被妄念浮雲（所）蓋覆，「自性」（便）不得明朗。

若（能得）遇「善知識」，（獲）聞「真正法」，（能）自除迷妄，（令）內外（內心與外相）明徹（通明清澈），（則）於自性中（之）「萬法」皆（能顯）現。
「見性」之人，亦復如是，此名（歸依自性之）「清淨法身佛」。

善知識！「自心」歸依「自性」，（即）是歸依「真佛」（真心自性之佛）。

「自歸依」（自身歸順依止於自心的清淨法身佛）者：（即是）除卻自性中「不善心、嫉妒心、諂曲（諂媚枉曲）心、吾我（分別我人）心

誑妄(誑騙詐妄)心、輕人(輕賤他人)心、慢他(傲慢侵他)心、邪見(邪惡知見)心、貢高(自貢高傲)心」，及一切時中「不善之行」。

常自見「己過」(自己過失)，不說他人「好惡」，是「自歸依」(自性之清淨法身佛)。

(對一切眾生)常須「下心」(謙下虛心)，普行恭敬(一切的眾生)，即是「見性通達」，更無滯礙(滯執罣礙)，(此即)是「自歸依」(自身歸順依止於自心的清淨法身佛)。

『五十一』

何名(歸依自性之)「千百億化身」？
若不(生)思(思量)萬法，(則吾人心)性本如「空」(性空寂滅)。
(若生)一念思量，(即)名為「變化」(由自我心性中變化出萬法諸境來)。

思量「惡事」，化為「地獄」。
思量「善事」，化為「天堂」。
(思量)「毒害」，化為「龍蛇」。
(思量)「慈悲」，化為「菩薩」。
(思量)「智慧」，化為「上界」。
(思量)「愚癡」，化為「下方」。

自性變化(由自我心性中變現出萬法諸境)甚多，迷人不能省覺(省悟覺知)。
(經常)念念起惡，(故)常行惡道。
(若能)迴(心而生)一念善，智慧即生，此名(歸依)自性(之千百億)「化身佛」。

7 何名為(歸依自性之)「千百億化身佛」？
(若)不(生)「思量」，(則吾人心)性(本)即「空寂」(性空寂滅)。
(若生一念)思量，即是「自化」(由自我心性中變化出萬法諸境來)

思量「惡法」，化為「地獄」。
思量「善法」，化為「天堂」。
思量「毒害」，化為「畜生」。
思量「慈悲」，化為「菩薩」。
思量「智慧」，化為「上界」。
思量「愚癡」，化為「下方」。

8 自性變化(由自我心性中變現出萬法諸境)甚多，迷人自不知見。

(若能生)一念善，智慧即生，此名(歸依)自性(之千百億)「化身佛」。

<table>
<tr><td>

9 何名為(歸依自性之)「**圓滿報身佛**」？
「**一燈**」能除千年闇，
「**一智**」能滅萬年愚。
莫思向「**前**」(莫思之前舊事而生怨悔與執著)，

常思於「**後**」(不怕念起，只怕覺遲，應常思往後光明之善念)，**常**(生起)**後念**(之)「**善**」，**名為**(歸依自性之圓滿)「**報身**」(佛)。

</td><td>

『**五十**』

何名(歸依自性之)「**圓滿報身**」(佛)？
譬如「**一燈**」能除千年暗，
「**一智**」能滅萬年愚。
莫思向「**前**」(莫思之前舊事而生怨悔與執著)，
已過不可得。
常思於「**後**」(不怕念起，只怕覺遲，應常思往後光明之善念)，**念念**(生起)**圓明**(圓滿光明)，(則能)**自見本性**。

「**善、惡**」雖殊，本性「**無二**」。「**無二**」之性，名為「**實性**」(如《大般涅槃經》云：「若言：十善、十惡，可作、不可作，善道、惡道，白法、黑法。凡夫謂二；智者了達其性無二，無二之性即是實性」)。於「**實性**」中，不染「**善、惡**」，此名(歸依自性之)「**圓滿報身佛**」。

</td></tr>
<tr><td>

「**一念惡**」，(能)**報卻**(報償除卻)**千年**「**善心**」。
「**一念善**」，(能)**報卻**(報償除卻)**千年**「**惡滅**」。

無常以來(自無常變幻的生活以來)，(應常生)後念(之)「**善**」，名為(歸依自性之圓滿)「**報身**」(佛)。

</td><td>

自性起「**一念惡**」，(能)**滅萬劫**「**善因**」。
自性起「**一念善**」，(能)**得恆沙**「**惡盡**」，
直至無上菩提。
念念自見(自性之善念)，不失「**本念**」，名為(歸依自性之圓滿)「**報身**」(佛)。

『**五十二**』

善知識！「**法身**」本具(於自性之中)。

</td></tr>
<tr><td>

10 從「**法身**」(生起種種)思量，(此)即是(千百億)「**化身**」。

念念(生)「**善**」，(此)即是(圓滿)「**報身**」。

自悟、自修，即名「**歸依**」(法報化三身)

</td><td>

念念「**自性自見**」(自性之善念)，即是「**報身佛**」。

從「**報身**」思量，即是「**化身佛**」。

自悟、自修「**自性功德**」，是「**真歸依**」

</td></tr>
</table>

也。	（法報化三身）。
11「皮肉」是色身，「色身」是舍宅（房舍屋宅），不在「歸依」也（不可以把物質的色身當作是歸依的對象）。	「皮肉」是色身，「色身」是宅舍（房舍屋宅），不言「歸依」也（不可以把物質的色身當作是歸依的對象）。
但悟「三身」，即識大意（指最高「自性佛」之意旨）。	但悟「自性三身」，即識「自性佛」。

「三身佛」在「自法性」中，世人盡有。請從佛典來解釋此段的義理

《雜阿含經・卷第二十四》

(1)當作「自洲」（atta 自我。dīpa 燈焰；洲島依附；庇㢆 護所；熾燃）而「自依」（atta 自我。saraṇa 歸依）。

(2)當作「法洲」（以法來作為燈焰；洲島；庇護所）而「法依」（以法為歸依）。

　　當作「不異洲」（不以其它為燈焰、為依附的洲島、為庇護所）、「不異依」（不以其它為歸依）。

(3)阿難白佛：世尊！云何「自洲」以「自依」？

(4)云何「法洲」以「法依」？云何「不異洲」、「不異依」？

(5)佛告阿難：若比丘身身觀「念處」，精勤方便，「正智、正念」，調伏世間貪憂。如是外身、內外身。受、心、法法觀念處，亦如是說。阿難！是名「自洲」以「自依」。

(6)「法洲」以「法依」，「不異洲」、不異「洲、依」……是故汝等當知，「自洲」以「自依」，「法洲」以「法依」，「不異洲」、「不異依」。

(7)謂內身身觀念住，精勤方便，正智正念，調伏世間貪憂。如是外身、內外身。受、心、法法觀念住。

(8)精勤方便，正智正念，調伏世間「貪憂」，是名「自洲」以「自依」、「法洲」以「法依」、「不異洲」、「不異依」。

《佛所行讚離車辭別品・第二十四》

善住於「自洲」（atta 自我。dīpa 燈焰；洲島依附；庇㢆 護所；熾燃），當知「自洲」者，專精勤方便，獨靜脩閑居。不從於他信，當知「法洲」（以法來作為燈焰；洲島；庇護所）者，決定明慧燈，能滅除癡闇。

《佛説瑜伽大教王經・卷第五》

(1)爾時大遍照金剛如來出大妙音，告菩薩等言：汝今諦聽，當為汝説……説頌曰：

(2)實相菩提非「有、無」，亦無「二邊」無「中道」。離相寂靜如「虛空」，三世諸佛何所證？

(3)今說微妙大方便，令彼悟入「菩提心」。智離「取、捨」觀諸蘊，唯顯「真空」大道心。

(4)最勝如來「三身佛」，「真心」不向「身」中得。一切諸法從「心」生，所生諸法即「菩提」。

(5)譬如「幻師」以「幻心」作彼種種「幻化法」，如是皆從「妄想」生，「菩提心相」亦如是。

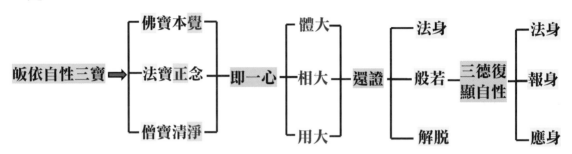

《維摩詰所說經・卷中》

問：諸佛「解脫」，當於何求？

答曰：當於一切眾生「心」行中求。

《說無垢稱經・卷第三》

又問：諸佛「解脫」，當於何求？

答曰：當於一切有情「心」行中求。

《大寶積經》卷89

(1)達摩、善法二比丘言：「真供養」者，無佛想、無見佛，何況供養。若供養佛，當「供養自身」。

(2)諸比丘言：云何「供養自身？

(3)二比丘言：應如「如來、應、正遍知」(般的方式去)「供養自身」，(如此方為)一切眾生之所供養。如佛所學，應如是學。

(4)(吾人應)護持「禁戒」，集諸「善法」，思惟諸法，莫取「法相」，若能如是「自供養」者，當(可)得「天人」之所供養。

(5)若欲供養「佛舍利」者，當(修學)「自供養」。如「佛如來」具諸功德，(故其)舍利(可獲)得(天人)供養。若能成就(與佛一樣的)如是功德，(則)名(為)「供養佛」。

❶不起「想、相」，名「供養佛」。

❷若多若少，不生分別，名「供養佛」。

❸非後世去、非今世來，非彼岸，非常非斷、非取非捨，是則名曰「供養如來」。

❹非增非減、非生非滅、非盡非不盡，是則名曰「供養如來」。

❺非心非心數法、非憶想、非我非取非受、非諍論非不諍論、非毀非讚、非二非入，是則名曰「供養如來」。

❻亦非有為，亦非無為，是則名曰「供養如來」。

❼身無所作、口無所作、意無所作，於身口意求不可得，是則名曰「供養如來」。

❽無過去想，未來、現在想，不可得。無依無著、無所求想，亦不分別，是則名曰「供養如來」。

❾無佛想、無法想、無僧想，無人、無自、無他想，是則名曰「供養如來」。

❿真如來身，無生無相，不可以「生」而修供養。

⓫真如來身，名「無作相」，不以作「相」而修供養。

⓬真如來身，名「無二相」，不應「二相」而修供養。

⓭真如來身，名「無漏相」，不以「有漏」而修供養。

⓮真如來身，名曰「空相」，不以「身見、命見、斷見、常見、我見、我所見、有見、無見」供養如來。

⓯真如來身，名「無相相」，不可以「相」而修供養。

⓰真如來身，名「無願相」，不可以「願」而修供養。

⓱真如來身，名「無有相」，不可以「有」而修供養。

⓲真如來身，名「不動相」，不可「動相」而修供養。

⓳真如來身，名「無行相」，不可以「行」而修供養。

⓴真如來身，名「離貪相」，不可以「貪」而修供養。

㉑真如來身，名「離瞋相」，不可以「瞋」而修供養。

㉒真如來身，名「離癡相」，不可以「癡」而修供養。

㉓真如來身，具「戒、定、慧、解脫、解脫知見」，不可以「破戒、亂心、愚癡」而修供養。

㉔真如來身，慈悲喜捨，不可以「瞋心、惱心、妬心、散心」而修供養。

㉕真如來身，具「施、持戒、忍辱、精進、禪定、智慧」，不可以「慳、破戒、瞋恚、懈怠、亂癡」而修供養。

> 「自性常清淨，只為雲覆蓋，不能了見日月星辰」。請從佛典來解釋此段的義理

《大法鼓經》卷 2

(1)一切眾生悉有「佛性」，無量相好，莊嚴「照明」，以彼性故，一切眾生(故皆能)得「般涅槃」……如是無量「煩惱藏」翳障「如來性」……若遇「諸佛、聲聞、緣覺」，乃知「真我」，如治病愈，其目開明……

(2)如雲覆月，月不明淨；諸「煩惱藏」覆「如來性」，性不明淨。若離一切「煩惱」雲覆，(則)如來之性，(即)「淨」如滿月。

《大方等大集經》卷 13

「虛空」之性，常自「清淨」。若常「清淨」，云何可得？(被)「客雲覆」故，眾生不見，(若能)除「客雲」故，(則)名之為「見」。

《大莊嚴法門經》卷 2

我昔有貪心迷醉，耽著「財、色」不覺知，猶如「大雲」覆大地，(故)日光不出、不照曜。彼「光」不去亦不來，(但光被)「大雲」覆，故隱不現。如是眾生(被)「煩惱」(所)覆，(故)「清淨大智」不光明。

《勝思惟梵天所問經》卷 4

善男子！雖「有為行」(之)一切眾生，有「不正念」，起諸煩惱，然其「彼心自性清淨」(仍)不可染污。

《大乘理趣六波羅蜜多經·卷第一》

(1)法寶自性「恆清淨」，諸佛世尊如是說。
(2)「客塵煩惱」之所覆，如雲能翳日光明。
(3)「無垢法寶」眾德備，「常樂我淨」悉圓滿。
(4)「法性清淨」云何求？「無分別智」而能證。

「不思量，性即空寂」。請從佛典來解釋此段的義理

《雜阿含經》卷 14

(1)爾時，世尊告諸比丘：若「思量」、若「妄想」者，則有使「攀緣識」住；有「攀緣識」住故，入於「名色」；入「名色」故，有未來世「生、老、病、死、憂、悲、惱、苦」。如是純大苦聚「集」。

(2)若不「思量」、無「妄想」，無使無「攀緣識」住；無「攀緣識」住故，不入「名色」，不入「名色」故，「生、老、病、死、憂、悲、惱、苦」滅，如是純大苦聚「滅」。

《聖善住意天子所問經》卷2

(1)<u>文殊師利</u>！「無生法忍」者，「不生」一切法忍、「不來」一切法忍、「不去」一切法忍……

(2)不分別、無分別、無憶念、無戲論、無「思量」、不作無力、贏劣……太虛空、如幻、如化、如響、如影、如焰、如芭蕉堅、如水泡沫一切法忍。

《大般若波羅蜜多經(第 401 卷-第 600 卷)》卷 572〈現化品 12〉

「法」離「言語」，亦離「思量」，從本際來，無生、無滅，故無「入、出」。

《勝天王般若波羅蜜經》卷 1〈顯相品 2〉

如來之心甚深難入，非諸「覺、觀」，離「思量」境，無有「邊量」，同「虛空界」。如是信知，心不疑惑。是名能信如來意淨。

《勝天王般若波羅蜜經》卷 7〈二行品 14〉

(1)佛告<u>文殊師利</u>菩薩言：「一切種智」真實之法，遠離「思量」，「微妙無相」道理甚深，不可得見、難以通達，常住寂靜，清涼遍滿，無有分別、無著無礙，隨順道理不可取執，大寂極靜，一切法中最為無上，無與等者。

(2)<u>文殊師利</u>！菩薩摩訶薩行「般若」波羅蜜，修此等法，與「薩婆若」(sarvajña 一切智)相應。

《佛說寶雨經》卷 7

如來境界不可思議，甚深難測，超過一切「虛妄計度」所有境界，超過一切「有所得者」所有境界。以是義故，非彼「虛妄計者」思惟度量。

一念善，智慧即生，此名「自性化身佛」。請從佛典來解釋此段的義理

《大寶積經・卷第三十七》

<u>舍利子</u>！如來善通達法界故。若人於如來所；起「一念善心」者。盡於苦際，畢竟不壞。

《大般若波羅蜜多經・卷第三》

復次，<u>舍利子</u>！……若菩薩摩訶薩欲得發起「一念善心」所獲功德，乃至安坐妙菩提座，證得「無上正等菩提」亦不窮盡，應學「般若」波羅蜜多。

《大乘悲分陀利經・卷第五》

我般涅槃後，其有眾生以眾寶物供養「舍利」，乃至一稱「南無佛」。一禮、一旋、一合掌、一花供養者。令彼一切，隨於「三乘」，得「不退轉」。

《摩訶般若波羅蜜經·卷第二十一》

佛告須菩提……若有人一稱「南無佛」，乃至畢苦，其福不盡。

《妙法蓮華經·卷第一》

若人「散亂心」，入於塔廟中，一稱「南無佛」，皆已成「佛道」。

「一念惡，報卻千年善心。一念善，報卻千年惡滅」。請從佛典來解釋此段的義理

《佛說未曾有因緣經》卷2

「前心」作惡如「雲」覆「月」，「後心」起善如「炬」消「闇」。

《三慧經》卷1

(1)「身」譬如地，「善意」如「禾」（稻），「惡意」如草。不去「草穢」，「禾」（稻）實不成。

(2)人不去（除）「惡意」，亦不得「道」。人有「瞋恚」（生起），是為（大）地生「蒺藜」（屬草本植物，果實亦稱為「蒺藜」，有刺，其種子可入藥）。

(3)「善意」如電，來即「明」，去便復「冥」。
「邪念」（則）如「雲覆日」時，（若）不見己「惡意」（生）起，（則永）不見道。

唐末五代·永明 延壽(904～975年)《宗鏡錄》卷38

(1)禪門中云：不怕「念起」，唯慮「覺遲」。又云：「瞥起」（快速；迅速的生起念頭）是「病」，「不續」（不讓「瞥起的妄念之病」繼續下去）是「藥」。

(2)以「心生」即是「罪生時」故，是以「初心」（修行的最初心念），（應以）「攝念」（攝收自己心念）為先，是「入道」之「階漸」（循序漸進的途徑）。

(3)如《諸經要集》云：（應以）攝心一處（而不生妄念雜染之想），便是「功德」叢林。（若生起）散慮（散失禪定靜慮）「片時」（一點點），即名「煩惱」羅剎。

北宋·晁迥 (951~1034年)《法藏碎金錄》

「禪門」樞要：唯以「無念」為宗。嘗有學人與予談云：不怕念起，唯恐覺遲。予深以為然。因而依韻，別作四句續之，以自規云：

覺(覺悟要)速、止(止妄念亦要)速，

二妙相宜，

知非改過，

蘧ㄐㄩ (蘧伯玉是求進甚急並善於改過的一位賢大夫)、顏(顏回之「不二過」)可師。

明・洪蓮編《金剛經註解》卷 2

逍遙翁(即北宋之晁迥ㄐㄩ，951~1034)曰：不怕「念起」，只怕「覺遲」。

南宋・大慧 宗杲ㄍㄠ 禪師(1089~1163)《大慧普覺禪師語錄》卷 27

先聖云：「瞥ㄆㄧㄝ 起」(快速；迅速的生起念頭)是「病」，「不續」(不讓「瞥起的妄念之病」繼續下去)是「藥」。

不怕「念起」，唯恐「覺遲」。

《大般若波羅蜜多經(第 401 卷-第 600 卷)》卷 412〈六到彼岸品 13〉

(1)修「安忍」(安心忍辱)時，「攝心」一境，雖遇「眾苦」，而心(亦)「無亂」。

(2)舍利子！(此)是為菩薩摩訶薩修行「安忍」(安心忍辱)波羅蜜多時，所被ㄆㄧ 「靜慮」(禪定)波羅蜜多「大功德」鎧。

《大般若波羅蜜多經(第 401 卷-第 600 卷)》卷 486〈善現品 3〉

修「安忍」(安心忍辱)時，「攝心一境」，雖遇「眾苦」，而心(亦)「不亂」，是為(獲)「靜慮」(禪定)波羅蜜多「大功德」(之)鎧。

《大般涅槃經》卷 29〈師子吼菩薩品 23〉

(1) 如是之人，則能修習「身、戒、心、慧」，是人能令「地獄果報」現世「輕受」。是人(假)設作「極重惡業」，(若能)思惟觀察，(亦)能令(罪業)輕微，作是念言：

我(罪)業雖重，(但再怎麼重，也)不如善業(之重之多)。

(2)譬如「疊花」(此喻罪業)，雖復「百斤」，終不能敵「真金」(此喻善業)一兩。如恒河中投一升鹽(此喻罪業)，水無鹹味，飲者(亦)不覺……

(3)(有)智慧之人，亦復如是，常思惟言：

我「善力」多，「惡業」羸ㄌㄟˊ 弱。

我能「發露、懺悔、除惡」，能修智慧。

「智慧力」多，「無明力」少。

(4)(若能)如是念已，(並)親近「善友」，修習「正見」，「受持、讀誦、書寫、解說」十二部經……供養「三寶」，敬信方等《大涅槃經》，如來「常、恒、無有變易」，一切眾生悉有佛性。

(5)(如)是(之)人(便)能令「地獄重報」，現世「輕受」。

《正法念處經》卷63〈觀天品 6〉

若聞「正法」，聽受其義，生「一念善」，能滅「無量百千劫生死」，令不復生。既知如是「聞法」功德，當勤「聽法」，無有異法(別的其餘之法)**能作此護**(能作如此的庇護的功德)。

《大般若波羅蜜多經(第 201 卷-第 400 卷)》卷 351〈多問不二品 61〉

(1)善現！是菩薩摩訶薩為諸有情不起「瞋恨」，假使恒被「毀謗、凌辱」，「辛楚」苦言，切於「心髓」，終不發起「一念瞋恨」。

(2)設復常遭「刀仗、瓦石、杖塊」等物，捶打其身，割截斫^{ㄓㄨㄛ}刺，節節支解，亦不發起「一念惡心」。所以者何？

(3)是菩薩摩訶薩，觀察一切「聲」如「谷響」、「色」如「聚沫」。我為饒益一切有情，不應於中，妄起「瞋恨」。

(4)善現！是菩薩摩訶薩由此觀察，修行「安忍」(安心忍辱)波羅蜜多速得圓滿，疾證「無上正等菩提」。

《增壹阿含經》卷 38〈馬血天子問八政品 43〉

(1)持「心」當如「地」，猶如此「地」，亦受於「淨」，亦受於「不淨」，「屎尿穢惡」皆悉受之；然「地」不起「增減」之心，不言此「好」、此「醜」。

(2)汝今所行，亦當如是，設為「賊」所擒獲，莫生「惡念」，(而生)起(任何的)「增減心」。亦(應)如「地、水、火、風」(般一樣)，亦(能)受於「惡」，亦(能)受於「好」，都無(任何的)「增減」之心；(生)起「慈、悲、喜、護」之心，向一切眾生。

《楞嚴經・卷十》

(1)佛告阿難：諸佛如來語無「虛妄」。若復有人身具「四重(catvāraḥ-pārājikā-dharmāḥ)、十波羅夷(daśa-pārājikā-dharmāḥ)」，「瞬息」(瞬間快速的)即經此方、他方阿鼻地獄(Avīci)，乃至窮盡十方無間，靡不經歷(經歷所有無間大地獄)。

(2)能以「一念」將此法門(楞嚴法門)，於末劫中開示未學。是人罪障，應念(一念之間)消滅，變其所受「地獄」苦因，成「安樂國」(Sukhāvatī 極樂世界)。

《蘇婆呼童子請問經・卷中》

(1)如來作如是說：一切諸法，以「心」為本。由「心清淨」，獲得人天殊勝快樂。

(2)由「心雜染」，便墮地獄，乃至傍生、貧窮之苦。

(3)由「心極淨」，乃證遠離「地水火風、生老病死」。不著「二邊」，「寂滅」解脫……是

故諸法皆從「心」生。

《大方廣佛華嚴經‧卷第三十九》

(1)菩薩摩訶薩作如是念：「阿耨多羅三藐三菩提」，以「心」為本。「心清淨」故，能積
　集成滿「一切善根」。

(2)若心得「自在」，則能成就「無上菩提」，行菩薩行，滿足諸願。究竟教化一切眾生。

第二十一節　四弘誓願皆是「自性自度」。「真妄、迷覺」俱非，乃真般若智

《敦博本》與《敦煌本》對校版原文	《宗寶本》原文
	『四十七』
1 今既「自歸依三身佛」已，與善知識發「四弘大願」。	善知識！既「懺悔」已，與善知識發「四弘誓願」。
2 善知識！一時逐<u>惠能</u>道：	各須用心正聽：
眾生無邊誓願度。 煩惱無邊誓願斷。 法門無邊誓願學。 無上佛道誓願成。(三唱)	「自心」眾生無邊誓願度。 「自心」煩惱無邊誓願斷。 「自性」法門無盡誓願學。 「自性」無上佛道誓願成。
3 善知識！「眾生無邊誓願度」，不是<u>惠能</u>(在)度(大眾)。	善知識！大家豈不道「眾生無邊誓願度」？恁ㄇ麼道(這話應該怎麼說呢)，且不是<u>慧能</u>(在)度(大眾)。
善知識！「心中眾生」，各於自身「自性自度」。	善知識！心中眾生，所謂「邪迷(邪念迷惑)心、誑妄心、不善心、嫉妒心、惡毒心」，如是等心，盡是眾生，各須「自性自度」，是名「真度」。
4 何名「自性自度」？ 自「色身」中(之)「邪見、煩惱，愚癡、迷妄」。自(性皆)有「本覺性」，只(需以此)「本覺性」，將「正見」(正確的知見)度。	何名「自性自度」？ 即自心中(之)「邪見、煩惱、愚癡」眾生，將「正見」(正確的知見)度。
5 既悟「正見般若之智」，(便能)除卻「愚癡、迷妄」，(令)眾生(皆能)「各各自度」。	既有「正見」，(便能)使「般若智」打破「愚癡、迷妄」，(令)眾生(皆能)「各各自度」。
「邪」來「正」度。	「邪」來「正」度。

「迷」來「悟」度。 「愚」來「智」度。 「惡」來「善」度。 「煩惱」來「菩提」度。 　如是度者，是名「真度」（真正的度化自性心中的眾生）。 **6**「煩惱無邊誓願斷」。 →（從）「自心」除虛妄。 **7**「法門無邊誓願學」。 →學「無上正法」。 **8**「無上佛道誓願成」。 →常下心（謙下虛心）行，恭敬一切（眾生）。遠離「迷執」，覺智（覺悟的智慧）生「般若」。 除卻「迷妄」（迷惑與妄念），即「自悟」佛道成（自己覺悟而成就佛道），行「誓願」（發誓深願）力。	「迷」來「悟」度。 「愚」來「智」度。 「惡」來「善」度。 如是度者，名為「真度」（真正的度化自性心中的眾生）。 又「煩惱無邊誓願斷」。 →將「自性般若智」除卻「虛妄思想」心是也。 又「法門無盡誓願學」。 →須自「見性」，常行「正法」，是名「真學」。 又「無上佛道誓願成」。 →既常能「下心」（謙下虛心），行於「真正」。離「迷」離「覺」，常生「般若」。 除「真」除「妄」，即見「佛性」，即言下（當下）佛道成。「常念修行」是「願力法」。

四弘大願有那些？

《大乘本生心地觀經・卷第七》

(1)復次善男子，一切菩薩復有四願，成熟有情，住持三寶。經大劫海，終不退轉。云何為四？

　一者「誓度一切眾生」。

　二者「誓斷一切煩惱」。

　三者「誓學一切法門」。

　四者「誓證一切佛果」。

(2)善男子！如是四法，大小菩薩皆應修學，三世菩薩所學處故。

為何眾生是「自性自度」？請從佛典來解釋此段的義理

《大方廣佛花嚴經修慈分》一卷
(1)我所思念，一切眾生，「性空」無我，如夢如幻，如陽焰，如眩（T一ㄢˋ）翳（一ˋ）。
(2)一切諸佛亦復如是，自性皆「空」，本無有我。
(3)凡夫無智，於彼妄執「有我自性」，是故不能解脫生死。
(4)復應觀察，一切諸法體相「微細」，皆悉「空寂」……一切三界皆悉是「空」，「空」不礙「空」……
(5)又應思念，如一切眾生及以諸佛（皆）「性空無我」，當知我身，亦復如是。

《大乘理趣六波羅蜜多經‧卷十》
能度一切生死瀑流，是名「方便」。實「無眾生」得滅度者，是名「智慧」。

《僧伽吒經‧卷二》
(1)爾時一切婆羅門尼乾子等，從座而起偏袒右肩，右膝著地，合掌禮佛白佛言：
(2)世尊！如來晝夜多度「生死眾生」，（然而）眾生界（仍）「不減不增」。

《大智度論‧卷六十四》
(1)佛說眾生「空」（之）因緣，所謂：十方如恒河沙諸佛，以神通力，為眾生無量劫說法，一一佛度無量阿僧祇眾生「入涅槃」，假令如是，於眾生「無所減少」。
(2)若實有眾生、實有「減少」者，諸佛應有「減眾生罪」。
(3)若眾生實「空」，「和合因緣」有「假名眾生」故，無有「定相」；是故爾所佛度眾生，（而眾生）實無「減少」。若不度（化眾生）；（而眾生）亦「不增」，是故諸佛無「減眾生」（之）咎！
(4)是故說：菩薩欲度「眾生」，（其實只）為欲度「虛空」（般而已。因為菩薩無我人眾生壽者相）。
(5)爾時一比丘，聞畢竟空相，驚喜言：我當禮「般若」波羅蜜！般若中無有法定「實相」，而有眾生等及諸果報。

《善思童子經》
(1)是時善思離車童子，即以偈頌而答佛言：佛最勝世尊，知而故問我。甚深上法中，無「受化眾生」，眾生、非眾生，一切皆無有。此處不迷惑，彼名為世尊……
(2)智慧及眾生，性畢竟非有。若能如是解，彼名世智人。

《大寶積經・卷九十》

諸法自性常寂靜，何有貪欲及瞋癡？於無數劫修眾行，度脫無量諸眾生，眾生「自性不可得」，(故)實無眾生「可度」者。

姚秦・鳩摩羅什譯《諸法無行經・卷下》

(1)佛法甚清淨，其喻如「虛空」。此中無「可取」(喻「不即」)，亦無有「可捨」(喻「不離」)。

(2)佛「不得佛道」，亦「不度眾生」。凡夫強分別，作「佛」(有在)度眾生。是人於佛法，則為甚大遠……

《佛說未曾有正法經・卷第三》

(1)大王！諸法自性「本無所動」，亦無有「作」，眾生「自性本空」，「三業」無所動作。

(2)大王！當觀一切行皆悉「無作」，了一切法「自性空」故。

《楞嚴經・卷五》

(1)言「妄」(喻「有為」，可暫喻為「水中月」)顯諸「真」(喻「無為」，可暫喻為「天上月」)，「妄、真」同二妄。

(2)猶非「真、非真」(非真、非非真。即非真、非妄)，云何「見、所見」(能見之根與所見之塵)？

(3)「中間」(根與塵的中間)無「實性」(真實且獨立的自體性)，是故若「交蘆」(交叉相並的蘆葦)。

第二十二節　愚癡、矯誑、疽疾、嫉妒，終身不作，知於前非，即「無相懺悔」

《敦博本》與《敦煌本》對校版原文	《宗寶本》原文
	『四十六』
	【懺悔品第六】
	時（惠能）大師見廣韶（廣東 韶關）洎ㄐㄧ（通「暨」→和；與）四方士庶，駢ㄆ一ㄢ集（駢聚會集）山中聽法。於是陞ㄓㄥ座告眾曰：
	來諸善知識！此事須從「自性」中起，於一切時，念念「自淨其心」，自修自行。
	見自己「法身」，見「自心佛」。自度自戒，始得不假到此（廣東 大梵寺講堂說法處）。
	既從遠來，一會於此，皆共有緣。今可各各胡跪，先為傳「自性五分法身香」，次授「無相懺悔」。
	眾胡跪。師曰：
	一、戒香：即自心中「無非（過失）、無惡（罪惡）、無嫉妒、無貪瞋、無劫害（劫奪殺害）」，名「戒香」。
	二、定香：即親觀「善、惡」境相，自心「不亂」，名「定香」。

	三、慧香：自心無（障）礙，常以「智慧」觀照（觀察照見）自性，不造諸惡，雖修眾善，心「不執著」，敬上（尊敬上輩）念下（憐念下輩），矜恤（矜憫撫恤）孤貧（孤獨貧窮），名「慧香」。
	四、解脫香：即自心（於善惡之境皆）「無所攀緣」，「不思善、不思惡」，自在無礙，名「解脫香」。
	五、解脫知見香：自心既無所攀緣（於）「善、惡」（之境），（亦）不可「沈空守寂」（沉淪「斷滅之空」而頑守「枯寂」之境）。即須廣學（廣泛修學）多聞，識自本心，（通）達諸佛理，「和光」（在與人同塵和光或待人）接物（上），（修學）無我、無人（之境），直至「菩提」。「真性」（真如自性）不易（不變異），名「解脫知見香」。
1 今既發「四弘誓願」訖，與善知識授「無相懺悔」，（能）滅「三世罪障」。大師言：善知識！	善知識！此香各自「內薰」（內心自薰），莫向外覓。今與汝等授「無相懺悔」，滅三世罪，令得「三業」清淨。善知識！各隨我語。一時道：
2 前念、後念及今念，念念不被「愚迷」染。	弟子等，從前念、今念及後念，念念不被「愚迷」染。

從前所有惡業「愚迷」等罪，悉皆懺悔。

願一時消滅，永不復起。

從前惡行一時除，「自性若除」即是懺。

前念後念及今念，念念不被「愚癡」染，除卻從前「矯誑心」，永斷名為「自性懺」。前念、後念及今念，念念不被「疽疾」（皮膚腫脹堅硬的毒瘡，喻毒害禍患）染。

弟子等，從前念、今念及後念，念念不被「矯誑」染，從前所有惡業「矯誑」等罪，悉皆懺悔。願一時消滅，永不復起。

除卻從前「嫉妒心」，自性若除即是「懺」。（以上三唱）

弟子等，從前念、今念及後念，念念不被「嫉妒」染，從前所有惡業「嫉妒」等罪，悉皆懺悔。願一時消滅，永不復起。

善知識！已上是為「無相懺悔」。

3善知識！何名「懺悔」？

云何名「懺」？云何名「悔」？

「懺」者，終身不作。

「懺」者，懺其「前愆」（以前所犯的過失）。從前所有惡業，「愚迷、矯誑、嫉妒」等罪，悉皆盡懺，永不復「起」，是名為「懺」。

「悔」者，知於「前非」（以前所犯的過失）。

「悔」者，悔其「後過」（往後又再重犯的過失）。

惡業恆不離心，諸佛前口說無益。我此法門中，「永斷、不作」，名為「懺悔」。

從今已後所有「惡業、愚迷、矯誑、嫉妒」等罪，今已覺悟，悉皆「永斷」，更不復「作」，是名為「悔」，故稱「懺悔」。

凡夫愚迷，只知懺其「前愆」（以前所犯的過失），不知悔其「後過」（往後又再重犯的過失）。以不悔故，「前愆」（以前所犯的過失）不滅，「後過」（往後又再重犯的過失）又生。

	「前愆」（以前所犯的過失）既不滅，「後過」（往後又再重犯的過失）復又生，何名「懺悔」？

「見自己法身，見自心佛，自度自戒」。請從佛典來解釋此段的義理

《大乘瑜伽金剛性海曼殊室利千臂千鉢大教王經・卷第五》

(1)何者名為大乘「十重清淨禁戒」？……

(2)一者：如來一切心法「金剛自性」，本來清淨，畢竟寂滅。菩薩若於大乘性中，能持「十重戒」者，覺心「真淨」，了見心性「無染無著」，是故菩薩能持「十重戒」者，是則名為「不壞毘尼」。

(3)二者：如來一切「心法」，我障自性，畢竟不可得，本來無染。

(4)菩薩持「重戒」者，「戒性」如「虛空」，不見「心性」，了然寂靜。

(5)菩薩持「重戒」時，證見心體「我性空無」，是故名為「出過一切諸有相體」，是則名為「無過毘尼」。

試說明「自性五分法身香」的道理

《增壹阿含經》卷29〈六重品 37〉

(1)若比丘「戒身、定(身)、慧身、解脫身、解脫知見身」具足者，便為「天、龍、鬼神」所見供養，可敬、可貴，天、人所奉。

(2)是故，諸比丘！當念「五分法身」具足者，是世福田，無能過者。如是，諸比丘！當作是學。

《達摩大師破相論》

(1)燒香者，亦非世間「有相」之香，乃是「無為正法」之香也。薰諸「臭穢」，無明惡業，悉令消滅。其「正法香」者，有其五種。

一者「戒香」：所謂能斷諸惡，能修諸善。

二者「定香」：所謂深信大乘，心無退轉。

三者「慧香」：所謂常於身心，內自觀察。

四者「解脫香」：所謂能斷一切「無明」結縛。

五者「解脫知見香」：所謂觀照常明(恒常光明)。通達無礙。

(2)如是五種，名為最上之香，世間無比。佛在世日，令諸弟子以「智慧火」，燒如是無價珍香，供養十方諸佛。

(3)今時眾生不解「如來真實之義」，唯將「外火」，燒「世間沈檀」，「薰陸」(kunduru)質礙之香，希望「福報」。云何得？

《大般涅槃經‧卷第二十七》

(1)堅持「戒」者，名為「精進」。

(2)有「慚愧」者，名為「正念」。

(3)不見「心相」者，名為「正定」。

(4)不求「諸法性相因緣」，是名「正慧」。

(5)無有「相」故「煩惱」則斷，是名「解脫」。

《維摩詰所說經‧卷中》

外道者樂「諸見」。菩薩於諸見而「不動」。

《佛說轉女身經》

女言：如尊者舍利弗所言，若知諸法皆「解脫相」，是則名為「究竟解脫」。

「不可沈空守寂，即須廣學多聞」。請從佛典來解釋此段的義理

《佛說八大人覺經》

第五覺悟：愚癡生死。菩薩常念，廣學多聞，增長智慧，成就辯才，教化一切，悉以大樂。

《大方廣佛華嚴經‧卷第三十五》

(1)菩薩……便作是念：欲度眾生，令住「涅槃」，不離「無障礙解脫智」。

(2)「無障礙解脫智」，不離「一切法如實覺」。

(3)「一切法如實覺」，不離「無行無生行慧光」。

(4)「無行無生行慧光」，不離「禪善巧決定觀察智」。

(5)「禪善巧決定觀察智」，不離「善巧多聞」。

(6)菩薩如是觀察了知已，倍於正法勤求修習，日夜唯願「聞法、喜法、樂法、依法、隨法、解法、順法、到法、住法、行法」。菩薩如是勤求佛法。

「和光接物，無我無人」。請從佛典來解釋此段的義理

《大方便佛報恩經・卷第二》

(1)少欲知足，好樂閑靜。山林樹下，安禪靜默。

(2)雖處大眾，言談語論。而心常入「對治門」中。

(3)雖與眾生「和光」塵俗(指能與世人隨俗而處，但卻不刻意去顯露出自己的光芒鋒頭)，出內「財產」，生「業」息利，(但)終不為「惡」，利益眾生。

《大般涅槃經・卷第六》

(1)佛告迦葉……如我先說正法滅已，毀「正戒」時，增長「破戒」。「非法」盛時，一切「聖人」，隱不現時……

(2)當有一人出現於世，剃除鬚髮，出家修道……是人為欲調伏「如是諸比丘」(指末法破戒非法諸比丘等)故，(雖)與共「和光」(指與他人隨俗和合而相處，而不去顯露出自己的光芒鋒頭)，(但卻)不同其塵(而被染污)。自所行處及佛行處，善能別知。雖見諸人犯「波羅夷」，默然不舉(不予舉發為難)。

《文殊師利寶藏陀羅尼經》(亦名《文殊師利菩薩八字三昧法》)

(1)內發歡喜心，此諸惡業輩，一切皆當滅，獲果福無量……

(2)愍念惡趣眾，於中常「饒益」，趍(同「趨」)走為給使，(雖)「和光」(而)不同塵。教化令「生信」，引之脫「苦縛」。

《陀羅尼雜集・卷第二》

(1)內祕菩薩「大乘戒行」，外現「神仙」清妙法身。

(2)菩薩「六度」諸波羅蜜具足修竟，外現「方便」，處「神仙」中。

(3)雖共「和光」，(而)不同其塵，是名(為)菩薩「烏和拘舍羅」(upāya-kauśalya 指十波羅蜜中之「方便(善權、變謀)」波羅蜜，此為菩薩於一切所為所作的善巧方便修習)方便處身。

「懺者，終身不作。悔者，知於前非」。請從佛典來解釋「懺悔」的義理

《大般涅槃經》卷 19〈8 梵行品〉

(1)善哉大王！具有「慚愧」。大王且聽，臣聞佛說：智者有二：一者「不造諸惡」，二者「作已懺悔」。愚者亦二，一者「作罪」，二者「覆藏」(隱覆掩藏罪惡)。

(2)雖先作惡，後能「發露」，悔已「慚愧」，更不敢作，猶如濁水，置之「明珠」，以珠

威力，水即為清；如烟雲除，月則清明。作惡「能悔」，亦復如是。

(3)王若懺悔，懷「慚愧」者，罪即除滅，清淨如本。大王！富有二種：一者「象馬」(等)種種畜生。二者「金銀」(等)種種珍寶。象馬雖多，不敵一珠(金銀真珠可買無量的象馬)。

(4)大王！眾生亦爾，一者「惡富」(從邪惡壞事中所獲得的富貴)，二者「善富」(從如法中、從做善事中、從光明正大中所獲得的財富)。多作諸惡，不如一善。臣聞佛說，修「一善心」，破「百種惡」。

(5)大王！如少金剛，能壞須彌，亦如少火能燒一切，如少毒藥能害眾生，「少善」亦爾能「破大惡」。雖名「少善」，其實是大。何以故？破「大惡」故。

(6)大王！如佛所說「覆藏」(隱覆掩藏罪惡)者「漏」，「不覆藏」者則「無有漏」，發露悔過，是故「不漏」。若作眾罪，不覆不藏，以「不覆」故，罪則微薄，若懷「慚愧」，罪則消滅。

(7)大王！如水渧² 雖微，漸盈大器，善心亦爾，一一「善心」能破「大惡」。若「覆罪」(隱覆掩藏罪惡)者，罪則增長，(若能)發露「慚愧」，罪則消滅，是故諸佛說有智者，不「覆藏」(隱覆掩藏罪惡)罪。

唐·宗密述《圓覺道場修證廣儀·卷第十一》

(1)夫懺悔者，必須先敬「三寶」。所以然者？

(2)三寶即是一切眾生良友福田，若能歸向者，則滅無量罪，長無量福。能令行者離生死苦，得解脫樂……

(3)上來雖已懺悔「根本無明」及「煩惱障、業障、報障」，而煩惱心數，無量無邊。非唯八萬，所造之業，所應受報，皆悉無邊，不可具陳。

(4)今據諸教所明，我等所知分齊，更欲「廣懺」無始已來本末罪障。

(5)准諸經教，若欲「委細」(仔細精細)懺悔「本末、麤細」一切惑業，令除滅者。先當與「七種心」以為方便，然後一切罪障，乃可得滅。何等為七？

(6)一者(常懷)慚愧(心)。二者恐怖(因果業報)。三者厭離(所有罪惡的事情)。四者發菩提心。五者(學習)怨親平等。六(時時心)念報佛(之)恩。七者(常)觀(照)罪性(本)空。

《佛說觀普賢菩薩行法經》

(1)一切業障海，皆從「妄想」生。若欲懺悔者，端坐念「實相」。

(2)眾罪如霜露，慧日能消除。是故應至心懺悔「六情根」(即眼耳鼻舌身意六根)。

《金光明經·卷一》

千劫所作，極重惡業，若能至心，「一懺悔」者，如是眾罪，悉皆滅盡。

第二十三節　歸依「覺、正、淨」，離財色、愛著、塵勞、妄念。即「無相三歸依戒」

《敦博本》與《敦煌本》對校版原文	《宗寶本》原文
	『四十八』
1 今既懺悔已，與善知識授「無相三歸依戒」。大師言：善知識！	善知識！今發「四弘願」了，更與善知識授「無相三歸依戒」。善知識！
歸依「覺」(自覺覺他)，兩足尊。 歸依「正」(正知正見)，離欲尊。 歸依「淨」(清淨無染)，眾中尊。	歸依「覺」(自覺覺他)，兩足尊。 歸依「正」(正知正見)，離欲尊。 歸依「淨」(清淨無染)，眾中尊。
2 從今以後，稱「佛」為師，更不歸依「邪迷」(邪念迷惑)外道」，願「自(性)三寶」慈悲證明。	從今日去，稱「覺」為師，更不歸依「邪魔外道」，以「自性三寶」常自證明。
3 善知識！<u>惠能</u>勸善知識歸依(自性之)三寶。 佛者，「覺」(自覺覺他)也。 法者，「正」(正知正見)也。 僧者，「淨」(清淨無染)也。	勸善知識，歸依「自性三寶」。 佛者，「覺」(自覺覺他)也。 法者，「正」(正知正見)也。 僧者，「淨」(清淨無染)也。
4 自心歸依「覺」。 ➔邪迷(邪念迷惑)不生，少欲知足，離「財」離「色」，名「兩足尊」(福、智圓滿之二足；佛於兩足眾生中乃最尊勝無上者)。	自心歸依「覺」。 ➔邪迷(邪念迷惑)不生，少欲知足，能離「財、色」，名「兩足尊」(福、智圓滿之二足；佛於兩足眾生中乃最尊勝無上者)。
5 自心歸依「正」。 ➔念念無邪故，即無「愛著」，以無「愛著」，名「離欲尊」。	自心歸依「正」。 ➔念念無「邪見」，以無「邪見」故，即無「人我、貢高、貪愛、執著」，名「離欲尊」。
6 自心歸依「淨」。	自心歸依「淨」。

→一切「塵勞、妄念」,雖(會)在自性(中顯現),(但)自性(乃清淨)「不染著」,名「眾中尊」。	→一切「塵勞、愛欲」境界,自性皆「不染著」,名「眾中尊」。
	若修此行,是「自(性之)歸依」。
7凡夫不解,從日至日,受(外相之)「三歸依戒」。	凡夫不會,從日至夜,受(外相之)「三歸戒」。
若言歸(外相之)「佛」,佛在何處? 若不見(外相之)佛,即無所歸;既無所歸,言卻是妄(說是在「歸依佛」這類的言語,總成虛妄之説)。	若言歸依(外相之)「佛」,佛在何處? 若不見(外相之)佛,憑何所歸?言卻成妄(說是在「歸依佛」這類的言語,總成虛妄之説)。
8善知識!各自觀察,莫錯用意。 經中只言「自歸依佛」(自身歸順依止自性之佛),不言「歸依他佛」。	善知識!各自觀察,莫錯用心。 經文分明言「自歸依佛」(自身歸順依止自性之佛),不言「歸依他佛」。
自性(之佛)不歸,(亦)無所依處。	自(性之)佛不歸,(亦)無所依處。
	今既「自悟」,各須歸依「自心三寶」,(於)內調「心性」,(於)外(恭)敬他人,是「自歸依」(自身歸順依止自性之三寶)也。

惠能大師強調「覺、正、淨」的「無相三歸依戒」。其它的佛典也有這樣的義理嗎?

《大乘理趣六波羅蜜多經‧卷第一》

(1)觀察三界六道,無有堪能拔濟我者,以是應當歸依「佛、法、僧」。除「佛、法、僧」,更無有能救護我者。

(2)一切有情若欲求於「阿耨多羅三藐三菩提」涅槃樂者,應當歸依「佛、法、僧」寶。

(3)以是因緣令諸有情歸「佛、法、僧」。

《佛説太子瑞應本起經·卷下》

佛告龍王：汝今當復自歸（自身歸順依止）於「佛」，自歸於「法」，自歸於「比丘僧」。即受三自歸。

《大方廣佛華嚴經·卷第六》

自歸於佛，當願眾生，體解大道，發無上意。

自歸於法，當願眾生，深入經藏，智慧如海。

自歸於僧，當願眾生，統理大眾，一切無礙。

《佛説菩薩本業經·一卷》

自歸於佛，當願眾生，體解大道，發無上意。

自歸於法，當願眾生，深入經藏，智慧如海。

自歸於僧，當願眾生，依附聖眾，從正得度。

《諸菩薩求佛本業經·一卷》

菩薩自歸於佛時，心念言：十方天下人，皆使無不「歡樂於佛法」，悉生極好處（沒有生死輪迴之處才是所謂的「極好處」）。

菩薩自歸於經時，心念言：十方天下人，皆使無不「得深經藏」，所得智慧如大海。

菩薩自歸於僧時，心念言：十方天下人，皆使無不「得依度」如「比丘僧」，有所依度（依止得度），樂於「佛道德」。

《宗鏡錄·卷第二十六》

(1)眾生六根，從「一心」起……故曰「歸命一心」即具「三寶」。

(2)夫「一體三寶」者，只是「一心」。

(3)心性自能「覺、照」，即「佛寶」。

(4)心體「本自性離」（諸法無自性；離一切相之正法教義），名「法寶」。

(5)心體「無二」（與眾生無二無別、清淨無染），即「僧寶」。

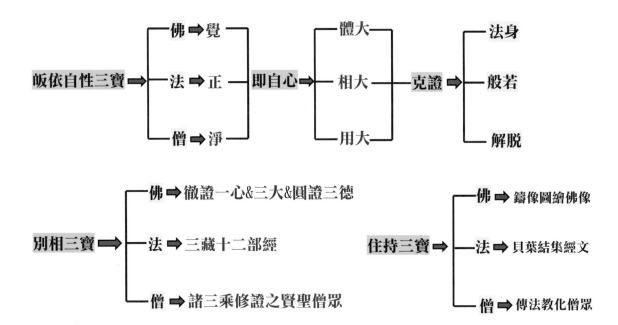

《大乘理趣六波羅蜜多經·卷第一》

(1)爾時薄伽梵告慈氏菩薩摩訶薩言：善男子！於意云何？若有善男子、善女人「歸依佛」者，當歸依諸佛「清淨法身」。

(2)若欲求於佛「法身」者，當作如是發大誓願：

願我及彼一切有情，當得如是「功德法身」。云何乃令發如是(歸依清淨法身佛之)願？

(3)(若是歸依)為佛(之)「應身」，(則佛之「應身」乃)剎那遷變。

(若是歸依)「化身佛」者，(則佛之「化身」乃)疾入涅槃。

(唯有歸依佛之)功德「法身」(乃是)湛然常住，以是(必須要)歸依「清淨法身」(佛)。

(4)(若是)歸(依)「法身」者，即是歸依「過去、未來、現在」諸佛……以是因緣，令諸眾生歸佛「法身」，證「涅槃樂」，究竟「如如」，體無增減。

(5)如是「法身」是真安樂，是故但令歸(依)佛(之)「法身」。

《大乘理趣六波羅蜜多經·卷第一》

(1)復次，慈氏！云何名為「清淨法寶」？言「法寶」者，亦有三種。云何為三？

(2)第一法寶：所謂「涅槃」甘露解脫，「常樂我淨」而為體性，能(滅)盡一切「生、老、病、死、憂、悲、苦、惱」……

(3)佛告慈氏：當知第一「清淨法寶」，即是摩訶「般若」解脫「法身」。

(4)復次，慈氏！應知「第二法寶」者：謂即「戒、定、智慧」諸妙功德，所謂「三十七菩提分法」：謂「四念住、四正斷、四神足、五根、五力、七覺分、八聖道」。

此「三十七法」與前(第一法寶)「清淨法寶」而為方便。云何方便？以修此法(指修三十七道

(法)而能證彼「清淨法身」。當知此即「第二法寶」。

(5)復次，慈氏！云何名為「第三法寶」？所謂過去無量殑伽沙等諸佛世尊所説**正法**，我今亦當作如是説……攝為五分：

一「素咀纜」(sutra 經)。

二「毘奈耶」(vinaya 律)。

三「阿毘達磨」(abhidharma 論)。

四「般若波羅蜜多」(prajñā-pāramitā)。

五「陀羅尼門」(dhāraṇī)。

此「五種藏」(五種正法之藏)教化有情，隨所應度而為説之。

❶若彼有情，樂處「山林」，常居「閑寂」，修「靜慮」(禪定)者，而為彼説「素咀纜藏」(經藏)。

❷若彼有情，樂習「威儀」，護持「正法」，一味「和合」，令得久住，而為彼説「毘奈耶藏」(律藏)。

❸若彼有情，樂説「正法」，分別性相，循環研覈，究竟甚深，而為彼説「阿毘達磨藏」(論藏)。

❹若彼有情，樂習「大乘真實智慧」，離於「我、法」執著分別，而為彼説「般若波羅蜜多藏」(般若藏)。

❺若彼有情不能受持「契經(經藏)、調伏(律藏)、對法(論藏)、般若」。或復有情造諸「惡業」，「四重、八重、五無間罪、謗方等經、一闡提」等種種重罪；(設欲)使得(諸惡業)「銷滅」，速疾解脱，頓悟「涅槃」，(故)而為彼説諸「陀羅尼藏」……

(6)「總持門」(dhāraṇī 陀羅尼)者，譬如「醍醐」。「醍醐」之味(為)「乳、酪、酥」中，微妙第一，(總持門)能除諸病，令諸有情身心安樂。「總持門」(dhāraṇī 陀羅尼)者，(為)「契經」等中最為第一，能除重罪，令諸眾生解脱生死，速證涅槃安樂「法身」……。

(7)是三法寶(指第一、第二、第三法寶)，一切眾生應當歸依「無為」法寶。(在)一切法中，最尊、最勝莫過「無為」。何以故？以(「無為法」才能)於(眾生)生死大苦海中，能為「船筏」，能作有情(之)「甘露良藥」，又是「殑伽沙」等諸佛菩薩，(於)三無數劫(三大無數阿僧祇劫)，六度萬行所證之果。如是妙法功德圓滿，(皆)以是歸依「無為」法寶……

(8)復次，慈氏！云何名為「真實僧寶」？言「僧寶」者，亦有三種：

(9)一者「第一義僧」：所謂(真實依止)諸佛(之)聖僧(而)如法而住，(此種「第一義聖僧」的修行境界是以)不可覩見、不可捉持、不可破壞、無能燒害、不可思議(的「第一義諦無為法門」為主)，(此種「第一義聖僧」為)一切眾生(之)良祐福田。(此「第一義聖僧」)雖為(眾生之)福田，(但此「第一義聖僧」亦)無所「受、取」。(此「第一義聖僧」之)諸功德法，常不變易。如是名為「第一義僧」。

(10)「第二聖僧」者：謂「須陀洹向、須陀洹果，斯陀含向、斯陀含果，阿那含向、阿那含果，阿羅漢向、阿羅漢果，辟支佛向、辟支佛果」。八大人覺，三賢十聖(三賢即

地前菩薩之「三十心」，十聖即十地之菩薩）。如是名為「第二僧寶」。

(11)「第三福田僧」者：所謂「苾芻、苾芻尼」等。受持「禁戒」，多聞、智慧……(種種的)「福田僧寶」亦復如是，能與有情「安隱快樂」。又此(第三福田)僧寶**清淨**無染，能滅眾生貪瞋癡闇……能滿有情一切「善願」。如是名為「第三僧寶」。

(12)是「三僧寶」(第一義僧、第二聖僧、第三福田僧)，一切有情云何歸依？應作是說：當令歸依「第一義諦無為」僧寶。所以者何？以是「無為」常住(之)僧(寶)故，而此僧寶(修行)「無漏、無為、不變、不異」自證之法，(故吾人應)歸依如是「無漏」僧寶，(方)能滅有情一切苦故。

《大乘理趣六波羅蜜多經·卷第一》

(1)復次，慈氏！若有眾生「歸依三寶」，應發是心：
我今此身已生「人趣」，得離「八難」(無法修學佛法的八種災難之處)，難得能得，(應)以(種種)善方便，當(修)習一切「勝妙」之法。

(2)若我違於如是上願，不求「善法」，則為自欺(自欺欺人)。亦如有人，乘船入海，至於寶所(有寶之所)，(竟)空手而歸。如是歸依「佛、法、僧」寶，脫苦方便。若不歸依(三寶)，後悔何及。

(3)既知是已，當須勉勵，精懃修習，速願成就。善法既成，過去罪愆，應當懺悔，使令除滅。

(4)復作是說：
我從無始生死已來，身口意業，所作眾罪，無量無邊，(此)皆從「虛妄顛倒心」起，而於「父母、和尚、師長、佛法僧寶」(種種應)尊重之境，所作諸罪，今皆懺悔。復為二事(愛&恨)，造作諸罪，極重惡業，如妙高山。云何為二？
一者「親愛」(深愛執著；親暱恩愛；親情愛暱)。
二者「怨嫌」(怨恨&嫌棄)……

(5)復次(我)於無始際「生死輪轉」(來)，(遭)受「五趣身」(的輪迴)，(我造作了)無量(的)「怨、親」(之業)，(這種種的「怨、親」之業)於我(並)未曾獲得(任何)「毫釐利益」之事，(這二種「怨、親」之業就算於)「現在、未來」亦不可得(吾人不可能從「怨、親」這二種業中獲得任何的利益，只有徒增罪惡業報而已)。

(6)我於無始(生死以來)，(皆)為彼「怨、親」(而造作諸業)；所作諸罪，我(今)願自受(自受其因果業報及作種種懺悔)，(從今以往，我發)誓不(再)擾(亂)他一切眾生。

(7)若我「重患」(重病)之時，(則需)求(最)親(之)愛人，(彼親人為我)慈心瞻省(瞻病省親)，扶侍我身，(幫我)摩拭(拭拭)沐浴，供給飲食，(及)病瘦(所需的)醫藥，(供給我)種種相資(相互所需的物資)。

(8)(親愛之人)雖則如斯(的幫助我)，而於我身「病苦」之中，(卻)無(能)「相代」者，況於未來，而(誰)能救我(出離)「生死大苦」？而我此身於「現世」中(遲早皆會有)「無依、無怙」(的一

天)，何況「未來」？

(9)我身既然(如此)，有情(眾生)亦爾(也是如此)，(無論是)自我及他(人)，(將來)皆無「恃怙」(的一天會到來)，是故(吾人應該要誠心的)歸依「真實三寶」。

《大方便佛報恩經‧卷第六》

(1)時優波離白佛言……云何名「三寶」，「佛、法」及「眾僧」？三寶若「無性」(無自性；無真實的體性)，云何分別說「法、僧」差別名？歸依三寶者，云何而奉行？……世尊！何所歸依，名「歸依佛」？

(2)爾時如來一一稱解，答曰：佛陀者，**覺**，覺了一切法相故……

(3)問：「歸依佛」者，為歸依「釋迦文佛」？為歸依「三世佛」耶？

(4)答曰：歸依三世佛，以「佛法身」同故。

　　　歸依「一佛」，即是「三世諸佛」，以佛「無異」故
　　　……

(5)問曰：何所歸依？名為「歸依佛」？

(6)答曰：歸依語(所謂「歸依佛」之語)「迴轉」(應迴轉向於)「一切智、無學」功德。

(7)(問曰)：為歸「色身」，歸依「法身」耶？

(8)答曰：歸依「法身」，不歸「色身」，不以「色」為佛故
　　　……

(9)(問曰)：歸依法者，何所歸依？名「歸依法」？

(10)答曰：歸依語(所謂「歸依法」之語)「迴轉」(應迴轉向於)「斷欲、無欲盡處涅槃」，是名「歸依法」。(真正的歸依法應以「斷欲、無欲」的「涅槃」終盡之處，為所依止的「正法」)
　　　……

(11)(問曰)：若「歸依僧」，何所歸依？

(12)答曰：歸依語(所謂「歸依僧」之語)「迴轉」(應迴轉向於)良祐福田，(歸依)聲聞「學、無學」功德，是名「歸依僧」。
　　　……

(13)問曰：「佛」亦是「法」，「法」亦是「法」，「僧」亦是「法」。正是「一法」，有何差別？

(14)答曰：雖是「一法」，以「義」而言，自有差別。

　　①以「三寶」而言➜「無師大智」及「無學地」一切功德，是謂「佛寶」。
　　　　　　　　盡諦(滅諦)「無為」，是謂「法寶」。
　　　　　　　　「聲聞學、無學」功德智慧，是名「僧寶」。
　　②以「法」而言➜「無師無學法」，是名「佛寶」。
　　　　　　　　盡諦(滅諦)「無為」，非「學」、非「無學法」，是名「法寶」。

　　　　　　「聲聞學、無學法」，是名「僧寶」。

③以「根」而言➡佛是「無知根」。

　　　　　　法寶「非根法」。

　　　　　　僧是「三無漏根」。

④以「諦」而言➡佛是「道諦」少入。

　　　　　　法寶是「盡諦」（滅諦）。

　　　　　　僧是「道諦」少入。

⑤以「沙門果」而言➡佛是「沙門」。

　　　　　　　法寶是「沙門果」。

　　　　　　　僧是「沙門」。

　　　　　　　法寶是「沙門果」。

⑥以「婆羅門」而言➡佛是「婆羅門」。

　　　　　　　法寶是「婆羅門果」。

　　　　　　　僧是「婆羅門」。

　　　　　　　法寶是「婆羅門果」。

⑦以「梵行」而言➡佛是「梵行」。

　　　　　　　法寶是「梵行果」。

　　　　　　　僧是「梵行」。

　　　　　　　法寶是「梵行果」。

⑧以「因果」而言➡佛是「因」。

　　　　　　　法寶是「果」。

　　　　　　　僧是「因」。

　　　　　　　法寶是「果」。

⑨以「道果」而言➡佛是「道」。

　　　　　　　法寶是「果」。

　　　　　　　僧是「道」。

　　　　　　　法寶是「果」。

(15)佛以「法」為師，佛從「法」生。「法」是「佛母」，佛依「法」住。

(16)問曰：佛若以「法」為師者，於三寶中何不以「法」為初？

(17)答曰：「法」雖是佛（之）師，而法「非佛」不弘，所謂「道由人弘」，是故以「佛」在初。

(18)爾時優波離復白佛言：世尊！若受「三歸戒」時，先稱「法寶」，後稱「佛者」，成三歸不？

(19)答曰：「無所曉知」（如愚者或無智之人）說「不次第」（指先稱歸依法寶，然後才歸依佛法）者，自不得罪，得成「三歸」（亦可得成三歸依）。

若有所解(已經知道法義的人)，故(故意)「倒説者」，(則)得罪，亦不成「三歸」。

(20)問曰：若稱「佛」及「法」，不稱「僧」者，成「三歸」不？

　　若稱「法、僧」，不稱「佛」者，成「三歸」不？

　　若稱「佛、僧」，不稱「法寶」，成「三歸」不？

(21)答曰：不成「三歸」。

《正法念處經・卷第六十一》

諸佛如來以「法」為師，何況「聲聞、緣覺」？……一切種種布施之中，「法施」最勝，乃至能令一切眾生得涅槃樂。

《勝思惟梵天所問經・卷第四》

(1)爾時平等行梵天婆羅門大婆羅子白文殊師利法王子言：

　　文殊師利！云何優婆塞「歸依佛、歸依法、歸依僧」？

(2)答言：善男子！若優婆塞不起「二見」。云何名為不起「二見」？謂：

　　不起「我見」，不起「他見」。

　　不起「我見」，不起「佛見」。

　　不起「我見」，不起「法見」。

　　不起「我見」，不起「僧見」。是名優婆塞「歸依佛、法、僧」。

(3)復次善男子！若優婆塞不以「色」見佛，不以「受、想、行、識」(而)見佛，是名優婆塞「歸依佛」。

(4)善男子！若優婆塞，「不分別」諸法，(亦)「不戲論」諸法，是名優婆塞「歸依法」。

(5)善男子！若優婆塞，信「無為法」僧，而不離「有為法」信「無為法」(此段據鳩摩羅什譯《思益梵天所問經》完整應為：不離有為法見無為法，不離無為法見有為法)。是名優婆塞「歸依僧」。

(6)復次善男子！若優婆塞「不見佛(指不起佛見、不著佛見)、不見法(指不起法見、不著法見)、不見僧(指不起僧見、不著僧見)」，是名優婆塞「歸依佛、歸依法、歸依僧」。

《大般涅槃經・卷第八》

(1)爾時佛告迦葉菩薩：善男子！汝今不應如諸「聲聞、凡夫之人」分別「三寶」。於此大乘(中)，(實)無有「三歸」分別之相。所以者何？

(2)於「佛」性中，即(具)有「法、僧」，(只)為欲化度「聲聞、凡夫」故，分別説「三歸」(之)異相。

(3)善男子！若欲「隨順」世間法者，則應分別有「三歸依」……如是眾生，(應)以我「法身」為「歸依處」……又有歸依「非真僧者」(此指邪師)，我當為作依「真僧處」。

(4)若有(眾生一定要)分別(與執著)「三歸依」者，我當為作「一歸依處」(指只需歸依佛即可)，無三

(沒有三歸依)差別。(所以為)於生盲(之)眾，(而)為作眼目。復當為諸「聲聞、緣覺」作「真歸」(真正歸依)處。

《大般涅槃經·卷第九》

(1)一切眾生愚癡無智，不識「三寶」是「長存法」，是故名為「脣口乾焦」。

(2)復次，善男子！若有眾生不知「如來是常住」(此指如來法身乃「不生不滅」之常住)者，當知是人則為「生盲」(天生即盲者)。

(3)若知「如來是常住」(此指如來法身乃「不生不滅」之常住)者，如是之人雖有「肉眼」，我說是等名為「天眼」。

(4)復次善男子！若有能知「如來是常」(此指如來法身乃「不生不滅」之常住)，當知是人，久已修習如是經典，我說是等亦名「天眼」。

(5)雖有「天眼」，而不能知「如來是常」(此指如來法身乃「不生不滅」之常住)，我說斯等(仍只能)名為「肉眼」。是人乃至不識「自身手足支節」，亦復不能令他識知，以是義故名為「肉眼」。

《大寶積經·卷第一百一十二》

(1)見一切諸法本來「無垢」，畢竟清淨，而「自依止」，亦「不依他」。

(2)以「正法身」；尚不見「佛」(有真實可得的佛存在)，何況(外相之)「形色」？

(3)以「空」遠離(諸相)；尚不見「法」(有真實可得的法存在)，何況貪著(外相之)「音聲言說」？

(4)以「無為法」；尚不見「僧」(有真實可得的僧存在)，何況當見有(真實之)「和合眾」？……

(5)不住「生死」，不著「涅槃」(以上皆屬諸佛菩薩的境界)，知一切法「本來寂滅」，不見「有縛」，不求「解脫」，是名「實行沙門」。

《法鏡經》

(1)又復，理家(即「長者」意，此指郁伽長者，梵名作 Ugra，本經譯作「甚」長者)！開士(據《釋氏要覽·卷上》云：經中多呼菩薩為開士，前秦符堅賜沙門有德解者，號開士。故「開士」即為「出家修道或高僧」之尊稱)以修治「四法」為「自歸於佛」。何謂四？

　一曰：道意(對於佛道正意)者，終(終身)而不離(違離)。

　二曰：所受者(對於所受的佛理)，終(終身)而不犯(不違犯)。

　三曰：大悲哀者(修學佛的大慈悲法)，終(終身)而不斷(間斷)。

　四曰：異道者(非屬於正道佛意者)，終(終身)而不為(不作)也，是為四法。

　(所有的)「開士(出家)、居家」者，自歸於「佛」，(皆應)為如是也。

(2)又復，理家(指甚長者)！修治四法為「自歸於法」。何謂四？

　一曰：諸法言之士(對於「能言諸法」之善士等)，(應)以「承事追隨」之。

　二曰：所聞法(對於所聽聞之諸法)，(應)以「恭敬」之。

　三曰：已聞法(已經聽聞諸法後)，本末(對於諸法之「本末次第」等，應)「思惟」之。

　四曰：如其所聞法，隨其能為(他)人分別説之。是為四法。

　(所有的)「開士(出家)、居家」者，自歸於「法」，(皆應)為如是也。

(3)又復，理家(指甚長者)！修治「四法」為自歸於「眾」(僧眾)。何謂四？

　一曰：「末下」(指末學在下者)要(經常)生「弟子之道」(此指自己要謙虛)，而意以「喜」(喜好)一切敏(諸敏慧賢善者)。

　二曰：亦以為「積聚物」(若見有專門積聚財物者)，(應)以「法積聚」而(教)化之。

　三曰：以有依恃「有法」之眾(應依止於「有佛法正道」者)，而不依恃「弟子之眾」(不一定要去依恃「弟子信眾多」者)。

　四曰：求索弟子之德(應儘量去看弟子的「德性與善處」)，不以其德度而度也(不以「自己的道德標準」去衡量測度「別人的道德行為」)。是為四法。

　(所有的)「開士(出家)、居家」者，自歸於「眾」(僧眾)，(皆應)為如是也。

(4)又復，理家(指甚長者)！

　在家修道，以見如來，則行「思念佛」，是為「自歸於佛」。

　已聞法，則已「思念法」，是為「自歸於法」。

　若已見如來「聖眾」(指出家修道諸聖眾)，猶思念其(這些聖眾之)「道意」(修學佛道正意)者，是為「自歸於眾」(僧眾)。

第二十四節 「摩訶般若波羅蜜」即「大智慧到彼岸」。著空坐禪，落「無記空」

《敦博本》與《敦煌本》對校版原文	《宗寶本》原文
	『二十五』
1 今既「自歸依三寶」(自身歸順依止自性之三寶)，總各各至心，與善知識說「摩訶般若波羅蜜法」。	吾今為説「摩訶般若波羅蜜」法，使汝等各得智慧。 志心諦聽，吾為汝説。
善知識雖(口)念(「般若」而)不解(心行合一的「般若」)，**惠能與**(汝等大眾)説，(請)各各聽。	善知識！世人終日「口念般若」，不識「自性般若」，猶如説食不飽，口但説「空」，萬劫不得「見性」，終無有益。
2 「摩訶般若波羅蜜」者，**西國**(天竺印度)梵語，**唐言**「大智慧到彼岸」。 此法須「行」(心念不離修行的「言行合一」)，不在「口念」。 (只有)口念(而心)不行，(如此只能獲)**如幻如化**(的虛幻結果而已)。	善知識！「摩訶般若波羅蜜」是梵語，此言「大智慧到彼岸」。 此須「心行」(心念不離修行的「言行合一」)，不在「口念」。 (只有)口念(而)心不行，(如此只能獲)**如幻如化，如露如電**(的虛幻結果而已)。 (若能)口念(且)「心行」(心念不離修行的「言行合一」)，則「心、口」相應。
修行者，「法身」與「佛」等(自性之法身與佛之法身乃平等無二)也。	「本性」是佛(自性之法身與佛之法身乃平等無二)，離「性」無別佛。
3 何名「摩訶」？ 「摩訶」者是「大」。 心量廣大，猶如「虛空」。	何名「摩訶」？ 「摩訶」是「大」。 心量廣大，猶如「虛空」，無有邊畔。
	亦無「方、圓、大、小」。 亦非「青、黃、赤、白」。 亦無「上、下、長、短」。

	亦「無瞋」（瞋怨；嫌棄）、無喜（貪染；喜愛），無是、無非」。 「無善、無惡」。 無有「頭、尾」。 諸佛刹土，盡同「虛空」。 世人妙性「本空」，無有一法可得。 自性「真空」，亦復如是。 善知識！莫聞吾說「空」，便即「著空」。 第一「莫著空」。
若「空心」（如頑空般的斷絕一切心念）坐禪，即落「無記空」（同「斷滅見」。清・石成金撰《金剛經石註》云：汝若取「非法相」，謂之曰「無記空」，又謂之曰「斷滅見」）。	若「空心」（如頑空般的斷絕一切心念）靜坐，即著「無記空」（同「斷滅見」。清・石成金撰《金剛經石註》云：汝若取「非法相」，謂之曰「無記空」，又謂之曰「斷滅見」）。
4「虛空」能含日月星辰大地山河，一切草木，惡人、善人，惡法、善法，天堂、地獄，盡在「空」（虛空）中。	善知識！世界「虛空」，能含萬物色像。日月星宿，山河大地，泉源溪澗、草木叢林，惡人、善人，惡法、善法、天堂、地獄，一切大海，須彌諸山，總在「空」（虛空）中。
世人性「空」（本性如虛空一樣），亦復如是。	世人性「空」（本性如虛空一樣），亦復如是。

世人終日「口念般若」，不識「自性般若」。為何「般若」法門有那麼重要？請從佛典來解釋「般若」的重要性

《放光般若經》卷8〈功德品 39〉：

(1)拘翼（天帝釋）！教一閻浮提眾生皆立於「十善」，不如使一人得「須陀洹道」。

(2)何以故？雖教一閻浮提眾生使行「十善」，未脫「三惡趣」；教一人得「須陀洹」者，已離「三惡趣」故。

(3)拘翼(天帝釋)！若教一閻浮提其中眾生使行「十善」，盡得「須陀洹」，不如教一人使得「辟支佛」，得福甚多。

(4)拘翼(天帝釋)！盡教一閻浮提人立於「十善」，皆得「須陀洹、斯陀含、阿那含、阿羅漢、辟支佛」，不如教一人使發「阿耨多羅三耶三菩意」，其德甚多。何以故？使一人發「阿耨多羅三耶三菩意」，為「續佛種」，「佛種不斷」故。

(5)拘翼(天帝釋)！「須陀洹」至「辟支佛」及「佛」，皆從「菩薩」生。是故當知，善男子、善女人！持「般若」波羅蜜經卷，授與他人，所得甚多……

(6)拘翼(天帝釋)！(且)置是一「閻浮提」眾生，及「四天下」至「小千天下、中千天下、三千大千」國土，及如恒邊沙國土滿中眾生，悉教立於「十善」故。

(7)不如是善男子、善女人書持(書寫、讀誦受持)「般若」波羅蜜，教他人使書持(書寫、讀誦受持)「經卷」，諷誦解說，得其功德甚多甚多。

《諸法最上王經》

(1)教閻浮洲所有眾生住於「初果」，若教一人住「第二果」，功德多彼；教閻浮洲所有眾生住「第二果」，若教一人住「第三果」，功德多彼……

(2)若教一人住「阿耨多羅三藐三菩提心」，功德多彼。

(3)教閻浮洲所有眾生住「阿耨多羅三藐三菩提心」，若教一人住「不退法」，功德多彼。

(4)教閻浮洲所有眾生住「不退法」，若教一人疾得「遍智」，功德多彼。

(5)教閻浮洲所有眾生疾得「遍智」，若復有人於「此法門」生「菩薩智」，破「魔羅業」……以此《諸法最上王經》為他廣說，所得功德多彼無量。

《大智度論》卷60〈挍量法施品 38〉

從「阿鞞跋致」(avinivartanīya 不退轉菩薩)已上，至佛道中間，更有一人近「佛道」，疾欲成佛。教是人「般若」波羅蜜正義者，其福最多！何以故？福田大故，福德亦大。

《大般若波羅蜜多經(第 401 卷-第 600 卷)》卷 569〈法性品 6〉

一切諸佛皆由「般若」波羅蜜多而得生故。若人供養「如來」形像所獲功德，不如供養甚深「般若」波羅蜜多。何以故？三世諸佛皆因「般若」波羅蜜多而得有故。

《勝天王般若波羅蜜經》卷 3〈法性品 5〉

一切諸佛皆從「般若」波羅蜜生故。若人供養「如來」形像，不如供養「般若」波羅蜜。何以故？三世諸佛皆因「般若」波羅蜜生故。

《摩訶般若波羅蜜經》卷9〈大明品 32〉

若有善男子、善女人，供養佛故，佛般涅槃後，滿二千中國土，起七寶塔，皆高一由旬，供養如前。故不如供養「般若」波羅蜜，其福甚多。

《大智度論》卷58〈阿難稱譽品 36〉

(1)何以言：供養十方佛，不如供養「般若」波羅蜜？

答曰：

(2)供養者心(供養者的內心假如有所執著)，若供養佛，(則)取「人相」；人畢竟不可得，以「取相」故，「福田」雖大，而「功德」薄少。

(3)供養「般若」波羅蜜者，則如所聞「般若」中，不取「人相」、不取「法相」，用是「心」供養故，(則)福德(最)大。

(4)復次，「般若」波羅蜜，是一切十方諸佛母，亦是諸佛師。諸佛得是身三十二相、八十隨形好及無量光明、神通變化，皆是「般若」波羅蜜力。以是故，供養「般若」波羅蜜勝。

(5)以是等因緣故，(供養「般若」)勝(於)供養十方諸佛，非不敬佛。

《大般若波羅蜜多經(第401卷-第600卷)》卷463〈樹喻品 69〉

若學此道，已得圓滿，由「一剎那」相應「般若」，便能證得「一切智智」。

《大般若波羅蜜多經(第401卷-第600卷)》卷465〈漸次品 73〉

我於爾時，觀一切法「平等」，「平等無性」為性，以「一剎那」相應「般若」，證得「無上正等菩提」。

《勝天王般若波羅蜜經》卷4〈現相品 7〉

舍利弗！菩薩摩訶薩坐道場時，魔來為亂，亦不生瞋，「一剎那心」與「般若」波羅蜜相應，所知見覺，無不通達。

《佛說佛母出生三法藏般若波羅蜜多經》卷22〈散華緣品 28〉

(1)又菩薩摩訶薩於此「般若」波羅蜜多法門，能「一日」中為餘菩薩摩訶薩如理宣說者，得福倍多。

(2)阿難！且置「一日」，若能從「旦」至於「食時」。

復置從「旦」至於「食時」，若能「一漏刻間」。

置是「一漏刻」間，若能「一須臾」。

　　置「一須臾」，若能「一羅嚩」(lava)。

(3)置「一羅嚩」(lava)，若能「一刹那」(tat-kṣaṇa)，如是「一刹那」間以此「般若」波羅蜜
　　多法門，為餘菩薩摩訶薩「如理宣說」者，當知是菩薩摩訶薩其所得「福」亦復倍多。

《佛說除蓋障菩薩所問經》卷20

(1)善男子！若「供養法」者，是即「供養諸佛如來」。若諸地方，有「說法師」所遊止處，
　　當於彼地，起「靈塔想」，於「說法師」起「大師想」。又復當起「善知識想」，又應當
　　起「善導師想」。

(2)由如是故，若時見彼「說法師」已，當起「淨信歡喜」之心，尊重恭敬承迎於前，稱
　　揚讚嘆白言：善哉！

《佛說寶雨經》卷10

(1)若「供養法」，即是「供養一切如來」。若「說法師」所在地方，當於此處起「制多想」，
　　於「法師處」，起「尊重想」、起「善知識想」、起於「演說正道路想」。

(2)若見「法師」，應當歡喜，淨信悅樂，邀請「上座」，恭敬供養，讚歎善哉。

《勝天王般若波羅蜜經》卷2〈念處品 4〉

(1)大王！「法」是「佛身」，若「供養法」即「供養佛」。大王！諸佛世尊，皆從「如實修
　　行」而來，悉為利益安樂眾生，護其「善法」，隨順眾生，若不爾者，違本誓願。

(2)「懈怠、懶惰」，不能成就「菩提之心」。何以故？菩薩摩訶薩，「阿耨多羅三藐三菩
　　提」與「眾生」共。若無「眾生」，菩薩云何能得「菩提」？

《大寶積經》卷32：

若於一刹那，造立於千塔，不如聞是經，受持四句偈。
以百千華鬘，供養於佛塔，不如聞是經，思惟四句偈。
若人造寶塔，其數如恒沙，不如刹那頃，思惟於此經。
於百億佛剎，散華以供養，不如刹那頃，思惟於此經。
袈裟百萬億，奉施於諸佛，不如刹那頃，思惟於此經。

南宋・曇秀集《人天寶鑑》卷1

先聖有言：若能靜坐一須臾，勝造河沙七寶塔(故上面這段話並非出自真的佛經)。寶塔畢竟化
為塵，一念淨心成正覺。

宋・延一編《廣清涼傳》卷2

老人説偈云：若人靜坐一須臾，勝造恒沙七寶塔(故上面這段話並非出自真的佛經)。寶塔畢竟壞微塵，一念淨心成正覺。

元・楚石 梵琦 (1296—1370)《楚石梵琦禪師語錄》卷5

若人靜坐一須臾，勝造八萬四千塔(故上面這段話並非出自真的佛經)。寶塔終久化為塵，一念至心成正覺。

「若空心坐禪，即落無記空」。請從佛典來解釋此段的義理

《菩薩瓔珞經》卷8〈有行無行品 24〉

(1)須菩提白佛言：世尊！若善男子、善女人，於「究竟法」，不生「斷滅」(斷滅想)、(亦不)興計「常想」(恒常想)，是謂菩薩有行「瓔珞」。

(2)若善男子、善女人，於本「無法」中，諸法悉「空」，(或)內空、(或)外空，(但)不起「滅空」(斷滅空)。

《聖善住意天子所問經》卷3

長老舍利弗言：文殊師利！乃至無有少法可得，若修、若證，若知、若得。何以故？以一切法「不取」，(但亦)不生「無記空」(之)證、不「空空」證(不生一切皆「空空」斷滅之證)。

《達磨大師血脈論》卷1

(1)若不(明心)見性，(則於)一切時中，擬作「無作想」(斷絕一切心念的頑空式「無作想」)，(此)是大罪人，是癡人，落「無記空」中，昏昏如醉人，不辨(不能辨別)「好、惡」。

(2)若擬修「無作法」，先須(明心)「見性」，然後息「緣慮」。若不見性，得成佛道，無有是處。

(3)有人「撥無因果」，熾然作「惡業」，妄言「本空」，作惡「無過」。如此之人，墮「無間黑暗地獄」，永無出期。若是智人，不應作如是見解。

唐・宗密《圓覺經大疏釋義鈔》卷3

(1)「妄心不起」是「戒」(無「貪、瞋、慳、嫉」等)

「無妄心」是「定」(無「思、覺」等事也)

知(觀照；了知)「無妄心」是「慧」(不落「無記空」也)。

自性三者，謂「空、寂、照」……

(2)言「妄想」者，無「定」之「慧」也。

言「無記」者，無「慧」之「定」也。

(3)此但以「冥冥」(而)無所「揀擇」(揀選抉擇)而為「無記」。

明・謝觀光《般若心經釋疑》

若不見(諸法)「實相」，即是「斷空」(斷滅空)，又名「無記空」。

朝鮮　退隱述《禪家龜鑑》

(1)禪學者，(乃)本地(自性之)風光。若未發明(自性)，則(重重之)「孤峭玄關」，擬從何透(徹)？往往(將)「斷滅空」以為「禪」，(或將)「無記空」以為「道」。(認為)一切「俱無」，以為高見。

(2)此(種)「冥然頑空」(的修行境界)，(都是)受「病」幽矣。今天下之言「禪」者，多坐(犯)在此病。

《楞嚴經・卷九》

(1)又彼定中(禪定修行中)，諸善男子，見「色陰」銷(消盡)，「受陰」明白(已達虛明潔白之境)。於「明悟」(明達覺悟)中得「虛明」(「受陰」的清虛明潔)性(體性)。

(2)其中忽然歸向「永滅」(永久斷滅)，撥無「因果」，一向(一意直向)入「空」(虛無之空)，「空心」(斷滅空之心)現前(顯現於前)，乃至心生(恒)長「斷滅」解。此名定心沉沒，失於照應(清・通理述《楞嚴經指掌疏・卷九》云：唯此科獨缺，或是筆授脫漏。今準前後，撮略本科中意，而補足之)。

翻譯：

　　那些在禪定修行中的善男子，觀見到「色陰」已消除滅盡，「受陰」則達「虛明潔白」之境。在此「明達覺悟」的境界中，獲得了「受陰」的「清虛明潔」體性(此指「受陰」之虛明性質。此時的「受陰」望之廓然若無，然仍能覺其有物，並覺知其有作用)，故感覺似已「無法」可得。

　　此時行者便忽然於其內心深處歸向永遠的「斷滅」之見，撥無因果，一意直向而入「虛無」之空。當此「斷滅空之心」顯現於前時，甚至心中生起諸法皆「恒長斷滅」的一種邪知謬解。這個叫做在「修行用功」中，行者雖已得「受陰」的「清虛明潔」體性，但忽失正念，又轉而歸向「永寂、斷滅」，造成過度的「沉淪沒溺」，失去「觀慧」的「反照相應」之力。

《楞嚴經・卷一》

縱滅一切「見、聞、覺、知」(不攀緣外面的五塵境界)，內守「幽閑」(指定中的「獨頭意識」守著幽閑空洞之境)，猶為「法塵」(仍然是屬於微細的法塵)分別影事(法塵是前五塵落謝的影子，而第六識的「獨頭意識」仍是分別緣影之心，怎可將此當作是「真心」呢)。

翻譯：

　　縱使你修行到已經「止滅」一切「前六識」的「見、聞、覺(含「鼻、舌、身」)、知」作

用，不令這些「前六識」生起「現行」作用，並能於定中的「獨頭意識」內守著「幽閑空洞」之境界。那種「幽閒空洞」的境界仍然不是你的「真心」，猶尚屬於「意識」對「法塵」所生起的「分別影塵」之事而已(法塵是前五塵落謝的影子，而第六識的「獨頭意識」仍然是分別緣影之心)。怎可將此「內守著幽閒空洞之境」的「獨頭意識」當作是你的「真心」呢？

「心量廣大，猶如虛空，虛空能含日月星辰大地山河，一切盡在虛空中」。請從佛典來解釋此段的義理

《大寶積經》卷6〈清淨陀羅尼品 3〉
(1)一切諸法本性，自性猶如「虛空」，以依「法界」開示演說，而亦無有「諸法」之界，界「非界」故。
(2)一切諸法，猶如「虛空」，是故如來說一切法皆是「虛空」，量難得故。顯一切法皆「虛空性」，諸法本性如「虛空」故，但以「語言開示」演說。

《大寶積經》卷86
我所種善根，永無有退失。了知「眾生心」，其性如「虛空」，深植菩提種，得無邊福德。

《佛說千佛因緣經》卷1
比丘問言：云何名為「無上大道」？
長者答言：無著、無所依，無累、心寂滅，本性如虛空，是名無上道。

《佛說大乘隨轉宣說諸法經》卷1
眾生「妙明心」，本來常「湛寂」，清淨無垢染，具足諸功德。體性如「虛空」，無有諸罣礙，不生亦不滅，無去亦無來，安住於法性，不動如須彌，一切悉平等，真實不思議。

《大方廣佛華嚴經》卷5〈如來光明覺品 5〉
心猶「虛空」界，亦如變化法，一切所依性，是相則非相。

《漸備一切智德經》卷1〈初發意悅豫住品 1〉
眾生猶「虛空」，諸法所因生。

《大方等大集經》卷 13

若能知見如是心，猶如「虛空」及「幻相」，是人即得心自在，亦能了知次第心。

《楞嚴經‧卷六》

(1)「迷妄」有虛空，依「空」(虛空)立世界。

(2)想澄(澄ㄔ 作「沉澱」解→妄想沉澱)成「國土」(無情國土)，「知覺」(妄知妄覺)乃「眾生」(有情眾生)。

(3)空(虛空)生「大覺」(真心本覺)中，如海(喻→本覺大海)一漚ㄡ (水中浮泡→喻虛空)發。

(4)「有漏」(有情世界)微塵國，皆依「空」(虛空)所生。

(5)「漚」滅「空」(虛空)本無，況復諸「三有」(三界)？

翻譯：

　　在眾生「如來藏」的「本性清淨之覺」中，由於眾生一念「無明」而生起「妄明」。在迷失「真性」後，遂妄生有冥頑的「虛空」(如《楞嚴經‧卷二》云：晦昧，爲空。如《楞嚴經‧卷九》云：由汝「妄想」……生發遍迷，故有「空性」)，然後再依此「虛空」而成立種種世界(如《楞嚴經‧卷二》云：空晦暗中，結暗爲「色」。如《楞嚴經‧卷四》云：起爲「世界」，靜成「虛空」，虛空爲同，世界爲異……以是因緣，「世界」相續)。

　　當眾生「共同業力」的「妄想」澄ㄔ 結沉澱時，就會成立外在「依報」的「國土」器世界。而一旦有了「妄知妄覺」，乃至會成立具有五蘊「正報」的有情眾生身(如《楞嚴經‧卷四》云：見明色發……納「想」爲胎……故有因緣生「羯羅藍」……「眾生」相續。如《楞嚴經‧卷十》云：「五陰」本因，同是「妄想」……汝現「色身」名爲堅固第一妄想……是五受陰，五妄想成)。這些都是眾生由「無明妄緣」的激盪，以及「業風之力」的薰習所轉變而成。

　　眾生的「真心大覺」本爲清淨，因一念「無明」妄動，故迷妄生出「虛空」，所以冥頑的「虛空」就是發生自眾生的「真心大覺」中(如《楞嚴經‧卷九》云：當知虛空生汝「心內」。如《楞嚴經‧卷十》云：虛空皆因「妄想」之所生起)。這就如在真心的「本覺大海」中突然有一個「小漚泡」(此喻虛空)發生一樣(如《楞嚴經‧卷九》云：猶如片雲點太清裏)。

　　而這些「有漏無常」的微塵數國土世界，皆是依著冥頑的「虛空」(此喻小漚泡)所生。如果這些「小漚泡」(此喻虛空)破滅了，則由眾生的「真心大覺」所妄生出的「虛空」將隨著「漚滅」而復歸於「本來無一物」狀態(如《楞嚴經‧卷七》云：本此「無住」，建立世界及諸眾生)，更何況是從「虛空」所妄生出的「三界二十五」眾生世界呢？

《楞嚴經‧卷九》

(1)佛告阿難及諸大眾：……由汝妄想(虛妄亂想)，迷理(正法眞理)爲咎，「癡愛」發生。生發遍「迷」，故有「空性」(虛空之性)，化迷(迷妄變化)不息，有「世界生」，則此十方微塵國土(之所以變成)「非無漏者」(→指微塵國土皆爲有漏世界)，皆是「迷頑」(執迷而頑固)妄想(妄見亂想)安立。

(2)當知「虛空」生汝「心內」，猶如片雲(一片殘雲➔喻虛空)點(點綴)太清(天空➔喻真心)裏；況諸世界在「虛空」耶？

翻譯：

由於你心生發生「無明」的「虛妄亂想」，迷失在「正法真理」的錯誤中，種種的「愚癡愛染」便由此發生。這種「愚癡迷昧」遍處發生後，相對的就會有「虛空之性」產生(如《楞嚴經・卷六》云：迷妄有虛空)。「愚癡迷昧」展轉變化而相續不斷，便生起「有為的世界」(如《楞嚴經・卷六》：依空立世界)。十方如微塵一樣多的國土之所以會變成「非無漏」的狀態(指微塵國土都不是清淨無漏的真實世界)，都是由「執迷而頑固」的「妄見亂想」所建立的。

你們應當知道，所有的「虛空世界」其實都是從你的「心識之體」所妄生出來的(如《楞嚴經・卷六》云：空生大覺中)，就像一片「殘雲」(喻虛空)點綴在空廓的「天空」(喻真心)裡一樣般的渺小(如《楞嚴經・卷六》云：如海一漚發)，何況依附於虛空的眾多「世界」，豈非更微不足道耶？(虛空乃由心識所生，只如天空中的一小片殘雲，而世界則依附於虛空，故世界乃小至微不足道)

第二十五節 「摩訶」為大，喻如虛空。諸法不捨、不染、不取。智者必「心行」

《敦博本》與《敦煌本》對校版原文	《宗寶本》原文
	『二十六』
1性(自性)含萬法是「大」(前文的「摩訶」義)，萬法盡是「自性」。	善知識！「自性」能含萬法是「大」(前文的「摩訶」義)，萬法在諸「人性」中。
見一切「人」及「非人」，「惡」之與「善」，「惡法、善法」。 盡皆「不捨」(喻如「不離」)， 不可「染著」(喻如「不即」)， (心)猶如「虛空」，名之為「大」(能含善惡，於善惡不取不捨)，**此是「摩訶行」**。	若見一切「人」，「惡」之與「善」。 盡皆「不取」(喻如「不即」)、不捨(喻如「不離」)，亦「不染」著(喻如「不即」)。 心如虛空，名之為「大」(能含善惡，於善惡不取不捨)，故曰「摩訶」。
2迷人(只有)「口念」，(唯有)智者(能)「心行」(心念不離修行的「言行合一」)。	善知識！迷人(只有)「口說」，(唯有)智者(能)「心行」(心念不離修行的「言行合一」)。
又有迷人，(採取)「空心」(如頑空般的斷絕一切心念)不思，(還自)名之為「大」，**此亦不是**(不是真正的「言行合一」修般若者)。	又有迷人，(採取)「空心」(如頑空般的斷絕一切心念)靜坐，百無所思，(還)自稱為「大」。
	此一輩人，不可與語(般若大法)，為「邪見」故。
	善知識！心量(自性心體之量)廣大，(能)遍周法界。
	(若生妙)用即「了了分明」，(若發起)應用(神應妙用)「便知一切」。
	一切即一，一即一切。 來去自由，心體「無滯」，即是「般

	若」。
	善知識！一切「般若智」，皆從「自性」而生，不從「外入」。
	莫錯用(其)意，(此)名為「真行性自用」(「真如心性」之自體生起妙用)。
	(故能達)一真一切真(只需從「一真如自性」的本體上，便能觀照出一切法皆不離真如自性)。
3心量廣大，「不行」(只口念而沒有「言行合一」者)是「小」(此喻空心靜坐，百無所思者，還自稱為大)。	(若能開啟)心量(即能成就佛法)大事(業)，「不行」(只口念而沒有「言行合一」者)小道(此喻空心靜坐，百無所思者，還自稱為大)。
莫「口」空說，不修此行，	口莫終日說「空」，心中不修此行。
非我弟子。	恰似凡人，(還)自稱(為)國王，(此)終不可得(為真正的國王)，(亦)非吾弟子。

《宗寶本壇經》說「若見一切人，惡之與善。盡皆不取、不捨」。請從佛典來解釋此段的義理

《佛說法集經》卷1

善男子！能說空者，「不取」於法、「不捨」於法。於何等法而不「取、捨」？即知是「法空」、即見是「法空」。若能如是「不取、不捨」，名為「心不擾動能說空」者。

《勝思惟梵天所問經》卷4

(1)何謂諸法「自性清淨」？謂一切法「自性是空」，離「一切法有所得」故。一切諸法「自性無相」，離「一切法諸分別」故。

(2)一切諸法「自性無願」，以一切法「不取、不捨、無求、無欲」，諸法畢竟「自性離」故，是名「諸法性常清淨」。

《如來莊嚴智慧光明入一切佛境界經》卷2

菩提者，名為「修行正念」。<u>文殊師利</u>！言「修行正念」者：「不取、不捨」即名「正念」。

《大方等大集經・卷第二》

(1)善男子！夫「菩提」者「不取、不捨」。云何「不取」？如來不見一切諸法「此岸、彼岸」。何以故？一切諸法離「此、彼」故。如來世尊。如實知之，是名「不取」。

(2)云何「不捨」？一切眾生不知法界，如來教令了「了知」故，是名「不捨」。如來於此而起大悲，演說正法，為令眾生知是「二法」。

《宗寶本壇經》說「心量廣大，一切即一，一即一切」。請從佛典來解釋此段的義理

唐・法藏述《華嚴經探玄記》

法界自在，具足圓滿，「一」即「一切」，「一切」即「一」，無礙法門，亦《華嚴》等是也。

《大方廣佛華嚴經不思議佛境界分》

「一剎那」中納「多劫」，於「一極微」現「眾剎」。

《大方廣佛華嚴經》卷5〈5 如來光明覺品〉

「一」能為「無量」，「無量」能為「一」。

《大乘本生心地觀經》卷3〈2 報恩品〉

一一葉中一佛土，即是三千大千界。

《大方廣佛華嚴經》卷57〈34 入法界品〉

「一切諸相」即「一相」。

《大方廣佛華嚴經》卷33〈31 普賢菩薩行品〉

「一切諸相」悉入「一相」，「一相」入於「一切諸相」。

《楞嚴經・卷四》

(1)我(佛自稱)以「妙明」(勝妙明淨)不滅不生，合「如來藏」。而「如來藏」，惟妙「覺明」(本覺妙明之心)，圓照(圓明照耀)法界。

(2)是故於「中」(一真法界中;如來藏性中),「一」為「無量」,「無量」為「一」(一多無礙➜理事無礙);「小」中現「大」,「大」中現「小」(大小互融無礙➜事事無礙)。

(3)「不動」(如來藏真如不動;一乘寂滅)道場,遍十方界(一乘不動之寂滅道場能遍滿十方界➜理事無礙);

(4)身含十方「無盡虛空」。於「一毛端」現「寶王剎」。(佛土➜事事無礙)坐「微塵」裏,轉「大法輪」。(事事無礙)

第二十六節　般若乃無形相，離生滅。無住、無去、無來、無往

《敦博本》與《敦煌本》對校版原文	《宗寶本》原文
	『二十七』
1 何名「般若」？「般若」是「智慧」。	善知識！何名「般若」？「般若」者，唐言「智慧」也。
一切時中，念念「不愚」，常行「智慧」，即名「般若行」。	一切處所，一切時中，念念不愚，常行「智慧」，即是「般若行」。
2「一念愚」即般若絕(斷絕)。「一念智」即般若生(生起)。	「一念愚」即般若絕(斷絕)。「一念智」即般若生(生起)。
世人心中常愚，	世人愚迷，不見「般若」，口說「般若」，心中常愚。
自言(口誦)「我修般若」。	常自言「我修般若」，(但口誦)念念説「空」，不識「真空」。
3 般若「無形相」，「智慧性」(智慧的本性)即是。	般若「無形相」，「智慧心」即是。若作如是解，即名「般若智」。
4 何名「波羅蜜」？此是<u>西國</u>梵音，<u>唐</u>言「彼岸到」。(若能)解義(便)「離生滅」，(若)著境(則)「生滅」起。	何名「波羅蜜」？此是<u>西國</u>語，<u>唐</u>言「到彼岸」。(若能)解義(便)「離生滅」，(若)著境(則)「生滅」起。
5 如水有波浪，即是於「此岸」，離境無「生滅」。如水永長流，故即名「到彼岸」，故名「波羅蜜」。	如水有波浪，即名於「此岸」，離境無「生滅」。如水常通流，即名為「彼岸」，故號「波羅蜜」。
6 迷人(只有)口念，(唯)智者(能)「心行」(心念不離修行的言行合一)。當「念」時有「妄」，有妄即「非真有」。	善知識！迷人(只有)口念。當念之時，有「妄」有「非」。

念念若行（心念不離修行而無妄念），是名「真有」。	念念若行（心念不離修行而無妄念），是名「真性」。
7 悟此法者，悟「般若法」，修「般若行」。	悟此法者，是「般若法」。 修此行者，是「般若行」。
不修即「凡」（凡夫）。 一念修行，「法身」（自性法身）等佛（與佛法身平等無二別）。	不修即「凡」（凡夫）。 一念修行，「自身」（自性法身）等佛（與佛法身平等無二別）。
8 善知識！即煩惱是菩提（迷於煩惱者為凡夫，從煩惱中覺悟者為菩提、為佛。故煩惱與菩提無二無別）。 前念「迷」即凡，後念「悟」即佛。	善知識！凡夫即佛，煩惱即菩提（迷於煩惱者為凡夫，從煩惱中覺悟者為菩提、為佛。故煩惱與菩提無二無別）。 前念「迷」即凡夫，後念「悟」即佛。 前念「著境」即煩惱，後念「離境」即菩提。
9 善知識！「摩訶般若波羅蜜」，最尊、最上、第一，「無住、無去、無來」。	善知識！「摩訶般若波羅蜜」最尊、最上、最第一，「無住、無往」亦「無來」。
三世諸佛從中（指「般若法」）出，將「大智慧」到彼岸，打破（通達；觀照；覺悟）「五陰」（五蘊）煩惱塵勞。	三世諸佛從中（指「般若法」）出，當用「大智慧」打破（通達；觀照；覺悟）「五蘊」煩惱塵勞。
「最尊、最上、第一」，讚「最上乘法」，修行定成佛。	如此修行，定成佛道。
10「無去、無住」，無「來、往」，是「定、慧」等（禪定與智慧平等互證之理），不染一切法。 三世諸佛從中（指「般若法」）**變**（轉變）「三毒」（貪瞋癡）為「戒定慧」。	**變**（轉變）「三毒」為「戒定慧」。

「般若波羅蜜多」的正確讀音為何

prajñā(般若)-pāramitā(波羅蜜)

唐末五代・西域 疏勒國人慧琳國師的教授

（慧琳師事不空三藏，內持密藏，外究儒學，精通聲明與訓詁之學）

慧琳撰《一切經音義・卷一》

般（音鉢，本梵音云「鉢囉」(二合)。「囉」取「羅」字，「上聲」兼「轉舌」，即是也。

　　其「二合」者，兩字各取半音，合為一聲。古云「般」者訛略也）

若（而者反，正梵音「枳 孃 」(二合)。「枳」音，雞以反。「孃」取上聲二字合為一聲。古云「若」

　　者略也）

波（正梵音應云「播」。波箇反，引聲）

羅（正梵音應云「囉」。准上，取「羅」上聲，「轉舌」呼之）

蜜多（正云「弭多」。「弭」音「迷以反」）

具足應言：「摩賀(引)鉢囉(二合)枳孃(二合)播(引)囉(轉舌)弭多」

梵云：「摩賀(唐言大)鉢囉(二合)枳孃」(二合，唐言「慧」，亦云「智慧」，或云「正了知」，義淨作此解)播(引)囉弭多(唐言「彼岸到」，今迴文云「到彼岸」。)

如上所說，雖是「本正梵語」，「略音」已行，難為改正。

「般若波羅蜜多」久傳於世，愚智共聞。

今之所論，為造經音解其文字及釋梵語，不可不具說也。

但欲廣其學者「知見」耳，實非「改易經文」。

已下諸經中有「正梵語」及「論文字是非」，皆同此例。

取捨今古，任隨本志。

般若法門不離眾生，眾生不離般若法門的經論說明

《大般若波羅蜜多經・卷三百七十三》

(1)佛告善現！若菩薩摩訶薩修行般若波羅蜜多時：

(2)所行「布施」波羅蜜多，不離般若波羅蜜多，皆為「般若」波羅蜜多之所攝受。所行「淨戒、安忍（安心忍辱）、精進、靜慮（禪定）、般若」波羅蜜多，不離般若波羅蜜多，皆為般若波羅蜜多之所攝受。

(3)所修「四靜慮」，不離般若波羅蜜多，皆為般若波羅蜜多之所攝受。

(4)所修「四無量、四無色定」，不離般若波羅蜜多，皆為般若波羅蜜多之所攝受。

(5)所修「四念住」，不離般若波羅蜜多，皆為般若波羅蜜多之所攝受。

(6)所修「四正斷、四神足、五根、五力、七等覺支、八聖道支」，不離般若波羅蜜多。皆為般若波羅蜜多之所攝受。

(7)所修「空解脫門」，不離般若波羅蜜多，皆為般若波羅蜜多之所攝受。

(8)所修「無相、無願解脫門」，不離般若波羅蜜多，皆為般若波羅蜜多之所攝受。

(9)所住「苦聖諦」，不離般若波羅蜜多，皆為般若波羅蜜多之所攝受。

(10)所住「集、滅、道聖諦」，不離般若波羅蜜多，皆為般若波羅蜜多之所攝受。

(11)所修「八解脫」，不離般若波羅蜜多，皆為般若波羅蜜多之所攝受。

(12)所修「八勝處、九次第定、十遍處」，不離般若波羅蜜多，皆為般若波羅蜜多之所攝受。

(13)所修一切「三摩地門」，不離般若波羅蜜多，皆為般若波羅蜜多之所攝受。

(14)所修一切「陀羅尼門」，不離般若波羅蜜多，皆為般若波羅蜜多之所攝受。

《勝天王般若波羅蜜經·卷三》

(1)般若波羅蜜不離「菩提」，譬如有人種穀已秀，當知收穫必在不久。菩薩亦爾，求阿耨多羅三藐三菩提，「得聞」般若波羅蜜，當知決定「去佛不遠」。

(2)大王！若善男子、善女人，「捨離」般若波羅蜜，更依餘法，求阿耨多羅三藐三菩提，無有是處。猶如「王子」捨其「父王」，更就餘人，求為「太子」，決不可得。

《佛說佛母出生三法藏般若波羅蜜多經·卷二十一》

(1)「不捨」般若波羅蜜多，「不離」般若波羅蜜多。

(2)如是學者，不退失「一切智」，遠離「聲聞、緣覺」心，得近「阿耨多羅三藐三菩提」。

《佛說佛母出生三法藏般若波羅蜜多經·卷十九》

「五波羅蜜多」若「離」般若波羅蜜多，即不得波羅蜜多名。

《佛說佛母出生三法藏般若波羅蜜多經·卷十七》

(1)復次須菩提！若菩薩摩訶薩於殑伽沙數劫中「遠離」般若波羅蜜多，布施供養須陀洹、斯陀含、阿那含、阿羅漢、緣覺、菩薩、如來應供正等正覺。

(2)不如菩薩能一日中；於此甚深「般若」波羅蜜多法門，「思惟修習」如所説行，此所獲福無量無邊，不可稱計。

《小品般若波羅蜜經・卷三》

(1)憍尸迦！譬如盲人，雖有百千萬眾，無有導者，不能進趣城邑聚落。

(2)憍尸迦！「五波羅蜜」離「般若」波羅蜜，亦如「盲人無導」，不能修道至「薩婆若」（sarvajña 一切智）。

(3)若「五波羅蜜」為「般若」波羅蜜所護，則為有「目」。

(4)「般若」波羅蜜力故，「五波羅蜜」得般若波羅蜜名。

《小品般若波羅蜜經・卷二》

(1)爾時，諸天大眾俱白佛言：世尊！若菩薩能「不離」般若波羅蜜行，當視是人如佛。

(2)佛告諸天子：如是！如是！昔我於眾華城燃燈佛所，「不離」般若波羅蜜行。

(3)時燃燈佛記我於來世，過阿僧祇劫，當得作佛，號釋迦牟尼如來、應供、正遍知、明行足、善逝、世間解、無上士、調御丈夫、天人師、佛、世尊。

《大般若波羅蜜多經・卷三百四十七》

(1)慶喜！我今實言告汝：諸有淨信，欲不捨「佛」，欲不捨「法」，欲不捨「僧」。

(2)亦欲不捨「過去、未來、現在」諸佛所證無上正等菩提，定不應捨如是「般若」波羅蜜多甚深經典。

《大乘修行菩薩行門諸經要集・卷中》

(1)修行菩薩凡有二十種魔障。所謂：

(2)一者：求於解脫，「怖畏世間」。習瑜伽諸論，供養修學。當知則是魔障。

(3)二者：搜求「空相」，「遠離眾生」。當知則是魔障。

(4)三者：修「無為法」，不樂有為「善根功德」。當知則是魔障。

(5)四者：所修禪定，不樂「世間定門」。當知則是魔障。

(6)五者：所顯法教，不令發大慈心。當知則是魔障。

(7)六者：尋求「精進有德」之徒，於破戒人而生瞋嫌。當知則是魔障。七……

> 諸法既然是「自性空」，永離一切相，為何佛還要教我們「不離」的法門呢？

《佛說佛母出生三法藏般若波羅蜜多經・卷二十》

(1)須菩提白佛言：世尊！若一切法「自性空」故「離」故，一切念亦「空」亦「離」者，

云何佛說菩薩摩訶薩常「不離」般若波羅蜜多相應念耶?

(2)佛言:須菩提!若菩薩摩訶薩能如是知一切法「自性空」故「離」故,一切念亦「空」亦「離」者,即是般若波羅蜜多「相應正念」,即是不離「一切智心」。

(3)何以故?般若波羅蜜多空中「無增無減」故。

「煩惱為何即是菩提」、「煩惱與菩提為何是不二」的經論研究

《維摩詰所說經·卷中》

(1)天曰:「言說文字」皆「解脫」相,所以者何?

(2)「解脫」者,不內、不外、不在兩間。「文字」亦不內、不外、不在兩間。

(3)是故舍利弗,無「離文字」說「解脫」也。所以者何?一切諸法是「解脫相」。

(4)舍利弗言:不復以離「婬怒癡」為「解脫」乎?

(5)天曰:佛為「增上慢」人,說離「婬怒癡」為「解脫」耳。

(6)若無「增上慢」者,佛說「婬怒癡」性即是「解脫」。

(7)舍利弗言:善哉!善哉!

(8)天女:汝何所得?以何為證?辯乃如是?

(9)天曰:我「無得、無證」,故辯如是。所以者何?若「有得、有證」者,即於佛法為「增上慢」。

《維摩詰所說經·卷中》

(1)於是維摩詰問文殊師利:何等為「如來種」?

(2)文殊師利言:有「身」為種,「無明」有「愛」為種,「貪恚癡」為種,「四顛倒」(常顛倒、樂顛倒、我顛倒、淨顛倒)為種,「五蓋」(貪欲蓋、瞋恚蓋、惛眠蓋、掉舉惡作蓋、疑蓋)為種,「六入」(即六根)為種,「七識處」(約指前七個識)為種,「八邪法」(邪見、邪志、邪語、邪業、邪命、邪方便、邪念、邪定)為種,「九惱處」(即九種結縛,令眾生不得出離生死之煩惱。為「愛、恚、慢、無明、見、取、疑、嫉、慳」)為種,「十不善道」(殺生、偷盜、邪淫、妄語、兩舌、惡口、綺語、貪欲、瞋恚、邪見)為種。

(3)以要言之,「六十二見」(❶世間常存論:四種。❷世間半常半無常論:四種。❸世間有邊無邊論:四種。❹異問異答論(詭辯論):四種。❺無因而有論:二種。以上本劫本見十八種──於過去世所起常見。❻世間有想論:十六種。❼世間無想論:八種。❽世間非有想非無想論:八種。❾眾生斷滅無餘論:七種。❿現在生中涅槃論:五種)及「一切煩惱」,皆是「佛種」。

(4)曰:何謂也?

(5)答曰:若見「無為」(此指➜若捨「有為法」而只見「無為法」者),入「正位」者,不能復發「阿耨多羅三藐三菩提心」。

(6)譬如「高原陸地」,不生「蓮華」,「卑濕淤泥」乃生此「華」。

(7)如是見「無為法」，入「正位」者，終不復能「生於佛法」。

(8)「煩惱泥」中，乃有眾生「起佛法」耳！

(9)又如殖種於「空」(虛空中)，終不得生！「糞壤」之地，乃能滋茂。

(10)如是入「無為正位」者，不生佛法。起於「我見」如須彌山，猶能發于「阿耨多羅三藐三菩提心」，生佛法矣！

(11)是故當知(通達;觀照;覺悟)，一切「煩惱」為「如來種」。

(12)譬如不下「巨海」，不能得「無價寶珠」。如是不入「煩惱大海」，則不能得「一切智寶」。

《大乘修行菩薩行門諸經要集・卷上》

(1)善男子！譬如不入「四大海水」，無由取得「無價寶珠」。

(2)善男子！亦復如是，若不入「煩惱大海」，無由取得「佛性寶珠」。

(3)當知(通達;觀照;覺悟)「菩提種性」本從「煩惱」中來。

《思益梵天所問經・卷第一》

(1)世尊！是法，一切世間之所難信。所以者何？

(2)世間貪著「實」，而是法「無實、無虛妄」。

(3)世間貪著「法」，而是法無「法」、無「非法」。

(4)世間貪著「涅槃」，而是法無「生死」、無「涅槃」。

(5)世間貪著「善法」，而是法無「善」、無「非善」。

(6)世間貪著「樂」，而是法無「苦」、無「樂」。

(7)世間貪著「佛出世」，而是法「無佛出世」，亦「無涅槃」。

(8)雖「有說法」，而是法「非可說相」。

(9)雖「讚說僧」，而僧即是「無為」。

(10)是故此法一切世間之所難信，譬如「水」中出「火」，「火」中出「水」，難可得信。如是「煩惱」中有「菩提」，「菩提」中有「煩惱」，是亦難信。所以者何？

(11)如來得是「虛妄煩惱」之性，亦「無法不得」。

(12)「有所說法」，亦「無有形」。

(13)雖「有所知」，亦「無分別」。

(14)雖「證涅槃」，亦「無滅」者。

(15)世尊！若有善男子善女人，能信解如是法義者，當知是人得脫(得以度脫)諸見，當知是人「已親近無量諸佛」，當知是人「已供養無量諸佛」，當知是人「為善知識所護」。

《大方等大集經・卷第二十九》

(1)云何依「義」；不依「語」？
(2)「語」者，稱說「生死」。
　　「義」者，知生死「無性」。
(3)「語」者，說「涅槃」味。
　　「義」者，知涅槃「無性」。……
(4)「不了義經」者，訶諸「煩惱」。「了義經」者，讚「白淨法」。
(5)「不了義經」者，說「生死苦惱」。「了義經」者，「生死、涅槃」一相無二。
(6)「不了義經」者，讚說種種「莊嚴文字」。「了義經」者，說「甚深經」，難持難了。

《大寶積經・卷第五十二》

(1)舍利子！云何名為依趣於「義」不依趣「文」？復以何等為「文」？為「義」？
(2)舍利子！所言「文」者，謂諸世間諸法作用傳習文詞。所言「義」者，謂所通達「出世間法」……
(3)所言「文」者，稱揚讚歎「涅槃」功德。
　　所言「義」者，謂諸法性涅槃「無分別性」……
(4)舍利子！舉要言之，如來所演「八萬四千法藏聲教」，皆名為「文」。
　　諸「離一切言音文字」，理「不可說」是名為「義」……

《大寶積經・卷第五十二》

(1)復次舍利子！云何名為菩薩摩訶薩不依趣「不了義」經，依趣「了義」經……
(2)若諸經中有所宣說「厭背生死、欣樂涅槃」，名「不了義」。
　　若有宣說「生死、涅槃」二無差別，是名「了義」。
(3)若諸經中宣說種種「文句差別」，名「不了義」。
　　若說「甚深難見、難覺」，是名「了義」。
(4)若諸經中「文句廣博」，能令眾生「心意踊躍」，名「不了義」。
　　若有宣說「文句」及「心」皆同「灰燼」，是名「了義」。

《大乘入楞伽經・卷第二》

(1)復次大慧！諸聲聞畏「生死妄想苦」而求「涅槃」，不知「生死、涅槃」差別之相，一切皆是「妄分別有」，無所有故。
(2)妄計未來「諸根境滅」以為「涅槃」，不知證「自智」境界；轉「所依藏識」_{（第八阿賴耶識）}為「大涅槃」。

《大方廣圓覺修多羅了義經》

(1)修習此心得成就者……始知眾生「本來成佛」_(本來即具有「成就佛道的種性」)，「生死、涅槃」猶如昨夢。

(2)善男子！如昨夢故，當知_(通達；觀照；覺悟)「生死」及與「涅槃」；無起、無滅、無來、無去。

(3)其「所證」者「無得、無失、無取、無捨」。

(4)其「能證」者「無住、無止、無作、無滅」。

(5)於此證中，無「能」無「所」，畢竟「無證」，亦無「證者」。一切法性平等不壞。

(6)善男子！彼諸菩薩如是修行。如是漸次，如是思惟，如是住持，如是方便。如是開悟，求如是法，亦不迷悶。

姚秦・鳩摩羅什譯《諸法無行經・卷下》

(1)爾時有菩薩比丘名曰喜根，時為法師質直端正，不壞威儀不捨世法，爾時眾生普皆利根樂聞深論。

(2)其喜根法師於眾人前，不稱讚「少欲知足、細行獨處」，但教眾人「諸法實相」：所謂「一切法性」即「貪欲之性」。

(3)「貪欲性」即是「諸法性」。
「瞋恚性」即是「諸法性」。
「愚癡性」即是「諸法性」。

(4)其喜根法師以是方便教化眾生。眾生所行皆是「一相」_(即「三毒」與「法性」無二無別，皆一相)，各不相「是、非」_(「三毒」與「法性」乃無是無非、無二無別)。所行之道心「無瞋癡」，以「無瞋礙」緣故，疾得「法忍」，於佛法中「決定不壞」。

(5)世尊！……爾時喜根菩薩於眾僧前，說是諸偈：

(6)「貪欲」是「涅槃」，恚癡亦如是_(恚癡亦是涅槃)。如此三事中，有無量佛道_(有無量諸佛皆同此說，三毒即性空的道理乃無量諸佛共同宣說)。

(7)若有人"分別"「貪欲、瞋恚、癡」，是人「去」_(遠離而去)佛遠，譬如天與地。

(8)「菩提」與「貪欲」，是一而非二。皆入「一法門」，「平等」無有異。凡夫聞怖畏，去佛道甚遠……

(9)「貪欲」之「實性」，即是佛法性。佛法之「實性」，亦是「貪欲性」。

(10)是二法「一相」，所謂是「無相」。若能如是知_(通達；觀照；覺悟)，則為「世間導」_(世間之導師)……

(11)「邪見」與「菩提」，皆「等」_(平等)無有異。但以「名字」數，語言故「別異」。

(12)若人通達此_(通達「邪見」與「菩提」乃因「語言名相」而有異，其實兩者之「實性」亦無異)，則為近「菩提」。

(13)「分別」煩惱垢，即是「著淨見」。無「佛菩提法」住「有得見」_(有「能得」與「所得」種種邪見)中，若「貪著」佛法，是則遠_(遠離)佛法……

(14)若見「有為法」與「無為法」"異"，是人終不得脫(解脫)於「有為法」。若知二性「同」，必為「人中尊」……

(15)佛法甚清淨，其喻如「虛空」。此中無「可取」(喻「不即」)，亦無有「可捨」(喻「不離」)。

(16)佛「不得佛道」，亦「不度眾生」。凡夫強分別，作「佛度眾生」。是人於佛法，則為甚大遠……

(17)若人欲成佛，莫壞「貪欲」性。「貪欲」性即是「諸佛之功德」，若人欲發心，隨順「菩提道」。莫自有「分別」，心異於「菩提」……

(18)若人「求」菩提，是人「無」菩提。若見「菩提相」，是則「遠」菩提。

(19)「菩提、非菩提」，「佛陀、非佛陀」，若知是「一相」，是為世間導(世間之導師)。……

(20)「貪欲」無內外，亦不在諸方……凡夫為所燒。如幻、如焰響，如夢、石女兒(vandhyā 新譯作「虛女」。《四分律行事鈔資持記》云：「石女者，根不通婬者」。故石女兒不可能有子，此亦喻如龜毛兔角之理)。諸煩惱如是，決定不可得(煩惱無實性，非內、非外、非中間。「菩提」法性亦非內、非外、非中間。故「煩惱」即是「菩提」道)。不知是「空」(煩惱非真實)故，凡夫為狂惑。

(21)若求「煩惱」性，「煩惱」即是「道」。

(22)若有人分別是「道」、是「非道」，是人終不得「無分別」菩提。凡夫畏佛法，去佛法甚遠。……

(23)若欲「捨遠」(捨棄遠離)貪，不得(不必)「遠」(遠離棄捨)於貪。若達(通達)「貪」實法(貪欲的真實法相)，是人能「離貪」(貪欲的真實法相乃性空，故因此能離貪)。

(24)雖長夜「持戒」，得諸「無礙禪」，不入「佛法味」，不得「法實際」。

(25)知法「無有性」(無有真實之自性)，不壞(所以不必壞棄)一切法。不言「戒、非戒」，得脫「有見」(有無之諸見)中。

(26)以無「持戒」性(沒有能持戒及所持戒之真實體性)，知於(以無「持戒性」來認知來了解)「持戒法」。如是知「戒相」，終「不毀」於戒。

(27)諸佛之法王，法藏叵(不可)思議，無量方便力，引導諸眾生。以「一相」法門，令入「寂滅道」。

(28)凡夫聞佛說「無我」、「無有法」(無有真實諸法)，一相「自性空」(自性本空，即無自性)，不信；墮深坑。

(29)雖「白衣」(在家居士)受「欲」(受著五欲之樂)，聞「是法」(以上所說的貪欲即是道)不畏(不生畏懼心)，勝於「頭陀」者住在「有見」(有無諸邪見)中。

(30)現在十方佛，利益諸世間。知法如「虛空」，皆以得(以此而得)菩提。

(31)若有「無智者」，樂於「分別法」(分別「是道、非道、有、無」之類的法)，聞是「實法」(真實法義)者，則生疑「怖畏」。是人無量劫，備受諸苦分。

(32)說是諸偈法時，三萬諸天子得「無生法忍」。萬八千人「漏盡解脫」。……

(33)世尊！爾時喜根法師於今「東方」，過十萬億佛土，有國名「寶莊嚴」，於中得「阿

耨多羅三藐三菩提」，號曰「勝光明威德王如來應供正遍知」……

(34)佛告<u>文殊師利</u>，汝聞是「諸偈」得何等利？

(35)世尊！我畢是業障罪已，聞「是偈」因緣故，在所生處，利根智慧，得「深法忍」，得「決定忍巧說深法」……

《佛説諸法本無經・卷下》

(1)爾時<u>喜根菩薩</u>，欲令眾信。即於諸比丘僧前，說此伽陀……

(2)「貪欲」說「涅槃」，「恚癡」亦如是。於中「道」(三毒之性即涅槃的道理)當覺，「佛菩提」不思(不可思議)。若分別「貪欲」及「諸恚癡」等(分別三毒之性與涅槃之性是完全不同的話)，遠(遠離)彼「佛菩提」，譬如「天與地」。

(3)若不破壞「欲、瞋」已，入於「癡」者；見「菩提」。彼即近於「勝菩提」，當得於「忍」亦不久。

(4)「貪欲、菩提」二；非二，「一入平等」與相應。若不如是隨順「覺」，彼「佛菩提」遠復遠……

(5)貪欲「不生」亦「不滅」，未曾作惱染於心……

(6)所有「欲法」即「佛法」，所有「佛法」即「欲法」。

(7)此二「一」字而「無相」，如是知者為導師……

(8)所有佛法如「虛空」，於中「無取」亦「無捨」……

(9)「貪欲」非「內」亦非「外」，「欲」(貪欲)於諸方無依倚……

《大智度論・卷第六釋初品中喻第十一》(第六卷)

(1)<u>喜根菩薩</u>……一心說偈：

(2)「婬欲」(此二字乃從《佛說諸法本無經》及《諸法無行經》的經文句來，本意為「貪欲即是菩提」，並非專指男女之欲事)即是「道」，「恚癡」亦如是。如此三事中，無量諸佛道(有無量諸佛皆同此說，三毒即性空的道理乃無量諸佛共同宣說)。

(3)若有人分別「婬怒癡」及「道」，是人去佛遠，譬如「天與地」。

(4)「道」及「婬怒癡」，是「一法」平等。若人聞怖畏，去佛道甚遠。

(5)「婬法」(此二字乃從《佛說諸法本無經》及《諸法無行經》的經文句來，本意為「貪欲即是菩提」，並非專指男女之欲事)不生滅(非真實而生，亦非真實而滅)，不能令心惱。

(6)若人計「吾我」，「婬」將入惡道。見「有、無」法"異"，是不離「有、無」。若知「有、無」等，超勝成佛道。

《大寶積經・卷第三十四》

(1)爾時世尊復說偈言……自性無表示，於中無所染……是人能了知，「貪欲」即「佛

道」。自性「無差別」，於「貪」無所染。

(2)一切諸「佛道」，當於「煩惱」求。知性「無差別」，是入「總持門」。

(3)説「貪」是「總持」，「總持」即是「貪」。知性「無差別」，是學「總持門」。如是「供養貪」，即為「供養佛」。以「供養佛」故，成就「總持門」。

(4)是人能了知「瞋恚」即「佛道」。自性「無差別」，於「瞋」無所染。「瞋」即是「總持」，「總持」即是「瞋」。知性「無差別」，是學「總持門」。

如是「供養瞋」，亦為「供養佛」。以「供養佛」故，成就「總持門」。

(5)是人能了知「愚癡」即「佛道」。自性「無差別」，於「癡」無所染。

若「如實」了知「癡性」之邊際，是則修「佛道」，成就「總持門」。「癡」即是「總持」，「總持」即是「癡」。

(6)知性「無差別」，是學「總持門」。如是「供養癡」，即為「供養佛」……如是「供養癡」，即為「供養法」……即為供養「僧」……即為供養「戒」……即供養「精進」……即供養「讚歎」……即供養「佛法」……即供養「法性」……即供養「真如」……即供養「無生」……即供養「無滅」……即供養「無盡」……即供養「無有」……即供養「無邊」……即供養「三有」……即供養「寂靜」……即供養「流轉」……即供養「無轉」……即供養「無有」……即供養「無起」……即供養「寂滅」……即供養「不來」……即供養「無行」……即供養「無為」……即供養「苦等」……即供養「苦」智……即供養「集」智……即供養「滅」智……即供養「道」智……即供養「法智」……即供養「類智」……供養「無生智」……即供養「盡智」。

(7)供養「盡智」故，成就「總持門」……一切皆如是。

《諸法無行經·卷下》

(1)世尊！「貪欲」即是「菩提」，何以故？

(2)知(通達;觀照;覺悟)「貪欲」"實性"(貪欲的「實性」乃不可得，非內外中間，無實自性)，説名「菩提」。

(3)是故一切諸佛皆成就「貪欲」(從觀照「貪欲乃無實自性」中而獲成就，底下皆同此理)；名「不動相」。

(4)世尊！一切諸佛皆成就「瞋恚」；名「不動相」……

(5)世尊！一切諸佛皆成就「愚癡」；名「不動相」……

(6)世尊！一切諸佛能度一切「貪著名字」眾生，安住「愚癡平等性」中，通達「愚癡性」故，是名一切諸佛「成就愚癡」；名「不動相」……

(7)一切諸佛"安住"是「貪欲、瞋恚、愚癡、四顛倒、五蓋、五欲」平等中(從觀照「貪欲、瞋恚、愚癡、四顛倒、五蓋、五欲乃無實自性」)。是諸佛"安住"「貪欲性」故(安住於「無實自性」之理中，而得阿耨菩提果，底下皆同此理)，得阿耨多羅三藐三菩提。

(8)"安住"「瞋恚、愚癡、四顛倒、五蓋、五欲」性故，得阿耨多羅三藐三菩提。

(9)是故一切諸佛"住"「四顛倒、五蓋、五欲、三毒」中，得阿耨多羅三藐三菩提。

《諸法無行經・卷下》

(1)爾時喜根菩薩於眾僧前，說是諸偈：

(2)貪欲是涅槃，恚癡亦如是。如此三事中，有無量佛道。

(3)若有人分別「貪欲、瞋恚、癡」，是人去佛遠，譬如「天與地」。

(4)「菩提」與「貪欲」，是一而非二。皆入「一法門」，「平等」無有異。凡夫聞「怖畏」，去佛道甚遠。

(5)貪欲「不生滅」，不能令心惱。若人有「我心」及有「得見者」，是人為「貪欲」，將入於地獄。

(6)「貪欲」之「實性」，即是「佛法性」。佛法之「實性」，亦是「貪欲性」。是二法「一相」，所謂是「無相」。若能如是知，則為「世間導」……

(7)「邪見」與「菩提」，皆等「無有異」。但以「名字數」，語言故別異。若人通達_{（觀照；覺悟）}此，則為近菩提。分別「煩惱垢」，即是「著淨見」……

(8)若人「無分別」，「貪欲、瞋恚、癡」，入「三毒性」故，則為見「菩提」。是人「近佛道」，疾得「無生忍」。

(9)若見「有為法」與「無為法」"異"。是人終不得「脫」於「有為法」。若知「二性同」，必為「人中尊」。

(10)佛不見「菩提」，亦不見「佛法」。「不著」諸法故，降魔成佛道。

(11)若欲度眾生，勿「分別」其性。一切諸眾生，皆同於「涅槃」。若能如是見，是則得成佛。

《大寶積經・卷第九十九》

(1)舍利弗言：汝聽我說，我所證法，無「乘、非乘」；差別之相。以「一相」故，所謂「無相」。

(2)無畏女言：尊者舍利弗！若法「無相」，云何可求？

(3)舍利弗言：無畏德女！「諸佛之法」與「凡夫法」，有何「勝負」差別之相？

(4)女語尊者舍利弗言：「空」與「寂靜」有何差別？

(5)舍利弗言：無差別也。

(6)無畏德言：舍利弗！如「空、寂靜」無有差別「勝負」之相。「諸佛之法」與「凡夫法」，無有「勝負」差別之相。

(7)又舍利弗！亦如虛空，能「受諸色」而「無差別」。

(8)「諸佛之法」與「凡夫法」，無有「差別」，亦無「異相」。

《佛說象腋經》

(1)爾時世尊答於<u>文殊師利童子</u>所問「無生法忍」義故，即說偈言：

(2)若有求佛智，一切諸智者，無有法「可取」，亦無法「可捨」。……

(3)凡夫著「二法」，不知無「二法」。種種「幻」；無實，凡夫人見「異」。

(4)是中無有「異」，一切「同一相」……其體性「無異」，如「五指」名「手」……

(5)得「菩提」不難，是「菩提」難求。斷於一切「求」，無有「心能得」。……

(6)得「菩提」不難，欲出「貪欲」者，不為「欲」所牽，亦不捨「婬欲」（煩惱與菩提，婬欲與菩

提無二無別，皆非內、非外、非中間。皆無實自性，皆不可得。若能如是「觀照」，則煩惱與菩提俩「俱非」，始是無上般若

大法）。

《佛説未曾有正法經・卷第一》

(1)諸正士當知！一切處是「菩提」。

(2)「煩惱」是「菩提」。諸所作是「菩提」。

(3)有為法是「菩提」。無為法是「菩提」。

(4)有漏法是「菩提」。無漏法是「菩提」。

(5)有著心是「菩提」。無著心是「菩提」。

(6)善根是「菩提」。不善根是「菩提」。

(7)世間法是「菩提」。出世間法是「菩提」。

(8)輪迴法是「菩提」。涅盤界是「菩提」。

(9)虛妄是「菩提」。真實是「菩提」。

(10)蘊處界是「菩提」。地水火風空是「菩提」。

(11)菩薩摩訶薩了一切法「自性空」故，諸有所作皆「無自性」，於一切義如實了知。

(12)譬如「虛空」遍一切處，「菩提」之法亦復如是「遍一切處」。

(13)若菩薩解了諸法，當具辯才而得「正智」分別句義，即能趣證「佛一切智」。

《佛説未曾有正法經・卷第四》

(1)諸法「皆空」，離諸見故。諸法「無相」，相清淨故。諸法「無願」，離三世故。

(2)諸法非「三世」所攝，過去、現在、未來，不可得故。

(3)「生死、涅槃」本平等，諸法皆平等。

(4)大王！諸法既如是，「煩惱、疑惑」可得生不？

(5)王言：不也！諸法皆空，「煩惱、疑惑」其何有也？

(6)<u>妙吉祥</u>菩薩言：「煩惱」無生，法亦無說。「煩惱」性空，諸法平等。

(7)「生死、涅槃」本平等。「煩惱、菩提」亦平等。

《大寶積經・卷第五十二》

(1)一切諸法或名為「法」，或名「非法」。何以故？

(2)若能了知如是諸法皆「空、無相」及以「無願」，即一切法，並名為「法」。

(3)若有計著「我」及「我所」諸見隨眠(煩惱)，即一切法，並名「非法」。

(4)舍利子！菩薩摩訶薩依「般若」波羅蜜多故，住隨法觀已……觀諸眾生所有煩惱皆從「虛假妄想」而生，知諸「煩惱」體性自「離」。何以故？……

(5)無少「煩惱」可積可集，如是隨「覺」(隨時覺悟)；即是「菩提」。「煩惱」之性即「菩提」性。

《大寶積經‧卷第二十九》

(1)以「癡」無盡故，「邊際」不可得。是故諸眾生，我不能令盡(滅盡)……

(2)「癡界、眾生界」，是二俱「無相」。彼皆如「幻化」，故不能令「盡」(滅盡)。

(3)「癡性」與「佛性」，平等無差別……「癡」及「一切智」，性皆不可得……

(4)「癡」亦不可量，以「無邊際」故，既「無有邊際」，從何而得生？

(5)「自性無生」故，「相」(「癡」的「相」)亦不可得。

《大方等大集經‧卷第十二》

(1)一切「佛法」即是「菩提」，「菩提」即是「佛法」。

(2)善男子！是故我若遠離「煩惱」，不見佛法，不見「菩提」。

(3)「煩惱、菩提」及以「佛法」，無有差別。

(4)若「煩惱」中見「菩提」者即是「如見」(如實正見)。

(5)若"離"「煩惱」見「菩提」者是名「倒見」(顛倒邪見)。

(6)蓮華菩薩言：善男子！云何名「倒見」(顛倒邪見)？見「我、壽命、士夫、摩納(青年)」。離是(指離「我、壽命、士夫、摩納」)之外，別有「貪欲、瞋恚、愚癡」，是名「倒見」(意即貪瞋癡乃不離「我、壽命、士夫、摩納」)。

(7)一切「法性」及「菩提性」無有差別。無作、無受。「我性、眾生、壽命、士夫、摩納(青年)」，即是「貪欲、瞋恚、愚癡」，如是等法(意即「我、眾生、壽命、士夫、摩納」雖為貪瞋癡)即是「菩提」，是名「如見」(如實正見)。

《佛說法華三昧經》

(1)佛言：善哉善哉……有二事。何謂為二？

(2)一者知「法身」如幻如化。二者知「婬怒癡」無根無形。

(3)佛爾時說偈言：「法身」有一切，化幻現沈浮。「婬怒癡」無形，如水現泡沫。

《思惟畧要法》

(1)諸法實相觀者，當知諸法從「因緣」生。「因緣」生故不得「自在」。不「自在」故「畢竟空相」，但有「假名」，無有實者……

(2)又觀(通達;觀照;覺悟)「婬怒癡」法即是「實相」。何以故？是法(指婬怒癡法)不在「內」、不在「外」。

(3)(婬怒癡法)若在「內」，不應待「外因緣」生。

(4)(婬怒癡法)若在「外」，則「無所住」。

(5)若「無所住」亦「無生滅」。空無所有(婬怒癡法是空無所有的，並非是真實的，只是眾緣下產生的幻法而已)，清淨無為(如此觀照婬怒癡法，即可達到「清淨無爲」的境界)，是名「婬怒癡」實相觀也。

《大乘理趣六波羅蜜多經·卷第八》

(1)發大智慧出離世間，「煩惱、菩提」無有二相。

(2)「無緣大慈」降魔軍眾，而能安樂一切有情，此生來生，常不捨離。

《佛說大乘菩薩藏正法經·卷第三十七》

(1)能覺悟(通達;觀照)彼「煩惱」自性即「菩提性」，此「菩提」自性即「煩惱」性。

(2)如是念處，諸法平等，猶如「虛空」。

《大方等大集經·卷第三十》

(1)了諸法義，無有「二性」。是諸「煩惱」無隱藏處，無有聚集。

(2)若解(通達;觀照;覺悟)「煩惱」即解「菩提」。如「煩惱性」即「菩提性」。

(3)是菩薩「安住正念」，無有一法可作「分別」，無諸障礙。

(4)菩能解了「正住法性」，如「住法性」即「住眾生性」。

(5)如「住眾生性」即「住虛空性」，如「住虛空性」即「住一切法性」。

《大乘瑜伽金剛性海曼殊室利千臂千鉢大教王經·卷第七》

(1)覺者「佛」也，覺諸有情，聖智相應，是名眾生「本自覺」也。

(2)覺「本心源」；即名了見「煩惱性」者，是名「菩提性」也。

(3)「菩提性」者，則是「法身佛」也……佛言「本來清淨」故，是名「本覺」。覺「本淨性」清徹無處，是故名為「法身智身」滿足故。

《大乘瑜伽金剛性海曼殊室利千臂千鉢大教王經·卷第八》

(1)何以故「煩惱者」則是「菩提性」？以「煩惱性」修進「真如」得到「菩提」。

(2)是故菩薩於一切「有情」上教化引發一切「眾生」。自利、利他，令行如來「真如實性」順忍空故。

(3)於一切「法性」中「非陰、非界、非入、非不入」，非「眾生」，亦不「非眾生」。

(4)「非一、非二」，非「我、人」，三世因果達「實性」故。

《金剛場陀羅尼經》

(1)文殊師利！「無明」是「菩提」，是「陀羅尼」法門。

(2)文殊師利言：世尊！云何「無明」是「陀羅尼」法門？

(3)佛告文殊師利：以無有「明」，故名為「無明」。以「無明」故，是故「不生」。以「無生」故，無「煩惱」。

(4)文殊師利！「無煩惱」者；是名「菩提」，本性清淨，無有「著處」，無有「生處」。

(5)以是義故，文殊當知！如來常於「處處經」中，廣說「無明、菩提」無二法門。

《大方等如來藏經》

(1)善男子！一切眾生，雖在諸趣「煩惱身」中，有「如來藏」，常「無染污」，德相備足，如「我」(我佛如來)無異……

(2)善男子！諸佛法爾，若佛出世，若不出世，一切眾生「如來之藏」常住不變，但彼眾生「煩惱覆」故。

《大方等如來藏經》

(1)如來應供正遍知以「如來眼」觀見「一切有情」具「如來體」，為「煩惱皮」之所苞裹，若能「悟解」，則成正覺……

(2)彼「如來藏」處在一切「煩惱」之中，如來為彼有情「除煩惱皮」，令其「清淨」而成於「佛」。

《楞嚴經‧卷九》

(1)佛告阿難及諸大眾：汝等當知有漏世界(之)十二類生，「本覺」(本性清淨之覺)妙明(勝妙明淨)，覺圓(本覺圓滿)心體(心性之體)，與十方佛無二無別。

(2)由汝妄想(虛妄亂想)，迷理(正法真理)為咎，癡愛發生。生發遍「迷」，故有「空性」(虛空之性)，化迷(迷妄變化)不息，有「世界生」。

翻譯：

　　佛告訴阿難及與會諸大眾說：你們應當知道，這個「有漏」的「依報」世界，其中有「十二類」正報的有情眾生，他們本性清淨之覺是「勝妙明淨、本覺圓滿」的心性之體，與十方諸佛是無二無別的。

由於你心生發生「無明」的「虛妄亂想」，迷失在「正法真理」的錯誤中，種種的「愚癡愛染」便由此發生。這種「愚癡迷昧」遍處發生後，相對的就會有「虛空之性」產生(如

《楞嚴經・卷六》云：迷妄有虛空)。

《楞嚴經・卷二》

(1)一切眾生從無始來，迷己為「物」，失於「本心」(本元真心)，為「物」所轉，故於是(本元真心)中，(妄自)觀大觀小。

(2)若能「轉物」，則同「如來」。

翻譯：

　　佛說：一切眾生，從久遠的無始劫以來，就迷失在自己所「變現」的「外物」上，一直將此「外境」當作是「心外」實有之物。從此失去了「本元真心」，進而被這些「外境之物象」所動搖轉化(若為物所「轉」，此即是「背覺合塵」)，故在這「本元真心」中妄自「觀大、觀小」。如果能夠「迴轉」(若能「轉」物，此即是「背塵合覺」)自心所變現的這些「外物」，了解「諸法實相」的意義，找回自己的「真心」，則其智覺便同於「如來」一樣。

《大般涅槃經・卷第三十五》

(1)若言「眾生」中別有「佛性」者，是義不然。何以故？

(2)「眾生」即「佛性」，「佛性」即「眾生」。

《佛心經品亦通大隨求陀羅尼・卷上》

(1)爾時如來說偈曰：一切諸身中，莫過於「佛體」。所有要妙法，無過諸「佛心」。將「心」示眾生，「眾生」即「佛體」。如此大聖力，菩薩不能知。

(2)有劫恆河沙，我始一付屬。若能依修者，即同我此身。若不依我心，猶如水泡幻。

《大乘理趣六波羅蜜多經・卷第一》

(1)彼「業煩惱」住何處？常居妄想「無明」源。

(2)「妄想之心」何所居？恆在「無為淨心」住。

(3)「蘊處界」三假施設，一切法性「本無住」。

(4)「業惑」相持如「地水」，妄想轉動猶如「風」，

(5)「心性本淨」如虛空，妄想依「空」無所有。

(6)「煩惱業苦」從「妄」起，「業苦」還為煩惱因。

(7)惑業循環「無定居」(沒有一定的處所可居住)，「無因無緣」無所會。

(8)無生無滅「性空寂」，本體光明「智清淨」。

(9)自性(諸法的自性)「無生」無變異，「煩惱無明垢」所覆。

(10)亦如醫眼見「二月」，眾生二執亦復然。

《大乘理趣六波羅蜜多經・卷第一》

(1)「煩惱」猶如「眾蜜蜂」，其「蜜」即喻「如來藏」。

(2)此「蜜」(喻如來藏)眾蜂(喻煩惱)共圍遶，智者護身能取「蜜」。

《文殊師利所說不思議佛境界經・卷上》

(1)爾時世尊復語文殊師利菩薩言：

(2)童子！若「佛境界」即於一切眾生「煩惱」中求者。諸佛境界有「去來」乎？

(3)文殊師利菩薩言：不也！世尊！諸佛境界「無來無去」。

(4)佛言：童子！若諸佛境界「無來無去」者，云何而言若正了知「眾生煩惱」，即是「諸佛境界」耶？

(5)文殊師利菩薩言：世尊！如諸佛境界「無來無去」，諸「煩惱自性」亦復如是「無來無去」。

(6)佛言：童子！何者是諸「煩惱自性」？

(7)文殊師利菩薩言：世尊！「佛境界自性」，即是諸「煩惱自性」。

世尊！若「佛境界自性」"異"諸「煩惱自性」者，「如來」則非平等正覺。

以「不異」故，於一切法平等正覺說名「如來」。

《大集大虛空藏菩薩所問經・卷第五》

(1)如世尊說，若知「雜染」是則「清淨」，不斷「雜染」亦自「清淨」。何以故？「煩惱自性」本「清淨」故。

(2)如此「二法」名施設句，所謂「雜染」及以「清淨」，依「勝義際」所建立，故「勝義際」中「雜染、清淨」皆不可得。

(3)「勝義際」者名為「無際」，即彼「無際」名為「實際」……即「空際」……即「我際」……即「一切法際」。

(4)若知「一切法際、空際、寂靜際、極寂靜際、所有際門」，則於一切諸法「無所取著」，獲「無礙智」。

《佛說未曾有正法經・卷第三》

(1)妙吉祥言：「煩惱、聖道」亦復如是，此二不相待(煩惱與聖道二者不是完全相對待或相反)，亦不增不減，非住非不住。

(2)大王！「煩惱」平等，「聖道」亦平等。此二平等故，諸法皆平等。

(3)大王當知！煩惱「性空」，亦「無所住」。以「煩惱」故而得「聖道」。得「聖道」故「無復煩惱」。是故此二「不增不減」，亦「無差別」。

(4)王言：「煩惱、聖道」從何所生？

(5)妙吉祥言：從「心」所生。心若「不生」，「煩惱」無復生。「煩惱」不生，「聖道」無復生。

(6)是故當知「煩惱」如是觀，「聖道」亦如是觀，如是觀已則「心無所得」。

《佛說未曾有正法經・卷第五》

(1)復次大王！一切「法」與「法界」非即非離，本性平等，無有差別。若了是者，即於諸法「無所罣礙」，亦無「增減」……

(2)大王當知！諸法「寂滅」，無說、無示、無聞、無得。豈有「疑惑」而可除耶？

(3)王言：菩薩若如是者，「貪瞋癡」等一切煩惱，應不「礙心」耶？

(4)菩薩曰：大王！我先所說「虛空」本淨，非所染故，其義如是。

(5)大王！心本「清淨」，煩惱「性空」，二俱無得，何所礙耶？是故不應以「罪垢相」而生於「心」。

(6)大王當知！「過去心」不可得，「未來心」不可得，「現在心」不可得。乃至「一切法」，亦復如是。

(7)於三世中「無來、無去、無住、無著、無所入、無所歸」。離諸「妄想」，非「知見」所及。離「知見」法者，佛所說也。是故智者應如是觀如是解了。

《大乘本生心地觀經・卷第八》

(1)爾時佛告文殊師利菩薩言：若有善男子善女人，欲得修習三種「祕密成佛妙門」，早獲如來功德身者。當著菩薩「三十二種」大金剛甲，修此「妙觀」，必證如來「清淨法身」。云何名為「三十二甲」？

(2)一者：於無量劫為眾生故，不厭「生死」，「受苦」大甲。

(3)二者：誓度無量有情，乃至螻蟻，「不捨」大甲。……

(4)五者：永滅能起「有、無」二見一切煩惱，「金剛」大甲。……

(5)十三者：「生死、涅槃」無有二見，饒益眾生，「平等」大甲。……

(6)三十二者：一剎那心「般若」相應，悟三世法，「無餘」大甲，是名菩薩摩訶薩三十二種「金剛大甲」。

《大莊嚴法門經・卷下》(亦名《文殊師利神通力經亦名勝金色光明德女經》)

(1)佛言：長者子！菩薩當於「貪體性」中求於「菩提」，如是「瞋癡體」性中求於「菩提」，亦於一切「煩惱體性」中求於「菩提」。

(2)如是「貪瞋癡」等一切「煩惱」；「性空」無物，菩薩則於一切法中「智慧」行生。

(3)是故長者子！彼「貪瞋癡」性，無有「根本」，亦無「住處」，亦無「主者」，亦無「作

者」，內外清淨，空無所有。無我、無眾生、無壽命。

《大寶積經・卷第一百一十九》

(1)世尊！如來成就過於恒沙具解脫智不思議法，說名「法身」。

(2)世尊！如是「法身」不離「煩惱」，名「如來藏」。

(3)世尊！「如來藏」者，即是如來「空性之智」。

(4)「如來藏」者，一切「聲聞、獨覺」所未曾見，亦未曾得，唯佛了知及能作證。

《勝鬘師子吼一乘大方便方廣經》

(1)世尊！如是如來「法身」不離「煩惱藏」；名「如來藏」。

(2)世尊！「如來藏智」是「如來空智」。

(3)世尊！「如來藏」者，一切「阿羅漢、辟支佛、大力菩薩」，本所「不見」，本所「不得」。

「明妃」即是「五蘊自性」之緣現，故「明妃」即「性空」也

《佛說大悲空智金剛大教王儀軌經・卷第三》

(1)佛言……若於「妙樂」發「俱生喜」說是「自性」，一切所作是即「持戒」。

以「大悲」方便之所相應……

(2)時「金剛藏」復白佛言：世尊！持何等「戒」？住何「三昧」？

(3)佛言：一者、不應「殺害眾生」，當共一心，如護己有。

二者、無「不與」故，取他人「瓺𨫼好」(心愛之物，多指佩飾)。

三者、無「欲、邪行」，知本「性空」故。

四者、無虛妄語，「世、出世間」，發最上願。

註： 《佛說大悲空智金剛大教王儀軌經》即是藏密經典中的《喜金剛本續》。但裡面並沒有教人修「雙身法」的內容。

《佛說大悲空智金剛大教王儀軌經・卷第二》

(1)爾時佛告「金剛藏菩薩」言：彼日月時分者，謂以「勝惠」而能「揀擇」。最初「遏哩明妃」者，分別色相而各有異。於中「五位」安「五」。

(2)「明妃」即「五蘊」自性，修瑜伽者當如是觀。

《佛說大悲空智金剛大教王儀軌經・卷第二》(第三同卷)

(1)時「金剛藏菩薩」白佛言：世尊！為何等清淨？

(2)佛言：於「色」等境觀想，遠離「能取、所取」。所謂「眼取色、耳取聲、鼻取香、

舌取味、身取觸、意取妙樂」，應知是等「無餘」（沒有任何剩餘的）親近（意爲「執取」），是即清淨。

(3)説：①「金剛明妃」即「色蘊」清淨。

　　　②「遶哩明妃」即「受蘊」清淨。

　　　③「嚩哩明妃」即「想蘊」清淨。

　　　④「金剛拏吉尼」明妃即「行蘊」清淨。

　　　⑤「無我明妃」即「識蘊」清淨。

(4)外第二重「四方、上下」成就清淨者。謂：

　　　①「帝釋方遶哩明妃」即「色境」清淨。

　　　②「焰魔方阤哩明妃」即「聲境」清淨。

　　　③「水天方尾多梨明妃」即「香境」清淨。

　　　④「酤尾羅天方渴三摩哩明妃」即「味境」清淨。

　　　⑤「下方地行明妃」即「觸境」清淨。

　　　⑥「上方空行明妃」即「法境」清淨。

(5)又「地行、空行」二種明妃，從是「輪迴、涅槃」自性之所出生。

(6)外第二重「四隅」成就清淨者。謂：

　　　①「伊舍那方十葛西明妃」即「地大」清淨。

　　　②「火天方設嚩哩明妃」即「水大」清淨。

　　　③「迺哩底方贊拏哩明妃」即「火大」清淨。

　　　④「風天方弩彌尼明妃」即「風大」清淨。

　　　⑤「一十六臂」者即「一十六空」清淨。

　　　⑥「四足」即「四魔」清淨。

　　　⑦「八面」即「八解脱」清淨。

　　　⑧「三目」即「三金剛」清淨。

(7)説：①「金剛空智者」即「瞋」清淨。

　　　②「嚩哩明妃」即「貪」清淨。

　　　③「金剛拏吉尼明妃」即「嫉妬」清淨。

　　　④「遶哩明妃」即「兩舌」清淨。

　　　⑤「金剛明妃」即「癡」清淨。

(8)如是「蘊」等清淨出生次第，彼於是法（指以上所説諸明妃法）「棄捨」，真實無能成就，則為「蘊」等之所纏縛。

(9)若於「世間癡闇」“真實了知”，即於是「縛」而得「解脱」（意指若能於「明妃」諸法得其「真實之義」；則「明妃」即是「解脱」。此並非教人「棄捨明妃」而得「解脱」；而是教人「觀照明妃無實自性」，或「轉」明妃之「染污」而得「解脱」。不解佛法者，常誤解成我們必須要去修「實體明妃」之「雙身法」。此乃佛法最大之忌）。

(10)是故「非色、非聲、非香、非味、非觸、非法」，亦「非世間」，「心清淨」故，即「一切清淨」。

《佛説大悲空智金剛大教王儀軌經‧卷第四》(第五同卷)

(1)爾時「無我明妃」等，聞佛語已，心生疑惑，得大恐怖，悶絕躄地。

(2)時會見已語「金剛明妃」等言，是「地、水、火、風、空」，此「五大種」，唯佛「知覺」。

(3)時「無我明妃」如夢所聞，從地而起，白言世尊：如是眾生，云何為諸「垢染」之所覆藏？能除是等，名「正覺」者。

(4)世尊！如是真實，無有虛妄。

(5)佛言：如無智人，飲「𣗪𡆩囉挐藥」，極生惛醉。若離「癡愛」是即解脫。

(6)若人於「金剛空智」信樂多聞，了知「出離」方便，斷「無明縛」，不生「執取」。於天、人、阿修羅、地獄、餓鬼、畜生；起「大覺悟」。無「眾生相」，當成「正覺」。

《大毘盧遮那成佛經疏‧卷第十二》

(1)破除一切「無明煩惱」之闇故，名之為「明」。然「明」及「真言」，義有差別。若「心口」出者；名「真言」。

(2)從一切「身分」任運生者，名之為「明」也。

(3)由「增長義」故，「女聲」呼之。如王以「尊位」故，其「妃」亦復尊重，故云「明妃」也……佛為修「真言行」者，欲令「眾緣」具足，速得「無上道」故。復從「甘露」生「三昧」起，說此「明妃」也……

(4)佛於「三昧」中現「此「明妃」也。口說名「真言陀羅尼」(男聲也)，身現曰「明」。以此善男子！「明妃、如來」身，無二境界。

(5)由是力故，佛菩薩大名稱，得無礙法。能苦除滅者，言此「明妃」者即同「如來之身」。若不悟此理，無由成佛。

(6)若證「無相、無礙」理，即是於法而得「自在成就菩提」。

(7)如是「無相」，即是如來甚深境界，唯佛與佛乃能知之，故言是「佛境界」也。十方三世佛及菩薩，由入此門故……

(8)「妃」者，如「世女人」能生「男女」，令種胤不絕。此「明」能生一切如來所有功德，故義云「妃」也。

(9)行者修「真言行」時，雖如上有種種方便，然須持此「明妃」(持誦「明妃」等諸咒語的定義為

➔此「明」能生出一切如來所有的功德，故名為「妃」)。若不爾者，眾德不具也。

《宗鏡錄‧卷第十六》

(1)舉譬，如一人身有手足，一切人皆有「手足」，是以「不了」此「一心」，皆成「二見」。

(2)若「凡夫」執著此心，造「輪迴業」。「二乘」厭棄此心，求灰「斷果」。

(3)又「凡夫」無眼，將「菩提智」照，成「煩惱」火燒。

　　如「大富盲兒」，坐寶藏中，舉動罣礙，為寶所傷。

(4)「二乘」將如來「四德」祕藏，為「無常五陰」，謂是「賊虎龍蛇」，怕怖馳走。

　　「縛、脫」雖殊，「取、捨」俱失。

(5)若諦了「通達」之者，「不起、不滅、無得、無生」。了此「妄心」，念念「無體」，從何起執？念念「自離」，不須「斷滅」。尚不得「一」？何況「二」乎？

《宗鏡錄・卷第十五》

(1)故云：念念「釋迦出世」，步步「彌勒下生」。何處於「自心」外，別求祖佛？

(2)則知眾生「佛智」，本自具足。若欲「起心別求」？即成「遍計之性」。

(3)故六祖云：本性「自有般若之智」，自用「智慧觀照」，不假「文字」。若如是者，何用「更立文字」？

(4)今為「未知」者，「假以文字」指歸，令「見自性」。

　　若「發明」時，即是「豁然」（開豁了然），還得（回還復得）本心（本來真心）。

(5)於「本心」中，無法不了。故云「悟無念法」者，萬法盡通。

　　悟「無念法」者，見諸佛境界。

(6)是知若入「無念」法門，成佛不出「剎那」之際。

(7)若「起心求道」，徒勞神於「塵劫」之中。

《宗鏡錄・卷第十五》

(1)「無法」之法，是名「真法」。

(2)「無覺」之覺，是名「真覺」。

　　則妙性「無寄」，天真朗然。

《大方廣佛華嚴經・卷第十六》

佛法「不可覺」，了此名「覺法」。諸佛如是修，「一法」不可得。

第二十七節　一般若能生八萬四千智慧。無念、無憶、無著。不取、不捨

《敦博本》與《敦煌本》對校版原文	《宗寶本》原文
	『二十八』
1善知識！我此法門，從「一般若」生「八萬四千智慧」。何以故？	善知識！我此法門，從「一般若」生「八萬四千智慧」。何以故？
2為世人（皆）有「八萬四千塵勞」。若無「塵勞」（煩惱），（則）「般若」常在，不離「自性」。	為世人（皆）有「八萬四千塵勞」。若無「塵勞」（煩惱），（則）「智慧」常現，不離「自性」。
3（能）悟此（般若）法者，即是「無念、無憶、無著」。莫起「誑妄」，即自是「真如性」（即自性便具有如是真如佛性的妙用）。	（能）悟此（般若）法者，即是「無念、無憶、無著」。不起「誑妄」，用自「真如性」（即能隨緣妙用自性所具的真如佛性）。
（需）用「智慧」觀照（觀察照見），（若能）於一切法「不取」（喻「不即」）、不捨（喻「不離」），即（是）「見性」成佛道。	（需）以「智慧」觀照（觀察照見），（若能）於一切法「不取」（喻「不即」）、不捨（喻「不離」），即是「見性」成佛道。

何謂「從一般若生八萬四千智慧」？請從佛典來解釋此段的義理

《佛說仁王般若波羅蜜經·卷上》

於諸法而「不動、不到、不滅、無相、無無相」，一相法亦「如」也，諸「佛法僧」亦「如」也，是即「初地」一念心，具足「八萬四千般若」波羅蜜。

《菩薩瓔珞本業經·卷下》

(1)佛子！「發心住」者，是上進分善根人。若一劫、二劫、一恒、二恒、三恒佛所，行「十信心」信三寶，常住「八萬四千般若」波羅蜜。

(2)一切行、一切法門皆習、受行。常起信心，不作「邪見、十重、五逆、八倒」。

《勝天王般若波羅蜜經·卷第一》

(1)菩薩摩訶薩，一切境界，無有一法不通達者，修行如是「智」波羅蜜，「二乘外道」不能掩蔽。

(2)以「智」觀察，從「初發心」至入「涅槃」，皆悉明了。

(3)能以「一法」知「一切境」，「一切境界」即是「一法」。何以故？「如如一」故。

(4)不見我「能修」及「所修法」，「無二無別」，「自性離」故。是名菩薩摩訶薩行「般若」波羅蜜，通達「智」波羅蜜。

《小品般若波羅蜜經‧卷第九》

(1)<u>阿難</u>！若欲稱量「般若」波羅蜜，即是稱量「虛空」。何以故？是般若波羅蜜「無量」故⋯⋯

(2)世尊！何因緣故，「般若」波羅蜜「無量」？

(3)<u>阿難</u>！般若波羅蜜，無盡故「無量」，「般若」波羅蜜，「離」；故「無量」。

(4)<u>阿難</u>！過去諸佛皆從「般若」波羅蜜出，而「般若」波羅蜜「不盡」。

(5)未來諸佛皆從「般若」波羅蜜出，而「般若」波羅蜜「不盡」。

(6)現在無量世界諸佛皆從「般若」波羅蜜出，而「般若」波羅蜜「不盡」。

(7)是故，「般若」波羅蜜「已不盡、今不盡、當不盡」。

(8)<u>阿難</u>！若人欲「盡」般若波羅蜜，為欲盡「虛空」。

第二十八節　但持《金剛經》即得「見性」，入「般若三昧」。大龍喻諸佛菩薩

《敦博本》與《敦煌本》對校版原文	《宗寶本》原文
	『二十九』
1善知識！若欲入「甚深法界」，入「般若三昧」者，直須修「般若波羅蜜」行。但持《金剛般若波羅蜜經》一卷，即得「見性」，入「般若三昧」。	善知識！若欲入「甚深法界」，及「般若三昧」者，須修「般若行」。持誦《金剛般若經》，即得「見性」。
當知此人功德無量，(金剛)經中分明讚嘆，不能具說。此是「最上乘法」，為「大智上根人」說。小根之人若聞(般若)法，心不生信。	當知此(金剛)經功德無量無邊，經中分明讚嘆，莫能具說。此法門是「最上乘」，為「大智人」說，為「上根人」說。小根小智人聞(般若)，心生不信。
2何以故？譬如「大龍」(此喻諸佛菩薩)，若下大雨(此喻般若大法)，雨ㄥㄣ(雨降)於「閻浮提」(此喻小乘根器者)，(將會造成所有的)城邑聚落，悉皆漂流，如漂草葉(因小乘根器無法承受般若最上勝之法，就如城邑聚落被大水所淹而到處漂流，又如草葉隨意亂漂浮在水面上一樣)。	何以故？譬如「大龍」(此喻諸佛菩薩)下雨(此喻般若大法)於「閻浮提」(此喻小乘根器者)，城邑聚落，悉皆漂流，如漂棗(《房山石經》作「棗」字，古同「棗」)葉(因小乘根器無法承受般若最上勝之法，就如城邑聚落被大水所淹而到處漂流，又如棗葉隨意亂漂浮在水面上一樣)。
若下大雨，雨ㄥㄣ(雨降)於「大海(此喻大乘菩薩根器者)，不增不減(因大乘菩薩根器者足堪承受般若最上勝之法，故不會像小根器的閻浮提一樣；會導致城邑聚落被大水所淹而到處漂流，又如草葉隨意亂漂浮在水面上一樣)。	若雨ㄥㄣ(雨降)「大海」(此喻大乘菩薩根器者)，不增不減(因大乘菩薩根器者足堪承受般若最上勝之法，故不會像小根器的閻浮提一樣；會導致城邑聚落被大水所淹而到處漂流，又如棗葉隨意亂漂浮在水面上一樣)。
若(是修學)大乘(根器)者，(一)聞說《金剛經》，心(即獲)開悟解。	若(是修學)大乘(根器)人，若「最上乘」人，(一)聞說《金剛經》，心(即獲)開悟解。
3故知「本性」自(具)有「般若之智」，(只	故知「本性」自(具)有「般若之智」，(只

(需)自用「智慧」觀照(觀察照見)，(則可)不假「文字」。	(需)自用「智慧」，常(生)觀照(觀察照見)故，(則可)不假「文字」。
4譬如其雨水(此喻「自性」之般若智慧)，不從「天」有(此喻非從「天外」來)。原是「龍王」(此喻諸佛菩薩)於江海中，將身引此水(此喻諸佛菩薩將「自身心性所現之般若」雨水)，(導引此水能)令一切眾生，一切草木，一切有情、無情，悉皆蒙潤(此喻所有「有情」與「無情」皆能蒙諸佛菩薩最殊勝「般若智慧」之潤澤)。	譬如雨水(此喻「自性」之般若智慧)，不從「天」有(此喻非從「天外」來)。原是「龍」(此喻諸佛菩薩)能興致(諸佛菩薩能興起「自性之般若」雨水)，(導致能)令一切眾生，一切草木、有情、無情，悉皆蒙潤(此喻所有「有情」與「無情」皆能蒙諸佛菩薩最殊勝「般若智慧」之潤澤)。
諸水眾流(此喻種種法門)，卻入「大海」(此喻「般若大海」)，「海」(此喻「般若大海」)納「眾水」(種種法門)，合為一體(所有法門皆匯為一個「般若空性」之體)。	百川眾流(此喻種種法門)，卻入「大海」(此喻「般若大海」)，合為一體(所有法門皆匯為一個「般若空性」之體)。
眾生「本性般若之智」，亦復如是。(此喻種種法門皆能匯入眾生「本性所具」之般若智。眾生「本性所具」之般若智亦能現出種種法門之妙用)	眾生「本性般若之智」，亦復如是。(此喻種種法門皆能匯入眾生「本性所具」之般若智。眾生「本性所具」之般若智亦能現出種種法門之妙用)
註： 本段的註解與譯文乃參考下面三部經，請自行參之。 《佛說如來興顯經・卷第二》(《大正藏》第十冊頁 603 中) 《思益梵天所問經・卷第四》(《大正藏》第十五冊頁 57 下) 《勝思惟梵天所問經・卷第六》(《大正藏》第十五冊頁 91 中)	

惠能大師為何要我們學習「般若」法門的理由？

《大般若波羅蜜多經・卷五百六十四》

(1)佛告**善現**！假使三千大千世界，一切有情，皆成菩薩。一一皆以上妙樂具，盡壽供養一切有情。於意云何？是諸菩薩由此因緣得福多不？

(2)**善現**對日：甚多！世尊！

(3)佛告**善現**！若有菩薩修學「般若」波羅蜜多如「彈指頃」，其福勝彼，無量無邊。所

以者何？

(4)甚深「般若」波羅蜜多具大義用，能攝無上正等菩提。

(5)是故善現！若諸菩薩欲證「無上正等菩提」。欲為一切有情上首，欲普饒益一切有情，欲為一切有情依怙，欲證「一切圓滿佛法」，欲行諸佛所行境界，欲遊戲佛所遊戲處，欲作諸佛大師子吼，欲以一音為三千界一切有情宣說「正法」，普令一切獲大饒益，當學「般若」波羅蜜多。

《大智度論・釋校量舍利品・三十七》（卷五十九）

(1)佛說十二部經，則無不備具。云何善男子，但受持讀誦「般若」，與「佛」等無異？

(2)答曰：此中佛欲稱歎「般若」為大故，於十二部經中「般若」為最勝。

《大智度論・釋初品中般若波羅蜜・第二十九》（卷第十八）

(1)諸佛及菩薩，能利益一切。

(2)「般若」為之「母」，能出生養育。佛為「眾生父」，「般若」能生佛。是則為一切，眾生之「祖母」。

(3)「般若」是一法，佛說種種名。隨諸眾生力，為之立「異字」。

(4)若人得「般若」，「議論心」皆滅。譬如日出時，朝露一時失。

《文殊師利所說般若波羅蜜經》

佛告文殊師利：

(1)我本行菩薩道時，修諸善根，欲住「阿惟越致地」（不退轉菩薩），當學「般若」波羅蜜。

(2)欲成「阿耨多羅三藐三菩提」，當學「般若」波羅蜜。

(3)若善男子、善女人，欲解一切法相，欲知一切眾生心界皆悉同等，當學「般若」波羅蜜。

(4)文殊師利！欲學一切佛法，具足「無礙」，當學「般若」波羅蜜。

(5)欲學一切佛成「阿耨多羅三藐三菩提」時，相好威儀無量法式，當學「般若」波羅蜜。

(6)欲知一切佛不成「阿耨多羅三藐三菩提」一切法式及諸威儀，當學「般若」波羅蜜。何以故？是「空法」中，不見諸佛菩提等故。

(7)若善男子、善女人，欲知如是等相無疑惑者，當學「般若」波羅蜜。何以故？「般若」波羅蜜，不見諸法若生、若滅、若垢、若淨。是故善男子、善女人，應作如是學「般若」波羅蜜。

(8)欲知一切法無「過去、未來、現在」等相，當學「般若」波羅蜜。何以故？法界性相，無「去、來、現在」故。

(9)欲知一切法同入「法界」，心無罣礙，當學「般若」波羅蜜。

(10)欲得三轉十二行法轉，亦自證知而不「取著」，當學「般若」波羅蜜。

(11)欲得「慈心」遍覆一切眾生而無限齊，亦不作念「有眾生相」，當學「般若」波羅蜜。

(12)欲得於一切眾生不起「諍論」，亦復不取「無諍論相」，當學「般若」波羅蜜。

(13)欲知「是處、非處、十力、無畏」，住佛智慧，得無礙辯，當學「般若」波羅蜜。

《文殊師利所說摩訶般若波羅蜜經・卷下》

(1)佛告文殊師利：若比丘、比丘尼、優婆塞、優婆夷，欲得不墮惡趣，當學「般若」波羅蜜。一、四句偈，受持讀誦，為他解說，隨順實相。

(2)如是善男子、善女人，當知決定得「阿耨多羅三藐三菩提」，則住「佛國」。

(3)若聞如是「般若」波羅蜜，不驚不畏，心生信解。當知此輩，佛所「印可」，是佛所行「大乘法印」。若善男子、善女人，學此「法印」，超過「惡趣」，不入「聲聞、辟支佛道」，以超過故。

《勝天王般若波羅蜜經・卷四》

(1)舍利弗！菩薩摩訶薩以「般若」波羅蜜方便力故，無諸「怖畏」。何以故？

(2)「執金剛神」常守護故，若行、若立、若坐、若臥，恆不遠之。

(3)舍利弗！菩薩摩訶薩聞說深「般若」波羅蜜，心不驚、不怖、不疑、不悔，當知是人已得「授記」。何以故？

(4)信受「般若」波羅蜜，「近佛境界」故。以此一心，則能通達一切佛法，達佛法故利益眾生，不見「眾生」與「佛法」異。何以故？理無二故。

《大般若波羅蜜多經・卷三百四十六》

(1)慶喜當知，除此「般若」波羅蜜多甚深經典，(若有)受持「諸餘我所說法」(例如有關消災祈福、消業、偏重於求財求子的「佛經」)，設有「忘失」，其罪猶小。若於「般若」波羅蜜多甚深經典，不善「受持」，下至「一句」，有忘失者，其罪甚大！

(2)慶喜當知，若於「般若」波羅蜜多甚深經典，下至「一句」，能善受持，不忘失者，獲福無量。若有於此不善「受持」，下至「一句」，有「忘失」者，所獲重罪同前福。

《金剛經》

當知是「經義」，不可思議，「果報」亦不可思議。

《金剛經》

於後末世，有「受持、讀誦」此經，所得功德，我若具說者，或有人聞，心即狂亂，狐疑不信。

《金剛經》

一切諸佛及諸佛「阿耨多羅三藐三菩提法」，皆從此經(此指與「般若」有關的任何一部經典皆算)出。

《金剛經》

如來為發「大乘」者説，為發「最上乘」者説。

佛亦用「世論言說」為眾生說法，此乃佛「自證聖智」之方便流佈。「世論言說」仍屬「不來不去、不生不滅」也

《大乘入楞伽經・卷第五》

(1)爾時大慧白言：世尊！若「盧迦耶」(古印度婆羅門教之支派，主張隨順世俗，倡導唯物論之快樂主義)所造之「論」，種種「文字、因、喻、莊嚴」，執著「自宗」，非「如實法」，名外道者。

(2)世尊亦説「世間之事」，謂以種種「文句言詞」廣説。十方一切國土天人等眾而來集會，非是「自智所證之法」。世尊亦同「外道」説耶？

(3)佛言：大慧！我非「世説」，亦無「來、去」。我説諸法「不來、不去」。

(4)大慧！一切「言説」墮於「文字」。「義」則不墮，「離有、離無」故，「無生、無體」故。

(5)大慧！如來不説「墮文字法」。文字「有、無」，不可得故。唯除「不墮於文字者」。

諸法「離文字相」，故如來「不說一字、不答一字、不示一名」。如來雖"不即"「言說」，亦"不離"「言說」也。但隨眾生心而作種種方便說法

《大乘入楞伽經・卷第五》

(1)大慧！若人説法，「墮文字者」是虛誑説。何以故？諸法自性「離文字」故。

(2)是故大慧！我經中説，我與諸佛及諸菩薩「不説一字」、「不答一字」。所以者何？一切諸法「離文字」故。非(並非指)不隨「義」(完全不隨著義理)而分別説。

(3)大慧！若不説者，「教法」則斷。「教法」斷者，則無「聲聞、緣覺、菩薩、諸佛」。若總"無"者，誰説？為誰？

(4)是故大慧！菩薩摩訶薩應不著「文字」，隨宜説法。

(5)我及諸佛，皆隨眾生「煩惱、解欲」，種種不同而為開演。

　❶令知諸法「自心所見」。

❷無外境界。

❸捨二分別。

❹轉「心、意、識」。

❺非為成立「聖自證處」。（指「文字說法」乃非依「聖智」所得及「由內自證」所建立之處）

(6)大慧！菩薩摩訶薩，應隨於「義」，莫依「文字」。

(7)依「文字」者，墮於「惡見」。執著「自宗」而起「言說」。不能善了「一切法相文辭章句」。

(8)既自損壞，亦壞於他，不能令人「心得悟解」。

(9)若能善知一切「法相」，文辭句義，悉皆通達。則能令自身受「無相樂」，亦能令他「安住大乘」。

惠能大師用「大龍」下大雨於「閻浮提」的比喻方式來說明「大乘菩薩根器者，足堪承受「般若」最上勝之法，故不會像「小根器」的閻浮提一樣；會導致「城邑、聚落」被大水所淹而到處漂流，又如「棗葉」隨意亂漂浮在水面上一樣」。請從佛典來解釋此段的義理

--印度棗--

《妙法蓮華經・卷第三》

(1)**迦葉**！譬如三千大千世界，「山川、谿谷、土地」所生「卉木、叢林」及諸「藥草」，種類若干，名色各異。

(2)「密雲」彌布，遍覆三千大千世界，一時等澍，其「澤」普洽。

(3)「卉木、叢林」及諸「藥草」，「小根小莖、小枝小葉，中根中莖、中枝中葉、大根大莖、大枝大葉」，諸樹大小，隨「上、中、下」，各有所受。

(4)一雲所雨⌣，稱其「種性」而得生長「華菓敷實」。雖「一地」所生，「一雨」所潤，而諸草木，各有「差別」。……

(5)如來于時，觀是眾生諸根「利、鈍、精進、懈怠」，隨其所堪，而為說法。種種無量，皆令歡喜，快得善利……

(6)如彼「大雲」(此喻諸佛菩薩)，雨⌣ 於一切「卉木、叢林」及「諸藥草」(以上喻眾生有種種不同的種性根器)，如其「種性」(種性根器)，具足「蒙潤」，各得生長。

(7)如來說法「一相一味」……眾生住於「種種之地」，唯有如來如實見之，明了無礙。

(8)如彼「卉木、叢林、諸藥草」等(以上喻眾生有種種不同的種性根器)，而不自知「上、中、下性」(此指眾生有上中下的種性根器)。

(9)如來知是「一相一味」之法，所謂「解脫相、離相、滅相、究竟涅槃常寂滅相」，終歸於「空」。

《佛說如來興顯經・卷第二》

(1)復次佛子，海(中的)大龍王……雨⌣ 四天下，周遍大地。上達自在清明天宮，雲布覆蔭若干品類。又眾雲同，現如是像，種種別異……如是色像，時節大悅，自然龍風，普有所吹……雨⌣ 於「大海」，莫所破壞……

(2)如是佛子！如來至真，以「無上慧」為大法王……普布法界，「法身」陰雲，靡不周遍，(如來)因其眾生所「信樂」者，而(作種種)「示現」之。

　①(如來)或為眾生，頒宣暢示「最正覺身」，而興法雨。

　②(如來或)現「變化身」，放「法雲雨」。

　③(如來或)現「建立身」，而降「法雨」。

　④(如來或)現「色像身」，若干品雨。

　⑤(如來或)現「功德身」，而演雲雨。

　⑥(如來)或復示現「慧身雲雨」。

　⑦(如來)或復隨俗，示現其身。

　⑧(如來具)有「十種力」，或復現身……或現「法界」而無「身形」。

(3)是為「大聖」法身陰雨，普遍世界。隨其音聲之所信樂，而為眾生演其光耀……

如來則為演大法雨，普遍法界，靡所不達。

《思益梵天所問經・卷第四》

(1)爾時大迦葉白佛言：世尊！譬如諸「大龍」(此喻諸佛菩薩)，若欲雨時，(則)雨ˇ 於「大海」(此喻大乘菩薩根器者)；此諸菩薩亦復如是，以「大法雨」(般若大法)雨ˇ 「菩薩心」。

(2)佛言：迦葉！如汝所説，諸「大龍王」(此喻諸佛菩薩)所以不雨ˇ 「閻浮提」(此喻小乘根器者)者，非(大龍王)有悋(嗇)也，但以其(閻浮提之)地「不堪受」故。所以者何？

(3)「大龍」(此喻諸佛菩薩)所雨ˇ (般若大法)，澍(雨降)如車軸(喻雨非常密集)，若其雨ˇ 者，(將令)是「閻浮提」(此喻小乘根器者)及「城邑、聚落、山林、陂池」，悉皆(遭)漂流，(亦)如漂「棗葉」(像棗葉隨意亂漂浮在水面上一樣)。是故大龍(此喻諸佛菩薩)不雨ˇ 「大雨」(般若大法)於「閻浮提」(此喻小乘根器者)。

(4)如是，迦葉！此諸「菩薩」所以不雨ˇ 「法雨」(般若大法)於餘眾生者(此喻小乘根器者)，亦無悋(嗇)心，以其「器不堪受」如是等法(此喻般若大法)。是故此諸「菩薩」但於甚深「智慧」無量大海「菩薩」心中，雨ˇ 如是等不可思議無上「法雨」。

(5)迦葉！又如「大海」(此喻大乘菩薩根器者)，堪受大雨(此喻般若大法)，澍(雨降)如車軸(喻雨非常密集)，不增不減(大海是湛受「大雨」的，就算雨降如車軸般的密集，大海不會因此而增加，也不會因此而減少，大海仍是「不增不減」的。大乘根器者乃堪受「般若大法」，不會像小乘根器的閻浮提一樣；會導致城邑聚落被大水所淹而到處漂流，又如棗葉隨意亂漂浮在水面上一樣)。

(6)此諸菩薩亦復如是，若於一劫、若復百劫，若聽(般若大法)、若説(般若大法)，其(般若大乘大)法(乃)湛然(常住)，不增不減。

(7)迦葉！又如大海(此喻大乘菩薩根器之「般若大海」)，(能容納)百川眾流(此喻種種法門、種種議論)入其中者(皆匯入大乘菩薩根器之「般若大海」)，同一鹹味(此喻同為一「般若性空」之味)。此諸菩薩亦復如是，(就算聽)聞種種法、(想聞)種種「論議」者，皆能信解為一「空味」(為一個「般若空性」之味)……

(8)迦葉！又如大海，(能)集無量水；此諸菩薩亦復如是，(能)集「無量法」、無量「智慧」，是故説諸「菩薩心」如「大海」。

(9)迦葉！又如大海，積聚種種無量珍寶；此諸菩薩亦復如是，入種種法門，集諸法寶，種種行道，出生無量法寶之聚。

(10)迦葉！又如大海，有三種寶：一者「少價」。二者「有價」。三者「無價」。此諸菩薩所可説法亦復如是，隨諸眾生根之利鈍令得解脱。

有以「小乘」而得解脱。

有以「中乘」而得解脱。

有以「大乘」而得解脱……

(11)於是大迦葉白佛言：世尊！「大海」雖深，尚可測量，此諸菩薩不可測也。

(12)佛告迦葉：三千大千世界微塵，猶可數知，此諸菩薩功德無量不可數也。

《勝思惟梵天所問經・卷第六》

(1)爾時慧命大迦葉，在大會坐而白佛言：世尊！譬如「大龍」(此喻諸佛菩薩)，若欲雨(般若大法)時，(則)雨↳ 於「大海」(此喻大乘菩薩根器者)，不雨↳「餘處」(此喻小乘根器者)……

(2)大龍(此喻諸佛菩薩)所雨↳ (般若大法)，澍(降雨)如車軸(喻雨非常密集)，「閻浮提」(此喻小乘根器者)中不能容受。

(3)若其(大龍)雨↳ (般若大法)者，是「閻浮提」(此喻小乘根器者)「城邑、聚落、山林、陂池」，皆悉(遭)漂流，(亦)如漂「棗葉」(像棗葉隨意亂漂浮在水面上一樣)。是故「大龍」(此喻諸佛菩薩)不以「大雨」(般若大法)雨↳「閻浮提」(此喻小乘根器者)。

(4)如是迦葉，此諸「菩薩」不雨↳「法雨」(般若大法)於餘眾生，亦無悋(會)妬(嫉)。但以其「器」不能「堪受」如是等法(此喻般若大法)。以是義故。此諸「菩薩」，但於甚深無量無邊「智慧大海」菩薩心中，雨↳ 如是等不可思議「無上法雨」(此喻般若大法)。

(5)迦葉！譬如大海(此喻大乘菩薩根器者)，堪受「大雨」(此喻般若大法)，澍(雨降)如車軸(喻雨非常密集)，**不增不減**(大海是湛受「大雨」的，就算雨降如車軸般的密集，大海不會因此而增加，也不會因此而減少，大海仍是「不增不減」的。大乘根器者乃堪受「般若大法」，不會像小乘根器的閻浮提一樣；會導致城邑聚落被大水所淹而到處漂流，又如棗葉隨意亂漂浮在水面上一樣)。

(6)此諸菩薩亦復如是，若於一劫，若復百劫，若聽(般若大法)、若說(般若大法)，其(般若大)法(乃)湛然(常住)，不增不減。

(7)迦葉！譬如大海(此喻大乘菩薩根器之「般若大海」)，四天下中，(能容納)百川眾流(此喻種種法門、種種議論)入其中者(皆匯入大乘菩薩根器之「般若大海」)，同一鹹味(喻同一「般若性空」之味)。此諸菩薩亦復如是，(就算聽)聞種種法、(聽聞)種種論義，皆能信解，皆為「一味」(為一個「般若空性」之味)，所謂「空味」(般若性空之味)……

(8)迦葉！譬如大海，(能)集無量水、集無量寶。此諸菩薩亦復如是，(能)集無量法、無量智慧、無量法寶，以是義故，說諸「菩薩心」大如「海」。

(9)迦葉！譬如大海，積聚種種無量珍寶；此諸菩薩亦復如是，一切皆入種種法門，集諸法寶，種種行道，出生無量法寶之聚。

(10)迦葉！譬如大海，生三種寶。一者「少價」。二者「大價」。三者「無價」。此諸菩薩所可說法，亦復如是，隨諸眾生「根之利鈍」令得解脫。
有以「小乘」令得解脫。
有以「中乘」令得解脫。
有以「大乘」令得解脫……

(11)爾時，大德迦葉白佛言：世尊！「大海」雖深，尚可測量，此諸菩薩，一切聲聞辟支佛等不能測量，是故說此諸「菩薩心」猶如「虛空」。

(12)**佛言迦葉**：恒河沙等諸世界中，大海之水，猶可測量。此諸菩薩「智慧大海」不可測量。

《佛説未曾有正法經・卷第一》

(1)**海意菩薩言**：菩薩「大智慧海」，萬法所歸「平等一味」，菩薩「多聞」總持諸法之性，「一味無異」。

(2)了知諸法「本真」，自性「非無所有」，從「緣生法」即「真實義」。

(3)種種「善根」之所從生，應知是法「不增不減」。本末之性，福利無盡。究竟寂滅，非斷非常，自「如實」知。

第二十九節　能悟「頓教大般若智法」即大智者。內外不住，除邪見與執心

《敦博本》與《敦煌本》對校版原文	《宗寶本》原文
	『三十』
1小根之人，聞説此「頓教」；猶如大地草木(其)根性自小者，若被「大雨」(喻大般若智)一沃ᵗ (澆；灌)，悉皆自倒(下)，不能增長。「小根之人」，亦復如是。	善知識！小根之人，聞此「頓教」；猶如草木(其)根性小者，若被「大雨」(喻大般若智)，悉皆自倒(下)，不能增長。「小根之人」，亦復如是。
2(小根之人亦)有「般若之智」，(此)與「大智之人」亦(本)無差別。 因何(小根者)聞法即不(能開)悟？ 緣(因爲)「邪見」障重(罪業障礙深重)，「煩惱」根深(根結甚深)。 猶如大雲(喻邪見者)，(能)蓋覆於日，(若)不得風吹(走大雲)，(則)日無能(顯)現。	(小根之人亦)原有「般若之智」，(此)與「大智人」更無差別。 因何(小根者)聞法(卻)不(能)自開悟？ 緣(因爲)「邪見」障重(罪業障礙深重)，「煩惱」根深(根結甚深)。 猶如大雲(喻邪見者)，(能)覆蓋於日，(若)不得風吹(走大雲)，(則)日光不(顯)現。
3「般若之智」亦無「大、小」。 (只)為一切眾生，自有「迷心」， 「外修」覓佛(往外覓佛貪著外相的修行方式)。	「般若之智」亦無「大、小」。 (只)為一切眾生自心，(有)「迷、悟」不同。(若)迷「心外見」，修行覓佛(往外覓佛貪著外相的修行方式)。
(若)未悟「自性」，即是「小根人」(根器者)。 (若能得)聞其「頓教」，(則將)不信(不再執著相信)「外修」(往外覓佛貪著外相的修行方式)。 但(須)於「自心」，令「自本性」(自己的本性)，常(生)起「正見」。 (則)一切「邪見」煩惱，塵勞眾生(塵俗勞務纏身的眾生)，當時盡(能得)「悟」。	(若)未悟「自性」，即是「小根」(根器者)。 若(能自性)開悟「頓教」，(則將)不執「外修」(往外覓佛貪著外相的修行方式)。 但(須)於「自心」(自己的本心)，常(生)起「正見」。 (則)煩惱塵勞，常不能「染」，
4猶如大海，(能)納於眾流，(無論是)小	

水、大水，(皆能)合為一體， (此)即是(明心)見性(的最高境界)。	(此)即是(明心)見性(的最高境界)。 善知識！
內、外「不住」(內在的起心動念與外相的境界 都不執著)，來去自由。 能除「執心」(執著的心)，(便能)通達(諸法 而)無礙。 (若)「心」修此行(心念不離修行的「言行合一」)， 即(能)與《般若波羅蜜經》本無差別。	內、外「不住」(內在的起心動念與外相的境界 都不執著)，去來自由。 能除「執心」(執著的心)，(便能)通達(諸法 而)無礙。 (若)能修此行(心念不離修行的「言行合一」)， (即能)與《般若經》本無差別。

《金剛經》上說那些人是不能聽聞「般若法門」的人？

一、樂ㄠˋ小乘法者，不發大乘菩薩心者、信解低劣的人

《金剛經》第15分

羅什譯本：

若樂ㄠˋ(喜好)「小法」者，著我見、人見、眾生見、壽者見，則於此經，不能聽受、讀誦、為人解說。

玄奘譯本

善現！如是法門，非諸「下劣信解」有情所能聽聞，非諸我見、非諸有情見、非諸命者見、非諸士夫見、非諸補特伽羅見、非諸意生見、非諸摩納婆見、非諸作者見、非諸受者見所能聽聞。

二、有我見、人見、眾生見、壽者見的人

《金剛經》第15分

羅什譯本

若樂小法者，著「我見、人見、眾生見、壽者見」，則於此經，不能聽受、讀誦、為人解說。

玄奘譯本

善現！如是法門，非諸下劣信解有情所能聽聞，非諸「我見」、非諸「有情見」、非諸「命者見」、非諸「士夫見」、非諸「補特伽羅見」、非諸「意生見」、非諸「摩納婆見」、非

諸「作者見」、非諸「受者見」所能聽聞。

三、沒有發菩薩誓願的人

《金剛經》第15分

<u>達摩笈多譯本</u>

不「菩薩誓」眾生，能聞受若、持若、讀若、誦若，無是處有。

四、沒有善根、福報的人

《金剛經》第6分

<u>羅什譯本</u>：

當知是人，不於一佛、二佛、三、四、五佛而種善根，已於無量千萬佛所「種諸善根」。

<u>玄奘譯本</u>：

復次，<u>善現</u>！彼菩薩摩訶薩，非於一佛所承事供養，非於一佛所「種諸善根」。

五、對「般若法門」無法生起「清淨的信心」者

《金剛經》第6分

<u>羅什譯本</u>

聞是章句，乃至一念生「淨信」者。

<u>玄奘譯本</u>

<u>善現</u>！彼菩薩摩訶薩，於其非一、百、千佛所承事供養，於其非一、百、千佛所種諸善根，乃能聞說如是色經典句，當得一「淨信心」。

《妙法蓮華經‧卷一》

破法「不信」故，墜於「三惡道」。

「邪見障重，煩惱根深」導致聞法而不悟。請從佛典來解釋此段的義理

《諸經要集‧卷第十三》

(1)《地持論》云……今身「邪見」，遮(阻止；障礙)人「聽法誦經」，自不餐(聽聞)采(采用；取)，死即當墮「聾癡」地獄，於「退劫」(指極長久遠生生世世的時間)中，受諸「苦惱」。

(2)受苦既畢，墮畜生中，不聞「三寶、四諦」之聲，不知是善。殺害鞭打之聲，不知

是惡。在此之中無量生死。

(3)以本因緣，若遇「微善」，(始能)劣(恢)復「人身」，(但)生在人中，(獲)「聾、瞽ッ゚」(瞎)不聞，「石、壁」不異(沒有差別)。美言善響，「絕」不覺知。當知「阻礙聽法」，皆緣「邪見」生也。

(4)故《地持論》云：「邪見」之罪，亦令眾生墮「三惡道」。

(5)若生人中，得二種果報。一者生「邪見家」。二者「其心諂曲」。

(6)何故「邪見」墮於「地獄」？

(7)緣以「邪見」，唯向「邪道」，及以神俗，謗佛法僧，不崇三寶。

(8)既不崇信，斷人正路，致令遭苦，所以命終入「阿鼻獄」。

(9)何故「邪見」復為「畜生」？

(10)緣以「邪見」不識正理，所以出獄受「畜生」報。

(11)何故「邪見」復為「餓鬼」？

(12)緣此邪見「慳心、堅著」，乖僻不捨，不捨慳著，復為「餓鬼」。

(13)何故「邪見」生「邪見」家？

(14)緣此邪見「僻習纏心」，所以為人生「邪見家」。

(15)何故「邪見」其心「諂曲」？

(16)緣此「邪見」不中正故，所以為人「心常諂曲」，當知「邪見」十大苦也。

《佛說大乘隨轉宣說諸法經·卷中》

(1)佛告<u>文殊師利</u>：一切眾生邪見……常作十惡，行十邪見……

(2)一切「善法」當學，「如來」正等正覺「一切善法」平等具足。

(3)如是「師僧(人師之僧；眾僧之敬稱)、善友」歡喜，學「大乘教」，行「大乘行」，有「大勢力」。

(4)捨離於此，更無餘事。專心發願，「求法」最上……晝夜如是「學法」，一心供養。

(5)<u>文殊師利</u>！若諸眾生作如是「求法」，得「佛菩提」，了知「善法」，一切「善法」具足如是。

(6)若不學佛法，與諸「禽畜」實無有異。

《妙臂菩薩所問經·卷第二》

(1)諸法從「心」所生，非「自然有」，亦非「時節」。非「自在天」生，非「無因緣」。

(2)但緣「無明」輪迴生死，「四大和合」假名為「色」。

(3)色非有「我」，我非有「色」。色無「我、所」，我無色「所」。如是「四蘊」，畢竟皆「空」。

(4)「色」如「聚沫」，「受」如「浮泡」，「想」及「行、識」如「焰幻」等。

(5)若能於法得如是見，名為「正見」。若起「異見」，名為「邪見」。

「猶如大海，納於眾流，合為一體，即是見性」。請從佛典來解釋此段的義理

《大般若波羅蜜多經・卷第五百八十九》

(1)<u>舍利子</u>言：云何菩薩摩訶薩眾欲證「無上正等菩提」，應修其心，令如「大水」無所分別。

(2)<u>滿慈子</u>言：譬如「大水」，雖以"可愛"（令人敬愛喜愛之）「色、香、味、觸」擲置其中，而(大水)都不生「高欣(高興欣樂)、喜愛」。

(3)雖以"非愛"（非令人敬愛喜愛之）「色、香、味、觸」擲置其中，而(大水)都不生「下感{(下劣哀感)、憂恚(憂愁瞋恚)」。

(4)如是菩薩摩訶薩眾雖遇種種「可愛」（令人敬愛喜愛之）所緣，而不應生「高欣(高興欣樂)、喜愛」。

(5)雖遇種種「不可愛緣」（非令人敬愛喜愛之），而不應生「下感{(下劣哀戚)、憂恚(憂愁瞋恚)」。「安忍(安心忍辱)、淨信」常現在前，猶如「大水」平等而轉。

(6)故說菩薩摩訶薩眾欲證無上正等菩提，應修其心，令如「大水」無所分別。

第三十節　三藏十二部經皆因眾生「智慧根性」不同而置。萬法不離自性

《敦博本》與《敦煌本》對校版原文	《宗寶本》原文
	『三十一』
1 一切經書及文字，小大二乘，十二部經，皆因（爲了）人（眾生根器）置（建置）。 因「智慧性」（眾生具本有智慧的覺性）故，故然能建立（建立萬法）。 我若無智人＊（我們假若沒有了智慧覺性，是無智的世俗人的話），一切萬法本亦不有（則世間一切萬法也就無從建立了）。	善知識！一切「修多羅」及諸文字，大小二乘十二部經，皆因（爲了）人（眾生根器）置（建置）。 因「智慧性」（眾生本有智慧的覺性），方能建立（建立萬法）。 若無世人（假若我們沒有了智慧覺性，是無智的世俗人的話），一切萬法本自不有（則世間一切萬法也就無從建立了）。
2 故知萬法本從「人」興（由人的妄想需求而興起），一切經書（皆）因人（的需求而）說有（種種的暫時存有）。 緣（因爲）在人（根器）中，有愚有智。 愚（笨）為「小人」（小根器；小心量；小格局），智（慧）為「大人」（大根器；大心量；大格局）。 迷人（若）問於「智者」，智人（便）與愚人說法，令使愚者（能）悟解心開。 迷人若（能）悟解心開，（則）與「大智人」無別。	故知萬法本自「人」興（由人的妄想需求而興起），一切經書（皆）因人（的需求而）說有（種種的暫時存有）。 緣（因爲）其人（根器）中，有愚有智。 愚（笨）為「小人」（小根器；小心量；小格局），智（慧）為「大人」（大根器；大心量；大格局）。 愚者（若能）問於「智人」，智者（便）與愚人說法。 愚人（若能）忽然悟解心開，（此）即與「智人」無別。
3 故知「不悟」（沒有開悟），即佛是眾生（原本具有「可解脫開悟而成佛」的眾生；即成爲「有煩惱」的輪迴眾生）。 　一念「若悟」，即眾生是佛（原本是「有煩惱」的輪迴眾生；即成爲「可解脫開悟而成佛」）。	善知識！ 「不悟」（沒有開悟），即佛是眾生（原本具有「可解脫開悟而成佛」的眾生；即成爲「有煩惱」的輪迴眾生）。 一念「悟」時，眾生是佛（原本是「有煩惱」的輪迴眾生；即成爲「可解脫開悟而成佛」）。

故知一切萬法,盡在「自身心中」。 何不從於「自心」,(去)「頓見」真如本性?	故知萬法盡在「自心」。 何不從「心中」,(去)「頓見」真如本性?
4《梵網菩薩戒經》云:「(一切眾生)本源(本來的真心源頭即是)**自性清淨」。**	《菩薩戒經》云:「我(一切眾生)**本原自性清淨」。**
(若能)**識心見性**(認識本心而明心見性),(則)**自成**(自然便能成就)**佛道。**	若識自心「**見性」**(認識本心而明心見性),皆**成佛道。**
5《維摩經》云:「**即時豁然**(開豁了然),**還得**(回還復得)**本心**(本來真心)」。	《淨名經》云:「**即時豁然**(開豁了然),**還得**(回還復得)**本心**(本來真心)」。
*註:黃本原文校作「我若無世人」,據《敦煌本》及《敦博本》皆作「我若無智人」。	

「萬法從人而興,經書因人而有,若悟解心開,即與大智人無別」。請從佛典來解釋此段的義理

《楞嚴經‧卷一》
諸法所生,唯「心」所現;一切因果,世界微塵,因「心」成體。

《楞嚴經‧卷二》
(1)諸善男子!我常說言:「色、心、諸緣」,及「心所使」,諸「所緣法」,唯「心」所現。
(2)汝「身」汝「心」,皆是「妙明」(勝妙明淨)**真精**(純真精心)」**妙心**(微妙真心)中所現物……
(3)不知身色,外洎 山河虛空大地,咸是「妙明」(勝妙明淨)**真心」中物。**

《楞嚴經‧卷二》
佛言:……本是「妙明」(勝妙明淨)無上「菩提淨圓真心」,「妄」為「色、空(虛空)」及與「聞、見」。

《楞嚴經‧卷二》
例汝今日:以目「觀見」山河國土及諸眾生,皆是無始「見病」(妄見之病)所成。

《楞嚴經・卷二》

例閻浮提(Jambu-dvīpa)，三千洲中兼四大海，娑婆世界並洎十方，諸有漏國及諸眾生，同是「覺明」(本覺妙明之心)無漏妙心，「見、聞、覺、知」虛妄病緣，和合「妄生」，和合「妄死」。

《楞嚴經・卷三》

一切世間諸所有物，皆即菩提「妙明」(勝妙明淨)元心(本元所具真心)。

《楞嚴經・卷九》

當知「虛空」生汝「心內」，猶如片雲(一片殘雲➜喻虛空)點(點綴)「太清」(天空➜喻真心)裏；況諸世界在「虛空」耶？

《占察善惡業報經・卷下》(出《六根聚經中》)

(1)一切諸法「依心」為本。當知一切諸法，悉名為心，以「義、體」不異，為心所攝故。

(2)又一切諸法，從「心」所起，與「心」作相，「和合」而有，共生共滅，同無有住。

(3)以一切境界，但「隨心所緣」，念念相續故，而得住持，暫時為有。

「本源自性清淨」。請從佛典來解釋此段的義理

《梵網經盧舍那佛說菩薩心地戒品・第十卷下》

(1)我本盧舍那佛心地中初發心中，常所誦一戒光明，「金剛寶戒」是一切佛本源。一切菩薩本源，「佛性種子」。

(2)一切眾生皆有「佛性」，一切意識、色心，是情、是心，皆入「佛性戒」中……如是十波羅提木叉，出於世界。

(3)是「法戒」，是三世一切眾生頂戴受持。吾今當為此大眾重說「十無盡藏戒品」，是一切眾生「戒」；「本源自性清淨」。

《維摩詰所說經》(一名《不可思議解脫・上卷》)

時維摩詰即入三昧，令此比丘自識宿命，曾於五百佛所植眾德本，迴向阿耨多羅三藐三菩提，即時豁然(開豁了然)，還得(回還復得)本心(本來真心)。於是諸比丘稽首禮維摩詰足。

第三十一節　若能識「自心內善知識」，即得解脫。見諸法，不著諸法，即是無念

《敦博本》與《敦煌本》對校版原文	《宗寶本》原文
	『三十二』
1 善知識！我(惠能)於忍和尚處，「一聞」(弘忍講《金剛經》義理)言下大悟，「頓見」(自性即具有)真如本性。	善知識！我(惠能)於忍和尚處，「一聞」(弘忍講《金剛經》義理)言下便悟，「頓見」(自性即具有)真如本性。
是故以「頓悟」教法流行後代，令學道者「頓悟」菩提，各自「觀心」(觀照自己的本心)，令自本性「頓悟」。	是以將此(頓悟)教法流行，令學道者「頓悟」菩提，各自「觀心」(觀照自己的本心)，(令)自見本性。
若不能「自悟」(自我覺悟)者，(則)須覓(外相上的)「大善知識」示道(開示修行正道)見性。	若自「不悟」(不能覺悟)，(則)需覓(外相上的)「大善知識」，
2 何名(外相上的)「大善知識」？解「最上乘法」，(能)直示(一針見血的直接開示)正路(正法之路)。是「大善知識」，是大因緣，所為(能)「示道」(開示修行正道)，令得(明心)「見性」。一切善法，皆因「大善知識」(乃)能發起故。	「解最上乘法者」，(能)直示(一針見血的直接開示)正路(正法之路)。是「善知識」，有大因緣，所謂(能)「化導」(度化教導)，令得(明心)「見性」。一切善法，因「善知識」(乃)能發起故。
3 三世諸佛、十二部經，在「人性」(人之自性、心性)中「本自具有」。(若)不能「自悟」，(便)須得(外相上的)「善知識」示道(開示修行正道)見性。若(能)「自悟」者，(則便可)不假外求「善知識」。	三世諸佛、十二部經，在「人性」(人之自性、心性)中「本自具有」。(若)不能「自悟」，(便)須求(外相上的)「善知識」指示(指導開示正道)方見。若(能)「自悟」者，(則便可)不假外求(善知識)。

若取外(執取外相一定要追)求(外面的)「善知識」，望得解脫，(此亦)無有是處。	若一向執(永遠執著)謂(一定)須要(外相上的)「他善知識」方得解脫者，(此亦)無有是處。何以故？
(若能)識自「心內善知識」，即(能)得解脫。	「自心內」(便)有知識(能令)「自悟」。
(但)若自心(生起)「邪迷」(邪念迷惑)，(則生種種)妄念顛倒。	(但)若(生)起「邪迷」(邪念迷惑)，(則生種種)妄念顛倒。
(此時)「外善知識」即(便能)有教授，(亦)救不可得。	(此時)「外善知識」雖(能給)有教授，(亦)救不可得。
4汝若不得「自悟」，當(生)起「般若」(之)觀照(觀察照見)，(則於一)刹那間，(便能將)「妄念」俱滅(此指「轉」妄念，並非「斷絕」一切心念)。 (此)即是自(性)真正「善知識」，一悟即(能)至「佛地」。	若(能生)起正真「般若」(之)觀照(觀察照見)，(則)一刹那間，(便能將)「妄念」俱滅(此指「轉」妄念，並非「斷絕」一切心念)。 若識「自性」，一悟即(能)至「佛地」。
5自性(自己本性)心地，以「智慧」觀照(觀察照見)，內外(內心與外相)明澈(通明清澈)，識自「本心」。 若(能)識「本心」，(當下)即是「解脫」。 既得「解脫」，即是「般若三昧」(之境)。 (所)悟(的)「般若三昧」，即是「無念」。	善知識！「智慧」觀照(觀察照見)，內外(內心與外相)明徹(通明清澈)，識自「本心」。 若(能)識「本心」，(當下)即本「解脫」。 若得「解脫」，即是「般若三昧」(之境)。 (所謂的)「般若三昧」即是「無念」。
6何名「無念」？ 「無念」法者， 見一切法(喻「不離」)，「不著」(喻「不即」)一切法。	何名「無念」？ 若見一切法(喻「不離」)，心「不染著」(喻「不即」)，是為「無念」。
(生起妙用時能周)遍一切處(喻「不離」)，(亦)「不著」(喻「不即」)一切處。	(生起妙)用(時)即遍一切處(喻「不離」)，亦「不著」(喻「不即」)一切處。
7常淨自性(經常淨化自己之心性)，使「六	但淨「本心」，使「六識」出「六門」(六

賊」(六塵)從「六門」(六根)走出，(本心自性能)於「六塵」中不離、不染(喻「不即」)。	根)，(本心自性能)於「六塵」中無染、無雜。
(能達)來去自由(之境)，(此)即是「般若三昧」。	(能達)來去自由(之境)，(一切皆)通用(通徹妙用)無滯(ㄓ) (礙)，(此)即是「般若三昧」。
(能獲)自在解脫，(此即)名「無念行」(無執著心念的一種修行，此並非爲「斷絕一切心念」)。	(能獲)自在解脫，(此即)名「無念行」(無執著心念的一種修行，此並非爲「斷絕一切心念」)。
8 莫「百物不思」(請參閱第十七節-6)，當令「念絕」(心念斷滅息絕)，即是「法縛」，即名「邊見」(邊執之見)。	若「百物不思」(請參閱第十七節-6)，當令「念絕」(心念斷滅息絕)，即是「法縛」，即名「邊見」(邊執之見)。
	善知識！
9 (若能)悟「無念法」者，(則)「萬法」盡通。 (若能)悟「無念法」者，(則)見「諸佛境界」。 (若能)悟「無念頓法」者，(則能)至「佛位地」。	(若能)悟「無念法」者，(則)「萬法」盡通。 (若能)悟「無念法」者，(則)見「諸佛境界」。 (若能)悟「無念法」者，(則能)至「佛地位」。

「若不能自悟者，須覓大善知識示道見性」。請從佛典來解釋此段的義理

《妙法蓮華經・卷第七》

(1)雲雷音宿王華智佛告妙莊嚴王言：……若善男子、善女人，種善根故，世世得「善知識」。

(2)其「善知識」，能「作佛事」，示教利喜，令入「阿耨多羅三藐三菩提」。

(3)大王！當知「善知識」者，是「大因緣」，所謂化導(度化教導)，令得見佛，發「阿耨多羅三藐三菩提心」。

西晉・法炬譯《佛說恒水經》

(1)佛言：海中有大魚……學問不值(遇)「明師」(眞正「明」白佛理之師，非指「名」師)，安知天下有「大道」乎？

(2)乘船遊於「洿ㄨ 池泉流」，安知天下有「江海」？

(3)佛經如「江海」，一切「世間經書」皆因「佛經」而出。

(4)「經」難得再見聞，當取諷誦讀。

《楞嚴經·卷六》

世尊！此諸眾生去佛漸遠，邪師說法，如恆河沙，欲攝其心入三摩地，云何令其①「安立道場」，②遠諸「魔事」？③於「菩提心」得無退屈？

《大乘本生心地觀經·卷第三》

「菩提妙果」不難成，「真善知識」實難遇。

《大乘本生心地觀經·卷第七》

(1)復次善男子！出家菩薩修習「佛道」，已得「無漏真實」之法，隨緣利樂一切有情。

(2)若有佛子未得「真智」；住於「蘭若」，要當親近「諸佛菩薩」。

(3)若有值遇「真善知識」，於「菩薩行」必不退轉。

(4)以是因緣，諸佛子等，應當至心求見「一佛」及「一菩薩」。

(5)善男子！如是名為「出世法要」，汝等咸當一心修學。

《大般若波羅蜜多經·卷第三百六十六》

善現！菩薩摩訶薩行深「般若」波羅蜜多，欲疾證得「一切智智」，應勤恭敬供養諸佛，攝受圓滿殊勝善根，常求親近「真善知識」恆無厭倦。

《大般若波羅蜜多經·卷第四百五十三》

(1)善現！若菩薩摩訶薩增上作意，欲證「無上正等菩提」，應常親近恭敬供養、尊重讚歎「真善知識」。

(2)爾時，善現即白佛言：何等名為諸菩薩摩訶薩「真善知識」？

(3)佛告善現：一切如來、應、正等覺是諸菩薩「真善知識」。

(4)一切「菩薩摩訶薩眾」亦是菩薩「真善知識」。

(5)諸有聲聞及餘善士，能為菩薩摩訶薩眾宣說開示，分別顯了「布施、淨戒、安忍(安心忍辱)、精進、靜慮(禪定)、般若」波羅蜜多相應義趣令易解者，亦是菩薩「真善知識」。

(6)復次，善現！「布施」波羅蜜多，乃至「般若」波羅蜜多是諸菩薩「真善知識」。

(7)「四念住」乃至「八聖道支」亦是菩薩「真善知識」。

(8)「四靜慮、四無量、四無色定」亦是菩薩「真善知識」。

(9)「八解脫」乃至「十遍處」亦是菩薩「真善知識」。

(10)「空、無相、無願」解脫門亦是菩薩「真善知識」。

(11)「極喜地」乃至「法雲地」亦是菩薩「真善知識」。

(12)「陀羅尼門、三摩地門」亦是菩薩「真善知識」。

(13)「五眼、六神通」亦是菩薩「真善知識」。

(14)如來「十力」乃至「十八佛不共法」亦是菩薩「真善知識」。

(15)「無忘失法、恒住捨性」亦是菩薩「真善知識」。

(16)「一切智、道相智、一切相智」亦是菩薩「真善知識」。

(17)一切菩薩摩訶薩「行」亦是菩薩「真善知識」。

(18)諸佛無上「正等菩提」亦是菩薩「真善知識」。

(19)永斷「一切習氣相續」亦是菩薩「真善知識」。

(20)復次，善現！「苦、集、滅、道」聖諦是諸菩薩「真善知識」。

(21)諸法「緣性」亦是菩薩「真善知識」。

(22)諸「緣起支」亦是菩薩「真善知識」。

(23)「內空」乃至「無性、自性空」亦是菩薩「真善知識」。

(24)「真如」乃至不思議界亦是菩薩「真善知識」。

《大乘寶雲經》卷2〈十波羅蜜品 2〉

生生世世值遇親近「真善知識」。何者名為「真善知識」？

所謂「諸佛、菩薩」，如是增長宿世，修集「善業」因緣。

《大方廣佛華嚴經・卷第五十八》

(1)佛子！菩薩摩訶薩有「十種智慧助道具」。何等為十？

(2)所謂：親近多聞「真善知識」，恭敬供養，尊重禮拜，種種隨順，不違其教，是為
　　一。

(3)一切正直無虛矯故。永離憍慢，常行謙敬，身、語、意業無有麁曠，柔和善順，
　　不偽不曲，是為二……

(4)佛子！是為菩薩摩訶薩「十種智慧助道具」。若諸菩薩安住此法，則得如來一切法
　無障礙清淨微妙智慧聚。

《大方廣佛華嚴經・卷第六十二》

(1)<u>文殊師利菩薩</u>說此頌已，告<u>善財童子</u>言……
(2)善男子！若欲成就一切智智，應決定求「真善知識」。
(3)善男子！求「善知識」勿生疲懈，見「善知識」勿生厭足。
(4)於「善知識」所有教誨皆應隨順，於「善知識」善巧方便，勿見過失。

《大方廣佛華嚴經・卷第六十》

(1)<u>善財童子</u>見彼仙人在栴檀樹下敷草而坐……善財見已，往詣其所，五體投地，作
　如是言：我今得遇「真善知識」。
(2)善知識者，則是趣向一切智門，令我得入真實道故。
(3)善知識者，則是趣向一切智乘，令我得至如來地故。
(4)善知識者，則是趣向一切智船，令我得至智寶洲故。
(5)善知識者，則是趣向一切智炬，令我得生十力光故。
(6)善知識者，則是趣向一切智道，令我得入涅槃城故。
(7)善知識者，則是趣向一切智燈，令我得見夷險道故。
(8)善知識者，則是趣向一切智橋，令我得度險惡處故。
(9)善知識者，則是趣向一切智蓋，令我得生大慈涼故。
(10)善知識者，則是趣向一切智眼，令我得見法性門故。
(11)善知識者，則是趣向一切智潮，令我滿足大悲水故。

《大方廣佛華嚴經・卷第二十七》

佛子！菩薩復以十法「事善知識」，常令歡喜。何等為十？
一、於身命財，無所吝惜。
二、於世資具，心不貪求。
三、知一切法「本性平等」。
四、一切智願，恒不退捨。
五、常樂觀察「實相法界」。
六、於諸有海，心不厭離。
七、知法無住，猶如虛空。
八、發無障礙「菩薩大願」。
九、普現其身，遍諸剎海。

十、淨修菩薩「無礙智輪」。

善男子！以此十法承事一切「真善知識」，皆令歡喜，所行無逆，至一切智。

《大般涅槃經・卷第二十五》

(1)何故名為「善知識」耶？

(2)「善知識」者，能教眾生遠離「十惡」修行「十善」，以是義故名善知識。

(3)復次善知識者，如法而說，如說而行。云何名為「如法而說」？「如說而行」？自不
　殺生，教人不殺。乃至自行「正見」，教人「正見」。若能如是，則得名為「真善知識」。

(4)自修「菩提」亦能教人修行「菩提」。以是義故名善知識。

(5)自能修行「信、戒、布施、多聞、智慧」，亦能教人「信、戒、布施、多聞、智慧」。
　復以是義名善知識。

(6)善知識者有「善法」故。何等「善法」？所作之事「不求自樂」，常為眾生而求於樂。
　見他有過，不說其短。口常宣說「純善」之事，以是義故名「善知識」。

《佛說華手經・卷第十》

堅意！若有「四法」，當知是為「善知識」也。何等為四？

一、能令人入「善法」中。

二、能障礙諸「不善法」。

三、能令人「住於正法」。

四、常能「隨順教化」。有是四法當知即是善知識也……

復有四法，當知是為善知識相，則能令人修是「三昧」。何等為四？

①能令弟子出家遠離。

②又能令人入深法觀。

③能令住定。

④於一切緣而無所礙、離於諸相。

《小品般若波羅蜜經・卷第十》

善男子！應離「惡知識」，親近「善知識」。「善知識」者；能說「空、無相、無作、無生、無滅法」。

《佛說佛母出生三法藏般若波羅蜜多經・卷第一》

(1)須菩提白佛言：世尊！云何名為菩薩摩訶薩「惡知識」？

(2)佛言：若有教令「遠離」般若波羅蜜多者，是為菩薩「惡知識」。

(3)何名菩薩「善知識」？

(4)佛言：若於「般若」波羅蜜多，自所宣說、轉教他人，復為他人廣示「魔業」及「魔過失」，勸令「覺了」，覺已，復令「遠離」，又復勸令「不離諸佛」。

(5)須菩提！當知是人被「大乘鎧」，大乘莊嚴，安住大乘。是為菩薩摩訶薩「善知識」。

《佛說佛母出生三法藏般若波羅蜜多經・卷第十九》

(1)須菩提！「般若」波羅蜜多是菩薩「善知識」。

(2)何以故？「般若」波羅蜜多是諸波羅蜜多畢竟處，以「般若」波羅蜜多為菩薩「善知識」故，即「六波羅蜜多」皆為菩薩「善知識」。又復，「六波羅蜜多」是菩薩大師……

(3)「六波羅蜜多」為父為母，乃至阿耨多羅三藐三菩提皆因六波羅蜜多故而能成就。

《大乘理趣六波羅蜜多經・卷第二》

人命無常，過於山水（人命旦夕無常不停，轉瞬之間便消逝，總是超過看似恒常永存的大山大海）。

「善知識」者，難遭難遇，若不信受，後悔何追……

「惡知識」者，易見易逢。

《大般涅槃經》卷23〈光明遍照高貴德王菩薩品 10〉

人身難得，（尤）如優曇花，我今已得。

如來難值，（超）過優曇花（要遇優曇花易，要值遇如來是最難的），我今已值。

清淨法寶，難得見聞，我今已聞。

猶如盲龜，值（遇）浮木孔。

人命不停，過於山水（人命旦夕無常不停，轉瞬之間便消逝，總是超過看似恒常永存的大山大海）。

今日雖存，明亦難保，云何縱心令住惡法？

壯色不停，猶如奔馬，云何恃怙而生憍慢？

猶如惡鬼伺求人過，四大惡鬼亦復如是，

常來伺求我之過失，云何當令惡覺（貪瞋癡三惡覺）發起？

《佛說羅摩伽經・卷下》

(1)爾時善財童子專求「善知識」，正念「善知識教」。

(2)因善知識，生諸功德，發菩提心。

(3)善知識者，難見難遇。

(4)見善知識，生歡喜心，滅諸亂想。

(5)善知識者，滅除疑惑，能壞障礙。

(6)見善知識，當知即得近一切智。

(7)見善知識，即得深入諸佛法海。

(8)見「善知識」，起一切十方諸如來想。

(9)聞善知識有所宣說，當知即得「正念法雲陀羅尼」想，受持一切清淨佛法，見一切佛轉法輪想。

(10)見善知識，即具一切大慈悲海，救護眾生。

(11)見善知識，當生歡喜，智慧明淨，悉能普照一切佛法界海⋯⋯

(12)善知識者，即是「菩提」。求善知識，是「大精進」。

(13)善男子！善知識者，難見難遇。善知識力，不可破壞。

(14)善知識者，普遊十方，除滅生死，悉斷煩惱，能成辯才。

(15)善知識者，深入一切無量大事，莊嚴正順道。

(16)善知識者，悉是普現法門，能令一切得無障礙，不離本處，遍至十方一切佛所。

(17)求「善知識」，當起是想：不來不去、不動不搖、無來去相。為一切智，救護眾生，應求「善友」。

(18)爾時善財童子見「善知識」，即得了知無量無邊諸大願海，得一切智，饒益眾生。

《大乘同性經・卷上》(亦名《一切佛行入智毘盧遮那藏說經》)

世尊！善知識者，復似何等？

佛言：楞伽王！善知識者猶如「船師」。

《大方廣佛華嚴經・卷第六十二》

(1)爾時，文殊師利菩薩如象王迴，觀善財童子，作如是言：

善哉！善哉！善男子！汝已發阿耨多羅三藐三菩提心，復欲親近諸「善知識」，問菩薩行，修菩薩道。

(2)善男子！「親近供養」諸善知識，是具「一切智」最初因緣。是故於此(指親近供養善知識一事)，勿生疲厭。

《父子合集經・卷第十五》

外道！若能親近諸「善知識」，是人即得「慧眼清淨」，以其「慧眼」得見「深法」。

「若不得自悟，當起般若觀照」。請從佛典來解釋此段的義理

《摩訶般若波羅蜜經・卷第二十六》

世尊！云何觀諸法「如實相」？

佛言：觀諸法空。

《大薩遮尼乾子所說經・卷第一》

菩薩若欲住「一切佛菩提」，當觀「諸法空」，眾生不可得。

《妙法蓮華經・卷第五》

(1)菩薩摩訶薩觀一切「法空」，「如實」相，「不顛倒、不動、不退、不轉」，如虛空，無所有性。一切語言道斷，「不生、不出、不起、無名、無相」，實無所有。

(2)「無量、無邊、無礙、無障」，但以「因緣」有，從「顛倒」生故說。

(3)常樂觀如是法相，是名菩薩摩訶薩第二親近處。

於六塵中「不離」也「不染」。請從佛典來解釋此段的義理

《寶星陀羅尼經・卷第二》

(1)文殊師利菩薩言：婆伽婆！若解甚深一法門者，於一切法「不染」、非「不染」。

(2)一法門者，所謂「無我」，了彼一法「不覺、不觀」。

(3)無有將來，亦無送去，亦無可聚、可散、可明、可闇、可生、可滅、可增、可減、可解脫者。

(4)不應「染、濁」，無分別故。以「一法門、一切智智」乃得菩提。

何謂「般若三昧」？請從佛典來解釋此段的義理

《摩訶般若波羅蜜經・卷第三》

(1)須菩提語舍利弗：更有諸三昧，菩薩摩訶薩行是「三昧」，疾得「阿耨多羅三藐三菩提」？

(2)舍利弗言：何等三昧？菩薩摩訶薩行，是疾得「阿耨多羅三藐三菩提」？

(3)須菩提言：諸菩薩摩訶薩有「三昧」，名「首楞嚴行」……寶印三昧、師子遊戲三昧、妙月三昧、月幢相三昧、出諸法印三昧、觀頂三昧、畢法性三昧、畢幢相三昧、金剛三昧、入法印三昧、三昧王安立三昧、王印三昧、放光三昧、力進三昧、出生三昧、必入辯才三昧、入名字三昧、觀方三昧、陀羅尼印三昧、不忘三昧、攝諸法海印三昧、遍覆虛空三昧、金剛輪三昧、寶斷三昧、能照耀三昧、不求三昧三昧、無處住三昧、無心三昧、淨燈三昧、無邊明三昧、能作明三昧、普遍明三昧、堅淨諸三昧三昧、無垢明三昧、作樂三昧、電光三昧、無盡三昧、威德三昧、離盡三昧、不動三昧、莊嚴三昧、日光三昧、月淨三昧、淨明三昧、能作明三昧、作行三昧、知相三昧、如金剛三昧、心住三昧、遍照三昧、安立三昧、寶頂三昧、

妙法印三昧、法等三昧、生喜三昧、到法頂三昧、能散三昧、壞諸法處三昧、字
等相三昧、離字三昧、斷緣三昧、不壞三昧、無種相三昧、無處行三昧、離闇三
昧、無去三昧、不動三昧、度緣三昧、集諸德三昧、住無心三昧、妙淨花三昧、覺
意三昧、無量辯三昧、無等等三昧、度諸法三昧、分別諸法三昧、散疑三昧、無
住處三昧、一相三昧、生行三昧、一行三昧、不一行三昧、妙行三昧、達一切有
底散三昧、入言語三昧、離音聲字語三昧、然炬三昧、淨相三昧、破相三昧、一
切種妙足三昧、不喜苦樂三昧、不盡行三昧、多陀羅尼三昧、取諸邪正相三昧、
滅憎愛三昧、逆順三昧、淨光三昧、堅固三昧、滿月淨光三昧、大莊嚴三昧、能
照一切世三昧、等三昧、無諍行三昧、無住處樂三昧、如住定三昧、壞身三昧、
壞語如虛空三昧、離著如虛空不染三昧。

(4)**舍利弗**！是菩薩摩訶薩行是諸三昧，疾得「阿耨多羅三藐三菩提」……

(5)「般若」波羅蜜不異諸「三昧」，諸「三昧」不異「般若」波羅蜜。

(6)「菩薩」不異「般若」波羅蜜及「三昧」，「般若」波羅及「三昧」不異「菩薩」。

(7)「般若」波羅蜜即是「三昧」，「三昧」即是「般若」波羅蜜。

(8)「菩薩」即是「般若」波羅蜜及「三昧」，「般若」波羅蜜及「三昧」即是「菩薩」。

(9)**舍利弗語須菩提**：若「三昧」不異「菩薩」，「菩薩」不異「三昧」。「三昧」即是「菩薩」，
　「菩薩」即是「三昧」。

《摩訶般若波羅蜜經・卷第九》

(1)世尊！諸佛「一切智」應當從「般若」波羅蜜中求，「般若」波羅蜜亦當從「一切智」
　中求。所以者何？

(2)「般若波羅蜜」不異「一切智」，「一切智」不異「般若波羅蜜」。

(3)「般若波羅蜜、一切智」不二不別。

《摩訶般若波羅蜜經・卷第十》

(1)佛告釋提桓因言：……當知「般若」波羅蜜即是「佛」，「般若」波羅蜜不異「佛」，「佛」
　不異「般若」波羅蜜。

(2)過去未來現在諸佛，皆從「般若」波羅蜜中學，得阿耨多羅三藐三菩提及高勝梵行
　人。

《摩訶般若波羅蜜經・卷第十一》

(1)佛言：當如供養世尊，禮「般若」波羅蜜當如禮「世尊」。何以故？

(2)「世尊」不異「般若」波羅蜜，「般若」波羅蜜不異「世尊」。

(3)「世尊」即是「般若」波羅蜜，「般若」波羅蜜即是「世尊」。

悟「無念法」者，萬法盡通。請從佛典來解釋此段的義理

《小品般若波羅蜜經・卷第十》

善男子！是為般若波羅蜜，所謂於諸法「無所念」，我等住於「無念法」中，得如是金色之身、三十二相、大光明不可思議智慧、諸佛無上三昧、無上智慧，盡諸功德邊。

《佛說須真天子經・卷第二》

天子復問：云何菩薩而得為師？

答言：於「無念法」無所捨故。（意即「無念法者，乃見一切法，不著一切法。不執一切法，不捨一切法」）

《放光般若經・卷第十五》

(1)舍利弗！當作是知，一切諸法皆「無念」，信如是「法性、真際」故。

(2)舍利弗！菩薩當以「無念」行「般若」波羅蜜。以「無念」行「般若」波羅蜜故，便得逮覺「無念之法」。

《小品般若波羅蜜經・卷第十》

(1)諸法等故，般若波羅蜜亦等。

(2)諸法離故，般若波羅蜜亦離。

(3)諸法不動故，般若波羅蜜亦不動。

(4)諸法「無念」故，般若波羅蜜亦「無念」。

(5)諸法無畏故，般若波羅蜜亦無畏。

(6)諸法一味故，般若波羅蜜亦一味。

(7)諸法無邊故，般若波羅蜜亦無邊。

(8)諸法無生故，般若波羅蜜亦無生。

(9)諸法無滅故，般若波羅蜜亦無滅。

(10)如虛空無邊，般若波羅蜜亦無邊。

(11)如大海無邊，般若波羅蜜亦無邊。

(12)如須彌山莊嚴，般若波羅蜜亦莊嚴。

(13)如虛空無分別，般若波羅蜜亦無分別。

(14)色無邊故，般若波羅蜜亦無邊。

(15)受、想、行、識無識無邊故，般若波羅蜜無邊。

(16)地種無邊故，般若波羅蜜無邊。

(17)水種火種風種空種無邊故，般若波羅蜜無邊。

(18)如金剛等故，般若波羅蜜亦等。

(19)諸法無壞故，般若波羅蜜無壞。

(20)諸法性不可得故，般若波羅蜜性不可得。

(21)諸法無等故，般若波羅蜜無等。

(22)諸法無所作故，般若波羅蜜無所作。

(23)諸法不可思議故，般若波羅蜜不可思議。

第三十二節　僅需傳授「頓教法」於「同見同行、發大誓願」者，勿妄宣傳

《敦博本》與《敦煌本》對校版原文	《宗寶本》原文
	『三十三』
1 善知識！後代(若有)得「吾法」者，(則可)**常見吾「法身」**(指不生不滅的涅槃境界，法身乃無形離相)，**不離汝**(之)**左右**。	**善知識！後代得「吾法」者。**
2 善知識！**將此「頓教法門」，同見**(共同見地)**同行**(同修此行)，(並)**發願受持如是**(指頓教法門)**佛教，終身受持而不退**(心)**者。**	**將此「頓教法門」，於同見**(共同見地)**同行**(同修此行)，(並)**發願受持，如事佛**(如法行事「頓教」之佛法)**故，終身**(受持)**而不退**(心)**者。**
欲(願)**入**(證入)「聖位」，**然須**(由善知識之)<u>傳授</u>。**從上以來**(從過去到現在所有開悟的祖師)，**默然**(以心印心默默傳授)**而付「衣、法」**。(若有)**發「大誓願」**，(且)**不退「菩提」，即須「分付」**(分別傳授付託)。	**定**(決定要)**入**(證入)「聖位」，**然須**(由善知識之)**傳授。從上以來**(從過去到現在所有開悟的祖師)，**默傳**(以心印心默默傳授)**分付**(分別付託)，(故)**不得**(隱)**匿其「正法」**(指頓教法門)。
3 **若**(有對「頓教法門」)**有不同「見解」，無有志願**(者)，(則)**在在處處，勿妄「宣傳」**(此「頓教法門」)。(此乃)**損彼前人**(若傳予「非同見同行者」，則易生毀謗，損其人福報)，**究竟無益**(之事)。	**若**(有)**不「同見同行」**(者)，**在別法**(頓教法以外之法)**中**，(則)**不得「傳付」**(此「頓教法門」)。(此乃)**損彼前人**(若傳予「非同見同行者」，則易生毀謗，損其人福報)，**究竟無益**(之事)。
若(有)**愚人不解，謗此法門**(頓教法門)，(則將)**百劫千生，斷佛「種性」**(斷滅大乘成佛的種性)。	**恐**(有)**愚人不解，謗此法門**(頓教法門)，(則將)**百劫千生，斷佛「種性」**(斷滅大乘成佛的種性)。

「將此頓教法門，同見同行，發願受持」。請從佛典來解釋此段的義理

《楞嚴經·卷十》

(1)汝等存心秉持（秉持）如來道，將此法門於我滅後傳示「末世」，普令眾生覺了（覺悟明了）斯義。

(2)無令「見魔」（顛倒分別的邪見之魔。心魔指前六識。見魔指前七識）自作沉孽（自造作沉重罪孽），保綏（保護撫綏）哀救（哀愍救助行者），消息（消除息滅）邪緣（邪見之緣）。

(3)令其身心入佛知見，從始成就，不遭歧路。

欲入聖位，然須「傳授」，勿妄宣傳。請從佛典來解釋此段的義理

《妙法蓮華經·卷第一》

爾時世尊重說偈言：止止不須說，我法妙難思。諸增上慢者，聞必不敬信。

《妙法蓮華經·卷第一》

(1)無智者錯亂，迷惑不受教。我知此眾生，未曾修「善本」。

(2)堅著於五欲，癡愛故生惱。以諸欲因緣，墜墮三惡道。輪迴六趣中，備受諸苦毒。

發大誓願，不退「菩提」。請從佛典來解釋此段的義理

《大方廣佛華嚴經·卷第七十八》

(1)善男子！菩提心者，猶如種子，能生一切諸佛法故。

(2)菩提心者，猶如良田，能長眾生白淨法故。

(3)菩提心者，猶如大地，能持一切諸世間故。

(4)菩提心者，猶如淨水，能洗一切煩惱垢故。

(5)菩提心者，猶如大風，普於世間無所礙故。

(6)菩提心者，猶如盛火，能燒一切諸見薪故。

(7)菩提心者，猶如淨日，普照一切諸世間故。

(8)菩提心者，猶如盛月，諸白淨法悉圓滿故。

(9)菩提心者，猶如明燈，能放種種法光明故。

(10)菩提心者，猶如淨目，普見一切安危處故。

(11)菩提心者，猶如大道，普令得入大智城故。

(12)菩提心者，猶如正濟，令其得離諸邪法故。

(13)菩提心者，猶如大車，普能運載諸菩薩故。

(14)菩提心者，猶如門戶，開示一切菩薩行故。

(15)菩提心者，猶如宮殿，安住修習三昧法故。

(16)菩提心者，猶如園苑，於中遊戲受法樂故。

(17)菩提心者，猶如舍宅，安隱一切諸眾生故。

(18)菩提心者，則為所歸，利益一切諸世間故。

(19)菩提心者，則為所依，諸菩薩行所依處故。

(20)菩提心者，猶如慈父，訓導一切諸菩薩故。

(21)菩提心者，猶如慈母，生長一切諸菩薩故。

(22)菩提心者，猶如乳母，養育一切諸菩薩故。

(23)菩提心者，猶如善友，成益一切諸菩薩故。

(24)菩提心者，猶如君主，勝出一切二乘人故。

(25)菩提心者，猶如帝王，一切願中得自在故。

(26)菩提心者，猶如大海，一切功德悉入中故。

(27)菩提心者，如須彌山，於諸眾生心平等故。

(28)菩提心者，如鐵圍山，攝持一切諸世間故。

(29)菩提心者，猶如雪山，長養一切智慧藥故。

(30)菩提心者，猶如香山，出生一切功德香故。

(31)菩提心者，猶如虛空，諸妙功德廣無邊故。

(32)菩提心者，猶如蓮華，不染一切世間法故。

(33)菩提心者，如調慧象，其心善順不獷戾故。

(34)菩提心者，如良善馬，遠離一切諸惡性故。

(35)菩提心者，如調御師，守護大乘一切法故。

(36)菩提心者，猶如良藥，能治一切煩惱病故。

(37)菩提心者，猶如坑穽，陷沒一切諸惡法故。

(38)菩提心者，猶如金剛，悉能穿徹一切法故。

(39)菩提心者，猶如香篋，能貯一切功德香故。

(40)菩提心者，猶如妙華，一切世間所樂見故。

(41)菩提心者，如白栴檀，除眾欲熱使清涼故。

(42)菩提心者，如黑沈香，能熏法界悉周遍故。

(43)菩提心者，如善見藥王，能破一切煩惱病故。

(44)菩提心者，如毘笈摩藥，能拔一切諸惑箭故。

(45)菩提心者，猶如帝釋，一切主中最為尊故。

(46)菩提心者，如毘沙門，能斷一切貧窮苦故。

(47)菩提心者，如功德天，一切功德所莊嚴故。

(48)菩提心者，如莊嚴具，莊嚴一切諸菩薩故。

(49)菩提心者，如劫燒火，能燒一切諸有為故。

(50)菩提心者，如無生根藥，長養一切諸佛法故。

(51)菩提心者，猶如龍珠，能消一切煩惱毒故。

(52)菩提心者，如水清珠，能清一切煩惱濁故。

(53)菩提心者，如如意珠，周給一切諸貧乏故。

(54)菩提心者，如功德瓶，滿足一切眾生心故。

(55)菩提心者，如如意樹，能雨一切莊嚴具故。

(56)菩提心者，如鵝羽衣，不受一切生死垢故。

(57)菩提心者，如白「氈(毛布)」線，從本已來性清淨故。

(58)菩提心者，如快利犁，能治一切眾生田故。

(59)菩提心者，如那羅延，能摧一切我見敵故。

(60)菩提心者，猶如快箭，能破一切諸苦的故。

(61)菩提心者，猶如利矛，能穿一切煩惱甲故。

(62)菩提心者，猶如堅甲，能護一切如理心故。

(63)菩提心者，猶如利刀，能斬一切煩惱首故。

(64)菩提心者，猶如利劍，能斷一切憍慢鎧故。

(65)菩提心者，如勇將幢，能伏一切諸魔軍故。

(66)菩提心者，猶如利鋸，能截一切無明樹故。

(67)菩提心者，猶如利斧，能伐一切諸苦樹故。

(68)菩提心者，猶如兵仗，能防一切諸苦難故。

(69)菩提心者，猶如善手，防護一切諸度身故。

(70)菩提心者，猶如好足，安立一切諸功德故。

(71)菩提心者，猶如眼藥，滅除一切無明翳故。

(72)菩提心者，猶如鉗鑷，能拔一切身見刺故。

(73)菩提心者，猶如臥具，息除生死諸勞苦故。

(74)菩提心者，如善知識，能解一切生死縛故。

(75)菩提心者，如好珍財，能除一切貧窮事故。

(76)菩提心者，如大導師，善知菩薩出要道故。

(77)菩提心者，猶如伏藏，出功德財無匱乏故。

(78)菩提心者，猶如涌泉，生智慧水無窮盡故。

(79)菩提心者，猶如明鏡，普現一切法門像故。

(80)菩提心者，猶如蓮華，不染一切諸罪垢故。

(81)菩提心者，猶如大河，流引一切度攝法故。

(82)菩提心者，如大龍王，能雨一切妙法雨故。

(83)菩提心者，猶如命根，住持菩薩大悲身故。

(84)菩提心者，猶如甘露，能令安住不死界故。

(85)菩提心者，猶如大網，普攝一切諸眾生故。

(86)菩提心者，猶如羂索，攝取一切所應化故。

(87)菩提心者，猶如鉤餌，出有淵中所居者故。

(88)菩提心者，如阿伽陀藥，能令無病永安隱故。

(89)菩提心者，如除毒藥，悉能銷歇貪愛毒故。

(90)菩提心者，如善持呪，能除一切顛倒毒故。

(91)菩提心者，猶如疾風，能卷一切諸障霧故。

(92)菩提心者，如大寶洲，出生一切覺分寶故。

(93)菩提心者，如好種性，出生一切白淨法故。

(94)菩提心者，猶如住宅，諸功德法所依處故。

(95)菩提心者，猶如市肆，菩薩商人貿易處故。

(96)菩提心者，如鍊金藥，能治一切煩惱垢故。

(97)菩提心者，猶如好蜜，圓滿一切功德味故。

(98)菩提心者，猶如正道，令諸菩薩入智城故。

(99)菩提心者，猶如好器，能持一切白淨法故。

(100)菩提心者，猶如「時雨」，能滅一切煩惱塵故。

(101)菩提心者，則為住處，一切菩薩所住處故。

(102)菩提心者，則為壽行，不取聲聞解脫果故。

(103)菩提心者，如淨瑠璃，自性明潔無諸垢故。

(104)菩提心者，如帝青寶，出過世間二乘智故。

(105)菩提心者，如更漏鼓，覺諸眾生煩惱睡故。

(106)菩提心者，如清淨水，性本澄潔無垢濁故。

(107)菩提心者，如閻浮金，映奪一切有為善故。

(108)菩提心者，如大山王，超出一切諸世間故。

(109)菩提心者，則為所歸，不拒一切諸來者故。

(110)菩提心者，則為義利，能除一切衰惱事故。

(111)菩提心者，則為妙寶，能令一切心歡喜故。

(112)菩提心者，如大施會，充滿一切眾生心故。

(113)菩提心者，則為尊勝，諸眾生心無與等故。

(114)菩提心者，猶如伏藏，能攝一切諸佛法故。

(115)菩提心者，如因陀羅網，能伏煩惱阿脩羅故。

(116)菩提心者，如婆樓那風，能動一切所應化故。

(117)菩提心者，如因陀羅火，能燒一切諸惑習故。

(118)菩提心者，如佛支提(caitya 塔廟)，一切世間應供養故。

第三十三節　宣說【無相】之【滅罪頌】。除邪行正，心洗三毒惡緣即是

《敦博本》與《敦煌本》對校版原文	《宗寶本》原文
	『五十三』
1 大師言：善知識！聽吾說【無相頌】，令汝「迷者」罪滅(迷誤者所造作的罪業皆能得消滅)，亦名【滅罪頌】。頌曰：	吾有一【無相頌】，若能誦持，言下(即能)令汝積劫(累積塵劫)迷罪(所曾造作迷妄的罪業)，一時(即得)消滅。頌曰：
2 愚人修福(修外相的福田)不修(心中之)「道」，謂言「修福」(修外相的福田)而是(真正的佛)道。(外相上的)布施供養(雖然仍能獲)福無邊，(但)心中「三業」原來在。(但是原本由心中「貪瞋癡」所造作的身口意「三惡業」卻仍然如原來所造作的一樣，還是存在著的)	迷人修福(修外相的福田)不修(心中之)「道」，只言「修福」(修外相的福田)便是(真正的佛)道。(外相上的)布施供養(雖然仍能獲)福無邊，(但)心中「三惡」原來造。(但是原本由心中「貪瞋癡」所造作的身口意「三惡業」卻仍然如原來所造作的一樣，還是存在著的)
3 若將「修福」(修外相的福田)欲滅(累生之)罪，(雖然)後世(能)得福(但)「罪原在」。若(要解脫須)向心(中修方能真正)除罪緣(罪業惡緣)，各(自向)「自性」中(修乃名為)真懺悔。	擬將「修福」(修外相的福田)欲滅(累生之)罪，(雖然)後世(能)得福(但)「罪還在」。但向「心中」(修方能真正)除罪緣(罪業惡緣)，各(自向)「自性」中(修乃名為)真懺悔。
4 若悟(若能覺悟)大乘(再生起)真(心)懺悔，(只要真心懺悔)「除邪行正」即(獲)無罪。學道之人能「自觀」(於自性上生起觀照)，即與悟人(開悟之人)同一例(平等)。	忽悟(若能覺悟)大乘(再生起)真(心)懺悔，(只要真心懺悔)「除邪行正」即(獲)無罪。學道常於「自性觀」(於自性上生起觀照)，即與諸佛同一類。
5 惠能(從上以來至惠能所有祖師)今傳此「頓教」，願學之人(皆能明心見性而與佛)同一體。若欲當來覓(不生不滅之)「法身」，(貪瞋癡)「三毒」惡緣(且從)「心裏」(去)洗(淨)。	吾祖(從上以來至惠能所有祖師)唯傳此「頓法」，普願(聞者能明心)見性(即能與佛)同一體。若欲當來覓(不生不滅之)「法身」，(欲)離諸法相(且從)「心中」(去)洗(淨)。
6 努力修道莫悠悠(游蕩貌；懶散不盡心)，忽然虛度(空度此生)一世(即)休。	努力自見莫悠悠(游蕩貌；懶散不盡心)，(若遭無常則)後念忽(斷)絕一世(即)休。

若(已)遇大乘「頓教法」， (應即刻發心)虔誠合掌至心求。 **7** 大師說法了，<u>韋使君</u>(刺史韋據)、官僚、僧眾、道、俗，讚言無盡，昔所未聞。	若(已)悟大乘(即)得「見性」， (應即刻發心)虔恭合掌至心求。

「愚人修福不修道」，吾人應如何修道？請從佛典來解釋此段的義理

《思益梵天所問經・卷第三》
(1)梵天言：云何名修道？
(2)答言：若不分別「是法」、是「非法」，離於「二相」（遠離「是法」與「非法」的執著相），名為修道。

「三毒惡緣心裏洗」。請從佛典來解釋此段的義理

《大方廣十輪經・卷第六》
佛言：善哉！善哉！善男子！汝等若能發露「誠心懺悔」，於我法中，說有二種，得「無所犯」。一者「本不作惡」，二者「作已能悔」，是二種人俱獲清淨。

《大方廣圓覺修多羅了義經》
爾時世尊欲重宣此義，而說偈言……常當勤「心懺」無始一切罪。諸障若消滅，佛境便現前。

第三十四節　世俗「人天福報」與「真正修佛功德」的區別

《敦博本》與《敦煌本》對校版原文	《宗寶本》原文
	『三十六』
	【決疑品第三】
1使君(韋據)禮拜，白言：	一日，韋刺史(韋據)為師(惠能)設大會齋。齋訖，刺史(韋據)請師(惠能)陞座，同官僚、士庶(百姓)，肅容(嚴肅端容)再拜。
和尚(惠能)說法，實不思議。	問曰：弟子聞和尚說法，實不可思議。
弟子尚有少疑，欲問和尚。望意和尚大慈大悲，為弟子說。	今有少疑，願大慈悲，特為解說。
2大師言：有疑即問，何須再三？	師曰：有疑即問，吾當為說。
3使君(韋據)問「法可」否(有得到五祖的肯定與印證嗎)？如是西國(古印度)第一師達摩祖師宗旨？	韋公(韋據)曰：和尚所說，「可不是」達摩大師宗旨乎？
4大師言：是！	師曰：是。
5使君(韋據)問：弟子見說達摩大師化梁武帝。 (梁武)帝問達摩：朕一生以來，造寺、布施、供養，有功德否？	公(韋據)曰：弟子聞達摩初化梁武帝。 (梁武)帝問云：朕一生造寺、度僧、布施、設齋，有何功德？
達摩答言：並無功德。	達摩言：實無功德。
武帝惆悵(惆惆悵惜)，遂遣達摩出境。	

未審此言，請和尚説。	弟子未達此理，願和尚為説。
6六祖言：實無功德，使君(韋據)勿疑達摩大師言。 武帝(心中執)著「邪道」(邪見之道)，不識正法。	師曰：實無功德，(韋據)勿疑先聖(達摩)之言。 武帝「心邪」(心中執著邪見之道)，不知正法。
7使君(韋據)問：何以無功德？	
8和尚言：造寺、布施、供養，只是「修福」。不可將「福」(外相上的人天福報)以為「功德」(能了生死的真正功德)。 功德(能了生死的真正功德)在(不生不滅之)「法身」，非在於「福田」(修外相的福田)。	造寺、度僧、布施、設齋，名為「求福」。不可將「福」(外相上的人天福報)便為「功德」(能了生死的真正功德)。 功德(能了生死的真正功德)在(不生不滅之)「法身」中，不在「修福」(修外相的福田)。
「自法性」有功德。(此喻為「本體」→向內) (能明見自身的「般若法性」才是真正具有「了脱生死」的功德) 「平直」是佛性。(此喻為「妙用」→向外) (能對一切眾生皆「平等直心」才是自身「真如佛性」所顯現出來的妙用)	(惠能)師又曰： 「見性」是功。(此喻為「本體」→向內) (能明見自身的「般若法性」才是真正具有「了脱生死」之功) 「平等」是德。(此喻為「妙用」→向外) (能對一切眾生皆「平等直心」才是真正具有「了脱生死」之德)
	(若能)念念無滯▲(滯礙懷疑)，(則)常見本性(本性即已具有)真實(之)妙用，(此)名為「功德」。
	(若能)內心「謙下」是功。(此喻為「本體」→向內) (若對眾生能)外行於「禮」是德。(此喻為「妙用」→向外)
	(若能於)自性「建立萬法」是功。(此喻為「本體」→向內) (若能於)心體「離念」(離一切妄念)是德。

（若能念念）不離「自性」是功。（此喻爲「本體」→向內）
（若能生起）應用（神應妙用）無染是德。（此喻爲「妙用」→向外）

若（欲）覓「功德法身」，但依此作，（此）是「真功德」（能了生死的真正功德）。

9 外行（對外在的一切眾生皆行）「恭敬」。
若（常）輕（賤）一切人，（則）吾我（我執；或作「人我執與法我執」）不斷（無法斷除），即（於）自（性便）無功德。

若修功德（能了生死的真正功德）之人，心（對一切眾生）即「不輕」，常行普敬（普遍恭敬）。
心（若）常輕人（輕賤於人），（則）吾我（我執；或作「人我執與法我執」）不斷，即（於）自（性便）無「功」。

自性（若生起虛妄不實則）無功德，（連自己的）「法身」（亦）無功德。

自性（若生起）「虛妄不實」，即自無「德」。

為「吾我自大」（因爲常生起我執自大之心），常「輕」一切（含人、事、物等）故。

善知識！
「念念無間」是功。（此喻爲「本體」→向內）
（若能念念「無有間斷」的生起「般若法性」，此才是真正具有「了脫生死」之功）
「心行平直」是德。（此喻爲「妙用」→向外）
（能對一切眾生皆「心行平直」，此才是真正具有「了脫生死」之德）

10 （若能）念念（對一切眾生）行「平等直心」，「德」即不輕（輕微；減少），（需對一切眾生）常行於「敬」。

「自修性」是功。（此喻爲「本體」→向內）

（若能自修自己心性上的「真如佛性」，此即是功）

「自修身」是德。（此喻爲「妙用」→向外）

（若能自修自己外相上的「身口意行」，此即是德）

「自修身」即功。

（若能自修自己的「身口意行」，此即是功）
「自修心」即德。
（若能自修自己的「真如心性」，此即是德）

（能了生死的真正）功德（需由）「自心」作。

善知識！（能了生死的真正）功德須「自性內」見，不是（外相上）「布施供養」之所

「**福**」(世俗人天福報)與「**功德**」(能了生死的眞正功德)**別**(區別)。	求也。 是以「**福德**」(世俗人天福報)與「**功德**」(能了生死的眞正功德)**別**。
武帝不識正理，非祖(達摩)**大師有過**(失)。	**武帝**不識其理，非我(達摩)**祖師有過**(失)。

「功德」的名相如何解說？請從佛典來解釋此段的義理

《大乘義章‧卷九》
(1)言功德，「功」謂「功能」，善有「資潤福利」之功，故名為「功」。
(2)此功是其「善行家德」，名為「功德」。

《勝鬘寶窟‧卷上》
(1)「惡盡」曰「功」，「善滿」稱「德」。
(2)又「德」者，「得」也；修「功」所得，故名「功德」也。

佛說有七種「不需財物」的布施方法

《雜寶藏經‧卷第六》
佛說有七種施，不損「財物」(這七種布施是不需花「錢」的唷)，獲大果報。
(1)一名「眼施」：常以好眼，視「父母、師長、沙門、婆羅門」，不以「惡眼」，名為「眼施」。捨身受身，得「清淨眼」。未來成佛，得「天眼、佛眼」，是名第一果報。
(2)二名「和顏悦色施」：於「父母、師長、沙門、婆羅門」，不「顰ㄆㄧㄣˊ 蹙ㄘㄨˋ」(皺眉蹙額，形容憂愁不樂)惡色(指故意擺臭臉)。捨身受身，得端正色。未來成佛，得真金色，是名第二果報。
(3)三名「言辭施」：於「父母、師長、沙門、婆羅門」，出「柔軟語」，非「麤惡言」。捨身受身，得言語辯了。所可言說，為人信受，未來成佛，得四辯才，是名第三果報。
(4)四名「身施」：於「父母、師長、沙門、婆羅門」，起迎禮拜，是名「身施」。捨身受身，得端正身。長大之身，人所敬身。未來成佛，身如「尼拘陀樹」(nyagrodha 此樹

乃喻以淨信心供養佛，其因固小，而能得極大之果報），**無見「頂」**（指有如佛的「無見頂相」之貌）者，是名第四果報。

(5)五名「心施」：雖以上事供養，心不「和善」，不名為施。善心和善，深生供養，是名「心施」。捨身受身，得明了心，不「癡狂心」。未來成佛，得一切種智心，是名「心施」第五果報。

(6)六名「床座施」：若見「父母、師長、沙門、婆羅門」，為敷「床座」令坐，乃至自以「己所自坐」，請使令坐。捨身受身，常得尊貴「七寶床座」。未來成佛，得「師子法座」，是名第六果報。

(7)七名「房舍施」：前「父母、師長、沙門、婆羅門」，使屋舍之中得「行、來、坐、臥」，即名「房舍施」。捨身受身，得自然「宮殿、舍宅」。未來成佛，得諸「禪屋宅」，是名第七果報。

(8)是名七施，雖不損財物，獲大果報。

修菩薩道者，對於「福田」與「非福田」、「持戒」與「破戒」，施主淨與不淨、「受者淨與不淨」。均不作「分別執著想」

《大般涅槃經・卷第二十二》

(1)云何菩薩不觀（意為「不執著、不作分別」）「福田」及「非福田」？

(2)云何「福田」？外道（也一樣在修）「持戒」，上至諸佛（都是在修「持戒」），是名「福田」。若有念言：如是等輩（指外道的持戒相）是「真福田」，當知是心則為「狹劣」。

(3)菩薩摩訶薩悉觀一切無量眾生無非（皆是）「福田」。何以故？

(4)以善（能）修習「異念處」故。有「異念處」善（於）修習者，（能）觀諸眾生無有「持戒」及以「毀戒」（沒有真實的持戒，也沒有真實的毀戒），（能）常觀諸佛世尊所說。

(5)（布）施雖四種，俱得「淨報」。何等為四？

一者：「施主」（能布施於人者）清淨，「受者」（受人布施者）不淨。

二者：「施主」（能布施於人者）不淨，「受者」（受人布施者）清淨。

三者：「施、受」俱淨。

四者：二俱不淨（指「施者、受者」這倆方面都具破戒與邪見）。

(6)云何「施」（能布施於人者）淨，「受者」（受人布施者）不淨？

「施主」具有「戒、聞、智慧」，知「有惠施」及以「果報」。受者「破戒」，專著「邪見」，無施無報。是名「施」淨，「受者」不淨。

(7)云何名為「受者」（受人布施者）清淨，「施主」（能布施於人者）不淨？

施主「破戒」，專著「邪見」，言「無惠施」及以「果報」。受者「持戒、多聞、智慧」，

知「有惠施」及「施果報」。是名「施主」不淨,「受者」清淨。

(8)云何名為「施、受俱淨」?

「施者、受者」俱有「持戒、多聞、智慧」,知「有惠施」及「施果報」,是名「施、受」二俱清淨。

(9)云何名為「二俱不淨」?「施者、受者」(皆)破戒邪見(指「施者、受者」這倆方面都具破戒與邪見),言(因此可說)「無有施」(沒有「能施者」所獲得的功德)及「施果報」(也沒有「所施者」所獲得之果報可言)。

(10)若如是者,云何復言(為何仍說俱有「破戒邪見」的施者與受者仍可)得「淨果報」(清淨的果報)?

以無施(沒有真正存在的一個「能施者」與「所施者」)、無報(也沒有真正的布施果報「可得」或者「不可得」),故名為「淨」(菩薩已達諸法空相,故觀一切眾生皆為「福田」,故不見「持戒、毀戒」及「施、受果報」之異相,皆稱為「淨善」。甚至「施、受」者雖俱「不淨」,然亦俱得「淨報」是也)……

(11)若依如是《大涅槃經》,不見(意為「不執著、不作分別」)「惠施」及「施果報」(所布施的果報),是則名為「持戒正見」。

(12)菩薩摩訶薩有「異念處」,以「修習」故,不見(意為「不執著、不作分別」)眾生「持戒、破戒、施者、受者」及「施果報」(所布施的果報),是故得名「持戒正見」。

(13)以是義故,菩薩摩訶薩不觀(意為「不執著、不作分別」)「福田」及「非福田」。

《佛說大集法門經・卷上》

(1)復次,四種(不同的)布施清淨(之法),是佛所說。

(2)謂有布施,「施者」(能布施於人者)清淨,非「受者」(受人布施者是不清淨的,如破戒、邪見等)。

(3)或有布施,「受者」(受人布施者)清淨,非「施者」(能布施於人者是不清淨的,如破戒、邪見等)。

(4)或有布施,亦非「施者」,亦非「受者」,謂「所施清淨」(菩薩已達諸法空相,故觀一切眾生皆為「福田」,故不見「持戒、毀戒」及「施、受果報」之異相,皆稱為「淨善」。甚至「施、受」者雖俱「不淨」,然亦俱得「淨報」是也)。

(5)或有布施,「施者、受者」二俱清淨。

《中阿含經・卷第四十七》

(1)復次阿難!有四種(不同的)布施,三淨施。云何為四?

(2)或有布施,因「施主」(能布施於人者)淨,非「受者」(受人布施者是不清淨的)。

(3)或有布施,因「受者」(受人布施者)淨,非「施主」(能布施於人者是不清淨的,如破戒、邪見等)。

(4)或有布施,非因「施主」淨,亦非「受者」(亦非受者清淨)。

(5)或有布施,因「施主」(能布施於人者)淨,(而)「受者」(受人布施者)亦然(亦是清淨的)。

「布施」多寡與「得福」多寡的探討

《法句譬喻經・卷第二》

(1)於是世尊告藍達曰：施有四事，何等為四？

一者「施多得福報少」。

二者「施少得福報多」。

三者「施多得福報多」。

四者「施少得福報亦少」

(2)何謂「施多得福報少」者？

其人愚癡，(此人雖然布施很多，但竟以)殺生(的方式去)祭祠(眾神、或修道人)。(還)飲酒歌舞，破損財寶，(此乃)無有福慧(的一種布施)。

(3)何謂「施少得福報少」者？(此人乃)以「慳貪、惡意」(去布)施於(一樣具有慳貪&惡意的)「道士」(修道之士)。俱兩愚癡(指布施者有慳貪、惡意，而所謂的道士，也是有慳貪、惡意者)，是故「施少得福少」。

(4)何謂「施少得福多」者？(若)能以「慈心」(供)奉(有)「道德」人。(此)道士(有修道之士)食已，(便能更)精進學、誦。施此(布施此人)雖少，(但)其福(仍)彌大。

(5)何謂「施多得福多」者？若有賢者，覺世「無常」。(於是發大)好心「出財」，起立「塔寺、精舍、菓園」。(以及)供養「三尊」衣服、履屣、床榻、厨膳。斯福(如此之大福)如「五河流」入於「大海」。「福流」(福德如五河之流)如是，世世不斷。是為「施多其福報轉多」。

(6)譬如農家，地有厚薄，所得不同。

如何能達到「布施清淨平等」的境界

《大方等大集經・卷第三十》

(1)復次舍利弗！菩薩摩訶薩有四種施，具足智慧。何等為四？

一者：以「紙筆墨」施與「法師」，令(法師能)書寫經。

二者：(用)種種「校飾莊嚴妙座」以施「法師」。

三者：以諸「所須供養之具」奉上「法師」。

四者：(以)無「諂曲心」(去)讚歎「法師」。

(2)舍利弗！是名菩薩四種布施，具足智慧。

《大方等大集經・卷第五十》

(1)諸仁者！以四種布施清淨平等，以布施故，眾生於「流轉」(輪迴三界)時，恒受「勝報」(殊勝的果報)，速能得入「無畏」(之)大城。何等為四？

一者：於一切眾生起「憐愍心」。

二者：(於一切眾生能生起)「平等心」。

三者：(於一切眾生能生起)「大慈心」。

四者：(於一切眾生能生起)「大悲心」。

(2)此為四種布施清淨平等，眾生於流轉時恒受勝報，速能得入「無畏大城」。

《大集大虛空藏菩薩所問經·卷第一》

(1)佛告大虛空藏菩薩言：善男子！菩薩成就四法，修行「布施」波羅蜜多，猶若「虛空」。云何為四？所謂：

①以「我清淨」故，(故一切)「有情」(亦皆)清淨。

②以「有情清淨」故，(故我的布)施(亦)即清淨。

③以「施清淨」故，(故一切的)迴向(亦皆)「清淨」。

④以「迴向清淨」故，(所以將來成就的)「菩提」清淨。

(2)善男子！是為菩薩成就四法，修行「布施」波羅蜜多，猶若「虛空」。

(3)復次若菩薩成就「八法」，能「淨修行」布施波羅蜜多。云何為八？所謂：

①「我」(之)清淨施。

②「我所」(之)清淨施。

③「因」(之)清淨施。

④「見」(之)清淨施。

⑤「相」(之)清淨施。

⑥「異相」(之)清淨施。

⑦「不望果報」(之)清淨施。

⑧「心平等」如「虛空」(之)清淨施。

是為菩薩成就八法，能「淨修行」布施波羅蜜多。

(4)善男子！譬如虛空「無有邊際」，菩薩無限「行施」，亦復如是。

(5)譬如虛空「寬廣無礙」，菩薩迴向「行施」，亦復如是。

(6)譬如虛空「無色」，菩薩離色「行施」，亦復如是。

(7)譬如虛空「無有受者」，菩薩離受「行施」，亦復如是。

(8)譬如虛空「無所染著」，菩薩遠離染著「行施」，亦復如是。

(9)譬如虛空「無所為作」，菩薩遠離有為「行施」，亦復如是。

(10)譬如虛空「無有識想」，菩薩離於識想「行施」，亦復如是。

(11)譬如虛空「遍諸佛剎」，菩薩大慈「行施」，遍緣恒沙諸佛國土一切有情，亦復如是。

(12)譬如虛空「無有窮盡」，菩薩不斷三寶種迴向「行施」，亦復如是。

(13)譬如虛空「無有暗暝」，菩薩「行施」離煩惱暗，亦復如是。

(14)譬如虛空「無相顯現」，菩薩「行施」心體清淨，亦復如是。

(15)譬如虛空「含容一切」，菩薩「行施」普攝有情，亦復如是。

(16)又如「變化人」施「變化者」，無心分別，不希其報。菩薩「行施」，亦復如是。皆如

幻化，遠離「能、所」，不希果報。

(17)善男子！菩薩「行施」以「勝智慧」捨諸煩惱，以「方便智」不捨有情，是為菩薩修
　　行「布施」波羅蜜多，猶若「虛空」。

《大集大虛空藏菩薩所問經・卷第一》

(1)善男子菩薩摩訶薩應以「無相」修行如是「布施」波羅蜜多。何以故？

(2)以一切法「無身相」，身相清淨故。

(3)無「有情相」，有情相清淨故。

(4)無「法相」，法相清淨故。

(5)無「智相」，智相清淨故。

(6)無「慧相」，慧相清淨故。

(7)無「心相」，心相清淨故。

(8)無「世間相」，世間相清淨故。

(9)無「色相」，色相清淨故。

(10)無「見相」，見相清淨故。

(11)如是乃至「無暗、無明」，離一切相……菩薩以如是行修行「布施」波羅蜜多。

第三十五節　心淨則佛土淨，除十惡、八邪、三毒，行直心，六根清淨，方能到西方

《敦博本》與《敦煌本》對校版原文	《宗寶本》原文
	『三十七』
1 使君(韋據)禮拜，又問：弟子見僧俗常念阿彌陀佛，願往生西方。 請和尚説，(如此之念佛人能)得生彼(極樂世界)否？望為破疑。	刺史(韋據)又問曰：弟子常見僧俗念阿彌陀佛，願生西方。 請和尚説，(如此之念佛人能)得生彼(極樂世界)否？願為破疑。
2 大師言：使君(韋據)聽，惠能與説。世尊在舍衛城，説西方引化(接引度化)。	師言：使君(韋據)善聽，慧能與説。世尊在舍衛城中，説西方引化(接引度化)。
經文(指《佛説觀無量壽佛經》)分明，(極樂世界)去此不遠(此據《佛説觀無量壽佛經》云：爾時世尊告韋提希：汝今知不？阿彌陀佛去此不遠)，	經文(指《佛説觀無量壽佛經》)分明，(極樂世界)去此不遠(此據《佛説觀無量壽佛經》云：爾時世尊告韋提希：汝今知不？阿彌陀佛去此不遠)。
	若論(名)相説，(極樂世界)里數(距娑婆世界)有「十萬八千」(據《佛説阿彌陀經》正確應云：佛告長老舍利弗：從是西方，過「十萬億」佛土，有世界名曰極樂)。
	(所謂十萬八千里遠)即(象徵眾生自)身中(的)十惡八邪，(因此)便是説(有十萬八千里之)遠。
(此)只為「下根」。(意指「下鈍根器者」不易對極樂世界生出信心，所以佛為「下鈍根器者」説極樂世界距離我們地球很近，並不太遠的)	説遠為其「下根」，(因為「下鈍根器」者身中有了「十惡八邪」的障隔，所以原本「去此不遠」的極樂世界，便成為很遙遠之地，故説西方距離地球很遠)
説近説遠，只緣「上智」。(意指「上利根智	説近為其「上智」。(因為「上利根智慧」者對極

慧者」對極樂世界有堅固信心，無論説西方距離我們地球近或距離很遠，都沒有任何的影響，也無意義。因為極樂世界對開悟的人來説，即「近在眼前」與「到如彈指」）	樂世界有堅固信心，對開悟的人來説，極樂世界即「近在眼前」與「到如彈指」）
人自兩種（鈍與利的根器），法無兩般（兩樣的不同）。 「迷、悟」有殊（差別），（知）見有「遲、疾」。	人有兩種（鈍與利的根器），法無兩般（兩樣的不同）。 「迷、悟」有殊（差別），（知）見有「遲、疾」。
迷人念佛（迷惑的人是「貪著外相」式的念佛）生彼（極樂世界），悟者「自淨其心」（覺悟的人是「不貪著外相」且「自淨其心念」的修行方式）。	迷人念佛（迷惑的人是「貪著外相」式的念佛），求生於彼（極樂世界），悟人「自淨其心」（覺悟的人是「不貪著外相」且「自淨其心念」的修行方式）。
所以佛言（出《維摩結所説經·卷上》）：隨其「心淨」，則「佛土淨」。	所以佛言（出《維摩結所説經·卷上》）：隨其「心淨」，即「佛土淨」。
3 使君（韋據）！ （若是住在）東方，但「淨心」（即）無罪。 （就算是住在）西方，（但）「心不淨」（仍）有愆。	使君（韋據）！ （若是住在）東方人，但「心淨」即無罪。 雖（住在）西方人，（但）「心不淨」亦有愆。 （但）東方人造罪，（則）念佛求生西方。 （若是）西方人造罪，（那）念佛（應）求生何國？
迷人（迷惑的人是「貪著外相」式的修行）願生東方、西方。	凡愚（凡夫愚人是「貪著外相」式的修行）不了自性，不識「身中淨土」，願東、願西。
悟者「所在處」並皆一種（覺悟的人其所在之處，全部只有一種「清淨」的世界）。	悟人「在處一般」（覺悟的人其所在之處，全部只有一種「清淨」的世界）。 所以佛言：隨所住處，恆安樂（此據《添品妙法蓮華經》云：隨所住處，施與安樂。或《佛母大孔雀明王經》云：隨所住處，常安樂。或《大雲輪請雨經》云：隨所住處，常安樂）。
4 心地但「無不淨」，西方去此不遠。	使君！心地但「無不善」，西方去此不遙。

心起「不淨」之心，念佛往生難到(就算念佛祈求往生，依然難到極樂世界)。	若懷「不善」之心，念佛往生難到(就算念佛祈求往生，依然難到極樂世界)。
除「十惡」即行「十萬」(就等同修行了「十萬里」的功德)。	今勸善知識，先除「十惡」，即行「十萬」(就等同修行了「十萬里」的功德)。
無「八邪」(八邪法，八正道之對稱)即過「八千」(就等同超越了「八千里」的障礙)。	後除「八邪」，乃過「八千」(就等同超越了「八千里」的障礙)。
但行「直心」(真誠無妄、無分別、不執著的本心)，到(西方極樂世界)如彈指。	念念「見性」(念念皆生起自身的「真如心性」)，常行「平直」(能對一切眾生皆「平等直心」)。到(西方極樂世界)如彈指，便覩彌陀。
5 使君(韋據)！但(從自性「身心」中去修)行「十善」(據《佛說觀無量壽佛經》云：欲生彼國者，當修三福：一者、孝養父母，奉事師長，慈心不殺，修十善業)，何須更(「空喊」著要發)願往生？	使君(韋據)！但(從自性「身心」中去修)行「十善」(據《佛說觀無量壽佛經》云：欲生彼國者，當修三福：一者、孝養父母，奉事師長，慈心不殺，修十善業)，何須更(「空喊」著要發)願「往生」？
(若)不斷「十惡」之心，(只是天天空喊「發願往生」的話)何佛即來「迎請」(既有「迎請」，則當然有往生到「真實西方淨土」的意思在內)？	(若)不斷「十惡」之心，(只是天天空喊「發願往生」的話)何佛即來「迎請」(既有「迎請」，則當然有往生到「真實西方淨土」的意思在內)？
若(能)悟「無生頓法」(無生無滅的頓教大法)，(則親)見西方只在「剎那」(便是)。	若(能)悟「無生頓法」(無生無滅的頓教大法)，見(則親)西方只在「剎那」(便是)。
(若)不悟「頓教大乘」，(只是天天空喊「要去西方」的)念佛往生路遠，如何得達？	(若)不悟(大乘的無生頓教法)，(只是天天空喊「要去西方」的)念佛求生，路遙如何得達？
6 六祖言：惠能(將)與使君(韋據)移西方(極樂世界)剎那間(就能移來到這裡)，(讓您)目前(眼前當下)便見。	慧能(將)與諸人移西方(極樂世界)於「剎那」間(就能移來到這裡)，(讓您的)目前(眼前當下)便見。
使君(韋據)願見否？(惠能將宣說「心淨」的當下即是極樂世界的道理，此處並非是指「外相莊嚴」	各願見否？(惠能將宣說「心淨」的當下即是極樂世界的道理，此處並非是指「外相莊嚴」的真實淨土)

的真實淨土）

7使君（韋璩）禮拜：若（能於）此得見（西方極樂世界），何須（再「空喊」著要去西方）往生？

願和尚慈悲，為「現」西方（為我們顯現出西方極樂世界的境界），大善！

8大師言：「一時」見西方（就在當下這一時刻，讓汝等大眾都看見了西方極樂世界吧）！無疑，即散！

9大眾（皆）愕ㄜ然，莫知何事（不知道發生了什麼「高深境界」般的事情）？

10大師曰：大眾！大眾！作意聽！

世人（皆以為）「自色身」是城（堡）。
「眼、耳、鼻、舌、身」即是「城門」。
外有「五門」（眼耳鼻舌身），內有「意門」（第六意識）。

11心即是「地」，（本）性即是「王」。
　性在「王」（即）在，性去「王」（即）無。

（本）性在「身心存」，（本）性去「身心壞」。
佛是「自性作」（佛陀是向「自性心中」修而作成的佛），莫向「身外求」。

自性「迷」，佛（具有佛性之眾生）即是眾生。
自性「悟」，眾生（具有煩惱之眾生）即是佛。

12

眾皆頂禮云：若（能於）此處（得）見（西方極樂世界），何須（再「空喊」著）更願往生？

願和尚慈悲，（於是惠能）便「現」西方（為我們顯現出西方極樂世界的境界），普令（我們）得見。

師言：大眾！

世人（皆以為）「自色身」是城（堡）。
「眼、耳、鼻、舌」是（城）門。
外有「五門」（眼耳鼻舌身），內有「意門」（第六意識）。

心是「地」，（本）性是「王」。
「王」居「心地」上，性在「王」（即）在，性去「王」（即）無。

（本）性在「身心存」，（本）性去「身心壞」。
佛向「性中作」（佛陀是向「自性心中」修而作成的佛），莫向「身外求」。

自性「迷」，即是眾生。
自性「覺」，即是佛。

「慈悲」即是「觀音」(的化現)。
「喜捨」名為「勢至」(的精神)。
「能淨」(能夠清淨身心)是「釋迦」(的修行)。
「平直」(平等直心)即是「彌勒」(的包容力)。

「人、我」(二執)即是(障礙修行的)「須彌」。
「邪心」即是(洶湧澎湃不得安寧的)「海水」。

「煩惱」即是(前去後來如翻滾的)「波浪」。
「毒心」即是(兇猛的)「惡龍」。
「塵勞」(於紅塵煩惱中打滾)即是(穿梭不停的)「魚鱉」。
「虛妄」即是「鬼神」。

「三毒」即是「地獄」。
「愚癡」即是「畜生」。
「十善」即是「天堂」。

無「人、我」，「須彌」(便)自倒。
除「邪心」，「海水」(便)竭。

「煩惱」無，「波浪」(便)滅。
「毒害」除，「魚龍」(魚蝦蛟龍)絕。

13(於)「自心地」上「覺性」如來(在自性心地上，本來即擁有「覺悟本性」的「如來佛性」)，(便)放「大智慧光明」。

(能)照耀「六門」(六根)清淨，(亦能)照破「六欲諸天」。

下照(往下能向內觀照)「三毒」若除，(所有造作)地獄(諸罪)一時消滅。

「慈悲」即是「觀音」(的化現)。
「喜捨」名為「勢至」(的精神)。
「能淨」(能夠清淨身心)即「釋迦」(的修行)。
「平直」(平等直心)即「彌陀」(的廣大願力)。

「人、我」(二執)是(障礙修行的)「須彌」。
「貪慾」是「海水」。(《房山石經》作「貪慾」辭)

「煩惱」是(前去後來如翻滾的)「波浪」。
「毒害」是(兇猛的)「惡龍」。
「虛妄」(虛偽誑妄)是(與)「鬼神」(相應)。
「塵勞」(於紅塵煩惱中打滾)是(穿梭不停的)「魚鱉」。

「貪瞋」是「地獄」。
「愚癡」是「畜生」。
善知識！常行「十善」，「天堂」便至。

除「人、我」，「須彌」(便)倒。
去「貪慾」，「海水」竭。(《房山石經》作「貪慾」辭)

「煩惱」無，「波浪」滅。
「毒害」除，「魚龍」(魚蝦蛟龍)絕。

(於是)「自心地」上「覺性」如來(在自性心地上，本來即擁有「覺悟本性」的「如來佛性」)，(便)放大光明。

(能)外照「六門」(六根)清淨，(亦)能(照)破「六欲諸天」。

自性(若能)內照(向內觀照)，(則)「三毒」即除，(所有造作)地獄等罪，(能獲)一時消滅。

（若眞能達到）**內外**（內心與外相）**明澈**（通明清澈），不異「**西方**」（此與西方聖境並無不同）。	（若眞能達到）**內外**（內心與外相）**明徹**（通明清澈），不異「**西方**」（此與西方聖境並無不同）。
不作此修，如何到彼（既有「到彼」，則當然有往生到彼岸的「眞實西方淨土」）？	**不作此修，如何到彼**（既有「到彼」，則當然有往生到彼岸的「眞實西方淨土」）？
14 座下聞說（在法座下聽聞惠能講法的大眾），**讚聲徹天**（讚嘆大師的音聲響徹雲天），**應是「迷人」**（原本應是迷惑無慧的人），**了然便「見」**（心中獲得了悟，清楚皎然，便徹見「心淨即國土淨」的修行原理）。	**大眾聞說，了然「見性」**（心中獲得了悟，清楚皎然，便徹見「心淨即國土淨」的修行原理）。
15 使君（韋璩）**禮拜**（惠能），**讚言：善哉！善哉！**普願法界眾生，聞者一時「悟解」。	**悉皆禮拜**（惠能）。**俱歎：善哉！** （大眾同聲）**唱言：普願法界眾生，聞者一時「悟解」！**
（以上就是惠能讓大眾「爲現西方」及如何令大眾「一時見西方」的完整「開示錄」）。	（以上就是惠能讓大眾「爲現西方」及如何令大眾「一時見西方」的完整「開示錄」）。

「**人自兩種，法無兩般。悟者所在處，並皆一種**」。請從佛典來解釋此段的義理

《佛說解節經》

(1)須菩提……觀一切法「一味眞實」，憶持至得。

(2)須菩提！以是義故，汝應當知，「眞實之理」遍一切處，唯「一味相」。

《佛說佛地經》

(1)妙生！當知清淨法界者，譬如「虛空」，雖遍諸色種種相中，而不可說有種種相，體唯「一味」。

(2)如是如來清淨法界，雖復遍至「種種相類」所知境界，而不可說有種種相，體唯「一味」。

《妙法蓮華經・卷第一》

(1)十方佛土中，唯有「一乘法」。無二亦無三，除佛「方便說」。

(2)但以「假名字」，引導於眾生。說佛智慧故，諸佛出於世。

(3)唯此一事實，餘二則非真。終不以「小乘」，濟度於眾生。

(4)佛自住「大乘」，如其所得法。定慧力莊嚴，以此度眾生。自證無上道，大乘平等法。

《大乘離文字普光明藏經》

(1)善男子！一切法「無生」是如來覺，一切法「無滅」是如來覺。一切法「離二邊」是如來覺，一切法「不實」是如來覺……一切法「如幻如焰」是如來覺。

(2)善男子！諸法實性「一味」解脫，是如來覺。「一味」解脫是即名為「普光明藏」。

(3)善男子！「一相法」是如來覺。云何「一相」？所謂：諸法不來、不去、非因非緣、不生不滅、無取無捨、不增不減。

(4)善男子！諸法自性「本無所有」，不可為喻。非是文辭之所辯說。如是一法，是諸如來現所覺了。

(5)當佛說此「莊嚴王離文字普光明藏法門」之時，有「十地菩薩」所見微塵數眾生，悉發阿耨多羅三藐三菩提心……

(6)諸仁者！我此所說甚深方廣希有法門，非諸眾生有「少善根」而能聽受，能聽受者即為承事供養於我，亦為荷擔無上菩提。

(7)是人當得「辯才無礙」，「決定生」於清淨佛土，是人臨終定得親見阿彌陀佛菩薩大眾而現在前。

「十惡八邪」即「十萬八千」的討論

蓮池大師《正訛集》

(1)《壇經》以「十惡八邪」，譬如「十萬八千」。人遂謂西方極樂世界，去此「十萬八千」，此訛也。

(2)十萬八千者，五天竺國(古印度)之西方也。極樂去此蓋「十萬億佛剎」。夫大千世界為一佛剎，十萬億剎，非人力所到，非鬼力、神力、天力所到。

(3)惟是念佛人，一心不亂，感應道交，到如彈指耳，豈震旦(中國)詣乎天竺，同為南瞻部之(往)程途(西方的旅程路途)耶？(不可以中國到達印度的距離：去計算地球到西方為十萬八千的距離公里數)

(4)然則六祖不知西方歟？曰：《壇經》是大眾記錄，非出祖筆(六祖大師親自下筆)，如《六經》四字，亦多漢儒附會，胡可盡信？

(5)不然，舉近況遠，理亦無礙。如在市心，以「北郊」(城北郊區)喻燕京(北京)，以「南郊」(城南郊區)喻白下(南京)。則借「近之五天(古印度)」，(比)喻「遠之極樂」，欲時人易曉耳，何礙之有？

「真心即淨土」的探討

《維摩詰所說經》(一名《不可思議解脫·上卷》)

(1)寶積當知！「直心」是菩薩淨土，菩薩成佛時，不諂 眾生來生其國。

(2)「深心」是菩薩淨土，菩薩成佛時，具足功德眾生來生其國。

(3)「菩提心」是菩薩淨土，菩薩成佛時，大乘眾生來生其國。

(4)「布施」是菩薩淨土，菩薩成佛時，一切能捨眾生來生其國。

(5)「持戒」是菩薩淨土，菩薩成佛時，行十善道滿願眾生來生其國。

(6)「忍辱」是菩薩淨土，菩薩成佛時，三十二相莊嚴眾生來生其國。

(7)「精進」是菩薩淨土，菩薩成佛時，勤修一切功德眾生來生其國。

(8)「禪定」是菩薩淨土，菩薩成佛時，攝心不亂眾生來生其國。

(9)「智慧」是菩薩淨土，菩薩成佛時，正定眾生來生其國。

(10)「四無量心」是菩薩淨土，菩薩成佛時，成就慈悲喜捨眾生來生其國。

(11)「四攝法」是菩薩淨土，菩薩成佛時，解脫所攝眾生來生其國。

(12)「方便」是菩薩淨土，菩薩成佛時，於一切法方便無礙眾生來生其國。

(13)「三十七道品」是菩薩淨土，菩薩成佛時，念處、正勤、神足、根、力、覺、道眾生來生其國。

(14)「迴向心」是菩薩淨土，菩薩成佛時，得一切具足功德國土。

(15)說「除八難」是菩薩淨土，菩薩成佛時，國土無有三惡八難。

(16)自守戒行、不譏彼闕是菩薩淨土，菩薩成佛時，國土無有犯禁之名。

(17)「十善」是菩薩淨土，菩薩成佛時，命不中夭，大富梵行，所言誠諦，常以軟語，眷屬不離，善和諍訟，言必饒益，不嫉不恚，正見眾生來生其國。

(18)如是，寶積！菩薩隨其直心，則能發行；隨其發行，則得深心；隨其深心，則意調伏。

(19)隨意調伏，則如說行；隨如說行，則能迴向；隨其迴向，則有方便；隨其方便，則成就眾生。

(20)隨成就眾生，則佛土淨；隨佛土淨，則說法淨；隨說法淨，則智慧淨。

(21)隨智慧淨，則其心淨；隨其心淨，則一切功德淨。

(22)是故寶積！若菩薩欲得淨土，當淨其心；隨其心淨，則佛土淨。

須成就「八法」或「十法」，始能生淨土

《說無垢稱經・卷第五》

(1)復作是言：「堪忍世界」諸菩薩眾，成就幾法？無毀、無傷，從此命終，生餘淨土。

(2)無垢稱言：「堪忍世界」諸菩薩眾，成就「八法」無毀(減毀)、無傷(傷損)，從此命終，生「餘淨土」。何等為八？

　　一者、菩薩如是思惟：我於有情應作「善事」，不應於彼「希望善報」(需學會「三輪體空」)。

　　二者、菩薩如是思惟：我應代彼一切有情「受諸苦惱」，我之所有「一切善根」，悉迴施與(眾生)。

　　三者、菩薩如是思惟：我應於彼一切有情「其心平等」，心無罣礙。

　　四者、菩薩如是思惟：我應於彼一切有情，摧伏「憍慢」，敬愛如佛。

　　五者、菩薩信解增上：於「未聽受」(之)甚深經典，(若有)「暫得」聽聞，(則)無疑無謗。

　　六者、菩薩於「他利養」(他人所獲的名聞利養)，無嫉妒心。於「己利養」(自己所獲的名聞利養)，不生「憍慢」。

　　七者、菩薩「調伏自心」，常省「己過」，不譏(譏諷、譏謗)「他犯」(他人所犯的過失)。

　　八者、菩薩「恒無放逸」，於諸善法，常樂尋求精進，修行「菩提分法」。

(3)「堪忍世界」諸菩薩眾，若具成就如是八法「無毀(減毀)、無傷(傷損)」。從此命終生餘淨土。

《佛說除蓋障菩薩所問經・卷第十七》

(1)又善男子！菩薩若修十種法者，得生清淨「諸佛剎土」。何等為十？

　　一者、具「戒清淨」。不斷(不斷缺)、不雜(不雜穢)、復無染汙，戒行成就。

　　二者、行「平等心」，為一切有情設「平等」方便。

　　三者、成就廣大「善根」，非尟(同「鮮」)少故。

　　四者、遠離世間「名聞、利養」等事，復不「染著」。

　　五者、具於「淨信」，無「疑惑心」。

　　六者、發勤「精進」，捨離「懈怠」。

　　七者、具修「禪定」，無「散亂心」。

　　八者、修習「多聞」，而無「惡慧」。

　　九者、利根利慧，無「暗鈍性」。

　　十者、廣行「慈行」，無「損害心」。

(2)善男子！菩薩若修如是十種法者，即生清淨「諸佛剎土」。

《佛說寶雨經・卷九》

(1)復次，善男子！菩薩成就十種法，生「清淨佛剎」。何等為十？

一者、成就於「戒」，無缺、無雜，戒無點汙，戒得「清淨」。

二者、為一切有情，心得「平等」。

三者、以能成就廣大「善根」。

四者、於「利養、名稱、恭敬、讚歎」，心常捨離，無所染著。

五者、得清淨「信」，心無「疑惑」。

六者、常修「精進」，離「懈怠心」。

七者、能入「寂定」（寂靜禪定），無「散亂心」。

八者、能得「多聞」，而無「惡慧」。

九者、成就「利智」，非「鈍根性」。

十者、有「慈悲性」，無「損害心」。

(2)止蓋菩薩白佛言：世尊！於此十法為要「具足」（全部具足），方始得「生」，若有闕者（即無法十種法皆修圓滿），能得「生」不？

(3)佛言：善男子！若有菩薩（只）成就「一法」，得無「缺減」、無少「違犯」、「鮮白」清淨，彼諸菩薩（亦）即（可獲）得具足成就十法。

(4)善男子！菩薩（若能）成就此（全部）十種法，（能得）生「清淨佛剎」。

《大乘寶雲經・卷六》

(1)善男子！菩薩摩訶薩具足十法，生「淨佛土」。何等為十？所謂：

❶「戒品」清淨，無隙、無雜、無瑕⼽、無疵⼽。

❷於諸眾生，起「平等心」。

❸「功用」無二，具「大善根」。

❹遠離「利養、恭敬、名聞」，心無「染汙」。

❺「信根」成就，心無「疑惑」。

❻勇猛「精進」，不暫「懈怠」。

❼具足「禪定」，心不「散亂」。

❽「多聞」分別，不習「邪論」。

❾具足「利智」，不生「鈍根」。

❿自然「多慈」，不習「瞋恚」。

(2)降伏一切障礙菩薩言：世尊！具足十法，生淨土耶？若不具足，亦得生乎？

(3)佛言：善男子！於此十法，設（只）有「一法」而得具足，不隙（缺乏）、不雜（雜染）、不瑕（缺點；毛病）、不疵⼽（過失），清淨明白。一切諸法，（亦）悉皆（能）具足。所以者何？

(4)（雖說）具足「十法」（能）得生淨土，（只有一法，亦）非「不具足」。善男子！如是菩薩具足十

法生淨佛土。

《大般涅槃經・卷二十四》

善男子！菩薩摩訶薩修「大涅槃」，成就具足第四功德，有十事。何等為十？

　一者、根深難可傾拔。

　二者、於自身，生「決定想」。

　三者、不觀「福田」及「非福田」。

　四者、修「淨佛土」。

　五者、滅除「有餘」。

　六者、斷除「業緣」。

　七者、修「清淨身」。

　八者、了知「諸緣」。

　九者、離諸「怨敵」。

　十者、斷除「二邊」。

《佛說觀無量壽佛經》

爾時世尊告韋提希：汝今知不？阿彌陀佛去此不遠，汝當繫念諦觀彼國「淨業」成者。我今為汝廣說眾譬，亦令未來世一切凡夫欲修淨業者得生西方極樂國土。欲生彼國者，當修三福。

　一者：孝養父母，奉事師長，慈心不殺，修十善業。

　二者：受持三歸，具足眾戒，不犯威儀。

　三者：發菩提心，深信因果，讀誦大乘，勸進行者。

如此三事名為淨業。

《大寶積經・卷九十二》

(1)爾時彌勒菩薩白佛言：世尊！如佛所說阿彌陀佛極樂世界功德利益，若有眾生發十種心，隨一一心，「專念」向於阿彌陀佛。是人命終，當得往生彼佛世界。

(2)世尊！何等名為發「十種心」？由是心故，當得往生彼佛世界。

(3)佛告彌勒菩薩言：彌勒！如是十心，非諸「凡愚、不善丈夫、具煩惱者」之所能發，何等為十？

　一者、於諸眾生起於「大慈」，無「損害心」。

　二者、於諸眾生起於「大悲」，無「逼惱心」。

　三者、於「佛正法」不惜身命，樂「守護心」。

　四者、於一切法發生「(殊)勝忍」(生忍、法忍、世間忍、出世間忍、安受苦忍、觀察法忍、音響忍、柔順

忍、無生法忍……等），無「執著心」。

五者、不貪「利養」，恭敬尊重，淨「意樂心」。

六者、求「佛種智」，於一切時無「忘失心」。

七者、於諸眾生尊重恭敬，無「下劣心」。

八者、不著「世論」，於「菩提分」生「決定心」。

九者、種諸善根，無有（生起）「雜染」（的一種）清淨之心。

十者、於諸如來，捨離「諸相」，起「隨念心」。

(4)**彌勒**！是名菩薩發十種心，由是心故，當得往生阿彌陀佛極樂世界。

(5)**彌勒**！若人於此十種心中「隨成一心」，樂欲往生彼佛世界；若不得生，無有是處。

《發覺淨心經·卷二》

(1)爾時彌勒菩薩白佛言：世尊！如來歎阿彌多如來十種發心，於中各隨念發，若念當欲生彼，當即得生彼。

(2)世尊！何者是「十種發心」，於彼處生？

(3)佛告彌勒言：彼等發心，非「少智」者；有彼發心，是大事者。所有欲生阿彌陀剎中者：

❶當為一切眾生發「慈悲心」，不生「瞋恨」，當生阿彌陀如來佛剎。

❷為一切眾生生「慈悲心」故，當生彼處。

❸離於「殺害」，受持「正法」，發此心故，當生彼處。

❹捨於「身命」發心，「不著」一切諸法故，當生於彼處。

❺發甚深「忍」（生忍、法忍、世間忍、出世間忍、安受苦忍、觀察法忍、音響忍、柔順忍、無生法忍……等）、行清淨信，發此心故，當生彼處。

❻不染「名聞、利養」，一切智寶，發此心故，當生彼處。

❼為一切眾生生「貴敬」，「發心」不忘失故，當生彼處。

❽不驚、不怖，不愛「凡言語」，發此心故，當生彼處。

❾入「菩提分」種種善根，發此心故，當生彼處。

❿然不離「念佛」，發此心故，當生彼處，遠離「諸相」故。

(4)**彌勒**！此十種發心，若菩薩各發念一具足者，當往生彼阿彌陀佛剎中，若不生者無有是處。

修學「般若空性」法門者，一樣是「發願往生淨土」的經論說明

《金剛頂瑜伽理趣般若經》

(1)爾時世尊謂諸菩薩，宣説如上諸法門已，復告金剛手菩薩言：金剛手！我此經典
（指《金剛頂瑜伽理趣般若經》）難可得聞，乃至極少；「至於一字」，應知是人過去已曾供養
諸佛，於諸佛所種諸善根。何況「具足聽聞、受持、讀誦、正念思惟」。

(2)當知是人決定已曾供養恭敬、尊重、讚歎八十億那庾多恆河沙等諸佛。

(3)若是「經典所在之處」，此地則為有諸「佛塔」。若諸有情，愛重此經，常隨守護，
不離身者，是人應受一切世間恭敬供養；是人當得宿命智通，能知過去無量劫事；
不為一切諸天魔波旬之所擾亂，四天大王及諸餘天常隨衞護；一切諸佛及諸菩薩
恆常供養攝受，「十方淨土」隨願往生。

(4)金剛手！我今略説「般若波羅蜜多」理趣（道理旨趣）法門功德如是，若廣説者窮劫不
盡。

《佛説遍照般若波羅蜜經》

(1)復次，金剛手菩薩！若人聞此「般若波羅蜜經」一四句偈，得八萬俱胝「那由他」恆
河沙等如來「恭敬供養」，何況「解義」，為他「演説」。

(2)彼人「持經」之處，如「佛塔廟」，一切「天、人、阿修羅」等恆來作禮。

(3)若人「流通」此經，展轉「讀誦」，獲「宿命智」，能知過去俱胝劫事。

(4)一切「眾魔諸惡患難」皆不能侵，常有「四大天王」及「諸賢聖」而作衞護。

(5)彼人臨命終時「心不顛倒」，一切諸佛及大菩薩俱來迎接，「十方淨土」，隨意往生。

《大般若波羅蜜多經・卷五七八》

(1)爾時，如來復説神呪……如是神呪具大威力，能受持者業障消除，所聞正法總持
不忘，疾證無上正等菩提……若諸有情於每日旦，至心聽誦如是「般若波羅蜜多」
甚深理趣（道理旨趣）最勝法門，無間斷者，諸惡業障，皆得消滅，諸勝喜樂常現在
前……

(2)諸佛菩薩常共護持，令一切時善增惡減；於諸佛土「隨願往生」，乃至菩提，不墮
惡趣。

《放光般若經・卷十三》

佛告須菩提：菩薩行「般若」波羅蜜者，不離於道行……常願欲見十方諸佛，隨所見
佛，願「往生」彼，便得往生。晝夜意；常不離諸佛之念。

《摩訶般若波羅蜜經・卷十七》

佛告須菩提：菩薩摩訶薩行「般若」波羅蜜……是人常願欲見諸佛，聞在所處「佛國
土」中有現在佛，「隨願往生」。如是心常晝夜行，所謂「念佛心」。

極樂世界千真萬確存在而且可「出借」給娑婆人「親見」

《請觀世音菩薩消伏毒害陀羅尼咒經》

(1)爾時世尊告長者言：去此不遠，正主西方，有佛世尊名無量壽(阿彌陀佛)。彼有菩薩，名觀世音及大勢至，恒以大悲，憐愍一切，救濟苦厄。

(2)汝今應當「五體投地」，向彼(西方三聖)作禮，燒香散華，繫念「數息」，令心不散，(只需)經「十念」頃(此喻數息觀，從一數到十左右的時間，或喻只需十句念佛的短暫時間)，(釋迦佛便)為眾生故，當請「彼佛」(阿彌陀佛)及「二菩薩」(觀世音、大勢至菩薩)。

(3)說是語時，(即)於(釋迦)佛光中，得見西方無量壽佛，并二菩薩(觀世音、大勢至菩薩)。(因釋迦)如來神力，(故令)佛(阿彌陀佛)及(二位)菩薩俱到此國(娑婆世界)，往毘舍離，住城門閫
裏(郭門之內)。

(4)佛(阿彌陀佛)、二菩薩(觀世音、大勢至菩薩)，與諸大眾放大「光明」，照毘舍離，皆作金色。

《佛說如幻三摩地無量印法門經》

(1)爾時勝華藏菩薩摩訶薩復白(釋迦)佛言：世尊！惟願(釋迦)如來應供正等正覺，如其所應，現「神通相」，使彼佛刹(極樂世界)二大士(觀世音、大勢至菩薩)等來此娑婆世界，復令此會大眾得見極樂世界，瞻視無量光如來(阿彌陀佛)應供正等正覺。所以者何？

(2)此佛刹(指娑婆世界)中諸善男子、善女人，若得見彼無量光如來(阿彌陀佛)，即能發起「阿耨多羅三藐三菩提心」，各各願生於彼「佛刹」(極樂世界)，普得不退轉於「阿耨多羅三藐三菩提」。

(3)又若彼「二大士」(觀世音、大勢至菩薩)來此刹(指娑婆世界)中，(能令)所有此土(指娑婆世界)修「菩薩乘」諸善男子、善女人，善根增長，或復於彼二大士(觀世音、大勢至菩薩)所聞說法已，即令獲得「如幻三摩地」。

(4)爾時(釋迦)世尊受勝華藏菩薩摩訶薩請已，(釋迦佛)即從眉間放大光明，其光金色，於此三千大千世界普遍照耀……是時光明金色晃耀，照徹「西方」百千俱胝佛刹，乃至極樂世界無量光如來(阿彌陀佛)所……

(5)是時極樂世界所有菩薩聲聞，及餘眾生之類，乘前「光明」，悉能見此「娑婆世界」，及見釋迦牟尼如來，菩薩、聲聞大眾圍繞，如觀掌中「菴摩勒果」，皆生「歡喜愛樂」之心，咸作是言：
南無世尊釋迦牟尼如來應供正等正覺！

(6)時此娑婆世界釋迦牟尼如來，會中所有諸菩薩摩訶薩，苾芻、苾芻尼，優婆塞、優婆夷，梵王、帝釋、護世四王，并餘天龍、夜叉、乾闥婆、阿脩羅、迦樓羅、緊那羅、摩睺羅伽、人、非人等，悉能「見」彼極樂世界，及見無量光如來(阿彌陀佛)，

菩薩、聲聞大眾圍繞，光明熾盛如妙高山，映徹照耀遍此剎中，如明眼人，於「一礫手」地量之中，觀餘面輪而不勞力，此（娑婆世界）彼（極樂世界）「互見」，亦復如是。

(7)時此會眾，得見彼佛（阿彌陀佛），及「彼世界」（極樂世界）無數百千俱胝「那庾多」功德圓滿莊嚴事已，（娑婆世界眾生）皆生「歡喜愛樂」之心，咸作是言：南無世尊無量光如來（阿彌陀佛）應供正等正覺。

(8)作是言時，（娑婆世界）會中有八萬四千眾生，皆發阿耨多羅三藐三菩提心，以此善根當得生於極樂世界。

第三十六節　在家、出家皆須修【無相頌】。邪正倆俱非。佛法與世間

不即不離

《敦博本》與《敦煌本》對校版原文	《宗寶本》原文
	『三十八』
1大師言：善知識！ 若欲修行，「在家」亦得，不由在「寺」 (不一定非在寺廟中修行)。	師言：善知識！ 若欲修行，「在家」亦得，不由在「寺」 (不一定非在寺廟中修行)。
在寺不修(不好好修行)，如西方「心惡」之人。 在家若修行(好好修行)，如東方人「修善」。	在家能行(好好修行)，如東方人「心善」。 在寺不修(不好好修行)，如西方人「心惡」。
但願「自家修清淨」，即是「西方」(即等 同是由自性所現的西方極樂世界般的清淨環境)。	但心清淨，即是「自性西方」(即等同是由 自性所現的西方極樂世界般的清淨環境)。
2使君(韋據)問： 　和尚！「在家」如何修？願為指授(指 導與傳授)。	韋公(韋據)又問： 「在家」如何修行？願為教授。
3大師言：善知識！ <u>惠能</u>與「道俗(此處應指出家和在家)」作【無 相頌】，汝等盡誦取(讀誦與記取)，(若)依 此修行，(便能)常與<u>惠能</u>說「一處」無別 (經常與<u>惠能</u>同居「一處」討論修持佛法而沒有分別)。 頌曰：	師言：吾與大眾說【無相頌】， 但依此修，(則)常「與吾同處」無別(經 常與<u>惠能</u>同居「一處」討論修持佛法而沒有分別)。 若不作此修，(就算)剃髮「出家」，於道 何益(於修道上又有增加什麼益處呢)？ 頌曰： 心平何勞持戒？ (若對「諸法」及「人事物」或「持戒、毀戒者」皆能保 持「心地平等」之境，則又何必勤勞嚴謹的「持戒」？) (若能達)行直(修行直心之境，則)何用修禪？

(知)恩則「親養父母」，(知)義則「上下相憐」。
(謙)讓則「尊卑和睦」，忍(辱)則「眾惡無喧」。
若能(勤於)鑽木出火，淤泥定生紅蓮。

苦口的是良藥，逆耳必是忠言。
(知)改過必生智慧，護短(則)心內非賢。

日用常行饒益(他人)，成道非由施錢(布施錢財)。
菩提(自性)只向「心」覓，何勞向「外」求玄？

聽說(聽我說偈)依此修行，西方只在目前。

師復曰：善知識！
總須依偈修行，見取「自性」，直成佛
道。

時不相待！眾人且散，吾(欲)歸曹溪。
眾若有疑，卻來相問。

時刺史、官僚、在會善男信女，各得
開悟，信受奉行。

『三十四』

善知識！吾有一【無相頌】，各須誦
取(讀誦與記取)。
在家、出家，但依此修。
若不自修(自己親身修行，言行合一)，惟記吾
言，亦無有益。

聽吾頌曰：

4「說通」(能隨眾生根機，以巧方便爲之說法)及
「心通」(即「宗通」，證悟自己本來心性，遠離一

「說通」(能隨眾生根機，以巧方便爲之說法)及
「心通」(即「宗通」，證悟自己本來心性，遠離一切

切語言文字及種種妄想），**如日處虛空**。
惟傳「頓教」法，出世破「邪宗」。

5 教即無「頓、漸」，(但根機)**迷悟有遲疾**。
若學「頓法門」，(此是)**愚人不可悉**(了解)。

6 説(解說佛法)**即雖萬般，合理還歸一**。
煩惱暗宅中，常須生慧(生起智慧)**日**。

7 邪(念)**來因煩惱**(生起)**，正**(念)**來煩惱除**。
「邪、正」悉不用(指超越)**，清淨至無餘**。

8 「菩提」本清淨，起「心」即是妄。
「淨性」(本處)**於「妄」中，但**(只)**正除**
(正確的除掉)**「三障」**(煩惱障、業障和果報障)**。**

9 世間若(真)**修道，一切**(得失榮辱)**盡不妨**。
常見在「己過」，與(正法佛)**道即相當**。

10 色類(世間種種物質現象與種類)**自有道**(佛道)**，**
離道(世間道)**別覓道**(佛道)**。**
覓道(佛道)**不見道**(佛道)**，到頭還自懊**。

11 若欲覓真道(佛道)**，行正**(修行正法)**即是道**。
自若無「正心」(正確的道心)**，暗行不見道**。

12 若真修道人，不見世間過(不去看世間人的過失)**。**
若見世間非(如果看見「自己所認定」的世間人的過失)**，**
自「非」(自己的是非判斷)**卻是左**(偏頗)**。**

13 「他非」我不罪，「我非」自有罪。
(別人有「是非過失」，但這並非是我的罪過。如果是
我犯的「是非過失」的話，我自己當然有罪業)
但自去「非心」，打破煩惱碎。

語言文字及種種妄想），**如日處虛空**。
惟傳「見性法」，出世破「邪宗」。

法即無「頓、漸」，(但根機)**迷悟有遲疾**。
只此「見性門」，愚人不可悉(了解)。

説即雖萬般，合理(合於第一義諦之理)**還歸一**。
煩惱暗宅中，常須生慧(生起智慧)**日**。

邪(念)**來煩惱至**(生起)**，正**(念)**來煩惱除**。
「邪、正」俱不用(指超越)**，清淨至無餘**。

「菩提」本自性，起「心」即是妄。
「淨心」(本處)**在「妄」中，但正無「三障」**
(煩惱障、業障和果報障)**。**

世人若(真)**修道，一切**(得失榮辱)**盡不妨**。
常自見「己過」，與(正法佛)**道即相當**。

「色類」(各色各類的有情眾生)**自有道，各不相妨惱**。
離道別覓道，終身不見道。
波波(奔波)**度一生，到頭還自懊**(惱)**。**

欲得見真道(佛道)**，行正**(修行正法)**即是道**。
自若無道心，暗行(暗地努力修行仍)**不見道**。

若真修道人，不見世間過(不去看世間人的過失)**。**
若見他人「非」(如果看見「自己所認定」的他人的過失)**，**
自「非」(自己的是非判斷)**卻是左**(偏頗)**。**

他非我不非，「我非」自有過。
(別人有「是非過失」，但這並非是我的罪過。如果是
我犯的「是非過失」的話，我自己當然有罪業)
但自卻「非心」，打除煩惱破。

(只要我自己能除去「是非過失」的「執著心」，那就可以打碎破除煩惱的障礙了)	(只要我自己能除去「是非過失」的「執著心」，那就可以打碎破除煩惱的障礙了) 「憎、愛」不關心，長伸兩腳臥。 (只要「憎恨、貪愛」這倆件事都與我無關、不關我的心，我就可以穩伸兩腳而自在的臥著)
14若欲化愚人，事須有「方便」(善巧方便)。 勿令彼有疑，即是「菩提現」(自性菩提的展現)。	欲擬化他人，自須有「方便」。 勿令彼有疑，即是「自性現」(自性菩提的展現)。
15法原在「世間」，於「世」出(出離)「世間」。 勿離「世間」上，外求「出世間」。	佛法在「世間」，不離「世間」覺。 離「世」覓「菩提」，恰如求兔角。
16「邪見」在「世間」，「正見」出(出離)「世間」。 「邪、正」悉打卻(放下)，菩提性宛然(真切清晰)。	「正見」名「出世」，「邪見」名「世間」。 「邪、正」盡打卻(放下)，菩提性宛然(真切清晰)。
17此但是「頓教」，亦名為「大乘」。 「迷」來經「累劫」，「悟」即「刹那」間。	此頌是「頓教」，亦名「大法船」。 「迷」聞經「累劫」，「悟」則「刹那」間。

惠能大師說「若欲修行，在家亦得，不由在寺」，惠能大師對修行的身分與地點，是否有特別的意見？

《別譯雜阿含經・卷第一》

(1)爾時世尊即說偈言：孔雀雖以色嚴身，不如鴻鵠能高飛。

(2)外形雖有美儀容，未若「斷漏」功德尊。今此「比丘」猶良馬，能善調伏其心行。

(3)斷「欲」滅「結」(煩惱)離生死，受「後邊身」(最後身→即生死身中最後之身。又作最後生、最後有最後末身。小乘指斷一切見思煩惱、證無餘依涅槃之阿羅漢，大乘則指證佛果之等覺菩薩之身)壞魔軍。

《大智度論・卷第三釋初品中住王舍城第五》

(1)優婆塞、優婆夷有居家，故心不淨，不能「盡漏」(指無學位的四果大阿羅漢)，止(住止於)可得「四聖諦」，作「學人」(初果到三果皆為「有學位」，四果才名為「無學位」)。如偈說：

(2)孔雀雖有色嚴身，不如鴻鴈能遠飛。「白衣」雖有富貴力，不如「出家」功德勝！

《薩婆多毘尼毘婆沙・卷第二》

夫「出家」者，為滅垢累。家者是「煩惱因緣」，是故宜應極「遠離」也。

《大乘本生心地觀經・卷第四》

(1)佛大慈悲，於一時中，在毘舍離城，為無垢稱說甚深法。

(2)汝無垢稱！以「清淨心」為善業根，以「不善心」為惡業根。心清淨故，世界清淨。心雜穢故，世界雜穢。我佛法中以「心」為主，一切諸法無不由「心」。

(3)汝(指維摩詰居士)今(雖然)「在家」，(而)有大福德，(有)眾寶瓔珞，無不充足。(亦有)男女眷屬，安隱快樂。(能)成就正見，不謗三寶。

(4)以孝養心，恭敬尊親。起「大慈悲」給施孤獨，乃至螻蟻，尚不加害。

(5)「忍辱」為衣，「慈悲」為室。尊敬有德，心無憍慢。憐愍一切，猶如赤子。

(6)不貪財利，常修喜捨。供養三寶，心無厭足。為法捨身，而無悋惜。

(7)如是「白衣」(指維摩詰居士)，(身)雖不出家，已具無量無邊功德。

(8)汝(指維摩詰居士)於來世，萬行圓滿，超過三界，證大菩提。汝(指維摩詰居士)所修「心」即(是)「真沙門」、亦(是)「婆羅門」，(亦)是「真比丘」，(亦)是「真出家」。

(9)如是之人(指維摩詰居士)，此則名為「在家」(而)出家。

《佛說除蓋障菩薩所問經・卷十七》

善男子！菩薩若修十種法者，即能「在家」(而)出家。何等為十？

一者、得「無所取」。

二者、不雜亂(而)住。

三者、(能)棄背「諸境」。

四者、(能)遠離諸境一切(之)「愛著」。

五者、(能)不染諸境所有(之)「過失」。

六者、能於「如來」所設(之)「學門」，恭敬修習，加復「勤力」而無厭足。

七者、雖復少分(獲)得其「飲食、衣服、臥具、病緣醫藥」，(但)心(則)常(生)喜足(歡喜滿足)。

八者、(若)隨得「應器(pātra 缽多羅；食缽之器)、衣服」，(心亦能)離諸「取著」。

九者、厭離「諸境」，常生「怖畏」。

十者、常勤修習現前(之)「寂靜」。

善男子！菩薩若修如是十種法者，即能「在家」(而)出家。

《眾許摩訶帝經・卷十三》

(1)出家之人，當證「涅槃」，可受天上(或)人間(之)「第一供養」。若(有)人(能)「在家」(而心)出家，(乃為)真實「離欲」，亦(能)得天上(或)人間(之)供養。

(2)若是「在家」(卻)妄稱「出家」(妄稱自己已是真正的出家人)，當感「三惡道」報。

《雜阿含經・卷三十四》

(1)婆蹉 白佛：(且)置(姑且不論)「比丘尼」，有一(在家)「優婆塞」修諸「梵行」，於此「法、律」度狐疑不？

(2)佛告婆蹉 ：不但一、二、三，乃至五百(在家)「優婆塞」，乃有眾多(在家)「優婆塞」修諸梵行，於此「法、律」，斷「五下分結」(pañca-āvarabhāgīya-saṃyojanāni 五順下分結；五下結；五下。三界中之「下分界」(欲界)之五種會繫縛眾生的「結惑」，令其不得超脫。❶欲貪。❷瞋恚。❸有身見。❹戒禁取見。❺疑)，得成(三果)「阿那含」，不復還生此！

(3)婆蹉白佛：復置「優婆塞」，頗有一「優婆夷」於此法、律修持梵行，於此「法、律」度狐疑不？

(4)佛告婆蹉：不但一、二、三(在家)「優婆夷」，乃至五百，乃有眾多(在家)「優婆夷」於此「法、律」斷「五下分結」(❶欲貪。❷瞋恚。❸有身見。❹戒禁取見。❺疑)，於彼「化生」，得(三果)「阿那含」，不復還生此！

(5)婆蹉白佛：(且)置「比丘、比丘尼、優婆塞、優婆夷」修梵行者，頗有(在家)「優婆塞」受「五欲」，而於此「法、律」度狐疑不？

(6)佛告婆蹉：不但一、二、三，乃至五百，乃有眾多(在家)「優婆塞」，居家(有)「妻子」，(且)香華嚴飾，(亦)畜養奴婢，(能)於此「法、律」斷「三結」，「貪、恚、癡」薄，得(二果)「斯陀含」，一往一來，究竟苦邊！

(7)婆蹉白佛：復置「優婆塞」，頗有一「優婆夷」受習「五欲」，於此「法、律」得度狐疑不？

(8)佛告婆蹉：不但一、二、三，乃至五百，乃有眾多「優婆夷」在於「居家」，畜養男女，服習「五欲」，華香嚴飾，於此「法、律」三結盡，得(初果)「須陀洹」，不墮「惡趣」法，決定正向「三菩提」，七有天人往生，究竟苦邊！

《大般涅槃經・卷四十》

(1)佛言：善男子！我佛法中非一、二、三，乃至「五百」，乃有無量諸(在家)「優婆夷」，「持戒」精勤，「梵行」清淨，斷「五下結」(❶欲貪。❷瞋恚。❸有身見。❹戒禁取見。❺疑)，得(三果)「阿那含」，度疑彼岸，斷於疑網。

(2)犢子言：瞿曇！(且)置(姑且不論)一「比丘、一比丘尼、盡一切漏、一優婆塞、一優婆夷、持戒精勤、梵行清淨、斷於疑網」。是佛法中，頗有(在家)「優婆塞」受「五欲樂」，心「無疑網」不？

(3)佛言：善男子！是佛法中非一、二、三，乃至「五百」，乃有無量諸(在家)「優婆塞」斷於「三結」，得(初果)「須陀洹」。薄「貪、恚、癡」，得(二果)「斯陀含」。如「優婆塞、

「優婆夷」亦如是！

《大智度論・卷九十三》

(1)如《婆蹉_{（音同磋）}經》中，佛說：我「白衣」弟子，非一非二，乃至出「五百人」，受「赤栴檀」塗身，及受好「香花」，（有）「妻子」共臥，（亦有）使令「奴婢」，而（能）「斷三結」，（獲）得（初果）「須陀洹」；（亦有能）盡「三結」，「薄」三毒，（而證）得（二果）「斯陀含」。

(2)是阿梨吒比丘聞是事，即言：雖受「五欲」，而不妨「道」！不知是（此）事，佛（究竟是）為誰說（的）？

(3)（答：）佛（本）為「白衣」故說（此事）……

(4)「淨佛」國土有二種眾生：若「出家」，若「在家」。「在家」者，雖受「五欲」，無罪！亦無所妨（礙）；如「兜率陀」諸天及「鬱單曰」人，雖受「五欲」，不起「重罪」！

(5)（然而）出家眾生，隨佛所「聽」（所聽許之）「出家五欲」，亦無「過咎」！

(6)（於）小乘法中，為阿梨吒比丘說：薄福「重罪」之人，心多「悔」故。

(7)（清）淨佛土者，（因）世世習行「六波羅蜜、三解脫門」，（故）雖得「五欲」，亦不（於「五欲」中有所）染著！如經中（所）說……眾生雖受「五欲」，（亦有）不能為妨（礙）。

佛世難值、「無難」難逢、得人身難，故勸出家。若發「無上成佛」之大心，便是出家與受具足戒

三國吳・支謙譯《維摩詰經》	姚秦・鳩摩羅什譯《維摩詰所說經》	姚秦・鳩摩羅什譯《維摩詰所說大乘經》	唐・玄奘譯《說無垢稱經》
壹當教是諸童子：	壹於是維摩詰語諸長者子：	壹於是維摩詰語諸長者子：	壹時無垢稱告諸童子：
	〈汝等於正法中，宜共「出家」。所以者何？	〈汝等於正法中，宜共「出家」。所以者何？	〈汝等今者於善說法「毘奈耶」（律藏）中，宜共「出家」。所以者何？
貳〈此自然法，佛興難值！〉	貳佛世難值！〉	貳「無難」難逢，「人身」難得，佛世難值！〉	貳佛出世難，離「無暇（八難處）」難，得「人身」難。具足「有暇（有閒暇可修行佛道處）」第一最難。〉
參諸童子言：（維摩詰）居士！我聞	參諸長者子言：（維摩詰）居士！我聞	參諸長者子言：（維摩詰）居士！我聞	參諸童子言：唯，（維摩詰）大居

佛不教人「違親」為道。 (肆)維摩詰言： 〈然(而)！當觀清淨發「菩薩意」，已應行者，可得「去家」堅固之志〉。 (伍)即時「三十二」長者子。皆發「無上正真道意」。 (陸)故(羅睺羅)我不任詣彼問疾。	佛言，父母不聽，不得出家。 (肆)維摩詰言： 〈然(而)！汝等便發「阿耨多羅三藐三菩提心」，是即「出家」，是即「具足」(據梵文原意指受「具足戒」)〉。 (伍)爾時「三十二」長者子，皆發「阿耨多羅三藐三菩提心」。 (陸)故(羅睺羅)我不任詣彼問疾。	佛言，父母不聽，不得出家。 (肆)維摩詰言： 〈然(而)！汝等便發「阿耨多羅三藐三菩提心」，是即「出家」，是即「具足」(據梵文原意指受「具足戒」)〉。 (伍)爾時「三十二」長者子，皆發「阿耨多羅三藐三菩提心」。 (陸)故(羅睺羅)我不任詣彼問疾。	士！我聞佛說父母不聽，不得出家。 (肆)無垢稱言： 〈汝等童子，但發「無上正等覺心」，勤修正行，是即「出家」，是即受「具」(受具足戒)成「苾芻性」。〉 (伍)時「三十二」離呫(Licchavi)童子，皆發「無上正等覺心」誓修正行。 (陸)時我，默然，不能加辯。故(羅睺羅)我不任詣彼問疾。

佛經裡並沒有「地獄門前，僧道多」這句話，只有「類似」的話語而已！

未來的「末法」時代

在家人多有「生天」的！

出家人亦多有「下地獄」的！

隋·那連提耶舍譯《蓮華面經·卷上》(大乘修多羅藏)

阿難！譬如有人，入於大海……佛之正法，如彼寶船。

(1)當來「破戒」諸惡比丘，多樂造作種種「惡業」，滅我佛法，沈沒不現。

(2)阿難！如來涅槃不久之間，正法當亂。正法亂已，復有種種「諸惡比丘」出現於世。不信如來得證「無漏寂滅涅槃」。況復信有「世間餘人」得「阿羅漢」入涅槃者。

(3)阿難！如來所有「正法」名味句義，所謂「修多羅」、「祇夜」……十二部經為「惡比丘」之所毀滅。彼諸人等，樂作「文章」，綺飾言辭。多有如是「諸惡比丘」破我佛法。

(4)爾時阿難白佛言：世尊！當來之世，如是「破戒」諸惡比丘而出生耶？佛言：如是！如是！

(5)阿難！未來之世，當有如是「諸惡比丘」出現於世。雖披「法服」，剃除「鬚髮」，破我佛法。

(6)爾時阿難作如是念：以佛力故，可令我見「未來之世」如是事不？爾時如來以神通力，即令阿難悉見「未來諸惡比丘」。以兒坐膝，置婦其傍(指過著娶妻育子的生活，如現在的日本佛教)。復見種種諸「非法事」。

(7)爾時阿難見此事已，心大怖畏，身毛皆豎，即白佛言：世尊！如來速入涅槃，今正是時，何用見此「未來之世」如是「惡事」？

(8)佛告阿難：汝意云何？如來向說「諸惡比丘」惡業果報，豈是餘人所能知不？阿難白佛言：世尊！唯有如來乃能知此「未來之世諸惡業報」。佛言：善哉！善哉！阿難。實如汝說，唯有如來乃能知之……

(9)佛言：阿難！未來之世，多有「在家白衣」得生天上。多有「出家之人」墮於「地獄、餓鬼、畜生」。復告阿難：善惡之業終不敗亡。

「心平何勞持戒，行直何用修禪」？請從佛典來解釋此段的義理

《大乘理趣六波羅蜜多經·卷第七》

(1)菩薩亦爾，於佛菩提漸向圓滿得「無功用」(八地以前之菩薩，於真如之境未得自在，而八地以上則可續起純無漏而任運自在，故稱「無功用道」。又於八地以上，得任運「無功用智」，自在利生，稱為「無功用地」。若就「佛果」而言，則八地以上屬「有功用」，唯佛果為「無功用」)，自然獲得十種勝事。云何為十？

一者：諸佛正法不由聽習而悉現前，能為有情宣說妙法……

(2)八者：常為「心師」(以清淨心為師)、「不師於心」(不師法於妄心、染心、不淨心)，無有卒暴，如調伏象。

(3)九者：自然覺悟「生死、涅槃」二皆平等，不由「師訓」。

(4)十者：得「無上智」，利樂有情，於生死中拔濟令出，置於「三乘涅槃正路」，究竟無上正等菩提。

《六度集經·卷三》

「持戒」不如「等心」(平等心)慈育(仁慈撫育)眾生(以上同於《壇經》「心平何勞持戒」之義)，其福無盡也。

《大般涅槃經·卷第二十八》

(1)云何復名「不退之心」？……願作「心師」(以清淨心為師)，「不師於心」(不師法於妄心、染心、不淨心)，「身、口、意」業不與「惡」交。

(2)能施一切眾生安樂，「身戒心慧」不動如山。欲為受持「無上正法」，於身命財「不生慳悋」。

(3)「不淨之物」不為福業，「正命」自活，心無邪諂。「受恩」常念，「小恩」大報。

(4)善知世中所有「事藝」，善解眾生方俗之言。

《宗鏡錄·卷第七十五》

(1)若「師心」(師法於妄心、染心、不淨心)，則隨六趣而不返。

(2)作「心師」(以清淨心為師)，則冥一道而常歸……夫「心常正直」，本自玄虛。道全是心，心全是道……可謂不動「塵勞」，頓成「正覺」。

《十住斷結經·卷第二》

常「正其心」，不輕(慢)「後學」。懷抱「悅心」，在道法者。其心「清淨」，無有塵勞。愛樂深妙無比之法。

《阿差末菩薩經·卷第二》

常「正其心」，不事餘學。懷抱「悅心」，在於佛道。所以者何？其心「清淨」，無有塵垢，愛樂佛法。

《大乘理趣六波羅蜜多經·卷第五》

(1)若菩薩摩訶薩所受「禁戒」六十五種，隨一一戒，究竟清淨，功德無盡。云何名為六十五種？謂：不害眾生、不行偷盜、不侵他妻、不誑惑他、不兩舌語、忍麁惡言、不作綺語、不生貪嫉，見他安樂「生歡喜心」。

(2)不起瞋恚，惡言罵辱悉能忍受。不起邪見，尊重如來，不師外道。

(3)復次，歸信佛戒，心無疑濁故。歸信法戒，離欲真實故。歸信僧戒，和合最勝故。

(4)尊重父戒，生我身故。尊重母戒，養育我故。尊重和尚戒，生我法身故。尊重阿闍梨戒，教我軌則故。尊重大弟子戒，成我法身故。

(5)一心戒，輕重無差故。無破戒，於重不犯故。不缺戒，於輕不毀故。

(6)不習三乘戒，不求聲聞果故。不習二乘戒，不求獨覺果故。

(7)離惡生處戒，不生邪見外道家故。增長白法戒，以淨戒力隨願生故。富貴戒，智者不嫌故。端嚴戒，其心不亂故。無毀呰戒，於一切處不被譏訶故。

(8)善護五根戒，勤不放逸故。名稱戒，善解諸法故。少欲戒，無所希求故。端直戒，眾善隨心故。如說修行戒，不違教命故。

(9)大慈戒，救度一切眾生故。大悲戒，拔一切眾生苦故。大喜戒，慶彼得樂故。大捨戒，離憎愛故。知己過戒，省察自心故。不見他過戒，護彼意故。

(10)布施戒，救貧乏故。攝持戒，攝一切善法故。忍辱戒，不害眾生故。精進戒，勇猛不退故。禪定戒，定支增長故。智慧戒，聞法無厭故。

(11)多聞戒，求法無倦故。近善知識戒，修集覺分故。離惡知識戒，避險惡道故。

(12)不惜身分戒，剎那無常故。不惜壽命戒，如救頭然故。不追悔戒，性本清淨故。

不虛假戒，無變動故。無熱惱戒，內外清涼故。無人我戒，心謙下故。不掉舉戒，性安靜故。不諂曲戒，常質直故。

(13)知眾生心戒，善識物機故。調伏心戒，不濁亂故。寂靜戒，離諠雜故。右遶戒，順理行故。

(14)救拔眾生戒，行四攝法故。護正法戒，守護法財故。圓滿諸願戒，弘誓清淨故。如來戒，隨順如相故。佛三昧戒，圓滿一切佛法故。

(15)慈氏！當知此即菩薩摩訶薩六十五種清淨戒身。

《楞嚴經・卷一》

十方如來，同一道故出離生死，皆以「直心」。心言「直」（心直則言直）故，如是乃至「終、始」地位，中間永無諸「委曲」（邪曲不正）相。（註：《楞嚴經・卷六》云：因地不真，果招迂曲）

《大智度論・釋初品中尸羅波羅蜜義之餘》（卷第十四）

(1)「持戒」之人，（應）觀此「戒相」，從何而有？知（皆）從「眾罪」而生；若無「眾罪」，則亦無「戒」（以上皆同於《壇經》「心平何勞持戒」之義，若對「諸法」及「人事物」或「持戒、毀戒者」皆能達「心地平等」之境，則又何必勤勞嚴謹的「持戒」）。「戒相」（亦）如是，（乃）從「因緣」有，何故生（執）著？

(2)譬如「蓮花」（此喻戒相），（乃）出自「淤泥」（此喻眾罪），（蓮花）色雖鮮好，（卻）出處（於）「不淨」。以是「悟心」，不令生（執）「著」。是為「持戒」生「般若」波羅蜜。

《大智度論・釋初品中尸羅波羅蜜義第二十一》（卷第十三）

(1)問曰：五戒、一日戒（指八關齋戒），何者為勝？

(2)答曰：有因緣故，二戒俱等。但「五戒」（是）終身持，「八戒」（指八關齋戒）一日持。又，「五戒」（是）常持，時多（永恒常時的持五戒）而戒少（只有五條）。「一日戒」（指八關齋戒），時少而戒多（有八條）。

(3)復次，若無「大心」，雖復「終身」持戒，不如有「大心」人（之）「一日持戒（指八關齋戒）」也。

譬如「軟夫」為將，雖復「持兵」終身，（但其）「智勇」不足，（故）卒「無功名」。

若如「英雄」奮發，禍亂立定，（雖只立）一日之勳，（即能）功蓋天下。

是二種戒（五戒與八關齋戒），（皆）名「居家優婆塞法」。

(4)居家持戒，凡有四種：有「下、中、上」，有「上上」。

(5)「下人」持戒，為（獲）今世（安）樂故。或為怖畏，（或為得）稱譽、名聞故。或為家法（家庭之法），（暫時）曲隨（委曲隨緣）他意故。或（為）避「苦役」，求離「危難」故。如是種種，是（為）「下人」持戒。

(6)「中人」持戒，為（獲）人中（之）「富貴」，歡娛適意。或期（待）「後世」福樂，克己自勉，

為苦日少，所得甚多。如是思惟，(而)堅固持戒。譬如商人，遠出深入，得利必多。持戒之福，令人受「後世」福樂，亦復如是。

(7)「上人」持戒，為涅槃故，知諸法一切「無常」故，欲求離苦、常樂無為故。

(8)復次，持戒之人，其心「不悔」，心「不悔」故得「喜樂」，得「喜樂」故得「一心」，得「一心」故得「實智」，得「實智」故得「厭心」，得「厭心」故得「離欲」，得「離欲」故得「解脫」，得「解脫」故得「涅槃」。如是「持戒」為諸善法根本。

(9)復次，「持戒」為「八正道」初門，入道初門，必至「涅槃」……

(10)復次，行道故，以「(知)見」為先。諸法次第，故「戒」在前。譬如作屋，棟梁雖大，以地為先。

(11)「上上人」持戒，(則)憐愍眾生(即「下化眾生」)，為佛道故(即「上求佛道」)。以知「諸法」，求「實相」故，不畏「惡道」，不求樂故。如是種種，是(名)「上上人」持戒。是四總名優婆塞戒。

《大智度論・釋初品中般若波羅蜜第二十九》(卷第十八)

(1)或有持戒(而)「不惱眾生」，心(亦)無有悔。(持戒)若「取相」生(執)著，則起「諍競」。是人雖先「不瞋」眾生，(但)於法(則)有「憎、愛」心，故而瞋(恨)眾生。

(2)是故若(持戒而)欲「不惱眾生」，當行「諸法平等」(此同於《壇經》「心平何勞持戒」之義，若對「諸法」及「人事物」或「持戒、毀戒者」皆能達「心地平等」之境，則又何必勤勞嚴謹的「持戒」)。

若「分別」是「罪」(惡)、是「無罪」(善)，則非行「尸羅」(戒律)波羅蜜。何以故？

(3)憎「罪」(惡)、愛「不罪」(善)，心則自(貢)高，還墮惱「眾生道」中。

(4)是故菩薩觀「罪者(惡)、不罪者(善)」，心(皆)無「憎、愛」；如是觀者，是為但行「尸羅」(戒)波羅蜜，得般若波羅蜜。

《大智度論・釋初品中尸羅波羅蜜義之餘》(卷第十四)

(1)復次，持戒之人，心自思惟：若我以「持戒」(尊)貴而可取(著)，(若有)「破戒」(輕)賤而可捨(棄)。若有此心，(則)「不應」(不相應於)「般若」。

(2)(應)以「智慧」籌量，「心不著戒」，「無取、無捨」(此同於《壇經》「心平何勞持戒」之義，若對「諸法」及「人事物」皆能達「心地平等」之境，則又何必勤勞嚴謹的「持戒」)，是為「持戒」生「般若」波羅蜜。

(3)復次，「不持戒」人，雖(暫時)有「利智」，以(經)營「世務」，種種欲求「生業」(資生活命諸事業)之事，(於是)「慧根」漸鈍。譬如利刀，以割泥土，(後)遂成「鈍器」。

(4)若「出家持戒」，(則)不營「世業」，常觀「諸法實相」無相。(原)先雖「鈍根」，以漸轉「利」(根)。

(5)如是等種種因緣，名為「持戒」生「般若」波羅蜜。

(6)如是名為「尸羅」(戒律)波羅蜜生「六波羅蜜」。

《大般若波羅蜜多經・卷第七十五》

(1)善現答言：若菩薩摩訶薩受持「戒」時「三輪清淨」。

(2)一者、不執「我能持戒」。

(3)二者、不執「所護(所有祐護的)有情」。

(4)三者、「不著戒」及「戒果」(持戒的種種果報)，是為菩薩摩訶薩受持戒時「三輪清淨」。

(5)又舍利子！菩薩摩訶薩以「大悲」為上首，所持「戒福」普施有情，於諸「有情」都「無所得」，雖(施)與一切「有情」，同共迴向「阿耨多羅三藐三菩提」，而於其中「不見少相」。

(6)由都「無所執」而「受持戒」故，名「出世間淨戒」波羅蜜多。

(7)何緣此「淨戒」名「出世間」？不與「世間」同共行故，能超動「出世間法」故，如是名為「出世間淨戒」波羅蜜多。

《大般若波羅蜜多經・卷第五百六十六》

(1)天王當知！若菩薩摩訶薩修學「般若」波羅蜜多，則能行「淨戒」波羅蜜多。謂諸菩薩作是思惟：佛於淨教「毘奈耶」(律藏)中，說「別解脫」相應「戒經」，菩薩應學，不見「戒相」及「能受持」，「不著戒見」亦「不著我」，無二、無別、自性離故⋯⋯

(2)諸佛無上正等菩提，非唯「受持淨戒」便得，要應遍學「菩薩戒行」，「戒性清涼」寂靜不起，無二、無別、自性離故。

《佛母寶德藏般若波羅蜜經・卷下》

(1)「持戒」當得「高名稱」，亦復(能)證得「三摩地」，「持戒」為利諸眾生，後當證於「佛菩提」⋯⋯

(2)欲證「菩提功德法」，(需)「持戒」具足行利樂，若行「毀破」於「尸羅」(戒律)，是則滅壞於「菩提」⋯⋯

(3)菩薩要「離於諸相」，無我、無人及壽者，「不著戒相」及「行相」(行持的相狀)，是則「持戒」之殊勝。

(4)如是「具足」而(仍)「持戒」，(則)一切無礙無分別。

《大方等大集經・卷第七》

(1)世尊！菩薩摩訶薩成就何法獲得如是一切諸法「自在三昧」？

(2)佛言：善男子！菩薩摩訶薩「具足一法」則能獲得如是三昧。

所謂「不著一切諸法」，復有一法「不著於戒」。何以故？

(3)若「不著戒」則能「不著一切善法」，「具足戒」故，則能「成就一切佛法」，得大利益，

無上大道。

(4)是故我言:「戒」是一切「善法」根本,「戒」名「大燈」。若「著戒」者,是人則於「菩提」障礙,非「菩提道」。

(5)若於諸法「生貪著者」,去「菩提道」則為大遠。若「不貪著」,則為隣近(菩提大道)。

《自在王菩薩經・卷下》

(1)(若能)「不求果報」,利益眾生故,(此)是為菩薩「初不共法」。

(2)<u>自在王</u>!(修行的)菩薩自能「持戒」,(就算)無有教者。雖不值佛,而亦「不從他人」(獲得)受戒,(但仍)善能護持一切「諸戒」,常樂「持戒」。

(修行的菩薩)謂雖「在家」,如戒所説,(皆能)盡能奉持,若(就好像)其「出家戒經」所説,(故)不須教導,皆能履行(戒律)。

乃至不為「壽命諸緣」而捨於「戒」,所持「諸戒」皆「順菩提」,為斷眾生「破戒法」故。(此)是為菩薩「二不共法」。

(3)<u>自在王</u>!若(遭)「貧窮下賤」及「旃陀羅」工巧之人,(對你)瞋恚加惡,(對你)苦言罵辱,(對你)節節支解。(修行的)菩薩爾時其心「不動」,於此眾生(仍生)「慈心普潤」。(就算)有力能報(復彼人),而(亦)不加害(彼人)。但依於「法」,我以「佛法」(之)緣故,(願)忍受此苦。亦願是人(彼惡人),心(能)得「善淨」,發大莊嚴,(此)是為菩薩「三不共法」。

「恩則親養父母,義則上下相憐」。請從佛典來解釋此段的義理

《大般若波羅蜜多經・卷第四百一十一》

(1)具壽<u>善現</u>復白佛言:何等名為「世間善法?」

(2)佛告<u>善現</u>:世間善法者,謂「孝順父母、供養沙門婆羅門、敬事師長,施性福業事、戒性福業事、修性福業事,供侍病者俱行福、方便善巧俱行福,世間十善業道」。

(3)若「膖 (脹腹滿)脹想、膿爛想、青瘀想、異赤想、破壞想、啄噉想、離散想、骸骨想、焚燒想」。

(4)若世間「四靜慮、四無量、四無色定」。

(5)若「佛隨念、法隨念、僧隨念、戒隨念、捨隨念、天隨念、寂靜隨念、入出息隨念、身隨念、死隨念」。

善現!此等名為「世間善法」。

(6)具壽<u>善現</u>復白佛言:何等名為「不善法」?

(7)佛告<u>善現</u>:「不善法」者,謂「害生命、不與取、欲邪行,虛誑語、離間語、麁惡語、雜穢語,貪欲、瞋恚、邪見及忿恨、覆惱、諂誑、矯害、嫉、慳、慢」等。

善現!此等名為「不善法」。

《大乘本生心地觀經・卷第三》

(1)何法世間最富有？何法世間最貧無？

(2)母在堂時為最富，母不在時為最貧。

　母在之時為日中，悲母亡時為日沒。

(3)母在之時皆圓滿，悲母亡時悉空虛。

(4)世間一切善男女，恩重父母如丘山。

　應當孝敬恒在心，知恩報恩是聖道。

　不惜身命奉甘旨，未曾一念虧色養。

(5)如其父母奄喪時，將欲報恩誠不及。

《大方便佛報恩經・卷第二》

(1)有一大菩薩摩訶薩，名曰喜王……白如來而作是言：菩薩云何「知恩報恩」？

(2)佛告喜王菩薩：善男子！諦聽！諦聽！

　菩薩摩訶薩「知恩」者，當發「阿耨多羅三藐三菩提心」。

　「報恩」者，亦當教一切眾生，令發「阿耨多羅三藐三菩提心」……

(3)菩薩「知恩」，自發「菩提心」。

　菩薩「報恩」，教一切眾生，令發「菩提心」者。

《大般若波羅蜜多經・卷第五十三》

(1)復次，善現！菩薩摩訶薩住「第二離垢地」時，應於「八法」思惟修習，速令圓滿。

　何等為八？

　一者：清淨禁戒。

　二者：知恩報恩。

　三者：住安忍(安心忍辱)力。

　四者：受勝歡喜。

　五者：不捨有情。

　六者：恒起大悲。

　七者：於諸師長，以「敬信」心，諮承供養，如「事佛」想。

　八者：勤求修習「波羅蜜多」。

(2)善現！菩薩摩訶薩住「第二離垢地」時，應於如是「八法」思惟修習，速令圓滿。

《大寶積經・卷第八十五》

復有四法「知恩報恩」。云何為四？

一者：勸諸眾生，趣菩提故。
二者：知所作業，不失壞故。
三者：慈愛眾生，如己身故。
四者：善能修行「菩薩事」故。

《大般若波羅蜜多經・卷第五十四》

(1)世尊！云何菩薩摩訶薩「知恩報恩」？
(2)善現！若菩薩摩訶薩行菩薩行時，於得「小恩」尚不忘報，況「大恩惠」而當不酬？是為菩薩摩訶薩「知恩報恩」。

「讓則尊卑和睦，忍則眾惡無喧」。請從佛典來解釋此段的義理

《大智度論・釋初品中尸羅波羅蜜義之餘》(卷第十四)

(1)菩薩若遇「惡口、罵詈」，若「刀杖」所加，思惟知「罪、福業」因緣諸法，「內、外」畢竟空，無「我」、無「我所」，以「三法印」印諸法故。
(2)(雖然)力雖能報(復彼人)，(仍)不生「惡心」，(亦)不起「惡口業」。

《圓悟佛果禪師語錄・卷二十》

未見世間為大患，焚燒「功德」莫過「嗔」，頭頭違順須容却，喜捨慈悲出六塵。

唐・延壽述《萬善同歸集・卷下》

(1)萬德眾善，菩提資糧，唯除二法能成障閡。
(2)一者「不信」。二者「瞋恚」。
(3)「不信」：障「未行善、欲行善」。
(4)「瞋恚」：滅「已行善、現行善」。
(5)以「不信」故，如同敗種永斷善根，墮壞正宗增長邪見。
(6)以「瞋恚」故，焚燒功德，遮障菩提，開惡趣門，閉人天路。
(7)又「不瞋」從「慈」而起，「大信」因「智」而成。

《大乘理趣六波羅蜜多經・卷八》

(1)復次，「瞋恚蓋」者，如耽酒人，飲已色變。
(2)「瞋恚」亦爾，顏容改變，作種種相，身心戰掉，或行毀謗，損惱自他。
(3)「瞋火燒心」，何能修定？劫「功德賊」，無過「瞋恚」，修「靜慮」(禪定)者，應當遠離。

《大般若波羅蜜多經‧卷三百七十八》

(1)善現！是菩薩摩訶薩如實了知是「五取蘊」無實相故，修二種忍，便能圓滿「無相安忍」(安心忍辱)波羅蜜多。何等為二？一「安受忍」、二「觀察忍」。

(2)「安受忍」者：謂諸菩薩摩訶薩從「初發心」乃至「安坐妙菩提座」，於其中間，假使一切「有情之類」，競來「呵毀」，以「麤惡」言，罵詈、凌辱，復以「瓦石、刀杖」加害。是菩薩摩訶薩為滿「安忍」(安心忍辱)波羅蜜多，乃至不生「一念瞋恨」，亦復不起「加報之心」。

但作是念：彼諸有情，深「可憐愍」。(被)增上煩惱，撞擊其心，(故)不得自在。

(彼諸有情)於我發起如是「惡業」，我今不應「瞋恨」於彼(諸有情)。

復作是念：(一切皆)由我攝受「怨家」諸蘊(造成的)，(故)令「彼有情」於我發起如是「惡業」，但(我)應「自責」，(故)不應瞋彼(諸有情)……。

(3)「觀察忍」者：謂諸菩薩摩訶薩作是思惟：諸行如幻，虛妄不實，不得自在，亦如虛空，無我、有情、命者、生者、養者、士夫、(pudgala 人；眾生；數取趣；數度往返輪迴者)、意生(manuja，譯作「人、人生」，即妄計「人由人而生」)、儒童(mānava，譯作「勝我」。即妄計我於身中最為勝妙，此為毘紐天外道之部類)、作者、受者、知者、見者，皆不可得，唯是「虛妄分別」所起。

誰「呵毀」我？誰「罵詈」我？誰「凌辱」我？

誰以種種「瓦石、刀杖」加害於我？誰復受彼「毀辱」加害？

(此)皆是「自心虛妄分別」，我今不應(於此)橫起「執著」。

如是諸法由「自性空、勝義空」故，都無所有……

(4)是菩薩摩訶薩修習如是「二種忍」故，便能圓滿「無相安忍」(安心忍辱)波羅蜜。

《菩薩善戒經‧卷第一》

(1)優波離言：世尊！犯有三種。一者貪、二者瞋、三者癡。

菩薩所犯，何者為重？何者為輕？

(2)佛言：優波離！若諸菩薩犯如「恒河沙」等「貪」，如是菩薩不名「毀戒」。

若犯「一瞋因緣」毀戒，是名「破戒」。何以故？

(3)優波離！「瞋恚」之心能「捨」(因瞋恨而棄捨)眾生。「貪愛」之心能「護」眾生。

(4)若「愛」眾生不名「煩惱」，「瞋、捨」眾生名「重煩惱」。

(5)優波離！是故如來於經中說，「貪結」(雖然看似)難斷，不名為「重」(重煩惱)，「瞋恚」易斷(看似容易斷除)，(卻)名之為「重」(重煩惱)。

(6)優波離！「難斷」(指「貪結」)非重，菩薩常有「易斷」重者，乃至夢中尚不為之。

元魏‧吉迦夜共曇曜譯《雜寶藏經‧卷第三》

(1)惡罵誹謗，愚(愚者)不忍(無法忍受)，如似「兩石」著眼中(就像兩顆巨石擲於眼中一樣的感覺)。

(2)能受「惡罵」(及)重誹謗，智者能忍，(就如同)「花雨ㄩ象」(就像花像雨一樣落在大象身上一樣的毫無感覺)。

(3)若於「惡罵」(及)重誹謗，明智能忍於「慧眼」(有智慧的人能以「慧眼」觀察而修忍辱)，猶如降雨ㄩ於大石，「石」無損壞，(亦)不消滅。

(所有的)「惡言、善語」苦樂(諸)事，智者能忍(忍受)，亦如「石」(就像巨石一樣，毫無感覺)。

(4)若以「實事」見罵辱(假若對方罵你的事是屬「實情」的話)，

此人實語(既是屬「實情」，也是屬「實語」)，(則)不足「瞋」(則不應對「對方」有所瞋心)。

(5)若以「虛事」而罵辱(假若對方罵你的事是屬「虛構」的話)，

彼自「欺誑」，(亦)如狂言。(所以不需要去理會這種「虛構」的事情或人)

(6)智者解了「俱不瞋」(無論「對方」所罵是屬「實情」或「虛事」，有智慧的人，都不會生起瞋恨心的)。

訶梨跋摩造，鳩摩羅什譯《成實論·卷第十二》

(1)又偈說：惡口罵詈、毀辱瞋恚。小人不堪(不堪忍受)，如「石雨ㄩ鳥」(就像石頭像雨一樣落在小鳥身上一樣有很大很重的感覺)。

(2)惡口罵詈、毀辱瞋恚。大人堪受(能堪忍受)，如「花雨ㄩ象」(就像花像雨一樣落在大象身上一樣的毫無感覺)，是故應忍。

(學佛前的我們都猶如「石雨鳥」，黑白分明、不堪受辱。但學佛之後的我們應該要如「花雨象」，是非恩怨、隨風而往，心無所住、亦無著)

(3)又以此「惡事」(指被人罵詈這事)迴(迴轉變成)為功德，以從「諸惡」(指被人罵詈這事)成「功德」故。

(4)又行者(修行的人，需能)知此眾生「愚癡無識」，(眾生就像)猶如嬰兒(般的「無知無識」)，不應(對彼人起)瞋(發怒)也。以此方便「能修慈心」。

「苦口的是良藥，逆耳必是忠言」。請從佛典來解釋此段的義理

《佛說大乘無量壽莊嚴經·卷中》

(1)善護「口業」，不譏「他過」(他人過失)。

(2)善護身業，不失律儀。

(3)善護意業，清淨無染……如是之行無量無邊說不能盡。

「說通及心通」。請從佛典來解釋此段的義理

《楞伽阿跋多羅寶經・卷第三》

(1)爾時大慧菩薩復白佛言：世尊！唯願為我及諸菩薩説「宗通相」。

(2)若善分別「宗通相」_{（《壇經》名為「心通」）}者，我及諸菩薩通達是_{（宗通）}相。通達是_{（宗通）}相已，速成「阿耨多羅三藐三菩提」。不隨「覺想」及「眾魔外道」。

(3)佛告大慧！諦聽！諦聽！善思念之，當為汝説！

(4)大慧白佛言：唯然！受教！

(5)佛告大慧！一切「聲聞、緣覺、菩薩」有二種「通相」。謂：

　　❶「宗通」_{（《壇經》名為「心通」）}及；

　　❷「説通」。

(6)大慧！「宗通」_{（《壇經》名為「心通」）}者。謂：

　　①緣「自得勝進」相。

　　②遠離「言説、文字、妄想」。

　　③趣「無漏界」，「自覺地自相」。

　　④遠離一切「虛妄覺想」。

　　⑤降伏一切外道眾魔。

　　⑥緣「自覺」，趣「光明」輝發。_{（顯示「自身內證」之法，如實修行，生「智慧光」）}

　　　　是名「宗通相」。

(7)云何「説通相」？謂：

　　❶説「九部」種種教法。

　　❷離「異、不異、有、無」等相。

　　❸以巧方便，隨順眾生。

　　❹如應説法，令得度脱。

　　　　是名「説通相」。

大慧！汝及餘菩薩應當修學。

《楞伽阿跋多羅寶經・卷第三》

(1)復次大慧！愚癡凡夫，無始「虛偽惡邪妄想」之所迴轉，迴轉時「自宗通」及「説通」，不善了知_{（指愚癡凡夫無始虛偽，惡邪分別之所幻惑，不了「如實」及「言説法」）}。

(2)_{（執）}著「自心」_{（所）}現「外性相」故，_{（執）}著「方便説」。於自宗「四句清淨通相」_{（指「清淨真實離四句法」）}不善分別。

(3)大慧白佛言：誠如尊教，唯願世尊為我分別：

　　❶「説通」及；

　　❷「宗通」_{（《壇經》名為「心通」）}。

(4)我及餘菩薩摩訶薩善於「二通」，來世「凡夫、聲聞、緣覺」，不得其「短」_{（指不迷於「外}

道」邪見，「聲聞、辟支佛」等的「不正見」法）。

(5)佛告大慧！善哉！善哉！諦聽！諦聽！善思念之！當為汝說。

(6)大慧白佛言：唯然受教。

(7)佛告大慧！三世如來有二種「法通」。謂：

　　❶「說通」及；

　　❷「自宗通」（《壇經》名為「心通」）。

(8)「說通」者。謂：

　　隨「眾生心」之所應，為說種種眾具「契經」，是名「說通」。

(9)「自宗通」（《壇經》名為「心通」）者。謂：

　　❶修行者離「自心」現種種妄想。

　　❷謂不墮「一、異；俱、不俱」品。

　　❸超度一切「心、意、意識」。

　　❹「自覺聖」境界，離「因」成見相（指「內證聖智」所行境界，是離諸「因緣」相的）。

　　❺一切「外道、聲聞、緣覺」墮「二邊」者，所不能知。

　　我說是名「自宗通」法。

(10)大慧！是名「自宗通」（《壇經》名為「心通」）及「說通相」。汝及餘菩薩摩訶薩應當修學。

(11)爾時世尊欲重宣此義。而說偈言：

　　我謂二種通，

　　「宗通」（《壇經》名為「心通」）及「言說」（即「說通」）。

　　「說者」（指「說通」者）授「童蒙」（幼稚愚昧小根器者），

　　「宗」（指「宗通」者。《壇經》名為「心通」）為修行者。

《永嘉證道歌》

「宗」亦通（《壇經》名為「心通」），「說」亦通，「定、慧」圓明不滯空。

「惟傳頓教法」。請從佛典來解釋此段的義理

《分別善惡報應經·卷上》

(1)復云：何業獲大智慧？有十種法。云何十法？

(2)一：謂此「補特伽羅」，親近沙門，深信求法……

(3)七：求於深智。

(4)八：「傳法利生」，令不斷滅。

(5)九：遠離非法。

(6)十：稱揚「正見」，離諸邪見。如是十法獲大智慧。

《大方廣佛華嚴經疏・卷第十五》

故經云：假使頂戴經塵劫，身為床座遍三千。若不「傳法」利眾生，畢竟無能「報恩」者。

「菩提本清淨，起心即是妄」。請從佛典來解釋此段的義理

《大方等大集經・卷第十三》

善男子！若有菩薩修「禪波羅蜜」，修已不見過去心性。「淨本性」已，不見「住處」，亦復不見「貪、恚、癡心」，「上、中、下心」及「無貪、恚」。「愚癡、慧心」亦不分別。

《大乘瑜伽金剛性海曼殊室利千臂千鉢大教王經・卷第四》

復願世尊加被於我，願我心性入於「聖智」，同為一體，當證「清淨」。「心性淨」者，則是如來「菩提性」也。

《般泥洹經・卷上》

道從「心」生，「心淨」者乃得「道」。

《佛般泥洹經・卷上》

道從「心」起，「心正」者可「得道」。

「色類自有道」及「法原在世間，於世出世間。勿離世間上，外求出世間」。請從佛典來解釋此段的義理

《大方廣佛華嚴經・卷第三十六》

(1)佛子！菩薩摩訶薩住此「第五難勝地」……常樂教化一切眾生故……

(2)佛子！此菩薩摩訶薩為利益眾生故，世間技藝，靡不該習。所謂：文字、算數、圖書、印璽；地、水、火、風，種種諸論，咸所通達。

(3)又善「方藥」，療治諸病：顛狂、乾消、鬼魅、蠱毒，悉能除斷；文筆、讚詠、歌舞、技樂、戲笑、談說，悉善其事……

(4)持戒入禪，「神通」無量，「四無色」等及「餘一切世間」之事，但於眾生不為「損惱」，為「利益」故，咸悉「開示」，漸令安住「無上佛法」。

《憨山老人夢遊集‧卷第四十五》

(1)而華嚴「五地」聖人，善能通達世間之學。至於陰陽術數、圖書、印璽、醫方、辭賦。靡不該練，然後可以涉俗利生。

(2)故「等覺」大士，現十界形，應以「何身、何法」得度，即現「何身、何法」而度脫之。

(3)由是觀之，「佛法」豈絕無「世諦」？而「世諦」豈盡非「佛法」哉？由人不悟「大道之妙」，而自畫於「內外之差」耳……

(4)蓋古之聖人無他，特悟「心之妙」者。一切言教，皆從「妙悟心」中流出，應機而示淺深者也。

(5)故曰：無不從此「法界」流，無不還歸此「法界」。

《妙法蓮華經‧卷第六》

(1)若說「俗間經書、治世語言、資生業」等，皆順「正法」。三千大千世界六趣眾生，心之所行、心所動作、心所戲論，皆悉知之。

(2)雖未得「無漏」智慧，而其「意根」，清淨如此。

(3)是人有所「思惟、籌量、言說」，皆是「佛法」，無不「真實」，亦是先佛經中所說。

《持世經‧卷第四》

(1)持世！諸菩薩觀「世間、出世間法」時，不見「世間法」與「出世間」合(即兩者「不即」)，不見「出世間」離「世間」(即兩者「不離」)。

(2)是人不離「世間」見「出世間」，亦不離「出世間」見「世間」。是人不復緣於「二行」，所謂是「世間」、是「出世間」。何以故？

(3)持世！「世間如實相」即是「出世間」，「世間」中「世間相」不可得，「世間法」中「世間法」不可得。以無所有故，通達是法即是「出世間」。

(4)持世！若「世間」與「出世間」異者，諸佛不出於世……「如實知見」一切「世間」。

(5)持世！若不得「世間」，不取「世間」，即是「出世間」。

(6)是故當知，「如實知見」世間，通達「世間」不可得故，即說「出世間」。

(7)是故諸佛出於世間，一切諸法若「世間」、若「出世間」，以「不二、不分別」證「如實知見」故，即是說「出世間法」。

(8)持世！如是「世間」甚深難可得底……菩薩摩訶薩如是善知「世間、出世間法」，亦得「世間、出世間法」方便。

「此但是頓教，亦名為大乘」。請從佛典來解釋此段的義理

《大智度論·初品中十方菩薩來釋論第十五之餘》(卷第十)

(1)諸佛「恭敬法」故,「供養」於法,以「法」為師。何以故?

(2)三世諸佛,皆以「諸法實相」為師。

「迷來經累劫,悟即剎那間」。請從佛典來解釋此段的義理

《大方廣佛華嚴經·卷第二十二》

一切諸佛於「一念」中,悉成正覺。以無量偈,讚歎宣揚,恭敬供養,天人導師。

《大方廣佛華嚴經·卷第三十》

(1)佛子!一切諸佛於念念中,悉能出生十無盡智。何等為十?

(2)於一念中,悉現一切世界從兜率天命終。

(3)於一念中,悉現一切世界菩薩出生。

(4)於一念中,悉現一切世界菩薩出家。

(5)於一念中,悉現一切世界,往詣道場菩提樹下成等正覺。

(6)於一念中,悉現一切世界轉淨法輪。

(7)於一念中,悉現一切世界,隨應化導一切眾生悉令解脫。

(8)於一念中,悉於一切世界現莊嚴身,隨應眾生。

(9)於一念中,悉現一切世界種種莊嚴,無數莊嚴,如來自在一切智藏;於一念中悉現一切世界清淨眾生。

(10)於「一念」中,遍一切世界,悉現三世一切諸佛。

(11)於「一念」中,為種種諸根「精進」欲性故,顯現「三世諸佛」種性,成「等正覺」,開導眾生。

(12)佛子!是為一切諸佛於「一念」中,生「十種智」。

《大方廣佛華嚴經·卷第五十七》

(1)佛子!菩薩摩訶薩有十種大丈夫名號。何等為十?

(2)所謂名為「菩提薩埵」,菩提智所生故。

(3)名為「摩訶薩埵」,安住大乘故。

(4)名為「第一薩埵」,證第一法故。

(5)名為「勝薩埵」,覺悟勝法故。

(6)名為「最勝薩埵」,智慧最勝故。

(7)名為「上薩埵」,起上精進故。

(8)名為「無上薩埵」,開示無上法故。

(9)名為「力薩埵」，廣知十力故。

(10)名為「無等薩埵」，世間無比故。

(11)名為「不思議薩埵」，一念成佛故。是為十。

(12)若諸菩薩得此名號，則成就菩薩道。

《大方廣佛華嚴經・卷第二》

眾生心海不思議，無住、無動、無依處，佛於「一念」皆明見，妙莊嚴天斯善了。

《大方廣佛華嚴經・卷第四十七》

(1)佛子！一切諸佛於「一念」頃，隨所應化，出興於世，住「清淨土」，成「等正覺」，現「神通」力，開悟三世一切眾生「心、意」及「識」，不失於「時」。

(2)佛子！眾生無邊，世界無邊，法界無邊，三世無邊，諸佛最勝亦無有邊，悉現於中，成「等正覺，」以「佛智慧」方便開悟，無有休息。

(3)佛子！一切諸佛以神通力，現最妙身，住無邊處，大悲方便，心無障礙，於一切時常為眾生演說妙法。是為諸佛第十大那羅延幢勇健法。

《十住經・卷第四》

(1)復次，以法「無礙智」，知一切佛，於「一念」中得「菩提」。

(2)以義「無礙智」，知種種時處差別。

(3)以辭「無礙」，智隨諸佛，得道事差別說。

《大方廣佛華嚴經・卷第二》

(1)佛於「一念」中，普現難思事，菩提深境界，無有能測知。

(2)佛於「一念」中，顯現「三世佛」，所現雖無盡，念性曾無異。

《大般涅槃經・卷第十九》

大王！波羅奈國有屠兒，名曰廣額，於日日中殺無量羊。見舍利弗即受「八戒」，經一日一夜，以是因緣，命終得為「北方天王毘沙門子」。如來弟子，尚有如是大功德果，況復「佛」也。

第三十七節　惠能於大梵寺說法畢，欲歸漕溪山。眾皆嘆：「生佛」在此

（第一節到第三十七節為惠能大師於廣東的大梵寺講堂說法，佔全經文約 63%）

《敦博本》與《敦煌本》對校版原文	《宗寶本》原文
	『五十四』
1 大師言：善知識！ 汝等盡誦取（讀誦與記取）此偈，依偈修行。 （就算）去（離開）惠能千里，（亦如）常在能邊。（若）依此不修，（就算處在）對面（仍隔）千里。各各自修，法不相待（佛法不會為你等待而自動出現）。	師言：善知識！ 總須誦取（讀誦與記取），（並）依此修行，言下（即能）「見性」。 雖去（離開）吾千里，如常在吾（惠能）邊。（若）於此言下「不悟」，即對面（仍隔）千里。何勤（何必辛勤）遠來？（請各自）珍重好去。 一眾聞法，靡不開悟，歡喜奉行。
	『三十五』
2 眾人且散，惠能（欲從大梵寺而）歸漕溪山。眾生若有大疑，來彼山間，為汝破疑，同見（悟見）「佛性」。	師復曰：今於大梵寺說此「頓教」，普願法界眾生言下「見性成佛」。
3 合座（所有在座的人）「官僚、道、俗」，禮拜和尚，無不嗟嘆： 善哉！大悟，昔所未聞，嶺南有福，「生佛」（現生之佛）在此，誰能得知？ **4**（大眾）一時盡散。	時韋使君（韋據）與「官僚、道、俗」，聞師所說，無不省悟。一時作禮，皆嘆： 善哉！何期（豈料；想不到）嶺南「有佛出世」！

「各各自修，法不相待」。請從佛典來解釋此段的義理

《大莊嚴論經・卷第五》

「佛法」難聞值，譬如「優曇花」，難可得值遇。

《佛般泥洹經・卷下》

佛世難值，「經法」難聞，「眾僧」難值。唯「佛」難見也。

《佛說大阿彌陀經・卷下》

佛言：佛世難值，正法難聞。如來所言必應「從順」，於此經典作大守護，為諸眾生長夜利益。

《大般涅槃經・卷第二十三》

(1)世有「六處」，難可值遇，我今已得，云何當令「惡覺」居心。何等為六？
(2)一、佛世難遇。
　　二、正法難聞。
　　三、善心難生。
　　四、難生中國。
　　五、難得人身。
　　六、諸根難具。
　　如是六事，難得已得。

《大莊嚴論經・卷第十二》

佛法難聞。如來往昔為菩薩時，不惜「身命」以求於法，是故應當「勤心聽法」。

《大方等無想經・卷第二》

(1)如來大福田，其力不可量，能除眾生結，煩惱諸闇障……
(2)眾生斷惡業，成就妙善戒。修行菩提行，決定見「佛性」。

《證契大乘經・卷上》（亦名《入一切佛境智陪盧遮那藏經》）

(1)爾時世尊……與大比丘眾千二百五十人俱……於是毘毘產主，作如是念：佛聲難聞如「優曇華」，況「逢佛出」，聽受正法，如「海盲龜」遇「浮木孔」，斯為甚難。
(2)佛極難遇，「正法」難聞。聞法見道，見佛世尊，獲大菩提，覺悟眾生。甚難！甚難！希得蓬遇。

《佛說未曾有因緣經・卷上》

(1)佛告羅雲：佛世難值，法難得聞。「人命」難保，「得道」亦難。

(2)子今既得「人身」，值佛在世。何故懈怠，不聽法耶？

《佛說未曾有因緣經‧卷下》

爾時世尊「慈悲心」故，告諸比丘。如我前說「人身」難得，值佛時難，法難得聞，終壽亦難。

《大方廣佛華嚴經‧卷第八》

(1)時，善財童子作如是念：「得人身」難，「離諸難」難，得「無難」難，離「惡法」難，得「淨法」難，遇「佛出世」難。

(2)「具足諸根」難，得聞「正法」難，得遇「善人」難，逢「真善知識」難，受「如理正教」難，得「正命自活」(正確謀生維命的自活方式)難，得「隨法修行」難。

《大智度論》卷19〈序品 1〉

五種邪命(五種不正當的邪命方式，不正當獲取名聞利養的方式)，(應)以「無漏智慧」(去斷)除、捨(棄)、(遠)離，(方)是為「正命」。

問曰：

何等是五種「邪命」？

答曰：

一者、若行者為(自身的名聞)利養故，(故意在信眾前)詐現「異相」奇特。

二者、為(自身的名聞)利養故，自說「功德」(即抑止他人而揚己功德，欲令信眾對他生敬信心，且永遠認為自己才是能給眾生「最大的功德」的修道人)。

三者、為(自身的名聞)利養故，(專以)占相、吉凶(預言)為人說。

四者、為(自身的名聞)利養故，(大語)高聲現威(詐現威儀)，(欲)令人畏敬。

五者、為(自身的名聞)利養故，(刻意對眾)稱說所得(之)供養(物)，以(感)動人心。(指明明是佛菩薩給的感應，就硬說是自己的修法力量造成。或者明明是由法會所獲的果報，也硬說是自己迴向的功德力量)

(共有五種)邪因緣(的)活命故，是為「邪命」。

《大般涅槃經‧卷第二十五》

(1)「一切覺者」名為「佛性」。「十住菩薩」不得名為「一切覺」故，是故雖見而不明了。

(2)善男子！見有二種。一者「眼見」、二者「聞見」。

(3)諸佛世尊「眼見佛性」，如於掌中觀「阿摩勒」。

(4)十住菩薩「聞見佛性」，故(仍)不了了(尚不能完全清楚明了)。

(5)十住菩薩唯能自知「定得」阿耨多羅三藐三菩提，而不能知一切眾生「悉有佛性」。

第三十八節　惠能往歸漕溪，行化四十餘年。無《壇經》傳承者，非「南宗」弟子

（第三十八節到第五十節為惠能大師回廣東 漕溪山南華寺説法，佔全經文約 27%）

《敦博本》與《敦煌本》對校版原文	《宗寶本》原文
1 大師往漕溪山，<u>韶</u>（韶州）、<u>廣</u>（廣州）二州，行化（修行弘化）「四十餘年」。 **2** 若論門人，「僧」之與「俗」，<u>約有三、五千人</u>，説不可盡。 **3** <u>若論宗旨</u>，傳授《壇經》，<u>以此為約</u>。 　<u>若不得《壇經》，即無稟受</u>（稟承領受）。 **4** 須知「<u>法處</u>（受法之處）、年、月、日、姓名」，<u>遞相</u>（交替相互）付囑。 　無《壇經》稟承（稟受領承），非「南宗」弟子也。 　未得「稟承」者，雖説「頓教」法，未知根本，終不免「諍」（諍訟）。 　但得法者，只勸「修行」。 **5**「諍」是勝負之心，與佛道違背。	

「諍是勝負之心，與佛道違背」。請從佛典來解釋此段的義理

《大乘大集經賢護分・卷第五》

(1)是中云何名為「諍」也？所謂「妄想、誹毀」，即（毀）謗於「空」，名為「諍」也。

(2)賢護！是故彼比丘以「無諍」故，當能修學為他宣說此三昧也。

《大乘頂王經》

(1)於一切法中，「自性」不可得。以「無自性」故，應觀其相滅。
(2)一切法「無滅」，其中亦「無心」。一切法「無」故，「自性」不可得。
(3)一切法「無諍」，其心不可得。若法不可得，亦無有「諍者」。
(4)一切法「無」故，其性「無有實」。若性「無實」者，其法亦「無滅」。

《說無垢稱經・卷第二》

(1)夫菩提者。非「身」能證，非「心」能證。「寂滅」是菩提。
(2)一切有情，一切法相皆「寂滅」故，「不增」是菩提……「不諍」是菩提。
　一切執著，一切「諍論」皆遠離故。

《佛說華手經・卷第一》(亦名《攝諸善根經》)

佛說：若人於法「無取、無捨、無順、無諍」，是名一切「世間福田」。

《佛說法集經・卷第五》

(1)爾時慧命須菩提白佛言：世尊！夫言「法者」名為「不諍」。若能「不諍」，是人有法……
(2)世尊！法「無有二」，是故法「不諍」……離種種分別，不生不滅、不增不減、不樂不厭、不住世間、不住涅槃。
(3)夫真法者。不言：「人能得法」，「法為人得」。
(4)世尊！諸法「不厭不樂、不染不淨」……
(5)若人能知「如是之法」，當知是人不與物「諍」。若能不與物「諍」，是人隨順「沙門道法」。若能隨順「沙門行法」，是人「不去、不來、不行、不住、不進、不退」……
(6)世尊！若諸菩薩得如是等「無諍法忍」，尚不與彼諸魔共「共諍」，況復與其同行菩薩而生「違諍」？若與「違諍」，無有是處！

《思益梵天所問經・卷第三》

(1)(梵天言)：文殊師利！佛所說法，終何所至？
(2)文殊師利言：佛所說法，至「無所至」。
(3)梵天言：佛所說法，不至「涅槃」耶？
(4)文殊師利言：「涅槃」可得至耶？
(5)梵天言：涅槃「無來處、無至處」。
(6)文殊師利言：如是！佛所說法，至「無所至」……

(7)梵天言：云何比丘名「多諍訟」？

(8)答言：①是「好」、是「惡」，此名「諍訟」。

②是「理」、是「非理」，此名「諍訟」。

③是「垢」、是「淨」，此名「諍訟」。

④是「善」、是「不善」，此名「諍訟」。

⑤是「持戒」、是「毀戒」，此名「諍訟」。

⑥是「應作」、是「不應作」，此名「諍訟」。

⑦以是法(堅持必須以「如是」之法而)得「道」、以是法(堅持必須以「如是」之法而)得「果」，此名「諍訟」。

(9)梵天！若於法中有「高、下」，心貪著取受，皆是「諍訟」。佛所説法「無有諍訟」。

(10)梵天！樂「戲論」者，無不「諍訟」。樂「諍訟」者，無「沙門法」。

(11)樂「沙門法」者，無有「妄想貪著」。

《勝思惟梵天所問經・卷第四》

(1)梵天問言：云何比丘名「多諍訟」。

(2)答言：梵天！

①若比丘是「好」、是「惡」。是「相應」、是「不相應」，此名「諍訟」。

②是「理」、是「非理」，此名「諍訟」。

③是「垢」、是「淨」，此名「諍訟」。

④是「善」、是「不善」，此名「諍訟」。

⑤是法「可呵」、是法「不可呵」。

⑥是法「有漏」、是法「無漏」。

⑦是法「世間」、是法「出世間」。

⑧是法「有為」、是法「無為」。

⑨是「持戒」、是「破戒」。

⑩是「可作」、是「不可作」。

⑪是「可得」、是「不可得」。梵天！此名「諍訟」。

(3)梵天！若於法中有「高、下」，心「貪著取受」，皆是「諍訟」。佛所説法「無有諍訟」。

《大寶積經・卷第七十七》

(1)無有「諍訟」心，能正思量法。此中無法「生」，亦無有法「滅」。

(2)無生無有滅，是諸法實相。若法無有「生」，即無有「作起」。

(3)「是、非」與「一、異」，此法中皆無，是名為「涅槃」。

《佛說如來智印經》

(1)佛告文殊師利：起「法相」者，戲弄諸法。戲弄諸法，起「有無」二邊。起「二邊」者，此則「滅法」。

(2)第一義中，無法(生)、無法滅，亦無有「諍」。

《法句經・卷下》

勝(贏)則(易招他人)生怨(仇)，負(敗)則「自鄙」。

(除)去「勝負心」，「無諍」自安。

第三十九節　南能北秀之分。法無頓漸，人有利鈍，見有遲疾

《敦博本》與《敦煌本》對校版原文	《宗寶本》原文
	『七十一』
	【頓漸品第八】
1世人盡傳「南宗能」、「北宗秀」，未知根本事由。	時(惠能)祖師居曹溪 寶林(即今廣東 南華寺)。
且(神)秀禪師於南都 荊州 江陵府 當陽縣 玉泉寺住持修行。	神秀大師在荊南(今湖北省 當陽縣)玉泉寺。
惠能大師於韶州城東「三十五里」漕溪山(指廣東 南華寺)住持修行。	於時兩宗盛化(皆有興盛的教化)，人皆稱「南能北秀」。
	故有「南、北」二宗「頓、漸」之分，而學者莫知宗趣。
	師謂眾曰：
2法即一宗，人有「南、北」。 　因此便立「南、北」。	法本一宗，人有「南、北」。
3何以「漸、頓」？ 　法即一種，見(悟見佛性)有「遲、疾」， 見「遲」即「漸」，見「疾」即「頓」，	法即一種，見(悟見佛性)有「遲、疾」。 何名「頓、漸」？
法無「頓、漸」，人有「利、鈍」，故名「漸、頓」。	法無「頓、漸」，人有「利、鈍」，故名「頓、漸」。

《楞嚴經·卷六》

(1)歸元(歸究本元之如來藏性)性「無二」(乃無二無別)，方便有多門。

(2)「聖性」（諸聖已證入如來藏性者）無不通，「順」（順修）、「逆」（逆修）」皆「方便」（皆為方便法門）。

(3)「初心」（最初發心修習佛法）入「三昧」，「遲、速」不同倫。

（對於「最初發心」要修學佛法者，欲證入「首楞嚴三昧」，假若法門沒有選對「根機」的話，則其所修證的果位亦會因此產生「遲緩、速易」不同的倫類結果）

《宗鏡錄·卷第三十六》

(1)此唯《華嚴》一經，名為「頓教」。其中所說諸法，是全「一心」之諸法。「一心」是全諸法之一心。「性、相」圓融，「一、多」自在。

(2)又約機「頓、漸」不同。有云：先因「漸修」功成，而豁然（開豁了然）「頓悟」。如伐木，片片漸斫。一時頓倒，亦如遠詣「皇城」，步步漸行，一日頓到。

(3)有云：先因「頓修」，而後「漸悟」。如人學射。頓者：箭箭直注意在的。漸者：久始漸親漸中。此說運心「頓修」，不言功行頓畢。

(4)有云：漸修、漸悟，如登九層之臺。足履漸高，所見漸遠。已上皆證悟也。

(5)有云：先須「頓悟」，方可「漸修」。此約「解悟」。

若約斷障說者，如日頓出，霜露漸消。

若約成德說者，如孩初生，即具四支六根。長即漸成「志氣功用」。

(6)如《華嚴經》云：「初發心」時即成「正覺」。三賢十聖，「次第」修證。若「未悟」而修，非「真修」也……

(7)有云：頓悟、頓修者。此說上上智。根性樂欲俱勝，一聞千悟，得大總持。一念不生，前後際斷。

若斷障說，如斬一綟（絡絲的用具）絲，萬條頓斷。

若修德說，如染一綟（絡絲的用具）絲，萬條頓色……

(8)又「頓悟」者，不離此生，即得解脫。如獅子兒，初生之時，是「真獅子」。即修之時，即入「佛位」。如竹春生筍，不離於春，即與母齊。何以故？

(9)「心空」故，若除妄念，永絕我人，即與佛齊。

(10)經云：不壞世間，而超世間。不捨煩惱，而入涅槃。

(11)不修「頓悟」，猶如「野干」（狐狼，似狐，身較小），隨逐獅子，經百千劫，終不得成獅子。

(12)故知若不「直了自心」，豈成「圓頓」？隨他妄學，終不成真。

第四十節　神秀遣志誠往惠能處「探法」，志誠聞法，言下便悟本心

《敦博本》與《敦煌本》對校版原文	《宗寶本》原文
	『七十二』
1 神秀師常見人説：惠能法疾（快速敏捷），直指見路（明心見性之路）。	然（神）秀之「徒眾」，往往譏「南宗」（惠能）祖師不識一字，有何所長？ （神）秀曰：他得無師之智，深悟上乘，吾不如也。且吾師五祖，親傳「衣、法」，豈徒然哉？ 吾恨不能遠去親近，虛受國恩。 汝等諸人毋滯於此，可往曹溪參決。
2 秀師遂喚門人僧志誠曰：汝聰明多智，汝與吾至漕溪山到惠能所，禮拜但聽，莫言「吾使汝來」。 所聽得意旨，記取，卻來與吾説，看惠能見解與吾，誰「疾、遲」？ 汝（志誠）第一早來（早點回來），勿令吾（生）怪。	一日，（神秀）命門人志誠曰：汝聰明多智，可為吾到曹溪聽（惠能）法。 若有所聞，盡心記取，還為吾説。
3 志誠奉使，歡喜遂行，半月中間，即至漕溪山。 見惠能和尚，禮拜即聽，（故意）不言「來處」。志誠聞法，言下便「悟」，即契「本心」。	志誠稟命，至曹溪。 （志誠）隨眾參請，（故意）不言「來處」。 時祖（惠能）師告眾曰：今有「盜法」之人，潛在此會。 志誠即出禮拜，具（完整）陳（述）其事。

4(志誠)起立即禮拜，白言：
和尚！弟子從玉泉寺來，(神)秀師處不得「啟悟」，(今)聞和尚說，便契「本心」。(望)和尚慈悲，願當教示(教誨開示)。

志誠再拜曰：
弟子在(神)秀大師處學道九年，不得契悟。今聞和尚一說，便契「本心」。弟子生死事大，(望)和尚大慈，更為教示(教誨開示)。

5惠能大師曰：汝從彼(神秀)來，應是「細作」(間諜)？

(惠能)師曰：汝從玉泉來，應是「細作」(間諜)。

6志誠曰：不是！
　六祖曰：何以不是？
　志誠曰：未說時即「是」，說了即「不是」。

(志誠)對曰：不是。
(惠能)師曰：何得不是？
(志誠)對曰：未說即「是」，說了「不是」。

六祖言：煩惱即是菩提，亦復如是！

(惠能)師曰：汝師(神秀)若為(怎樣的)示眾(開示大眾)？

(志誠)對曰：常指誨(指導教誨)大眾，住心觀淨(心要住於一處，刻意的看守關注清淨之境)，長坐不臥。

(惠能)師曰：住心觀淨，是病非禪(是一種禪病，並非是真正的禪法)。常坐拘身(採取「長坐不臥」的靜坐方式只是徒然「拘縛」住自身而已)，於(真正的禪)理何益？

聽吾(惠能)偈曰：

	生來(長)坐(而)不臥，死去(長)臥(而)不坐。(原只是)一具臭骨頭，何為「立功課」(立下「住心觀淨」與「長坐不臥」的修行功課)？

「來、去、坐、臥」如何是禪法？請從佛典來解釋此段的義理

《大般若波羅蜜多經・卷第五十三》

(1)佛言：善現！若菩薩摩訶薩修行「般若」波羅蜜多時，以「無所得」而為方便，審觀自身，「行時知行，住時知住，坐時知坐，臥時知臥」，「如如」自身，威儀差別，如是如是「具念正知」。

(2)善現！是為菩薩摩訶薩修行「般若」波羅蜜多時，以「無所得」而為方便，於內身住「循身觀」，熾然精進「具念正知」，為欲調伏「世貪憂」故。

《摩訶般若波羅蜜經・卷第五》

(1)須菩提！菩薩摩訶薩云何「內身」中「循身觀」？

(2)須菩提！若菩薩摩訶薩「行時知行、住時知住、坐時知坐、臥時知臥」，知身所行「如是知」。

(3)須菩提！菩薩摩訶薩如是內身中「循身觀」，懃精進一心，除「世間貪憂」，以不可得故。

《佛說首楞嚴三昧經・卷上》

(1)佛告堅意：菩薩住「首楞嚴三昧」，雖知諸法常是「定相」，而示眾生諸禪「差別」。

(2)現身「住禪」化「亂心」者，而於諸法不見有亂。

(3)一切諸法「如法性相」，以「調伏心」，於「禪」不動。

(4)現諸威儀，來、去、坐、臥，而常「寂然」在於「禪定」。

《毘尼母經・卷第五》

坐者，佛遊行到一樹下，跏趺而坐，觀者無厭，名之為「坐」。如「坐禪」人，一坐經劫身「不動搖」皆名為「坐」。

第四十一節　無非是戒，無亂是定，無癡是慧。悟自性者，不立戒定慧，亦無漸次

《敦博本》與《敦煌本》對校版原文	《宗寶本》原文
	『七十五』
1 (惠能)大師謂志誠曰：吾聞汝(神秀)禪師教人，唯傳「戒定慧」。 汝(神秀)和尚教人「戒定慧」如何？當為吾説。	(惠能)師云：吾聞汝(神秀)師教示學人「戒定慧」法。 未審汝(神秀)師説「戒定慧」行相(行持的相狀)如何，與吾説看。
2 志誠曰：(神)秀和尚言「戒定慧」： 「諸惡不作」名為「戒」。 「諸善奉行」名為「慧」。 「自淨其意」名為「定」。 此即名為「戒定慧」。 彼(神秀)作如是説。 不知(惠能)和尚所見如何？	誠曰：(神)秀大師説： 「諸惡莫作」名為「戒」。 「諸善奉行」名為「慧」。 「自淨其意」名為「定」。 彼(神秀)説如此。 未審(惠能)和尚以何法誨人？ (惠能)師曰：吾若言「有法」與人，即為誑汝。但且「隨方解縛」，假名「三昧」(我但只是「隨順方便」來解除「被繫縛者」的束縛，也只是「假名」叫作「三昧」而已)。
3 惠能和尚答曰： 　此説(指神秀之説)不可思議。 　惠能所見又別。	如汝(神秀)師所説「戒定慧」，實不可思議。 吾(惠能)所見「戒定慧」又別。
4 志誠問：何以別？ 惠能答曰：見(佛法見地)有「遲、疾」。	志誠曰：「戒定慧」只合一種，如何更別？ (惠能)師曰：汝(神秀)師「戒定慧」接「大

	乘人」。吾「戒定慧」接「最上乘人」。悟解不同，見（佛法見地）有「遲、疾」。
志誠請（惠能）和尚説所見「戒定慧」。	汝（志誠）聽吾（惠能）説，與彼（神秀）同否？吾所説法，不離「自性」。（若）離（自性本）體説法，（僅）名為「相説」（著相的一種説教），自性常迷（這樣自性就會經常迷失了）。 須知一切萬法，皆從「自性」起用（生起妙用），（此乃）是「真戒定慧」法。
5 大師言：汝聽吾説，看吾所見處（見地之處）。 心地「無非」（沒有是非對立）是「自性戒」。 心地「無亂」（沒有紛亂煩惱）是「自性定」。 心地「無癡」（沒有昏沈愚癡）是「自性慧」。	聽吾（惠能）偈曰： 心地「無非」（沒有是非對立）自性戒。 心地「無癡」（沒有昏沈愚癡）自性慧。 心地「無亂」（沒有紛亂煩惱）自性定。 「不增不減」（即是）自（性本體之）金剛， 「身去身來」本（是自性妙用之）「三昧」。 （志）誠聞偈，悔謝，乃呈一偈： 五蘊（本是）幻身，（既是）「幻」何「究竟」？ （若將幻身幻法）迴趣「真如」，法還「不淨」。 （惠能）師然（許可）之。
6 大師言：汝（神秀）師（之）「戒定慧」，勸「小根智人」。 吾（之）「戒定慧」，（乃）勸「上智人」。 （若能）得「悟自性」，亦「不立」戒定慧（等相關的佛法名相或修行次第）。	復語（志）誠曰：汝（神秀）師（之）「戒定慧」，勸「小根智人」。 吾（之）「戒定慧」，（乃）勸「大智根人」。 若（能）「悟自性」，亦不（建）立「菩提涅槃」，亦不（建）立「解脱知見」（等相關的佛

	法名相）。(唯有)無一法可得，才能建立萬法。
	若(能)解此意，亦名「佛身」，亦名「菩提涅槃」，亦名「解脫知見」。
	(已經)見性之人，「立」(指立一個「佛法名相」或修行次第)亦得，「不立」亦得。
	(見性者能獲生死)去來自由，無滯無礙，應用隨作(若需神應妙用，則可隨緣即作)，應語隨答(若需言語說法，則可隨緣應答)，普見(能普遍皆現一切)化身，(皆)不離「自性」，即得「自在神通」(與)「遊戲三昧」，是名「見性」。
7志誠言：請大師説，「不立」如何？	<u>志誠再啟師曰：如何是「不立」義？</u>
大師言：自性「無非、無亂、無癡」。 念念(以)「般若」觀照(觀察照見)。 常離「法相」，有何(法)可「立」？	師曰：自性「無非、無癡、無亂」， 念念(以)「般若」觀照(觀察照見)。 常離「法相」，自由自在。 縱橫盡得(縱橫三際十方都能悠然自得)，有何(能)可「立」？
8自性(皆可)「頓修」，無有「漸次」， 所以「不立」(不立一法)。	自性(皆由)自悟，(能)頓悟、(亦能)頓脩，亦無「漸次」，所以「不立」一切法。 諸法(本自)「寂滅」，有何(必然、必定、真實的)「次第」？
9志誠禮拜，便不離漕溪山，即為門人，不離(惠能)大師左右。	<u>志誠禮拜，願為(惠能)執侍(執行諸事之侍者)，朝夕不懈。</u>

惠能大師提倡「自性的戒定慧」。請從佛典來解釋此段的義理

《出曜經・卷第九》

(1)「慧」者，立「禁戒」(saṃvara 戒律)者。「戒」不移動，善住牢固，亦不可移。

(2)「慧」者，除去愚闇，終不處在愚惑之中。猶如猛將，身被「重鎧」(喻戒)，手無「劍」者(喻慧)，則不能剋定強敵。

(3)有劍(慧)無鎧(戒)者，亦復不能降彼強敵⋯⋯

(4)身被「戒鎧」，心無「慧劍」者，則不能壞「結使」(煩惱)元首。

(5)正使有「慧身」無「戒鎧」，則不能壞其「結使」。

(6)若彼猛將，身被「戒鎧」，心執「慧劍」，前後固嶮𠃟，與「結使」共戰，必能果辦。

(7)是故說曰：「慧」者，立「禁戒」也。

(8)專心「習智」者，以「慧」鍊心，尋究諸垢。猶如鑛鐵，數入百鍊之爐，柔可為剛，偽可為真。

《菩薩瓔珞本業經・卷下》

戒有三緣：一「自性戒」、二「受善法戒」、三「利益眾生戒」。

《大乘瑜伽金剛性海曼殊室利千臂千鉢大教王經・卷第五》

何者名為大乘「十重清淨禁戒」？⋯⋯

一者：如來一切「心法」，金剛自性，本來清淨，畢竟寂滅。

　　　菩薩若於大乘性中，能持「十重戒」者。覺心真淨，了見心性「無染無著」，是故菩薩能持「十重戒」者，是則名為「不壞毗尼」。

二者：如來一切「心法」，我障自性，畢竟不可得，本來無染。

　　　菩薩持「重戒」者，「戒性」如「虛空」，不見心性，了然寂靜。

　　　菩薩持「重戒」時，證見「心體」，「我性空無」，是故名為「出過一切諸有相體」，是則名為「無過毗尼」。

三者：如來一切「心法」，煩惱妄想「本來清淨」。

　　　菩薩持「重戒」者，於淨「識性」，實無所得。於實「無所得之心」，菩薩持戒不見於「相」，不見「顛倒」。不見「菩提」，不見「實性」，名為「最勝實性毗尼」。

四者：如來一切「心法」，「如如實際」，於實際中，不見「持戒」，不見「破戒」。

　　　菩薩持「重戒」者，是則應示當觀「心地」，見實際性，心性瑩淨，不見「戒性」，亦無「持戒雜染諸見」，是故名為「心性清淨」，通達聖性「真如」毗尼。

五者：如來一切「心法」，「菩提聖性」無來無去，故名「如來」。

　　　菩薩應當持「重戒」者，得見如來「真實心性」。「真實性」者，等如「法界」，無來無去、無為之相。

菩薩能持「如來淨戒」者，見「佛心性」，等於「虛空」無有別異。

是故名為如來「法身」菩提聖性，真實得名不思議毘尼。

六者：如來一切「心性淨法」，本來「無住」，本來「無處」，本來「無著」。

菩薩持「重戒」者，於「無住」之中，不見有犯「十重之性」。

菩薩持此戒時，於「無著」心性，廓周法界，遍於一切，如淨琉璃，內外明徹，則是名為「無自性」性淨毘尼。

七者：如來一切「心法」，等如「空際」，離諸相故。

菩薩能持「重戒」者，於心空際，不見能有「破戒之相」。於「性戒」中證得「法眼性淨」，是則名為「淨諸六識」法眼毘尼。

八者：如來一切「心法」，法本「不生」，今則「無滅」。

菩薩能持「重戒」之時，於「無生性」照見持戒，心心聖性，體寂清淨，「不生不滅」則證「佛地」，速當成就「無上菩提」，是則名為「三世平等毘尼」。

九者：如來一切「心法」，則是諸佛「真如實智」，不見「有相」一切諸法。何以故？

眾生「心性」本是「真如」，於「真如」性中，若見「持戒」，是名「有相」，菩薩不能解脫。若能不見「持戒」，不執、不著「一切諸相」，是則名為「無染解脫」（的）清淨毘尼。

十者：如來一切「心法」，畢竟「無相」，離於「心想」清淨無障。

菩薩能持「十重戒」者，於「戒」淨性，不見「有戒」，不見「無戒」，得名「證離小乘執縛一切戒相」，是則名為「究竟毘尼」。

是故一切諸佛如來、一切菩薩，由依止此「大乘毘尼」，持此十種「聖性無相」十重大戒，畢竟清淨，離一切相，得「阿耨多羅三藐三菩提」故。

《大乘瑜伽金剛性海曼殊室利千臂千鉢大教王經・卷第七》

(1)若有菩薩能持「如來大乘戒」者，為一切有情眾生及自己身，能持「大乘菩薩十無盡戒」者。

(2)如是菩薩則能「自己」及「他一切」，常能「觀見心性」，「戒性」如「虛空」，「持者」為迷倒。

(3)菩薩於「自根本自性」之中，清淨真如「不見」有戒。謂「戒性」如「虛空」，亦不見「他戒」。

(4)菩薩於「持戒心性」之中，戒為「非戒」、非「非戒」、無受者……亦無「受戒」，亦無「不受戒」故。

(5)於「聖道性」悉皆清淨，「持戒道性」亦復如是。

《大般涅槃經・卷第二十七》

(1)有「慚愧」者，名為「正念」。

(2)不見「心相」者，名為「正定」。

(3)不求諸法「性相因緣」，是名「正慧」。

(4)「無有相」故，煩惱則斷，是名「解脫」。

為何「聲聞」是戒急，「菩薩」是戒緩？

《大般涅槃經・卷第六》

(1)若無「清淨持戒」之「人、僧」，則損減、慢緩、懈怠，日有增長。

(2)若有「清淨持戒」之人，即能具足「不失本戒」。

(3)善男子！於「乘」（指佛所說的大小乘經典）緩（鬆懈遲緩）者，乃名為「緩」。

　　　　於「戒」（指佛所製的輕重諸戒）緩（鬆懈遲緩）者，不名為「緩」。

(4)菩薩摩訶薩於此「大乘」，心「不懈慢」是名「本戒」。

(5)為護「正法」，以「大乘水」而自澡浴，是故菩薩（有時）雖（示）現「破戒」，不名為「緩」（鬆懈遲緩）。

戒乘四句

(一)乘急戒緩（戒緩乘急）：

因「懈怠、遲緩」於持戒，故可能會墮於「修羅、餓鬼、畜生、地獄」等四趣之中；然對佛所說的大小乘經典是--「乘急」而熱衷於「聽聞教法」，如八部眾中之「龍、鬼」等，皆得與會聽聞佛法。

(二)戒急乘緩：

此指因急於「持守戒法」，故得轉生於「人、天」；然對佛所說的大小乘經典是--「乘緩」之故，所以「懈怠、遲緩」於聽聞佛法。

(三)乘戒俱急（戒乘俱急）：

此指因急於「持守戒法」，故得轉生於「人、天」；亦對佛所說的大小乘經典是--「乘急」之故，故可得聽聞佛法而悟道。

(四)乘戒俱緩（戒乘俱緩）：

此指既「不持戒」，亦「不聞法」，而將喪失人身，則永墮「四趣」（不能昇天及作人）輪迴。

《菩薩善戒經・卷第一》

(1)優波離！汝應宣說：聲聞（乃）戒急（急切嚴持），菩薩（則）戒緩（鬆懈緩慢）。

　聲聞（之）戒（為）「塞」，菩薩（之）戒（為）「開」。

　聲聞（之）戒中，應說（諸多）「因緣」。（若）菩薩（之）戒中，則不應說。

(2)**優波離**！菩薩之人，(乃)隨眾生心，非「聲聞」也，是故菩薩於戒(乃)「小緩」，聲聞(於戒則)「護急」。

(3)**優波離**！菩薩若於晨朝「犯戒」，猶故應念「阿耨多羅三藐三菩提」，自知罪過，晝夜三時，皆應如是，是名「菩薩戒」。

(4)**優波離**！菩薩若「時時犯」，不名「破戒」。聲聞若「時時犯」，是名「破戒」，是名「失戒」，是名不得「沙門道果」。何以故？聲聞之人為「壞煩惱」，懃行精進，不應「毀犯」。

(5)**優波離**！菩薩若於恒河沙等劫，受「五欲樂」，亦不失於「菩薩禁戒」，(亦)不名「破戒」，(亦)不名「失戒」，(亦)不名「不得菩提之果」。

(6)**優波離**！菩薩不能於「一世」中「盡諸煩惱」，當以「方便」漸漸令盡(令煩惱滅盡)。

(7)**優波離**！「阿耨多羅三藐三菩提」要須「無上大莊嚴力」，然後乃得，非「一世」得。是故如來不說菩薩(應)於「生死」中而生「悔心」，亦不(為)宣說「永斷貪愛」(之法)，為說「喜法、甚深法、無疑法、空法」。(菩薩)聞是法已，(則)樂於「生死」。

見性之人，「立」亦得，「不立」亦得，去來自由。請從佛典來解釋此段的義理

《大智度論・初品中佛土願釋論第十三》(卷第七)

(1)故菩薩行「百千種三昧」，斷其塵勞。

(2)譬如為諸貧人，欲令大富，當備種種「財物」，一切備具，然後乃能濟諸貧者。

(3)又復如人，欲「廣治諸病」，當備種種眾藥，然後能治。

(4)菩薩亦如是，欲廣度眾生故，行種種「百千三昧」。

(5)問曰：但當出生此「三昧」，何以故復「遊戲」其中？

(6)答曰：菩薩心生諸「三昧」，欣樂「出、入」自在，名之為「戲」，非「結(煩惱)愛(愛欲)」戲也。

　　「戲」名「自在」，如師子在鹿中「自在無畏」故，名為「戲」。

　　是諸菩薩於諸「三昧」有「自在力」，「能出、能入」，亦復如是。

　　餘人於三昧中，(則)能「自在入」，(但)不能「自在住、自在出」。

　　(餘人)有「自在住」，(但)不能「自在入、自在出」。

　　(餘人)有「自在出」，(但)不能「自在住、自在入」。

　　(餘人)有「自在入、自在住」，(但)不能「自在出」。

　　(餘人)有「自在住、自在出」，(但)不能「自在入」。

(7)是諸菩薩能(具有)「三種自在」(自在住、自在入、自在出)，故言「遊戲出生百千三昧」。

《大般若波羅蜜多經・卷第四百八》

若菩薩摩訶薩欲於一切「師子遊戲」三摩地，乃至「師子奮迅」三摩地「入、出自在」，當學「般若」波羅蜜多。

《摩訶般若波羅蜜經・卷第三》

(1)欲入「六神通、九次第定、超越三昧」，當學「般若」波羅蜜。

(2)欲得「師子遊戲」三昧，當學「般若」波羅蜜。

「自性頓修，無有漸次，故不立一法」。請從佛典來解釋此段的義理

《入楞伽經・卷第七》

大慧！「第一義」中，亦無「次第」。無「次第」行，諸法寂靜，亦如虛空。

《楞伽阿跋多羅寶經・卷第四》

大慧！於「第一義」，無「次第相續」，説「無所有妄想」寂滅法。

《大方等大集經・卷第三》

如來了知生死因，亦復通達解脫因……如來三昧無「次第」，是故名為「常在定」。

《十住斷結經・卷第八》

(1)菩薩摩訶薩復當思惟「禪定之行」正受三昧，不毀「法戒」，平等無二，亦不見「二」。亦不「成就」，非「不成就」。

(2)彼於「禪定」而以「正受」，一切諸定不起「亂想」。

(3)諸法「無想」，亦無「放捨」，解了「內、外」，悉無有主，是謂菩薩摩訶薩「一意正受」，不毀「禪定」。亦復不見「有合有會」，捨諸「境界」，無有「去離」……

(4)是謂菩薩摩訶薩「不立」於法，亦「不離」法。

第四十二節　經本無疑，汝心自邪。心正轉經，心邪經轉。於相離相，於空離空

《敦博本》與《敦煌本》對校版原文	《宗寶本》原文
	『五十七』
1 又有一僧名<u>法達</u>，常誦《妙法蓮華經》七年，心迷不知「正法」之處，來至<u>漕溪</u>山禮拜_(惠能)。	僧<u>法達</u>，<u>洪洲</u>人，七歲出家，常誦《法華經》。來禮_(惠能)祖師，「頭」不至地。 祖訶曰：禮不投地，何如不禮！　汝心中必有「一物」，蘊_(積聚蘊藏)習何事耶？ _(法達)曰：念《法華經》，已及「三千部」。 _(惠能)祖曰：汝若念至「萬部」，_(且能)得其經意，_(亦)不以為勝_(自負而超勝於人)，則與吾偕行_(並行)。汝今_(自)負此_(誦經三千部的)事業，都不知過_(失)。 聽吾偈曰： _(頂)禮本折「慢幢」，頭奚不至地？有我_(慢)罪即生，亡功_(亡去功德相)福無比。 師又曰：汝名什麼？ 曰：<u>法達</u>。 師曰：汝名<u>法達</u>，何曾<u>達法</u>_(通達妙法)？ 復說偈曰：

	汝今名法達，勤誦（法華）未休歇。 「空誦」但循聲，（於經義要）明心號菩薩。 汝今有緣故，吾今為汝説。 但信佛（本）無言（説法），蓮花從口發（「妙法蓮花」即能從口而出）。 （法）達聞偈，悔謝（悔過謝罪）曰：而今而後，當謙（虛）、恭（敬）一切（眾生）。
問大師言：弟子常誦《妙法蓮華經》七年，心迷不知「正法」之處，經上有疑。大師智慧廣大，願為除疑？	弟子誦《法華經》，未解經義，心常有疑。和尚智慧廣大，願略説經中義理。
2 大師言：法達！ 　法（佛法）即甚達（通達），汝心不達！ 經上無疑，汝心「自邪」，而求「正法」，吾心「正定」即是持經。	師曰：法達！ 　法即甚達，汝心不達。 　經本無疑（無可疑惑），汝心自疑。 　汝念此（法華）經，以何為宗（旨）？ （法）達曰：學人根性暗鈍，從來但「依文誦念」，豈知宗趣？
3 吾一生以來，不識文字，汝將《法華經》來，對吾讀一遍，吾聞即知。	師曰：吾不識文字，汝試取經誦一遍，吾當為汝解説。
4 法達取經到，對大師讀一遍，六祖聞已，即識佛意，便與法達説《法華經》。	法達即高聲念經，至【譬喻品】，師曰：止！
5 六祖言：法達！ 《法華經》無多語，七卷盡是「譬喻、因緣」。 如來廣説「三乘」（聲聞乘、緣覺乘、菩薩乘），只為世人「根鈍」。經文分明，無有餘乘，唯有「一佛乘」。	此經原來以「因緣」出世為宗，縱説多種譬喻，亦無越於此。 何者「因緣」？

6大師言：<u>法達</u>！汝聽「一佛乘」(唯一成佛之法門)，莫求「二佛乘」(有階段性的兩種成佛法門)，迷(惑時)即卻(退)汝(之本)性。

7經中何處是「一佛乘」？吾與汝說。經云：『諸佛世尊唯以一大事因緣故，出現於世。』(以上十六字是正法)此法如何解？此法如何修？

經云：『諸佛世尊，唯以一大事因緣故出現於世。』

8汝聽吾說，人心不思(人心若不作意思維，不思善不思惡)，(自性)本源(乃)空寂(性空寂滅)，(若能)離卻「邪見」，(此)即(佛出世之)「一大事因緣」。

「一大事」者，佛之「知見」也。

9「內、外」不迷，即(能遠)離「兩邊」。外迷著「相」，內迷著「空」(頑空；惡取空等)，
(若能)於「相」離「相」，於「空」離「空」，即是不迷。
若悟此法，(於)一念「心開」(心地開通)，
(此即如同諸佛)出現於世。

世人外迷著「相」，內迷著「空」(頑空；惡取空等)。
若能於「相」離「相」，於「空」離「空」，即是「內、外」不迷。
若悟此法，(於)一念「心開」(心地開通)，

10
「心開」(心地開通)何物？開佛「知見」。
「佛」猶如「覺」也，分為四門：

是為「開佛知見」(開啓佛陀正覺的智慧知見)。
「佛」猶「覺」也，分為四門：

11「開」覺知見。(令眾生開啓佛陀正覺的智慧知見)
「示」覺知見。(化導啓示眾生佛陀正覺的智慧知見)
「悟」覺知見。(令眾生覺悟佛陀正覺的智慧知見)
「入」覺知見。(令眾生證入佛陀正覺的智慧知見)

「開」覺知見。(令眾生開啓佛陀正覺的智慧知見)
「示」覺知見。(化導啓示眾生佛陀正覺的智慧知見)
「悟」覺知見。(令眾生覺悟佛陀正覺的智慧知見)
「入」覺知見。(令眾生證入佛陀正覺的智慧知見)

12此名「開、示、悟、入」，從(四處任

若聞「開、示」，便能「悟、入」，即「覺

何)一處入，即(能進入)**覺知見**(佛陀正覺的智慧知見)，**見自本性**，即得(超越)**出世**。	**知見**」(佛陀正覺的智慧知見)，**本來「真性」**，而得出現。
	汝慎勿錯解經意，見他道「**開、示、悟、入**」，(誤以為此)自是「佛之知見」，(與)**我輩無分**。
	若作此解，乃是謗經毀佛也。彼(釋迦佛)既是佛，已具「知見」，何用更**開**(啓)？
	汝今當信(所謂)「**佛知見**」(佛陀正覺的智慧知見)者，只汝「**自心**」，更無別佛。
	蓋為一切眾生，自蔽光明，貪愛(六)**塵**(之)**境**，外緣(向外攀緣)**內擾**(內心被妄想執著所擾)，甘受(煩惱塵勞的)**驅馳**(驅奴馳走)。
	便勞他世尊，從三昧起，(以)種種苦口，勸令(眾生)**寢息**(停寢止息所有「外緣內擾」的執著)。
	莫向外求，(則便能)與佛無二，故云「**開佛知見**」。
13 大師言：**法達**！吾常願一切世人，心地常自「**開佛知見**」，莫開「**眾生知見**」。	吾亦勸一切人，於自心中，常開「**佛之知見**」。
14 世人「**心邪**」，愚迷(愚癡迷惑)**造惡**，自開「眾生知見」(輪迴煩惱的知見)。	世人「**心邪**」，愚迷(愚癡迷惑)**造罪**，口善心惡，貪瞋嫉妒(貪愛瞋恚嫉賢妒能)，諂佞(諂媚佞言)**我慢**，侵人害物(侵犯別人損害他物)，自開「**眾生知見**」(輪迴煩惱的知見)。

（若）世人「心正」(心念正直)，（能生）起智慧觀照(觀察照見)，（則）自開「佛知見」。

莫開「眾生知見」，
「開佛知見」即(超越)「出世」。

若能「正心」(正直心念)，（則）常生智慧，觀照(觀察照見)「自心」，止惡行善，是自開「佛之知見」。

汝須念念「開佛知見」，勿開「眾生知見」。（若能）「開佛知見」，即是(超越)「出世」。

「開眾生知見」，即是「世間」(輪迴煩惱)。汝若但勞勞(辛勞勤勞)執念(執著念誦經文)，以為(日常)功課者，何異(於)犛牛愛尾？

（法）達曰：若然者(若是這樣的話)，但得解(經)義，不勞(不必再勞煩去)誦經耶？

師曰：經(本)有何過(失)？豈障(礙)汝(之)念(誦)？只為「迷、悟」在人，「損、益」由己。

（若能）口誦「心行」，即是「轉經」。
（若）口誦「心不行」，即是「被經轉」。

『五十九』

況經文明向汝道：
唯「一佛乘」，無有餘乘，若二、若三(聲聞乘、緣覺乘、菩薩乘)，乃至無數方便，種種「因緣、譬喻」言詞。是法皆為「一佛乘」故(種種因緣譬喻等言詞，全部都是為了「一佛乘」而方便說的)。汝何不省(悟)？

15 大師言：法達！
此是《法華經》一乘法。
向下分三(聲聞乘、緣覺乘、菩薩乘)，為「迷人」故。汝但依「一佛乘」。

『五十八』

16 大師言：法達！

心行（口誦心亦如經義之修行），轉《法華》。
不行（口誦但心不能如經義之修行），《法華》轉。

心「正」（心地覺悟正念修行），轉《法華》。
心「邪」，（被）《法華》轉。

「開佛知見」，轉《法華》。
「開眾生知見」，被《法華》轉。

17 大師言：努力依法修行，即是「轉經」（轉動法輪；轉動經輪）。

18 法達一聞，言下大悟，涕淚悲泣，白言：和尚！實未曾轉《法華》，七年被《法華》轉。以後（要）轉《法華》，念念修行「佛行」（佛陀正覺的行門）。

19 大師言：即（當下）「佛行」（佛陀正覺的行門）是佛。

20 其時聽人，無不悟者。

聽吾偈曰：

心「迷」，（被）《法華》轉。
心「悟」（心地覺悟正念修行），轉《法華》。

誦經久不明（其經義），（則）與（經）義作讎家（仇人冤家）。

「無念」（無所執著之念）；念即正。「有念」（有所執著之念）；念成邪。
「有、無」俱不計，（則能）長御（自性之）「白牛車」（喻一佛乘）。

（法）達聞偈，不覺悲泣，言下大悟，而告師曰：法達從昔已來，實未曾轉《法華》，乃被《法華》轉。

再啟曰：經云：諸大聲聞乃至菩薩，皆盡思共「度量」，不能測「佛智」。

今令凡夫但悟「自心」，便名「佛之知見」，（若）自非「上根」，未免（生）疑謗（疑惑誹謗）。

又經說三車，

「羊」(以羊挽車。比喻「聲聞」之人，修「四諦行」以求
出離三界，但欲自度，不顧他人。如「羊」之奔逸，
竟不回顧後群)、

「鹿」(以鹿挽車。比喻「緣覺」之人，修「十二因緣」以
求出離三界，略有爲他之心。如「鹿」之馳走，能
回顧後群)、

「牛車」(以牛挽車。比喻三藏教「菩薩」之人，修六度
行，但欲度人出於三界，而不欲自出。如「牛」之
荷負，安忍普運一切)」，

與「白牛(比喻一佛乘)」之車。

如何區別？願和尚再垂開示。

師曰：經意分明，汝自(與經文產生)迷背
(迷惑違背)。

諸三乘人，不能測(知)佛智者，患(病；
缺失)在「度量」也。饒伊(任憑由他)盡
思共推(共同推測)，(則與「佛之知見」)轉加懸
遠(懸絕渺遠)。

佛本為「凡夫」説(自性即具「一佛乘」)，(此
理)不為佛説。
此理若不肯信者，(竟還)從他退席。
殊不知(自己本來)坐卻「白牛車」(比喻「一佛
乘」)，更於門外覓「三車」(羊鹿牛)。

『六十』

「三車」是「假」，為「昔時」故。
「一乘」是「實」，為「今時」故。
(「羊鹿牛」三車是爲昔時眾生因迷失「實相」而施設的
權教；「大白牛車」方是佛真實説的「一乘」實相法，
是爲現今眾生修持成熟而所開顯的「實教」)

只教汝「去假歸實」，歸「實」之後，(最終連)「實」亦「無名」。

應知所有「珍財」，盡屬於汝，由汝受用。

更不作(佛陀之)「父想」，亦不作(眾生之窮)「子想」，亦無「用想」(財用寶藏之想)，是名持《法華經》。

(如此之境界即成爲)從(前)劫至(後)劫，(彷彿)手不釋卷(不曾釋放下經本)，從晝至夜，無不念時(無時不在念誦經本)也。

(法)達蒙(惠能)啟發，踴躍歡喜。以偈讚曰：

經誦「三千部」，曹溪「一句亡」。
未明「出世旨」，寧歇「累生狂」？
「羊、鹿、牛」權設，「初、中、後」善揚。
(「初善」是「羊車」所喻的「聲聞」教法，「中善」是「鹿車」所喻的「緣覺」教法，「後善」是「牛車」所喻的「菩薩」教法。如此「初、中、後」三俱善叫作「初、中、後」善揚。此「三善」敷演開後，最後還是只會歸於「一佛乘」)
誰知「火宅」內，(大徹大悟後)原是「法中王」。

師曰：汝今後才可名(眞正的)「念經僧」也。

(法)達從此領玄旨，亦不輟誦經(仍「不離」誦經之道)。

法達問惠能大師：誦《妙法蓮華經》七年，心迷不知「正法」之處，經上有疑。大師智慧廣大，願為除疑？

《楞嚴經・卷六》

(1)我(文殊菩薩)今白世尊：佛出「娑婆界」，「此方」(娑婆世界此方)真教體(真實真正教化的體系)，清淨在「音聞」(聲音聽聞的清淨法門)。欲取「三摩提」，實以「聞」中入……今此娑婆國，「聲論」(聲音的理論)得宣明(宣揚顯明)。

(2)眾生迷「本聞」(本覺的聞性)，「循聲」(依循聲塵)故流轉，阿難從(縱然)強記，不免落「邪思」，豈非隨(追隨聲音)所淪(淪溺)，「旋流」(旋返回不生不滅之真性，入於能聞之自性之流)獲無妄？……

(3)汝聞(聽聞過)微塵佛一切秘密門，「欲漏」不先除，「蓄聞」(積蓄多聞)成過誤(過失錯誤)。將聞(聞根)持(受持)「佛佛」(佛所說的佛法教理)，何不自「聞聞」(以聞根去反聞自性)？……

(4)大眾及阿難，旋汝倒聞機(倒裝→旋倒汝聞機。旋返倒迴你不生不滅的聞性根機)，

反聞(反轉「聽聞」的作用)聞自性(去「聞聽」你不生不滅之自性)，「性」(真心自性)成無上道，圓通實如是。

(只要能)離卻「邪見」，即「一大事因緣」。請從佛典來解釋此段的義理

《大寶積經・卷第四十五》

(1)復次舍利子，於當來世「正法滅」時。有諸菩薩摩訶薩「安住大乘」，修行「正勤」波羅蜜多者，於是「經典」勤加修學，發大精進，聽聞受持。書寫、讀誦，窮尋旨趣，廣為他說，敷揚開顯。

(2)爾時當有「十障礙法」，出現世間。諸有智者深當覺知，不應隨轉。但當發起「勇猛精進」受持是經。

(3)舍利子！何等名為「十種障礙」？智者覺知，不應隨轉……

(4)又舍利子！當來之世，無量眾生受諸「邪見」。於彼演說「正法」，「苾芻」信受者「少」，不懷敬重、請問經義，又不供養親近往來，亦不承事，反生凌蔑(凌辱蔑視)。

(5)於說「非法」，「苾芻」信受者「多」，得大勢力，為諸眾生所共「敬重」、請問經義。供養稱讚是「非法」者。因此緣故，復於是經，毀謗譏笑。

(6)舍利子！當爾之時，諸眾生等，於是經典不欣樂者，聞斯毀謗，倍不欣樂……是名第八障礙之法。諸有智者應當覺知，不應隨轉。

《佛藏經・卷中》

當來之世「惡魔」變身，作「沙門形」，入於僧中，種種「邪説」。令多眾生入於「邪見」，為說「邪法」。

《正法念處經・卷第二》

(1)而修行者，最初如是讚歎「正見」。不嫌、不毀。不賤、不惡。亦教他人令住「正見」，不讚「邪見」。嫌賤毀惡，常説「邪見、正見」相對二業果報，不令眾生住於「邪見」。
(2)一切世間愚癡凡夫根本「繫縛」，所謂「邪見」。
(3)一切眾生以「邪見」故，墮於地獄、餓鬼、畜生。
(4)彼善男子！捨離「邪見」，具足當得無量「善法」。

《摩訶般若波羅蜜經・卷第十六》

(1)須菩提白佛言：世尊！若菩薩摩訶薩欲成就「阿耨多羅三藐三菩提」，應云何行？
(2)佛言：應起「等心」（平等之心），於一切眾生亦「等心」（平等之心）與語，無有偏黨。於一切眾生中起「大慈心」，亦以「大慈心」與語……乃至自不行「邪見」，亦教他人不行「邪見」，讚歎「不邪見法」，歡喜讚歎「不邪見」者。
(3)如是，須菩提！菩薩摩訶薩欲成就「阿耨多羅三藐三菩提」，當如是行。

《佛藏經・卷上》

(1)<u>舍利弗</u>！我知「邪見」而不為「邪見」，能知「邪見」者，即是「正見」。
(2)<u>舍利弗</u>！「邪見」終不變作「正見」。

《中阿含經・卷第四十九》

(1)若見「邪見」是「邪見」者，是謂「正見」。
(2)若見「正見」是「正見」者，亦謂「正見」。

《優婆塞戒經・卷第三》

(1)應當勤修得「須陀洹果」至「阿羅漢果」。若能至心發「菩提心」，若教千人於佛法中生「清淨信」，若壞一人「慇重邪見」（也就是説，教化千人對修習佛法產生信心的功德，與摧壞清除一個人的深重邪見的功德是一樣的）。
(2)出家菩薩能教在家如是等事，是「師、弟子」二人，俱得無量利益。

《受十善戒經》

(1)佛告<u>舍利弗</u>：「惡口、妄語、兩舌、綺語」、讚「邪見」者，此人不為一人作賊。普為一切諸天世人作「大劫賊」。

(2)譬如群賊，威力自在，燒破「一城」，殺害一切及四天下一切人民。此人所得罪報為多少耶？

(3)舍利弗白佛言：世尊！此人所得罪，如「須彌山」，不可稱量。

(4)佛告舍利弗，此人雖復獲大罪報。不如「妄語、惡口、兩舌、綺語」、讚歎「邪見」，須臾所造，獲「大重報」。身壞命終，墮大地獄。經無量劫，受苦無窮。百千諸佛，不能得救。

(5)諸佛觀此「謗法」罪人，與十方界「地獄」俱生、「地獄」俱滅。是故智者當攝「身、口」。

《大般若波羅蜜多經・卷第五百四十四》

(1)舍利子白佛言：世尊！「毀謗法罪」與「無間業」，此二「惡行為」相似不？

(2)爾時，佛告舍利子言：勿謂此罪似(相似於)「無間業」。所以者何？

(3)「五無間業」雖感重苦，而不可比(比擬上)「毀謗正法」，謂彼聞說「甚深般若」波羅蜜多，毀謗拒逆言：『此般若波羅蜜多非真佛語，不應修學，非法、非律、非大師教。』由此因緣，其罪「極重」。

(4)舍利子！是「謗法人」，自謗「正法」，亦教「他謗」。自壞其身，亦令他壞。自飲毒藥，亦令他飲。自失「生天解脫樂果」，亦令他失。自持其「身足地獄火」，亦令他足。自不信解「甚深般若」波羅蜜多，亦教他人令不信解。迷謬顛倒，自沈苦海，亦令他溺。

(5)舍利子！我於如是「甚深般若」波羅蜜多，尚不欲令「謗正法者」聞其「名字」，況為彼宣說……

(6)舍利子！諸有毀謗「甚深般若」波羅蜜多，當知彼名「壞正法」者，墮「黑闇」類，如穢蝸螺，自污污他，如爛糞聚。諸有信用「壞法者」言，亦受如前所說「大苦」。

《佛藏經・卷中》

(1)「癡人」在大眾中說於「邪見」，自以「憶想」分別教人。此是佛法、此是聖道。如是癡人，則為誹謗「過去、未來、現在諸佛」。

(2)如是癡人！名「惡知識」，不名「善知識」。

(3)舍利弗！「怨」雖奪命，但失「一身」。如是癡人「不淨說法」，千萬億劫為諸眾生作「大衰惱」。是人癡冥，覆「佛菩提」，本心「貪著」，還復熾盛，相續不斷。

(4)以「貪著」故，往來「五道」。「無善」逕路，「生死」不斷。

(5)是故舍利弗！「不淨說法」者，得罪極多，亦為眾生作「惡知識」。亦謗過去、未來、今佛。

(6)舍利弗！置此閻浮提眾生，若人悉「奪三千大千世界眾生命」，「不淨說法」；罪多於

此。何以故？

(7)是人皆破諸佛「阿耨多羅三藐三菩提」，為助「魔事」，亦使眾生於百千萬世受諸「衰惱」。但能作「縛」，不能令「解」。當知是人於諸眾生為「惡知識」。

(8)為是「妄語」於大眾中「謗毀諸佛」，以是因緣「墮大地獄」。

(9)教多眾生以「邪見」事，是故名為「惡邪見」者。

(10)舍利弗！「我見、人見、眾生見」者，多墮「邪見」。斷滅「見」(邪見)者，多疾得道。何以故？

(11)是易「捨」故。是故當知，是人寧自以「利刀割舌」，不應眾中「不淨說法」。

《雜阿含經·卷第三十二》

(1)佛言……迦葉！譬如劫欲壞時，「真寶」未滅，有諸「相似偽寶」出於世間。「偽寶」出已，「真寶」則沒。

(2)如是！迦葉！如來「正法」欲滅之時，有「相似像法」(Saddhamma paṭirūpaka)生。「相似像法」出世間已，「正法」則滅。譬如大海中，船載多「珍寶」，則頓沈沒。如來正法則不如是，「漸漸」消滅。

(3)如來正法不為「地界」所壞，不為「水、火、風界」所壞。乃至「惡眾生」出世，樂行「諸惡」，欲行「諸惡」，成就「諸惡」。

(4)「非法」言法、「法言」非法、「非律」言律、律言「非律」，以「相似法」，句味熾燃。如來「正法」，於此則沒。

《文殊師利所說不思議佛境界經》

文殊師利菩薩言：大德！此亦如是。若說法「師」，為將護「初學」心故，隱「甚深法」而不為說，隨其意欲演「麤淺義」，能令學者出「生死」苦，至「涅槃」樂，無有是處。

於「相」離「相」，於「空」離「空」，即是不迷。若悟此法，一念「心開」，出現於世。請從佛典來解釋此段的義理

《佛說佛母出生三法藏般若波羅蜜多經·卷第十八》

(1)又，須菩提！菩薩摩訶薩雖行「空三摩地」解脫門，而於是中不證「無相」(不作我能證及我所證)、不墮「有相」。

(2)須菩提！譬如「飛鳥」，行於「虛空」而不墮地。雖行於「空」而「不依空」，亦「不住空」。

(3)菩薩摩訶薩亦復如是，雖「行空、學空、行無相、學無相、行無作、學無作」。未

　　具足佛法(在還未具足佛法，修行尚未達圓滿之境時)，終"不墮"「空、無相、無作」。

(4)<u>須菩提</u>！又如有人於「射師」所，學彼射法，學已精熟，而復巧妙。即時仰射「虛空」，初箭發已，後箭即發，箭箭相注，隨意久近，是箭「不墮」。

(5)菩薩摩訶薩亦復如是，為欲成就阿耨多羅三藐三菩提善根，得「般若」波羅蜜多力所護故。

(6)若未成就「阿耨多羅三藐三菩提」善根；終「不取證實際」。

(7)乃至「善根」成已；得圓滿阿耨多羅三藐三菩提，菩薩爾時「乃證實際」。

(8)是故，<u>須菩提</u>！菩薩摩訶薩行般若波羅蜜多時，修般若波羅蜜多時，應如是「諦觀」諸法甚深「實相」，雖復「觀」已，而「不取證」(不作我能證及我所證)。

《佛說大迦葉問大寶積正法經·卷第四》

(1)迦葉！此一沙門……唯見「性空」不得事法，亦不議論「我、人、眾生、壽者」及「補特伽羅」……

(2)達一切法「自性清淨」，「內、外」不著，無集、無散。於彼「法身如來」明了通達。

《勝天王般若波羅蜜經·卷第四》

(1)<u>舍利弗</u>！菩薩摩訶薩如是智慧，不住「有為」、不住「無為」，不住「諸陰」，不住「界、入」，不住「內、外」，不住「善法」及「不善法」，不住「世間」及「出世間」。

(2)不染、不淨，不住「有漏」、不住「無漏」，不住「過去、未來、現在」……

(3)<u>舍利弗</u>！是菩薩摩訶薩如是行般若波羅蜜，「心無所住」而能通達一切諸法，以「無礙智、無功用力」為眾生說，常在寂靜，而教化事無有休息。

《大方等大集經·卷第四十五》

彼二皆「空」，亦不可說。何以故？相「離相」故，無「增減」故。不依「此岸」及「彼岸」故。

《大般若波羅蜜多經·卷第八十一》

(1)<u>善現</u>！如來之心不住「空」解脫門，不住「無相、無願」解脫門。何以故？

(2)以「空」解脫門等(指「空、無相、無願」三門等)；「不可得」故。

《大般若波羅蜜多經·卷第五百五十》

(1)<u>善現</u>！當知如「堅翅鳥」飛騰虛空，自在翱翔，久不墮落，雖依「空」戲(遊戲)，而不住「空」，亦不為「空」之所「拘礙」(拘束障礙)，應知菩薩亦復如是。

(2)雖習「空、無相、無願」解脫門，而不住「空、無相、無願」。

《摩訶般若波羅蜜經·卷第十八》

(1)<u>須菩提</u>！譬如有翼之鳥，飛騰「虛空」而不「墮墜」，雖在「空」中，亦不住「空」。

(2)<u>須菩提</u>！菩薩摩訶薩亦如是。學「空解脫門」，學「無相、無作」解脫門，亦「不作證」(不作我能證及我所證)。以「不作證」故，不墮「聲聞、辟支佛地」。

《佛說佛母出生三法藏般若波羅蜜多經·卷第十七》

(1)佛言：<u>須菩提</u>！於汝意云何，菩薩「壞(斷滅)諸相」不？

(2)<u>須菩提</u>言：不也，世尊！菩薩「不壞諸相」。

(3)佛言：<u>須菩提</u>！云何名為菩薩摩訶薩行般若波羅蜜多時得「不壞(斷滅)諸相」？

(4)<u>須菩提</u>白佛言：世尊！若菩薩摩訶薩作如是念：「我修菩薩行而斷諸相」者。當知是菩薩未能具足「諸佛法分」。

(5)若菩薩摩訶薩有善巧方便，心不住「相」，雖了(了解通達)是諸相，菩薩「過」(超越，不著)諸相；而不取「無相」(虛無斷滅之相)，是為菩薩「不壞諸相」。

《大般若波羅蜜多經卷·第三百三十》

(1)佛告<u>善現</u>：於意云何？是菩薩摩訶薩行深般若波羅蜜多時，行「勝義諦」中「壞(斷滅)相想」不？

(2)<u>善現</u>答言：不也！世尊！不也！善逝！

(3)佛言：<u>善現</u>！是菩薩摩訶薩行深般若波羅蜜多時，云何「不壞相」亦「不懷相想」？

(4)<u>善現</u>答言：是菩薩摩訶薩行深般若波羅蜜多時，不作是念：「我當『壞相』及『壞相想』」。亦不作是念：「我當『壞無相』及『壞無相想』。」於一切種「無分別」故。

(5)世尊！是菩薩摩訶薩行深般若波羅蜜多，雖能如是「離諸分別」，而「佛十力、四無所畏、四無礙解、大慈、大悲、大喜、大捨、十八佛不共法」等，無量勝功德「未圓滿」故，未證「無上正等菩提」。

(6)世尊！是菩薩摩訶薩成就微妙「善巧方便」，由此「善巧方便力」故，於一切法「不取、不壞(壞滅、斷滅)」。何以故？

(7)世尊！是菩薩摩訶薩知一切法「自相空」故。

(8)世尊！是菩薩摩訶薩住一切法「自相空」中，為度諸有情入「三三摩地」(指三種三昧，又稱「三三昧、三等持、三定」。據《增一阿含經·卷十六等》之說，即「空、無相、無願」三昧)，大悲願力所牽逼故，用此「三定」成熟有情。

《大般若波羅蜜多經·卷第五百五十》

(1)佛告<u>善現</u>：於意云何？若菩薩摩訶薩行深般若波羅蜜多時，於「勝義諦」為「取(取

(執)相」不？

(2)**善現對日**：不也！世尊！

(3)**佛告善現**：於意云何？若菩薩摩訶薩行深般若波羅蜜多時，於「勝義諦」，雖「不取（此指斷滅式的不取)相」而「行相」不？

(4)**善現對日**：不也！世尊！

(5)**佛告善現**：於意云何？是菩薩摩訶薩於「勝義諦」為「壞(壞滅、斷滅)相」不？

(6)**善現對日**：不也！世尊！

(7)**佛告善現**：於意云何？是菩薩摩訶薩於「勝義諦」為「遣(遣除)相」不？

(8)**善現對日**：不也！世尊！

(9)**佛告善現**：是菩薩摩訶薩行深般若波羅蜜多時，於「勝義諦」若「不壞相」亦「不遣相」，云何能"斷""取相之想"？

(10)**善現答言**：是菩薩摩訶薩行深般若波羅蜜多時，不作是念：「我今『壞相』，我今『遣相』，(我今)『斷取相想』，亦不修學『斷(斷滅)相想道』。」

(11)若菩薩摩訶薩精勤修學菩薩行時「修斷(斷滅)想道」，爾時一切佛法「未滿」(如果修行是採用「斷滅、壞滅想道」的方式，這樣是不能達到佛法圓滿之境的)，應墮「聲聞」或「獨覺地」。

(12)世尊！是菩薩摩訶薩成就「最勝方便善巧」，雖於「諸相」及「取相想」；深知「過失」，而「不壞、斷」；速證「無相」(指菩薩深知「諸相」與「取相想」等種種「過失」，但亦「不斷、不壞」諸相。因為只需修習「若見諸相非相，即見如來」。故不需採取「斷相」或「滅相」的方式來證得「無相」法)。何以故？一切佛法「未圓滿」故(菩薩道修行的方式，只要尚未到達圓滿之境，皆以「若見諸相非相，即見如來」為修行方式，並不是採「壞相、斷相」的方式修行)。

(13)**佛告善現**：如是！如是！如汝所說。

世人心邪，自開「眾生知見」。請從佛典來解釋此段的義理

《楞嚴經・卷二》

一切眾生從無始來，迷己為「物」，失於「本心」(本元真心)，為「物」所轉，故於是中觀大觀小。若能轉物，則同如來。

《大方廣圓覺修多羅了義經》

善男子！虛妄浮心，多諸「巧見」，不能成就「圓覺」方便。

世人心正，自開「佛知見」。請從佛典來解釋此段的義理

《妙法蓮華經・卷第四》

(1)若以大地，置足甲上，昇於梵天，亦未為難。佛滅度後，於惡世中，暫讀此經，
　　是則為難。

(2)假使劫燒，擔負乾草，入中不燒，亦未為難。我滅度後，若持此經，為一人說，
　　是則為難。

(3)若持八萬，四千法藏，十二部經，為人演說，令諸聽者，得六神通，雖能如是，
　　亦未為難。

(4)於我滅後，聽受此經，問其義趣，是則為難。

《妙法蓮華經・卷第一》

(1)諸佛世尊唯以「一大事因緣」，故出現於世。

(2)舍利弗！云何名諸佛世尊唯以「一大事因緣」，故出現於世？

(3)諸佛世尊，欲令眾生「開佛知見」，使得清淨故，出現於世。
　　欲示眾生「佛之知見」故，出現於世。
　　欲令眾生「悟佛知見」故，出現於世。
　　欲令眾生「入佛知見道」故，出現於世。

(4)舍利弗！是為諸佛以一大事因緣故出現於世。

佛以「一大事因緣」出現於世，欲令眾生「開、示、悟、入」佛之知見

西晉・竺法護譯《正法華經》	後秦・鳩摩羅什譯《妙法蓮華經》	隋・闍那崛多、達磨笈多共譯《添品妙法蓮華經》
壹如來云何說此法乎？譬靈瑞華，時時可見，佛歎斯法，久久希有。爾等當信如來誠諦所說深經，誼（同「義」）甚微妙，言輒無虛。	壹佛告舍利弗：如是妙法，諸佛如來「時」（時機與緣熟）乃說之，如「優曇鉢華」，時「一現」耳。舍利弗！汝等當信佛之所說，言不虛妄。	壹佛告舍利弗：如是妙法，諸佛如來「時」（時機與緣熟）乃說之，如「優曇鉢華」，時一現耳。舍利弗！汝等當信佛之所說，言不虛妄。
貳若干音聲現諸章句，各各殊別，人所不念，本所未思，如來悉知。	貳舍利弗！諸佛「隨宜」（隨眾機宜）說法，意趣難解。所以者何？我以無數方便，種種「因緣、譬喻、言辭」演說諸法。	貳舍利弗！諸佛「隨宜」（隨眾機宜）說法，意趣難解。所以者何？我以無數方便，種種「因緣、譬喻、言辭」演說諸法。

	是法非「思量、分別」之所能解（法性空寂，離諸名相，非「心」所思，非「口」分別也），唯有諸佛乃能知之。	是法非「思量、分別」之所能解（法性空寂，離諸名相，非「心」所思，非「口」分別也），惟有諸佛乃能知之。
㊅所以者何？ 正覺（如來）所興（起），世（所）嗟歎（讚歎）「一事」，為大「示現」，皆出「一原」（一個本原）。	㊅所以者何？ 諸佛世尊唯以「一大事因緣」故（而）出現於世。 舍利弗！云何名諸佛世尊唯以「一大事因緣」故（而）出現於世？	㊅所以者何？ 諸佛世尊惟以「一大事因緣」故（而）出現於世。 舍利弗！云何名諸佛世尊惟以「一大事因緣」故（而）出現於世？
㊉ ❶以用「眾生」望想（願望期想）「果應（如來之果報相應）」，（為）勸助（勸發獎助）此類（眾生），（如來）出現于世。 ❷「黎元」（眾生）望想「希求佛慧」，（如來）出現于世。 ❸「蒸庶」（眾生）望想「如來寶決」（如來寶慧的訣竅。決→撥開；剖開。通「抉」→揭發。通「訣」→訣竅），（如來）出現于世。 ❹以如來慧，覺（覺悟）「群生」想，（如來）出現于世。 ❺示寤（使覺悟）「民庶」（眾生）「八正由路」（八正道），使除（給予；賜予）望想（願望期想），（如來）出現于世。	㊉諸佛世尊， ❶欲令眾生「開佛知見」，使得清淨故，出現於世。 ❷欲示眾生「佛之知見」故，出現於世。（敦煌本作「佛知見」） ❸欲令眾生「悟佛知見」故，出現於世。 ❹欲令眾生「（證）入佛知見」道故，出現於世。 舍利弗！是為諸佛以「一大事因緣」故（而）出現於世。	㊉諸佛世尊， ❶欲令眾生「開佛知見」使得清淨故，出現於世。 ❷欲示眾生「佛知見」故，出現於世。 ❸欲令眾生「悟佛知見」故，出現於世。 ❹欲令眾生「（證）入佛知見」道故，出現於世。 舍利弗！是為諸佛以「一大事因緣」故（而）出現於世。

寶決→辛嶋靜志《正法華經詞典》頁 12 解作：a precious judgement。指「珍貴的判斷」。

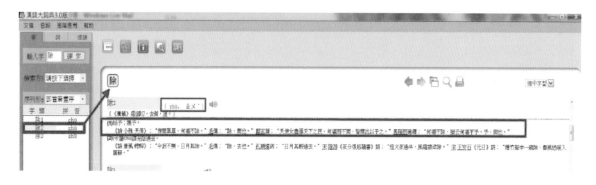

如來但以「一佛乘」為眾生說法，十方三世諸佛亦如是。佛以種種「因緣、譬喻言辭」，善權方便而為眾說法

西晉・竺法護譯《正法華經》	後秦・鳩摩羅什譯《妙法蓮華經》	隋・闍那崛多、達磨笈多共譯《添品妙法蓮華經》
壹以故當知，正覺所興，悉為一誼(同「義」)，以「無極(pāramitā 波羅蜜)慧」而造大業，猶一「空慧」，以無蓋(無有遮蓋；無極)哀，興出于世，如佛所行，所化利誼(同「義」)，亦復如是。而為說法，教諸菩薩，現「真諦慧」，以佛聖明，而分別之。	壹佛告舍利弗：諸佛如來但教化菩薩，諸有所作，常為一事，唯以「佛之知見」示悟(開示並令覺悟)眾生。	壹佛告舍利弗：諸佛如來但教化菩薩，諸有所作，常為一事，惟以「佛之知見」示悟(開示並令覺悟)眾生。
貳轉使增進，唯「大覺乘」，無有「二乘」(小乘、大乘)，況「三乘」(聲聞乘、緣覺乘、菩薩乘)乎！	貳舍利弗！如來但以「一佛乘」故，為眾生說法，無有餘乘，若二(小乘、大乘)、若三(聲聞乘、緣覺乘、菩薩乘)。	貳舍利弗！如來但以「一佛乘」故，為眾生說法，無有餘乘，若二(小乘、大乘)、若三(聲聞乘、緣覺乘、菩薩乘)。
參肆伍陸十方世界諸佛世尊，「去、來、現在」亦復如是。以「權方便」若干種教，各各異音，開化	參舍利弗！一切十方諸佛，法亦如是。肆舍利弗！過去諸佛，	參舍利弗！一切十方諸佛，法亦如是。肆舍利弗！過去諸佛，

（開示教化）一切，而為說法，皆興大乘，佛「正覺乘」，諸「通慧」（一切種智）乘。又舍利弗！斯眾生等悉更供養諸「過去佛」，亦曾聞法，隨其本行，獲示現誼（同「義」）。

以無量無數「方便」，種種「因緣、譬喻言辭」而為眾生演說諸法，是法皆為「一佛乘」故。是諸眾生，從諸佛聞法，究竟皆得「一切種智」。

㈤舍利弗！未來諸佛當出於世，亦以無量無數「方便」，種種「因緣、譬喻言辭」而為眾生演說諸法，是法皆為「一佛乘」故。是諸眾生，從佛聞法，究竟皆得「一切種智」。

㈥舍利弗！現在十方無量百千萬億佛土中，諸佛世尊，多所饒益，安樂眾生，是諸佛亦以無量無數「方便」，種種「因緣、譬喻言辭」而為眾生演說諸法，是法皆為「一佛乘」故。是諸眾生，從佛聞法，究竟皆得「一切種智」。

㈦舍利弗！是諸佛但教化菩薩，
❶欲以「佛之知見」（開）示眾生故。
❷欲以「佛之知見」（覺）悟眾生故。
❸欲令眾生（證）入「佛之知見」故。

以無量無數「方便」，種種「因緣、譬喻言辭」而為眾生演說諸法，是法皆為「一佛乘」故。是諸眾生，從諸佛聞法，究竟皆得「一切種智」。

㈤舍利弗！未來諸佛當出於世，亦以無量無數「方便」，種種「因緣、譬喻言辭」而為眾生演說諸法，是法皆為「一佛乘」故。是諸眾生，從佛聞法，究竟皆得「一切種智」。

㈥舍利弗！現在十方無量百千萬億佛土中，諸佛世尊，多所饒益，安樂眾生，是諸佛亦以無量無數「方便」，種種「因緣、譬喻言辭」而為眾生演說諸法，是法皆為「一佛乘」故。是諸眾生，從佛聞法，究竟皆得「一切種智」。

㈦舍利弗！是諸佛但教化菩薩，
❶欲以「佛之知見」（開）示眾生故。
❷欲以「佛之知見」（覺）悟眾生故。
❸欲令眾生（證）入「佛知見道」故。

⑻吾見群生，「本行」不同，佛觀其心，所樂若干，善權方便，造立報應，而講法誼(同「義」)。	⑻舍利弗！我今亦復如是，知諸眾生有種種欲，深心所著，隨其本性，以種種「因緣、譬喻言辭」，方便力而為說法。	⑻舍利弗！我今亦復如是，知諸眾生有種種欲，深心所著，隨其本性，以種種「因緣、譬喻言辭」，方便力故而為說法。
⑼皆為平等「正覺大乘」，至諸「通慧」(一切種智)，道德一定，無有二也。	⑼舍利弗！如此皆為得「一佛乘、一切種智」故。	⑼舍利弗！如此皆為得「一佛乘、一切種智」故。
⑽十方世界，(平)等無「差特」(差異殊特)，安得「三乘」(聲聞乘、緣覺乘、菩薩乘)？	⑽舍利弗！十方世界中，尚無「二乘」(小乘、大乘)，何況有三(聲聞乘、緣覺乘、菩薩乘)？	⑽舍利弗！十方世界中，尚無「二乘」(小乘、大乘)，何況有三(聲聞乘、緣覺乘、菩薩乘)？

《佛藏經‧卷中》

(1)舍利弗！若人但貴「持戒、多聞、禪定」，當知是人(仍)不能(算是真正的)「淨行」沙門諸法，我則不說此人名為(真正的)「沙門」婆羅門。

(2)舍利弗！若人於一切法「無我」，如實知見「無我」。一切法本來「無所有」；空。能如實知「無所有」；空。是則不以「持戒」為上、「多聞」為上、「禪定」為上。何以故？

(3)舍利弗！諸法實相「無生無起」，於中無法可為「上」者。

(4)舍利弗！是諸法「如實」中，(實)無「持戒」者，(亦)無「破戒」者。何況「貪著」而以為「上」！

(5)舍利弗！是名諸佛阿耨多羅三藐三菩提，謂一切法「無相」自相空，無我、無人……

(6)舍利弗！諸佛「阿耨多羅三藐三菩提」唯是「一」義，所謂「離」也。何等為「離」？離「諸欲、諸見」。「欲」者即是「無明」，「見」者即是「憶念」。何以故？

(7)一切諸法「憶念」為主，一切諸法「憶念」為主，所有「念想」，即為是「見」，「見」即是「邪」。

(8)舍利弗！(若於)「善法」中見，我亦說之名為「邪見」。何以故？

(9)舍利弗！「離欲寂滅」中無「法」、無「非法」、無善、無惡，是事皆空，遠離「諸結」一切「憶念」，是故名「離」。

(10)舍利弗！無上道中「諸欲」永息。何等諸欲？謂「邪、不善念、若我、若我所、作相、事相」。是名阿耨多羅三藐三菩提中「諸欲」永息。

《如意寶珠轉輪祕密現身成佛金輪咒王經》
唯願「大日遍照尊」，開示悟入「般若法」。

《父子合集經‧卷第九》
若人了達此「法性」，入「佛知見」離「戲論」。彼當取證大功德，往趣菩提場不遠。

第四十三節　見聞讀誦是小乘。悟法解義是中乘。依法修行是大乘。

離法相、無所得是最上乘

《敦博本》與《敦煌本》對校版原文	《宗寶本》原文
1 時有一僧名<u>智常</u>，來漕溪山，禮拜（惠能）和尚，問「四乘」（聲聞、緣覺、菩薩乘、最上乘）法義。	『六十二』 僧<u>智常</u>，<u>信州</u>（今江西省 上饒縣）<u>貴谿</u>人。髫_{ㄊㄧㄠˊ}年（幼年）出家，志求「見性」，一日參禮（惠能）。 （惠能）師問（智常）曰：汝從何來？欲求何事？ （智常）曰：學人近往<u>洪州</u>（今江西省 南昌縣）<u>白峰山</u>禮<u>大通</u>和尚，蒙（大通）示「見性成佛」之義。 未決狐疑，遠來投禮，伏望（惠能）和尚慈悲指示。 （惠能）師曰：彼（大通）有何言句，汝試舉看？ 曰：智常到彼，凡經三月，未蒙示誨（開示教誨）。為法切（求法心切）故，一夕獨入（大通）丈室（方丈之室），請問（大通）如何是某甲「本心本性」？ <u>大通</u>乃曰：汝見「虛空」否？ （智常）對曰：見。 （大通）彼曰：汝見虛空有「相貌」否？

_(智常)對曰：虛空「無形」，有何相貌？

_(大通)彼曰：汝之本性，猶如「虛空」。

了無一物「可見」，是名「正見」。
無一物「可知」，是名「真知」。

無有「青黃長短」，但見本源「清淨」，
覺體圓明，即名「見性成佛」，亦名「如
來知見」。

學人_(智常)雖聞此說，猶未決了，乞_(惠能)和尚開示。

_(惠能)師曰：彼_(大通)師所說，猶存「見
知」_(有「能所」及「有無」知見)，故令汝未了。

吾今示汝一偈：
「不見」一法_(但心卻)存「無見」_(斷滅之無)，
大似「浮雲」遮日面。
「不知」一法_(但心卻)守「空知」_(空無之知)，
還如「太虛」生閃電。

此之「知見」瞥然興，錯認何曾解方便？
汝當一念自知「非」，自己「靈光」常顯現。

(智)常聞偈已，心意豁然(開豁了然)，乃
述偈曰：

無端起「知見」_(有「能所」及「有無」知見)，
「著相」求菩提。
_(於妄)情_(中)存「一念悟」_(指仍存「有無」與「能所」對立的一念之悟)，

	寧越(寧能超越)「昔時迷」。 自性覺(本覺)源(萬法本源)體， 隨「照」枉「遷流」(輪迴)。 不入祖師室， 茫然趣「兩頭」(有「能所」及「有無」知見)。
2智常問(惠能)和尚曰：佛説「三乘」(聲聞、緣覺、菩薩乘)，又言「最上乘」，弟子不解，望為教示。	智常一日問(惠能)師曰：佛説「三乘法」，又言「最上乘」，弟子未解，願為教授。
3惠能大師曰：汝「自身心見」，莫著「外法相」。原無「四乘」法，人「心量」四等(眾生的心量有四種根器)，(故)法有「四乘」。	(惠能)師曰：汝觀自「本心」，莫著「外法相」。法(原)無「四乘」，(是)「人心」自有等差。
「見聞讀誦」(眼見耳聞與讀誦經文)是小乘。 「悟法解義」(覺悟佛法與理解其義)是中乘。 「依法修行」(依法起修與解行合一)是大乘。	「見聞轉誦」(眼見耳聞與讀誦經文)是小乘。 「悟法解義」(覺悟佛法與理解其義)是中乘。 「依法修行」(依法起修與解行合一)是大乘。
萬法盡通，萬行俱備，一切「不離」(不離真心自性)。 但「離法相」(不即、不著萬法諸行)，作「無所得」，(即)是「最上乘」。	萬法盡通，萬法俱備，一切「不染」。 離諸法相，一「無所得」，(即)名「最上乘」。
4「最上乘」是最上「行」(運載而行)義，不在「口諍」(口頭諍訟與戲論辯解)。	「乘」是「行」(運載而行)義，不在「口爭」(口頭諍訟與戲論辯解)。
汝須「自修」，莫問吾也。	汝須「自修」，莫問吾也。 一切時中，自性(皆)「自如」(自然之如如)。
	(智)常禮謝，執侍(執行諸事之侍者)，終師之世(一直到六祖辭世為止)。

《宗寶本壇經》上說「不見一法存無見，不知一法守空知」。請從佛典來解釋此段的義理

《佛說法集經・卷第一》

(1)善男子！能說「空」者，不知一法「增」，不知一法「減」。不見一法「增」，不見一法「減」。

(2)若於諸法見「增、減」者，如是菩薩則不知「空」，不見於「空」。

(3)若能知「空」見「空」，即於諸法「不見」增減，是名「不增、不減」，能說「空」者⋯⋯

(4)善男子！能說「空」者，不見一法「生」，不見一法「滅」，是名聞說一切「有為諸行」自性寂滅，其心安忍(安心忍辱)「能說空者」。

《佛說法集經・卷第三》

(1)善男子！何者是菩薩摩訶薩「禪定」修行力？

(2)善男子！菩薩不見一法而「非寂靜」，見一切法「自性寂靜」，滅一切諸覺，遠離「心、意、意識」。不生不滅、不動不亂⋯⋯是名菩薩摩訶薩「禪定」修行力。

(3)善男子！何者是菩薩摩訶薩「般若」修行力？

(4)善男子！菩薩不見一法「離因緣集」，不見一法離於「空、無相、無作」解脫，不見一法離「虛空解脫」，而能修習助「菩提法」精進不息，亦化眾生而不休息，是名菩薩摩訶薩「般若」修行力。

《佛說法集經・卷第六》

(1)世尊！菩薩云何名為「常在三昧」？

(2)佛言：天子！若菩薩心常不求一切諸事，不見一法「可取」，不見一法「可捨」，是菩薩隨所見法，悉知「空寂」，無有真實。

(3)天子！菩薩如是，名為「常在三昧」。

《入楞伽經・卷第八》

(1)菩薩如實觀察「自心分別之相」，不見「分別」，不墮「二邊」，依如實修行轉身。

(2)不見一法「生」，不見一法「滅」，「自身內證」聖行修行，是名菩薩般若波羅蜜。

惠能大師討論「小乘、中乘、大乘、最上乘」四乘法的義理。請從佛典來解釋「最上乘」或「佛乘」的道理

《文殊師利所說摩訶般若波羅蜜經・卷上》

(1)<u>文殊師利</u>白佛言：世尊！我今更說般若波羅蜜義。

(2)佛言：便說！

(3)世尊！修般若波羅蜜時，不見法是「應住」、是「不應住」，亦不見境界可「取、捨」相……

(4)佛告<u>文殊師利</u>：汝已供養幾所諸佛？

(5)<u>文殊師利</u>言：我及諸佛「如幻化相」，不見「供養」及與「受者」。

(6)佛告<u>文殊師利</u>：汝今可「不住佛乘」耶？

(7)<u>文殊師利</u>言：如我思惟「不見一法」，云何當得「住於佛乘」？

(8)佛言：<u>文殊師利</u>！汝不得「佛乘」乎？

(9)<u>文殊師利</u>言：如「佛乘」者，但有名字，非「可得」亦「不可見」。我云何得？

《大寶積經・卷第一百一十五》

(1)佛告<u>文殊師利</u>：汝今可「不住佛乘」耶？

(2)<u>文殊師利</u>言：如我思惟「不見一法」，云何當得「住於佛乘」？

(3)佛言：<u>文殊師利</u>！汝不得「佛乘」乎？

(4)<u>文殊師利</u>言：如「佛乘」者，但有「名字」，非「可得」亦「不可見」。我云何得？

《楞嚴經・卷五》

(1)是故汝今，「知見」_(喻真知真見之性，可暫喻爲「心中月」)立「知」_(空有二知，可暫喻爲「天上月」及「水中月」)，即「無明」本。

(2)「知見」_(喻真知真見之性)無「見」_(空有二見，可暫喻爲「天上月」及「水中月」)，斯即「涅槃」。

《楞伽阿跋多羅寶經・卷第二》

(1)<u>大慧</u>！云何「一乘相」？

(2)謂：「得」_(證得)一乘道覺，我說「一乘」。

(3)云何「得」_(證得)一乘道覺？

(4)謂：_(遠離)「攝_(能取)、所攝_(所取)」妄想。「如實處」_(遠離二取妄想分別而能「如實而住」)，不生妄想，是名「一乘覺」。

(5)<u>大慧</u>！「一乘覺」者。非餘「外道、聲聞、緣覺、梵天王」等之所能得_(能得知、能得證)。唯除「如來」_(只有佛陀一人能證此「一乘覺」)，以是故說名「一乘」。

(6)<u>大慧</u>白佛言：世尊！何故說「三乘」？而不說「一乘」？

(7)佛告<u>大慧</u>！「不自般涅槃法」故_(指「聲聞、緣覺」不能「自知證於涅槃」)。不說一切聲聞、緣覺_(不對一切的聲聞緣覺而說)「一乘」。

(8)以一切「聲聞、緣覺」，如來調伏，授「寂靜方便」而得解脱，「非自己力」。是故不説「一乘」。(指二乘者，乃依如來所授的「寂靜方便」之「調教」，而得入於解脱，非依「自證」之力而得解脱)

(9)復次大慧！「煩惱障、業習氣」不斷故，不説一切聲聞、緣覺「一乘」。不覺「法無我」、不離「分段死」(指二乘者，未摧壞「業習氣」與「智障」。故不能現證「法無我」，未入「不可思議變異生死」之境)。故説「三乘」。(是故我對「二乘」者，只説「三乘」法，而不説「一乘」法)

《楞伽阿跋多羅寶經·卷第四》

(1)如醫療眾病，無有若干論，以病差別故，為設種種治。

(2)我為彼眾生，破壞諸煩惱，知其根「優劣」，為彼説度門。

(3)非「煩惱根」異，而有種種法。唯説「一乘法」，是則為「大乘」。

《大乘入楞伽經·卷第四》

(1)爾時大慧菩薩摩訶薩復白佛言：世尊！願為我説「諸佛體性」。

(2)佛言：大慧！

❶覺「二無我」(人無我、法無我)。

❷除「二種障」(煩惱障、所知障)。

❸離「二種死」(分段生死、變異生死)。

❹斷「二煩惱」(惛沈、睡眠)，是「佛體性」。

(3)大慧！「聲聞、緣覺」得此法已，亦名為「佛」。我以是義，但説「一乘」。

《大乘入楞伽經·卷第二》

(1)我所立三乘，「一乘」及「非乘」，為「愚夫少智」，樂「寂」諸聖説。

(2)第一義法門，遠離於「二取」，住於「無境界」。何建立三乘？

「最上乘」是最上「行」義，不在「口諍」。汝須自修，莫問吾也。請從佛典來解釋此段的義理

《文殊師利所説摩訶般若波羅蜜經·卷下》

(1)欲得於一切眾生不起「諍論」，亦復不取「無諍論相」，當學「般若」波羅蜜。

(2)欲知「是處、非處、十力、無畏、住佛智慧、得無礙辯」，當學「般若」波羅蜜。

《佛説轉女身經》

(1)爾時世尊告此女言：若菩薩成就四法，能攝菩提亦令增長。何等為四？

(2)一者、淨心。二者、深心。三者、方便。四者、不捨菩提之心。是名為四……
(3)復有四法：

　　一者、深觀菩提。

　　二者、不謗正法。

　　三者、身在僧數，終不退轉。

　　四者、於法不起「諍訟」，是名為四。

《思益梵天所問經‧卷第一》

(1)凡夫不知法，於世起「諍訟」，是「實」、是「不實」，住是二相中。我常不與世；起於「諍訟事」。

(2)世間之實相，悉已了知故。諸佛所說法，皆悉「無諍訟」。知世平等故，非「實」、非「虛妄」。

(3)若佛法決定有「實」、有「虛妄」，是即為「貪著」，與「外道」無異。

(4)而今「實義」中，無「實」、無「虛妄」。是故我常說，「出、世法」無二。

(5)若人知「世間」如是之「實性」，於「實」、於「虛妄」，不取此惡見。

(6)如是知世間，清淨如虛空，是大名稱人，照世間如日。

《勝思惟梵天所問經‧卷第五》

(1)普光如來在虛空中作如是言：善男子！汝等勿於「文字言說」而起「諍訟」。

(2)凡諸「言說」皆「空」；如「響」，如所問答，亦復如是……

(3)善男子！諸佛之法是「寂滅相」第一之義，此中寂靜，畢竟寂靜。無字無義，不可言說。

(4)所有「言說」皆是「無義」，是故汝等諸善男子當依於「義」莫依「名字」。

《大法炬陀羅尼經‧卷第六》

(1)專求智辯，勿起「諍論」，何以故？知法之人「無諍論」故。

(2)若諸「法師」當說法時，眾中有人起「諍論」者，法師應教念彼「智力陀羅尼句」，滅彼魔事。

《大方等大集經‧卷第十七》

(1)實際中「無一、無多」故。「實際」與「平等」等。無來無去，無盡無滅。實際究竟空故，是故言一切法是「無盡門、無盡際」……一切法亦復如是……

(2)「不識、不解」一切法故，則「著於文字」。於諸法中妄生「諍競」，生「諍競」者，於佛法中則為「可愍」。所以然者？

(3)如來説言：沙門之法「不應諍競」。

第四十四節 「見、不見」是兩邊，「痛、不痛」是生滅。迷與悟，本不相代

《敦博本》與《敦煌本》對校版原文	《宗寶本》原文
	『七十七』
1 又有一僧名<u>神會</u>(684~758)，<u>襄陽</u>(今湖北省 襄陽縣)人也，至<u>漕溪</u>山禮拜(惠能)。	有一童子，名<u>神會</u>，<u>襄陽 高</u>氏子。年十三，自<u>玉泉</u>來參禮(惠能)。
	(惠能)師曰：知識(神會)遠來艱辛，還將得「本」來否？若有「本」，則合(應該)識「主」(心性之主人公)，試説看。
	(神)會曰：以「無住」為本，「見」即是「主」(心性之主人公)。
	(惠能)師曰：這沙彌爭合取次語？ (「爭」即「怎」，「合」即「應該、可以」，「取次」即「草率、輕易、隨便」→這沙彌怎麼可以這樣的輕率講話呢？)
2 (神會)問言：(惠能)和尚坐禪，「見」？亦「不見」？	(神)會乃問曰：(惠能)和尚坐禪，還「見」？不見？
3 (惠能)大師起，把打神會三下，卻問神會：吾打汝，「痛」？「不痛」？	(惠能)師以拄杖打三下，云：吾打汝「痛」？「不痛」？
4 神會答言：亦「痛」亦「不痛」。	(神會)對曰：亦「痛」亦「不痛」。
5 六祖言曰：吾亦「見」亦「不見」。	(惠能)師曰：吾亦「見」亦「不見」。
6 神會又問：(惠能)大師何以亦「見」亦「不見」？	神會問：如何是亦「見」亦「不見」？
7 (惠能)大師言：吾亦「見」，常「見自過	(惠能)師云：吾之所「見」，常「見自心

患」，故云「亦見」。	過愆（ㄑㄧㄢ）」。
8 亦「不見」者，不見他人過罪。 所以亦「見」亦「不見」也。	「不見」他人是非好（ㄏㄠˇ）惡（ㄨˋ）。 是以亦「見」亦「不見」。
汝亦「痛」亦「不痛」，如何？	汝言：亦「痛」亦「不痛」如何？
9 神會答曰：若「不痛」，即同無情木石。 　　　若「痛」，即同凡夫，即起於「恨」。	（惠能說：）汝若「不痛」，同其木石。 若「痛」，則同凡夫，即起「恚恨」。
10 (惠能)大師言：神會！向前！	（惠能說：）汝向前！
「見、不見」是兩邊。 「痛、不痛」是生滅。	「見、不見」是二邊。 「痛、不痛」是生滅。
汝自性且「不見」，敢來(作)弄人？	汝自性且「不見」，敢爾(作)弄人！
11 神會禮拜，再禮拜，更不言。	神會禮拜悔謝。
12 (惠能)大師言：汝「心迷」不見，(應) 問善知識覓路。汝(若能)「心悟」自 見，(則應)依法修行。	(惠能)師又曰：汝若「心迷」不見，(應) 問善知識覓路。汝若(能)「心悟」，即自 「見性」，(應)依法修行。
汝自不見「自心」，卻來問惠能「見」 否？	汝「自迷」(而)不見「自心」，卻來問吾 「見」與「不見」。
13 吾不(假若我不能)「自知」(自我證知，其實 也沒人能替代我去見性)， 代(也沒人去替代)汝迷(你的迷惑)， 不得(甚至替代你而從迷轉悟，那是不可得、不可能的)。	吾見「自知」(我的明心見性是由「自我證知」來的)， 豈代汝「迷」？(我不可能去替代你的迷惑的)
14 汝若「自見」(你如果能自我明心見性的話)， 代得吾迷(也不能因此而去替代我的迷惑)。	汝若「自見」(你如果能自我明心見性的話)， 亦不代「吾迷」(也不能因此而去替代了我的迷惑)。

*15*何不自修，問吾「見」否？	何不「自知」(自我證知)、自見(自我明心見性)，乃問吾「見」與「不見」？
*16*神會作禮，便為門人，不離<u>漕溪</u>山中，常在(惠能)左右。	<u>神會</u>再禮百餘拜，求謝過愆。服勤 (服持職事及諸勤勞)給 侍(奉侍)，不離(惠能)左右。 一日，(惠能)師告眾曰： 吾有一物，(此即)無頭無尾，無名無字，無背無面，諸人還識否？ <u>神會</u>出曰：(此)是諸佛之本源，(亦是)<u>神會</u>之佛性。 (惠能)師曰：(方已)向汝道「無名無字」，汝(硬)便喚作「本源佛性」。汝向有把「茆」(古同「茅」，即芧草)蓋頭(你以後就算有個茅蓬蓋頭存身)，也只成箇「知解」(一般知見)宗徒。 (惠能)祖師滅後，(神)<u>會</u>入京洛(洛陽的別稱)，大宏曹溪「頓教」，著《顯宗記》，盛行於世，是為<u>荷澤禪師</u>。 (惠能)師見諸宗難問(指問難佛法一事)，咸(皆)起「惡心」。(於是)多集座下，(愍)憫而謂曰： 學道之人，一切「善念、惡念」，應當盡除(此句義同於「不思善、不思惡」句)。 「無名」可名，名於「自性」。 「無二」之性，是名「實性」。 (如《大般涅槃經》云：「若言：十善、十惡，可作、

	不可作，善道、惡道，白法、黑法。凡夫謂二；智者了達其性無二，無二之性即是實性」） 於「實性」(真如心性)上建立一切教門，(應在教法)言下便須自見(自我明心見性)。 諸人聞說，總皆作禮，請事(惠能)為師。

惠能大師說「吾常見自過患，故云見。不見他人過罪，故云不見」。請從佛典來解釋此段的義理

《大寶積經・卷第一百一十三》

(1)於他「利養」(名聞利養)中，心生「嫉妒」，(此)是沙門垢。

(2)常求「他過」(他人之過失)，(此)是沙門垢。

(3)不見「己過」(自己之過失)，(此)是沙門垢。

(4)於「解脫戒」而不堅持，(此)是沙門垢。

《央掘魔羅經・卷第二》

嗚呼世間人，不能自覺知。不自省「己過」，但見「他人惡」。

《光讚經・卷第二》

(1)佛言：舍利弗！「開士」(據《釋氏要覽・卷上》云：經中多呼菩薩為開士，前秦苻堅賜沙門有德解者，號開士。故「開士」即為「出家修道或高僧」之尊稱)大士，行「智慧」度無極，當清淨其身口意。

(2)佛告舍利弗：「開士」大士，行「六度」無極，諸根上妙，形類端正，不自(不自我)咨嗟(讚嘆)、不說他人瑕(瑕疵)，常省「己過」，不訟他闕(過失)。

《大乘理趣六波羅蜜多經・卷第五》

(1)菩薩如是處大眾中，常省「己過」，不毀他人，遠離名譽(名聞利養)。

(2)若有讚歎之者(指如果有被他人讚嘆之時)，皆(應)自思之：如是「名聞」(名聞利養)，(與)我皆無分，我今「自測」(自我反省測度)，(我具)多諸愆(罪惡)犯(過犯)。(於諸)「功德法」中，我無少分，(而)眾生(生起種種)妄見，(竟)言「我有之」(我具種種功德法)。

(3)菩薩以「大悲心」而為依止，以「淨戒」波羅蜜多而為伴侶。

《大方廣佛華嚴經・卷第二十四》

(1)時，彼大王普遍觀察，告童女言：善哉童女！汝能信知「他人功德」，甚為希有。
　　何以故？

(2)一切眾生(皆好)覆藏「己過」，揚人之「短」，稱己「有德」(有功德；有道德)，蔽(遮蔽；障蔽)他
　　(人)「善根」，不能信知他人(有)功德。

(3)童女！當知一切眾生，為諸「愚癡黑闇」(所)覆蓋，(為)煩惱(所)纏縛，不識「慚愧」，
　　不知「報恩」，無有「智慧」，其心「濁亂」。

《十住斷結經・卷第四》

行菩薩道，常省「己過」，寧(可)喪「命根」，(亦)不毀(謗)「彼、此」。

《十住斷結經・卷第五》

復有五法，菩薩當念思惟。云何為五？
　　❶自省「己過」，不見彼短。
　　❷若(有)在「惡」部(之眾生)，(皆令)使行「慈心」。
　　❸燃熾諸法(對於所有焰燃熾盛的諸法)，(應)去其「緣著」(攀緣執著)。
　　❹「道心」牢固，終不忘失。
　　❺亦使前人(眼前諸人皆能)行其「道意」。
是謂五。

《大方等大集經・卷第十七》

(1)「身端」者，為不行「三不善業」及不犯「禁戒」所攝。
(2)「心直」者，為常省「己過」，及不說「彼短」所攝。

《佛說海意菩薩所問淨印法門經・卷第十》

(1)復次海意，有二種法，於大乘中而能多作。何等為二？
(2)一者、(能)於佛法中生「淨信解」。
　　二者、不樂(於)「聲聞、緣覺」乘法……
(3)復有二法難作(修行人難以作成)：
　　一者、(需)常省「己過」(自己過失)。
　　二者、(需)不觀「他過」(他人過失)。
(4)復有二法多作(修行人應常常要求自己多作成)：

一者、自離「貢高」(自我遠離一切的貢高我慢)。

二者、不起「他謗」(不生起對他人的毀謗)。

(5)復有二法難作(修行人難以作成)：

一者、(需)觀我(而)「無我」。

二者、(需)觀眾生(而)「無眾生」。

《維摩詰所説經・卷下》

(1)彼(眾香世界)菩薩曰：(娑婆世界)菩薩成就幾法？於此(娑婆)世界，行(行持之法)無瘡疣 (瘡害減損)疣ㄡˊ (同「尤」之意➜過失歸咎)，生于「淨土」。

(2)維摩詰言：菩薩成就八法，於此世界行無瘡疣 (瘡害減損)疣ㄡˊ (同「尤」之意➜過失歸咎)，生于淨土。何等為八？

❶饒益(豐饒助益)眾生，而不望報。

❷(願)代一切眾生受諸苦惱，所作功德盡以施之。

❸等心眾生(以平等心去面對一切眾生)，謙下無礙。

❹於諸菩薩(所有一切有情眾生)，(皆)視之如佛。

❺(於)所未聞經，聞之(而)不疑。(亦)不與聲聞(聲聞小乘經教)而相違背(指不以「大小乘」而相違背，皆互重也)。

❻不嫉「彼供」(他人所獲的名利供養)，「不高」(貢高我慢)己利。

❼而於其中調伏其心，常省「己過」，不訟彼短。

❽恒以一心求諸功德。

《佛説海龍王經・卷第一》

佛言：菩薩有「四事」，棄諸惡趣。何等為四？

❶菩薩「無害心」於眾生。

❷常護「十德」。(世間之長者具有如下十德，即：①姓貴：指勳戚尊貴，即世稱閥閱之族者。②位高：指位居卿相、台輔，為百官之長者。③大富：指寶貨豐饒，所須具足者。④威猛：指威嚴厚重，為人所敬畏者。⑤智深：指智慮深遠，越格超群，所謀皆當者。⑥年耆：指年高德劭，行事儀表，眾人所尊仰者。⑦行淨：指持心律己，廉潔公正，言行一致而皆無染者。⑧禮備：指威儀和穆，為世所瞻仰效法者。⑨上歎：指才德兼備，言行足為表率，為在上者所歎服者。⑩下歸：指謙以處己，寬以御眾，為在下者所歸向者)

❸不説人短，亦不輕慢。

❹自省「己過」，不訟「彼穢」(彼人穢惡之事)。

是為四。

《佛説超日明三昧經・卷上》

(1)自省「己過」，不察彼闕(過失)。敬人「如父、如母、如子、如身」等無有異。

(2)以身敬德，敬一切人，以愛「赤子」愍一切人。仇怨親友，心無殊特。解知「身空」，眾生「無處」。

(3)吾我自然，諸法自然。道法自然，佛法自然。一切本無，無形無貌。

《寶雲經・卷第三》

(1)善男子！菩薩復有十法名「清淨心」。何等為十？

(2)體性具足，體性不動，體性質直，無虛偽相……言行相應，終不謬失。

(3)不隱「己過」，不譏他短。菩薩終不外現「軟語」而心「懷恨」……

(4)善男子！具此十事，是名「菩薩清淨心」。

《優婆塞戒經・卷第二》

(1)善男子！菩薩摩訶薩具足三事，則得名為「法財長者」。

(2)一者、心不甘樂「外道典籍」。

　二者、心不貪著「生死之樂」。

　三者、常樂供養「佛法僧寶」……

(3)復有三事。

　一者、自省「己過」(自己過失)。

　二者、善覆(應善於包容覆蓋)「他罪」(他人罪過諸事)。

　三者、樂修「慈心」。

《十住毘婆沙論・卷第十三》

若人有「三十二妙法」亦能發願，是名「真實菩薩」。何等三十二？

一：深心為一切眾生求諸安樂。

二：能入諸佛智中……

十五：常省「己過」。

十六：不譏「彼闕(過失)」。

十七：於一切見聞事中常修菩提心……

集一切善法，心無厭足，是為三十二法……菩薩成就此者，名為「真實菩薩」。

惠能大師說「見、不見是兩邊。痛、不痛是生滅」。請從佛典來解釋此段的義理

《光讚經・卷第一》

(1)復次，<u>舍利弗</u>！菩薩摩訶薩行般若波羅蜜，不自念言：於是「諸法」及與「法界」，「觀」與「不觀」、「見」與「不見」，所以者何？

(2)彼則「不見」諸法「所有」，「可持」諸法；分別觀也。行「般若」波羅蜜能如是者，乃為應行。

《大般若波羅蜜多經・卷第二百九十六》

(1)具壽善現復白佛言：世尊！菩薩摩訶薩般若波羅蜜多是大波羅蜜多，達一切法「自性空」故。雖達一切法「自性皆空」，而諸菩薩摩訶薩因此般若波羅蜜多，證得無上正等菩提，轉妙法輪度無量眾。

(2)雖證菩提而「無所證」，「證、不證法」；不可得故。

(3)雖轉法輪而「無所轉」，「轉法、還法」；不可得故。

(4)雖度有情而「無所度」，「見、不見法」；不可得故。

(5)世尊！如是大般若波羅蜜多中，「轉法輪事」畢竟「不可得」，以一切法皆「永不生」故。所以者何？

(6)非「空、無相、無願法」中，可有「能轉」及「能還事」？

(7)世尊！於此般若波羅蜜多，若能如是宣說開示、分別顯了、令易悟入，是名善淨宣說般若波羅蜜多。此中都「無說者、受者」，既「無說者」及「受者」故。

(8)諸「能證者」亦不可得，「無證者」故，亦無有「能得涅槃者」，於此般若波羅蜜多「善說法」中亦無「福田」，「施、受、施物」皆「性空」故。

《大般若波羅蜜多經・卷第五百五十九》

(1)甚深般若波羅蜜多是「大珍寶」，多諸怨賊，於一切法「無著、無取」。何以故？

(2)以一切法「都無所有、不可得」故。

(3)善現當知！甚深般若波羅蜜多，於一切法「無所得」故，非「能染污」、非「所染污」。何以故？

(4)「無法」不能染「無法」故。以「無染」故，說名「無染」波羅蜜多，由此般若波羅蜜多「無染污」故，餘一切法亦「無染污」。若於如是亦「不分別」，是行般若波羅蜜多。

(5)善現當知！甚深「般若」波羅蜜多「無分別」故，於一切法無「見、不見」，「無取、無捨」。

《楞嚴經・卷五》

(1)<u>畢陵伽婆蹉</u>(Pilinda-vatsa)即從座起，頂禮佛足而白佛言：

(2)我初發心，從佛入道，數聞如來說諸世間「不可樂事」。乞食城中，心思法門，不

覺路中毒刺傷足，舉身疼痛！

(3)我念「有知」（有一個知覺的作用），知此深痛，雖「覺」（這個第六意識知覺）覺（感覺到）痛，「覺」（本覺心性）清淨心，無「痛（能痛之覺）、痛（所痛之覺）」覺。

(4)我又思惟：如是一身寧有「雙覺」（一為「本有清淨覺性」，一為「知痛之覺」）？攝念（妄想雜念）未久，身、心忽空，三七日中諸「漏」虛盡成「阿羅漢」，得親印記，發明（發揮闡明）「無學」。

> 「吾不自知，代汝迷，不得」。請從佛典來解釋此段的義理

《法句譬喻經・卷第三》

惡自受罪，善自受福，亦各自熟，彼不「相代」。

《般泥洹經・卷上》

父作不善，子不代受。子作不善，父亦不受。善自獲福，惡自受殃。

> 《宗寶本壇經》云：惠能六祖滅度後，神會大師入洛陽，大宏曹溪「頓教」，著《顯宗記》，盛行於世，是為荷澤禪師

《釋氏稽古略》

荷澤禪師於天寶四載，入京著《顯宗記》，以訂兩宗，南（惠）能「頓宗」，北（神）秀「漸宗」也。

《全唐文・九百十六》之神會《顯宗記》云：

(1)「無念」為宗，「無住」為本，「真空」為體，「妙有」為用。

夫真如「無念」，非「想、念」而能知。

實相「無生」，豈「色、心」能見。

真如「無念」，「念者」即念真如。

實相「無生」，「生者」即生實相。

(2)「無住」而住，常住「涅槃」，無行而行，能越彼岸。

「如如」不動，動用無窮。念念「無求」，常求「無念」。

菩提「無得」，淨「五眼」而了「三身」。

(3)般若「無知」，運「六通」而弘「四智」。

是知即「定」無「定」，即「慧」無「慧」，即「行」無「行」，性等虛空，體同法界。

六度自茲圓滿，道品於是無虧，是知「我、法」體空，「有、無」雙泯。

(4)心本「無作」，道常「無念」，無念、無思，無求、無得，不彼、不此，不去、不來。

體悟「三明」，心通「八戒」，功成「十力」，富有「七珍」，入「不二門」，獲「一乘理」。

(5)妙中之妙，即「妙法身」；天中之天，乃「金剛慧」。

湛然常「寂」，應用無方；「用」而常「空」，「空」而常「用」。

「用」而「不有」，即是「真空」；「空」而「不無」，便成「妙有」。

(6)「妙有」即「摩訶般若」，「真空」即「清淨涅槃」。

「般若」是「涅槃」之因，「涅槃」是「般若」之果。

般若「無見」，能見「涅槃」。

涅槃「無生」，能生「般若」。「涅槃、般若」，名異體同。隨義立名，故云「法無定相」。

(7)「涅槃」能生「般若」，是名「真佛法身」。

「般若」能建「涅槃」，故號「如來知見」。

「知」即知心「空寂」；「見」即見性「無生」。「知、見」分明，不一不異。

(8)故能「動、寂」常妙，理事「如如」，處處能通達，即「理事無礙」。

六根「不染」，即「定慧」之功；六識「不生」，即「如如」之力。

心如「境」謝，「境」滅「心」空，「心、境」雙亡，「體、用」不異。

(9)「真如」性淨，慧鑒無窮，如水分千月，能「見聞覺知」，「見聞覺知」而常「空寂」。

「空」即「無相」，「寂」即「無生」。不被「善、惡」所拘，不被「靜、亂」所攝。

(10)不厭「生死」，不樂「涅槃」。「無」不能「無」，「有」不能「有」，行住坐臥，心不動搖。

一切時中，獲「無所得」。「三世諸佛」教旨如斯，即「菩薩慈悲」遞相傳受。

(11)自世尊滅後，西天二十八祖，共傳「無住」之心，同說「如來知見」。

至於達摩，屆此為初，遞代相承，於今不絕。所傳秘教，要藉得入。

如輪王「髻中珠」，終不妄與。福德智慧，二種莊嚴，「行、解」相應，方能建立。

(12)「衣」為「法信」，「法」是「衣宗」。唯指「衣、法」相傳，更無別法。

內傳「心印」，印契「本心」。外傳「袈裟」，將表「宗旨」。

(13)非「衣」不傳於「法」，非「法」不受於「衣」。

「衣」是「法信」之衣，「法」是「無生」之法。

「無生」即無「虛妄」，乃是「空寂之心」。知「空寂」而了「法身」，了「法身」而真「解脫」。

稱為荷澤禪師者：荷澤乃地名，以為寺號。如：

《釋氏稽古略》

荷澤，山東，東昌路，曹州也。

神會大師，與六祖問答之語，見於《景德傳燈錄》甚詳。附錄於後，以備參考。

《景德傳燈錄·卷第二十八》

師(神會禪師)於《大藏經》內有六處有疑，問於六祖(惠能)。

(1)第一問「戒定慧」曰：「戒定慧」如何所用？「戒」何物？「定」從何處修？「慧」因何處起？所見不通流。

六祖答曰：「定」則「定」其心，將「戒」(去)戒其行。(於自)性中常(生)慧照(智慧觀照)，(則能)自見自知深。

(2)第二問：本無今「有」，「有」何物？本有今「無」，「無」何物？誦經不見「有、無」義，真似「騎驢」更「覓驢」？

(惠能)答曰：前念(之)「惡業」本無(指過去心過去事不可得，本無實法)，後念(之)「善生」(則)今有。念念常行「善行」，後代「人天」不久。汝今正聽吾言：吾即「本無」(而)今「有」。

(3)第三問：將「生滅」(去)却「滅」，將「滅」(去)滅却「生」，不了「生滅」義，所見似聾盲？

(惠能)答曰：將「生滅」(去)却「滅」，(是欲)令人「不執性」。將「滅」(去)滅却「生」，(是欲)令人「心離境」。未若「離二邊」，(則)自除(自然即可除却)「生滅」病。

(4)第四問：「先頓」而後漸，「先漸」而後頓，不悟「頓、漸」人，心裏常迷悶。

(惠能)答曰：「聽法」(是)頓中漸，「悟法」(是)漸中頓，「修行」(是)頓中漸，「證果」(是)漸中頓。「頓、漸」是常因，(覺)悟中(即)不「迷悶」。

(5)第五問：先「定」(而)後「慧」？先「慧」(而)後「定」？定慧「後、初」(誰後？誰初？)，何生為正？

(惠能)答曰：常生「清淨心」，(即於)「定」中而有「慧」。(若)於境上「無心」，(即於)「慧」中而有「定」。「定、慧」(均)等無先(無先無滅)，雙修自心正。

(6)第六問：先「佛」而後「法」？先「法」而後「佛」？佛法本根源，起從何處出？

(惠能)答曰：(若)「說」即先「佛」而後「法」，(若)「聽」即先「法」而後「佛」。若論佛「法本根源」，一切(皆從)眾生「心裏」出。

《宗寶本壇經》說「學道之人，一切善念惡念，應當盡除」。請從佛典來解釋此段的義理

《菩薩瓔珞經·卷第二》(一名《現在報》)

菩薩攝「意」(攝收自己的意念妄想)，不(生)起「善、惡」識者，(即)是謂「一法清淨瓔珞」。

《佛說法華三昧經》

(1)佛語諸女，所說實至心……於是諸女說偈報白言：
(2)欲願作「沙門」，先當「報父母」……不生「善、惡」想，爾乃作沙門。

《僧伽羅剎所集經・卷中》
(1)世尊受彼信施食彼果……於是便說此偈：
(2)不擇食「好、醜」，不生「善、惡」意。彼不可沮壞，心欲味解脫。

《大方廣佛華嚴經疏・卷第六》
令觀本寂，則「癡相」本空。尚不造「善」，豈當為「惡」？

《宗鏡錄・卷第十四》
若達「真空」，尚不造「善」，豈況「惡」乎？

《宗寶本》多出來參拜六祖語錄的內容

(1)無盡藏比丘尼

《宗寶本》原文

『五十五』

【機緣品第七】

無盡藏比丘尼

(惠能)師自黃梅得法，回至韶州 曹侯村，人無知者。師(於)去(之)時，(曾)至曹侯村，住九月餘。然師自言：不經三十餘日，便至黃梅，此求道之切，豈有逗留，作「去時者」非是。

時有儒士劉志略，(受)禮遇甚厚。(劉)志略有姑為尼，名無盡藏，常誦《大涅槃經》。(惠能)師暫聽，即知妙義，遂為解說。

(無盡藏)尼乃執(《涅槃經》)卷問字，(惠能)師曰：字即不識，義即請問。

(無盡藏)尼曰：字尚不識，焉能會義？

(惠能)師曰：諸佛妙理，非關「文字」。

(無盡藏)尼驚異之，遍告里中耆德云：此是有道之士，宜請供養。

有魏武侯(曹操)玄孫曹叔良及居民，競來瞻禮。時寶林古寺自隨末兵火已廢，遂於故基重建梵宇，延(惠能)師居之，俄成寶坊 (很快的就成為一座眾所贊美的大佛寺)。

(惠能)師住九月餘日，又為「惡黨」尋逐，師乃遁於前山。被其縱火焚草木，師隱身挨入「石」中得免。石今有師「趺坐膝痕」，及「衣布之紋」，因名「避難石」。

(惠能)師憶五祖(弘忍)「懷會止藏」之囑，遂行隱於二邑焉。(於是就在懷集和四會二縣境內隱居下來)

(2)法海法師

《宗寶本》原文

『五十六』

法海法師

僧**法海**，**韶州 曲江**(於廣東省)人也。初參(惠能)祖師，問曰：即心即佛，願垂指諭。

師曰：前念「不生」即心，後念「不滅」即佛。
　　「成一切相」即心，「離一切相」即佛。

　　吾若具說，窮劫不盡。聽吾偈曰：

　　即心名「慧」，即佛乃「定」。「定、慧」等持(平等修持互證)，意中清淨。
　　悟此法門，由汝習性，用本「無生」，雙修是正。

法海言下大悟，以偈讚曰：

即心原是佛，不悟而自屈。我知「定、慧」因，雙修離諸物。

(3)**智通法師**

《宗寶本》原文

『六十一』

智通法師

僧**智通**，**壽州**（今安徽省 壽縣）**安豐人**，初看《楞伽經》約千餘遍，而不會「三身、四智」，禮（惠能）師求解其義。

師曰：
　　「三身」者：清淨法身，汝之「性」也。
　　　　　　圓滿報身，汝之「智」也。
　　　　　　千百億化身，汝之「行」也。

　　若離「本性」，別說「三身」，即名「有身無智」。
　　若悟三身「無有自性」，即名「四智菩提」。

　聽吾偈曰：

　　自性具「三身」，發明成「四智」。不離「見聞緣」，超然「登佛地」。
　　吾今為汝說，諦信永無迷。莫學馳「求者」，終日說菩提。

（智）通再啟曰：「四智」之義，可得聞乎？

師曰：既會「三身」（法身、報身、化身），便明「四智」（大圓鏡智、平等性智、妙觀察智、成所作智），何更問耶？
　　　若離「三身」，別談「四智」，此名「有智無身」。
　　　即此「有智」，還成「無智」。

　復說偈曰：

　　「大圓鏡智」（第八意識）**性清淨**，
　　「平等性智」（第七意識）**心無病**（「平等性智」乃由無「我、法」二病之心體流出）。
　　「妙觀察智」（第六意識）**見非功**（「妙觀察智」於應機接物之時能頓時觀察明了，不假功成，不涉

計度，不起分別），

「成所作智」（前五意識）同圓鏡（大圓鏡智）。

五八（果上轉。成佛後才能轉第八識，最後才轉前五識。因「第八識」與「前五識」皆屬「現量」）、
六七（因上轉。成佛前先轉第六意識，再轉第七意識）果因轉，但用名言「無實性」。
若於「轉處」（轉依之處、轉捨之處）不留情（喻「應無所住」），繁興（就算外緣繁雜多興起）
永處「那伽」定（稱「那伽定常定」或「那伽大定」，為佛之禪定）。

（智）通頓悟「性智」，遂呈偈曰：

「三身」無我體，「四智」本心明，身智融無礙，應物任隨形。
起脩皆妄動，守住匪真精，妙旨因師曉，終亡染污名。

(4)志道法師

《宗寶本》原文

『六十三』

志道法師

僧志道，廣州 南海人也。
請益曰：學人自出家，覽《涅槃經》十載有餘，未明大意，願和尚垂誨。

(惠能)師曰：汝何處未明？

(志道)曰：「諸行無常，是生滅法。生滅滅已，寂滅為樂」，於此疑惑。

(惠能)師曰：汝作麼生疑？

(志道)曰：一切眾生，皆有二身，謂「色身、法身」也。
「色身」無常，有生有滅。「法身」有常，無知無覺。

經云：「生滅滅已，寂滅為樂」者，不審何身寂滅，何身受樂？

若「色身」者，色身滅時，四大分散，全然是苦，苦不可言樂。
若「法身」寂滅，即同草木瓦石，誰當受樂？

又「法性」是生滅之體，「五蘊」是生滅之用。
一體五用，「生滅」是常。「生」則從體起用，「滅」則攝用歸體。

若聽「更生」，即有情之類，「不斷不滅」。
若不聽「更生」，則永歸「寂滅」，同於「無情」之物。

如是，則一切諸法被「涅槃」之所「禁伏」，尚不得「生」，何「樂」之有？

師曰：汝是釋子，何習外道「斷、常」邪見，而議「最上乘法」？
據汝所說，即「色身」外別有「法身」，離「生滅」求於「寂滅」。
又推涅槃「常樂」，言「有身」受用，斯乃執吝「生死」，耽著世樂。

汝今當知，佛為一切迷人，認「五蘊和合」為自體相，分別一切法為「外塵相」。

好生惡死，念念遷流，不知夢幻虛假，枉受輪迴，以「常樂」涅槃，翻為苦相，終日馳求。

佛愍此故，乃示「涅槃真樂」，剎那「無有生相」，剎那「無有滅相」，更無「生滅」可滅，是則「寂滅現前」。

當現前時，亦無「現前之量」，乃謂「常樂」。

此「樂」無有「受者」，亦無「不受者」，豈有「一體五用」之名？

何況更言「涅槃」禁伏「諸法」，令永「不生」，斯乃謗佛毀法。

聽吾偈曰：

無上大涅槃，圓明常「寂照」。
凡愚謂之「死」，外道執為「斷」。
諸求「二乘人」，目以為「無作」。
盡屬情所計，「六十二見」本。
妄立「虛假名」，何為真實義？

惟有過量人，通達「無取捨」。
以知五蘊法，及以「蘊中我」。
外現「眾色像」，一一音聲相，平等如夢幻。

不起「凡聖」見，不作「涅槃」解，「二邊（有、無）、三際（過去、現在、未來）」斷。
常應諸根用，而不起「用想」。分別一切法，不起「分別想」。
劫火燒海底，風鼓山相擊。真常「寂滅樂」，涅槃相如是！
吾今強言說，令汝捨「邪見」。汝勿隨「言解」，許汝知少分。

志道聞偈大悟，踴躍作禮而退。

(5)行思禪師

《宗寶本》原文

『六十四』

行思禪師

行思禪師，生吉州(今江西省 吉安縣)安城 劉氏。聞曹溪法席盛化，徑來參禮。

(行思)遂問曰：當何所務，即不落階級？

(惠能)師曰：汝曾作什麼來？

(行思)曰：「聖諦」亦不為。

(惠能)師曰：落何階級？

(行思)曰：「聖諦」尚不為，何「階級」之有？

(惠能)師深器之，令思(思)首眾。

一日(惠能)師謂曰：汝當分化一方，無令斷絕。

(行)思既得法，遂回吉州 青原山，弘法紹化。諡號弘濟禪師。

(6)懷讓禪師

《宗寶本》原文

『六十五』

懷讓禪師

懷讓禪師，金州(今陝西省 安康縣)杜氏子也。初謁嵩山 安國師(惠安國師)，(惠)安發之曹溪參叩(惠能)。(懷)讓至禮拜。

(惠能)師曰：甚處來？

(懷讓)曰：嵩山。

(惠能)師曰：什麼物，恁麼來？

(懷讓)曰：説似「一物即不中」。

(惠能)師曰：還可修證否？

(懷讓)曰：修證即「不無」，污染即「不得」。

師曰：只此「不污染」，諸佛之所護念。汝既如是，吾亦如是。
　　西天「般若多羅」讖：汝足下出一馬駒，踏殺天下人。應在汝心，不須速説。

(懷)讓豁然(開豁了然)契會，遂執侍(執行諸事之侍者)左右一十五載，日臻玄奧。後往南嶽，大闡禪宗。敕諡大慧禪師。

(7)永嘉 玄覺禪師

《宗寶本》原文

『六十六』

永嘉 玄覺禪師

永嘉 玄覺禪師，溫州(今浙江 永嘉縣)戴氏子。少習經論，精「天台止觀法門」，因看《維摩經》，發明心地。偶(惠能)師弟子玄策相訪，與其劇談，出言暗合諸祖。

(玄)策云：仁者得法師誰？

(玄覺)曰：我聽方等經論，各有師承。後於《維摩經》，悟佛心宗，未有證明者。

(玄)策云：威音王已前即得，威音王已後，無師自悟，盡是天然外道。

(玄覺)曰：願仁者為我證據。

(玄)策云：我言輕，曹溪有六祖大師，四方雲集，並是受法者。若去，則與偕行。

(玄)覺遂同(玄)策來參。繞(惠能)師三匝，振錫而立。

(惠能)師曰：夫沙門者，具三千威儀，八萬細行。大德自何方而來，生「大我慢」？

(玄)覺曰：生死事大，無常迅速。

(惠能)師曰：何不體取「無生」，了無速乎？

(玄覺)曰：體即「無生」，了本無速。

(惠能)師曰：如是！如是！

玄覺方具「威儀」禮拜，須臾告辭。

(惠能)師曰：返「太速」乎？

(玄覺)曰：本自「非動」，豈有「速」耶？

(惠能)師曰：誰知「非動」？

(玄覺)曰：仁者「自生分別」。

(惠能)師曰：汝甚得「無生」之意。

(玄覺)曰：「無生」豈有意耶？

(惠能)師曰：「無意」誰當分別？

(玄覺)曰：「分別」亦非意。

(惠能)師曰：善哉！

少留一宿，時謂「一宿覺」。後著【證道歌】，盛行於世。
諡曰無相大師，時稱為真覺焉。

(8) 智隍法師

《宗寶本》原文

『六十七』

智隍法師

禪者智隍，初參五祖(弘忍)，自謂已得「正受」，庵居「長坐」，積「二十年」。(惠能)師弟子玄策，游方至河朔。

(玄策)聞(智)隍之名，造庵問云：汝在此作什麼？

(智)隍曰：入定。

(玄)策云：汝云入定，為「有心入」耶，「無心入」耶？
　　　若「無心入」者，一切「無情草木瓦石」，應合得定。
　　　若「有心入」者，一切「有情含識之流」，亦應得定。

(智)隍曰：我正「入定」時，不見有「有、無」之心。

(玄)策云：不見有「有、無」之心，即是「常定」，何有「出、入」？
　　　　若有「出、入」，即非「大定」。

(智)隍無對。

良久，(智隍)問曰：(玄策)師嗣誰耶？

(玄)策云：我師曹溪六祖(惠能)。

(智)隍云：六祖以何為禪定？

(玄)策云：我(惠能)師所說，妙湛圓寂，體用「如如」。
　　　五陰「本空」，六塵「非有」。
　　　「不出、不入」，「不定、不亂」。
　　　禪性「無住」，「離住」禪寂。

禪性「無生」，「離生」禪想。

心如「虛空」，亦無「虛空」之量。

(智)隍聞是說，徑來謁(惠能)師。

(惠能)師問云：仁者何來？

(智)隍具述前緣。

(惠能)師云：誠如所言，汝但「心如虛空」，不著「空見」，應用(神應妙用)無礙，動靜無心，「凡、聖」情忘，「能、所」俱泯。性相「如如」，無不定時也。

(智)隍於是「大悟」，二十年所得心，都無影響。

其夜，河北士庶聞「空中」有聲云：(智)隍禪師今日得道。

(智)隍後禮辭，復歸河北，開化四眾。

(9)某僧問惠能大師

《宗寶本》原文
『六十八』
(某)一僧問(惠能)師云：黃梅意旨，甚麼人得？
(惠能)師云：會佛法人得。
(某)僧云：和尚還得否？
(惠能)師云：我不會佛法。

(10)方辯法師

《宗寶本》原文

『六十九』

方辯法師

(惠能)師一日欲濯濯所授之衣，而無美泉。因至寺後五里許，見山林鬱茂，瑞氣盤旋。(惠能)師振錫卓地，泉應手而出，積以為池，乃膝跪浣浣衣石上。

忽有一僧來禮拜。

云：方辯，是西蜀人。昨於南天竺國見達摩大師，囑方辯「速往唐土，吾傳大迦葉正法眼藏及僧伽梨，見傳六代，於韶州 曹溪。汝去瞻禮」！

方辯遠來，願見我師傳來「衣、鉢」。

(惠能)師乃出示。次問：上人攻何事業？

(方辯)曰：善(雕)塑。

(惠能)師正色曰：汝試塑看。

(方)辯罔措。過數日，塑就「真相」，可高七寸，曲盡其妙。

(惠能)師笑曰：汝只解「塑性」，不解「佛性」。

(惠能)師手摩方辯頂，曰：永為人天福田！

(惠能)師乃以「衣」酬之。

(方)辯取衣分為三：
　一披「塑像」。
　一自留。
　一用「椶椶裹」瘞瘞地中。

（方辯）誓曰：後得此衣，乃吾出世。住持於此，重建殿宇。

宋・嘉祐八年，有僧惟先，修殿掘地，得「衣」如新，像在高泉寺，祈禱輒應。

(11)臥輪禪師

《宗寶本》原文
『七十』

臥輪禪師

有僧舉臥輪禪師偈云：

臥輪有伎倆，能斷「百思想」。對境「心不起」，菩提「日日長」。

（惠能）師聞之曰：此偈未明心地，若依而行之，是加「繫縛」。

因示一偈曰：

慧能沒伎倆，不斷「百思想」。對境「心數起」，「菩提」作麼長？

(12)志徹法師

《宗寶本》原文

『七十六』

志徹法師（張行昌）

僧志徹，江西人，本姓張，名行昌，少任俠。
自南北分化，「二宗」主雖亡「彼、我」，而徒侶競起「愛、憎」。

時北宗門人自立(神)秀師為第六祖，而忌(惠能)祖師(被五祖)傳衣為天下聞，乃囑行昌來刺(惠能)師。

(惠能)師「心通」，預知其事，即置「金」十兩於座間。時夜暮，行昌入祖室，將欲加害，(惠能)師舒頸就之。行昌揮刃者三，悉無所損。

(惠能)師曰：「正劍」不邪，「邪劍」不正。只負汝「金」，不負汝命。

行昌驚仆，久而方蘇。求哀悔過，即願「出家」。
(惠能)師遂與金，言：汝(行昌)且去，恐徒眾翻害於汝。汝可他日「易形」而來，吾當攝受。

行昌稟旨宵遁，後投僧出家，具戒精進。

一日，憶(惠能)師之言，遠來禮覲。
(惠能)師曰：吾久念汝(行昌)，汝來何晚？

(行昌)曰：昨蒙(惠能)和尚捨罪，今雖出家苦行，終難報德，其惟傳法度生乎？弟子常覽《涅槃經》，未曉「常、無常」義，乞(惠能)和尚慈悲，略為解說。

(惠能)師曰：「無常」者，即「佛性」也(佛性乃「無常、無非常」是也)。
　　　　　　「有常」者(永恒之「常」法)，即一切「善惡諸法分別心」也。

(行昌)曰：(惠能)和尚所說，大違(背)經文。

(惠能)師曰：吾傳佛心印，安敢違於佛經？

(行昌)曰：經説「佛性」是「常」。和尚卻言「無常」（佛性乃「無常、無非常」也）。「善惡諸法」乃至「菩提心」，皆是「無常」。和尚卻言是「常」。此即相違，令學人轉加疑惑。

(惠能)師曰：《涅槃經》，吾昔聽尼無盡藏讀誦一遍，便為講説，無一字一義不合經文。乃至為汝，終無二説。

(行昌)曰：學人識量淺昧，願和尚委曲開示。

(惠能)師曰：汝知否？佛性若「常」（永恒之「常」法），更説什麼「善惡諸法」，乃至窮劫，無有一人發「菩提心」者？故吾説「無常」（佛性乃「無常、無非常」），正是佛説「真常之道」也。

又一切諸法若「無常」者，即物物「皆有自性」，容受生死，而「真常性」有「不遍」之處。故吾説「常」（永恒之「常」法）者，正是佛説「真無常義」。

佛比為「凡夫、外道」執於「邪常」，諸二乘人於「常」計「無常」，共成「八倒」故，於《涅槃》了義教中，破彼偏見，而顯説「真常、真樂、真我、真淨」。

汝今依言背義，以「斷滅無常」，及確定「死常」，而錯解「佛之圓妙」最後微言，縱覽千遍，有何所益？

行昌忽然大悟，説偈云：

因守「無常心」，佛説「有常性」。不知方便者，猶春池拾礫。
我今不施功，「佛性」而現前。非師相授與，我亦無所得。

(惠能)師曰：汝今「徹」（徹悟）也，宜名志徹。

(志)徹禮謝而退。

《宗寶本》的「宣詔品第九」內容

『七十八』

【宣詔品第九】

神龍元年上元日(農曆正月十五日叫作「上元日」，即是元宵的那一天)，(武)則天、(唐)中宗詔云：

朕請安(慧安國師)、秀(神秀大師)二師，宮中供養，萬機(皇帝日理萬機)之暇，每究一乘。

二師推讓云：南方有(惠)能禪師，密授(弘)忍大師「衣、法」，傳佛心印，可請彼問。

今遣內侍薛簡，馳詔迎請(惠能大師)，願師慈念，速赴上京(京都)。

(惠能)師上表辭疾(以生病理由告辭不去)，願終林麓。

薛簡曰：京城禪德皆云：欲得會道，必須「坐禪習定」，若不因「禪定」而得解脫者，未之有也。未審(惠能)師所説法如何？

(惠能)師曰：道由「心悟」，豈在「坐」也？
　　經云：若言如來「若坐若臥，是行邪道」。何故？

　「無所從來，亦無所去」。無生無滅」是如來「清淨禪」。
　「諸法空寂」是如來「清淨坐」。
　究竟「無證」，豈況「坐」耶？

(薛)簡曰：弟子回京，主上必問。願師慈悲，指示心要，傳奏兩宮，及京城學道者。譬如一燈然百千燈，冥者皆明，明明無盡。

(惠能)師云：道無「明、暗」，「明、暗」是代謝之義。明明無盡，亦是有盡，「相待」立名。故《淨名經》云：「法無有比，無相待故」。

(薛)簡曰：「明」喻「智慧」，「暗」喻「煩惱」，修道之人，倘不以「智慧」照破「煩惱」，無始生死，憑何出離？

(惠能)師曰：「煩惱即是菩提」，無二無別。
　　　　若以「智慧」照破「煩惱」者，此是「二乘」見解，羊鹿等機。上智大根，悉不如是。

(薛)簡曰：如何是「大乘見解」？

師曰：「明」與「無明」，凡夫見「二」，智者了達，其性「無二」。「無二」之性，即是「實性」。(如《大般涅槃經》云：「若言無明因緣諸行，凡夫之人聞已分別，生二法想，明與無明；智者了達其性無二，無二之性即是實性」)
　　　「實性」者，處凡愚而「不滅」，在賢聖而「不增」，住煩惱而「不亂」，居禪定而「不寂」。「不斷不常、不來不去」，不在「中間」及其「內外」，不生不滅，性相「如如」。常住不遷，名之曰「道」。

(薛)簡曰：(惠能)師說「不生不滅」，何異外道？

(惠能)師曰：外道所說「不生不滅」者，將「滅」止「生」，以「生」顯「滅」，滅猶「不滅」，生說「不生」。
　　　　我說「不生不滅」者，本自「無生」，今亦「不滅」，所以不同「外道」。

　　　汝若欲知心要，但一切「善惡」都莫「思量」(思慮量度意)，自然得入「清淨心體」，湛然常寂，妙用恆沙。

(薛)簡蒙指教，豁然(開豁了然)大悟。禮辭歸闕，表奏(惠能)師(之話)語。

其年九月三日，有詔(帝詔)獎(獎賜)諭(惠能)師曰：

(惠能)師辭老疾，為朕修道，國之福田。
師若淨名(維摩詰居士)，託疾毗耶(毘耶離Vaiśālī)，闡揚大乘，傳諸佛心，談不二法。
薛簡傳師指授如來知見。朕積善餘慶，宿種善根，值師出世，頓悟上乘。
感荷師恩，頂戴無已。

並奉「摩納袈裟」及「水晶鉢」，勅<u>韶州</u>刺史，修飾寺宇，賜師舊居為<u>國恩寺</u>。

《宗寶本壇經》云「道由心悟，豈在坐也。無所從來，亦無所去，方是如來清淨禪」。請從佛典來解釋此段的義理

《金剛經》

(1)<u>須菩提</u>！若有人言：「如來若來若去、若坐若臥。」是人不解我所說義。何以故？

(2)如來者，無所從來，亦無所去，故名如來。

《悲華經・卷第九》

(1)爾時<u>寶藏</u>如來四顧遍觀菩薩大眾，告大悲言：……

(2)雖修「淨土」，其心平等，猶如「虛空」。

(3)雖修相好，心無諸相。

(4)雖行忍辱，心無所有。

(5)雖住不退，常自不見退與不退。

(6)雖行道場，解了三界無有異相。

(7)雖壞諸魔，乃是利益無量眾生。

(8)雖行「菩提」，觀諸法空，無「菩提心」(無有真實的菩提心可得，亦無有真實的菩提之行)。

(9)雖轉法輪，於一切法無轉無還。

(10)雖復示現大般涅槃，於生死中，心等無異。是名菩薩具足於忍。

《妙法蓮華經・卷第四》

(1)如來「室」者，一切眾生中「大慈悲心」是。

(2)如來「衣」者，「柔和忍辱心」是。

(3)如來「座」者，一切「法空」是。

(4)安住是中，然後以不懈怠心，為諸菩薩及四眾廣說是《法華經》。

《宗鏡錄・卷第九十七》

(1)迷時「迷於悟」，悟時「悟於迷」。迷還「自迷」，悟還「自悟」。

(2)無有一法不從「心生」，無有一法不從「心滅」。是以「迷悟」，總在「一心」。

《宗寶本壇經》云「譬如一燈然百千燈，冥者皆明，明明無盡」。請從佛

典來解釋此段的義理

《維摩詰所說經》（一名《不可思議解脫・上卷》）

(1)於是諸女問維摩詰：我等云何，止於「魔宮」？

(2)維摩詰言：諸姊！有法門名「無盡燈」，汝等當學。

(3)「無盡燈」者，譬如一燈，燃百千燈，冥者皆明，明終不盡。

(4)如是，諸姊！夫一菩薩開導百千眾生，令發阿耨多羅三藐三菩提心，於其道意亦不滅盡，隨所說法，而自增益一切善法，是名「無盡燈」也。

(5)汝等雖住魔宮，以是「無盡燈」，令無數天子天女，發「阿耨多羅三藐三菩提心」者，為報佛恩，亦大饒益一切眾生。

(6)爾時天女頭面禮維摩詰足，隨魔還宮，忽然不現。

(7)世尊！維摩詰有如是自在神力，智慧辯才，故我不任詣彼問疾。

《宗寶本壇經》云「明、暗是代謝之義，相待之名。法無有比，無相待故」。請從佛典來解釋此段的義理

《大寶積經・卷第六十五》

(1)一切諸法無有「生」，其「生」本來不可得⋯⋯諸法「自性不可得」，是故無有「能見者」。

(2)一切諸法無有「比」（無相比較之法，即指遠離「相對待」），是故「一相」無有相，譬如虛空無有等，一切諸法亦復然。

(3)一切諸法無增減，「非一、非二」非熱惱，亦「非是冷」復「非熱」，以「非有」故「不可見」。

(4)無有「曲相」及「直相」，亦復無有「明、闇」相。

《維摩詰所說經》（一名《不可思議解脫・上卷》）

(1)時維摩詰來謂我言：唯，大目連！為白衣居士說法，不當如仁者所說。

(2)夫說法者，當如法說。法無「眾生」，離「眾生垢」故⋯⋯法無「形相」，如虛空故。

(3)法無「戲論」，畢竟「空」故。

(4)法無「我所」，離「我所」故。

(5)法無「分別」，離諸「識」故。

(6)法無有「比」（無互相比較之法），無「相待」故。

(7)法不屬「因」，不在「緣」故。（法非在內、非在外、非在中間。法非屬於真實可得的的「因」，法亦非屬於真實

可得之「緣」）

《大般若波羅蜜多經・卷第三百二十九》

(1)如來常說「有色法、無色法」空。

(2)「有見法、無見法」、「有對法、無對法」、「有漏法、無漏法」、「有為法、無為法」亦空。

(3)如來常說「過去、未來、現在」法空，「善、不善、無記法、欲界、色界、無色界」……亦空。

(4)佛言：善現！如是！如是！我常說此「諸法皆空」。

《放光般若經・卷第十五》

佛告阿難：諸法如是，不可「眼見」，諸法「無對」（無相對待之法，即指遠離「相對待」）。

《度諸佛境界智光嚴經》

(1)是時文殊師利童子語「伏一切諸蓋菩薩」言……

(2)有五法，是菩薩「信樂」處，得無量勝功德。云何五法？

(3)一者：信一切諸法「無對」（無相對待之法，即指遠離「相對待」），不生、不滅，不可說……

(4)文殊師利！此謂五法，是菩薩所信，得無邊勝功德。

《佛華嚴入如來德智不思議境界經・卷下》

(1)閉塞諸蓋菩薩摩訶薩，告曼殊尸利童子言：

(2)曼殊尸利！有五法「信解」菩薩，當得如是別勝功德。何者為五？

(3)諸法「無對」（無相對待之法，即指遠離「相對待」），無生、無滅，不可說。當如是信解。……

(4)曼殊尸利！如是五種「信解」菩薩，當得如是別勝功德。

《大方廣佛華嚴經・卷第三十》

(1)譬如「真如」，無有「比對」，善根迴向，亦復如是，普能圓滿一切佛法，無有「比對」（無相比對之法，即指遠離「相對待」）。

(2)譬如「真如」，體性堅固，善根迴向亦復如是，體性堅固，非諸惑惱之所能沮。

《宗寶本壇經》云「明與無明，凡夫見二，智者了達，其性無二，無二之性，即是實性」。請從佛典來解釋此段的義理

《大般涅槃經‧卷第八》

(1)若言「無明」因緣諸行，凡夫之人聞已，分別生「二法想」。

「明」與「無明」。智者了達其性無二。無二之性，即是實性。

(2)若言「諸行」因緣識者，凡夫謂二。

「行」之與「識」。智者了達其性無二。無二之性，即是實性。

(3)若言「十善、十惡」，可作、不可作。善道、惡道、白法、黑法，凡夫謂二。

智者了達其性無二。無二之性，即是實性。

(4)若言應修一切「法苦」，凡夫謂二。

智者了達其性無二。無二之性，即是實性。

(5)若言一切行「無常」，「如來祕藏」亦是「無常」，凡夫謂二。

智者了達其性無二。無二之性，即是實性。

(6)若言一切「法無我」，「如來祕藏」亦「無有我」，凡夫謂二。

智者了達其性無二。無二之性，即是實性。

(7)「我」與「無我」，性無有二，如來祕藏其義如是，不可稱計，無量無邊，諸佛所讚。

我今於是一切功德成就經中，皆悉說已。

《維摩詰所說經‧卷二》

電天菩薩曰：「明、無明」為二。「無明」實性即是「明」，「明」亦不可取，離一切數，於其中「平等無二」者，是為入「不二法門」。

《大乘本生心地觀經‧卷第三》

(1)常觀諸佛妙法身，體性如「空」不可得……非內、非外、非中間，性相如如俱不動。

(2)「真如」妙理「絕名言」，唯有聖智能通達。非有、非無，非「有無」，非不「有無」，離名相。周遍法界無生滅，諸佛本來同一體。

佛說「真性」不生不滅，周遍十方，此與外道說「真我」亦遍十方，有何不同？

《楞嚴經‧卷十》

(1)若於「所歸」(將識陰阿賴耶「圓元」之境認作最終所歸的真實處)立「真常因」(妄執此「識陰阿賴耶」為至真常存之因)，生勝解者(妄生此為最殊勝的見解)。是人則墮「因、所因執」(妄推以為「識陰阿賴耶」為真實可依及能依之心，以及所依之境)。

(2)「娑毗迦羅」(kapila 黃髮外道，彼立冥諦等二十諦)所歸「冥諦」成其伴侶，迷佛菩提，亡失「知

見」(正知正見)。

(3)是名第一立「所得心」(真實有所得之心)，成「所歸果」(真實有所歸之果)，違遠(違離疏遠)「圓通」(圓滿通達)，背(背棄)「涅槃城」，生「外道」種(轉生成為外道的種性)。

《楞伽阿跋多羅寶經・卷第四》

(1)佛告大慧！我說如來非「無性」(完全斷滅虛無之性)，亦非「不生不滅」攝(也不是執取攝受像外道所說的「不生不滅」之義)，一切法亦不「待緣」(不是依待於真實的因緣而有)。故「不生不滅」，亦非「無義」(完全虛無斷滅之義)。

(2)爾時大慧菩薩復承佛威神而白佛言：世尊！世尊顯示「不生不滅」，無有「奇特」。所以者何？一切外道「因」亦「不生不滅」。

《楞伽阿跋多羅寶經・卷第四》

(1)世尊亦說一切性「不生不滅」，「有、無」不可得。

(2)外道亦說「四大」不壞。自性「不生不滅」。「四大」常是「四大」。乃至周流諸趣，不捨「自性」。

(3)世尊所說亦復如是。是故我言「無有奇特」，唯願世尊，為說差別？所以奇特，「勝」諸外道？

(4)若無差別者，一切外道皆亦是「佛」，以「不生不滅」故。

《楞伽阿跋多羅寶經・卷第四》

(1)佛告大慧！我說「不生不滅」，不同外道「不生不滅」。所以者何？

(2)彼諸外道 "有"「性自性」(有真實的自體性)，得「不生不變相」。我不如是墮「有、無」品。

(3)大慧！我者離「有、無」品，離「生、滅」。「非性」(非真實存有之性)、非無性(非虛無斷滅之性)」。如種種幻夢現，故非「無性」(完全斷滅虛無之性)。✻註→「非無性」三字，《入楞伽經》作「不得言其 "有、無"」。

(4)云何「無性」(非真實存有之性)？謂：色「無自性」相攝受，「現、不現」故。「攝、不攝」故。

(5)以是故，一切性「無性」(非真實存有之性)、非無性(非虛無斷滅之性)。但覺「自心現量」，妄想不生。

→解說：

(1)外道乃是依「能作諸因」、有「實體性」，從「有、無、生、滅」的「相對」性見解中而言「不生不滅」之理。

(2)佛乃無自性、離生滅、離有、離無者，但隨眾生心而亦言「不生不滅」之理。若能覺悟諸法皆「自心現量」，乃能安住於「無作界」中，一切諸法本來即是「無生、無滅」。

(3)外道雖有「離有、離無」或「不生、不滅」的見解，但其心中仍存有「有、無、生、滅」之分別，是以「生」止「滅」、或以「滅」止「生」的修行方式。佛雖亦有「離有、離無、不生、不滅」之理，但佛的心中並無「有、無、生、滅」的「相待、相對」的名相分別。

(4)一切法皆非真實，皆唯心而自現。佛雖倡有「離有、離無、不生、不滅」之名別名相，然此「分別名相」仍無從所生，亦無所滅。一切的「名相分別」皆隨眾生心之所需所求，而顯現的「方便」之說。

(5)佛雖說「不生不滅」，但「法尚應捨，何況非法」，甚至「空亦復空」。外道則有強烈的「法執」，所以緊抓著「不生不滅」四個字不放。

《大乘入楞伽經・卷第二》

(1)佛告大慧！我說「如來藏」，不同外道所說之「我」。

大慧！有時說：

① 「空」。

② 「無相」。

③ 「無願」。

④ 「如實際」。

⑤ 「法性」。

⑥ 「法身」。

⑦ 「涅槃」。

⑧ 「離自性」。

⑨ 「不生不滅」。

⑩ 「本來寂靜」。

⑪ 「自性涅槃」。

(2)如是等「句」，說「如來藏」已。

(3)如來應供等正覺，為斷愚夫畏「無我」句故，說「離妄想、無所有境界」如來藏門。

(4)大慧！未來現在菩薩摩訶薩，不應作「我見計著」。

(5)譬如「陶家」於一泥聚，以「人工、水、木輪、繩、方便」，作種種器。如來亦復如是，於「法無我」，離一切妄想相，以「種種智慧」，善巧方便。

(6)或說「如來藏」，或說「無我」。以是因緣故說「如來藏」，不同外道所說之「我」，是名說「如來藏」。

(7)開引「計我諸外道」故，說「如來藏」，令離不實「我見妄想」，入「三解脫門」境界，希望疾得「阿耨多羅三藐三菩提」。

(8)是故如來應供等正覺作如是說「如來之藏」。若不如是，則同外道。

(9)是故，大慧！為「離外道見」故，當依「無我如來之藏」。

第四十五節　五陰、六入、十二處、十八界。惡用即邪即眾生。善用即正即佛

《敦博本》與《敦煌本》對校版原文	《宗寶本》原文
	『七十九』
	【付囑品第十】
1(惠能)**大師遂喚門人法海、志誠、法達、智常、智通、志徹、志道、法珍、法如、　神會** （《敦博本》在此「神會」二字之前留二格空白，此在古代書信行文中表示「挪抬」，是對自己師長表達尊重的「寫法」。或許《壇經》曾爲神會的弟子所共編撰或增減過？）。	(惠能)**師一日喚門人法海、志誠、法達、神會、智常、智通、志徹、志道、法珍、法如**等。
2大師言：汝等十弟子近前，汝等不同餘人，吾滅度後，汝等各爲「一方師」（在一個地區主持教化的禪師或法師）。 **吾教汝等説法，不失「本宗」。**	**曰：汝等不同餘人，吾滅度後，各爲「一方師」**（在一個地區主持教化的禪師或法師）。 **吾今教汝説法，不失「本宗」。**
3舉「三科」（五蘊、十二入、十八界）**法門，動用「三十六對」，「出、沒」即離「兩邊」**（所有法義的「顯出」與「隱沒」都要遠離「對立」的兩邊），（若）**説一切法，莫離於「性相」。**	**先須舉「三科」**（五蘊、十二入、十八界）**法門，動用「三十六對」，「出、沒」即離「兩邊」**（所有法義的「顯出」與「隱沒」都要遠離「對立」的兩邊），（若）**説一切法，莫離「自性」。**
4若有人問法，出語盡「雙」（雙句相對），**皆取「法對」**（相對應之法），**來去「相因」**（相互爲因），**究竟**（將）**「二法」**（相對立之二法）**盡除，更無去處**（無一「處」可去）。	**忽有人問汝法，出語盡「雙」**（雙句相對），**皆取「對法」**（相對應之法），**來去「相因」**（相互爲因），**究竟**（將）**「二法」**（相對立之二法）**盡除，更無去處**（無一「處」可去）。
5「三科」法門者，「蔭、界、入」。 　　蔭➡是五蔭。	**「三科」法門者，「（五）陰、（十八）界、（十二）入」也。**

界➜是十八界。 入➜是十二入。	
6 何名「五蘊」？色蘊、受蘊、想蘊、行蘊、識蘊是。	陰➜是「五陰」，色、受、想、行、識，是也。
7 何名「十八界」？六塵、六門(六根)、六識。	入➜是「十二入」，
8 何名「十二入」？外六塵，中六門。	「外六塵」色、聲、香、味、觸、法，「內六門」眼、耳、鼻、舌、身、意是也。
9 何名「六塵」？色、聲、香、味、觸、法是。	界➜是十八界，「六塵、六門、六識」是也。
10 何名「六門」(六根)？眼、耳、鼻、舌、身、意是。	
11 法性起「六識」：眼識、耳識、鼻識、舌識、身識、意識，「六門」(六根)、六塵」。	
12「自性」含萬法，名為「含藏識」(第八阿賴耶識)。「思量」(此指第七意識永恒審查的一種思慮量度象)即「轉識」(第七末那識)，生「六識」(前六識，含第六識)，出「六門」(六根)、六塵」。	「自性」能含萬法，名「含藏識」(第八阿賴耶識)。若起「思量」(此指第七意識永恒審查的一種思慮量度象)，即是「轉識」(第七末那識)，生「六識」，出「六門」(六根)，見「六塵」。
13 是三六　十八(3 X 6=18)。	如是「一十八界」，皆從(真如之)「自性」起用(生起妙用)。
由自性「邪」，(則生)起十八邪(十八界的邪念染行)。 若自性「正」，(則生)起十八正(十八界的正念淨行)。	自性若「邪」，(則生)起十八邪(十八界的邪念染行)。 自性若「正」，(則生)起十八正(十八界的正念淨行)。

「惡用」（若惡用十八界爲染法），即「眾生」。
「善用」（若善用十八界爲淨法），即「佛」。

「用」（眾生用或佛用）由何等？（皆）由「自性」（所生起）。

【附：原文圖版】

若「惡用」（若惡用十八界爲染法），即「眾生」用。
「善用」（若善用十八界爲淨法），即「佛」用。

「用」（眾生用或佛用）由何等？（皆）由「自性」有（所生起）。

「十八界」為何全是佛法？又為何都不可得呢？惠能大師說「惡用十八界，即眾生。善用十八界，即佛」。請從佛典來解釋此段的義理

《維摩詰所說經•卷中》

(1)於是維摩詰問<u>文殊師利</u>：何等為「如來種」？

(2)<u>文殊師利</u>言：有「身」為種，「無明」有「愛」為種，「貪恚癡」為種，「四顛倒」（常顛倒、樂顛倒、我顛倒、淨顛倒）為種，「五蓋」（貪欲蓋、瞋恚蓋、惛眠蓋、掉舉惡作蓋、疑蓋）為種，「六入」（即六根）為種，「七識處」（約指前七個識）為種，「八邪法」（邪見、邪志、邪語、邪業、邪命、邪方便、邪念、邪定）為種，「九惱處」（即九種結縛，令眾生不得出離生死之煩惱。爲「愛、恚、慢、無明、見、取、疑、嫉、慳」）為種，「十不善道」（殺生、偷盜、邪淫、妄語、兩舌、惡口、綺語、貪欲、瞋恚、邪見）為種。

(3)以要言之，「六十二見」（❶世間常存論：四種。❷世間半常半無常論：四種。❸世間有邊無邊論：四種。❹異問異答論（詭辯論）：四種。❺無因而有論：二種。以上本劫本見十八種──於過去世所起常見。❻世間有想論：十六種。❼世間無想論：八種。❽世間非有想非無想論：八種。❾眾生斷滅無餘論：七種。❿現在生中涅槃論：五種）及「一切煩惱」，皆是「佛種」。

(4)曰：何謂也？

(5)答曰：若見「無為」，入「正位」者，不能復發「阿耨多羅三藐三菩提心」。

(6)譬如「高原陸地」，不生「蓮華」，「卑濕淤泥」乃生此「華」。

(7)如是見「無為法」，入「正位」者，終不復能「生於佛法」。

(8)「煩惱泥」中，乃有眾生「起佛法」耳！

(9)又如殖種於「空」，終不得生！「糞壤」之地，乃能滋茂。

(10)如是入「無為正位」者，不生佛法。起於「我見」如須彌山，猶能發于「阿耨多羅三藐三菩提心」，生佛法矣！

(11)是故當知，一切「煩惱」為「如來種」。

(12)譬如不下「巨海」，不能得「無價寶珠」。如是不入「煩惱大海」，則不能得「一切智寶」。

《大般若波羅蜜多經・卷第五百七十四》

(1)復次，世尊！依修如是甚深般若波羅蜜多，一切法中都不見有此「是佛法」、此「非佛法」，此「可思議」、此「不可思議」，以一切法「無差別性」故。

(2)若諸有情能修如是甚深般若波羅蜜多，觀一切法「皆是佛法」，順「菩提」故。觀一切法皆「不思議」，「畢竟空」故。

(3)是諸有情已曾親近、供養恭敬多百千佛種諸善根，乃能如是修行般若波羅蜜多。

《大般若波羅蜜多經・卷第五百七十五》

(1)達一切「法本性空」故，彼由此「忍」疾證「無上正等菩提」。

(2)若「菩薩乘」善男子等，信一切法「皆是佛法」，聞「一切空」心不驚疑，由此因故疾證「無上正等菩提」。

(3)若「菩薩乘」善男子等，聞說諸法「無不皆空」，心不迷悶，亦無疑惑，彼於佛法常

不捨離，疾證無上正等菩提。

《大般若波羅蜜多經·卷第五百七十七》

(1)善現！無有少法，如來、應、正等覺能證「阿耨多羅三藐三菩提」。

(2)善現！如來現前等「所證法」，或「所說法」，或「所思法」，即於其中「非諦、非妄」。是故如來說一切法「皆是佛法」。

(3)善現！「一切法、一切法」者，如來說「非一切法」，是故如來說名「一切法、一切法」。

《大方廣佛華嚴經·卷第五十四》

(1)佛子！菩薩摩訶薩發「十種無疑心」……菩薩摩訶薩又作是念：我當知一切法「皆是佛法」，隨眾生心，為其演說，悉令開悟。

(2)發此心時，決定無疑；若生疑心，無有是處，是為「第七」發無疑心。

《大寶積經·卷第四》

(1)如來嘗說一切諸法「皆是佛法」，以於諸法，能善「了知」，名為「佛法」。

(2)諸法「本性」與「佛法」等(平等)，是故諸法「皆是佛法」。

(3)由能了知「法、非法」故，說能了知一切諸法。

《大寶積經·卷第七十六》

(1)大王！何謂佛法？

(2)大王！一切諸法「皆是佛法」。

(3)爾時淨飯王，聞此語已，即白佛言：若「一切法是佛法」者，「一切眾生」亦應是「佛」。

(4)佛言：若不(生)「顛倒見」(之)眾生者，即是其「佛」。

　　　大王！所言佛者，「如實」見眾生也，「如實」見眾生者，即是見「實際」。「實際」者即是「法界」。

　　　大王！「法界」者，不可「顯示」，但名但俗，但是俗數，但有言說，但假施設，應如是觀。

《父子合集經·卷第二十》

(1)大王！何謂佛法？

(2)一切諸法「皆是佛法」！

(3)時淨飯王聞是說已，白言：世尊！若「一切法皆佛法」者，「一切眾生」皆應是「佛」。

(4)佛言：大王！眾生(若)不住「顛倒見」者，即是「佛」也！

大王！所言佛者，或名「真如」，或名「實際」，或名「法界」。

但依「俗諦」推求詮表，非「勝義諦」，作是說也。

《大方等大集經・卷第十五》

(1)若菩薩見法，發（發揮闡明）「六情」（六根），皆知是佛法。亦不見「凡夫法、佛法」有異。
作是念「此一切法皆是佛法」。

(2)佛法至「一切處」故，「一切諸法」及「佛法」，但「假名字」，亦非「是法」，亦非「非法」。是故我等不應「取著」。

(3)以「自界淨」故，知「諸佛界淨」，此「法」與「平等」等。

(4)「眼界」是佛界，「耳、鼻、舌、身、意、法界」是佛界。我不應分別「有尊、有卑」。
菩薩如是至「一切法平等界」，是為菩薩「自淨其界」，如「諸佛界」。

《佛說文殊師利現寶藏經・卷上》

(1)又問：文殊師利！「塵」與「佛法」有何異乎？

(2)答曰：譬如近「須彌山」者，光明同照，令現一貌，皆為金色。
菩薩如是，以「智慧光明」消諸「塵垢」，使「同其貌」為「佛法色」。
唯，須菩提！是故「諸塵皆是佛法」，（具有）「智慧明者」，當作（如）是觀，（平）等無有異，「一切諸法」是謂「佛法」。

(3)又問：曷云「一切諸法」皆為「佛法」？

(4)答曰：所作如「諸佛所為」。

(5)又問：云何文殊師利「如佛所為」？

(6)答曰：如「本、末」亦然。其如「不增不減」是謂為「如」。

(7)又問：文殊師利！何謂為「本」？云何為「末」？

(8)答曰：「本者」空，「末者」寂，是謂「本、末」。

(9)又問：文殊師利！「空」之與「寂」有何異乎？

(10)答曰：譬如「金」之與「寶」，寧有異無？

(11)須菩提曰：其物「一」等，但名「異」耳。

(12)答曰：如是「空」亦「寂寞」，但名「異」耳。智者「不著於字數」也。

《大方廣寶篋經・卷上》

(1)故大德須菩提：一切諸法「皆是佛法」。

(2)須菩提言：文殊師利！以何緣故，一切諸法「皆是佛法」？

(3)文殊答言：如「佛智」所覺。

《楞嚴經・卷二》(下面內容已作前後整理)

五陰、六入、十二處、十八界、七大，本「如來藏」，妙「真如」性。

《楞嚴經・卷二》

「生滅去來」本「如來藏」。

隨眾生心，應所知量(後面二句乃出自《楞嚴經・卷三》的內容)。

《佛說海意菩薩所問淨印法門經・卷八》

(1)大梵！若了一切法平等，即是菩提，是故此說「一切法即是佛法」。

(2)若一切法「如是即佛法」，亦「如是所有一切法自性」，即「佛法自」性，一切法「離」(指一切法皆離自性)故。

(3)應知「佛法」亦離，一切「法空」(諸法性空)故，應知佛法亦「空」。

(4)大梵！一切法「緣生」(眾緣所生)，若能覺了「諸法緣生」，即是「菩提」。

《文殊師利佛土嚴淨經・卷上》

(1)又問：仁！不求佛、慕佛法乎？

(2)答曰：不也！所以者何？一切諸法皆悉佛法。若使眾法「無有、無漏、無受因緣、無想」，是悉佛道。解了若此，逮(建)一切法。

《金光明最勝王經・卷第五》

(1)佛告善女天：依於「法界」，行「菩提法」，修「平等行」。云何依於「法界」，行「菩提法」，修「平等行」？

(2)謂：於「五蘊」能現「法界」。「法界」即是「五蘊」。「五蘊」不可說，「非五蘊」亦不可說。何以故？

(3)若法界是「五蘊」，即是「斷見」。若離「五蘊」，即是「常見」。

(4)離於「二相」，不著「二邊」。不可見、過(超越)「所見」、無名、無相，是則名為「說於法界」。……

(5)故知五蘊「非有、非無」。不從「因緣」生，非「無因緣」生。

(6)是聖所知，非餘境故。亦非「言說」之所能及，無名、無相、無因、無緣、亦無「譬喻」。始終寂靜，本來「自空」。是故「五蘊」能現「法界」。

(7)善女天！若善男子、善女人，欲求阿耨多羅三藐三菩提。異「真」異「俗」，難可思量。於「凡、聖境」，體非「一、異」。不捨於「俗」，不離於「真」。依於「法界」，行菩提行。

第四十六節　　三十六對法的妙用·於相離相，於空離空·出、入皆離兩邊

《敦博本》與《敦煌本》對校版原文	《宗寶本》原文
	『八十』

《敦博本》與《敦煌本》對校版原文

1 對(三十六對)。

「外境無情」對，有五：

❶「天」與「地」對。

❷「日」與「月」對。

❸「暗」與「明」對。

❹「陰」與「陽」對。

❺「水」與「火」對。

2「語言法相」對，有十二對：

❶「有為、無為」對。

❷「有色、無色」對。

❸「有相、無相」對。

❹「有漏、無漏」對。

❺「色」與「空」對。

❻「動」與「靜」對。

❼「清」與「濁」對。

❽「凡」與「聖」對。

❾「僧」與「俗」對。

❿「老」與「少」對。

⓫「長」與「短」對。

⓬「高」與「下」對。

3「自性起用」對，有十九對：

❶「邪」與「正」對。

❷「癡」與「慧」對。

❸「愚」與「智」對。

❹「亂」與「定」對。

《宗寶本》原文

對法(三十六對)。

「外境無情」五對：

❶「天」與「地」對。

❷「日」與「月」對。

❸「明」與「暗」對。

❹「陰」與「陽」對。

❺「水」與「火」對。此是五對也。

「法相語言」十二對：

❶「語」與「法」對。

❷「有」與「無」對。

❸「有色」與「無色」對。

❹「有相」與「無相」對。

❺「有漏」與「無漏」對。

❻「色」與「空」對。

❼「動」與「靜」對。

❽「清」與「濁」對。

❾「凡」與「聖」對。

❿「僧」與「俗」對。

⓫「老」與「少」對。

⓬「大」與「小」對。

此是十二對也。

「自性起用」十九對：

❶「長」與「短」對。

❷「邪」與「正」對。

❸「癡」與「慧」對。

❹「愚」與「智」對。

❺「戒」與「非」對。	❺「亂」與「定」對。
❻「直」與「曲」對。	❻「慈」與「毒」對。
❼「實」與「虛」對。	❼「戒」與「非」對。
❽「嶮ㄒㄧㄢˇ」(危險)與「平」對。	❽「直」與「曲」對。
❾「煩惱」與「菩提」對。	❾「實」與「虛」對。
❿「慈」與「害」對。	❿「險」與「平」對。
⓫「喜」與「嗔」對。	⓫「煩惱」與「菩提」對。
⓬「捨」與「慳」對。	⓬「常」與「無常」對。
⓭「進」與「退」對。	⓭「悲」與「害」對。
⓮「生」與「滅」對。	⓮「喜」與「嗔」對。
⓯「常」與「無常」對。	⓯「捨」與「慳」對。
⓰「法身」與「色身」對。	⓰「進」與「退」對。
⓱「化身」與「報身」對。	⓱「生」與「滅」對。
⓲「體」與「用」對。	⓲「法身」與「色身」對。
⓳「性」與「相」對。	⓳「化身」與「報身」對。
	此是十九對也。
4「語言」與「法相」對，有「十二對」。 「外境無情」對，有「五對」。 「自性起用」對，有「十九對」。 都合成「三十六對」也。(12+5+19=36)	
5此「三十六對法」。 (若能)解用(通解妙用)，(則可貫)通一切經。 「出、入」即離「兩邊」。	師言：此「三十六對法」。 若「解用」(通解妙用)，即道貫(通)一切經法。「出、入」即離「兩邊」。
6如何「自性」起用「三十六對」共人言語？(如何在「自己本性」上生起這「三十六種相對法」的「妙用」，進而能與別人言談法義呢？)	「自性」動用共人言語。(如何在「自己本性」上動用這「三十六種相對法」，進而能與別人言談法義呢？)
7出「外」，(則)於「相」離「相」。 入「內」，(則)於「空」離「空」。	(對)外，(則)於「相」離「相」。 (對)內，(則)於「空」離「空」。
著「空」，則惟長「無明」。	若全著「相」，即(增)長「邪見」。

著「相」，則惟長「邪見」。

謗法＊直言：(完全)不用文字！

既(又)云：(完全)不用文字，人「不合」(不應)言語，(只要一有)言語即是「文字」(就是文字相)。

8自性上説「空」(這些人在自性上講「空理」，故認爲一切都是「空無」的)，

正語言本性「不空」(正因如此，這些人還認定「語言」的本性是「實體可得」的，是「不空」的)。

迷「自惑」(這些都是屬於迷人的自我疑惑)，

「語言」除故(導致他們要將「語言文字」的教法完全除盡，最終落入了「斷滅空」)。

若全執「空」，即(增)長「無明」。

執「空」之人有謗經，直言：(完全)不用文字！

既(又)云：(完全)不用文字，人亦「不合」(不應)語言，只(要一有)此語言，便(又)是「文字之相」。

又云：直道(完全)不立文字。

即此「不立」兩字，亦是(一種)「文字」(的執著)。

(若)見(他)人所説(有所言説教法)，便即謗他(人)言：著文字。

汝等須知「自迷」猶可，又謗「佛經」，不要謗經，罪障(罪惡業障)無數。

若「著相」於外，而作法(造作「有爲法」來)求真(眞心本性)，或廣(設)立「道場」，説「有、無」(辯説「有」或説「無」)之過患。

如是之人，(就算修行)累劫不可「見性」。

但聽依法(依止正法)修行。

又莫「百物不思」(斷絕一切心念的枯木死灰、有定而無慧、只修止而不修觀)，而於道性(修道之心性上)窒虫礙。

若(只)聽説(而)不修(行)，令人反生「邪念」。

但依法(依止正法)修行，(以)「無住相」法施。

汝等若「悟」，依此「説」，依此(運)「用」，依此(而)行，依此(行)作，即不失「本

	宗」。
	若有人問汝義， 問「有」(則)將「無」(以)對。(破其「常」見) 問「無」(則)將「有」(以)對。(破其「斷」見)
	問「凡」(則)以「聖」對。(破其「凡」見) 問「聖」(則)以「凡」對。(破其「聖」見)
	二道(二種對立之道)相因(相互爲因)，(若能遠離二邊，則)生「中道義」，如一問一對。
	餘問一依此作，即不失(中道之)理也。
	設有人問：何名為「闇」？
9「暗」不自「暗」(黑暗不是自己在暗自己)， 以「明」故「暗」(因爲有了光明所以才有黑暗的對立相產生)。	答云：「明」是因，「闇」是緣。 　「明」沒，即(是)「闇」。
「暗」不自「暗」。 以「明」變「暗」。 以「暗」現「明」。	以「明」顯「闇」。 以「闇」顯「明」。
來去相因(明暗二邊的來去，相互爲因)，「三十六對」，亦復如是。	來去相因，成「中道義」。 (明暗二邊的來去，相互爲因，若能遠離二邊，即可成立「中道」般若之義) 餘問(其餘的問題)悉皆如此(以此方式回答)。
*註：黃本原文校作「秉法」，據《敦煌本》及《敦博本》皆作「謗法」	

惠能大師說「此三十六對法，解用通一切經」，三十六對法如何可以解說一切佛經呢？在其他的佛經中，是否也提到相對範疇的哲學思維？

《大乘入楞伽經・卷第一》

爾時<u>大慧</u>菩薩摩訶薩白佛言：世尊！何者是一百八句？

佛言：<u>大慧</u>！所謂：

(1)生句、非生句。

(2)常句、非常句。

(3)相句、非相句。

(4)住、異句；非住、異句。

(5)剎那句、非剎那句。

(6)自性句、非自性句。

(7)空句、非空句。

(8)斷句、非斷句。

(9)心句、非心句。

(10)中句、非中句。

(11)恒句、非恒句。

(12)緣句、非緣句。

(13)因句、非因句。

(14)煩惱句、非煩惱句。

(15)愛句、非愛句。

(16)方便句、非方便句。

(17)善巧句、非善巧句。

(18)清淨句、非清淨句。

(19)相應句、非相應句。

(20)譬喻句、非譬喻句。

(21)弟子句、非弟子句。

(22)師句、非師句。

(23)種性句、非種性句。

(24)三乘句、非三乘句。

(25)無影像句、非無影像句。

(26)願句、非願句。

(27)三輪句、非三輪句。

(28)摽相句、非摽相句。

(29)有句、非有句。

(30)無句、非無句。

(31)俱句、非俱句。

(32)自證聖智句、非自證聖智句。

(33)現法樂句、非現法樂句。

(34)刹句、非刹句。

(35)塵句、非塵句。

(36)水句、非水句。

(37)弓句、非弓句。

(38)大種句、非大種句。

(39)算數句、非算數句。

(40)神通句、非神通句。

(41)虛空句、非虛空句。

(42)雲句、非雲句。

(43)巧明句、非巧明句。

(44)技術句、非技術句。

(45)風句、非風句。

(46)地句、非地句。

(47)心句、非心句。

(48)假立句、非假立句。

(49)體性句、非體性句。

(50)蘊句、非蘊句。

(51)眾生句、非眾生句。

(52)覺句、非覺句。

(53)涅槃句、非涅槃句。

(54)所知句、非所知句。

(55)外道句、非外道句。

(56)荒亂句、非荒亂句。

(57)幻句、非幻句。

(58)夢句、非夢句。

(59)陽燄句、非陽燄句。

(60)影像句、非影像句。

(61)火輪句、非火輪句。

(62)乾闥婆句、非乾闥婆句。

(63)天句、非天句。

(64)飲食句、非飲食句。

(65)婬欲句、非婬欲句。

(66)見句、非見句。

(67)波羅蜜句、非波羅蜜句。

(68)戒句、非戒句。

(69)日月星宿$\bar{x}$句、非日月星宿$\bar{x}$句。

(70)諦句、非諦句。

(71)果句、非果句。

(72)滅句、非滅句。

(73)滅起句、非滅起句。

(74)醫方句、非醫方句。

(75)相句、非相句。

(76)支分句、非支分句。

(77)禪句、非禪句。

(78)迷句、非迷句。

(79)現句、非現句。

(80)護句、非護句。

(81)種族句、非種族句。

(82)仙句、非仙句。

(83)王句、非王句。

(84)攝受句、非攝受句。

(85)寶句、非寶句。

(86)記句、非記句。

(87)一闡提句、非一闡提句。

(88)女男不男句、非女男不男句。

(89)味句、非味句。

(90)作句、非作句。

(91)身句、非身句。

(92)計度句、非計度句。

(93)動句、非動句。

(94)根句、非根句。

(95)有為句、非有為句。

(96)因果句、非因果句。

(97)色究竟句、非色究竟句。

(98)時節句、非時節句。

(99)樹藤句、非樹藤句。

(100)種種句、非種種句。

(101)演説句、非演説句。

(102)決定句、非決定句。

(103)毗尼句、非毗尼句。

(104)比丘句、非比丘句。

(105)住持句、非住持句。

(106)文字句、非文字句。

大慧！此百八句，皆是過去諸佛所説。

《十住毘婆沙論・卷第二》

一切法者，凡所有法。

(1)度法、非度法。

(2)攝覺意法、非攝覺意法。

(3)助道法、非助道法。

(4)聖道所攝、法非聖道所攝法。

(5)應修法、不應修法。

(6)應近法、不應近法。

(7)應生法、不應生法。

(8)生法、不生法。

(9)現在法、非現在法。

(10)因緣生法、非因緣生法。

(11)因緣法、非因緣法。

(12)從思惟生法、不從思惟生法。

(13)麁法、細法。

(14)受法、不受法。

(15)內法、外法。

(16)內入所攝法、非內入所攝法。

(17)外入所攝法、非外入所攝法。

(18)五陰所攝法、非五陰所攝法。

(19)五受陰所攝法、非五受陰所攝法。

(20)四諦所攝法、非四諦所攝法。

(21)助世法、非助世法。

(22)依貪法、依出法。

(23)顛倒法、非顛倒法。

(24)變法、非變法。

(25)悔法、非悔法。

(26)大法、小法。

(27)受處法、非受處法。

(28)可斷法、不可斷法。

(29)知見法、不知見法。

(30)有漏法、無漏法。

(31)有繫法、無繫法。

(32)有淨法、無淨法。

(33)有上法、無上法。

(34)有覺法、無覺法。

(35)有觀法、無觀法。

(36)可喜法、不可喜法。

(37)相應法、不相應法。

(38)有分別法、無分別法。

(39)行法、無行法。

(40)有緣法、無緣法。

(41)有次第法、無次第法。

(42)可見法、不可見法。

(43)有對法、無對法。

(44)可見有對法、不可見無對法。

(45)有相法、無相法。

(46)可行法、不可行法

(47)有為法、無為法。

(48)險法、非險法。

(49)有本法、無本法。

(50)有出法、無出法。

(51)眾生法、非眾生法。

(52)苦者法、非苦者法。

(53)惱法、非惱法。

(54)有法、非有法。

(55)逆法、非逆法。

(56)樂報法、非樂報法。

(57)苦報法、非苦報法。

(58)憶生法、非憶生法。

(59)智首行法、非智首行法。

(60)信首行法、非信首行法。

(61)思惟首行法、非思惟首行法。

(62)願首行法、非願首行法。

(63)色法、非色法。

(64)教法、非教法。

(65)變化法、非變化法。

(66)如意遊行法、非如意遊行法。

(67)欲本法、非欲本法。

(68)因善法、非因善法。

(69)因善根法、非因善根法。

(70)定法、非定法。

(71)身法、非身法。

(72)口法、非口法。

(73)意法、非意法。

(74)有對觸生法、非有對觸生法。

(75)意觸生法、非意觸生法。

(76)惡法、非惡法。

(77)善法、非善法。

(78)能生法、非能生法。

(79)念念滅法、非念念滅法。

(80)攝聚法、非攝聚法。

(81)明分法、非明分法。

(82)因法、非因法。

(83)緣法、非緣法。

(84)因緣法、非因緣法。

(85)因生法、非因生法。

(86)有因法、非有因法。

(87)一法、異法。

(88)滅法、非滅法。

(89)攝根法、非攝根法。

(90)共心法、非共心法。

(91)心法、非心法。

(92)心數法、非心數法。

(93)共觸五法、非共觸五法。

(94)共得十六法、非共得十六法。

(95)細法、麁法。

(96)迴向法、非迴向法。

(97)善法、不善法、無記法。

(98)見諦所斷法、思惟所斷法、不斷法。

(99)學法、無學法。

(100)非學、非無學法等。

無量千萬種諸法。

皆令入「空、無相、無作門」，平等無二。

著「空」，則惟長「無明」。著「相」，則惟長「邪見」。請從佛典來解釋此段的義理

《大智度論・釋曇無竭品第八十九》(卷第九十九)

(1)問曰：若「無佛」，即是邪見，云何菩薩發心求作佛？

(2)答曰：此中言「無佛」，破「著佛想」(執著有真實之佛)，不言取「無佛想」(完全沒有佛，佛是虛無斷滅)。若「有佛」尚不令取，何況取「無佛」邪見！

①又佛「常寂滅」、「無戲論」相。若人分別「戲論」、「常寂滅」事，是人亦墮「邪見」。

②離是「有、無」二邊，處「中道」，即是「諸法實相」。

③「諸法實相」即是「佛」。何以故？得是「諸法實相」，名為得「佛」。

④復次，「色」等法「如」相；即是「佛」。

⑤「色」等法「性空」；是「如」相。

⑥諸佛「如」；亦「性空」。

⑦以是故「不來、不去、不生、不滅、法性、實際、空、無染、寂滅」，虛空性亦如是「無來、無去」。

⑧「如」，乃至虛空性「如」、佛「如」。是「如」；一「無二、無三」等別異。

《大智度論・釋集散品第九下》(卷第四十三)

(1)「般若波羅蜜」者，是一切諸法「實相」，不可破，不可壞。

(2)若「有佛」，若「無佛」，常住諸「法相、法位」，非「佛」、非「辟支佛」、非「菩薩」、非「聲聞」、非「天人」所作，何況其餘小眾生！

(3)復次，「常」是一邊，「斷滅」是一邊，離是「二邊」行「中道」，是為「般若」波羅蜜。又復「常、無常，苦、樂，空、實，我、無我」等，亦如是。

(4)「色法」是一邊、「無色法」是一邊，「可見法、不可見法」，「有對、無對」，「有為、無為」，「有漏、無漏」，「世間、出世間」等諸二法，亦如是。

(5)復次，「無明」是一邊，「無明盡」是一邊。乃至「老死」是一邊，「老死盡」是一邊。「諸法有」是一邊，「諸法無」是一邊。離是「二邊」行中道，是為「般若」波羅蜜。

(6)「菩薩」是一邊，「六波羅蜜」是一邊。「佛」是一邊，「菩提」是一邊。離是「二邊」行中道，是為「般若」波羅蜜。

(7)略說「內六情」是一邊，「外六塵」是一邊。離是「二邊」行中道，是名「般若」波羅蜜。

(8)此「般若波羅蜜」是一邊，此「非般若波羅蜜」是一邊。離是「二邊」行中道，是名「般若」波羅蜜。如是等二門，廣說無量「般若」波羅蜜相。

(9)復次，離「有」、離「無」、離「非有非無」，不墮愚癡而能行善道，是為「般若」波羅蜜。如是等三門，是「般若」波羅蜜相。

(10)復次，須菩提，此中自說：是法「無所有、不可得」。

(11)是「般若」波羅蜜「空」故，無所有。「常、無常」等諸觀，求覓「無定相」故，不可得。

(12)復次，「無所有」者，此中須菩提自說：「般若」波羅蜜，乃至「五波羅蜜法」無所有，不可取，不可受，不可著故。

(13)復次，「十八空」故，是「六波羅蜜」無所有、不可得。

(14)譬如大風能破壞散諸雲，亦如大火燒乾草木，如金剛寶摧破大山，「諸空」亦如是，能「破諸法」。

(15)何以故名「般若波羅蜜」者？「般若」者，一切諸智慧中「最為第一」，無上、無比、無等，更無勝者，窮盡到邊。

(16)如一切眾生中「佛為第一」。

　　一切諸法中「涅槃為第一」。

　　一切眾中「比丘僧」為第一。

《佛說長者女菴提遮師子吼了義經》

爾時文殊師利問菴提遮……

(1)又問曰：「空」以何為義？

(2)答曰：若能知諸法相，未曾「自空」(所有的「法相」都不是「自空」，亦非「他空」，亦非「共空」，亦非「無

因空」)，不壞「今有」(「空性」之理是不會破壞「現今一切法相的存有」)……

(3)其女菴提遮則以偈答曰：

(4)嗚呼真大德，不知「真空」義。色無有「自相」(「色法」乃是「無有自體相」，是「無有自體性」的)，豈非如「空」也(所以「色法、色相」當下就具足「性空」之義)。

(5)空若「自有空」(「性空」如果是屬於「實自體性」的一個「空體」)，則不能容「色」(則此「實自體性的空體」自然就不能相容於「種種的色相」)。

(6)空不「自空」故(「空」不是「自空」，亦非「他空」，亦非「共空」，亦非「無因空」)故，「眾色」從是生(眾色皆不離「性空」之義。《中論》云：「以有空義故，一切法得成」)

《入楞伽經・卷第五》

(1)佛告大慧！一切眾生執著「不實虛妄想」者，從見種種「虛妄法」生。以著虛妄「能取、可取」諸境界故。

(2)入「自心」見，生虛妄想故。墮於「有、無」二見，朋黨(「朋黨」指同類的人以「惡」相濟而結成的集團，兩方均是「邪惡」的對立)非法聚中。

《放光般若經・卷第五》

(1)須菩提言：五陰「不聚、不散」。何以故？性自爾(五陰之「性體」本自如此)。乃至「善法、惡法、有為法、無為法、有漏法、無漏法」亦「不聚」亦「不散」。何以故？性自爾(有為法及無為法之「性體」本自如此)。

(2)以是故，諸法亦「不有」(即「非有」)亦「不無」(即「非無」)。

《道行般若經・卷第一》

(1)舍利弗謂須菩提：云何「有心」？「無心」？

(2)須菩提言：心亦「不有」，亦「不無」，亦不能「得」，亦不能知「處」。

(3)舍利弗謂須菩提：何而心亦「不有」亦「不無」？亦不能「得」？亦不能知「處」者？如是亦「不有」亦「不無」，亦不有(不是真實的存有)「有心」，亦不無(不是真實的虛無)「無心」？

(4)須菩提言：如是亦不有(不是真實的存有)「有心」，亦不無(不是真實的虛無)「無心」。

《佛說維摩詰經・卷上》(《維摩詰所說不思議法門之稱一名佛法普入道門三昧經》)

稽首法王此極尊，說名「不有」亦「不無」，以「因緣」故諸法生。

《佛說伅真陀羅所問如來三昧經・卷中》

事「五陰」則「空」，已知觀故，五陰亦知。觀一切人悉「空」，亦「不有」亦「不無」。

《大般若波羅蜜多經・卷第三百七十三》

(1)佛言：善現！於汝意云何？於一切法皆以「無性」為自性中，「有性、無性」為可得不？

(2)善現答言：不也！世尊！不也！善逝！於一切法皆以「無性」為自性中，「有性、無性」俱不可得。（「無性」或「性空」亦「空」，亦不可得。故經常云：「空亦復空」）

惠能大師說：著「空」，則惟長「無明」，著「空」的人，甚至要除掉所有的「語言文字」。請從佛典來解釋此段的義理

《大乘起信論・卷下》

(1)是故一切法從本已來，非色非心、非智非識、非有非無，畢竟不可説相。

(2)而有言説者，當知如來「善巧方便」，假以「言説」引導眾生，其旨趣者皆為「離念」，歸於「真如」，以念一切法，令心「生滅」，不入「實智」故。

《大乘入楞伽經・卷第五》

(1)大慧！若人説法，「墮文字者」是虛誑説。何以故？諸法自性「離文字」故。

(2)是故大慧！我經中説，我與諸佛及諸菩薩「不説一字」、「不答一字」。所以者何？一切諸法「離文字」故。非(並非指)不隨「義」(完全不隨著義理)而分別説。

(3)大慧！若不説者，「教法」則斷。「教法」斷者，則無「聲聞、緣覺、菩薩、諸佛」。若總"無"者，誰説？為誰？

(4)是故大慧！菩薩摩訶薩應不著「文字」，隨宜説法。

(5)我及諸佛，皆隨眾生「煩惱、解欲」，種種不同而為開演。

　❶令知諸法「自心所見」。

　❷無外境界。

　❸捨二分別。

　❹轉「心、意、識」。

　❺非為成立「聖自證處」。(指「文字説法」乃非依「聖智」所得及「由內自證」所建立之處)

(6)大慧！菩薩摩訶薩，應隨於「義」，莫依「文字」。

(7)依「文字」者，墮於「惡見」。執著「自宗」而起「言説」。不能善了「一切法相文辭章句」。

(8)既自損壞，亦壞於他，不能令人「心得悟解」。

(9)若能善知一切「法相」，文辭句義，悉皆通達。則能令自身受「無相樂」，亦能令他「安住大乘」。

清・世宗皇帝御製《揀魔辨異錄・卷八》

(1)達摩從南天竺來，雖以不立文字，傳大乘「一心」之宗。然亦以《楞伽》為印。

(2)《楞伽》云：佛語「心」為宗，「無門」為法門。《楞伽》獨非「文字」乎？

(3)佛語「心」者，「今語」即是「心語」，「心語」即是「佛語」。達是「心語」，別無「佛語」。永明(永明 延壽大師)不云乎；「文字」性離，即是解脫。纔得「見性」，當下「無心」。

(4)若迷一切「諸法真實之性」，向「心外取法」而「起文字見」者，還以「文字」對治，示其「真實」。

(5)若悟「諸法本源」，即不見「有文字」絲毫許發現。方知一切諸法，即「心自性」，則「境、智」融通、「色、空」俱泯。

(6)當此親證「圓明」之際，入斯「一法平等」之時，又有何法是「教」而可「離」？何法是「祖」而可「重」？何法是「頓」而可「取」？何法是「漸」而可「非」耶？

(7)夫如是，則尚何「義解之有」？

(8)今魔忍(因畏懼外力而修忍辱行者，名為「魔忍」)之意，若有「一文一字」，即屬「義解」。然而「離文離字」，「一棒」(禪林用語。乃師家接引弟子所用之機法。以拄杖棒打，是為警策之用，與「一喝」同義，乃為師者提撕學人所用之法)不作「一棒」用，則又曰「極麤」……正同瞎驢轉磨，遶盤而走。即此一大妄語。魔藏父子，必墮無間阿鼻而無疑。

「暗不自暗」的理論如何？請從佛典來解釋此段的義理

《大乘入楞伽經・卷第七》

(1)由「能取、所取」，而心得生起……「心」雖成「二分」，而心「無二相」。

(2)如刀「不自割」，如指「不自觸」。而心「不自見」，其事亦如是。無有「影像處」，則無「依他起」。

《大般涅槃經・卷第二十九》

世尊！如眼「不自見」，指「不自觸」，刀「不自割」，受「不自受」。

第四十七節　不稟授《壇經》，非我宗旨。遇《壇經》者，如吾親授。

寫傳得者當見性

《敦博本》與《敦煌本》對校版原文	《宗寶本》原文
	『八十一』
*1*大師言：十弟子！ 以後「傳法」，遞相教授一卷《壇經》， 不失本宗。	汝等於後「傳法」，依此轉相教授， 勿失宗旨。
不稟授^(稟持傳授)《壇經》，非我宗旨。	（底下一段乃出自『八十三』，今複製一份至此當作比對用）
如今得了，遞代流行。	師曰：吾於大梵寺說法，以至於今， (已)抄錄流行，目(名稱)曰《法寶壇經》。
得遇《壇經》者，如見吾親授。	汝等守護，遞相傳授，度諸群生。
2「十僧」得教授已，寫為《壇經》， 遞代流行， 得者必當「見性」。	但依此說，是名「正法」。

第四十八節　惠能於 713 年 8 月 3 日於國恩寺圓寂。留【真假動靜偈】

唯神會得「善、不善」等及「毀、譽」不動的境界

《敦博本》與《敦煌本》對校版原文	《宗寶本》原文
	『八十二』
1 (惠能)**大師先天**(唐玄宗年號)**二年**(公元713)**八月三日滅度。**	
(就在之前的)**七月八日**，(惠能)**喚門人告別。**	
(惠能)**大師先天元年於新州 國恩寺**(國恩寺位於廣東省 新興縣 集成鎮的龍山腳下，即是唐時的新州，亦是惠能的故鄉所在地)**造塔，至先天二年七月**(即七月八日)**告別。**	(惠能)**師於太極元年壬子，延和七月，命門人往新州 國恩寺建塔，仍令促工。次年夏末落成。** **七月一日，集徒眾曰：**
2 (惠能)**大師言：汝眾近前**(靠近前來)**，吾至八月**(指八月三日)**，欲離世間。** **汝等有疑早問，為汝破疑，當令迷者盡悟，使汝安樂。** **吾若去後**(離世之後)**，(可能便)無人教汝。**	**吾至八月**(指八月三日)**，欲離世間。** **汝等有疑，早須相問，為汝破疑，令汝迷盡。** **吾若去後**(離世之後)**，(可能便)無人教汝。**
3 法海等眾僧聞已，涕淚悲泣。 **唯有神會不動**(沒有任何動靜)**，亦不悲泣。**	**法海等聞，悉皆涕泣。** **惟有神會，神情不動**(沒有任何動靜)**，亦無涕泣。**
4 六祖言： (《敦博本》在此處採用了古代書信行文中的「平抬」方式，也就是書寫「神會小僧」之前是改採另一行的「開頭」來書寫。此亦是對自己師長表達最尊重的「寫法」。或許《壇經》曾爲神會的弟子所共編撰或增減過？) **神會小僧**(受具足戒未滿十夏的人，稱爲小師。	(惠能)**師云：** **神會小師**(受具足戒未滿十夏的人，稱爲小師。

又為對弟子的一般稱呼)，卻得「善、不善」等(平等)，「毀、譽」不動(内心不動搖)。	又為對弟子的一般稱呼)，卻得「善、不善」等(平等)，「毀、譽」不動(内心不動搖)，「哀、樂」不生。
餘者(皆)不得(如此「不動」之境)，(汝等)數年(於)山中，更修何道？	餘者(皆)不得(如此「不動」之境)，(汝等)數年(於)山中，竟修何道？
汝今悲泣，更憂「阿誰」(何人)？憂吾「不知去處在」(不知往生去那？在何處)？若「不知去處」，終不別(不會預告別離)汝。	汝今悲泣，為憂「阿誰」(何人)？若憂吾「不知去處」，吾自知去處。若吾「不知去處」，終不預報(別離)於汝。
5汝等悲泣，即不知吾(將来之)「去處」。若(能)知(吾將来之)「去處」，即不悲泣。性體(佛性本體)無生、無滅，無去、無來。	汝等悲泣，蓋為不知(將来之)「吾去處」。若(能)知(將来之)「吾去處」，即不合悲泣。法性(法性本體)本無「生、滅、去、來」。
6汝等盡坐，吾與汝一偈【真假動靜偈】。	汝等盡坐，吾與汝說一偈，名曰【真假動靜偈】。
汝等盡誦取(讀誦與記取)，(若能)見此(眼見與聽聞此)偈意，(則)與吾意同。(若能)依此修行，(則)不失(吾禪法之)宗旨。	汝等誦取(讀誦與記取)此偈，(則)與吾意同。(若能)依此修行，(則)不失(吾禪法之)宗旨。
7僧眾禮拜，請(惠能)大師留偈，敬心(恭敬之心)受持。偈曰：	眾僧作禮，請(惠能)師作偈。偈曰：
8一切「無有真」，不以「見」(眼所見)於真。若「見」(眼所見)於真者，是見盡非真。	一切「無有真」，不以「見」(眼所見)於真。若「見」(眼所見)於真者，是見盡非真。
9若能自有真，離(外相之)「假」即心「真」。自心不離(外相之)假，(若)無真(心)何處真？	若能自有真，離(外相之)「假」即心「真」。自心不離(外相之)假，(若)無真(心)何處真？
10有情(眾生)即(理)解「動」，無情即(永遠)無動。若修「不動行」(指百物不思的枯木死灰、斷絕一切心念、有定而無慧、只修止而不修觀)，同「無情」不動(頑冥不動)。	有情(眾生)即(理)解「動」，無情即(永遠)不動。若修「不動行」(指百物不思的枯木死灰、斷絕一切心念、有定而無慧、只修止而不修觀)，同「無情」不動(頑冥不動)。

*11*若「見真」(悟見真性之)不動(義)，動上有不動(在諸法變動中皆有不動之真性)。
不動(喻無情物)是(永遠)不動，無情無佛種。

若覓「真」(性上之)不動(義)，動上有「不動」(在諸法變動中皆有不動之真性)。
不動(喻無情物)是(永遠)不動，無情無佛種。

*12*能善分別(諸法)相，(於諸法實相)「第一義」不動。
若悟作此見，則是「真如」(之妙)用。

能善分別(諸法)相，(於諸法實相)「第一義」不動。
但作如此見，即是「真如」(之妙)用。

*13*報諸學道者，努力須用意(用心用意)。
莫於大乘門，卻執生死智(生死輪迴的世俗智)。

報諸學道人，努力須用意(用心用意)。
莫於大乘門，卻執生死智(生死輪迴的世俗智)。

14(若遇)前頭人(得)相應，即共論佛義。
若實不相應，「合掌」禮勸善(勸導他向善)。

若(遇前頭有修者)言下(得)相應，即共論佛義。
若實不相應，「合掌」令歡喜(勸導他歡喜向善)。

*15*此教本「無諍」，若「諍」(即)失道意。
執迷(執著迷惑者)「諍」法門，自性入生死(輪迴)。

此宗本「無諍」，(若有)「諍」即失道意。
執逆(執著違逆者)「諍」法門，自性入生死(輪迴)。

【附：原文圖版】

破疑當令迷者盡使汝安樂吾若去後無人教汝法海等眾
僧聞已涕淚悲泣唯有神會不動亦不悲泣六祖言
神會小僧卻得善等毀譽不動餘者不得數年山中更修何道
汝今悲泣更有阿誰憂吾不知去處在若不知去處終不別汝
等悲泣即不知吾去處若知去處即不悲泣性先生滅無去無來汝

惠能大師稱讚「神會小僧，卻得善不善等，毀譽不動」，請從佛典來解釋此段的義理

《大乘離文字普光明藏經》

(1)佛在王舍城 耆闍崛山中，與大菩薩無量百千億那由他數，皆是大智精進善巧，證「無言法」，獲妙辯才。

(2)「是處、非處」不相違反，善調身心，具諸解脫。常遊三昧，不捨大悲。慚愧為身，智慧為首。多所饒益，如大寶洲。

(3)了知諸法「善、不善」相，不著文字而有言說。於「真、俗門」洞達無礙，深明實際，不住其中。

(4)善能分別而「無所受」，雖厭生死，常護世間。周遍十方，有大名稱。於真妙藏，寂然宴息。

(5)雖現「受身」，永出「三界」，而行諸有，勉濟眾生。平等教誨，志常賢善。平等憐愍，心無染著。

(6)能令自他，莫不「清淨」，成就如是無量功德。

《勝天王般若波羅蜜經‧卷第四》
(1)菩薩摩訶薩，若人「讚歎」，不生「歡喜」，「毀」不「瞋恚」。
(2)見苦眾生則起「大悲」，若見「受樂」則生「大喜」。

《大方等大集經‧卷第一》
佛讚「陀羅尼自在王」菩薩言：善哉！善哉！善男子！能問如來甚深之義……汝今至心，當為汝說………
淨「羼提」(忍)波羅蜜有三種：
一者、聞「毀」不瞋。
二者、聞「讚」不喜。
三者、若被「割截」及「奪命」時；能觀「法界」。

《佛說轉女身經》
爾時世尊告此女言：若菩薩成就四法，能「攝菩提」亦令增長……
復有四法：
一者、他毀「不瞋」。
二者、稱讚「不喜」。
三者、遭苦「能忍」。
四者、雖樂(雖然得樂)「不逸」，亦不「輕他」。是名為四。

《出曜經‧卷第三十》
(1)彼習行人，持心牢固，「毀、譽」不動。見有「來者」，不孚(信用；誠信)用(仍用以)「歡」。
　　設見「去者」，亦不用「憂」。
(2)若在大眾，若復離眾。心恒平等，亦無「高、下」。
(3)是故說曰：來不作「歡」，去亦不「憂」，於「聚」離「聚」，是謂「梵志」。

《大方廣佛華嚴經‧卷第二十六》
云何菩薩大勢圓滿？所謂：名稱高遠，勇猛精進，志性柔和，「毀、譽」不動。工巧藝業，無能過者。處大眾會，咸所尊重。

《維摩詰所說經》(一名《不可思議解脫‧上卷》)
(1)長者子寶積即於佛前，以偈頌曰……

(2)「毀、譽」不動如須彌，於「善、不善」(平)等以「慈」，心行平等如「虛空」。

汝今悲泣，憂吾「不知去處在」？若「不知去處」，終不別汝。請從佛典來解釋此段的義理

《佛說超日明三昧經·卷下》

(1)**大英菩薩**又問佛言：人生從何所來？去至何所？「老病死」何所從來？去至何所？「色受想行識」從何所來？去至何所？「地水火風空」、「眼耳鼻舌身心」，本從何所來去？至何所？

(2)佛言：皆「無所從來」，去亦「無所至」。緣合則有，緣離則滅。如幻、如化、如畫、如鼓、如雨、如電，皆從「因緣」。有緣有生，無緣無對。生死如是等，無有異也。

(3)**大英**又問：何謂無所從來？無所從去？因緣合成？

(4)佛言：作「人行」者，則得為「人」。

作「天行」者，則得為「天」。

作「地獄行」，則入「地獄」。

作「畜牲行」，則受「畜牲」。

作「餓鬼行」，則為「餓鬼」。

無「五行」，則無「五道」。

無「五道」，則無「出入」，名曰「人本」。……

(5)所以者何？假使「合」者，則「人本」也。假使「散」者，則「生死」也。

(6)見「生死苦」、「泥洹之樂」，則名「聲聞」。

(7)處在中間，無益一切，名曰「緣覺」。

(8)「無合、無散」，不處「行洹」，不得「生死」，乃名之曰「法身」。

(9)「法身」無形，普入一切，亦「無所入」，無所「不入」。

《佛說恒水經》

(1)**佛告阿難**言：人生死展轉「五道」以往來。在世間甚大勤苦，不自識知「前世宿命」本末者。

(2)皆坐「心意不端」故，人身甚難得，已得人身。

(3)佛「經戒」復難得值聞，已得聞佛「經戒」。

(4)信入「佛道」復難，已入佛道。

(5)守持「經戒」復難得，佛欲說「戒經」。

《大方廣佛華嚴經‧卷第十六》

(1)爾時功德慧菩薩承佛威力，普觀十方而說頌言：
(2)諸法無真實，妄取「真實相」。是故諸凡夫輪迴生死獄……
(3)不見諸法空，恒受「生死苦」。斯人未能有「清淨法眼」故。

《大方廣佛華嚴經‧卷第十三》

諸法無真實，眾生亦皆然，是名寂滅界，云何見「生」(見有真實的眾生可得)者。

《善思童子經‧卷上》

(1)諸法無真實，彼等無可「生」(無真實可得之「生相」)，即不相「諍競」。
(2)說此甚深法，若無恐怖時，汝應知彼人，真實是菩薩。

《佛說華手經‧卷第七》

(1)舍利弗！是心相「空」，無有「作者」、無「使作者」。若無「作者」，則無「作相」。
(2)若人「戲論」是「心相」者，則與「無礙空無」相諍。
(3)若與「無礙空無」相諍，是人則與如來「共諍」。與如來「諍」，當知是人則墜「深坑」。
　　其「深坑」者，則謂地獄、餓鬼、畜生。
(4)及諸「得見」(有所得之諸見)，「陰、界、入」見，「我見、人見、眾生之見」。舍利弗！取
　　要言之，「佛、法、僧」見及「涅槃見」，如是皆名「有所得見」。如是「諸見」為「惡
　　趣」原。
(5)眾生貪著是「諸見」故，因墜「深坑」，亦陷他人令墮「深坑」。其「深坑」者，則謂「五
　　道生死」(指上文執有「有所得見」及「陰、界、入」見，及「我見、人見、眾生之見」等，皆會墮五道生死)是也。

惠能大師有「真假動靜偈」。《楞嚴經》上如何說「真、假」問題呢？

《楞嚴經‧卷五》

(1)言「妄」(喻「有為」，可暫喻為「水中月」)顯諸「真」(喻「無為」，可暫喻為「天上月」)，「妄、真」同二妄。
(2)猶非「真、非真」(非真、非非真。即非真、非妄)，云何「見、所見」(能見之根與所見之塵)？
(3)「中間」(根與塵的中間)無「實性」(真實且獨立的自體性)，是故若「交蘆」(交叉相並的蘆葦)。

「若修不動行，同無情不動」。此處的「不動行」究指何物？

➔「不動行」又稱為「無動行」。即修「有漏」之禪定，能招感「色界、無色界」之果報。

因他是採「百物不思的枯木死灰、斷絕一切心念、有定而無慧、只修止而不修觀」的修法，故感得「不動」的「色界、無色」果，故稱此種修行為「不動行」。

《大智度論·釋習相應品第三之餘》(卷三十六)

(1)佛或說十二因緣中三行：「福行、罪行、無動行」。

(2)「福行」者：欲界繫善業。

(3)「罪行」者：不善業。

(4)「無動行」者：「色、無色界」繫業。

《坐禪三昧經·卷下》

(1)善行、不善行、不動行。

(2)云何「善行」？欲界一切善行。亦色界三地。

(3)云何「不善行」？諸不善法。

(4)云何「不動行」？「第四禪」有漏善行，及「無色」定善有漏行，是名行。

《正法念處經·卷第五十五》

(1)三種行。一「福業行」。二「罪業行」。三「不動行」，謂「四禪行」。

(2)彼「福業行」：是「天人」因。

(3)彼「罪業行」：「地獄」等因。

(4)彼「不動行」：是「色界」因。

「能善分別相，第一義不動」。佛典上如何說呢？

《維摩詰所說經》(一名《不可思議解脫·上卷》)

(1)寶積即於佛前，以偈頌曰……能善分別諸法相，於第一義而不動。已於諸法得「自在」，是故稽首此法王。

(2)說法「不有」亦「不無」，以「因緣」故諸法生。

「此教本無諍，若諍失道意」。請從佛典來解釋此段的義理

《大寶積經·卷第一百一十二》

時化比丘語諸比丘言：我等當離「自高逆諍」(自我貢高的違逆相諍)心，應求信解「佛所說義」。所以者何？「無高(無自我貢高)、無諍(無違逆相諍)」是沙門法。

《菩薩本生鬘論‧卷第九》

(1)云何方所世間為上？……有情布施德行之法。彼離瞋恚出纏為行……

(2)清淨行施真實如是，了知「施法」殊勝之因。善妙體性，法本「無諍」。

《光讚經‧卷第二》

(1)又須菩提……謂賢者舍利弗：……

(2)彼一切法，於本「無諍」。諸善男子當學斯法，則證其法學者，皆順如來慧證境界。

《佛說濡首菩薩無上清淨分衛經‧卷上》

(1)龍首問曰：……云何，濡首！菩薩摩訶薩當與諸魔為敵耶？

(2)答曰：龍首！法本「無諍」，不見菩薩當與諸魔而有戰者。若其菩薩與魔為敵，起見「法想」而有所「諍」，是菩薩便為「恐怯」（恐怖畏怯）。何則然者？

(3)以彼菩薩自興「恐弱」也。譬如，龍首！「幻師」現化，而幻所化，了無「恐怯」（恐怖畏怯）。

(4)如是，龍首！此菩薩解「本空法」，「無著」之行，則無「恐怖」。

(5)若其菩薩有恐怖者，是菩薩便不為「極世福田」也。是菩薩不了「空法」故，自起「恐怯」（恐怖畏怯）之心耳。

《大般若波羅蜜多經‧卷第五百七十二》

(1)善思菩薩復問天王：更何等人能護正法？

(2)最勝答言：若「不違逆一切法」者，能護正法。所以者何？不違「正理」，常「無諍論」，名「護正法」。

第四十九節 「法」即《壇經》一本。「衣」不合再傳。說【五祖傳衣付法頌】

《敦博本》與《敦煌本》對校版原文	《宗寶本》原文
	『八十三』
1 眾僧既聞，識(惠能)大師意，更不敢「諍」，(大眾皆)依法修行。一時禮拜，即知(惠能)大師不久住世。	時徒眾聞(惠能)說偈已，普皆作禮，並體師意，各各攝心，(大眾皆)依法脩行，更不敢「諍」。乃知(惠能)大師不久住世。
2 上座法海向前言：(惠能)大師！大師去後，「衣、法」當付何人？	法海上座再拜問曰：(惠能)和尚入滅之後，「衣、法」當付何人？
3 大師言：「法」即付了(指右邊《宗寶本》的內容說：已抄錄流行《法寶壇經》且遞相傳授，汝且依此《壇經》而修，即是「正法」，故「法」已付了，已傳了)，汝不須問。	師曰：吾於大梵寺說法，以至於今，(已)抄錄流行，目(名稱)曰《法寶壇經》。汝等守護，遞相傳授，度諸群生。但依此說，是名「正法」。
	『八十八』
吾滅後二十餘年，(會有)「邪法」撩亂，惑我宗旨。(此時會)有人出來，不惜身命，定佛教是非(大是大非)，豎立(南宗頓教心法之)宗旨，即是「吾正法」。	又云：吾去七十年，有二菩薩從東方來。一出家(指馬祖 道一禪師或黃檗禪師)，一在家(指龐蘊居士或曰裴休居士)。同時興化(振興教法)，建立吾宗。締緝(締造整緝)伽藍，昌隆(昌盛興隆)法嗣(法門承嗣)。
	『八十四』
「衣」(袈裟衣)不合傳(不適合再傳)，(若)汝(仍)不信，吾與誦先代【五祖傳衣付法頌】。	今為汝等說法，不付其「衣」。蓋為汝等「信根」淳熟，決定無疑，堪任(弘法)大事。

若據第一祖達摩頌意，即不合傳「衣」。聽吾與汝誦。頌曰：	然據先祖達摩大師，付授「偈」意，「衣」不合傳。偈曰（底下偈頌爲達摩大師所說）：
4 第一祖達摩和尚頌曰： 　吾本來「東土」，傳教救迷情（迷惑的有情眾生）。 　一花開五葉，結果自然成。	吾本來「茲土」，傳法救迷情（迷惑的有情眾生）。 一花開五葉，結果自然成。
5 第二祖惠可和尚頌曰： 　本來緣有地（有土地之因緣）， 　從「地」種「花」生。 　當本元「無地」（無土地之緣）， 　「花」從何處生？	
6 第三祖僧璨和尚頌曰： 　「花」種須因「地」（須土地之因緣）， 　地上種花生。 　花種（花朵種子）「無生」性， 　於地亦「無生」。	
7 第四祖道信和尚頌曰： 　花種有生（生出）性（性能）， 　因「地」種「花」生。 　先緣（之前的因緣）不和合， 　一切盡「無生」。	
	（惠能）師復曰： 諸善知識！汝等各各淨心，聽吾說法。 若欲成就「種智」（佛的「一切種智」），須達「一相三昧、一行三昧」。 若於一切處而「不住相」，於彼相中不生「憎、愛」，亦無「取、捨」，不念「利益、成壞」等事，安閑恬靜，虛融澹

泊，此名「一相三昧」。

若於一切處，行住坐臥，純一「直心」不動道場，真成「淨土」，此名「一行三昧」。

若人具「二三昧」，如地有種，含藏長養，成熟其實。「一相」、「一行」，亦復如是。

『十八』

聽吾(弘忍)偈曰：

有情來下種(幫忙播下和啓發佛性種子)，

因地(因地本具之佛性種子)「果」還生(便能成熟而生佛果、證聖位)。

「無情」既「無種」，

「無性」亦「無生」。

『八十五』

我(惠能)今說法，猶如時雨(所以必須要有一位「大智者」來說法開導眾生)，普潤大地。

汝等「佛性」，譬諸「種子」，遇茲霑洽(喻需要好的「善緣、大智慧善知識」開導佛法)，悉得發生。

承吾(惠能)旨(我所教的頓教般若大法)者，決獲「菩提」，依吾行(修行方式)者，定證

8第五祖<u>弘忍</u>和尚頌曰：

有情(有大乘根器大智慧者)來下種(幫忙播下和啓發佛性種子)，
無情(能讓無大乘根器的情識眾生)花(喻佛果)即生。

無情(無大乘根器的情識眾生)又無種(沒有人幫他啓發佛性種子)，
心地亦「無生」。(這類人的心地仍是「無生、無滅、無性」的。因為眾生平等，「佛性常清淨」，皆「不生不滅」，只差「迷」與「悟」否)

	「妙果」。
9第六祖**惠能**和尚頌曰:	聽吾(惠能)偈曰:
心地含情種(本含有「成佛種性」之情識眾生)， 法雨(需有一位「大智者」的「佛法」開導)即花(佛果蓮華)生。 自悟(能自我頓悟)花情種(本具佛種、佛果之有情眾生)， 菩提果(佛之菩提涅槃果)自成(自然成就)。	心地含諸種， 普雨悉皆萌。 頓悟華情已， 菩提果自成。

惠能大師說「衣」不合傳，是否具有特別的涵義?

《劉夢得文集·佛衣銘》(劉夢得即劉禹錫)

吾既為僧琳撰曹溪第二碑，且思所以辯六祖「置衣不傳」之旨，作《佛衣銘》。曰:

(1)佛言「不行」(衣乃不可行、法亦無法可得)，「佛衣」乃爭(爭端)，忽近(忽略應接近之事)貴遠(崇尚遠古不實際之物)，古今常情。

(2)尼父(孔子)之生，土(讀書之士人)無一里(喻很少)，夢奠(死亡)之後，履(處或居)存「千祀」。

(3)惟昔有梁(梁武帝)，如象之狂(如大象一樣的狂妄)，達摩救世，來為醫王。

(4)以言「不瘳」(無法將武帝之病除去)，因物乃遷(又因事物變遷無常)，如執「符節」(古代出入城門關卡的一種憑據，此喻達摩持「禪宗心法」之「符節」)，行(從走至)乎復關(關卡)。

(5)民不知「官」，望「車」(官員所乘之尊貴車)而畏。俗(俗愚者)不知佛，得「衣」為貴(以為得「衣」就是最尊貴的)。壞色之衣(袈裟)，「道」不在茲(衣)，由之(指「衣」)信道(信仰佛之正道)，所以為寶(將「衣」視為寶)。

(6)六祖未彰(未獲五祖彰顯為得法弟子時)，其出(出生)也微，既還(至獵人隊時)狼荒(荒遠的邊地)，憬ㄐㄧㄥˇ俗(邊遠地區的百姓)蚩ㄔ蚩(敦厚貌)。

(7)不有信器(信心善根之器)，眾生曷歸(如何有所歸依)，是開「便門」(方便之門)，非止傳衣(傳法並非止於「衣」)。

(8)初必有終(有初就有終，有「始傳衣」就有「終傳衣」)，傳豈無已，物必歸盡，「衣」胡久恃(「衣」如何長久為依恃之物呢)?

(9)先終知終(先讓祖衣「終止」於六祖，而知曉其「終止」之深義)，用乃不窮(但法教之用乃無窮盡，永無終止)，我道不朽，「衣」於何有，其用(衣之「作用」)已陳(已經陳述「法」非在「衣」上)，孰非芻狗(「芻狗」以喻微賤無用的事物或語言)。

如何修持「一相三昧」？請從佛典來解釋此段的義理

《佛說華手經・卷第十》

(1)堅意！如來所說諸三昧門為何者是？

(2)堅意！有「一相三昧」、有「眾相三昧」。

(3)「一相三昧」者……若坐道場得「無上菩提」……以「不亂念」，守攝諸根。心不馳散，專念一佛，不捨是緣，亦念是佛「世界之相」。

(4)是菩薩於「如來相」及「世界相」了達「無相」。常如是行，常如是觀，不離是「緣」……堅意！是名入「一相三昧」門……

(5)堅意！菩薩緣是「佛像」而作是念：是像從何所來？我何所趣？即知佛像「無所從來」，我「無所至」。

(6)菩薩爾時作是念言：一切諸法亦復如是。無所從來，去無所至。是菩薩如是行，如是念，不久當得「無礙法眼」。

(7)得「法眼」已，便為諸佛之所知念，諸甚深法皆現在前，以是深法得「無礙辯」。雖「講說法」而「不見法」。……住是「三昧」，雖「演說法」，不見是法……堅意！是亦名為入「一相三昧」門。

(8)復次堅意！菩薩以善修習「一佛相」故，隨意自在，欲見諸佛，皆能現前……菩薩善修習，此「念佛緣」故，觀諸世界「盡皆作佛」。常善修習是「觀」力故，便能了達一切「諸緣」皆為「一緣」，所謂現在「佛緣」，是名得「一相三昧」門。

《不空羂索神變真言經・卷第十三》

(1)是「不空羂索心王陀羅尼」真言……而能示現「不空千手千臂觀世音菩薩」種種形好神變「三昧耶」，以此「一相三昧」耶入「種種相三昧耶」。

(2)所謂入「伊首羅天相、摩醯首羅天相、大梵天相、那羅延天相、大自在天相、焰摩王相、俱廢羅天相、婆嚕拏天相、俱摩羅天相、水天相、火天相、風天相、日天相、月天相、星天相」，乃至一切「天相」。

禪宗六位祖師「傳法偈頌」的異同表

敦博本	宗寶本	唐末五代・永明 延壽《宗鏡錄・卷第九十七》	宋・子昇、如祐集錄《禪門諸祖師偈頌上之上》
第一祖達摩和尚頌曰：			

吾本來東土， 傳教救迷情。 一花開五葉， 結果自然成。	吾本來茲土， 傳法救迷情。 一花開五葉， 結果自然成。	吾本來茲土， 傳法救迷情。 一華開五葉， 結果自然成。	吾本來茲土（達磨大師從西天來唐土）， 傳法救迷情（少林面壁不已而已）。 一花開五葉（有六祖號，花開五葉誰人不知）， 結果自然成（因花結果，因人悟心，悟無所得）。 **註：**藍色小字為《禪門諸祖師偈頌上之上》原本就有的註解。
第二祖惠可和尚頌曰： 本來緣有地， 從地種花生。 當本元無地， 花從何處生？		本來緣有地， 因地種華生。 本來無有種， 華亦不能生。	本來緣有地（先須得地）， 因地種花生（萬法皆從心地所生）。 本來無有種（從本已來諸法寂滅）， 花亦不能生（心空寂故運用無差）。
第三祖僧璨和尚頌曰： 花種須因地， 地上種花生。 花種無生性， 於地亦無生。		華種雖因地， 從地種華生。 若無人下種， 華種盡無生。	花種雖因地（物像從心起）， 從地種花生（於靈覺之內了現乾坤）。 若無人下種（心境頓忘，人法何有）， 花地盡無生（處處見道）。
第四祖道信和尚頌曰： 花種有生性， 因地種花生。 先緣不和合， 一切盡無生。		華種有生性， 因地華生生。 大緣與性合， 當生生不生。	花種有生地（見聞覺知）， 因地花生生（於一切中現種種像）。 大緣與性合（緣起無生）， 當生生不生（念念無生

			之生）。
第五祖弘忍和尚頌曰： 有情來下種， 無情花即生。 無情又無種， 心地亦無生。	有情來下種， 因地果還生。 無情既無種， 無性亦無生。	有情來下種， 因地果還生。 無情既無種， 無性亦無生。	有情來下種（人人有佛性）， 因地果還生（因果凡聖無差）。 無情既無種（透聲透色）， 無性亦無生（無知之性觸目徧周）。
第六祖惠能和尚頌曰： 心地含情種， 法雨即花生。 自悟花情種， 菩提果自成。	心地含諸種， 普雨悉皆萌。 頓悟華情已， 菩提果自成。	心地含諸種， 普雨悉皆生。 頓悟華情已， 菩提果自成。	心地含諸種（一念包容十剎）， 普雨悉皆萌（祖師說法，眾生發萌）。 頓悟花情已（聲色無邊，般若無邊）， 菩提果自成（信受奉行）。

有情稱「佛性」，無情稱「法性」。請從佛典來解釋此話的義理

《宗鏡錄‧卷第八十》

(1)在「心」稱「佛性」，在「境」稱「法性」，從緣雖別，能所似分，約性本同，一體無異。

(2)如瓶貯醍醐，隨諸器而不等。猶水分江海，逐流處而得名。

(3)一味真心，亦復如是，凡聖境智，一際無差。

《宗鏡錄‧卷第八十》

(1)《法王經》云：一切眾生一心「佛性」平等，等諸法故。

(2)只為「真如」不守自性，隨緣轉動，於轉動處立其異名。

《宗鏡錄‧卷第八十》

(1)古德云：譬如珠向月出水，向日出火，一珠未曾異，而得水火之名。

(2)以珠體是一，能應二緣。且如月為水緣時，月中未曾無火性。日為火緣時，日中未曾無水性。何以故？二性相冥故。

(3)但緣水火，事有優劣，故使二性冥伏不現，名從自體，得水火名，非全「無性」。

(4)「真如」一心，亦復如是，在「有情」中名「佛性」，在「無情」中名「法性」，一「如」

未曾異，而得「法(法性)、佛(佛性)」之名。

(5)以「真如」體一，能應二緣，且如「有情」正為「佛緣」時，「有情」未曾無「法性」。

(6)「無情」正為「法緣」時，「無情」未曾無「佛性」。何以故？二性相冥故。

(7)但由「色、心」，事有優劣，故二性冥伏不現，各從自體得「法(法性)、佛(佛性)」名。

《大方廣佛華嚴經隨疏演義鈔・卷第三十七》

(1)「法性」即「佛性」，知一切法即「心自性」……

(2)依「性」起「相」，「相」翳於「性」，而「相」即「性」。如「水」成「波」，「波」即是「水」。「境」因「心」變，「境」不異「心」。

(3)「心」若有性，「境」寧非有？況「心」與「境」皆即「真性」，「真性」不二，「心、境」豈乖？

➜ 是故五祖大師有鑒於此，故曰：「無情既無種，無性亦無生。」由是我等須常照了「法性、佛性」乃「不即不離、不一不異」之理。

《宗鏡錄・卷第八十》

謂「性」與「相」，非一非異。「情」與「非情」，亦非一異。

《華嚴經義海百門》

(1)謂「覺、塵」及「一切法」。從「緣」：無性，名為「佛性」。經云：三世「佛種」，以「無性」為性。此但一切處，隨了「無性」即為「佛性」。不以「有情」故「有」，不以「無情」故「無」。

(2)今獨言「有情」者，意在「勸人為器」也。常於「一塵一毛」之處，明見一切理事，無非「如來」性，是開發如來「性起功德」名為「佛性」也。

➜ 故知六道眾生，山河大地，「情」與「非情」皆同一性。

《楞嚴經・卷一》

(1)如來常說：諸法所生，唯「心」所現；一切因果，世界微塵，因「心」成體。

(2)阿難：若諸世界一切所有，其中乃至草葉「縷(於地面隨處生細根之小草)結」。詰(詳細的問)其根元(根本元由)，咸有「體性」(存在的本體自性)，縱令「虛空」亦有「名貌」。

(3)何況清淨「妙淨明心」(妙明妙淨之心)，性一切心(心性是一切萬法所依止之心，萬法是唯心所造)，而自「無體」(完全不存在的斷滅體性)？

➜ 一切法皆從「心」而幻有，心「無生」故，法亦「無生」。

《宗寶本壇經》上記載五祖弘忍的偈頌最後一句是「無性亦無生」。請從

佛典來解釋此句的義理

《大方廣佛華嚴經‧卷第四十四》
(1)世間種種法，一切皆如幻，若能如是知，其心無所動。
(2)諸業從心生，故說心如幻……世間亦如是，一切皆如幻，「無性」亦「無生」，示現有種種。

《大寶積經‧卷第八十五》
(1)世尊變化身，及與比丘眾，亦無有生滅。乃至於「涅槃」，此皆是如來不思議「神變」。亦如「幻化」者，現「象、馬、軍陣」，迷惑諸眾生，妄見為「真實」。如是「象、馬、軍」，「無性」亦「無生」……
(2)一切諸如來，功德無差別。皆住於「空性」，於法「無所著」，一切皆「幻化」，「無性」亦「無生」。

《大方廣佛華嚴經‧卷第七十七》
善能解了一切法，無性、無生、無所依，如鳥飛空得自在，此大智者之住處。

《佛說大迦葉問大寶積正法經‧卷第三》
(1)若彼「不生」是即「無性」。若彼「無性」：「無生、無滅」。
(2)若「無生滅」，亦「無往來」。若「無往來」而「無主宰」。
(3)若「無主宰」；無假無實，是即「聖性」。

《佛說海意菩薩所問淨印法門經‧卷第十》
一切法自性「無性、無生、無起」。如是知已，即得「無生法忍」。

《虛空藏菩薩神咒經》
(1)一切諸法不可言說，「無性、無生、無滅、無境界、不動、不搖」。如是修行一切諸行，如是悉離「斷、常」二見，不生怖畏。
(2)於一切法不起「境界心」，疾得具足六波羅蜜，更不復住「斷、常」見中。

《大乘入楞伽經‧卷第一》
法身如「幻夢」，云何可「稱讚」？知「無性、無生」，乃名「稱讚佛」。

《解深密經‧卷第二》

爾時世尊欲重宣此義而說頌曰：一切諸法皆「無性、無生、無滅」，本來寂。

《菩提行經・卷第四》

(1)「無性」即「無生」，當依彼性行……知「行」空不實，喻「夢」喻「芭蕉」。

(2)分別「滅、不滅」，一切不可得，「性空」乃如是。

《宗鏡錄・卷第三》

《金剛經》云「一切法者，即非一切法」。云何非耶？「無生性」故。

若「無生」即「無性」。

《大般若波羅蜜多經・卷第五百六十一》

(1)諸色「空」，故無來無去。「受想行識」及「一切法」亦皆「空」，故無來無去。所以者何？

(2)以「一切法」無不用「空、無相、無願、無造、無作、無生、無性」。

(3)如夢、如幻。無我、無邊。寂靜、涅槃。無取、無捨。無來、無去。

《大乘入楞伽經・卷第五》

一切法無生，亦非是「無法」(虛無的斷滅論)。如乾城幻夢，雖有(暫時假有)而無因(實無真正存在之因)。空、無生、無性……以是故我說「空、無生、無性」。

《佛說佛母出生三法藏般若波羅蜜多經・卷第十八》

欲成就阿耨多羅三藐三菩提者，但應念「空」，念「無相、無願、無作、無起、無生、無性」。

《壇經》中討論了不少有關於「無情」與「有情」的問題。有關於「無情、有情」的問題，佛有何新說嗎？請舉佛典來說明

《菩薩瓔珞經・卷第三》(一名《現在報》)

復次，如來至真等正覺，當說法時，降甘露法雨。「有情、無情、有識、無識」普使周遍，皆蒙潤澤。

➡文中清楚的說，如來所說的法可讓「有情、無情、有識、無識」普使周遍，皆蒙潤澤。可見「無情、無識」亦可蒙佛法語而得「潤澤」。

《佛說大方廣曼殊室利經》

(1)爾時世尊，復遍觀察「淨居天宮」，告觀自在菩薩摩訶薩言……若有眾生應以「摩醯首羅」身得度者，即現「摩醯首羅」身，為彼眾生演「陀羅尼」祕密之法。

(2)乃至應以「帝釋」之身，迦樓羅身、緊那羅身……乃至異類、二足、四足、多足、無足。「有情、無情」三界之身而得度者，即皆現之，而為演說。以是義故名觀自在。

➜ 觀音菩薩是可以「我以何身得度，即現何身而爲說法」，文中有說若是應以「無情」身得度者，則亦爲現「無情」身而爲說法，可見亦有「無情」身具有「成佛之性」的「可能」。我們要強調的是「可能」這兩個字眼。這並非說「有情」一定能成佛，「無情」一定不能成佛，只能說：「有情」與「無情」皆具有「成佛」的「可能性」而已，並沒有說「無論如何一定能成」，或「決定可成」，或「永遠不可成」。

➜ 所謂成佛的「可能性」，其實就是講「因緣具足」與否。人類成佛的「可能性」，成佛的「因緣性」是最具足的。而「無情」或指一些「草木、細小的蜎飛蠕動、微生物、細菌」……等，這些表面上看起來是"類似"「無情、無識」的，所以他們成佛的「因緣性」是最低、最不具足的！但也不是「永遠不可成」的「斷滅」論！

《佛說佛母出生三法藏般若波羅蜜多經‧卷二十五》

(1)善男子！諸佛如來亦復如是，從一切相應善根，種種因緣，如理出生。
(2)非一因、一緣、一善根生，亦不「無因緣生」。
(3)「緣合」故生，生而「無來」。「緣散」故滅，滅而「無去」。
(4)善男子！汝當如是，如實了知諸佛如來「無來無去」。

《大方廣佛華嚴經‧卷第五十》

譬如世界初安立，非「一因緣」而可成，「無量」方便「諸因緣」，成此三千大千界。如來出現亦如是，無量功德乃得成。

《大方廣佛華嚴經‧卷三十三》

(1)佛子！如是等「無量因緣」，乃成「三千大千世界」。
(2)法如是故，無有「作者」，亦無「成者」。
(3)如來應供等正覺，亦復如是。非「少因緣」成，以「無量因緣」，成等正覺，出興于世。

《大方廣佛華嚴經‧卷五十》

(1)佛子！如是等「無量因緣」，乃成「三千大千世界」。

(2)法性如是，無有生者，無有作者，無有知者，無有成者。然彼世界，而得成就。

(3)如來出現，亦復如是，非以一緣，非以一事，而得成就。以無量因緣，無量事相，乃得成就。

《大方廣佛華嚴經·卷第二十四》

是菩薩觀諸法「不生不滅」，「眾緣」而有。

《大方廣佛華嚴經·卷第二十八》

解了一切法，悉從「眾緣起」。

《大寶積經·卷第七十八》

爾時菩薩當作是念：一切諸法從「眾緣」生，自性「本空」，定不可得。

《佛說決定毗尼經》

法同草木；無所「知」，而因「諸緣」得生起……因「日光明」；眼得見，夜則不見；離「眾緣」。

《大方等大集經·卷第六》

諸法皆從「因緣」有，離於「眾緣」無法界。若能了知如是者，當知是有「不退印」。

《大方等大集經·卷第二十七》

一切諸法本，其性「無有我」。譬如「山谷響」，皆從「眾緣」生。

《文殊師利問菩提經》（一名《伽耶山頂經》）

心從「眾緣」生，「眾緣生」故「空」；如「幻」。無處、無相、無性，亦「無所有」。

《佛說首楞嚴三昧經·卷上》

又如諸「文字、音聲、語言」，無處、無方、無內、無外、無有所住，從「眾緣」有。一切諸法，亦復如是。

《大智度論·釋初品中十八空義第四十八》（卷三十一）

諸法「眾緣和合」故有，如水得「火」成熱。「眾緣」若少、若無；則無有法，如火滅湯冷。

《大智度論・釋會宗品第二十四》(卷五十二)

是菩薩從作法，「眾緣和合」生故，非「一法」所成，以是故言「假名」。

《大乘瑜伽金剛性海曼殊室利千臂千鉢大教王經・卷第四》

(1)一切如來，聖行諸法，祕密一切三昧者，實無可得，如幻無定。自性真如，諸法寂靜。證寂體性，空無所有。

(2)是故如來，一切諸法「皆悉如幻」，三世眾生，悉亦如幻。「有情、無情」及諸「賢聖」，皆當如幻。

➔三世諸法皆悉如悉如幻，所以無論是「有情」眾生，或是「無情」眾生，皆是如幻不可得。

《阿毘達磨大毘婆沙論・卷第七十八》

(1)復次，「愛」於「有情」能燒、能潤，是故偏說。因時「能潤」果時「能燒」，如「熱油」淅墮在身時，能燒、能潤。「愛」於「有情」，亦復如是。

(2)復次，以「愛」能起如「起尸鬼」，能招生業，是故偏說。如有水處，有「起尸鬼」，能起「死尸」。有「愛」身中，有招生業，能招「生死」。

(3)復次，以「愛」能攝「有情、無情」內外諸事，是故偏說。

(4)攝「有情」者，由「愛」勢力，攝受「妻子、奴婢」作使，象、馬、牛、羊、駝、驢等事。攝「無情」者，由「愛」勢力，攝受「宮殿、舍宅、珍財」及「穀麥」等。

➔「愛」的「無明」力量，不只能燒、能潤、能攝受一切「有情」眾生，也能攝受「宮殿、舍宅、珍財、穀麥」等這些「無情」之物。

《大乘理趣六波羅蜜多經・卷第九》

(1)復次，慈氏菩薩摩訶薩！此般若波羅蜜多，不與「十六種法」而為相應。

(2)一者：不與「十二因緣」相應，所謂「無明」，乃至「老死」。

(3)二者：不與「無明」滅，乃至「老死」滅，而為相應，菩薩摩訶薩離「分別心」，無「二相」故。

(4)三者：不與「身見、邊見」，乃至「六十二見」而為相應……

(5)十五者：不與「三界、五趣」種種「有情」而為相應，亦不分別「大乘、小乘」，「佛法僧」寶差別之相，而為相應。

(6)十六者：不分別「真諦、俗諦、有為、無為、有智、無智、有識、無識、有作意、無作意、有體性、無體性、有相、無相、心意差別」而為相應。

(7)慈氏！當知摩訶般若波羅蜜多，無染無著，離諸分別，平等清淨，一相一味，不與如是「差別等法」而為相應。

➔真正「深般若」的「性空」法門是一相一味，遠離「諸分別」相的，故「有識、無識」或者「有情、

無情」皆一相一味，兩者不即不離，非一非異，皆入「般若性空」之法。

《楞嚴經・卷八》

(1)世尊！若此「妙明(勝妙明淨)真淨(純真極淨)妙心(微妙真心)」，本來遍圓(周遍圓滿)。

(2)如是乃至大地(→指器世間)、草木、蠕動含靈(→指有情世間，包括有足或無足之小蟲、細菌，皆有「靈性」)，本元真如(本來皆具有與佛一樣的「真如藏性」)，即是如來成佛真體(草木、小蟲、細菌亦具「靈性」，與如來成佛之「真如藏性」亦無二無別)。

→「真如法性」或「微妙真心」，乃三世一切法界皆具，亦皆平等無二無別，這包括了「大地、草木、蠕動含靈」。也可說「有情、無情」皆具有「成佛之性」的「可能」。我們要強調的是「可能」這兩個字眼。這並非說「有情」一定能成佛，「無情」一定不能成佛，只能說：「有情」與「無情」皆具有「成佛」的「可能性」而已，並沒有說「無論如何一定能成」，或「決定可成」。

《大寶積經・卷第四十八》

(1)舍利子！我今更說如是之相。舍利子！有諸眾生「身形微細」，難可覩見。非佛法外諸「神仙眼」之所能及，亦非「聲聞、獨覺」天眼境界。唯是如來「清淨天眼」所能照了。

(2)舍利子！如來以淨「天眼」，明見如「車輪量」所有微細「含識(含有心識，如：阿賴耶識)眾生，其數無量，多於三千大千世界。於「人天」趣諸「受生」者。

《楞嚴經・卷九》

(1)此名「天地大力，山精、海精、風精、河精、土精」一切草木，積劫「精魅」。

(2)或復「龍魅」。或壽終「仙」，再活為「魅」。或仙期終(壽終)，計年應死，其形不化，他怪所附，年老成魔，惱亂是人。厭足心生(等魔王滿足心生時)，去(離開)彼人體，弟子與師，多陷「王難」(國家王法的刑罰災難)。

→可見「草木」是有被「天地大力，山精、海精、風精、河精、土精」所附身，甚至成為「精魅」。所以「草木」並非永遠都是「無情、無識」的，如果被「附身」的話，還是會變成「有情識」的眾生。

《楞嚴經・卷九》

(1)又善男子，窮諸行空(已窮盡行陰末那識而至於「空」的境界)，已滅「生滅」(行陰末那識的遷流生滅作用)，而於「寂滅精妙」(精微奧妙的寂滅境界)未圓(未達到圓滿的程度)。

(2)若於「所知」(所觀知的識陰阿賴耶)，知遍圓(知道識陰阿賴耶是無處不遍圓的)故，因「知」(因識體是有知覺的)立「解」(立了其它萬物亦是有真實知覺的異解)。十方草木皆稱「有情」，與人無異。草木為人，人死還成十方草樹，無擇(不選擇有情或無情)「遍知」(有情無情皆有真實知覺)，生勝解者(妄生此為最殊勝的見解)。

(3)是人則墮「知」；無知執(妄推以爲無情亦是有眞實知覺的→[知執]。其實無情是無眞實知覺的→[無知執])。「婆吒」(Vasiṣṭha 婆斯仙人)、「霰尼」(senika 西尼、先尼外道)執一切覺(妄執一切有情、無情皆有眞實知覺)，成其(行者)伴侶。迷佛菩提，亡失「知見」(正知正見)。

→如果認定「十方草木」都「一定」或「決定」是「有情眾生」，而且是與「人類」完全一樣的「情識」，甚至人死後，也會轉世輪迴成爲「十方草樹」，而「十方草樹」也會轉世成爲「人類」。以上這些都是屬於「婆吒」與「霰尼」外道的説法。眞正的説法是：「十方草木」並不完全「等於」人類的「有情識身」，只能説「草木」亦具有「成佛之性」的「可能」，或具有「靈性」，而且所具的「成佛之性」與「靈性」也有顯現深淺之不同，有些種類的「草木」其顯現的「靈性」較高，有些則較低。

→但如果認爲「草木」的「成佛之性」與「靈性」完全與人類一樣，甚至會互相「輪迴轉世」，這是屬於「外道」的理論。不過，如果「草木」也被「精魅」附身，或者被「奈米微生物、細菌」等有「顯著生命跡象之物」所附著的話，那就「有可能」會與「有情眾生」一樣的狀態了。

《大般涅槃經・卷第七》

(1)比丘乞食，受「供養」時，應如飢世，食「子肉」想。若生婬欲，應疾捨離。如是法門，當知是「佛所説經律」。

(2)若有隨順「魔所説者」，是「魔眷屬」。若能隨順「佛所説者」，是名「菩薩」……

(3)「草木之屬」皆有「壽命」(眞實可得的壽命)……若有經律作是説者，當知即是「魔之所説」……

(4)我説「四大」(地、水、火、風)，無有「壽命」(眞實可得的壽命)，若有經律作是説者，是名「佛説」。若有隨順「佛所説者」，當知是等「眞我弟子」。

→如果認爲「草木之屬」或者「地、水、火、風」都有「眞實可得的壽命」，這都是屬於外道的「魔説」。因爲一切「有情」或者「無情」，皆無有「眞實可得的壽命」，皆是「無常、無自性」，都是「眾因緣」下的「虛假壽命」而已。佛經常説諸法皆「無我、無人、無眾生、無壽者」。

勝友尊者集，唐・義淨譯《根本薩婆多部律攝・卷九》

又六眾苾芻，手自誅伐「草木」，外道俗人，見生「譏嫌」，(云比丘)無「悲愍心」，損生住宅，因「種子(村)」及「鬼神村」事。以(外道僧人)譏嫌(比丘)「無悲」(之)煩惱，(故佛)制斯「學處」(戒律)。

宋・智圓述《請觀音經疏闡義鈔・卷三》

(1)草木戒者，此一向是「遮」。但因「外道俗人」計草木(一定)「有命」，(故)見比丘剪伐(時)，謂「無慈心」。(爲)息彼「世機」，佛乃制戒。

(2)故比丘受(戒)已，犯之，得「違制之罪」。俗眾不受(戒)，犯之「無性罪」，故云「不受」，犯，不得罪！

《律戒本疏・卷一》

(1)十一、殺眾草木。阿臘國比丘除經行處「草木」，外道謂為「草木(一定)有命」，(故)言沙門釋子無「大悲心」。

(2)又木互比丘手伐「大樹」，樹有一鬼。鬼携將二子來至佛所，苦自哀訴，樹則我「舍」，我之所依？冬末春初，各有八夜，寒風猛烈，我將何託？(由)此二因緣(而對比丘)嫌怨同責，又多事務，妨亂道業。

(3)以是義故，不宜「剪伐」生「草木」等，不得斷！「斷(草木)」者，犯墮！(可將)「枯(草木)」作「生」想。(若)「斷(草木)」者，(則)犯「突」(吉羅)！

後秦・弗若多羅譯《十誦律・卷十》

(1)若比丘斫拔「鬼村、種子村」，(犯)「波夜提」！

(2)「鬼村」者，謂生「草木」，(為)眾生依住。

(3)「眾生」者，謂「樹神、泉神、河神、舍神、交道神、市神、都道神」，「蚊虻、蛣蜣(同「蜣蜋」)、蛺蝶(同「蝦蟆」)、噉麻蟲、蠍蟲、蟻子」。

(4)(以上諸類皆)是眾生以「草木」為舍，亦以為「村聚」落城邑。

(5)「生」者，謂(草木)根含「潤澤」，若(有人將)自斷、若教人斷，自破教破，自燒教燒。是名為「斫」。

《大般涅槃經・卷七》

(1)穀米、草木，無命(沒有真實可得之壽命)、無我(沒有真實可得之自我)，非「眾生」數(並非屬於「一般眾生」之數、之類)。若有能作如是說者，是我弟子。

(2)若不能者，當知即是「外道弟子」。

(3)如是經律，是佛所說，若有隨順魔所說者，是魔眷屬。若能隨順佛所說者，是名菩薩。

《大方等大集經・菩薩念佛三昧分・卷第七》

若「身」得者，而今此身「無覺、無識、頑癡、無知」，譬如草木，若石若壁。

唐・菩提流志譯《大寶積經・卷第九十》

法同草木；無「知覺」，若離於「心」，不可得。眾生「自性無所有」，一切諸法皆如是。

《大般若波羅蜜多經・卷第一百五》

(1)憍尸迦！譬如依因「滿月輪」故，一切「藥物、星辰、山海」皆得「增明」。

(2)如是依因菩薩摩訶薩「滿月輪」故，一切世間「十善業」道「藥草物類」皆得「增明」。

(3)如是依因菩薩摩訶薩「滿月輪」故，一切世間「惠施、受齋、持戒」等法「藥草物類」皆得「增明」……

(4)如是依因菩薩摩訶薩「滿月輪」故，一切世間菩薩摩訶薩「十地」等行，及阿耨多羅三藐三菩提「藥草物類」皆得「增明」。

(5)如是依因菩薩摩訶薩「滿月輪」故，一切世間「聲聞、獨覺、有學、無學」，「星宿辰象」皆得「增明」。

(6)如是依因菩薩摩訶薩「滿月輪」故，一切世間「菩薩」摩訶薩及「如來」應正等覺，「諸山、大海」皆得「增明」。

➜行「深般若」的菩薩摩訶薩，就像依著「滿月輪」的不可思議力，故使得世間無論「有情」或者「無情」皆得有「增明」的不可思議感應。佛經上常說「大地六變震動」，足見不可思議的「佛法力」，亦會感招「無情」的「大地」產生不可思議的「六種震動」。

《大般若波羅蜜多經•卷第五百二》

(1)復次，憍尸迦！依「深般若」波羅蜜多有菩薩摩訶薩，依菩薩摩訶薩有「十善業」道，廣說乃至有佛「無上正等菩提」，亦有「聲聞、獨覺、菩薩」及「正等覺」出現世間。

(2)譬如依因「滿月輪」故，「藥星、山海」皆得增盛，如是依因諸菩薩故，「十善業道」廣說，乃至諸佛無上正等菩提「功德藥物」皆得「增盛」。

(3)一切「人、天、聲聞、獨覺、有學、無學、賢聖、星辰」亦得「增盛」。

(4)一切菩薩及諸如來應正等覺「諸山、大海」亦得「增盛」。

➜行「深般若」的菩薩摩訶薩，就像依著「滿月輪」的不可思議力，故使得世間無論「有情」或者「無情」皆得有「增盛」的不可思議感應。佛經上常說「大地六變震動」，足見不可思議的「佛法力」，亦會感招「無情」的「大地」產生不可思議的「六種震動」。

《大般涅槃經後分•卷上》

(1)爾時世尊如是逆順，入諸「禪」已，普告大眾：我以甚深「般若」，遍觀三界一切六道「諸山、大海、大地」含生。

(2)**如是三界「根本」性離**(三界所有的「有情」性與「無情」性，其「根本」皆是離相的，亦即三界之有情與無性皆「無自性」，畢竟「性空」無二無別)，**畢竟寂滅，同「虛空相」**。無名無識，永斷諸有。本來平等，無高下想。無見無聞、無覺無知。不可繫縛、不可解脫。**無眾生、無壽命**。不生不起、不盡不滅。非世間、非非世間。涅槃生死，皆不可得。二際平等，等(平等)諸法故。

《菩薩瓔珞經•卷第六》

(1)<u>淨菩薩</u>復白佛言：云何？世尊！若「轉輪聖王」心念便至。欲使「輪寶、珠寶」_{(以上}二物屬「無情」物)有「言教者」得不乎？

(2)佛言：得！何以故？「轉輪王」威力使然；便有「言教」。

(3)<u>淨菩薩</u>言：「轉輪聖王」非通非感，云何使「無情」而有「言教」？

(4)佛言：「轉輪聖王」得「世俗通」。能使「世物」；如「念」(指「心念」)所應。但未能使「有情之物」令至「無情」。

(5)<u>淨菩薩</u>復言：云何使「有情之物」令至「無情」？

(6)佛言：族姓子！今當為汝一一分別。「有情之物」令至「無情」，「無情」之物令至「有情」。善思念之，今當為汝說。

　　如轉輪聖王觀彼「有形(有五官身形)、有情」眾生。愛而「樂」者，未能捨離。欲使「永存」，終無變易。自念己身受「王聖位」，但覩其「福」，不覩「磨滅」。是謂「無形之物」(指「王聖位」之名)欲使「有情」(指想讓「無情」的聖位諸名變成永恒不滅的「有情」物)。

　　如善男子、善女人「已成道」已。恒自思惟，我今「捨」(指捨身形及一切愛樂心)故，不復「愛樂」。欲滅此「形」(因已成道，故欲滅盡此「身形」)，無染於「識」(已不染於「心、意、識」)。是謂「有形」(指已成道之善男子、善女人)而滅於「情」(滅「心、意、識」之染情)。

(7)佛言：族姓子！如四法界。一法界增，諸界有損。諸界悉增，一界有損。此由「有情」而增，不由「無情」而增。

(8)<u>淨菩薩</u>復白佛言：如世尊言；我今當說「有情」至「無情」，「無情」至「有情」。

　　今如來但說「有情」至「無情」，不聞如來說「無情」至「有情」。

(9)佛言：善哉！善哉！族姓子！今發汝問者，皆「佛威神」。我今反問汝，汝當一一報我。云何族姓子；若有善男子、善女人，初「在學地」(指有學位者)成就學法「七無漏觀」。是時復有凡夫「過去、當來、現在」心不乎。

(10)答曰：無也！世尊！

(11)佛言：如是！如是！族姓子！是謂「無情」(指已無「過去、當來、現在」諸心的凡情染識)於「有情」(指「在學地」者)。

(12)佛復問淨菩薩：云何族姓子；如今「無學」(指無學位的四果阿羅漢者)修「九清淨道」。爾時復有「七無漏觀」不乎。

(13)答曰：無也(指已無「七無漏觀」之假名法執)！世尊。

(14)佛復言：族姓子！不退轉菩薩得「虛空觀」，修「十六聖行」。爾時「無學」修「九清淨道」不乎。

(15)答曰：不也！世尊。

(16)佛言：如是！如是！族姓子！是謂「無情」(指已無「九清淨道」及「七無漏觀」之假名法執)於「有情」(指無學位的四果阿羅漢者)。

(17)佛復問：云何族姓子；如今「八住菩薩」得「佛形相」，獲「三十二聖諦」。爾時復

有「九清淨道」不乎。

(18)答曰：無也！世尊。

(19)佛言：如是！如是！族姓子！是謂「無情」_(指已無「九清淨道」之假名法執)於「有情」_(指「八住菩薩」者)。

(20)佛復問淨菩薩曰：云何族姓子；「九地」菩薩，爾時復有「三十二聖諦」不乎。

(21)答曰：無也！世尊。

(22)佛言：如是！如是！族姓子！是謂「無情」_(指已無「三十二聖諦」的假名法執)於「有情」_(指九地菩薩者)。

(23)佛復問淨菩薩曰：云何族姓子；如今如來至真等正覺最後降伏「十四諸塵垢」。爾時復有「三禪」行不乎？

(24)答曰：無也！世尊。

(25)佛言：如是！如是！族姓子！是謂「無情」_(指已無「三禪」的假名法執)於「有情」_(指「如來」者)。

(26)佛復告淨菩薩：今已為汝說「有情」於「無情」，「無情」於「有情」。便能具足如來道教……菩薩摩訶薩具此「有情」於「無情」。「無情」於「有情」者。便能具足如來聖行……

(27)爾時淨菩薩白佛言：世尊！今日如來至真等正覺。「有情」於「無情」耶？「無情」於「有情」耶？

(28)爾時世尊聞淨菩薩問此義已，便放身支節光明，普照無量諸佛利土，盡令金色，還攝光明；便告淨菩薩曰：

善哉！善哉！族姓子！今以「無相」之法而問如來此義。如來至真等正覺已過_(超越過)「九地」，故「有情」於「無情」_(指佛早已越過九地或十地等「假名相」，也已滅「心、意、識」等種種妄想執著分別)，至成得佛，乃至道場，是謂「無情」於「有情」。何以故？皆由眾生有「想著」_(妄想執著)故。

(29)爾時淨菩薩復白佛言：如世尊所說，以眾生故，「無情」於「有情」_(如來因眾生有種種「妄想執著」，故仍示現「無情」於「有情」中。也就是佛已滅「心、意、識」，也沒有辟支佛、阿羅漢等的「染執凡情」，也沒有辟支佛、阿羅漢等未解脫之「無情法執名相」。但佛為度眾生之根器，故仍具有「慈悲喜捨」四無量的「有情」心)。如來今日未離耶？

(30)佛言：已離，雖處_(就算如來處於「有情」處)亦不染_(也不會有任何染著心)。

(31)又問：云何世尊如來「別情」；乃使「無情」於「有情」？唯有「無情」於「有情」耶？

(32)佛言：族姓子！如來無復「別情」_(如來早已滅「心、意、識」，故不會再有任何別的「染污情識」存在)，更有「無情」於「有情」_(乃至更不會有「無情於有情」的種種「染污情識」存在)。但以第一義故，「無情」於「有情」。_(佛雖已滅「心、意、識」，已無「染執凡情」，但為度眾生，故仍示現「心、意、識」等種種「假名」度化眾生，此乃佛說的「但以第一義故」。實際上，後面經文會提到真正的「第一義清淨觀」是無有)

眞實的「有情」與「無情」，亦無此二種假名相。一切皆歸「性空」，方是眞正的「第一義清淨觀」)。

(33)淨菩薩復問：云何於「無情」？云何於「有情」？

(34)佛言：族姓子！我無「辟支佛、阿羅漢」心，然有「慈悲喜護」。是謂「無情」(佛已滅「心、意、識」等種種妄想分別執著，故沒有辟支佛、阿羅漢等的「染執凡情」，也沒有辟佛、阿羅漢等未解脫之「無情法執名相」)於「有情」(佛仍具有「慈悲喜捨」四無量的「有情」心。佛雖具，但心仍「不著」，一切仍爲「假名相」)。

(35)淨菩薩言：如來今日「無情」於「有情」。頗有「無情」於「無情」乎。

(36)佛言：有！

(37)淨菩薩問曰：何者是？

(38)佛言：我今「心滅」(佛已滅心、意、識等種種妄想分別執著，亦無「有爲」與「無爲」種種名相)，託在「無爲」(但爲度眾生，故佛仍將自己寄託在「無爲」的「假名相」中)。是謂「無情」(佛已滅心、意、識，故已無「凡情染識」)於「無情」(爲度眾生故，故仍以種種「心、意、識」或「種種假名相」示現度眾)。

(39)淨菩薩問曰：「無爲」亦「有情」，「無情」亦「有情」名「假號」耶？云何世尊言：我今「心滅」託在「無爲」？

(40)佛言：族姓子！如是！如是！如汝所言。一切諸法皆悉「假號」。是亦「有情」於「無情」，「無情」於「有情」。(一切諸法皆悉是「假名言、假名號」，故「無情於無情」或「無情於有情」等這些主題的討論，亦歸「假名、假號」)

(41)淨菩薩復白佛言：如世尊所說；諸法亂、諸法不定、諸法無常。云何於「假號法」中，復說「無情」於「有情」？「有情」於「無情」？

(42)佛言：云何族姓子；我今當以第一義問汝，汝當以一一報我。汝今「有情」耶？「無情」耶？

(43)答曰：有情。

(44)佛言：汝情何所立。

(45)答曰：立於「無情」。

(46)佛言：汝今「有情」，云何立於「無情」？

(47)答曰：捨「有」趣「無」，故立於「無情」。

(48)佛言：「無情」既「無」，爲何所立？

(49)答曰：立「無所立」。

(50)佛言：汝今用何等法立「無所立」？

(51)答曰：我今不見「有情」、不見「無情」。故立「無所立」。

(52)佛言：族姓子！汝言一切「諸法假號」。云何於「假號法」中；說「有情」於「無情」？說「無情」於「有情」？若當爾者。諸法亂、諸法不定、諸法無常。汝今復說亦不「有情」，亦不「無情」，故立「無所立」。

(53)爾時淨菩薩「默然」不報。

(54)佛言：族姓子！汝觀何等義，「默然」不報？

(55)淨菩薩言：我觀第一義中「無言、無說」，故「默然」耳。

(56)佛言：如是！如是！族姓子！一切諸法皆悉「假號」。於「假號」法中「非真非有」，

以「染污心」故眾生「不達」（一切諸法皆悉假號，無真實存在，但因眾生有「染污分別的執著心」，故永遠無法「通達」此理）。

各自稱說「此是泥洹、此是生死」。

以第一義清淨觀者，亦「無泥洹」，亦「無生死」。（以第一義之清淨觀，無有真實「涅槃」名，亦無有真實「生死」相。亦無有真實之「有情」與「無情」分別，一切皆悉是「假號」法）

(57)爾時世尊便說斯偈，一切諸法界，本無；無所有……愍念群品等，為演「假號法」，

令知至道明……大道無形像，非「有情、無情」。但生「染污心」，不獲三禪本。

《敦博本》關於六祖的偈頌云「法雨即花生」。《宗寶本壇經》則云「普雨悉皆萌」。請從佛典來解釋此段的義理

《思益梵天所問經・卷第一》

(1)世尊！若有善男子、善女人能信解如是法義者。當知是人得脫「諸見」，當知是人已親近無量諸佛……

(2)當知是人說法音聲猶如雷震，當知是人降法甘露，猶如「時雨」，當知是人能增長「無漏根、力、覺分」。

《大哀經・卷第一》

其身淨「無垢」，永無有「眾漏」。能周於十方無思議佛土，所講如「時雨」，雷震「梵妙音」。

《菩薩念佛三昧經・卷第三》

(1)如來「法水」亦除眾生一切「結累」，常得獲安……如來「法藥」能消眾生「生死重病」，皆使永除。

(2)長老阿難！譬如「時雨」，潤益卉木，無不增長。如來「法雨」亦潤一切「枯槁眾生」。

第五十節　心邪，六根六識造「無明業」。心正，六根六識修「般若慧」

（第三十八節到第五十節為惠能大師回廣東 漕溪山南華寺說法，佔全經文約 27%）

《敦博本》與《敦煌本》對校版原文	《宗寶本》原文
	『八十六』
1(惠)能大師言：汝等聽吾作二頌，取達摩和尚頌意。汝迷人依此頌修行，必當「見性」。	(惠能)師說偈已，曰： 　其法無二，其心亦然。 　其道清淨，亦無諸相。
2第一頌曰： 　心地「邪花」放(綻放)，五葉(前五識)逐根(樹根，喻第六識)隨， 　共造「無明業」，見被業風吹。	汝等慎勿觀「靜」，及「空」其「心」。 此心「本淨」，無可「取、捨」。
3第二頌曰： 　心地「正花」放，五葉(前五識)逐根隨， 　共修「般若慧」，當來佛菩提。	
4六祖說偈已了，放眾僧散。 門人出外思惟，即知大師不久住世。	各自努力，隨緣好去。 爾時徒眾，作禮而退。

 《宗寶本壇經》上說「其法無二，其心亦然」。請從佛典來解釋此段的義理

《妙法蓮華經・卷第三》

(1)甘露淨法，其法「一味」。解脫涅槃，以「一妙音」演暢斯義，常為大乘，而作因緣。

(2)我觀一切普皆平等，無有彼此「愛、憎」之心，我無「貪著」，亦無「限礙」，恒為一切，平等說法。如為一人、眾多亦然，常演說法，曾無他事。

《大方等大集經・卷第四十九》

爾時世尊說偈答曰：於此佛法中，無有惱他義，度於「苦彼岸」，諸處心平等。諸法「無有二」，導師捨「憎、愛」。「一道」如虛空，此是佛境界。

《大方等大集經·卷第五十一》

(1)修「禪」及「般若」，得離諸煩惱。不分別「三界」，得住於「如如」。

(2)智者修「禪智」，「出、世」住實際，不染於「諸法」，離一切分別。

(3)不「分別」諸法，不見「有」眾生。諸法唯「一相」，得見「佛境界」。

(4)無量菩薩眾，安住此「法性」。

惠能大師說「各自努力，隨緣好去」，這句話有「深意」嗎？請從佛典來解釋此段的義理

《坐禪三昧經·卷上》

問曰：云何除「親里覺」（常憶親戚鄉里之念，出家人若憶念親里，則生貪著，由貪著復生守護之念，故不宜生親里覺）？

答曰：應如是念：世界生死中「自業緣牽」，何者是「親」？何者「非親」？但以愚癡故，橫生「著心」，計為「我親」。

(1)「過去世」非親為親、「未來世」非親為親。「今世」是親，「過去」非親。譬如鳥栖，暮集一樹，晨則「隨緣」各自飛去，「家屬親里」亦復如是。

(2)生「世界」中，各各自「異心」，「緣會」故親，「緣散」故疏。無有「定實因緣果報」（決定的真實因緣果報及緣分）共相親近。

(3)譬如乾沙，緣手團握。緣「捉」故合，緣「放」故散。

(4)父母養子，老當得報。子蒙懷抱，養育故應報。若「順其意」則親，若「逆其意」是賊。有「親」不能益而反害，有「非親」無損而大益。

(5)人以「因緣」故而生「愛」，「愛」因緣故而更「斷」。譬如「畫師」作「婦女像」，還「自愛著」。此亦如是，自生「染著」，染著於「外」。

(6)過去世中汝有「親里」，今世於汝「復何所作」？汝亦不能「益」（相益幫忙）過去親，過去親不「益」汝，兩「不相益」，空念之為「是親」？「非親」？

(7)世界中「不定」無邊，如「阿羅漢」教新出家「戀親弟子」言：如惡人吐食，更欲還噉。汝亦如是。汝已得「出家」，何以還欲「愛著」，是「剃髮染衣」是「解脫相」。

(8)汝著「親里」，不得解脫，還為「愛所繫」，三界無常，流轉不定。若「親、非親」，雖今「親里」，久久則滅。

(9)如是十方眾生「迴轉」（輪迴轉世），親里「無定」（沒有一定）是非「我親」（誰是我親，誰非我親）。

(10)人欲死時「無心、無識」，直視不轉，閉氣命絕，如墮闇坑，是時「親里家屬」安在？

(11)若「初生」時，先世(前世)「非親」(本來就不是親眷)，今「強和合」作「親」。若當死時復「非親」(仍然回到非親眷的情形)。

(12)如是思惟不當「著親」(著執親眷)……如是種種，正觀除「親里覺」。

《大寶積經·卷第四十七》

(1)舍利子！彼二菩薩行精進時，於千歲中，乃至「未曾」如「彈指頃」，被於「睡眠」之所逼奪……

(2)於千歲中未曾一念起於「欲覺、恚覺、害覺」。於千歲中未曾起念緣「親里緣」，若父、若母，兄弟姊妹及餘眷屬皆「不緣念」，於千歲中未曾起念。

第五十一節　歷代傳授「頓教禪法」之承傳祖師表。**惠能為第四十代**

（第五十一節到第五十七節為**惠能**大師至**新州** 國恩寺說法告別，佔全經文約 10%）

《敦博本》與《敦煌本》對校版原文	《宗寶本》原文
1六祖後至八月三日「食後」（大師於八月三日國恩寺圓寂）。 大師言：汝等著位坐，吾今共汝等別！	『九十』 (惠能)大師先天二年癸丑歲，八月初三日，於國恩寺「齋罷」。 謂諸徒眾曰：汝等各依位坐，吾與汝別！ 『八十七』 (惠能)大師七月八日，忽謂門人曰：吾欲歸新州（表示七月八日此時大師人仍在南華寺，欲歸故鄉新州的國恩寺圓寂），汝等速理「舟楫」。（南華寺距離國恩寺約 300 公里） 大眾哀留甚堅。 (惠能)師曰：諸佛出現，猶示「涅槃」。有來必去，理亦常然。吾此形骸，歸必有所。 眾曰：師從此去（指去新州的國恩寺），早晚可回？（指大師何時才能再回南華寺呢？） (惠能)師曰：葉落歸根（欲歸故鄉出生地新州），來時無口。（吾若再回南華寺時已「無口」說法，因大師將於國恩寺圓寂，時間是八月三日） 又問曰：正法眼藏，傳付何人？

	(惠能)師曰：「有道者」得，「無心者」通。
	又問：後莫有難否？
	(惠能)師曰：吾滅後五、六年，當有一人來取吾「首」。 (根據《傳法正宗記·六》的記載，此事發生於開元十年壬戌（西元722年）8月3日子夜，當時欲取六祖頭供養的人，是新羅國僧金大悲所指使，欲取回新羅國供養。因先有防範，事即未果)
	聽吾記曰： 頭上養親，口裏須餐。遇滿之難，楊、柳為官。 (口裏須餐：來偷取六祖頭的那個人，是為「口腹」之累，才作偷取之事。根據《傳法正宗記·六》的記載，汝州梁縣人張淨滿，在洪州開元寺，以「二十千錢」受雇於金大悲，被捕後仍為開釋不究。下面的「遇滿之難」的「滿」字，正預藏著張淨滿的滿字。楊柳為官：預言到那時的地方官一個姓楊一個姓柳。根據《傳法正宗記·六》的記載，張淨滿被捕時的韶州刺史名叫柳無忝，曲江縣令名叫楊侃)
	『八十九』
2 法海問言：此「頓教法」傳授，從上以來至今幾代？	問曰：未知從上佛祖應現已來，傳授幾代？願垂開示。
	(惠能)師云：古佛應世，已無數量，不可計也。今以七佛為始。
3 六祖言： 初，傳授七佛，釋迦牟尼佛第七(在賢	過去莊嚴劫，毗婆尸佛、尸棄佛、毘舍浮佛，今賢劫，拘留孫佛、拘那含牟尼佛、迦葉佛、釋迦文佛，是為七

劫七佛中，<u>釋迦佛</u>為第七佛）。	佛。已上七佛。
<u>大迦葉</u>第八。	今以<u>釋迦文佛</u>首傳<u>摩訶迦葉尊者</u>，(第八)
<u>阿難</u>第九。	第二、<u>阿難尊者</u>。(第九)
<u>末田地</u>第十。	第三、<u>商那和修尊者</u>。(第十)
<u>商那和修</u>第十一。	第四、<u>優波毱多尊者</u>。(第十一)
<u>優婆鞠多</u>第十二。	第五、<u>提多迦尊者</u>。(第十二)
<u>提多迦</u>第十三。	第六、<u>彌遮迦尊者</u>。(第十三)
<u>佛陀難提</u>第十四。	第七、<u>婆須蜜多尊者</u>。(第十四)
<u>佛陀蜜多</u>第十五。	第八、<u>佛馱難提尊者</u>。(第十五)
<u>脅比丘</u>第十六。	第九、<u>伏馱蜜多尊者</u>。(第十六)
<u>富那奢</u>第十七。	第十、<u>脅尊者</u>。(第十七)
<u>馬鳴</u>第十八。	十一、<u>富那夜奢尊者</u>。(第十八)
<u>毗羅長者</u>第十九。	十二、<u>馬鳴大士</u>。(第十九)
<u>龍樹</u>第二十。	十三、<u>迦毘摩羅尊者</u>。(第二十)
<u>迦那提婆</u>第二十一。	十四、<u>龍樹大士</u>。(第二十一)
<u>羅睺羅</u>第二十二。	十五、<u>迦那提婆尊者</u>。(第二十二)
<u>僧迦那提</u>第二十三。	十六、<u>羅睺羅多尊者</u>。(第二十三)
<u>僧迦耶舍</u>第二十四。	十七、<u>僧伽難提尊者</u>。(第二十四)
<u>鳩摩羅馱</u>第二十五。	十八、<u>伽耶舍多尊者</u>。(第二十五)
<u>闍耶多</u>第二十六。	十九、<u>鳩摩羅多尊者</u>。(第二十六)
<u>婆修盤多</u>第二十七。	二十、<u>闍耶多尊者</u>。(第二十七)
<u>摩拏羅</u>第二十八。	二十一、<u>婆修盤頭尊者</u>。(第二十八)
<u>鶴勒那</u>第二十九。	二十二、<u>摩拏羅尊者</u>。(第二十九)
<u>師子比丘</u>第三十。	二十三、<u>鶴勒那尊者</u>。(第三十)
<u>舍那婆斯</u>第三十一。	二十四、<u>師子尊者</u>。(第三十一)
<u>優婆崛</u>第三十二。	二十五、<u>婆舍斯多尊者</u>。(第三十二)
<u>僧迦羅</u>第三十三。	二十六、<u>不如蜜多尊者</u>。(第三十三)
<u>須婆蜜多</u>第三十四。	二十七、<u>般若多羅尊者</u>。(第三十四)
<u>南天竺國王子第三子菩提達摩</u>第三十五。	二十八、<u>菩提達摩尊者</u>(**此土為初祖**)。(第三十五)
<u>唐國僧惠可</u>第三十六。	二十九、<u>慧可大師</u>。(第三十六)
<u>僧璨</u>第三十七。	三十、<u>僧璨大師</u>。(第三十七)
<u>道信</u>第三十八。	三十一、<u>道信大師</u>。(第三十八)

| 弘忍第三十九。
惠能自身當今受法第四十。

4大師言：今日以後，遞相傳授，須有「依約」(依據信約)，莫失「宗旨」。 | 三十二、弘忍大師。(第三十九)
慧能是為三十三祖。(第四十)

從上諸祖，各有「稟承」(稟受領承)，汝等向後，遞代流傳，毋令乖誤。 |

過去七佛所說的偈頌相關內容，還有那些佛典有說過？

《佛說仁王般若波羅蜜經・卷上》

(1)爾時波斯匿王言：「第一義諦」中有「世諦」不？若言「無」者，智不應「二」。若言「有」者，智不應「一」。「一、二」之義，其事云何？

(2)佛告大王：汝於「過去七佛」已問「一義、二義」。汝今「無聽」，我今「無說」。「無聽、無說」即為「一義、二義」故。

(3)諦聽！諦聽！善思念之，如法修行。「七佛偈」如是：

(4)「無相」第一義，無「自」、無「他作」。因緣本自有，無「自」、無「他作」。法性本「無性」，「第一義」空如……

(5)諸法「因緣」有，「有、無」義如是，「有、無」本自二，譬若「牛二角」……求「二」不可得……通達此「無二」，真入「第一義」……

(6)大王！菩薩摩訶薩於「第一義」中，常照「二諦」化眾生。佛及眾生「一」而「無二」。何以故？以「眾生空」故得置「菩提空」，以「菩提空」故得置「眾生空」。以「一切法空」故「空空」。何以故？

(7)「般若」無相，「二諦」虛空，「般若」空……

(8)菩薩未成佛時，以「菩提」為「煩惱」，菩薩成佛時，以「煩惱」為「菩提」，何以故？

(9)於「第一義」而「不二」故，諸佛如來乃至一切法「如」故……

(10)大王！一切法觀門，「非一非二」，乃有無量一切法……乃至一切「法空」……

(11)大王！「七佛」說摩訶般若波羅蜜，我今說「般若」波羅蜜，「無二」無別。

「頓教法」的傳授，從西天祖師至惠能大師為「第四十代」，請就佛典來說明「傳授」或「授記」的真義為何？

《大方等陀羅尼經・初分餘・卷二》

(1)舍利弗問文殊師利言：若一切法「性空」者，如來以何法「授」我等阿耨多羅三藐三

菩提記耶？

(2)文殊師利答舍利弗言：如來以「如如性」授汝等記。

(3)舍利弗言：如文殊師利所説中，無有「如性」，汝今語我：如來以「如如性」授汝等記。

(4)文殊師利答舍利弗言：如來授記，「不即」是「如」，「不離」是「如」。

(5)舍利弗言：如上所記，無有「形相」，而今此法有「形相」無？

(6)文殊師利言：不「有」、不「無」、不離「一」、不離「二」、不離「色」、不即「色」。

(7)舍利弗言：且置此事。我近問汝：文殊師利！如來三十二相有「形相」無？

(8)文殊師利言：「不即」形相、「不離」形相，是三十二相。

(9)舍利弗言：如來授我等三菩提記，寧「虛妄」乎？

(10)文殊師利言：「不即」是虛妄，「不離」是虛妄。

(11)舍利弗言：當云何求？

(12)文殊師利言：「如如性」中求。

(13)舍利弗言：此「如如性」當於何求？

(14)文殊師利言：於如來「真諦」中求。

(15)舍利弗言：如來「真諦」當於何求。

(16)文殊師利言：於「如如性」中求。

(17)舍利弗言：「即」是如乎？「不即」如乎？

(18)文殊師利言：「不即不離」，即是「如性」。

(19)舍利弗言：「即」是如乎，「不即」如乎？

(20)文殊師利言：「即」亦是如，「不即」亦如。「不即不離」，是名「如性」。

(21)爾時舍利弗不識是何言，不知以何答。默然而還，去詣本坐處。

(22)爾時佛告文殊師利法王子言：善哉！善哉！佛子！快説是語如「授記法」，夫「授記者」，應如是「觀」是法性，名為「授記」。

➔授記者，即非授記，是名授記也。

《大方等陀羅尼經・初分餘・卷二》云：

(1)爾時舍利弗問文殊師利法王子言：世尊弘慈無量，「授」我等聲聞大弟子「記」已，不久當得阿耨多羅三藐三菩提成一切智……

(2)文殊師利！於汝意云何？我等當得阿耨多羅三藐三菩提不？

(3)文殊師利語舍利弗：於汝意云何？猶如枯樹更生枝不？猶如山水還本處不？猶如石片更還合不？如燋穀種更生芽不？如沸蘇中可種子不？如是諸事為可得不？

(4)舍利弗言：不也！文殊師利！如上諸事實不可得。

(5)文殊師利言：若不可得者，汝云何問我「當得阿耨多羅三藐三菩提記」，心生歡喜？

(6)是「授受記法」，無有形、形相，無有言語，無有去來，無有喜悅，無「有得相」，乃「無言語」，無有「妄想」分別諸法，於「授記法」應作如是相，可得「如性」。

(7)夫「授記法」，如虛空「無色」，亦如虛空「無形」，如浮雲「無實」，如風「無體」。如空以聞聲，不見其形。如水聚沫，無有實處。如野馬焰，乾闥婆城。

(8)當知如是諸法「無有實處」。

(9)夫菩薩摩訶薩「授記法」，應如是「觀諸法相」。

(10)若能如是觀者，乃名「受阿耨多羅三藐三菩提記」。

《勝天王般若波羅蜜經・卷五・無所得品第八》

(1)爾時，眾中有一菩薩摩訶薩，名<u>須真胝</u>▵ 白言：如來為大王「授記」乎？

(2)<u>勝天王</u>答<u>善思惟</u>菩薩言：善男子！我授記如「夢相」。

(3)又問：大王！如此「授記」當得何法？

(4)答曰：善男子！佛授我記，竟「無所得」。

(5)又問：「無所得」者為是何法？

(6)答曰：不得「眾生、壽者、人、養育」，「陰、界、入」，悉無所得。
若善、不善，若染、若淨，若有漏、若無漏，若世間、若出世間，若有為、若無為，若生死、若涅槃，悉無所得。

(7)又問：若「無所得」，用「授記」為？

(8)答曰：善男子！「無所得」故，則得「授記」。

第五十二節　授【見真佛解脫頌】。自性若迷癡；佛為眾生。自性若慧悟；眾生為佛

《敦博本》與《敦煌本》對校版原文	《宗寶本》原文
	『九十一』
1 法海又白：(惠能)大師今去，留付何法，令後代人如何見佛？	法海白言：(惠能)和尚留何教法，令後代迷人得見「佛性」？
2 六祖言：汝聽！後代迷人，但識「眾生」(識眾生本有之佛性)，即能見「佛」。若不識「眾生」，覓佛萬劫不可得見也。	(惠能)師言：汝等諦聽！後代迷人，若識「眾生」，即是「佛性」。若不識「眾生」，萬劫覓佛難逢。
吾今教汝識「眾生」(識眾生本有之佛性)見「佛」。更留【見真佛解脫頌】。	吾今教汝識「自心眾生」，見「自心佛性」。
迷即不見「佛」，「悟者」即見。	
3 法海願聞，代代流傳，世世不絕。	
4 六祖言：汝聽！吾與汝說。後代世人，若欲覓「佛」，但識「眾生」(識眾生本有之佛性)，即能識「佛」。即緣(緣由)「佛心」，有眾生。離「眾生」，無「佛心」。	欲求見「佛」，但識「眾生」(識眾生本有之佛性)。只為眾生迷「佛」(迷失佛性)，非是佛迷「眾生」。
5「迷」，即「佛眾生」。(原本具有「可解脫開悟而成佛」的眾生；即成為「有煩惱」的輪迴眾生)「悟」，即「眾生佛」。(原本是「有煩惱」的輪迴眾生；即成為「可解脫開	自性若「悟」，眾生是佛。(原本是「有煩惱」的輪迴眾生；即成為「可解脫開悟而成佛」)自性若「迷」，佛是眾生。(原本具有「可解脫開悟而成佛」的眾生；即成為「有煩

悟而成佛」)	惱」的輪迴眾生)
6「愚癡」，佛眾生。 　「智慧」，眾生佛。	
7「心嶮」，佛眾生。 　「平等」，眾生佛。	自性「平等」，眾生是佛。 自性「邪嶮」，佛是眾生。
8 一生心(一念而生的心)若「嶮」，佛在眾生中。 一念悟(一念而悟的心)若「平」，即眾生自佛。	汝等心若「嶮曲」，即佛在眾生中。 一念「平直」，即是眾生成佛。
9 我心自有佛，「自佛」(自我心中之佛)是「真佛」。	我心自有佛，「自佛」(自我心中之佛)是「真佛」。
10 自若無「佛心」(心中無佛之慈悲智慧心)， 　向何處求「佛」？	自若無「佛心」(心中無佛之慈悲智慧心)， 何處求「真佛」？
	汝等「自心是佛」，更莫狐疑。 外無一物而能建立，皆是「本心」生「萬種法」。
	故經云：「心生」種種法生，「心滅」種種法滅。
	(此據《楞嚴經·卷一》云：「由心生故，種種法生；由法生故，種種心生」。但如果不是從「經」來，那很可能是從唐·宗密(780~841)著的《圓覺經大疏釋義鈔》(於823年著成)內容。或唐·裴休集錄的《黃檗斷際禪師宛陵錄》(於857年集錄)。或臨濟宗之祖義玄禪師(?~867)，其《鎮州臨濟慧照禪師語錄》也有相同的文字)

惠能大師認為「佛」與「眾生」有何關係？請從佛典來解釋此段的義理

《大方廣佛華嚴經·卷第十》

(1)一切世界中，無法而不造。如「心、佛」亦爾，如「佛、眾生」然。

(2)「心、佛」及「眾生」，是三無差別。諸佛悉了知，一切從「心」轉。

(3)若能如是解，彼人見「真佛」。「心」亦非是「身」，「身」亦非是「心」。

(4)作一切佛事，自在未曾有。若人欲求知，三世一切佛，應當如是觀，「心」造諸如來。

《大乘理趣六波羅蜜多經・卷第一》

(1)眾生悉有如來藏，三寶於是現世間。「一切有情」入「佛智」，以「性清淨」無別故。

(2)「佛」與「眾生」性「不異」，凡夫見「異」聖「無差」。一切眾生「本清淨」，三世如來同演説。其性「垢、淨」本無二，「眾生」與「佛」無差別。

(3)「空」遍十方無分別，「心性平等」亦復然。

《大乘理趣六波羅蜜多經・卷第十》

(1)寂滅等虛空，「法性」無來去，佛現三界中，不生亦不滅。

(2)此界及他方，「湛然」常不動。「平等」真法界，佛與眾生「如」。「非斷」亦「非常」，大悲恒不盡。

《大般涅槃經・卷第十》

(1)善男子！「聲聞、緣覺、菩薩」亦爾，皆得成就「同一佛性」。何以故？

(2)除「煩惱」故，如彼「金鑛」除諸「滓穢」。以是義故，「一切眾生」同「一佛性」，無有差別。以其先聞「如來密藏」後成佛時，自然得知。

《勝天王般若波羅蜜經・卷第四》

(1)舍利弗！菩薩摩訶薩聞説「深般若」波羅蜜，心「不驚不怖、不疑不悔」，當知是人已得「授記」。何以故？

(2)信受「般若」波羅蜜，「近佛境界」故。以此「一心」則能「通達一切佛法」，達佛法故利益眾生，不見「眾生」與「佛法」"異"。何以故？理無二故。

《大方廣佛華嚴經・卷第十七》

(1)復應修習十種法。何者為十？所謂……了知境界「如幻如夢」，如影如響，亦如變化。

(2)若諸菩薩能與如是觀行相應，於諸法中不生「二解」，一切佛法疾得現前，「初發心」時即得「阿耨多羅三藐三菩提」，知一切法即「心自性」，成就「慧身」，不由「他悟」。

自性若迷，佛是眾生。自性若悟，眾生是佛。眾生本來具佛性，既與佛「不異」，何時起無明煩惱？諸佛如來會起無明煩惱嗎？請從佛典來解釋此段的義理

《楞嚴經・卷四》

(1)**富樓那**(Pūrṇa-maitrāyaṇīputra)言：

若此妙覺(眾生所具的的「妙覺」之心)，本妙「覺明」(本覺妙明之心)與「如來心」不增不減。

無狀(既與佛一樣不增不減，為何無因無狀故)忽生「山河大地」諸「有為相」？

如來今得(今已證得)「妙空明覺」，山河大地、「有為」習漏(積聚業習成有漏果)何當復「生」？

(2)**佛告富樓那**！

譬如「迷人」，於一聚落惑「南」為「北」。此「迷」(無明)為復；

因①「迷」(迷妄愚癡)而有？

因②「悟」而出？

(3)**富樓那**言：

如是迷人，亦不因「迷」，又不因「悟」。

何以故？迷本「無根」(沒有真實存在的根源或獨存的自體性)，云何因①「迷」？

悟非生「迷」，云何因②「悟」？

(4)**佛言**：彼之迷人，正在迷時，儵 (忽然)有「悟人」，指示令悟。

富樓那！於意云何？此人縱迷於此聚落，更生「迷」(迷妄愚癡)不？

(5)不也！世尊！

(6)**富樓那**！十方如來亦復如是。

此迷「無本」(沒有真實存在的根本體性)，性「畢竟空」(迷妄愚癡的本性，畢竟是性空，不可得，無實體性、無自性的)。

昔本無迷，似有「迷覺」(迷妄愚癡的感覺)；覺(覺悟)迷(迷妄愚癡)；迷滅，覺(覺悟)不生迷(迷妄愚癡)。

亦如翳ˉ (眼病)人見「空中華」，翳病若除，華於「空」(虛空中)滅。

忽有愚人於彼「空」(虛空)華所滅(消滅)「空地」(虛空之處)，待華更生。汝觀是人，為「愚」為「慧」？

(7)**富樓那**言：

「空」(虛空)元無華，妄見(因眼翳而產生妄見)生滅(有生起有消滅)，見華「滅空」(倒裝→空滅。於虛空中消滅)，已是顛倒，敕ˋ 令(命令)更出，斯實「狂癡」(狂妄愚癡)。

云何更名如是狂人為「愚」為「慧」？

(8)**佛言**：如汝所解，云何問言：諸佛如來「妙覺明空」，何當更出「山河大地」？

(9)又如「金礦」雜於精金，其金一純，更不成雜；如木成「灰」，不重為「木」。

(10)諸佛如來「菩提涅槃」，亦復如是。

《大方廣圓覺修多羅了義經》

(1)於是金剛藏菩薩在大眾中，即從座起，頂禮佛足……

(2)世尊！若諸眾生「本來成佛」(本來即具有「成就佛道的種性」)，何故復有「一切無明」？

(3)若諸「無明」，眾生「本有」。何因緣故，如來復說「本來成佛」(本來即具有「成就佛道的種性」)？

(4)十方異生，本成佛道，後起「無明」。一切如來何時復生「一切煩惱」？……

(5)善男子！一切世界始終「生滅」，前後有無，聚散起止。念念相續，循環往復，種
種取捨，皆是「輪迴」……雲駛月運，舟行岸移，亦復如是。

(6)善男子！諸「旋」(旋轉)未息。彼物先「住」，尚不可得。何況「輪轉」生死垢心，曾未
清淨。觀「佛圓覺」而不「旋復」，是故汝等便生三惑。

(7)善男子！譬如「患翳」(罹患眼翳病)，妄見「空花」(虛空中有花朵產生)。「患翳」(罹患眼翳)若除，
不可說言：此「翳」已滅，何時更起一切「諸翳」！何以故？

(8)「翳、花」(虛空中的幻花)二法，非「相待」故。亦如「空花」(虛空中的幻花)滅(消滅)於「空」(虛
空)時。不可說言：「虛空」何時更起「空花」(虛空中的幻花)。何以故？

(9)「空」本無「花」，非起滅(沒有起，也沒有滅)故，「生死、涅槃」同於「起滅」。
「妙覺圓照」離(遠離)於「花翳」(因眼翳而妄見的虛空之花)。

(10)善男子！當知虛空非是「暫有」，亦非「暫無」。況復如來「圓覺」隨順而為「虛空」
平等本性！

(11)善男子！如銷「金礦」，「金」非銷有，既已成「金」，不重為「礦」。經無窮時，「金
性」不壞。不應說言：「本非成就」。如來「圓覺」，亦復如是。

(12)善男子！一切如來「妙圓覺心」，本無「菩提」及與「涅槃」，亦無「成佛」及「不成
佛」。無妄(虛妄)「輪迴」及「非輪迴」。

(13)善男子！但諸「聲聞」所圓境界，「身、心」語言，皆悉斷滅，終不能至彼之「親證」
所現「涅槃」，何況能以有「思惟心」測度如來「圓覺」境界！

(14)如取「螢火」燒「須彌山」，終不能著。以「輪迴心」，生「輪迴見」，入於如來「大寂
滅海」，終不能至。

(15)是故我說一切「菩薩」及末世「眾生」，先斷「無始輪迴根本」。

(16)善男子！有作「思惟」，從「有心」起，皆是「六塵」妄想緣氣，非「實心體」，已如
「空花」(虛空中的幻花)。

(17)用此「思惟」(幻想式的思惟方式)辯(辯論或分別)於「佛境」，猶如「空花」(虛空中的幻花)復結「空
果」(虛空中的妄果)，展轉妄想，無有是處。

(18)善男子！虛妄浮心，多諸「巧見」，不能成就「圓覺」方便。如是分別，非為「正問」

（以上詢問：若諸眾生「本來成佛」，何故復有「一切無明」？若諸「無明」，眾生「本有」。何因緣故，如來復說「本來成佛」？十方異生，本成佛道，後起「無明」。一切如來何時復生「一切煩惱」？這些問題，都不是「正問」，亦非「善問」。皆是癡人夢語，非實際究竟之論）。

第五十三節　授【自性見真佛解脫頌】。婬性本是淨性因，煩惱即是菩提智

《敦博本》與《敦煌本》對校版原文	《宗寶本》原文
	『九十二』
1(惠能)大師言：汝等門人好住(多加保重，多修持及安住於佛道)！吾留一頌，名【自性見真佛解脫頌】。後代迷人，聞此頌意，即見「自心自性真佛」。與汝此頌，吾共汝別。頌曰：	吾今留一偈，與汝等別，名【自性真佛偈】。後代之人，識此偈意，自見本心，自成佛道。 偈曰：
2真如淨性(清淨佛性)是真佛， 　邪見「三毒」是真魔。 「邪見」(邪見迷惑)之人魔在「舍」， 「正見」(正知正見)之人佛在「堂」。	「真如自性」是真佛， 邪見「三毒」是魔王。 「邪迷」(邪念迷惑)之時魔在「舍」， 「正見」(正知正見)之時佛在「堂」。
3性中邪見三毒生，即是魔王來住「舍」。 　正見忽除三毒心，魔變成佛真無假。	性中邪見三毒生，即是魔王來住「舍」。 「正見」自除三毒心，魔變成佛真無假。
4化身報身及法身，三身原本是一身。 　若向性中覓自見，即是成佛菩提因。	法身報身及化身，三身本來是一身。 若向性中能自見，即是成佛菩提因。
5本從化身生淨性(清淨佛性)， 　淨性常在化身中。 　性(清淨佛性)使化身行正道， 　當來圓滿真(真實)無窮。	本從化身生「淨性」(清淨佛性)， 「淨性」常在化身中。 性(清淨佛性)使化身行正道， 當來圓滿真(真實)無窮。
6婬性(喻煩惱)本是淨性(喻佛性菩提)因， 　除婬(若斷除婬性煩惱)即「無」淨性身。 (惠能大師提倡「轉煩惱為菩提」，若能善觀「煩惱」當下即「空性」，當下即為「菩提」。故不需「斷」，「轉」即可。煩惱與清淨佛性皆「無自性」，二者亦不即不離)	婬性(喻煩惱)本是淨性(喻佛性菩提)因， 除婬(若斷除婬性煩惱)即「是」淨性身。

性(在煩惱婬性中)中但自「離五欲」(指「轉五欲」)，「見性」剎那(剎那即爲見性)即是真。	性(在煩惱婬性中)中各自「離五欲」(指「轉五欲」)，「見性」(剎那即爲見性)剎那即是真。
7今生若悟「頓教門」， 悟即眼前見世尊(親見佛法性)。 若欲修行求覓佛， 不知何處欲覓真？	今生若遇「頓教門」， 忽遇「自性」見世尊(親見佛法性)。 若欲修行覓作佛， 不知何處擬求真？
8若能心中自有真(真如佛性)， 有真即是成佛因。 自不求真(真如佛性)外覓佛， 去覓總是大癡人。	若能心中自見「真」(真如佛性)， 有「真」即是成佛因。 不見「自性」(真如佛性)外覓佛， 「起心」總是大癡人。
9「頓教法」者是西流(往西流去)， 救度世人須自修。 今報世間學道者， 不依此見大悠悠(久遠沉輪)！	「頓教法」門今已留， 救度世人須「自修」。 報汝當來學道者， 不作此見大悠悠(久遠沉輪)！

「邪見三毒是真魔，真如淨性及正見是真佛」。請從佛典來解釋此段的義理

《大乘理趣六波羅蜜多經・卷第九》

(1)佛告慈氏菩薩摩訶薩：此般若波羅蜜多，皆從「善友」聞「正法」生，「邪見」之人是智慧「怨」。汝等應當親近「善友」、遠「惡知識」。

(2)此般若波羅蜜多，非唯出生「一切善法」，過去未來現在諸佛皆從此生，當知此經即是一切諸佛之母。

《楞嚴經・卷一》

(1)諸修行人不能得成「無上菩提」；乃至別成(各別而成就)聲聞、緣覺，及成(及至於錯修而成)外道諸「天魔王」及「魔眷屬」。

(2)皆由不知「二種根本」，錯亂修習……

一者「無始生死根本」(→妄心)。則汝今者與諸眾生用「攀緣心」(第六意識妄想攀緣心)為自性者。

二者「無始菩提涅槃」(→眞心)，元(本來)清淨體。則汝今者，「識精(第八意識的精明之體)元明(本來即爲光明之體)」能生諸緣(第八識能緣現「見分」與「相分」)，緣所遺者。(第八識能攀緣前七識所遺留下來的種子業力→後文《第五卷》云「自心取自心，非幻成幻法」即是此理)

《楞嚴經・卷六》

(1)「因地」不真，果招迂曲……

(2)若諸比丘，「心」如「直弦」，一切真實，入三摩地，永無魔事。我印是人成就菩薩無上知覺。

《楞嚴經・卷七》

(1)阿難！……求菩薩道，要先持此「四種律儀」(須先持戒再持咒)，皎如冰霜，自不能生一切「枝葉」心三(貪瞋癡)口四(妄言、綺言、兩舌、惡口)，生必無因(「殺盜婬妄」爲根本，「心三口四」爲枝葉，「根本」既除，「枝末」則無從所生)……

(2)如是四事(殺盜婬妄)，若不遺失，心尚不緣「色、香、味、觸」，一切魔事，云何發生？

《楞嚴經・卷九》

(1)汝勗(ㄒㄩˋ 同「勗」→勉勵)修行，欲得「菩提」，要除「三惑」(殺盜婬)。

(2)不盡「三惑」，縱得「神通」，皆是「世間有爲」功用，「習氣」(殺盜婬三惑之習氣)不滅，落於「魔道」。

《楞嚴經・卷九》

(1)鬼神及諸天魔、魑魅妖精，於三昧時(在你修習三昧禪定時)，僉(ㄑㄧㄢ 皆；全)來惱(惱亂破壞)汝。然彼諸魔雖有「大怒」……

(2)徒恃「神力」(諸魔皆恃神力)，但爲其「客」(終不久住)。成就、破亂，由汝心中「五陰主人」。「主人」若迷，「客」(諸魔)得其便。

《楞嚴經・卷十》

(1)汝(阿難)等必須將「如來語」，於我滅後傳示末法，遍令眾生覺了斯義。

(2)無令「心魔」自起深孽(罪深尊重)，保持(保護扶持)覆護(覆庇護衛)，消息(消滅息止)邪見。

《大方廣佛華嚴經・卷五十八》

(1)「蘊魔」，生諸取故。

(2)「煩惱魔」，恆雜染故。

(3)「業魔」，能障礙故。

(4)「心魔」，起高慢故。

(5)「死魔」，捨生處故。

(6)「天魔」，自憍縱故。

(7)「善根魔」，恆執取故。

(8)「三昧魔」，久耽味故。

(9)「善知識魔」，起著心故。

(10)「菩提法智魔」，不願捨離故。是為十。

《釋禪波羅密次第法門・卷四》

(1)「陰、界、入」魔，為「五陰、十二入、十八界」，一切名色，繫縛眾生，陰覆行者清淨善根，功德智慧不得增長，故名為「魔」。

(2)所謂「欲界」陰、入，乃至「色、無色界」陰、入亦如是，行者若「心」不了，受著（貪受執著）；悉名為「魔」。

(3)若能「不受、不著」，觀如「虛空」，不為覆障，即破「魔業」。

《大智度論・初品中放光釋論第十四之餘》(卷第八)

「有念」墮「魔網」，「無念」則得出，「心動」故「非道」，「不動」是法印。

《大方廣佛華嚴經・卷第十三》

世間所見法，但以「心」為主，隨解取眾相，顛倒不如實。

「本從化身生淨性，淨性常在化身中」。請從佛典來解釋此段的義理

《解深密經・卷第五》

如來「法身」究竟「淨」故，如來「化身」常樂現故。

「婬性本是淨性因，除婬即無淨性身」。請從佛典來解釋此段的義理

《維摩詰所說經・卷中》

(1)爾時<u>文殊師利</u>問<u>維摩詰</u>言：菩薩云何通達「佛道」？

(2)<u>維摩詰</u>言：若菩薩行於「非道」，是為「通達佛道」？

(3)又問：云何菩薩行於「非道」？

(4)答曰：若菩薩行「五無間」而無「惱恚」。

至于「地獄」；無諸罪垢。

至于畜生；無有「無明、憍慢」等過。

至于「餓鬼」；而具足功德。

行「色、無色界」道；不以為勝。

示行「貪欲」；離諸「染著」。

示行「瞋恚」；於諸眾生，無有「恚礙」。

示行「愚癡」；而以「智慧」調伏其心。

示行「慳貪」；而捨「內、外」所有，不惜「身命」。

示行「毀禁」；而安住「淨戒」。乃至「小罪」，猶懷「大懼」。

示行「瞋恚」；而常「慈忍」。

示行「懈怠」；而勤修「功德」。

示行「亂意」；而常念「定」。

示行「愚癡」；而通達「世間、出世間慧」。

示行「諂偽」；而善方便，隨諸經義。

示行「憍慢」；而於眾生，猶如「橋樑」。

示行諸「煩惱」；而心「常清淨」。

示入於「魔」；而順「佛智慧」，不隨他教。

示入「聲聞」；而為眾生說「未聞法」。

示入「辟支佛」；而成就「大悲」，教化眾生。

示入「貧窮」；而有「寶手」，功德無盡。

示入「形殘」；而「具諸相好」，以自莊嚴。

示入「下賤」；而生「佛種」性中，具諸功德。

示入「羸劣、醜陋」；而得「那羅延身」，一切眾生之所「樂見」。

示入「老病」；而永斷「病根」，超越「死畏」。

示有「資生」；而恒觀「無常」，實無所貪。

示有「妻妾、婇女」；而常遠離「五欲淤泥」。

現於「訥鈍」；而成就「辯才、總持」無失。

示入「邪濟」；而以「正濟」度諸眾生。

現「遍入諸道」；而斷其「因緣」。

現於「涅槃」；而「不斷生死」。

(5)<u>文殊師利</u>！菩薩能如是行於「非道」，是為「通達佛道」。

第五十四節　無動無靜，無生無滅，無去無來，無是無非、無住。滅後瑞相，送葬立碑

《敦博本》與《敦煌本》對校版原文	《宗寶本》原文
	『九十三』
1(惠能)大師説偈已了，遂告門人曰：汝等好住，今共汝別，吾去以後，莫作「世情」悲泣，而受人弔問、錢帛ɔ，著「孝衣」，即非聖法，非我弟子。	(惠能)師説偈已，告曰：汝等好住，吾滅度後，莫作「世情」悲泣雨淚。受人弔問，身著「孝服」，非吾弟子，亦非「正法」。
2如吾在日一種(一種樣子)，一時(每一修持時間)「端坐」。但「無動、無靜，無生、無滅，無去、無來，無是、無非、無住」，坦然寂靜，即是大道。	但識自「本心」，見自「本性」。「無動、無靜，無生、無滅，無去、無來，無是、無非，無住、無往」。恐汝等心迷，不會吾意，今再囑汝，令汝「見性」。
3吾去(往生)以後，但依法修行，共吾在日(生前在平日)一種(一種樣子)。吾若在世(假若永遠在世)，汝違教法，吾住(住於世間)無益。	吾滅度後，依此修行，如吾在日。若違吾教，縱吾在世，亦無有益。復説偈曰：兀ㄨ兀不修善，騰騰不造惡。寂寂斷見聞，蕩蕩心無著。
4(惠能)大師云此語已，夜至三更，奄然(忽然)遷化(遷移滅化)。大師春秋七十有六。	(惠能)師説偈已，端坐至三更，忽謂門人曰：吾行矣！奄然遷化(遷移滅化)。

5（惠能）**大師滅度之日，寺內異香氛**（濃郁煙氣）**氳**（充塞，瀰漫），**經數日不散。**山崩地動，林木變白，日月無光，風雲失色。	於時異香滿室，白虹屬地，林木變白，禽獸哀鳴。
6八月三日滅度，至十一月迎（惠能）和尚神座於漕溪山，葬在龍龕弓之內。	十一月，廣、韶、新三郡官僚，泊弓門人僧俗，爭迎（惠能）「真身」，莫決所之。乃焚香禱曰：
	香煙指處，師所歸焉。
	時香煙直貫曹溪。
	十一月十三日，遷「神龕」併所傳「衣、鉢」而回。
	次年七月出龕，弟子方辯以「香泥」上之。
	門人憶念取「首」之記，遂先以鐵葉漆布，固護師「頸」入塔。
「白光」出現，直上衝天，三日始散。	忽於塔內「白光」出現，直上衝天，三日始散。
7韶州刺史韋據立碑，至今供養。	韶州奏聞，奉勅弓立碑，紀師道行。
	師春秋七十有六。 年二十四傳衣。 三十九祝髮。 說法利生三十七載。 得嗣法者四十三人。 悟道超凡者，莫知其數。
	達摩所傳「信衣」。

	中宗賜「磨納、寶鉢」。 及方辯塑師「真相」。 并「道具」等。 主塔侍者尸之，永鎮寶林道場。 流傳《壇經》，以顯宗旨，此皆興隆三寶，普利群生者。

惠能大師說：「吾去以後，但依法修行，吾若在世，汝違教法，吾住無益」。請從佛典中說明我們應該如何承事一切的善知識？

《大方廣佛華嚴經·卷第七十七》

(1)復次，善男子！汝承事一切善知識。

(2)應發如「大地心」，荷負重任，無疲倦故。

(3)應發如「金剛心」，志願堅固，不可壞故。

(4)應發如「鐵圍山心」，一切諸苦，無能動故。

(5)應發如「給侍心」，所有教令，皆隨順故。

(6)應發如「弟子心」，所有訓誨，無違逆故。

(7)應發如「僮僕心」，不厭一切諸作務故。

(8)應發如「養母心」，受諸勤苦，不告勞故。

(9)應發如「傭作心」，隨所受教，無違逆故。

(10)應發如「除糞人心」，離憍慢故。

(11)應發如「已熟稼心」，能低下故。

(12)應發如「良馬心」，離惡性故。

(13)應發如「大車心」，能運重故。

(14)應發如「調順象心」，恒伏從故。

(15)應發如「須彌山心」，不傾動故。

(16)應發如「良犬心」，不害主故。

(17)應發如「旃荼羅心」，離憍慢故。

(18)應發如「犗牛心」，無威怒故。

(19)應發如「舟船心」，往來不倦故。

(20)應發如「橋梁心」，濟渡忘疲故。

(21)應發如「孝子心」，承順顏色故。

(22)應發如「王子心」，遵行教命故。

「大師滅度之日，林木變白，日月無光，風雲失色」。請從佛典來解釋此段的義理

《大般涅槃經·後分卷上》

(1)爾時世尊娑羅林下寢臥寶床，於其「中夜」入「第四禪」寂然無聲，於是時傾，便「般涅槃」。

(2)大覺世尊入涅槃已，其娑羅林東西二雙，合為一樹。南北二雙，合為一樹。

(3)垂覆寶床，蓋於如來，其樹即時「慘然變白」，猶如「白鶴」。

(4)枝葉花果皮幹，悉皆「爆裂墮落」，漸漸枯萃。

惠能大師說法利生共有三十七載，得「傳心宗旨」嗣法印者，共「四十三」人

《傳法正宗》

大鑒所出法嗣，凡四十三人。

(1)其一曰西印度 掘多三藏者。

(2)一曰韶陽 法海者。

(3)一曰盧陵 志誠者。

(4)一曰漚檜^{ㄠㄠ} 山曉了者。

(5)一曰江西 志徹者。

(6)一曰信州 智常者。

(7)一曰河北 智隍者。

(8)一曰鐘陵 法達者。

(9)一曰壽州 智通者。

(10)一曰廣州 志道者。

(11)一曰廣州 印宗者。

(12)一曰青原山行思者。

(13)一曰南嶽 懷讓者。

(14)一曰溫州 玄覺者。

(15)一曰司空山本淨者。

(16)一曰<u>婺ˋ 州</u> <u>玄策</u>者。

(17)一曰<u>曹溪</u> <u>令韜</u>者。

(18)一曰<u>西京光慧忠</u>者。

(19)一曰<u>荷澤</u> <u>神會</u>者。

(20)一曰<u>韶陽</u> <u>祇陀</u>者。

(21)一曰<u>撫州</u> <u>靜安</u>者。

(22)一曰<u>嵩山</u> 尋禪師。

(23)一曰<u>羅浮</u> <u>定真</u>者。

(24)一曰<u>南嶽</u> <u>堅固</u>者。

(25)一曰<u>制空山道進</u>者。

(26)一曰<u>善快</u>者。

(27)一曰<u>韶山</u> <u>緣素</u>者。

(28)一曰<u>宗一</u>者。

(29)一曰<u>秦望山善現</u>者。

(30)一曰<u>南嶽</u> <u>梵行</u>者。

(31)一曰<u>并州</u> <u>自在</u>者。

(32)一曰<u>西京</u> <u>咸空</u>者。

(33)一曰<u>峽山</u> <u>泰祥</u>者。

(34)一曰<u>光州</u> <u>法淨</u>者。

(35)一曰<u>清涼山辯才</u>者。

(36)一曰<u>廣州</u> <u>吳頭陀</u>者。

(37)一曰<u>道英</u>者。

(38)一曰<u>智本</u>者。

(39)一曰<u>清苑</u> <u>法真</u>者。

(40)一曰<u>玄楷</u>者。

(41)一曰<u>曇璀</u>者。

(42)一曰<u>韶州</u>剌史<u>韋璩</u>者。

(43)一曰<u>義興</u> 孫菩薩者。

法嗣雖四十三人，得益者實「無量無邊」，展轉傳印，更如「無盡之燈」也。

第五十五節　　法海集《壇經》，依序傳付道際、悟真、圓會……

《敦博本》與《敦煌本》對校版原文	《宗寶本》原文
此《壇經》，法海上座集。 (法海)上座無常(圓寂)，付同學道際。 道際無常(圓寂)，付門人悟真。 悟真 ＊ 在嶺南 漕溪山法興寺，現今傳授此法。 ＊註：《惠昕弖本壇經》補云：「悟真付圓會」。	

第五十六節　須「上根智」，深信佛法，具大悲，方能持此《壇經》為稟承

《敦博本》與《敦煌本》對校版原文	《宗寶本》原文
如付此法， ❶須得「上根智」。 ❷深信佛法。 ❸立於大悲。 ❹持此經，以為稟承(稟受領承)，於今不絕。	

第五十七節　唯傳大智、發大誓、不退心、福德深者。以「無住」為旨。

不得妄付此經

（第五十一節到第五十七節為惠能大師至新州 國恩寺說法告別，佔全經文約 10%）

《敦博本》與《敦煌本》對校版原文	《宗寶本》原文
1(惠能)和尚本是韶州 曲江縣人也。 *2*如來入涅槃，法教流東土。 　共傳「無住心」，即我心「無住」。 　此真菩薩說，真實示行喻＊(真實開示修行的譬喻之法)。 ❶唯教「大智人」，「無住」是旨依(宗旨之依)。 *3*凡❷發誓修行。 　❸修行遭難(遭遇災難)不退。 　❹遇苦能忍。 　❺福德深厚，方授此法。 *4*如根性不堪，裁量(裁度衡量)不得。 　雖求此法，建立不得者，不得妄付《壇經》。 *5*告諸同道者，令知「密意」(這項傳承與法門深刻的涵意)。 **南宗頓教最上大乘壇經一卷** ＊**註：**黃本原文校作「**真實亦譬喻**」，據《敦博本》作「**真實示行喻**」。《敦煌本》作「**真示行實喻**」。今取《敦博本》之說。	

附：

再論慧能的二個偈頌--以「敦博本」與
「宗寶本」壇經為研究題材

參考資料　郵件　校閱　檢視　ACROBAT

超研澤粗楷　A　12

再論慧能的二個偈頌--以《敦博本》與
《宗寶本》壇經為研究題材

全文摘要

□□本文將探討慧能大師在《敦博本》壇經中的二個偈頌，一是「菩提本無樹，明鏡亦無臺。佛性常清淨，何處有塵埃」？另一頌是「心是菩提樹，身為明鏡臺。明鏡本清淨，何處染塵埃」？這二個偈頌與《宗寶本》壇經不同，甚至在《宗寶本》中並無慧能的第二首偈頌，也做過不少的相關的研究，諸如：「佛性常清淨」與「本來無一物」、「菩提樹」與「身是菩提樹」的問題。筆者將採取這二種版本的《壇經》，再以其它佛典內容作補充，並試著釐清這二個偈頌所產生的種種問題，用到的《敦博本》壇經節數，乃據日本佛教學者鈴木大拙對《敦博本》壇經，全文共分成「五十七」節，至於引用《敦博本》壇經內容則採用《六祖壇經校釋》為準。《宗寶本》壇經內容則以《大正藏》第四十八冊上的內容為準，藏經原名作《六祖大師法寶壇經》，為了方便與，故本文一律以《宗寶本》壇經取代《六祖大師法寶壇經》之名。

字數統計

統計：
頁數	21
字數	12,991
字元數 (不含空白)	13,437
字元數 (含空白)	13,617
段落數	340
行數	747
半形字	299
全形字	12,692

☑ 含文字方塊、註腳及章節附註(F)

關閉

關鍵詞：
宗寶本、敦博本、佛性、清淨、菩提、無一物、菩提心

全文摘要

　　本文將探討慧能大師在「敦博本」《壇經》中的二個偈頌，一是「菩提本無樹，明鏡亦無臺。佛性常清淨，何處有塵埃」？另一頌是「心是菩提樹，身爲明鏡臺。明鏡本清淨，何處染塵埃」？這二個偈頌與現在流行的「宗寶本」《壇經》不同，甚至在「宗寶本」中並無慧能的第二首偈頌。前人對這二首偈頌也做過不少的相關的研究，諸如：「佛性常清淨」與「本來無一物」的問題，或「心是菩提樹」與「身是菩提樹」的問題。[1]筆者將採取這二種版本的《壇經》內容互相比對，再以其它佛典內容作補充，並試著釐清這二個偈頌所產生的種種問題。本文所引用到的「敦博本」《壇經》節數，乃據日本佛教學者鈴木大拙對「敦煌本」《壇經》的分段法，全文共分成「五十七」節，至於引用「敦博本」《壇經》內容則採用黃連忠撰《敦博本六祖壇經校釋》為準。「宗寶本」《壇經》內容則以《大正藏》第四十八冊頁 346 上～365 上的內容為準，藏經原名作《六祖大師法寶壇經》，為了方便與「敦博本」《壇經》對照，故本文一律以「宗寶本」《壇經》取代《六祖大師法寶壇經》之名。

關鍵詞

宗寶本、敦博本、佛性、清淨、菩提、無一物、菩提心

---

[1] 詳於本文後面所附之「期刊論文」資料。

敦博本原文圖版

錄自周紹良《敦煌寫本壇經原本》中公開的照相圖版。原圖藏於敦煌市博物館「文書編號○七七號」禪籍之四的《南宗頓教最上大乘摩訶般若波羅蜜經六祖惠能大師於韶州大梵寺施法壇經一卷》

敦煌本原文圖版

現藏於英國倫敦大英博物館編號「斯五四七五」之《六祖壇經》（略稱為「敦煌本六祖壇經」）

一、緒論

1、壇經版本介紹

　　《六祖壇經》是慧能說法和生平事跡的集錄，最初是由其弟子法海集錄，但在流傳的過程中《壇經》曾多次被修改與補充，故形成各種不同的版本。《壇經》內容主要包括三部分：

（一）慧能自傳。

（二）說「般若、禪法」和授「無相戒」。

（三）弟子機緣及師徒關係語錄。此第三項的變動是最大的。

　　據學術界的各種資料的研究，約有七種《壇經》的版本問世。底下僅就前面三種最原始、最重要的《壇經》及「宗寶本」作介紹。

1 壇經祖本

　　《壇經》祖本，也可稱為法海原本，是由慧能的弟子法海所集記而成的；成書的時間約在唐・先天二年（西元 713 年）。最大的篇幅是記述慧能在大梵寺授「無相戒」和說「摩訶般若波蜜法」的內容。

　　《壇經》的「祖本」緣起，也可稱為法海的「原本」，始於六祖慧能大師應邀至廣東的大梵寺授「無相戒」和開示「摩訶般若波蜜法」的內容。記錄者法海因此將大梵寺的傳法記錄題為：《摩訶般若波羅蜜經六祖慧能大師於韶州大梵寺施法一卷》。

　　接下來六祖慧能大師回曹溪山的南華寺後，接著又傳授「定慧爲本、一行三昧、無相爲體、無念爲宗、無住爲本、四弘願、無相懺、無相三歸戒」等法。由於「無相戒」等是在曹溪山傳授的，所以法海將曹溪山 南華寺的開示內容就置於大梵寺的開示之後，並將書名補上「兼授無相戒」成為：《摩訶般若波羅蜜經六祖慧能大師於韶州大梵寺施法一卷兼授無相戒》（敦煌本中，「授」的俗寫作「受」）。

　　另一方面，由於現今所發現「敦博本、敦煌本」內容已包含大梵寺和曹溪山的開示，法海同門往外「抄寫」傳出時，就將書名稱之為《六祖法寶記一卷》。這一個記錄本可以視作《六祖壇經》「最原始的祖本」，外傳時的書名就名為《六祖法寶記》。

2 敦博本

　　據研究《敦博本六祖壇經校釋》黃連忠教授說：敦煌名士任子宜在 1935 年 4 月 8 日得之於千佛山的「敦博本」《壇經》重現天下以來，一開始並未受到太大的重視，

只有流轉於大陸內地敦煌縣博物館，以及周紹良、向達、呂澂與鄧文寬等諸先生之過目。

在此之間，日本學者柳田聖山曾經系統地介紹了六十年來國際佛學界對敦煌禪籍研究的發展情況與成果，其中以「敦煌本《六祖壇經》的諸問題」為主題，以「敦煌本」為中心，介紹了《壇經》研究的情況，但是並未提到「敦博本」的《壇經》。

直到 1986 年周紹良先生的再度發現，然後列入「敦煌縣博物館藏敦煌遺書目錄」中註，[2]正式向國際公布。

接著，在 1987 年的日本《中外日報》23706 號，由楊曾文教授、麥谷邦夫譯之「敦博本《壇經》的學術價值」一文，受到日本學者進一步的重視。

直到 1978 年 10 月在北京召開的「中日第二次佛教學術會議」上，《壇經》版本仍然是一個熱門的話題。敦煌縣博物館收藏的一個敦煌寫本《壇經》的新抄本，引起了與會者的極大興趣。之後，在佛光山舉辦的一九八九年「國際禪學會議」中，主題為「六祖壇經之宗教與文化探討」，楊曾文教授正式提出「敦博本壇經及其學術價值」一文，引起了國內外學者的高度關注與後續討論。[3]

從「敦博本」及「敦煌本」的《壇經》內容來看，除了「增加」與「個別弟子的問答」（弟子機緣）及「臨終的付囑」等。全文已變成：

「第一節」到「第三十七節」為慧能大師於廣東的大梵寺講堂說法，佔全經文約 63%。
「第三十八節」到「第五十節」為慧能大師回廣東 漕溪山 南華寺說法，佔全經文約 27%。
「第五十一節」到「第五十七節」慧能大師至新州 國恩寺說法告別，佔全經文約 10%。[4]

「敦博本」及「敦煌本」中並沒有「宗寶本」裡面多出來參拜六祖語錄的人物，這些多出來的人物共達十二位，如(1)無盡藏比丘尼(2)法海法師(3)智通法師(4)志道法師(5)行思禪師(6)懷讓禪師(7)永嘉 玄覺禪師(8)智隍法師(9)某僧問慧能大師(10)方辯法師(11)臥輪禪師(12)志徹法師。「宗寶本」還有多出「宣詔品第九」的內容。

3 敦煌本

敦煌本，成書時間當在唐開元二十年(西元 732 年)至貞元十七年(西元 801 年)。日本學者矢吹慶輝(西元 1879～1939)在 1923 年從倫敦大英博物館收藏的「敦煌文書」中發現《六祖壇經》。

---

[2] 詳《敦煌吐魯番文獻研究論集》(三)，北京大學出版社。
[3] 以上資料引用黃連忠《敦博本六祖壇經校釋》之「自序」文。台北：萬卷樓出版。2006 年 5 月，頁 11。
[4] 以上資料引用自林光明《楊校敦博本六祖壇經及其英譯》。台北全佛文化出版。2004 年 6 月，頁 48。

矢吹慶輝於 1928 年校刊後收入《大正藏》，其影印本收入《鳴沙餘韻》之中。此後鈴木大拙（西元 1870～1966）於 1934 年借助於「惠昕本」的《壇經》而比對作了校勘，成為「通行」的版本。

學術界稱此《壇經》本為《敦煌本》，題作《南宗頓教最上大乘摩訶般若波羅蜜經六祖慧能大師於韶州大梵寺施法壇經》一卷，兼受無相戒弘法弟子法海集記，內容並未分卷。

「敦煌本」與「敦博本」是最接近《壇經》祖本的。此種《壇經》主體部分基本上沒變，只是在「個別弟子的問答」（弟子機緣）及「臨終的付囑」等大有所增加。

4 宗寶本

「宗寶本」成書於元至元二十八年（西元 1291 年）。這是明代以後最流行的本子，又稱為「流布本」。明永樂《南藏》、《嘉興藏》、《房山石經》（萬曆四十八年刻石）等都收此本，單刻本也多屬此本。

「宗寶本」本題作「風旛報恩光孝禪寺住持嗣祖比丘宗寶編」，題作《六祖大師法寶壇經》。分為十品。按照「明藏」本的編排次序是：

①德異撰〈六祖大師法寶壇經序〉（《南藏》無）。
②契嵩撰〈六祖大師法寶壇經贊〉。
③正文「行由第一」至「付囑第十」（《南藏》無品目，而且只有主體部分，無「機緣」等四品）。
④附錄：「六祖大師緣起外紀」為門人法海等集，附「師墜腰石」等記事、「歷朝崇奉事跡」、柳宗元撰「賜諡大鑒禪師碑」、劉禹錫撰「大鑒禪師碑」、「佛衣銘并序」附「師入塔後」記事，及宗寶所撰的跋文。

宗寶法師在跋文中說：「明教嵩公常讚云：天機利者得其深，天機鈍者得其淺，誠哉言也。余初入道，有感於斯。續見三本不同，互有得失，其板亦已漫滅。因取其本校讎，訛者正之，略者詳之，復增入弟子請益機緣，庶幾學者得盡曹溪之旨……至元辛卯夏，南海釋宗寶跋」。[5]

由宗寶法師的跋文，可知當時至少已有三種不同版本的《壇經》在流行。

另外還有「惠昕本、契嵩本、德異本」等三個版本，前人的研究論文中已詳述，

---

[5] 《大正藏》第四十八冊頁 364 下。

故不再此介紹。[6]下面將這七個版本的差異作圖表彙整，另加上「西夏本」的資料。圖表如下：

―――――――――――

[6] 有關《壇經》的諸多版本資料請參見楊曾文《六祖壇經諸本的演變和慧能的禪法思想》。《中國文化》第6期，1992年9月，頁24~37。

版本	《壇經》祖本	《壇經》敦煌原本 敦博原本	《壇經》惠昕原本	《壇經》惠昕本	《壇經》契嵩本	《壇經》西夏本	《壇經》德異本	《壇經》宗寶本	《壇經》敦煌本	《壇經》敦博本
時間	713~731年	733~801年	文槃古本於九世紀前至中期	宋乾德五年 967年	宋至和三年 1056年	1071年	元至元二七年 1290年	元至元二八年 1291年	1923年	1935年
存留	不存	不存	不存	問世	問世	問世	問世	問世	問世	問世
集錄、校勘、改編者	法海集記	不詳	不詳	依真邕州羅秀禪門沙進院惠昕改編。小師山惠昕沙	沙門契嵩集。《契嵩本壇經》在明憲宗成化七年（1471年）重刻，書名稱為《六祖大師法寶壇經曹溪原本》，此即「曹溪本」，改為一卷十門，使段落分明。此書今收錄於明《嘉興大藏經》中。	殘片五頁，現存於北京圖書館。1938年日本上天發表「關於西夏語譯六祖壇經」。1993年史金波發表「西夏文六祖壇經譯釋」。六祖的偈頌為「佛性常清淨」，並非他本的「本來無一物」句。	元代古筠比丘德異集。僧人德異將《契嵩本》重刊而成德異本。另也有依德異本重刊的《高麗本》(1558年)，都將「契嵩本」改為一卷十門，原內容並無改動。	風旛報恩光孝禪寺住持嗣祖比丘宗寶編	矢吹慶輝校訂的敦煌本《壇經》，今收入《大正藏》內。1934年鈴木大拙依矢吹慶輝校訂的敦煌本《壇經》，而藉《惠昕本》校勘出《敦煌出土六祖壇經》。1970年印順的《精校燉煌本壇經》出版。	1935年任子宜發現《敦博本壇經》。1950年向達專文介紹《敦博本》。1986年周紹良將之列入敦煌縣博物館藏敦煌遺書目錄」中。正式向國際宣布這本《壇經》的內容。
題名				《六祖壇經》		《西夏文六祖壇經》	《六祖大師法寶壇經》	《六祖大師法寶壇經》	《南宗頓教最上大乘摩訶般若波羅蜜經六祖惠能大師於韶州大梵寺施法壇經》	《南宗頓教最上大乘摩訶般若波羅蜜經六祖惠能大師於韶州大梵寺施法壇經》
底本	祖本	不詳	不詳	依古本改編	得曹溪古本校之	與敦煌本接近	屬契嵩本系統	屬契嵩本系統	源敦博本藉惠昕本	與敦煌本幾乎相同，但內容更完整
卷品	不詳	不詳	不詳	內分二卷十一門	分成三卷	未分卷	不分卷。開為十門	「行由」以下分十品	未分卷	未分卷
字數	不詳	不詳	不詳	約1萬4千字	約2萬1千字	不詳	超過2萬字	20024字	11566字	11811字（楊曾文校版）

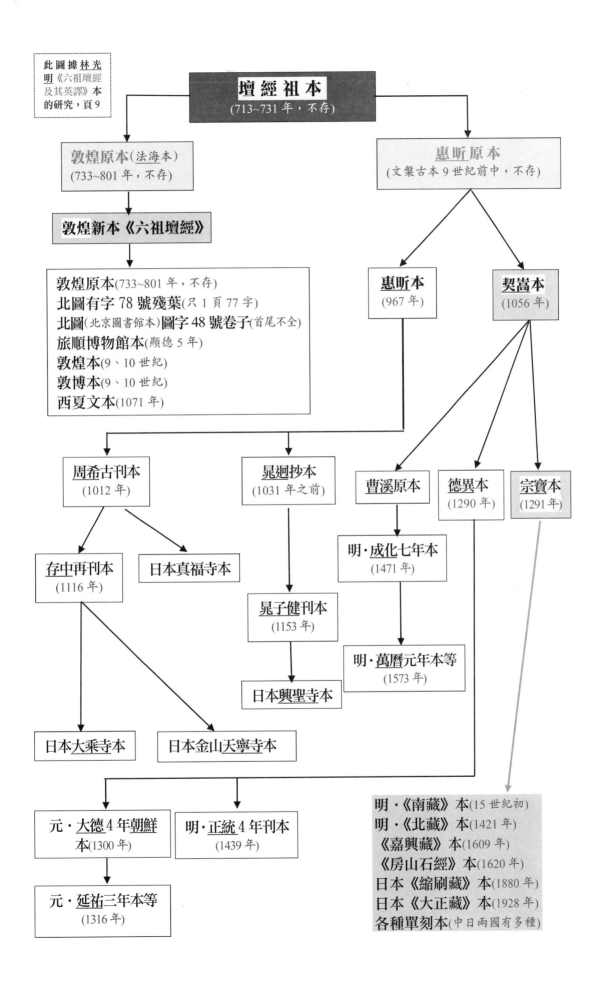

2、《敦博本》壇經的特色

由於任子宜本《壇經》與以前日本學者所發現的「敦煌本」《壇經》是不同的兩個寫本,為了方便區別,學界已界定任子宜本為《敦煌新本六祖壇經》、《敦煌新書六祖壇經》或「敦博本」《壇經》,本文為了統一說法,以下一律稱為「敦博本」《壇經》。

「敦博本」與「敦煌本」《壇經》兩者之間,可謂大同而小異,不僅在題目、編排的形式,以至於內容部分幾乎是完全一樣的,甚至於在某些明顯錯誤的字句也是一樣,此點可以說明兩者是抄自同一原本的《壇經》。[7]

「敦博本」的學術價值,楊曾文教授曾在發表專文中說明了三點,以為「敦博本」優於「敦煌本」《壇經》的價值:

> 既然二本如此相同,那麼「敦博本」《壇經》還具有什麼特殊的價值呢?
> 一、「敦博本」抄漏字句較少。……
> 二、「敦博本」抄寫工整字體清晰秀麗,而「敦煌本」抄寫雜亂,錯訛字句很多。如果以「敦博本」為底本,校之以「敦煌本」和「惠昕本」,便可校勘出現存最古本《六祖壇經》的善本。……
> 三、「敦博本」的發現,使人重新考慮同種《壇經》流傳範圍和流行時間。

除了以上三點之外,黃連忠教授以為「敦博本」《壇經》尚有兩點學術價值:

第一:「敦博本」的發現,打破了「敦煌本」《壇經》是天下唯一孤本的局面,為《壇經》與慧能思想的研究,注入新的素材及後續研究的推動力。

第二:「敦博本」的抄寫「書手」頗有文人字的手跡,此點對於敦煌「變文」寫本書手的考述與唐代寫經生;及其書法藝術的相關問題,具有啟發後續研究的意義。

第三:潘重規教授在校寫「敦博本」《壇經》時,也提出了幾項獨特的見解,其中包括了敦煌文字「俗寫」約定而俗成的意義,並且重新肯定《龍龕手鑑》的學術價值等,也是十分值得重視與參考。

在楊曾文教授校寫的《新版・敦煌新本六祖壇經》與鄧文寬、榮新江的《敦博本禪籍錄校》兩本大作中,已經將「敦博本」《壇經》的發現與版本介紹有十分清楚的說明,讀者可自行參考該書。

---

[7] 「敦博本」與「敦煌本」《壇經》兩者之間詳細的比較,詳見楊曾文教授校寫《新版・敦煌新本六祖壇經》,頁223至227。

　　黃連忠先生曾比對「敦煌本」與「敦博本」《壇經》兩者的差異性中，發現「敦煌本」相對於「敦博本」漏抄了五段，共98字：[8]

第六節 (少 19 字)	「敦煌本」漏抄➜見和尚，即云是秀作，五祖見偈言不堪，自是我迷
第十二節 (少 18 字)	「敦煌本」漏抄➜愚人智人，佛性本亦無差別，只緣迷悟，迷即爲
第四十節 (少 12 字)	「敦煌本」漏抄➜不是，六祖曰：何以不是？志誠曰
第四十二節 (少 29 字)	「敦煌本」漏抄➜來至漕溪山禮拜，問大師言：弟子常誦《妙法華經》七年，心迷不知正法之處
第四十二節 (少 20 字)	「敦煌本」漏抄➜依一佛乘，大師言：法達！心行轉法華，不行法華轉心

　　由上看來，「敦博本」的發現的確是比「敦煌本」還更有研究價值。

二、本論

1、慧能大師第一頌的研究

　　在敦煌本《壇經》未被世人發現時，《壇經》中最爲後人稱道的就是慧能得到五祖印證的開悟偈頌——菩提本無樹，明鏡亦非臺。本來無一物，何處惹塵埃。這個偈頌版本最早來自《惠昕》本壇經的記載。[9]然自1923年日本佛教學者矢吹慶輝校訂的敦煌本《壇經》問世以來，[10]才發現慧能的開悟偈頌應爲兩首，第一首是「菩提本無樹，明鏡亦無臺。佛性常清淨，何處有塵埃」。第三句與「宗寶本」《壇經》不同。另外第二首是「宗寶本」《壇經》所沒有的，偈云「心是菩提樹，身爲明鏡臺。明鏡本清淨，何處染塵埃」。

　　一般研究「敦煌本」《壇經》的學者都認爲《敦煌》本的「佛性常清淨」句與後來修改的「本來無一物」句有著非常大的差異，如下面圖表所示：

《敦博本》	《宗寶本》

---

[8] 以上資料全轉引自黃連忠《敦博本六祖壇經校釋》之「自序」文，頁16~18。

[9] 「本來無一物」句從《敦煌本》壇經可知原作「佛性常清淨」句，從壇經的《惠昕》本開始即被修改成「本來無一物」，後面的《契嵩本》與《宗寶本》都跟著延用。以上請參閱郭朋《壇經校釋》頁17~18之說明。

[10] 矢吹慶輝校訂的敦煌本《壇經》，今已收入《大正藏》內。又鈴木大拙於1934年依矢吹慶輝校訂的敦煌本《壇經》，再藉《惠昕本》而校勘出《敦煌出土六祖壇經》一書問世。

（下面原是「敦博本」慧能的偈誦）	（下面原是「宗寶本」慧能的偈誦）
菩提本無樹，明鏡亦無臺。	**菩提本無樹，明鏡亦非臺。**
佛性常清淨，何處「有」塵埃？	**本來無一物**，何處「惹」塵埃！
又偈曰：	
（下面原是「敦博本」慧能的偈誦）	（下面原是「宗寶本」神秀的偈誦）
心是菩提樹，身為明鏡臺。	**身是菩提樹，心如明鏡臺。**
明鏡本清淨，何處「染」塵埃？	**時時勤拂拭，「莫使有」塵埃。**

筆者試著從底下四個角度來探討這兩句話的差異，並證明這二句話在原經文內的觀念及「最終境界」是完全一樣的。

1、「宗寶本」《壇經》亦提倡「佛性常清淨」之理念

「敦博本」的內有「佛性常清淨」之義，此在《宗寶本》內亦有同樣的經文出處，底下舉五處經文說明：

《宗寶・行由第一》云：
　菩提自性，本來「清淨」。但用此心，直了成佛。[11]

《宗寶・行由第一》云：
　何期自性本自「清淨」。何期自性本不生滅。何期自性本自具足。
　何期自性本無動搖。何期自性能生萬法。[12]

《宗寶本・坐禪第五》云：
　善知識！於念念中，自見「本性清淨」，自修、自行、自成佛道。[13]

《宗寶・宣詔第九》云：
　師曰：……汝若欲知心要，但一切善惡都莫思量，自然得入「清淨心體」，湛
　然常寂，妙用恆沙。[14]

《宗寶・付囑第十》云：
　此心「本淨」，無可取、捨。[15]

---

[11] 詳《大正藏》第四十八冊頁 347 下。
[12] 詳《大正藏》第四十八冊頁 349 上。
[13] 詳《大正藏》第四十八冊頁 353 中。
[14] 詳《大正藏》第四十八冊頁 359 下。
[15] 詳《大正藏》第四十八冊頁 361 中。

2、「敦博」與「宗寶」壇經皆提倡「佛性常清淨」之理念

「敦博」與「宗寶」在經文中共引用了二次《梵網菩薩戒經》來說明「佛性常清淨」的道理。如：

《敦博‧十九節》云：「《梵網菩薩戒經》云：本源自性清淨」。
《敦博‧三十節》云：「《梵網菩薩戒經》云：本源自性清淨。識心見性，自成佛道」。
《宗寶‧般若第二》云：「《菩薩戒經》云：我本原自性清淨。若識自心見性，皆成佛道」。[16]
《宗寶‧坐禪第五》云：「《菩薩戒經》云：我本性原自清淨」。[17]

除了引用二次《梵網菩薩戒經》來說明「佛性清淨」的道理外，底下還有七處的經文說明，試製表如下：

《敦博本》	《宗寶本》
善知識！外離一切相，是「無相」。但能離相，性體「清淨」。是以「無相」為體。《第十七節》	善知識！外離一切相，名為「無相」。能離於「相」，則法體「清淨」。此是以「無相」為體。[18]
人性「本淨」，為妄念故，蓋覆真如。離妄念，本性「淨」，不見「自性本淨」。《第十八節》	人性「本淨」，由妄念故，蓋覆真如。但無妄想，性自「清淨」。[19]
本性「自淨」曰定，只緣境觸，觸即亂。《第十九節》	本性「自淨」自定，只為見境思境即亂。[20]
世人性本「自淨」，萬法在「自性」……知如是一切法盡在「自性」，自性常「清淨」，日月常明。《第二十節》	世人「性本清淨」，萬法從「自性」生……如是諸法在「自性」中，如天常清，日月常明。[21]
常「淨自性」，使六賊從六門走出，於六塵中不離、不染。《第三十一節》	但「淨本心」，使六識出六門，於六塵中無染、無雜。[22]
迷人念佛生彼，悟者「自淨其心」。所以佛言：隨其「心淨」，則佛土淨。《三十五節》	迷人念佛求生於彼，悟人「自淨其心」。所以佛言：隨其「心淨」，即佛土

---

[16] 詳《大正藏》第四十八冊頁 351 上。
[17] 詳《大正藏》第四十八冊頁 353 中。
[18] 詳《宗寶‧定慧第四》。《大正藏》第四十八冊頁 353 上。
[19] 詳《宗寶‧坐禪第五》。《大正藏》第四十八冊頁 353 中。
[20] 詳《宗寶‧坐禪第五》。《大正藏》第四十八冊頁 353 中。
[21] 詳《宗寶‧懺悔第六》。《大正藏》第四十八冊頁 354 中。
[22] 詳《宗寶‧般若第二》。《大正藏》第四十八冊頁 351 上。

	淨。[23]
菩提本「清淨」，起心即是妄。《三十六節》	菩提本「自性」，起心即是妄。[24]

2、「敦博」與「宗寶」壇經皆提倡「本來無一物」之理念

「敦博」與「宗寶」本《壇經》之第十七節皆云：

> 善知識！我此法門，從上以來，頓、漸皆立「無念」爲宗。「無相」爲體。「無住」爲本……「無相」者，於相而離相……「無念」者，於念而不念……然此教門立「無念」爲宗，世人離境，不起於念，若無有念，「無念」亦不立。

此段引文說明：「無念、無相、無住」是慧能大師所提倡的「真修行法」，他說我此頓教之門乃以「無念」爲宗，甚至連「無念」這二個字亦不立，徹底達到「離名字相、離心緣相」[25]及「但有言說，都無實義」[26]的最高境界。既然連「無念」二字都不立，故同於「宗寶本」其「本來無一物」之義也。

表解如下：

《敦博本》	《宗寶本》
善知識！我此法門，從上以來，頓、漸皆立「無念」爲宗。「無相」爲體。「無住」爲本……	善知識！我此法門，從上以來，先立「無念」爲宗。「無相」爲體。「無住」爲本。
無相者，於相而離相……	無相者，於相而離相。
無念者，於念而不念……	無念者，於念而無念……
然此教門立「無念」爲宗，世人離境，不起於念，若無有念，「無念」亦不立。《第十七節》	自性「本無一法」可得，若有所得，妄說禍福，即是塵勞邪見。故此法門立「無念」爲宗。[27]
解➔「無念、無相、無住」是慧能所提「真修行法」。甚至「無念」亦不立。故同《宗寶本》「本來無一物」之義也。	解➔「無念、無相、無住」是慧能所提「真修行法」。甚至「無念」亦不立，本無「一法」可得。

《壇經》中又說，若已悟得「自性」的人，則亦「不立」菩提涅槃法，也「不立」戒定慧，無有「一法」可得。因為自性是「無非、無亂、無癡」的，「自性」是「離一切相」的，有何「可立」？甚至連明心見性之「偈頌」亦可「立」，亦可「不立」。底下以圖表方

---

[23] 詳《宗寶・疑問第三》。《大正藏》第四十八冊頁352上。
[24] 詳《宗寶・般若第二》。《大正藏》第四十八冊頁351中。
[25] 這二句話出自《大乘起信論》。《大正藏》第三十二冊頁576上。
[26] 這二句話出自《楞嚴經・卷三》。《大正藏》第十九冊頁117下。
[27] 詳《宗寶・定慧第四》。《大正藏》第四十八冊頁353上。

式引用《敦博·第四十一節》經文來說明此「不立」之理，亦可輔證「本來無一物」之義乃是「敦博」與「宗寶」兩部《壇經》的「共同」主旨。

《敦博本》	《宗寶本》
得悟自性，亦「不立」戒定慧……自性「無非、無亂、無癡」。念念般若觀照。常離法相，有何可「立」？《第四十一節》	若悟自性，亦「不立」菩提涅槃，亦「不立」解脫知見。 無「一法」可得，才能建立萬法。若解此意，亦名佛身，亦名菩提涅槃，亦名解脫知見。 見性之人，「立」亦得，「不立」亦得。 去來自由，無滯無礙，應用隨作，應語隨答，普見化身。
解➜若悟自性者，亦「不立」戒定慧。自性是「無非、無亂、無癡」，是「離一切相」的，有何「可立」？更不立明心見性之「偈」。以上此說與《宗寶本》「本來無一物」義同。	解➜若悟自性者，亦「不立」菩提涅槃、解脫知見。自性是「離一切相，無一法可得」的，有何「可立」？但「明心見性」者亦可「立法立偈」，亦可「不立法不立偈」。

3、「本來無一物」並非是虛無的斷滅空論

「宗寶」所云的「本來無一物」句，並非是指「虛無斷滅空論」，如《敦博·第二十四節》云：「若空心坐禪，即落『無記空』」。[28]《宗寶·般若第二》云：「世人妙性本空，無有一法可得。自性真空，亦復如是。善知識！莫聞吾說空，便即著空。第一莫著空。若空心靜坐，即著『無記空』」。[29]雖然是「無有一法」可得，自性亦是「性空」，但並非是虛無的「斷滅空」。如達摩大師云：

> 若不見性，一切時中，擬作「無作想」，是大罪人，是癡人，落「無記空」中，昏昏如醉人，不辨好惡。若擬修「無作法」，先須「見性」，然後息緣慮，若不「見性」，得成佛道，無有是處。[30]

這是說必須要「明心見性」才能得成佛道，否則只修一個「無作想」的「空心坐禪」，那只會落入「無記空」。雖然不取著一切法，亦「本無一物」可取執，但並非是一種斷滅的修行，這在《聖善住意天子所問經·卷下》有清楚的說明，經云：

> 「以一切法不取，不生無記空」。[31]

---

[28] 「無記空」即同「斷滅見」之理，如清·石成金撰《金剛經石註》云：「汝若取非法相，謂之曰『無記空』，又謂之曰『斷滅見』。」詳《卍續藏》第二十五冊頁 589 上。

[29] 詳《宗寶·般若第二》。《大正藏》第四十八冊頁 350 上。

[30] 詳《卍續藏》第六十三冊頁 2 下。此話亦見《小室六門》，《大正藏》第四十八冊頁 374 上。

[31] 詳《大正藏》第十二冊頁 129 中。

　　「宗寶」《壇經》所說的「本來無一物」，並非什麼都沒有，也並非連「佛性」都不存在，故與「敦博」《壇經》的「佛性常清淨」並無衝突之處。

4、「本來無一物」即是「佛性常清淨」的探討

　　以往研究「敦博」與「宗寶」《壇經》者，總是認為「本來無一物」與「佛性常清淨」是完全不同的理念，[32]其實如果暫時不論《壇經》，另從其它佛典下手，我們可以發現「本來無一物」就是「佛性清淨」的意思，如《外道問聖大乘法無我義經》云：

　　　菩提心相，自性「清淨」，「無物」無喻，不可覩視，是最上句。[33]

　　經云「菩提」的心相是清淨的，既是清淨，所以「無物」可喻，「無物」可覩視，這就同於《金剛經》上說「離一切相」[34]之義，也是「宗寶」《壇經》說的「本來無一物」之義。在《大般涅槃經・卷第三十七》也有「無物」就是「虛空」，就是「佛性」的觀點，經云：

　　　善男子！「無物」者，即是「虛空」，「佛性」亦爾……「虛空」無，故非內非外。「佛性」常，故非內非外，故說「佛性」猶如「虛空」。[35]

　　甚至在《大乘同性經・卷上》上亦清楚的說明所謂的「無物」就是「菩提」的意思，經云：

　　　無思惟是菩提，「無物」是菩提，無爲是菩提。[36]

　　以上所舉的經典，雖皆以「無物」喻爲「菩提」清淨。然而「菩提」的清淨，就是「佛性」的清淨，這在《大方等無想經・卷第四》中有說明，如經云：

　　　善男子！一切眾生悉有「佛性」，得「菩提心」。[37]

　　又《大般涅槃經・卷第七》亦云：

　　　因見「佛性」，得成「阿耨多羅三藐三菩提」……有「佛性」者，必定當成「阿耨

---

[32] 詳見郭朋《壇經校釋》。北京：中華書局。1983 年，頁 17~18。

[33] 詳《大正藏》第十七冊頁 934 中。

[34] 詳《大正藏》第八冊頁 750 中。

[35] 詳《大正藏》第十二冊頁 580 下。

[36] 詳《大正藏》第十六冊頁 644 中。

[37] 詳《大正藏》第十二冊頁 1099 上。

多羅三藐三菩提。[38]

在大乘佛典中，「佛性」與「菩提」的譯語也是常常聯著一起使用的，如：

《佛說羅摩伽經·卷上》云：
　知識者，能令一切眾生得入「薩婆若海」，究竟清淨無上「佛性菩提」境界。[39]

《大乘瑜伽金剛性海曼殊室利千臂千鉢大教王經·卷第七》
　一切凡夫聖人，菩薩摩訶薩無不入此「佛性菩提」三昧正定。[40]

《大乘瑜伽金剛性海曼殊室利千臂千鉢大教王經·卷第三》云
　能令證入百千諸佛解脫地成就菩提獲一切如來，速入百千祕密金剛「菩提佛性」
　海藏真如三摩地」。[41]

所以若「菩提」是清淨，「佛性」亦清淨；「佛性」若清淨，「菩提」亦是清淨，兩者是無二無別的。既然是「本來無一物」，則也必「離一切相」，能「離一切相」，則「菩提」清淨，「佛性」亦清淨。「佛性清淨」與「本無一物」並無衝突之處。

2、慧能大師第二頌的研究

慧能大師的第二頌為「心是菩提樹，身為明鏡臺。明鏡本清淨，何處染塵埃？」此偈頌在「宗寶」中是沒有的，只有神秀的偈頌是寫著「身是菩提樹，心如明鏡臺。時時勤拂拭，勿使惹塵埃」。圖解如下：

《敦博本》	《宗寶本》
又偈曰： (下面原是慧能的偈誦) **心**是菩提樹，**身**為明鏡臺。 明鏡本清淨，何處「染」塵埃？ (下面原是神秀的偈誦) **身是菩提樹，心如明鏡臺。** **時時勤拂拭，「莫使有」塵埃。**	 (下面原是神秀的偈誦) **身是菩提樹，心如明鏡臺。** **時時勤拂拭，「勿使惹」塵埃。**

---

[38] 詳《大正藏》第十二冊頁 405 上。
[39] 詳《大正藏》第十冊頁 860 上。
[40] 詳《大正藏》第二十冊頁 760 中。
[41] 詳《大正藏》第二十冊頁 737 中。

　　慧能大師的第二個開悟偈頌原作為「心是菩提樹，身爲明鏡臺。明鏡本清淨，何處染塵埃」。但前人陳寅恪先生在「禪宗六祖傳法偈之分析」一文中提到「心」與「身」字應該易位。而鄧文寬、榮新江編著之《敦煌本禪籍錄校》亦考證有關唐五代河西音的「心」與「身」是「同音通用」，[42]再對照「宗寶」與「敦博」神秀的偈頌，皆認為「心」與「身」字應易位。[43]

　　筆者將從從底下二個角度來探討這個問題，最後推測「**心**」為「**菩提**」，「**身**」作「**明鏡**」的可能性是比較大的，故不宜妄動這個字詞。

1、從《壇經》中的「菩提」用字來探討

　　「敦博本」《壇經》中有出現過「菩提」與「本心、本性」串聯的節數有四節，如第「七、十三、三十一、三十六」節等，經文裡面的用字都是以「菩提」串聯「心」字。

　　「宗寶本」《壇經》中有出現過「菩提」與「本心、本性」串聯的節數有五節、二則語錄，如第「一、七、十三、三十一、三十六」節，加上「宗寶本」多出來參拜六祖語錄的臥輪禪師與志徹法師二則故事，經文裡面的用字亦是以「菩提」串聯「心」字。

　　下面將經文出處及內容以簡表說明：

《敦博本》	《宗寶本》
若覓無上「菩提」，即不可得。要入得門，見自「本性」。《第七節》	「菩提」自性，本來清淨。但用此「心」，直了成佛。[44]
	無上「菩提」，須得言下識自本「心」，見自「本性」不生不滅，於一切時中念念自見。[45]
慧能大師喚言：善知識！「菩提」般若之智，世人本自有之。即緣「心」迷，不能自悟，須求大善知識示道見性。《第十三節》	復云：善知識！「菩提」般若之智，世人本自有之。只緣「心」迷，不能自悟，須假大善知識示導見性。[46]
是故以頓悟教法流行後代，令學道者頓悟「菩提」，各自觀「心」，令自本性	是以將此教法流行，令學道者頓悟「菩提」，各自觀「心」，自見本性。[47]

---

[42] 詳鄧文寬、榮新江編著之《敦博本禪籍錄校》。山西：古籍出版社。1999年，頁242。

[43] 據黃連忠《敦博本六祖壇校釋》頁33云：筆者觀照前後文義及參考各家說法，以及對應神秀偈語，以為應改成「身是菩提樹，心為明鏡臺」。又頁163云：由於敦煌本大量使用方音的代用字，可見當時抄寫的時候，應是一人誦念，另一人則專心抄寫，所以讀寫之間難免受到方音的影響。

[44] 詳《宗寶・行由第一》。《大正藏》第四十八冊頁347下。

[45] 詳《宗寶・行由第一》。《大正藏》第四十八冊頁348下。

[46] 詳《宗寶・般若第二》。《大正藏》第四十八冊頁350上。

[47] 詳《宗寶・般若第二》。《大正藏》第四十八冊頁351上。

頓悟。《第三十一節》	
「菩提」本清淨，起「心」即是妄。《第三十六節》	「菩提」只向「心」覓，何勞向外求玄？聽說依此修行，西方只在目前……「菩提」本自性，起「心」即是妄。[48]
	臥輪禪師篇 師(慧能大師)聞之曰：此偈未明心地……因示一偈曰：慧能沒伎倆，不斷百思想。對境「心」數起，「菩提」作麼長？[49]
	志徹法師篇 師曰：汝知否？佛性若常，更說什麼善惡諸法，乃至窮劫，無有一人發「菩提心」者？故吾說無常，正是佛說真常之道也。[50]

　　神秘大師原本的偈頌為——「身」是菩提樹。此已被五祖呵為「未見性」，那六祖慧能應是沒有理由「照抄」的。故六祖慧能將之改為——「心」是菩提樹的可能性是較大的。

2、從《壇經》中的「身」為「明鏡」為「清淨」用字來探討

　　在「敦博」與「宗寶」《壇經》中皆有提到「三身佛」與「清淨」的關聯字詞，如第二十節、第五十三節。經文中說明我們「自身」中就有「三身佛」，而這「三身佛」都是依止於「清淨」的「法身佛」，故可說我們身中的「三身佛」與「清淨法身佛」是不離的關係。

　　下面將經文出處及內容以簡表說明：

《敦博本》	《宗寶本》
一時，逐慧能口道，令善知識見自「三身佛」：於自「色身」，歸依「清淨」法身佛。《第二十節》	吾與說一體「三身」自性佛，令汝等見「三身」，了然自悟自性。總隨我道：於自色身，歸依「清淨」法身佛。[51]
本從「化身」生「淨性」(清淨佛性)，「淨性」常在「化身」中。性(清淨佛性)使「化	本從「化身」生「淨性」，「淨性」常在「化身」中。性使「化身」行正道，當來圓

---

[48] 詳《宗寶‧般若第二》。《大正藏》第四十八冊頁351中。
[49] 詳《宗寶‧機緣第七》。《大正藏》第四十八冊頁358上。
[50] 詳《宗寶‧頓漸第八》。《大正藏》第四十八冊頁359上。
[51] 詳《宗寶‧懺悔第六》。《大正藏》第四十八冊頁354中。

身」行正道,當來圓滿真無窮。《第五十三節》	滿真無窮。[52]

神秀大師原本的偈頌為——「心」如明鏡臺,從《壇經》的前後經文來看,六祖慧能將之改為「身」如明鏡臺,且明鏡本「清淨」的道理是非常有可能的。

三、結論

《壇經》上說經典本無疑,法也不會誤人,很多都是自己知見不正確而造成「自心自誤」。如《敦博・第四十二節》云:

經上無疑,汝心自邪,而求正法,吾心正定即是持經……大師言:法達!吾常願一切世人,心地常自開佛知見,莫開眾生知見。

《宗寶・機緣第七》另作:
「經本無疑,汝心自疑」。[53]

本文探討了《壇經》的二個偈頌與「心是菩提」或「身是菩提」的問題,這些問題的答案應可從《壇經》及佛典中找到相關的印證資料,至少「經本」所講的修行理念是正確的,然而後人卻做了種種猜測而造成誤解。在《文殊師利所說摩訶般若波羅蜜經・卷下》中有一段「無物」就是「無生無滅」的內容,經云:

若知本性「無體、無著」者,即名「無物」,若「無有物」,是「無處所、無依無住」。「無依無住」即「無生無滅」。[54]

諸法的本性都是「無體性」的,無有「執著」;既是無有「執著」,就是「本來無一物」之義。「本來無一物」即「無處所」;即「無依無住」;即「不生不滅」之義。《文殊師利所說摩訶般若波羅蜜經》上說「無物」就是「不生不滅」,這與「佛性」是「不生不滅」是完全相同的。如《大般涅槃經・卷第十四》云:

善男子!佛性「無生無滅、無去無來」。非過去、非未來、非現在。[55]

自從「敦煌」、「敦博」《壇經》問世以來,「佛性常清淨」與「本來無一物」的問題就一直被後人推論闡述著,本文引用《壇經》前後經文及其餘佛典來證明這兩句話

---

[52] 詳《宗寶・付囑第十》。《大正藏》第四十八冊頁 361 下。
[53] 詳《大正藏》第四十八冊頁 355 中。
[54] 詳《大正藏》第八冊頁 729 下。
[55] 詳《大正藏》第十二冊頁 445 中。

其實並無衝突之處。最後期許這篇論文能確切的傳達慧能大師的思想，而不至被後人一再的誤解。

參考書目

1 許鶴陵《六祖壇經導讀》。台北：佛光人文社會學院出版。2003 年 7 月。

2 黃連忠《敦博本六祖壇經校釋》。台北：萬卷樓出版。2006 月 5 月。

3 楊曾文校寫《敦煌新本六祖壇經》。北京：宗教文化出版。2001。

4 潘桂明譯注《壇經全譯》。成都：巴蜀出版社，2000 年 10 月第 1 版。

5 星雲大師《六祖壇經講話》(全四冊)。高雄：佛光文化事業有限公司，民國 89 年。

6 李申釋譯《六祖壇經》。高雄：佛光出版社，民國 86 年。

7 郭朋校釋《壇經校釋》。台北：文津出版社，民國 84 年。

8 郭明文注解《六祖壇經白話直說》。明齊出版社，民國 82 年。

9 郭朋《壇經導讀》。成都：巴蜀書社，1991 年 1 月第二次印刷。

10 《六祖壇經注釋》。東方佛學院。高雄：佛光出版社，民國 80 年。

11 宣化講述《六祖法寶壇經淺釋》。台北：法界佛教總會法界佛教大學，民國 74 年。

12 寬如/寬榮法師合撰《六祖壇經摸象記》(2006 年修訂版)。台北：佛陀教育基金會。

期刊論文

1 張勇〈唐五代禪宗修習的典籍──以敦煌寫本《六祖壇經》為考察範圍〉，《普門學報》，第 10 期，民國 91 年 7 月，頁 71～87。

2 蔡彥仁〈口語宗教經典及其詮釋問題──以《六祖壇經》為例〉，《通識教育》，第 4 卷第 3 期，民國 86 年 9 月，頁 55～69。

3 高秉業〈英譯《六祖壇經》版本之歷史研究〉，《法相學會集刊》，第 4 期，民國 85 年 12 月，頁 1～19。

4 演慈〈壇經的筆受及其版本〉，《內明》，第 264 期，民國 83 年 3 月，頁 22～30。

5 余崇生〈慧能禪與《壇經》版本〉，《獅子吼》，第 32 卷第 7 期，民國 82 年 7 月，頁 21～26。

6 楊曾文〈《六祖壇經》諸本的演變和慧能的禪法思想〉，《中國文化》，第 6 期，民國 81 年 9 月，頁 24～37。

7 李雪濤〈關於敦煌本《壇經》的幾個問題──與郭朋先生的商榷〉，《內明》，第 220

期，民國 79 年 7 月，頁 11～15。

8 淨慧〈關於《壇經》的版本源流問題——慧能得法偈初探〉，《香港佛教》，第 351 期，民國 78 年 8 月，頁 8～12。

9 禪和子〈略談《六祖壇經》流傳海外的不同版本〉，《香港佛教》，第 341 期，民國 77 年 10 月，頁 22～24。

10 蔡惠明〈胡適的《壇經考證》〉，《內明》，第 174 期，民國 75 年 9 月，頁 21～22。

11 淨慧〈《敦煌寫本》是否最古「壇經」？「壇經」版本源流探討〉，《內明》，第 151 期，民國 73 年 10 月，頁 21～25。

12 嚴靈峰〈六祖壇經版本的流傳〉，《東方雜誌》，第 16 卷第 6 期，民國 71 年 12 月，頁 28～34。

13 柳田聖山著、羅麗馨譯〈六祖壇經諸本集成解說〉，《食貨月刊》，第 7 卷第 4 期，民國 66 年 7 月，頁 184～188。

14 胡適〈《壇經》考之一——跋曹溪大師別傳〉，收於《六祖壇經研究論集》（張曼濤主編，台北：大乘文化出版，民國 65 年），頁 1～10。

15 胡適〈《壇經》考之二——記北宋的六祖壇經〉，收於《六祖壇經研究論集》（張曼濤主編，台北：大乘文化出版，民國 65 年），頁 11～28。

16 李嘉言〈《六祖壇經》德異刊本之發現〉，收於《六祖壇經研究論集》（張曼濤主編，台北：大乘文化出版，民國 65 年），頁 143～154。

17 錢穆〈讀六祖壇經〉，收於《六祖壇經研究論集》（張曼濤主編，台北：大乘文化出版，民國 65 年），頁 155～163。

附：
再論《六祖壇經》引用大乘經典的研究

參考資料　郵件　校閱　檢視　ACROBAT

華康魏碑體 ▾ A ab ▾ 24 ▾ A ▾ B U I I 序 三 三 胃 三 三 三 三 ▾ 三 三 胃 abc AB¹ A ▾ □ ○ Ω ▾ H ▾ A

再論《六祖壇經》引用大乘經典的研究

全文摘要

《六祖壇經》是六祖慧能的開示錄總集，但卻被後人尊為「經」，本篇論文採「以經解經」與「以經證經」的方式研究出慧能大師所說的義理並沒有「超過」佛典經文之外，《壇經》中有很多「疑暗中引用」或「義理幾乎相同」於其它的佛典的內容，這在「宗寶本」中所佔的比率都是最高的。只要是「敦博本」沒有的內容，「宗寶本」在引用佛典的「比例」就愈大愈多，可見〔壇〕經〕非「敦博本」而莫屬。本論歸納出與《壇經》有「密切」關係的〔佛典有〕十部以上，其中引用的比例及內容最多的是《維摩詰所說經》、〔……〕、《金剛經》、《大智度論》、《楞伽經》、《大般涅槃經》、《法華〔經〕……〔經〕等八部佛經。本文所引用《敦博本》壇經內容是採用黃連忠〔……〕校釋》為準。《宗寶本》壇經內容則以《大正藏》第四十八冊頁〔……〕容為準，藏經原名作《六祖大師法寶壇經》，為了方便與「敦博本〔……〕一律以「宗寶本」壇經取代《六祖大師法寶壇經》之名。

字數統計 ? ×

統計：
頁數	36
字數	30,074
字元數 (不含空白)	33,608
字元數 (含空白)	34,880
段落數	855
行數	1,942
半形字	2,074
全形字	28,000

☑ 含文字方塊、註腳及章節附註(F)

關閉

關鍵詞：
壇經、敦博本、宗寶本、慧能、佛典。

全文摘要

《六祖壇經》是六祖慧能的開示錄總集，但卻被後人尊為「經」，本篇論文採「以經解經」與「以經證經」的方式研究出慧能大師所說的義理並沒有「超過」佛典經文之外，《壇經》中有很多「疑暗中引用」或「義理幾乎相同」於其它的佛典的內容，這在「宗寶本」中所佔的比率都是最高的。只要是「敦博本」沒有的內容，「宗寶本」在引用佛典的「比例」就愈大愈多，可見「原汁原味」的《壇經》非「敦博本」而莫屬。本論歸納出與《壇經》有「密切」關係的佛典總數量將達五十部以上，其中引用的比例及內容最多的是《維摩詰所說經》、《大般若波羅蜜多經》、《金剛經》、《大智度論》、《楞伽經》、《大般涅槃經》、《法華經》、《思益梵天所問經》等八部佛經。本文所引用《敦博本》壇經內容是採用黃連忠撰《敦博本六祖壇經校釋》為準。《宗寶本》壇經內容則以《大正藏》第四十八冊頁 346 上～365 上的內容為準，藏經原名作《六祖大師法寶壇經》，為了方便與「敦博本」壇經對照，故本文一律以「宗寶本」壇經取代《六祖大師法寶壇經》之名。

關鍵詞：
壇經、敦博本、宗寶本、慧能、佛典

一、前言

　　近日發行由「廣東省佛教協會」主編《六祖慧能文庫》第 4 至 19 冊論文集，裡面就收錄了 1103 篇與「敦博、宗寶」《壇經》相關的論文件數，研究數量之龐大，足見《六祖壇經》影響佛教學者之深，而且相關研究論文與專書仍不斷的在增加中。筆者大略研究了一下篇目與內容，專寫《壇經》與大乘經典探討有關的論文也不少，例如：楊曾文〈敦煌本《壇經》的佛經引述及其在慧能禪法中的意義〉(原文載《中日敦煌佛教學術會議》，2002 年論文)、馮煥珍〈六祖慧能與《大般涅槃經》〉(原文載明生主編：《禪和之聲--2009 廣東禪宗六祖文化節學術研討會論文集》，北京：宗教文化出版社，2010 年 6 月，第 490—499 頁)、何照清〈從《六祖壇經》所引經典探其屬性--以《壇經》所引般若系經典為探討物件〉(原文載明生主編：《禪和之聲——2010 廣東禪宗六祖文化節學術研討會論文集》，北京：宗教文化出版社，2011 年 9 月，第 452—465 頁)……等數篇論文。

　　而許鶴齡《《六祖壇經》導讀》(詳佛光人文社會學院出版。2003 年 7 月，第 318-361 頁)一書中的〈八、《壇經》與其他佛典〉，也詳細列出與《壇經》有關的「十四部」佛典，如：《大般若波羅蜜多經》、《金剛經》、《楞伽經》、《維摩詰經》、《法華經》、《菩薩戒經》(《梵網經》)、《中論》、《觀無量壽經》、《阿彌陀經》、《文殊師利說摩訶般若波羅蜜經》、《大般涅槃經》、《法華經》、《大乘本生心地觀經》(卷七有「誓度一切眾生，誓斷一切煩惱，誓學一切法門，誓證一切佛果」之句，與《壇經》〈懺悔第六〉類似)、《華嚴經・淨行品》(「自歸於佛」的觀點與《壇經》〈機緣第七〉類似)……等。

　　這些論文與專書大都圍繞在《壇經》有「明確」引用到的佛典經文上所作的研究，筆者將從「敦博、宗寶」二本《壇經》中重新檢視《壇經》「疑暗中引用」或「義理幾乎相同」於其他佛典經文的證據。筆者的結論是：《壇經》雖然是六祖慧能所說由弟子所編錄的「經典」，但其實如果以其餘的大乘經典去嚴格「檢視」它，採「以經解經、以經證經」的方式，您會發現編錄《壇經》的弟子們的確都是「通經通藏」的高手，慧能大師所說的義理並沒有「超過」佛典經文之外；也就是弟子們聽聞了大師所說的「法義」，然後再以「所知道」的「佛典經文」內容去編輯整理《壇經》，或是在某些程度上「潤稿」了《壇經》(這個現象在「宗寶本」的比例是最高的)。底下用二節標題來撰寫，一是「疑暗中引用」，總共例舉出至少 15 條。二是「義理幾乎相同」，亦總共例舉出至少 15 條。整篇論文總共例舉 30 條的方式撰寫研究。

二、疑暗中引用

　　在《壇經》中有明確寫出引用的佛典經文名稱，另一種是屬於「暗中引用」佛典經文，但並沒有說出所引用的佛典名稱，所以慧能的開示內容如果與佛典經文「巧合」到 99%相同，甚至到隻字不差，那就真的令人起疑竇了。下文乃經過筆者整理的結

果,《壇經》中某些「巧合」於佛經原典的經文很可能是「暗中引用」佛典來的。如底下略舉出十四點:

1、

「宗寶本」(成書於元・至元 28 年,西元 1291 年)《壇經》之「般若第二」慧能開示云:「一切即一,一即一切。」另一「敦博本」(成書時間在唐・開元 20 年,西元 732 年,至貞元 17 年,西元 801 年之間)是無相對應的內容。有關「一切即一,一即一切」的思想在《華嚴經》中到處可見,但是如果要細究「宗寶本」中慧能這八個字的開示,很可能引用了最早期的唐・智儼(602~668)《大方廣佛華嚴經搜玄分齊通智方軌》來的,如云:「彰一即一切,一切即一故也。」¹ 八個字隻字不差,只是順序前後調換而已。或者是引用唐・慧苑(673~743?)《續華嚴經略疏刊定記》云:「為顯一切即一,一即一切。」² 或是唐・法藏(643~712)述《華嚴經探玄記》中的內容。底下再以《華嚴經》作比對後,如下圖表所示。

引用佛典經文	《敦博本》與《敦煌本》對校版原文	《宗寶本》原文
唐・智儼《大方廣佛華嚴經搜玄分齊通智方軌》(非佛典) 彰「一」即「一切」,「一切」即「一」故也。³	無相對的經文	一切即一, 一即一切。
唐・慧苑《續華嚴經略疏刊定記・卷五》(非佛典) 為顯一切即一,一即一切,故互舉爾。⁴		
唐・法藏《華嚴經探玄記》(非佛典) 法界自在,具足圓滿, 「一」即「一切」,「一切」即「一」。⁵		
《大方廣佛華嚴經・如來光明覺品》 「一」能為「無量」,「無量」能為「一」。⁶		
《大方廣佛華嚴經・入法界品》 「一切諸相」即「一相」。⁷		
《大方廣佛華嚴經・普賢菩薩行品》 「一切諸相」悉入「一相」,「一相」入於「一切諸相」。		

---

¹ 參《大方廣佛華嚴經搜玄分齊通智方軌》卷 1。詳 CBETA, T35, no. 1732, p. 18, c。
² 參《續華嚴經略疏刊定記》卷 5〈昇須彌山頂品第十三〉。詳 CBETA, X03, no. 221, p. 659, b。
³ 參《大方廣佛華嚴經搜玄分齊通智方軌》卷 1。詳 CBETA, T35, no. 1732, p. 18, c。
⁴ 參《續華嚴經略疏刊定記》卷 5〈昇須彌山頂品第十三〉。詳 CBETA, X03, no. 221, p. 659, b。
⁵ 參《華嚴經探玄記》卷 1。詳 CBETA, T35, no. 1733, p. 111, a。
⁶ 參《大方廣佛華嚴經》卷 5〈如來光明覺品 5〉。詳 CBETA, T09, no. 278, p. 424, c。
⁷ 參《大方廣佛華嚴經》卷 57〈入法界品 34〉。詳 CBETA, T09, no. 278, p. 761, c。

8		

2、

「宗寶本」《壇經》之「般若第二」慧能開示云：「凡夫即佛，煩惱即菩提。」對比《敦博本》只有「即煩惱是菩提」六個字，並沒有「凡夫即佛」四個字。如果從藏經中來看，「凡夫即佛」很可能就是引用《大般涅槃經》「眾生即佛性，佛性即眾生。」[9]來的，類似的經文在藏經中也很多，如《佛心經品亦通大隨求陀羅尼》云：「眾生即佛體。」[10]或《大寶積經》云：「諸佛之法與凡夫法，無有差別，亦無異相」[11]等。

下面一句是「即煩惱是菩提」或「煩惱即菩提」，同樣的義理在藏經中到處都是，如《佛說未曾有正法經》云：「煩惱是菩提」[12]即隻字不差，或者《思益梵天所問經》中云：「煩惱中有菩提，菩提中有煩惱」[13]，筆者盡可能整理與《壇經》相同的義理，比對後如下圖表所示。

引用佛典經文	《敦博本》與《敦煌本》對校版原文	《宗寶本》原文
《大般涅槃經・卷第三十五》「眾生」即「佛性」，「佛性」即「眾生」。[14]	善知識！	善知識！凡夫即佛，
《佛心經品亦通大隨求陀羅尼・卷上》「眾生」即「佛體」。如此大聖力，菩薩不能知。[15]	即煩惱是菩提。	煩惱即菩提。
《大寶積經・卷第九十九》「諸佛之法」與「凡夫法」，無有「差別」，亦無「異相」。[16]		
《大寶積經・卷第二十九》「癡性」與「佛性」，平等無差別。[17]		
《大乘修行菩薩行門諸經要集・卷上》若不入「煩惱大海」，無由取得「佛性寶珠」。當知「菩		

---

[8] 參《大方廣佛華嚴經》卷 33〈普賢菩薩行品 31〉。詳 CBETA, T09, no. 278, p. 607, c。

[9] 參《大般涅槃經》卷 35〈迦葉菩薩品 12〉。詳 CBETA, T12, no. 374, p. 572, b。

[10] 參《佛心經》卷 1。詳 CBETA, T19, no. 920, p. 8, b。

[11] 參《大寶積經》卷 99。詳 CBETA, T11, no. 310, p. 552, b。

[12] 參《佛說未曾有正法經》卷 1。詳 CBETA, T15, no. 628, p. 429, c。

[13] 參《思益梵天所問經》卷 1〈解諸法品 4〉。詳 CBETA, T15, no. 586, p. 39, b。

[14] 參《大般涅槃經》卷 35〈迦葉菩薩品 12〉。詳 CBETA, T12, no. 374, p. 572, b。

[15] 參《佛心經》卷 1。詳 CBETA, T19, no. 920, p. 8, b。

[16] 參《大寶積經》卷 99。詳 CBETA, T11, no. 310, p. 552, b。

[17] 參《大寶積經》卷 29。詳 CBETA, T11, no. 310, p. 161, c。

提種性」本從「煩惱」中來。[18] 《思益梵天所問經・卷第一》 「煩惱」中有「菩提」，「菩提」中有「煩惱」。[19] 《佛說未曾有正法經・卷第一》 一切處是「菩提」。「煩惱」是「菩提」。諸所作是「菩提」。[20] 《大寶積經・卷第五十二》 無少「煩惱」可積可集，如是隨「覺」；即是「菩提」。「煩惱」之性即「菩提」性。[21] 《大方等大集經・卷第十二》 「煩惱、菩提」及以「佛法」，無有差別。 若「煩惱」中見「菩提」者即是「如見」(如實正見)。 若離「煩惱」見「菩提」者是名「倒見」(顛倒邪見)。[22] 《大方等大集經・卷第三十》 若解「煩惱」即解「菩提」。如「煩惱性」即「菩提性」。[23] 《大乘理趣六波羅蜜多經・卷第八》 「煩惱、菩提」無有二相。[24] 《佛說大乘菩薩藏正法經・卷第三十七》 能覺悟彼「煩惱」自性即「菩提性」，此「菩提」自性即「煩惱」性。[25] 《大乘瑜伽金剛性海曼殊室利千臂千缽大教王經・卷第七》 覺「本心源」；即名了見「煩惱性」者，是名「菩提性」也。[26]		

[18] 參《大乘修行菩薩行門諸經要集》卷 1。詳 CBETA, T17, no. 847, p. 939, a。
[19] 參《思益梵天所問經》卷 1〈解諸法品 4〉。詳 CBETA, T15, no. 586, p. 39, b。
[20] 參《佛說未曾有正法經》卷 1。詳 CBETA, T15, no. 628, p. 429, c。
[21] 參《大寶積經》卷 52〈般若波羅蜜多品 11〉。詳 CBETA, T11, no. 310, p. 309, b。
[22] 參《大方等大集經》卷 12。詳 CBETA, T13, no. 397, p. 79, b。
[23] 參《大方等大集經》卷 30。詳 CBETA, T13, no. 397, p. 208, b。
[24] 參《大乘理趣六波羅蜜多經》卷 8〈靜慮波羅蜜多品 9〉。詳 CBETA, T08, no. 261, p. 904, a。
[25] 參《佛說大乘菩薩藏正法經》卷 37〈勝慧波羅蜜多品 11〉。詳 CBETA, T11, no. 316, p. 877, b。
[26] 參《大乘瑜伽金剛性海曼殊室利千臂千缽大教王經》卷 7〈演一切賢聖入法見道顯教修持品 4〉。詳 CBETA, T20, no. 1177A, p. 757, b。

《大乘瑜伽金剛性海曼殊室利千臂千鉢大教王經·卷第八》 何以故「煩惱者」則是「菩提性」？以「煩惱性」修進「真如」得到「菩提」。[27] 《大莊嚴法門經·卷下》(亦名《文殊師利神通力經亦名勝金色光明德女經》) 菩薩當於「貪體性」中求於「菩提」，如是「瞋癡體」性中求於「菩提」，亦於一切「煩惱體性」中求於「菩提」。 《文殊師利所說不思議佛境界經·卷上》 「佛境界自性」，即是諸「煩惱自性」。 世尊！若「佛境界自性」異諸「煩惱自性」者，「如來」則非平等正覺。[28] 《大集大虛空藏菩薩所問經·卷第五》 「煩惱自性」本「清淨」故。[29] 《佛說未曾有正法經·卷第三》 「煩惱」平等，「聖道」亦平等。此二平等故，諸法皆平等。[30]		

3、

「宗寶本」《壇經》之「般若第二」慧能開示云：「譬如大龍下雨於閻浮提，城邑聚落，悉皆漂流，如漂棗葉……眾生本性般若之智，亦復如是。」另一「敦博本」內容則是差不多的內容。但細查《思益梵天所問經》(《勝思惟梵天所問》為同本異譯)時會發現《壇經》的這段文字與《思益梵天所問經》的〈授不退轉天子記品〉雷同的文字「比例」太高，應該是屬於「暗中引用」了佛典經文。

《壇經》這段文字正確的「完整意思」應該指：「大龍」這二個字是在此喻諸佛菩薩，如果諸佛菩薩要降「大般若法」時，只會降到大乘菩薩根器的「大海」內；如果不是屬於「大乘般若」根器者，諸佛菩薩就不會把「大般若法」降到他們身上；這不是說諸佛菩薩有了分別心與吝嗇之法，因為小根器的人是無法堪受「大般若法」的。如果諸佛菩薩硬是把「大般若法」降到小根器者身上，那就如同把一場大雨降到「城邑、聚落、山林、陂池」等「小地方」上，如此將造成這些地方因為「無法負荷」而被「淪溺淹沒」，就像是「棗葉」隨意的亂漂浮在水面上一樣的道理。然而大乘菩薩根器者是堪

---

[27] 參《大乘瑜伽金剛性海曼殊室利千臂千鉢大教王經》卷 8〈演一切賢聖入法見道顯教修持品 4〉。詳 CBETA, T20, no. 1177A, p. 764, c。

[28] 參《文殊師利所說不思議佛境界經》卷 1。詳 CBETA, T12, no. 340, p. 108, b。

[29] 參《大集大虛空藏菩薩所問經》卷 5。詳 CBETA, T13, no. 404, p. 631, a。

[30] 參《佛說未曾有正法經》卷 3。詳 CBETA, T15, no. 628, p. 438, a。

受「大般若法」的，所以諸佛菩薩如果降「大般若法」到他們身上時，並不會讓他們「淪溺淹沒」，甚至能維持「不增不減」的境界而無礙。大乘菩薩根器之「般若大海」就像百川眾流一樣，能容納種種法門、種種議論，但最終都能匯成同為一個「般若性空」之味。《壇經》後面的「諸水眾流，卻入大海，海納眾水，合為一體。」這段經文與《佛說未曾有正法經》「菩薩大智慧海，萬法所歸平等一味，菩薩多聞總持諸法之性，一味無異。」[31]有著異曲同工之妙。詳細比對後如下圖表所示。

引用佛典經文	《敦博本》與《敦煌本》對校版原文	《宗寶本》原文
《思益梵天所問經・卷第四》 爾時大迦葉白佛言：世尊！譬如諸「大龍」(此喻諸佛菩薩)，若欲雨時，(則)雨於「大海」(此喻大乘菩薩根器者)；此諸菩薩亦復如是，以「大法雨」(般若大法)雨「菩薩心」。	何以故？譬如「大龍」，若下大雨，雨於「閻浮提」，城邑聚落，悉皆漂流，如漂草葉。	何以故？譬如「大龍」下雨於「閻浮提」，城邑聚落，悉皆漂流，如漂棗葉。
佛言：迦葉！如汝所說，諸「大龍王」(此喻諸佛菩薩)所以不雨「閻浮提」(此喻小乘根器者)者，非(大龍王)有悋(嗇)也，但以其(閻浮提之)地「不堪受」故。所以者何？	若下大雨，雨於「大海」，不增不減。	若雨「大海」，不增不減。
「大龍」(此喻諸佛菩薩)所雨(般若大法)，澍(雨降)如車軸(喻雨非常密集)，若其雨者，(將令)是「閻浮提」(此喻小乘根器者)及「城邑、聚落、山林、陂池」，悉皆(遭)漂流，(亦)如漂「棗葉」(像棗葉隨意亂漂浮在水面上一樣)。是故大龍(此喻諸佛菩薩)不雨「大雨」(般若大法)於「閻浮提」(此喻小乘根器者)。	若大乘者，聞說《金剛經》，心開悟解。	若大乘人，若「最上乘」人，聞說《金剛經》，心開悟解。
如是，迦葉！此諸「菩薩」所以不雨「法雨」(般若大法)於餘眾生者(此喻小乘根器者)，亦無悋(嗇)心，以其「器不堪受」如是等法(此喻般若大法)。是故此諸「菩薩」但於甚深「智慧」無量大海「菩薩」心中，雨如是等不可思議無上「法雨」。	故知「本性」自有「般若之智」，自用「智慧」觀照，不假「文字」。	故知「本性」自有「般若之智」，自用「智慧」，常觀照故，不假「文字」。
迦葉！又如「大海」(此喻大乘菩薩根器者)，堪受大雨(此喻般若大法)，澍(雨降)如車軸(喻雨非常密集)，不增不減。	譬如其雨水，不從「天」有。 原是「龍王」於江海中，將身引此水，令一切眾生，	譬如雨水，不從「天」有。 原是「龍」能興致，令一切眾生，一切草木、有情、無

此諸菩薩亦復如是，若於一劫、若復百劫，若聽(般若大法)、若說(般若大法)，其(般若大乘大)法(乃)湛然(常住)，不增不減。	一切草木，一切有情、無情，悉皆蒙潤。	情，悉皆蒙潤。
迦葉！又如大海(此喻大乘菩薩根器之「般若大海」)，(能容納)百川眾流(此喻種種法門、種種議論)入其中者(皆匯入大乘菩薩根器之「般若大海」)，同一鹹味(此喻同為一「般若性空」之味)。此諸菩薩亦復如是，(就算聽)聞種種法、(想聞)種種「論議」者，皆能信解為一「空味」(為一個「般若空性」之味)。[32]	諸水眾流，卻入「大海」，「海」納「眾水」，合為一體。	百川眾流，卻入「大海」，合為一體。
《勝思惟梵天所問經・卷第六》爾時慧命大迦葉，在大會坐而白佛言：世尊！譬如「大龍」(此喻諸佛菩薩)，若欲雨(般若大法)時，(則)雨於「大海」(此喻大乘菩薩根器者)，不雨「餘處」(此喻小乘根器者)……	眾生「本性般若之智」，亦復如是。	眾生「本性般若之智」，亦復如是。
大龍(此喻諸佛菩薩)所雨(般若大法)，澍(降雨)如車軸(喻雨非常密集)，「閻浮提」(此喻小乘根器者)中不能容受。		
若其(大龍)雨(般若大法)者，是「閻浮提」(此喻小乘根器者)「城邑、聚落、山林、陂池」，皆悉(遭)漂流，(亦)如漂「棗葉」(像棗葉隨意亂漂浮在水面上一樣)。是故「大龍」(此喻諸佛菩薩)不以「大雨」(般若大法)雨「閻浮提」(此喻小乘根器者)。		
如是迦葉，此諸「菩薩」不雨「法雨」(般若大法)於餘眾生，亦無悋(嗇)妬(嫉)。但以其「器」不能「堪受」如是等法(此喻般若大法)。以是義故。此諸「菩薩」，但於甚深無量無邊「智慧大海」菩薩心中，雨如是等不可思議「無上法雨」(此喻般若大法)。		
迦葉！譬如大海(此喻大乘菩薩根器者)，堪受「大雨」(此喻般若大法)，澍(雨降)如車軸(喻雨非常密集)，不增不減(大海是湛受「大雨」的，就算雨降如車軸般的密集，大海不會因此而增加，也不會因此而減少，大海仍是「不增		

---

[32] 參《思益梵天所問經》卷4〈授不退轉天子記品 15〉。詳 CBETA, T15, no. 586, p. 57, c。

不減」的。大乘根器者乃堪受「般若大法」，不會像小乘根器的閻浮提一樣；會導致城邑聚落被大水所淹而到處漂流，又如棄葉隨意亂漂浮在水面上一樣）。 此諸菩薩亦復如是，若於一劫，若復百劫，若聽（般若大法）、若說（般若大法），其（般若大）法（乃）湛然（常住），不增不減。 迦葉！譬如大海（此喻大乘菩薩根器之「般若大海」），四天下中，（能容納）百川眾流（此喻種種法門、種種議論）入其中者（皆匯入大乘菩薩根器之「般若大海」），同一鹹味（喻同一「般若性空」之味）。此諸菩薩亦復如是，（就算聽）聞種種法、（聽聞）種種論義，皆能信解，皆為「一味」（為一個「般若空性」之味），所謂「空味」（般若性空之味）。 ³³ 《佛說未曾有正法經・卷第一》 海意菩薩言：菩薩「大智慧海」，萬法所歸「平等一味」，菩薩「多聞」總持諸法之性，「一味無異」。 ³⁴		

4、

「宗寶本」《壇經》之「般若第二」慧能開示云：「說通及心通，如日處虛空。」另一「敦博本」內容則是完全一樣的內容。關於「說通」與「心通」這二個名詞，很多前人的論文都研究過了，這絕對是暗中引用了《楞伽經》的經文來的。比對後如下圖表所示。

引用佛典經文	《敦博本》與《敦煌本》對校版原文	《宗寶本》原文
《楞伽阿跋多羅寶經・卷第三》 佛告大慧！一切「聲聞、緣覺、菩薩」有二種「通相」。謂：「宗通」（《壇經》名為「心通」）及「說通」。 ³⁵ 《楞伽阿跋多羅寶經・卷第三》 復次大慧！愚癡凡夫，無始「虛偽惡邪妄想」之所迴轉，迴轉時「自宗通」（《壇經》名	「說通」（能隨眾生根機，以巧方便為之說法） 及「心通」（即「宗通」，證悟自己本來心性，遠離一切語言文字及種種妄想），如日處虛空。	「說通」（能隨眾生根機，以巧方便為之說法） 及「心通」（即「宗通」，證悟自己本來心性，遠離一切語言文字及種種妄想），如日處虛空。

---

³³ 參《勝思惟梵天所問經》卷 6。詳 CBETA, T15, no. 587, p. 91, c。

³⁴ 參《佛說未曾有正法經》卷 1。詳 CBETA, T15, no. 628, p. 430, a。

³⁵ 參《楞伽阿跋多羅寶經》卷 3〈一切佛語心品〉。詳 CBETA, T16, no. 670, p. 499, b。

為「心通」)及「說通」，不善了知（指愚癡凡夫無始虛偽，惡邪分別之所幻惑，不了「如實」及「言說法」）…… 而說偈言：我謂二種通，「宗通」（《壇經》名為「心通」）及「言說」（即「說通」）。[36] 《大方廣佛華嚴經》卷2〈入不思議解脫境界普賢行願品〉 正覺非有量，亦復非無量，若量若非量，牟尼悉超越。如日處虛空，光明恒遍照，[37]		

5、

　　「宗寶本」《壇經》之「疑問第三」云：「所以佛言：隨所住處，恆安樂。」另一「敦博本」內容則是無此內容。其實這句話就是引用了《添品妙法蓮華經》或《佛母大孔雀明王經》的內容，只是改了一個「恒」字而已。比對後如下圖表所示。

引用佛典經文	《敦博本》與《敦煌本》對校版原文	《宗寶本》原文
《添品妙法蓮華經》 隨所住處，施與安樂。[38] 《佛母大孔雀明王經》 隨所住處，常安樂。[39] 《佛說無常經》 隨所住處，常安樂。[40] 《大雲輪請雨經》 隨所住處，常安樂。[41]	無相對的經文	所以佛言： 隨所住處，恆安樂

6、

　　「宗寶本」《壇經》之「定慧第四」慧能開示云：「善知識！我此法門，從上以來，先立：無念為宗。無相為體。無住為本。」這段經文在《維摩詰所說經》的〈觀眾生品〉也同樣有「無住為本」[42]四個字，「無住為本」應該是暗中引用了《維摩詰所說經》

---

[36] 參《楞伽阿跋多羅寶經》卷3〈一切佛語心品〉。詳 CBETA, T16, no. 670, p. 503, a。

[37] 參《大方廣佛華嚴經》卷2〈入不思議解脫境界普賢行願品〉。詳 CBETA, T10, no. 293, p. 668, b。

[38] 參《添品妙法蓮華經》卷3〈藥草喻品 5〉。詳 CBETA, T09, no. 264, p. 153, c。

[39] 參《佛母大孔雀明王經》卷2。詳 CBETA, T19, no. 982, p. 433, b。

[40] 參《佛說無常經》卷1。詳 CBETA, T17, no. 801, p. 746, b。

[41] 參《大雲輪請雨經》卷2。詳 CBETA, T19, no. 989, p. 492, c。

[42] 參《維摩詰所說經》卷2〈觀眾生品 7〉。詳 CBETA, T14, no. 475, p. 547, c。

的經文內容。比對後如下圖表所示。

引用佛典經文	《敦博本》與《敦煌本》對校版原文	《宗寶本》原文
《維摩詰所說經》云： 又問：顛倒想孰為本？ 答曰：無住為本。[43] 《說無垢稱經》云： 又問：倒想孰為本？ 曰：無住為本。[44]	善知識！我此法門，從上以來，「頓、漸」皆立： 「無念」為宗。 「無相」為體。 「無住」為本。	善知識！我此法門，從上以來，先立： 「無念」為宗。 「無相」為體。 「無住」為本。

7、

「宗寶本」《壇經》之「懺悔第六」慧能開示云：「善、惡雖殊，本性無二。無二之性，名為實性。於實性中，不染善、惡，此名圓滿報身佛。」這段經文在「敦博本」是沒有的內容，但從《大般涅槃經》的〈如來性品〉內容來看，《壇經》這段應該是「消化」與「整理」了《大般涅槃經》。比對後如下圖表所示。

引用佛典經文	《敦博本》與《敦煌本》對校版原文	《宗寶本》原文
《大般涅槃經》云： 若言：十善、十惡，可作、不可作，善道、惡道，白法、黑法。 凡夫謂二；智者了達其性無二，無二之性即是實性。[45]	無相對的經文	善、惡雖殊， 本性無二。 無二之性， 名為實性。 於實性中，不染善、惡，此名圓滿報身佛。

8、

「宗寶本」《壇經》之「宣詔第九」薛簡云：「譬如一燈然百千燈，冥者皆明，明明無盡。」另一「敦博本」內容則是無此內容。其實這句話肯定也是暗中引用了《維摩詰所說經》，只是把最後的「明終不盡」四個字換成「明明無盡」而已。比對後如下圖表所示。

引用佛典經文	《敦博本》與《敦煌本》對校版原文	《宗寶本》原文

---

[43] 參《維摩詰所說經》卷 2〈觀眾生品 7〉。詳 CBETA, T14, no. 475, p. 547, c。

[44] 參《說無垢稱經》卷 4〈觀有情品 7〉。詳 CBETA, T14, no. 476, p. 573, b。

[45] 參《大般涅槃經》卷 8〈如來性品 4〉。詳 CBETA, T12, no. 374, p. 410, c。

《維摩詰所說經》有法門名「無盡燈」，汝等當學。「無盡燈」者，譬如一燈，燃百千燈，冥者皆明，明終不盡。[46]	無相對的經文	譬如一燈，然百千燈，冥者皆明，明明無盡。

9、

「宗寶本」《壇經》之「宣詔第九」慧能云：「明、暗是代謝之義，相待之名。法無有比，無相待故。」另一「敦博本」內容則是無此內容。其實「法無有比，無相待故」這八個字肯定也是暗中引用了《維摩詰所說經》，而且隻字不差。另一句「明、暗」經文也可能是出自《大寶積經》的內容，因為經文也有「法無有比」四個字，也提到了「明、暗」二個字。比對後如下圖表所示。

引用佛典經文	《敦博本》與《敦煌本》對校版原文	《宗寶本》原文
《大寶積經・卷第六十五》一切諸法無有「比」(無相比較之法，即指遠離「相對待」)，是故「一相」無有相，譬如虛空無有等，一切諸法亦復然……無有「曲相」及「直相」，亦復無有「明、闇」相。[47] 《維摩詰所說經》法無有「比」，無「相待」故。[48]	無相對的經文	明、暗是代謝之義，相待之名。 法無有比，無相待故。

10、

「宗寶本」《壇經》之「宣詔第九」慧能云：「明與無明，凡夫見二，智者了達，其性無二，無二之性，即是實性。」另一「敦博本」內容則是無此內容。其實「宣詔第九」出現慧能的這段話在前面「懺悔第六」也講過，前面是說「善、惡雖殊，本性無二。無二之性，名為實性。於實性中，不染善、惡，此名圓滿報身佛。」所以這兩段話都肯定是「消化」與「整理」了《大般涅槃經》及《維摩詰所說經》內文來的。比對後如下圖表所示。

引用佛典經文	《敦博本》與《敦煌本》對校版原文	《宗寶本》原文

---

[46] 參《佛說維摩詰經》卷1〈菩薩品 4〉。詳 CBETA, T14, no. 474, p. 524, c。
[47] 參《大寶積經》卷65〈緊那羅授記品 11〉。詳 CBETA, T11, no. 310, p. 374, a。
[48] 參《維摩詰所說經》卷1〈弟子品 3〉。詳 CBETA, T14, no. 475, p. 540, a。

《大般涅槃經‧卷第八》 若言「無明」因緣諸行,凡夫之人聞已,分別生「二法想」。「明」與「無明」。智者了達其性無二。無二之性,即是實性。 若言「諸行」因緣識者,凡夫謂二。「行」之與「識」。智者了達其性無二。無二之性,即是實性。[49] 《維摩詰所說經‧卷二》 電天菩薩曰:「明、無明」為二。「無明」實性即是「明」,「明」亦不可取,離一切數,於其中「平等無二」者,是為入「不二法門」。[50]	無相對的經文	明與無明, 凡夫見二, 智者了達, 其性無二, 無二之性, 即是實性。

11、

　　「宗寶本」《壇經》之「宣詔第九」有段薛簡與慧能的對話,內容是:「簡曰:師說不生不滅,何異外道?師曰:外道所說不生不滅者,將滅止生,以生顯滅,滅猶不滅,生說不生。我說不生不滅者,本自無生,今亦不滅,所以不同外道」。另一「敦博本」內容則是無此內容。可是這段「對話」是出自《楞伽阿跋多羅寶經》中大慧菩薩與世尊的對話,他的原始問題就是外道也在使用佛教常用的「不生不滅」話語,這樣「外道」與「佛教」不就都成為一樣的教理,因此佛教的教理並無「奇特」之處啊!後來佛陀詳細回答大慧菩薩的疑難,底下整理成五點的白話描敘方式。

(1)外道乃是依「能作諸因」、有「實體性」,從「有、無、生、滅」的「相對」性見解中而言「不生不滅」之理。

(2)佛乃無自性、離生滅、離有、離無者,但隨眾生心而亦言「不生不滅」之理。若能覺悟諸法皆「自心現量」,乃能安住於「無作界」中,一切諸法本來即是「無生、無滅」。

(3)外道雖有「離有、離無」或「不生、不滅」的見解,但其心中仍存有「有、無、生、滅」之分別,是以「生」止「滅」、或以「滅」止「生」的修行方式。佛雖亦有「離有、離無、不生、不滅」之理,但佛的心中並無「有、無、生、滅」的「相待、相對」的名相分別。

(4)一切法皆非真實,皆唯心而自現。佛雖倡有「離有、離無、不生、不滅」之名別名相,然此「分別名相」仍無從所生,亦無所滅。一切的「名相分別」皆隨眾生心之所需所求;而顯現的「方便」之說。

(5)佛雖說「不生不滅」,但「法尚應捨,何況非法」,[51]甚至「空亦復空」。外道則有強烈的「法執」,所以緊抓著「不生不滅」四個字不放。

---

[49] 參《大般涅槃經》卷 8〈如來性品 4〉。詳 CBETA, T12, no. 374, p. 410, c。
[50] 參《維摩詰所說經》卷 2〈入不二法門品 9〉。詳 CBETA, T14, no. 475, p. 551, a。
[51] 參《金剛般若波羅蜜經》卷 1。詳 CBETA, T08, no. 235, p. 749, b。

　　所以《壇經》的「宣詔第九」薛簡與慧能的對話，肯定是「消化」與「整理」了《楞伽阿跋多羅寶經》內文來的。比對後如下圖表所示。

引用佛典經文	《敦博本》與《敦煌本》對校版原文	《宗寶本》原文
《楞伽阿跋多羅寶經・卷第四》 爾時大慧菩薩復承佛威神而白佛言：世尊！世尊顯示「不生不滅」，無有「奇特」。所以者何？一切外道「因」亦「不生不滅」…… 世尊所說亦復如是，是故我言「無有奇特」，唯願世尊，為說差別？所以奇特，「勝」諸外道？若無差別者，一切外道皆亦是「佛」，以「不生不滅」故…… 佛告大慧！我說「不生不滅」，不同外道「不生不滅」。所以者何？ 彼諸外道"有"「性自性」（有真實的自體性），得「不生不變相」。我不如是墮「有、無」品。大慧！我者離「有、無」品，離「生、滅」。「非性（非真實存有之性）、非無性（非虛無斷滅之性）。如種種幻夢現，故非「無性」（完全斷滅虛無之性）…… 以是故，一切性「無性（非真實存有之性）、非無性（非虛無斷滅之性）。但覺「自心現量」，妄想不生。[52]	無相對的經文	簡曰： (惠能)師說「不生不滅」，何異外道？ (惠能)師曰： 外道所說「不生不滅」者，將「滅」止「生」，以「生」顯「滅」，滅猶「不滅」，生說「不生」。 我說「不生不滅」者，本自「無生」，今亦「不滅」，所以不同「外道」。

12、

　　「宗寶本」《壇經》之「付囑第十」慧能開示云：「神會小師，卻得善不善等，毀譽不動，哀樂不生。」另一《敦博本》內容則是差不多，只缺後面「哀樂不生」四個字。其實「善不善等，毀譽不動」八個字肯定是暗中引用了《維摩詰所說經》中〈佛國品〉的經文，因為隻字不差，只是順序前後換掉而已。另外「毀譽不動」二個字在其餘藏經也常出現，例如《出曜經》與《大方廣佛華嚴經》中都有。但如果要加上「善不善

52　參《楞伽阿跋多羅寶經》卷4〈一切佛語心品〉。詳 CBETA, T16, no. 670, p. 507, a。

等」四個字的話，那就非《維摩詰所說經》所莫屬了。比對後如下圖表所示。

引用佛典經文	《敦博本》與《敦煌本》對校版原文	《宗寶本》原文
《維摩詰所說經》 「毀、譽」不動如須彌，於「善、不善」(平)等以「慈」，心行平等如「虛空」。[53] 《出曜經・卷第三十》 持心牢固，「毀、譽」不動。[54] 《大方廣佛華嚴經・卷第二十六》 志性柔和，「毀、譽」不動。[55]	神會小僧(受具足戒未滿十夏的人，稱為小師。又為對弟子的一般稱呼)， 卻得「善、不善」等，「毀、譽」不動。	神會小師(受具足戒未滿十夏的人，稱為小師。又為對弟子的一般稱呼)， 卻得「善、不善」等，「毀、譽」不動，「哀、樂」不生。

13、

　　「宗寶本」《壇經》之「付囑第十」慧能開示云：「吾與汝說一偈，名曰真假動靜偈。汝等誦取此偈……能善分別相，第一義不動。」另一《敦博本》內容則完全一樣。其實「能善分別相，第一義不動」十個字肯定是暗中引用了《維摩詰所說經》中〈佛國品〉的經文，只是去掉「諸法」與「於、而」共四個字而已。比對後如下圖表所示。

引用佛典經文	《敦博本》與《敦煌本》對校版原文	《宗寶本》原文
《維摩詰所說經》 寶積即於佛前，以偈頌曰……能善分別諸法相，於第一義而不動。 已於諸法得「自在」，是故稽首此法王。[56]	能善分別(諸法)相， (於諸法實相)「第一義」不動。	能善分別(諸法)相， (於諸法實相)「第一義」不動。

14、

　　「宗寶本」《壇經》之「行由第一」五祖弘忍大師偈頌云：「有情來下種，因地果還生。無情亦無種，無性亦無生。」而「敦博本」作「有情來下種，無情花即生。無情又無種，心地亦無生。」兩個版本的偈頌並不一致，其中「宗寶本」最後一句是「無性亦

---

[53] 參《維摩詰所說經》卷 1〈佛國品 1〉。詳 CBETA, T14, no. 475, p. 537, c。

[54] 參《出曜經》卷 30〈梵志品 34〉。詳 CBETA, T04, no. 212, p. 771, a。

[55] 參《大方廣佛華嚴經》卷 26〈入不思議解脫境界普賢行願品〉。詳 CBETA, T10, no. 293, p. 782, a。

[56] 參《維摩詰所說經》卷 1〈佛國品 1〉。詳 CBETA, T14, no. 475, p. 537, c。

無生」，「無性亦無生」這五個字其實並不陌生，因為在《華嚴經》與《大寶積經》都有這五個字，反倒是「敦博本」的「心地亦無生」則不見於藏經出處，所以「心地亦無生」很可能是弘忍大師的「原創」，而「宗寶本」的「無性亦無生」句應該說是「巧合」於佛經？還是被後人整理時「暗中引用」了佛典呢？比對後如下圖表所示。

引用佛典經文	《敦博本》與《敦煌本》對校版原文	《宗寶本》原文
《大方廣佛華嚴經・卷第四十四》 一切皆如幻，「無性」亦「無生」，示現有種種。[57]	有情來下種，無情花即生。	有情來下種，因地果還生。
《大寶積經・卷第八十五》 如是「象、馬、軍」，「無性」亦「無生」……一切皆「幻化」，「無性」亦「無生」。[58]	無情又無種，心地亦無生。	無情既無種，無性亦無生。
《大方廣佛華嚴經・卷第七十七》 善能解了一切法，無性、無生、無所依。[59]		
《佛說大迦葉問大寶積正法經・卷第三》 若彼「不生」是即「無性」。若彼「無性」：「無生、無滅」。若「無生滅」，亦「無往來」。若「無往來」而「無主宰」。若「無主宰」；無假無實，是即「聖性」。[60]		
《佛說海意菩薩所問淨印法門經・卷第十》 一切法自性「無性、無生、無起」。如是知已，即得「無生法忍」。[61]		
《虛空藏菩薩神咒經》 一切諸法不可言說，「無性、無生、無滅、無境界、不動、不搖」。[62]		
《大乘入楞伽經・卷第一》 法身如「幻夢」，云何可「稱讚」？知「無性、無生」，乃名「稱讚佛」。[63]		

---

[57] 參《大方廣佛華嚴經》卷 44〈十忍品 29〉。詳 CBETA, T10, no. 279, p. 235, b。

[58] 參《大寶積經》卷 85。詳 CBETA, T11, no. 310, p. 489, a。

[59] 參《大方廣佛華嚴經》卷 77〈入法界品 39〉。詳 CBETA, T10, no. 279, p. 424, a。

[60] 參《佛說大迦葉問大寶積正法經》卷 3。詳 CBETA, T12, no. 352, p. 211, b。

[61] 參《佛說海意菩薩所問淨印法門經》卷 10。詳 CBETA, T13, no. 400, p. 499, c。

[62] 參《虛空藏菩薩神咒經》卷 1。詳 CBETA, T13, no. 407, p. 662, c。

[63] 參《大乘入楞伽經》卷 1〈集一切法品 2〉。詳 CBETA, T16, no. 672, p. 590, c。

《大乘入楞伽經·卷第五》 以是故我說「空、無生、無性」。[64]		
《解深密經·卷第二》 一切諸法皆「無性、無生、無滅」，本來寂。[65]		
《菩提行經·卷第四》 「無性」即「無生」，當依彼性行。[66]		
《大般若波羅蜜多經·卷第五百六十一》 空、無相、無願、無造、無作、無生、無性。[67]		
《佛說佛母出生三法藏般若波羅蜜多經·卷第十八》 念「無相、無願、無作、無起、無生、無性」。[68]		

15、

　　「宗寶本」《壇經》之「付囑第十」慧能開示云：「故經云：心生種種法生，心滅種種法滅。」另一《敦博本》則無此內容。既然說是「經云」，那唯一的可能就是後出的「宗寶本」暗中引用了《楞嚴經》(於西元 705 年譯畢)，但如果不是「經」，就有可能引用了唐·宗密(780～841)著的《圓覺經大疏釋義鈔》(於 823 年著成)內容，因為隻字不差完全一樣的。或是唐·裴休(797～870)集錄的《黃檗斷際禪師宛陵錄》(於 857 年集錄)中也有相同的內容。另一是唐代臨濟宗之祖義玄禪師(？～867)，敕謚慧照禪師，由門人慧然編《鎮州臨濟慧照禪師語錄》一卷，裡面也有一樣的文字。比對後如下圖表所示。

引用佛典經文	《敦博本》與《敦煌本》對校版原文	《宗寶本》原文
《楞嚴經·卷一》 由心生故，種種法生； 由法生故，種種心生。[69] 唐·宗密《圓覺經大疏釋義鈔·卷三》(非佛典) 心生種種法生，心滅種種法滅故。 論云：一切諸法，唯依妄念而有差別。[70]	無相對的經文	故經云： 「心生」種種法生， 「心滅」種種法滅。

---

[64] 參《大乘入楞伽經》卷 5〈無常品 3〉。詳 CBETA, T16, no. 672, p. 616, c。
[65] 參《解深密經》卷 2〈無自性相品 5〉。詳 CBETA, T16, no. 676, p. 693, c。
[66] 參《菩提行經》卷 4〈菩提心般若波羅蜜多品 7〉。詳 CBETA, T32, no. 1662, p. 560, a。
[67] 參《大般若波羅蜜多經(第 401 卷-第 600 卷)》卷 547〈現世間品 12〉。詳 CBETA, T07, no. 220, p. 814, c。
[68] 參《佛說佛母出生三法藏般若波羅蜜多經》卷 18〈善巧方便品 20〉。詳 CBETA, T08, no. 228, p. 650, b。
[69] 參《大佛頂如來密因修證了義諸菩薩萬行首楞嚴經》卷 1。詳 CBETA, T19, no. 945, p. 107, c。
[70] 參唐·宗密(780～841)《圓覺經大疏釋義鈔》(於西元 823 年著成)卷 3。詳 CBETA, X09, no. 245, p. 517, c。

《鎮州臨濟慧照禪師語錄》(非佛典) 爾欲得作佛，莫隨萬物。 心生種種法生、心滅種種法滅，一心不生，萬法無咎。[71] 《黃檗斷際禪師宛陵錄》(非佛典) 所以心生種種法生，心滅種種法滅。 故知一切諸法皆由心造。[72]		

三、義理幾乎相同

　　《壇經》所記錄慧能的開示法義，其中很多都與佛典經文義理相同的，學界在這方面研究的人也不少，但經過筆者整理的結果，慧能的開示法義基本上都與「佛典經文」無異，而且數量不少，所以六祖的開示法義被後人歸類成佛「經」，亦是當之無愧的。底下就舉出慧能的開示法義與佛典相同的例子。

1、

　　「宗寶本」《壇經》之「行由品第一」慧能開示云：「菩提自性，本來清淨。但用此心，直了成佛。」這段經文已被佛教徒傳誦一千三百年以上，幾乎沒有人不知道，可是這八個字在「敦博本」《壇經》是不存在的，看似可惜，但如果從其他的佛典經文來看，就不覺的可惜了，因為還有很多經典都有講到「菩提自性，本來清淨」的道理，例如《大寶積經》云：「菩提自性清淨。」[73]《佛說一切如來金剛三業最上祕密大教王經》亦云：「菩提心者，是即自性淨光明法。」[74]比對後如下圖表所示。

引用佛典經文	《敦博本》與《敦煌本》對校版原文	《宗寶本》原文
《大寶積經・卷第三十九》 我證菩提自性清淨。75 《佛說一切如來金剛三業最上祕密大教王經・卷第一》 菩提心者，是即自性淨光明法。76	無相對的經文	大師告眾曰： 善知識！ 菩提自性， 本來清淨。

[71] 參《鎮州臨濟慧照禪師語錄》卷 1。詳 CBETA, T47, no. 1985, p. 502, b。
[72] 參《黃檗斷際禪師宛陵錄》卷 1。詳 CBETA, T48, no. 2012B, p. 386, b。
[73] 參《大寶積經》卷 39〈如來不思議性品 4〉。詳 CBETA, T11, no. 310, p. 226, b。
[74] 參《佛說一切如來金剛三業最上祕密大教王經》卷 1。詳 CBETA, T18, no. 885, p. 472, b。
[75] 參《大寶積經》卷 39〈如來不思議性品 4〉。詳 CBETA, T11, no. 310, p. 226, b。
[76] 參《佛說一切如來金剛三業最上祕密大教王經》卷 1。詳 CBETA, T18, no. 885, p. 472, b。

《大方廣佛華嚴經・卷第三十六》 大菩提心，本性清淨。[77] 《外道問聖大乘法無我義經》 菩提心相，自性清淨。[78] 《金剛頂一切如來真實攝大乘現證大教王經・卷上》 菩提心為淨。[79] 《大毘盧遮那成佛神變加持經・卷第一》 菩提心清淨。[80] 《守護國界主陀羅尼經・卷第四》 菩提本性，清淨光明。[81] 《金剛場陀羅尼經》 菩提本性清淨。[82]		但用此心， 直了成佛。

2、

　　「宗寶本」《壇經》之「行由第一」慧能開示云：「迷時師度，悟了自度……蒙師傳法，今已得悟，只合自性自度。」這段文字在「敦博本」《壇經》是不存在的，他的重點是如果眾生迷誤了，就需要一個外相上的「師父」(善知識)來度化，但如果這個眾生因此開悟了，那就是「自性自度」了。關於「自性自度」的研究論文前人也撰寫過不少，如郭忠瑞〈禪是心間開紅蓮--淺析《壇經》中的「自性即佛」說〉、[83]賴功歐〈慧能《壇經》的「自性」範疇及其佛性論〉、[84]林建德〈試論《六祖壇經》對《阿含經》「心」概念之承傳與創新〉[85]……等。可以結論出「自性自度」的佛理從《阿含經》開始就有，如云：「依賢聖道已，便能自度生死之海。」[86]到了大乘經典則更多，例如《金剛經》云：「所有一切眾生之類……我皆令入無餘涅槃而滅度之。如是滅度無量無數無邊眾生，實無眾生得滅度者。」[87]或如《諸法無行經》云：「佛不得佛道，亦不度眾生。凡

[77] 參《大方廣佛華嚴經》卷 36〈入不思議解脫境界普賢行願品〉。詳 CBETA, T10, no. 293, p. 830, a。

[78] 參《外道問聖大乘法無我義經》卷 1。詳 CBETA, T17, no. 846, p. 934, c。

[79] 參《金剛頂一切如來真實攝大乘現證大教王經》卷 1。詳 CBETA, T18, no. 874, p. 314, a。

[80] 參《大毘盧遮那成佛神變加持經》卷 1〈入真言門住心品 1〉。詳 CBETA, T18, no. 848, p. 1, c。

[81] 參《守護國界主陀羅尼經》卷 4〈入如來大悲不思議品 4〉。詳 CBETA, T19, no. 997, p. 539, b。

[82] 參《金剛場陀羅尼經》卷 1。詳 CBETA, T21, no. 1345, p. 857, b。

[83] 詳《青春歲月》2013 年第 16 期。參見網頁 http://mall.cnki.net/magazine/Article/QCSY201316385. htm。

[84] 原文載明生主編：《禪和之聲 2011,2012--廣東禪宗六祖文化節學術研討會論文集》（上），廣州：羊城晚報出版社，2013 年 9 月，第 103—112 頁。

[85] 原文載《禪和之聲 2013--六祖惠能圓寂 1300 周年學術研討會論文集》，2013 年 9 月。

[86] 參《增壹阿含經》卷 39〈馬血天子問八政品 43〉。詳 CBETA, T02, no. 125, p. 761, c。

[87] 參《金剛般若波羅蜜經》卷 1。詳 CBETA, T08, no. 235, p. 749, a。

夫強分別，作佛度眾生。是人於佛法，則為甚大遠。」[88]所以慧能開示「自性自度」的法義並非是「新創」，這在很多佛典經文都可見的。比對後如下圖表所示。

引用佛典經文	《敦博本》與《敦煌本》對校版原文	《宗寶本》原文
《摩訶止觀·卷九》 《淨度經》(即《淨度三昧經》[89])云：「眾生自度」耳，佛於其無益(佛於度化眾生之事乃是「無所助益」，一切皆是「自性自度」)。[90] 《淨度三昧經·卷第三》 人為自度，佛不度人。[91] 《淨度三昧經·卷第三》 佛實不度人，人自度耳。[92] 《增壹阿含經·卷第三十九》 依賢聖道已，便能「自度」生死之海。[93] 《諸法無行經·卷下》 佛「不得佛道」，亦「不度眾生」。凡夫強分別，作「佛(有在)度眾生」。是人於佛法，則為甚大遠。[94] 《大寶積經·卷九十》 諸法自性常寂靜，何有貪欲及瞋癡？於無數劫修眾行，度脫無量諸眾生，眾生「自性不可得」，(故)實無眾生「可度」者。[95]	無相對的經文	迷時師度，悟了自度…… 蒙師傳法，今已得悟，只合自性自度。

3、

「宗寶本」《壇經》之「行由第一」慧能開示云：「不思善，不思惡。正與麼時，那箇是明上座本來面目？」這段經文也是被禪宗門徒傳誦一千三百年以上，已被禪宗公案引用過數不清的次數，但這段經文在「敦博本」《壇經》也是不存在的。相同的話語

---

[88] 參《諸法無行經》卷2。詳 CBETA, T15, no. 650, p. 760, b。

[89] 據日人大內文雄、齊藤隆信及姚長壽〈《淨度三昧經》與人天教〉(中華佛學學報第12期。民國88年，臺北：中華佛學研究所。頁79-95)都指出《淨度三昧經》是混入中國的傳統思想和習俗，確認是一部中國撰述的疑經。

[90] 參《摩訶止觀》卷9。詳 CBETA, T46, no. 1911, p. 118, b。

[91] 參《淨度三昧經》卷3。詳 CBETA, ZW07, no. 63, p. 295, a。

[92] 參《淨度三昧經》卷3。詳 CBETA, ZW07, no. 63, p. 294, a。

[93] 參《增壹阿含經》卷39〈馬血天子問八政品 43〉。詳 CBETA, T02, no. 125, p. 761, c。

[94] 參《諸法無行經》卷2。詳 CBETA, T15, no. 650, p. 760, b。

[95] 參《大寶積經》卷90。詳 CBETA, T11, no. 310, p. 518, c。

還出現在「宗寶本」《壇經》的「頓漸第八」，如云：「學道之人，一切善念、惡念，應當盡除(此句義同於「不思善、不思惡」句)。」但「敦博本」《壇經》仍然沒有這句內容。如果我們從其餘的佛典經文來檢視，相同於「不思善、不思惡」的義理也非常的多，例如《摩訶般若波羅蜜經》的「不念善法、不念不善法」之句，[96]或《維摩詰所說經》中說的「不起善、不善，入無相際」[97]都是相同的義理。比對後如下圖表所示。

引用佛典經文	《敦博本》與《敦煌本》對校版原文	《宗寶本》原文
《摩訶般若波羅蜜經·卷第二十三》 須菩提！菩薩摩訶薩行般若波羅蜜時，不念「善法」、不念「不善法」。不念「記法」、不念「無記法」。不念「世間法」、不念「出世間法」。不念「淨法」、不念「不淨法」。[98] 《佛說阿闍世王經·卷下》 不念善、惡，以等心學法。[99] 《維摩詰所說經》 若不起「善、不善」，入無相際而通達者，是為入不二法門。[100]	無相對的經文	慧能曰： 不思善，不思惡。 正與麼時， 那箇是明上座 本來面目？

4、

「宗寶本」《壇經》之「般若第二」慧能開示云：「吾有一無相頌，各須誦取，在家出家，但依此修……佛法在世間，不離世間覺。離世覓菩提，恰如求兔角。」另一「敦博本」內容則作「法原在世間，於世出世間。勿離世間上，外求出世間。」這個意思是指佛法就在「世間法」上，菩提的「涅槃佛果」是從「世間法」上獲得「覺悟」，而不是「遠離」了「世間法」才能獲得「覺悟」，就如同《金剛經》所說的「如來說一切法皆是佛法」，[101]所有「出世」的菩提都不離「世間法」，只要能在「世間法」上有所「覺悟」，則當下就是「出世」法的菩提。與《壇經》這段話義理相關的經典也非常多，最明顯的就是《持世經》的道理，如云：「是人不離世間見出世間，亦不離出世間見世間。」[102]或見於《中論》「觀涅槃品」的偈頌，如云：「涅槃與世間，無有少分別。世間與涅槃，亦無少分別。」[103]這個「涅槃」就是指「出世間」的菩提，所以「出世菩提」與「世

---

[96] 參《摩訶般若波羅蜜經》卷 23〈三次品 75〉。詳 CBETA, T08, no. 223, p. 385, c。

[97] 參《維摩詰所說經》卷 2〈入不二法門品 9〉。詳 CBETA, T14, no. 475, p. 550, c。

[98] 參《摩訶般若波羅蜜經》卷 23〈三次品 75〉。詳 CBETA, T08, no. 223, p. 385, c。

[99] 參《佛說阿闍世王經》卷 2。詳 CBETA, T15, no. 626, p. 398, b。

[100] 參《維摩詰所說經》卷 2〈入不二法門品 9〉。詳 CBETA, T14, no. 475, p. 550, c。

[101] 參《金剛般若波羅蜜經》卷 1。詳 CBETA, T08, no. 235, p. 751, b。

[102] 參《持世經》卷 4〈世間出世間品 9〉。詳 CBETA, T14, no. 482, p. 662, b。

[103] 參《中論》卷 4〈觀涅槃品 25〉。詳 CBETA, T30, no. 1564, p. 36, a。

間法」本來就是「不即不離」的道理。經文比對如下圖表所示。

引用佛典經文	《敦博本》與《敦煌本》對校版原文	《宗寶本》原文
《持世經・卷第四》 諸菩薩觀「世間、出世間法」時， 不見「世間法」與「出世間」合(即兩者「不即」)， 不見「出世間」離「世間」(即兩者「不離」)。 是人不離「世間」見「出世間」，亦不離「出世間」見「世間」……若「世間」與「出世間」異者，諸佛不出於世。[104] 《中論》 涅槃與世間，無有少分別。世間與涅槃。亦無少分別。[105]	法原在「世間」， 於「世」出「世間」。 勿離「世間」上， 外求「出世間」。	佛法在「世間」， 不離「世間」覺。 離「世」覓「菩提」， 恰如求兔角。

5、

「宗寶本」《壇經》的「疑問第三」慧能云：「吾與大眾說無相頌……頌曰：心平何勞持戒，行直何用修禪！」「敦博本」《壇經》則無此內容。「心平何勞持戒」一語也成為千年傳誦之句，但有時也會被誤解，認為持戒是不需的，其實慧能的原意是說：一位修行者如果對「諸法」及「人事物」或「持戒、毀戒者」皆能保持「心地平等」之境，如此則又何必勤勞嚴謹的去「持戒」呢？相對的，如果我們對「諸法」及「人事物」或「持戒、毀戒者」不能達到「心地平等」的境界的話，這樣再怎麼勤勞嚴謹的「執持戒相」都不會與最高的「般若」大法相應的。

「心平何勞持戒」句並非只有慧能獨說，這在其餘佛典經文中也有很多相同的義理，例如《六度集經》就說：「持戒不如等心(平等心)慈育(仁慈撫育)眾生，其福無盡也。」[106]在《大智度論》中也有更詳細的解釋說：「持戒之人，觀此戒相，從何而有？知從眾罪而生；若無眾罪，則亦無戒。戒相如是，從因緣有，何故生著？」[107]或「持戒……若取相生著，則起諍競。是人雖先不瞋眾生，於法有憎、愛心，故而瞋眾生。是故若欲不惱眾生，當行諸法平等。」[108]或「若我以持戒貴而可取，破戒賤而可捨。若有此心，不應般若。」[109]這些經文都解釋為何修持「心地平等」之法絕對是重於「執持戒相」之理。比對後如下圖表所示。

---

[104] 參《持世經》卷4〈世間出世間品 9〉。詳 CBETA, T14, no. 482, p. 662, b。
[105] 參《中論》卷4〈觀涅槃品 25〉。詳 CBETA, T30, no. 1564, p. 36, a。
[106] 參《六度集經》卷3。詳 CBETA, T03, no. 152, p. 12, b。
[107] 參《大智度論》卷14〈序品 1〉。詳 CBETA, T25, no. 1509, p. 163, b。
[108] 參《大智度論》卷18〈序品 1〉。詳 CBETA, T25, no. 1509, p. 196, c
[109] 參《大智度論》卷14〈序品 1〉。詳 CBETA, T25, no. 1509, p. 163, b。

引用佛典經文	《敦博本》與《敦煌本》對校版原文	《宗寶本》原文
《六度集經・卷三》 「持戒」不如「等心」(平等心)慈育(仁慈撫育)眾生(以上同於《壇經》「心平何勞持戒」之義),其福無盡也。[110] 《大智度論・卷第十四》 「持戒」之人,(應)觀此「戒相」,從何而有?知(皆)從「眾罪」而生;若無「眾罪」,則亦無「戒」(以上皆同於《壇經》「心平何勞持戒」之義,若對「諸法」及「人事物」或「持戒、毀戒者」皆能達「心地平等」之境,則又何必勤勞嚴謹的「持戒」)。 「戒相」(亦)如是,(乃)從「因緣」有,何故生(執)著?[111] 《大智度論・卷第十八》 或有持戒(而)「不惱眾生」,心(亦)無有悔。(持戒)若「取相」生(執)著,則起「諍競」。是人雖先「不瞋」眾生,(但)於法(則)有「憎、愛」心,故而瞋(恨)眾生。 是故若(持戒而)欲「不惱眾生」,當行「諸法平等」(此同於《壇經》「心平何勞持戒」之義,若對「諸法」及「人事物」或「持戒、毀戒者」皆能達「心地平等」之境,則又何必勤勞嚴謹的「持戒」)。 若「分別」是「罪」(惡)、是「無罪」(善),則非行「尸羅」(戒律)波羅蜜。[112] 《大智度論・卷第十四》 持戒之人,心自思惟:若我以「持戒」(尊)貴而可取(著),(若有)「破戒」(輕)賤而可捨(棄)。若有此心,(則)「不應」(不相應於)「般若」。 (應)以「智慧」籌量,「心不著戒」,「無取、無捨」(此同於《壇經》「心平何勞持戒」之義,若對「諸法」及「人事物」或「持戒、毀戒者」皆能達「心地平等」之境,則又何必勤勞嚴謹的「持戒」),是為「持戒」生「般若」波羅蜜。[113]	無相對的經文	心平何勞持戒? 行直何用修禪?

---

[110] 參《六度集經》卷 3。詳 CBETA, T03, no. 152, p. 12, b。

[111] 參《大智度論》卷 14〈序品 1〉。詳 CBETA, T25, no. 1509, p. 163, b。

[112] 參《大智度論》卷 18〈序品 1〉。詳 CBETA, T25, no. 1509, p. 196, c

[113] 參《大智度論》卷 14〈序品 1〉。詳 CBETA, T25, no. 1509, p. 163, b。

6、

　　無論是「宗寶、敦博」《壇經》的「定慧第四」都有「定慧等學」的經文，兩者高達九成九都是一樣的，意思是說「定」與「慧」是平等修學互證的道理，兩者是一體的。關於「定慧等學」的研究論文前人也撰寫過不少，如許鶴齡〈李二曲與顧寧人論證「體用」二字，探析兼論其「體用全學」與惠能「定慧等學」之會通〉、[114]舒曼〈論茶禪一體與六祖惠能「定慧等學」的關係〉[115]……等。筆者的研究乃偏重在慧能所主張的法義與佛典的關係，如果從《大般涅槃經》的「諸佛世尊，定慧等故，明見佛性，了了無礙。」[116]這段經文來看，慧能的「定慧等」應該不是「獨創」之說，只是慧能把「定、慧」更進一步發揮成「禪定是智慧的本體，智慧是禪定的妙用」法義。但是如果真要達到慧能說的「定慧等」的境界，則需要「七地」菩薩以上的境界才行，這點在《摩訶般若波羅蜜經》中有明確的說明，如經云：「菩薩摩訶薩住七地中……復有二十法應具足滿……十六者等定慧地。」[117]所以慧能提出「定慧體一」的修行觀點，若真要達標，沒有到「七地」菩薩以上的修行是達不到的，這在《大智度論》中有更明確的說法，如云：

　　「等定慧」地者，菩薩於「初、三地」(指初地、二地、三地菩薩)，(多少皆有)「慧多定少」(的狀況)，未能(完全的)「攝心」故。(缺少禪定的智慧，如此的智慧亦可名之為「邪見、狂慧」)

　　「後三地」(指四地、五地、六地菩薩)，(多少皆有)「定多慧少」(的狀況)，以是故，不得入(七、八、九、十地之)菩薩位。(缺少智慧的禪定，如此的禪定亦可名之為「邪定、癡定」)

　　今(若修持至)「眾生空、法空」，(達到)「定慧(相)等」故，(則)能安隱行「菩薩道」(此指七地菩薩)；從「阿鞞跋致」(此指八地菩薩)地，漸漸得(如來之)「一切種智」慧地(最高般若智慧之地)。[118]

　　《壇經》的「定慧等學」與其餘的佛典經文比對後如下圖表所示。

引用佛典經文	《敦博本》與《敦煌本》對校版原文	《宗寶本》原文
《大般涅槃經・卷第三十》 諸佛世尊，「定慧」等故，明見「佛性」，了了無礙。[119]	「定、慧」體一，不二。	「定、慧」一體，不是二。

[114] 原文載於《輔仁大學哲學論集》（卅六），第 197—262 頁。收錄於「廣東省佛教協會」主編《六祖慧能文庫》第十三冊《六祖慧能頓悟思想論集》。2018 年 1 月發行。

[115] 原文載《農業考古》，2015 年第 2 期。收錄於「廣東省佛教協會」主編《六祖慧能文庫》第十九冊《六祖禪與當代社會論集》。2018 年 1 月發行。

[116] 參《大般涅槃經》卷 30〈師子吼菩薩品 11〉。詳 CBETA, T12, no. 374, p. 547, a。

[117] 參《摩訶般若波羅蜜經》卷 6〈發趣品 20〉。詳 CBETA, T08, no. 223, p. 257, b。

[118] 參《大智度論》卷 50〈發趣品 20〉。詳 CBETA, T25, no. 1509, p. 417, c。

[119] 參《大般涅槃經》卷 30〈師子吼菩薩品 11〉。詳 CBETA, T12, no. 374, p. 547, a。

《摩訶般若波羅蜜經・卷六》菩薩摩訶薩住「七地」中……復有「二十法」應具足滿……十六者「等定慧」地。[120]	即定是慧體。即慧是定用。	定是慧體。慧是定用。
	即慧之時，定在慧。即定之時，慧在定。	即慧之時，定在慧。即定之時，慧在定。
《大智度論・卷五十》今「眾生空、法空」，「定慧等」故。[121]	善知識！此義即是「定、慧」等。	若識此義，即是「定、慧」等學。

7、

「宗寶、敦博」《壇經》的「定慧第四」都有「燈是光之體，光是燈之用」的經文，兩者相似高達九成九，也就是慧能把「禪定」喻如「燈」--本體，把「智慧」喻如「光」--妙用，圖解如下：

本體	妙用
禪定	智慧
燈(例如電的原理)	光(例如 3C 科技產品)

以慧能的比喻，我們可以改成「禪定之燈」(本體)與「智慧之光」(妙用)的模式，這個「禪定」之「燈」的比喻在《大智度論》中就有類似的說法，如云：「實智慧從一心禪定生。譬如然燈，燈雖能照，在大風中，不能為用，若置之密室，其用乃全，散心中智慧亦如是。若無禪定靜室，雖有智慧，其用不全。得禪定，則實智慧生……以禪定清淨，故智慧亦淨。譬如油炷淨故，其明亦淨。」[122]真實的「智慧」一定是從「一心禪定」中而生的。譬如燃燈，所燃的燈雖然能照耀萬物，但此燈若處在「大風」中，則便不能發輝其功用，若將此燈置之於「密室」中，才能完全發揮其作用。所以雖然有「智慧」，但無「禪定」，這只是一種「散心」的「智慧」而已。缺少「禪定」的「智慧」，如此的「智慧」只可名之為「邪見、狂慧」而已。如果沒有「禪定」之「靜室」，雖然修到有「智慧」，但其作用就不能全備；如果能獲得真實的「禪定」，則就有真實的「智慧」而生。所以修行的菩薩應具有「禪定」清淨之力，如此他的「智慧」才能完全是清淨的。又譬如「油炷」的道理一樣，「油炷」如果是清淨的，那麼其所照耀的光明也才能都是清淨的，所以欲得清淨的「真實智慧」者，應兼修此「禪定」。

在《大智度論》中雖然沒有明說「禪定」就是「本體」，「智慧」就是一種「妙用」，但經文意思非常清楚，的確是以「禪定」為「本體」的，唯一不同的是，《大智度論》的「燈」是用來比喻「智慧」的，此處與《壇經》以「燈」為「禪定」的譬喻不同的，因為《大智度論》中認為「燈」少了「禪定」的「靜室」，就不能發揮它的作用，「燈」必須

---

[120] 參《摩訶般若波羅蜜經》卷 6〈發趣品 20〉。詳 CBETA, T08, no. 223, p. 257, b。

[121] 參《大智度論》卷 50〈發趣品 20〉。詳 CBETA, T25, no. 1509, p. 417, c。

[122] 參《大智度論》卷 17〈序品 1〉。詳 CBETA, T25, no. 1509, p. 180, c。

要有「禪定」的「靜室」才能發揮它照耀萬物的功效。

　　另外在灌頂記《觀音玄義》也有相同的說法，如云：「若定而無慧者，此定名癡定……若慧而無定者，此慧名狂慧。譬如風中然燈，搖颻，搖颻照物不了。」[123]意思是說：有「定」而無「慧」，是缺少智慧的禪定，如此的禪定將名之為「邪定、癡定」。有「慧」而無「定」，是缺少禪定的智慧，如此的智慧被名之為「邪見、狂慧」。譬如在風中燃燈，則此燈會被風給搖曳飄颻，只要燈被風給搖颻，那此燈就照耀萬物不了，所以「禪定」與「智慧」這二輪必須「平等修學互證」，此跟「福、慧」相資的道理是一樣的，如此才堪能運載萬物。在《觀音玄義》中也是把「燈」比喻成「智慧」，與《壇經》以「燈」為「禪定」的譬喻是不同的。比對後如下圖表所示。

引用佛典經文	《敦博本》與《敦煌本》對校版原文	《宗寶本》原文
《大智度論・卷第二十八》 從「實智慧」生「實智慧」，從「一心禪定」生。譬如然燈(此燈是喻如「智慧」)，燈雖能照，在「大風」中，不能為用，若置之「密室」(此密室是喻如「禪定」)，其用乃全，「散心」中「智慧」亦如是。	善知識！「定、慧」猶如何等？ 如燈、光。	善知識！「定、慧」猶如何等？ 猶如燈、光。
若無「禪定」靜室(此靜室是喻如「禪定」)，雖有「智慧」，其用不全。得禪定(可見禪定是「本體」)，則實智慧生(可見智慧是「妙用」)。	有燈即有光，無燈即無光。 燈是光之體。 光是燈之用。	有燈即光，無燈即暗。 燈是光之體。 光是燈之用。
以是故，菩薩雖離眾生，遠在「靜處」，求得「禪定」。以「禪定」清淨(禪定是「本體」)，故「智慧」亦淨(智慧是「妙用」)。譬如「油炷」淨故，其明亦淨。	名即有二。 體無兩般。	名雖有二。 體本同一。
以是故，欲得「淨智慧」者，行此「禪定」。[124]	此「定、慧」法，亦復如是。	此「定、慧」法，亦復如是。
隋・智者大師說，灌頂記《觀音玄義・卷上》(非佛經) 若「定」而無「慧」者，此「定」名「癡定」。譬如盲兒騎瞎馬，必「墮坑落塹」而無疑也。 若「慧」而無「定」者，此慧名「狂慧」。譬如		

123 參《觀音玄義》卷 1。詳 CBETA, T34, no. 1726, p. 881, c。
124 參《大智度論》卷 17〈序品 1〉。詳 CBETA, T25, no. 1509, p. 180, c。

風中然燈，搖颺，搖颺照物不了。		
故知「福、慧」相資，二輪平等，堪能運載也。[125]		

8、

　　「宗寶、敦博」《壇經》的「定慧第四」都有「無念為宗」四個字，不同的是「敦博本」後面還有更重要的經文云：「若無有念，無念亦不立。」也就是雖然以「無念為宗」，但最終還是要進入「無念亦不立」的境界。例如釋迦佛傳法給摩訶迦葉尊者的傳法偈也云「法本法無法，無法法亦法。今付無法時，法法何曾法？」[126]這首偈大略的意思是說：一切宇宙萬法皆無「真實可得」，亦無「一法可名」，亦無「一法可立」，法本「無法」，故屬「性空」，但亦可暫假名為「法」，雖無「一法可立」，但「法」又會因「眾因緣」而生起作用，故雖具「性空」的「無法」之「法」；並非是一種「斷滅」，它仍會隨著「眾緣生法」而起各種「作用」。所以說「無法」之「法」，亦是一種「暫時緣起」和「假名有」之法，並非是「斷滅」相。如今在方便教導眾生的法義上，仍需付與具有「名相」的「無法」性空之假名，其實不論「有為法、無為法」或者「性空法、緣起法」皆隨眾生因緣而「方便施設」。實際上「空亦復空」、「空亦不可得」，故「法法」何曾是真實的「法」呢？

　　《壇經》雖然以「無念為宗」，但最終「無念」亦不「立」才是最高的「般若」之境，這與佛所說的「證入空性」後，連「空性」都不可得的「空亦復空」道理是相同的。比對後如下圖表所示。

引用佛典經文	《敦博本》與《敦煌本》對校版原文	《宗寶本》原文
《摩訶般若波羅蜜經・卷第十七》 若菩薩摩訶薩行般若波羅蜜，住諸法「如」中，無如是「念」，「無念處」亦「無念」者。[127]	然此教門立「無念」為宗。	故此法門立「無念」為宗。
《摩訶般若波羅蜜經・卷第五》 何等為「空空」？一切法空，是「空」亦「空」，非常、非滅故。[128]	世人離「境」，不起於「念」。 若「無有念」，	

---

[125] 參《觀音玄義》卷 1。詳 CBETA, T34, no. 1726, p. 881, c。

[126] 此偈頌最早出現在唐・裴休(797～870)集錄的《黃檗山斷際禪師傳心法要》(於 857 年集錄)中，詳 CBETA, T48, no. 2012A, p. 383, c。但再稍晚的唐末五代・永明 延壽大師(904～975)撰《宗鏡錄》中就明確指出這是釋迦佛傳給摩訶迦葉的偈頌，如云：「第七釋迦年尼佛偈云：幻化無因亦無生，皆即自然見如是。諸法無非自化生，幻化無生無所畏。復告摩訶迦葉，吾有清淨法眼，涅槃妙心，實相無相，微妙正法，付囑於汝，無令斷絕，聽吾偈曰：法本法無法，無法法亦法。今付無法時，法法何曾法。」詳 CBETA, T48, no. 2016, p. 937, c。

[127] 參《摩訶般若波羅蜜經》卷 17〈深奧 57〉。詳 CBETA, T08, no. 223, p. 346, c。

[128] 參《摩訶般若波羅蜜經》卷 5〈問乘品 18〉。詳 CBETA, T08, no. 223, p. 250, b。

《佛說廣博嚴淨不退轉輪經・卷第三》 捨「有所得」，住「無所得」，知一切空。此「空」亦「空」。[129]	「無念」亦不立。
《金剛三昧經》 佛言：三空者，「空相」亦空。「空空」亦空。「所空」亦空。如是等空，不住三相。[130]	
《十住斷結經・卷第七》 菩薩入虛空際定意正受……悉空如「空」，「空」亦「空無」。[131]	
《大寶積經・卷第六十九》 彼「空」亦「空」無自性，究竟求之不可得。[132]	
《大乘瑜伽金剛性海曼殊室利千臂千鉢大教王經・卷第三》 入心，心空，證「空復空」，心如虛空，同於法界。[133]	
《大智度論・卷三十四》 菩薩行般若波羅蜜時，普觀「諸法皆空」，「空亦復空」。[134]	
《大智度論・卷三十六》 破諸法皆「空」，唯有「空」在，而取相著之。大空者，破一切「法空」；亦復「空」。[135]	
《大智度論・卷七十四》 「空亦復空」，若著是「空」，則有過失。[136]	
《大智度論・卷四十三》 或謂說「空」是般若波羅蜜，或說「空亦空」	

---

[129] 參《佛說廣博嚴淨不退轉輪經》卷3。詳 CBETA, T09, no. 268, p. 265, c。

[130] 參《金剛三昧經》卷1〈入實際品 5〉。詳 CBETA, T09, no. 273, p. 369, b。

[131] 參《最勝問菩薩十住除垢斷結經》卷7〈乘無相品 21〉。詳 CBETA, T10, no. 309, p. 1023, b。

[132] 參《大寶積經》卷69〈廣果天授記品 22〉。詳 CBETA, T11, no. 310, p. 392, b。

[133] 參《大乘瑜伽金剛性海曼殊室利千臂千鉢大教王經》卷3。詳 CBETA, T20, no. 1177A, p. 738, b。

[134] 參《大智度論》卷34〈序品 1〉。詳 CBETA, T25, no. 1509, p. 314, b。

[135] 參《大智度論》卷36〈習相應品 3〉。詳 CBETA, T25, no. 1509, p. 327, a。

[136] 參《大智度論》卷74〈燈炷品 57〉。詳 CBETA, T25, no. 1509, p. 581, b。

是般若波羅蜜。[137] 《中論》 大聖說空法，為離諸見故，若復見有「空」， 諸佛所不化。[138]		

9、

　　「宗寶、敦博」《壇經》的「坐禪第五」對「禪定」都有相同的經文內容，亦即「外離一切相、不執著諸相」叫作「禪」；「內心不散亂」叫作「定」，所以「外禪、內定」就是「禪定」的定義。筆者認為慧能對「禪定」的定義也不是獨說，這可以從《無所有菩薩經》中看的出來，如經云：「彼心不散亂(此即《壇經》說的「定」)，捨一切諸相(此即《壇經》說的「禪」)，故名禪定者。」[139]《無所有菩薩經》的義理完全符合《壇經》「外禪、內定」的定義。比對後如下圖表所示。

引用佛典經文	《敦博本》與《敦煌本》對校版原文	《宗寶本》原文
《無所有菩薩經·卷第二》 彼心「不散亂」(此即《壇經》說的「定」)， 捨一切「諸相」(此即《壇經》說的「禪」)， 故名「禪定者」。[140]	外「離相」即「禪」。 內「不亂」即「定」。	外「離相」即「禪」。 內「不亂」即「定」。
《信力入印法門經·卷第二》 「禪定」者，所謂「不住一切念」故。[141]	外禪、內定， 故名「禪定」。	外禪、內定， 是為「禪定」。
《十住斷結經·卷第十》 云何「禪定」，意不戲損？ 答曰： 心「定」；永寂(此即《壇經》說的「定」)， 不受外塵(此即《壇經》說的「禪」)。[142]		

10、

　　「宗寶、敦博」《壇經》的「懺悔第六」對「自性中具有三身佛」都有相同的經文內容，亦即人人本具「法身佛、報身佛、化身佛」，「三身佛」就在自身中，自身中便有「三身佛」，不必再向外覓尋「三身佛」。初讀《壇經》此文好像是慧能對「三身佛」的

---

[137] 參《大智度論》卷 43〈行相品 10〉。詳 CBETA, T25, no. 1509, p. 375, b。

[138] 參《中論》卷 2〈觀行品 13〉。詳 CBETA, T30, no. 1564, p. 18, c。

[139] 參《無所有菩薩經》卷 2。詳 CBETA, T14, no. 485, p. 681, b。

[140] 參《無所有菩薩經》卷 2。詳 CBETA, T14, no. 485, p. 681, b。

[141] 參《信力入印法門經》卷 2。詳 CBETA, T10, no. 305, p. 937, c。

[142] 參《最勝問菩薩十住除垢斷結經》卷 10〈問泥洹品 30〉。詳 CBETA, T10, no. 309, p. 1046, b。

「獨創」之說，但如果您讀到《佛說瑜伽大教王經》的經文說「最勝如來三身佛，真心不向身中得。一切諸法從心生，所生諸法即菩提。」[143]心中對《壇經》的疑惑便可解除。《佛說瑜伽大教王經》也是強調諸法從「心」而生，所以如來最殊勝的「三身佛」也是從吾人的「真心」中而得，這個觀點從《阿含經》就存在了，當時用的漢文名稱是「自洲」與「自依」。「自洲」的原始梵文是 attadīpa，atta 是指「自我」的意思；dīpa 則有「燈焰、洲島依附、庇護所、熾燃」等多種解釋，以白話直接述敘就是說：修行人應該以「自我的心性、自心」作為自己的「燈焰」或「洲島依附」或「庇護所」，只要能善住於「自洲」或「自依」就可以完成佛道。相同的道理還可見於《維摩詰所說經》所云：「問：諸佛解脫，當於何求？答曰：當於一切眾生心行中求。」[144]甚至《大寶積經》直接說「真供養者，無佛想、無見佛，何況供養？若供養佛，當供養自身……若欲供養佛舍利者，當自供養。」[145]這個「供養自身、當自供養」都是以「己心」為主，己心即具有「三身佛」的功德種性。比對後如下圖表所示。

引用佛典經文	《敦博本》與《敦煌本》對校版原文	《宗寶本》原文
《佛說瑜伽大教王經・卷第五》 最勝如來「三身佛」，「真心」不向「身」中得。一切諸法從「心」生，所生諸法即「菩提」。[146]	向者「三身佛」在「自法性」， 世人盡有。	向者「三身佛」，在「自性」中， 世人總有。
《雜阿含經・卷第二十四》 當作「自洲」而「自依」(atta 自我。saraṇa 歸依)。當作「法洲」(以法來作為燈焰；洲島；庇護所)而「法依」(以法為歸依)。[147]	為迷不見，外覓「三身如來」， 不見「自色身」中「三身佛」。	為自心迷，不見內性，外覓「三身如來」， 不見「自身」中有「三身佛」。
《佛所行讚離車辭別品・第二十四》 善住於「自洲」，當知「自洲」者，專精勤方便，獨靜脩閑居。[148]		
《維摩詰所說經・卷中》 問：諸佛「解脫」，當於何求？ 答曰：當於一切眾生「心」行中求。[149]		
《說無垢稱經・卷第三》 又問：諸佛「解脫」，當於何求？		

---

143 參《佛說瑜伽大教王經》卷5〈相應方便成就品 8〉。詳 CBETA, T18, no. 890, p. 580, a
144 參《維摩詰所說經》卷2〈文殊師利問疾品 5〉。詳 CBETA, T14, no. 475, p. 544, c。
145 參《大寶積經》卷 89。詳 CBETA, T11, no. 310, p. 511, b。
146 參《佛說瑜伽大教王經》卷5〈相應方便成就品 8〉。詳 CBETA, T18, no. 890, p. 580, a
147 參《雜阿含經》卷 24。詳 CBETA, T02, no. 99, p. 177, a。
148 參《佛所行讚》卷5〈離車辭別品 24〉。詳 CBETA, T04, no. 192, p. 44, b。
149 參《維摩詰所說經》卷2〈文殊師利問疾品 5〉。詳 CBETA, T14, no. 475, p. 544, c。

答曰：當於一切有情「心」行中求。[150] 《大寶積經・卷八十九》 「真供養」者，無佛想、無見佛，何況供養。若供養佛，當「供養自身」……若欲供養「佛舍利」者，當「自供養」。[151]		

11、

　　「宗寶本」《壇經》之「懺悔第六」慧能開示云：「如是諸法在自性中，如天常清，日月常明。為浮雲蓋覆，上明，下暗。忽遇風吹雲散，上下俱明，萬象皆現。世人性常浮游，如彼天雲。」另一「敦博本」內容較多，但兩邊的義理是一樣的。經文是以「浮雲」(喻煩惱)遮住「天常清、日月常明」的心性來作比喻，既然心性被「浮雲」蓋覆，只要有「智慧之風」將它吹散，就可以撥雲見日了。類似這樣的義理在《大法鼓經》、《大方等大集經》中皆可見，都是以「雲」覆藏了我們「清淨的本性」。比對後如下圖表所示。

引用佛典經文	《敦博本》與《敦煌本》對校版原文	《宗寶本》原文
《大法鼓經・卷二》 如雲覆月，月不明淨；諸「煩惱藏」覆「如來性」，性不明淨。 若離一切「煩惱」雲覆，(則)如來之性，(即)「淨」如滿月。[152]	知如是一切法盡在「自性」，自性常「清淨」，日月常明。 只為雲覆蓋，上明，下暗，不能了見日月星辰。	如是諸法在「自性」中，如天常清，日月常明。 為浮雲蓋覆，上明，下暗。忽遇「風」吹雲散，上下俱明，萬象皆現。
《大方等大集經・十三》 「虛空」之性，常自「清淨」。若常「清淨」，云何可得？(被)「客雲覆」故，眾生不見。 (若能)除「客雲」故，(則)名之為「見」。[153]	忽遇「慧風」吹散，捲盡雲霧，萬象森羅，一時皆現。 世人「性淨」，猶如清天。	世人性常「浮游」，如彼天雲。

12、

　　「宗寶、敦博」《壇經》的「懺悔第六」中對歸依「自性三寶」的經文是相同的，就是

---

[150] 參《說無垢稱經》卷3〈問疾品 5〉。詳 CBETA, T14, no. 476, p. 568, a。
[151] 參《大寶積經》卷 89。詳 CBETA, T11, no. 310, p. 511, b。
[152] 參《大法鼓經》卷 2。詳 CBETA, T09, no. 270, p. 297, b。
[153] 參《大方等大集經》卷 13。詳 CBETA, T13, no. 397, p. 89, b。

「佛者，覺也。法者，正也。僧者，淨也。」歸依三寶的定義就是歸依「覺、正、淨」，乍看之下似乎是慧能的獨創之說，但其實如果參考《大乘理趣六波羅蜜多經》的經文內容就會發現，歸依「覺、正、淨」的法義並不是獨說。首先「歸依佛」，佛是「自覺覺他，覺行圓滿」，[154]這大致是沒問題的，因《大方便佛報恩經》上就說「何所歸依，名歸依佛？爾時如來一一稱解，答曰：佛陀者，覺，覺了一切法相故。」[155]其次是歸依「正」，這個「正」是指「正知正見」的意思，這在《大乘理趣六波羅蜜多經》中就說了，如云：「云何名為第三法寶？所謂過去無量殑伽沙等諸佛世尊所說正法。」[156]所以「歸依法」就是歸依了「正知正見」的「正法」。最後是歸依「淨」，在同樣的《大乘理趣六波羅蜜多經》也說「第三福田僧者：所謂苾芻、苾芻尼等……此僧寶清淨無染。」[157]所以「歸依僧」就是歸依了「清淨無染」的僧眾，這樣慧能的歸依「覺、正、淨」就沒有獨立的新奇之說了。比對後如下圖表所示。

引用佛典經文	《敦博本》與《敦煌本》對校版原文	《宗寶本》原文
《大乘理趣六波羅蜜多經・卷第一》 云何名為「第三法寶」？所謂過去無量殑伽沙等諸佛世尊所說正法…… 「第三福田僧」者：所謂「苾芻、苾芻尼」等……又此僧寶清淨無染。[158] 《大方便佛報恩經》 世尊！何所歸依，名「歸依佛」？ 爾時如來一一稱解，答曰：佛陀者，覺，覺了一切法相故。[159] 《大寶積經・卷第一百一十二》 見一切諸法本來「無垢」，畢竟清淨，而「自依止」，亦「不依他」。 以「正法身」；尚不見「佛」(有真實可得的佛存在)，何況(外相之)「形色」？ 以「空」遠離(諸相)；尚不見「法」(有真實可得的法存在)，何況貪著(外相之)「音聲言說」？ 以「無為法」；尚不見「僧」(有真實可得的僧存在)，何況當見有(真實之)「和合眾」？[160]	知識！惠能勸善知識歸依三寶。 佛者，「覺」也。 法者，「正」也。 僧者，「淨」也。	勸善知識，歸依「自性三寶」。 佛者，「覺」也。 法者，「正」也。 僧者，「淨」也。

[154] 參《佛吉祥德讚》卷 1。詳 CBETA, T32, no. 1681, p. 762, c。

[155] 參《大方便佛報恩經》卷 6〈優波離品 8〉。詳 CBETA, T03, no. 156, p. 154, c。

[156] 參《大乘理趣六波羅蜜多經》卷 1〈歸依三寶品 1〉。詳 CBETA, T08, no. 261, p. 868, b。

[157] 參《大乘理趣六波羅蜜多經》卷 1〈歸依三寶品 1〉。詳 CBETA, T08, no. 261, p. 868, b。

[158] 參《大乘理趣六波羅蜜多經》卷 1〈歸依三寶品 1〉。詳 CBETA, T08, no. 261, p. 869, b。

[159] 參《大方便佛報恩經》卷 6〈優波離品 8〉。詳 CBETA, T03, no. 156, p. 154, c。

[160] 參《大寶積經》卷 112。詳 CBETA, T11, no. 310, p. 636, b。

13、

「宗寶本」《壇經》的「頓漸第八」慧能云:「學道之人,一切善念、惡念,應當盡除(此句義同於「不思善、不思惡」句)。「敦博本」《壇經》則無此內容,這段「善惡之念應當除盡」有時會被誤解,修行人要斷除「惡念」是天經地義的事,但怎麼連「善念」都要斷除呢? 這主要是佛陀教我們要斷除對「好、惡、美、醜」的「分別執著」之心,其實就是「瞋」與「愛」的相對觀念,例如《大方廣圓覺修多羅了義經》云:

當知菩薩,不與法「縛」,不求法「脫」。不厭「生死」,不愛「涅槃」。
不敬(不起敬愛之染)「持戒」,不憎(不起憎恨之染)「毀禁」。
不重(不起愛重之染)「久習」,不輕(不起輕賤之染)「初學」。[161]

如果細看「不敬持戒」與「不憎毀禁」這八個字就可以理解為何要「不生善念」與「不生惡念」的意思,佛陀雖然教導我們要「尊重」持戒的人,但佛又說不可對「持戒者」生起「過度敬愛的染心」,也不可以對「毀戒」者生起「譴責憎恨的染心」,唯有「不生一念」的「分別心」才是最高的「般若空性」之境。又例如《菩薩瓔珞經》云:「菩薩攝意(攝收自己的意念妄想),不起善、惡識者,是謂一法清淨瓔珞。」[162]也是與《壇經》「不生善惡之念」一樣的道理,所以《壇經》的「不思善、不思惡」或「一切善念惡念應當盡除」並非是慧能的獨創,很多經典都有相同的法義。比對後如下圖表所示。

引用佛典經文	《敦博本》與《敦煌本》對校版原文	《宗寶本》原文
《菩薩瓔珞經・卷第二》 菩薩攝「意」(攝收自己的意念妄想),不(生)起「善、惡」識者,(即)是謂「一法清淨瓔珞」。[163] 《佛說法華三昧經》 欲願作「沙門」,先當「報父母」……不生「善、惡」想,爾乃作沙門。[164] 《僧伽羅剎所集經・卷中》 不擇食「好、醜」,不生「善、惡」意。[165]	無相對的經文	學道之人,一切「善念、惡念」, 應當盡除(此句義同於「不思善、不思惡」句)。

14、

「宗寶本」《壇經》的「頓漸第八」慧能云:「見、不見是二邊。痛、不痛是生滅。」

[161] 參《大方廣圓覺修多羅了義經》卷1。詳 CBETA, T17, no. 842, p. 915, a。
[162] 參《菩薩瓔珞經》卷2〈法門品 5〉。詳 CBETA, T16, no. 656, p. 18, a。
[163] 參《菩薩瓔珞經》卷2〈法門品 5〉。詳 CBETA, T16, no. 656, p. 18, a。
[164] 參《佛說法華三昧經》卷1。詳 CBETA, T09, no. 269, p. 288, c。
[165] 參《僧伽羅剎所集經》卷2。詳 CBETA, T04, no. 194, p. 130, b。

另一「敦博本」內容則完全相同。這個「見、不見、痛、不痛」只是一種「相待法」，佛陀教我們修行都是要斷除這種各執一邊的「相待法」，類似的道理在藏經中也很多，如《光讚經》、《大般若波羅蜜多經》、《楞嚴經》……等中都有。比對後如下圖表所示。

引用佛典經文	《敦博本》與《敦煌本》對校版原文	《宗寶本》原文
《光讚經・卷第一》 菩薩摩訶薩行般若波羅蜜，不自念言：於是「諸法」及與「法界」，「觀」與「不觀」、「見」與「不見」。[166] 《大般若波羅蜜多經・卷第五百五十九》 甚深「般若」波羅蜜多「無分別」故，於一切法無「見、不見」，無取、無捨。[167] 《楞嚴經・卷五》 「覺」(本覺心性)清淨心，無「痛(能痛之覺)、痛(所痛之覺)」覺。[168]	「見、不見」是兩邊。 「痛、不痛」是生滅。	「見、不見」是二邊。 「痛、不痛」是生滅。

15、

「宗寶本」《壇經》的「付囑第十」慧能傳授的「自性真佛偈」云：「婬性本是淨性因，除婬即是淨性身」，「敦博本」《壇經》則作「婬性本是淨性因，除婬即無淨性身。」兩者差在一個「是」與「無」。如果從整部《壇經》的法義上來看，慧能的思想都是強調「凡夫即佛，煩惱即菩提」、「自性若悟，眾生是佛」、「悟，即眾生佛」、「一念悟若平，即眾生自佛」、「我心自有佛，自佛是真佛」、「三世諸佛從中變三毒為戒定慧」。所以「除婬即無淨性身」是比較符合整部《壇經》之主旨，而「宗寶本」將「無」改成了「是」，也可能是顧慮到容易讓人產生「誤解」經文而作的「修改」。

先說明這個「婬」字的使用，編輯整理《壇經》者很可能也參考了《大智度論》的字詞，因為《大智度論》中就有「婬欲即是道」[169]這五個字，但這其實並非是《大智度論》的原創，而是《大智度論》根據《諸法無行經》(《佛說諸法本無經》為同本異譯)中的「貪欲即是菩提」[170]所轉換出來的字詞，也就是「婬」字不是專指男女雙方的色欲之事，而是「煩惱、貪欲」的同義詞而已。所以「婬性本是淨性因」與「煩惱即菩提」是完全一樣的義理；相對的，如果將「煩惱婬性」給全部斷除，則「菩提涅槃」亦無可

---

[166] 參《光讚經》卷1〈行空品 3〉。詳 CBETA, T08, no. 222, p. 155, b。

[167] 參《大般若波羅蜜多經(第 401 卷-第 600 卷)》卷 559〈清淨品 9〉。詳 CBETA, T07, no. 220, p. 887, a。

[168] 參《大佛頂如來密因修證了義諸菩薩萬行首楞嚴經》卷 5。詳 CBETA, T19, no. 945, p. 126, b。

[169] 參《大智度論》卷 6〈序品 1〉。詳 CBETA, T25, no. 1509, p. 107, c。

[170] 參《諸法無行經》卷 2。詳 CBETA, T15, no. 650, p. 757, a。

得，所以「敦博本」的下一句才說「除婬即無淨性身」。比對後如下圖表所示。

引用佛典經文	《敦博本》與《敦煌本》對校版原文	《宗寶本》原文
《諸法無行經・卷下》 若人欲成佛，莫壞「貪欲」性。「貪欲」性即是「諸佛之功德」…… 「貪欲」無內外，亦不在諸方……諸煩惱如是，決定不可得。[171]	婬性(喻煩惱)本是淨性(喻佛性菩提)因，除婬(若斷除婬性煩惱)即「無」淨性身。	婬性(喻煩惱)本是淨性(喻佛性菩提)因，除婬(若斷除婬性煩惱)即「是」淨性身。
《諸法無行經・卷下》 世尊！「貪欲」即是「菩提」，何以故？知「貪欲」"實性"(貪欲的「實性」乃不可得，非內外中間，無實自性)，說名「菩提」。是故一切諸佛皆成就「貪欲」(從觀照「貪欲乃無實自性」中而獲成就)；名「不動相」。[172]	性(在煩惱婬性中)中但自離五欲(正確應指「轉五欲」)，「見性」刹那(刹那即為見性)即是真。	性(在煩惱婬性中)中各自離五欲(正確應指「轉五欲」)，「見性」(刹那即為見性)刹那即是真。
《大智度論・卷第六》 「婬欲」(此二字乃從《佛說諸法本無經》及《諸法無行經》的經文句來，本意為「貪欲即是菩提」，並非專指男女之欲事)即是「道」，「恚癡」亦如是。如此三事中，無量諸佛道(有無量諸佛皆同此說，三毒即性空的道理乃無量諸佛共同宣說)……「婬法」(此二字乃從《佛說諸法本無經》及《諸法無行經》的經文句來，本意為「貪欲即是菩提」，並非專指男女之欲事)不生滅(非真實而生，亦非真實而滅)，不能令心惱。[173]	(惠能大師提倡「轉煩惱為菩提」，若能善觀「煩惱」當下即「空性」，當下即為「菩提」。故不需「斷」，「轉」即可。煩惱與清淨佛性皆「無自性」，二者亦不即不離)。	
《佛說象腋經》 得「菩提」不難，欲出「貪欲」者，不為「欲」所牽，亦不捨「婬欲」。[174](煩惱與菩提，婬欲與菩提無二無別，皆非內、非外、非中間。皆無實自性，皆不可得。若能如是「觀照」，則煩惱與菩提倆「俱非」，始是無上般若大法)		

[171] 參《諸法無行經》卷2。詳 CBETA, T15, no. 650, p. 760, c。
[172] 參《諸法無行經》卷2。詳 CBETA, T15, no. 650, p. 757, a。
[173] 參《大智度論》卷6〈序品 1〉。詳 CBETA, T25, no. 1509, p. 107, c。
[174] 參《佛說象腋經》卷1。詳 CBETA, T17, no. 814, p. 786, b。

四、結論

　　《壇經》中無論是「疑暗中引用」或「義理幾乎相同」於其它的佛典經文，這種情形在「宗寶本」中所佔的比率都是最高的，因為「宗寶本」是元代宗寶法師最後編訂的《壇經》，所以可「參考」、或「修潤」、或「增添」的情形就愈來愈多。只要是「敦博本」沒有的內容，「宗寶本」在引用佛典的「比例」就愈大愈多，可見「原汁原味」的《壇經》絕對是屬於「敦博本」經文而無疑。

　　《《六祖壇經》導讀・八《壇經》與其他佛典》一書曾經詳細列出引用《壇經》有關的「十四部」佛典，如果以筆者這篇論文的新發現，則《壇經》與其它佛典經文有「密切」關係的總數量最少有四十部以上(除掉重複的經典名稱)，無論是「疑暗中引用」或「義理幾乎相同」計有：《佛心經》、《大寶積經》、《思益梵天所問經》、《佛說未曾有正法經》、《大方等大集經》、《大乘理趣六波羅蜜多經》、《佛說大乘菩薩藏正法經》、《大乘瑜伽金剛性海曼殊室利千臂千缽大教王經》、《大莊嚴法門經》、《文殊師利所說不思議佛境界經》、《大集大虛空藏菩薩所問經》、《出曜經》、《菩提行經》、《楞嚴經》、《佛說一切如來金剛三業最上祕密大教王經》、《外道問聖大乘法無我義經》、《金剛頂一切如來真實攝大乘現證大教王經》、《大毘盧遮那成佛神變加持經》、《守護國界主陀羅尼經》、《金剛場陀羅尼經》、《摩訶止觀》、《淨度三昧經》、《增壹阿含經》、《雜阿含經》、《諸法無行經》、《佛說阿闍世王經》、《持世經》、《大智度論》、《六度集經》、《無所有菩薩經》、《十住斷結經》、《佛說瑜伽大教王經》、《大法鼓經》、《大方便佛報恩經》、《菩薩瓔珞經》、《佛說法華三昧經》、《光讚經》、《佛說象腋經》……等，至少四十部以上。如果加上《《六祖壇經》導讀・八《壇經》與其他佛典》一書所統計的「十四部」佛典來看，那麼與《壇經》有「密切」關係的佛典總數量將達五十部以上，其中引用的比例及內容最多的是《維摩詰所說經》、《大般若波羅蜜多經》、《金剛經》、《大智度論》、《楞伽經》、《大般涅槃經》、《法華經》、《思益梵天所問經》等八部佛經。

　　《壇經》雖然是六祖慧能所說由弟子所編錄的「經典」，通過本篇論文「以經解經」與「以經證經」的方式可得知，慧能大師所說的義理並沒有「超過」佛典經文之外，也就是《壇經》名之為「經」是當之無愧的，當你深入佛典藏經後再回頭來看《壇經》時，您將會佩服六祖慧能所說的「大般若智慧」圓滿法義。

果濱其餘著作一覽表

一、《大佛頂首楞嚴王神咒·分類整理》(國語)。1996 年 8 月。大乘精舍印經會發行。書籍編號 C-202。

二、《生死關全集》。1998 年。和裕出版社發行。➔ISBN：957-8921-51-9。

三、《楞嚴經聖賢錄》(上冊)。2007 年 8 月。萬卷樓圖書股份有限公司發行。➔ISBN：978-957-739-601-3。《楞嚴經聖賢錄》(下冊)。2012 年 8 月。萬卷樓圖書股份有限公司發行。➔ISBN：978-957-739-765-2。

四、《《楞嚴經》傳譯及其真偽辯證之研究》。2009 年 8 月。萬卷樓圖書股份有限公司發行。➔ISBN：978-957-739-659-4。

五、《果濱學術論文集(一)》。2010 年 9 月。萬卷樓圖書股份有限公司發行。➔ISBN：978-957-739-688-4。

六、《淨土聖賢錄·五編(合訂本)》。2011 年 7 月。萬卷樓圖書股份有限公司發行。➔ISBN：978-957-739-714-0。

七、《穢跡金剛法全集(增訂本)》。2012 年 8 月。萬卷樓圖書股份有限公司發行。➔ISBN：978-957-739-766-9。

八、《漢譯《法華經》三種譯本比對暨研究(全彩本)》。2013 年 9 月初版。萬卷樓圖書股份有限公司發行。➔ISBN：978-957-739-816-1。

九、《漢傳佛典「中陰身」之研究》。2014 年 2 月初版。萬卷樓圖書股份有限公司發行。➔ISBN：978-957-739-851-2。

十、《《華嚴經》與哲學科學會通之研究》。2014 年 2 月初版。萬卷樓圖書股份有限公司發行。➔ISBN：978-957-739-852-9。

十一、《《楞嚴經》大勢至菩薩「念佛圓通章」釋疑之研究》。2014 年 2 月初版。萬卷樓圖書股份有限公司發行。➔ISBN：978-957-739-857-4。

十二、《唐密三大咒·梵語發音羅馬拼音課誦版》(附贈電腦教學 DVD)。2015 年 3 月。萬卷樓圖書股份有限公司發行。➔ISBN：978-957-739-925-0。【260 x 135 mm】規格(活頁裝)

十三、《袖珍型《房山石經》版梵音「楞嚴咒」暨《金剛經》課誦》。2015 年 4 月。萬卷樓圖書股份有限公司發行。➔ISBN：978-957-739-934-2。【140 x 100 mm】規格(活頁裝)

十四、《袖珍型《房山石經》版梵音「千句大悲咒」暨「大隨求咒」課誦》。2015 年 4 月。萬卷樓圖書股份有限公司發行。➔ISBN：978-957-739-938-0。【140 x 100 mm】規格(活頁裝)

十五、《《楞嚴經》原文暨白話語譯之研究(全彩版)》(不分售)。2016 年 6 月。萬卷樓圖書股份有限公司發行。→ISBN：978-986-478-008-2。

十六、《《楞嚴經》圖表暨註解之研究(全彩版)》(不分售)。2016 年 6 月。萬卷樓圖書股份有限公司發行。→ISBN：978-986-478-009-9。

十七、《《楞嚴經》白話語譯詳解(無經文版)-附:從《楞嚴經》中探討世界相續的科學觀》。2016 年 6 月。萬卷樓圖書股份有限公司發行。→ISBN：978-986-478-007-5。

十八、《《楞嚴經》五十陰魔原文暨白話語譯之研究-附:《楞嚴經》想陰十魔之研究》。2016 年 6 月。萬卷樓圖書股份有限公司發行。→ISBN：978-986-478-010-5。

十九、《《持世經》二種譯本比對暨研究(全彩版)》。2016 年 6 月。萬卷樓圖書股份有限公司發行。→ISBN：978-986-478-006-8。

二十、《袖珍型《佛說無常經》課誦本暨「臨終開示」(全彩版)》。2017 年 8 月。萬卷樓圖書股份有限公司發行。→ISBN：978-986-478-111-9。

二十一、《漢譯《維摩詰經》四種譯本比對暨研究(全彩版)》。2018 年 1 月。萬卷樓圖書股份有限公司發行。→ISBN：978-986-478-129-4。

二十二、《敦博本與宗寶本《六祖壇經》比對暨研究(全彩版)》。2018 年 1 月。萬卷樓圖書股份有限公司發行。→ISBN：978-986-478-130-0。

二十三、《果濱學術論文集(二)》。2018 年 1 月。萬卷樓圖書股份有限公司發行。→ISBN：978-986-478-131-7。

二十四、《從佛典中探討超薦亡靈與魂魄之研究》。2018 年 1 月。萬卷樓圖書股份有限公司發行。→ISBN：978-986-478-132-4。

✠大乘精舍印經會。地址：台北市漢口街一段 132 號 6 樓。電話：(02)23145010、23118580

✠和裕出版社。地址：台南市海佃路二段 636 巷 5 號。電話：(06)2454023

✠萬卷樓圖書股份有限公司。地址：臺北市羅斯福路二段 41 號 6 樓之 3。電話：(02)23216565、23952992

果濱佛學專長

一、漢傳佛典生死學。二、梵咒修持學(含《蘇婆呼童子請問經》)。三、楞伽學。四、維摩學。五、般若學(《金剛經》+《大般若經》+《文殊師利所說般若波羅蜜經》)。六、十方淨土學。七、佛典兩性哲學。八、佛典宇宙天文學。九、中觀學(《中論》二十七品+《持世經》)。十、唯識學(唯識三十頌+《成唯識論》)。十一、楞嚴學。十二、唯識腦科學。十三、敦博本六祖壇經學。十四、佛典與科學。十五、法華學。十六、佛典人文思想。十七、《唯識双密學》(《解深密經+密嚴經》)。十八、佛典數位教材電腦。十九、華嚴經科學。二十、般舟三昧學。二十一、佛典因果學。二十二、如來藏學(《如來藏經+勝鬘經》)

國家圖書館出版品預行編目(CIP)資料

敦博本與宗寶本《六祖壇經》比對暨研究(全彩版) / 果濱 編撰. - 初版. - 臺北市:萬卷樓, 2018.01
面; 公分
全彩版
ISBN 978-986-478-130-0 (精裝)
1. 六祖壇經 2. 版本學 3. 比較研究
226.62   107001598

ISBN 978-986-478-130-0

敦博本與宗寶本《六祖壇經》比對暨研究(全彩版)
--附:再論慧能的二個開悟偈頌與《壇經》引用大乘經典的研究--

2018 年 1 月初版 精裝(全彩版)   定 價:新台幣 1000 元

編 撰 者:陳士濱(法名:果濱)
          現為宏國德霖科技大學通識中心專任教師
發 行 人:陳滿銘
出 版 者:萬卷樓圖書股份有限公司
編輯部地址:106 臺北市羅斯福路二段 41 號 9 樓之 4
電話:02-23216565
傳真:02-23218698
E-mail:wanjuan@seed.net.tw
萬卷樓網路書店:http://www.wanjuan.com.tw
發行所地址:106 臺北市羅斯福路二段 41 號 6 樓之 3
電話:02-23216565
傳真:02-23944113
劃撥帳號:15624015
承印廠商:中茂分色製版印刷事業股份有限公司